U0464258

本书获中国社会科学院老年科研基金资助

# 白翠琴民族史探微集

## ——以此追忆从事民族研究五十春秋

BAICUIQIN MINZUSHI TANWEIJI

YICI ZHUIYI CONGSHI MINZU YANJIU WUSHI CHUNQIU

白翠琴◎著

中国社会科学出版社

**图书在版编目（CIP）数据**

白翠琴民族史探微集：以此追忆从事民族研究五十春秋／白翠琴著．—北京：中国社会科学出版社，2015．4

（中国社会科学院老学者文库）

ISBN 978－7－5161－5637－7

Ⅰ．①白…　Ⅱ．①白…　Ⅲ．①古代民族—民族历史—中国—文集　Ⅳ．①K289－53

中国版本图书馆 CIP 数据核字（2015）第 041740 号

---

出 版 人　赵剑英
责任编辑　张　林
特约编辑　刘勇勤
责任校对　韩海超
责任印制　戴　宽

---

出　　版　中国社会科学出版社
社　　址　北京鼓楼西大街甲 158 号（邮编 100720）
网　　址　http://www.csspw.cn
发 行 部　010－84083685
门 市 部　010－84029450
经　　销　新华书店及其他书店

---

印　　刷　北京市大兴区新魏印刷厂
装　　订　廊坊市广阳区广增装订厂
版　　次　2015 年 4 月第 1 版
印　　次　2015 年 4 月第 1 次印刷

---

开　　本　710×1000　1/16
印　　张　40
字　　数　437 千字
定　　价　128.00 元

---

凡购买中国社会科学出版社图书，如有质量问题请与本社联系调换
电话：010－84083683

2001 年夏，应邀参加中央民族大学博士生毕业论文答辩会后留影

**2012 年秋，与先生杜荣坤荣誉学部委员在开封等地调研**

1981 年夏，参加蒙古史研讨会，在乌鲁木齐昆仑宾馆前，与若松宽先生等合影

1987 年夏，参加蒙古史研讨会，在成吉思汗陵前留影

1989 年夏，参加卫拉特史研讨会，在阿拉善延福寺留影

1992 年夏，在巴音郭楞蒙古族自治州召开的
“中国第三届卫拉特史学术讨论会”上发言

1992 年夏，在新疆巴音郭楞蒙古族自治州巴音布鲁克
大草原上进行民族社会历史调查

1992 年夏，在和静县渥巴锡汗塑像前

1992 年 9 月，在西安召开的“中国魏晋南北朝史学会第四届年会暨国际学术讨论会”上发言

1992 年 9 月，参观法门寺时，与日本学者谷川道雄先生合影

1993年夏，在北京参加“海峡两岸中国民族史讨论会”，参观雍和宫时，
与先生杜荣坤及台湾学者王吉林教授合影

1993年夏，在“海峡两岸中国民族史讨论会”期间，与周伟洲等学者进行学术交流

**1995 年夏，在国家民族事务委员会主持的“世界非政府组织妇女论坛”关于“少数民族妇女专题”预备会上发言**

**1995 年夏，在北京参加“世界非政府组织妇女论坛”，进行演讲**

1998 年 12 月，参加在台北召开的“魏晋南北朝学术国际会议”上发言（右一）

1998 年冬，与台湾学者进行学术考察途中，在阳明山庄前留影

1999 年夏，访问澳门中华拉丁基金会

1999 年夏，在澳门召开的“中国意识与台湾意识研讨会”上发言

2004 年夏，参加在巴音郭楞蒙古族自治州召开的
“首届东归历史文化学术研讨会”，与巴岱等同志举杯庆贺

2004 年夏，与巴州盛装的卫拉特蒙古姑娘合影

作者部分独著或合著科研成果，其中有些曾获国家或者省部级优秀成果奖

2014 年冬，由中国社会科学院民族学与人类学研究所、中国民族研究团体联合会、中国民族史学会等联合主办了此次研讨及庆贺会

1964 年夏，毕业前夕在南开大学图书馆前留影

1980 年夏，在内蒙古呼伦贝尔大草原考察时，身着蒙古袍，与牧民共坐在勒勒车上

1979年夏，在呼和浩特参加“中国蒙古史学会成立大会”后，赴大同云冈石窟考察

1981年夏，赴敦煌莫高窟调研

1987 年夏，参加在包头召开的蒙古史研讨会，与南开大学师友杨志玖先生等合影

1987 年夏，参加在包头召开的蒙古史研讨会，与内蒙古学者亦邻真先生等合影

1990 年秋，赴广西壮族自治区三江侗族自治县
侗寨调研，在鼓楼前留影

1992 年秋，与魏晋南北朝史专家学者参观西安兵马俑博物馆

1997 年夏，参加在广州—珠海召开的“元史暨宋元文化珠澳文化国际研讨会”，并作发言

2001 年夏，在大同市召开的“北朝史国际学术研讨会暨中国魏晋南北朝史学会第七届年会”上发言

2000 年夏，在南开大学参加“马可波罗与十三世纪中国国际学术研讨会”时，与李治安等学者合影

2000 年夏，在南开大学参加“马可波罗与十三世纪中国国际学术研讨会”时，与杨志玖先生及画家范曾合影

2001 年秋，在武汉中南民族学院召开的“族群理论与族际交流国际学术讨论会”上

2001 年秋，随中南民院学者至周边调研，在仙人洞留影

2000 年夏，在西宁召开的“中国民族史学会第八次学术讨论会”上发言

2005 年秋，在重庆召开的“中国民族史第六届会员大会暨第十次学术研讨会”上发言

2005 年夏，参加在济南——章丘召开的“齐鲁文化暨汉民族形成与发展国际学术研讨会”，并作发言

2007 年秋，参加在成都召开的“汉民族文化与构建和谐社会学术研讨会”，并作发言

2002 年春，应邀参加中央民族大学博士研究生毕业论文答辩会

2007 年夏，应邀参加中央民族大学博士研究生毕业论文答辩会

**2008年夏，应邀在河南大学给研究生讲学**

**2008年夏，参加在北京梅地亚、巴音郭楞蒙古族自治州联络处召开的《东归英雄》央视首播新闻发布会暨专家研讨会，并发表感言**

2012 年夏，参加“元代国家与社会国际学术研讨会”，在张北附近考察元中都遗址

2012 年秋，参加在河南中牟县召开的“校氏族源鉴定会”，并作发言

# 孜孜以求　锲而不舍

## ——民族史学家白翠琴小传

## （代序）

白翠琴，生于1938年12月，浙江省平阳县人。中国社会科学院研究员。1964年夏毕业于南开大学历史系，分配到中国科学院哲学社会科学部（后改制为中国社会科学院）民族研究所（现为中国社会科学院民族学与人类学研究所）工作。长期从事西蒙古史、魏晋南北朝民族史及中国少数民族法制史等的研究。其思维敏锐，治学严谨，勤勉刻苦，勇于探索，成果丰厚。近年来，虽被眼疾所困，仍笔耕不辍，为我国民族史学的繁荣和发展继续发挥余热。其对学术孜孜以求、锲而不舍的精神，给同行留下深刻印象，曾被中国社会科学院院部评为先进女科研工作者，长期享受国务院特殊津贴。

数十年来，她积极参加国家及院所重大课题项目，出色地完成各项集体科研任务。与此同时，不断学习新知识充实自己，利用多学科的研究成果，加强个人有关课题探讨，在掌握大量资料基础上，提出许多独到见解。独著或与他人合作先后出版了十余部专著及大型工具书。其中主要的有《瓦剌史》（1991年，吉林教育出版社）、《魏晋南北朝民族史》（1996年，四川民族出版社）、《准噶尔史略》（1985年，人民出版社）、《西蒙古史研究》（1986年，新疆人民出版社）、《中国民族关系史纲要》（1990年，中国社会科学出版社）、《中国民族史》（1994年，中国社会科学出版社）、《中亚文明史》第五卷（2003年，法国巴黎，联合国教科文组织主持）、《中国历代民族政策研究》（1993年，青海人民出版社）、《中国北方民族关系史》（1987 年，中国社会科学出版社）、《中原地区历史上的民族融合》（2004 年，内蒙古人民出版社）、《北疆通史》（2002 年，中州古籍出版社）、《中国饮食史》第六卷（1999 年，华夏出版社）、《元代诸族建筑及居住文化》（2010 年，黑龙江人民出版社）、《中国北方游牧民族源流考》（2012 年，黑龙江人民出版社）、《〈明实录〉瓦剌资料摘编》（1982 年，新疆人民出版社）、《满文土尔扈特档案译编》（1988 年，民族出版社）、《中国民族史人物辞典》（1990 年，中国社会科学出版社）、《中国民族史大辞典》（1994 年，吉林教育出版社）、《中国历史大辞典》（1994 年，上海辞书出版社）、《新疆历史辞典》（1994 年，新疆人民出版社）、《大辞海·民族卷》（2012 年，上海辞书出版社）等。其参与编纂的《中华大典·民俗典·地域民俗分典》也即将问世。白翠琴有多项研究成果曾获国家或院级优秀成果奖（例如：第九届中国图书奖、国家社科基金项目优秀成果一等奖、中国人民大学吴玉章奖金历史学一等奖、中国社会科学院优秀成果一等奖等），并且还发表了近 70 篇百余万字的学术论文，对民族史及少数民族法制史等有关问题进行了深层次探讨。

## 一　致力瓦剌史研究，填补久悬学术空白

15 世纪前期，瓦剌崛起于漠北，统一蒙古。进而联结东西蒙古诸卫，巩固两翼，拆除明廷“西域屏障”和“辽海藩篱”，并挥戈南下，大败明军，俘获英宗，威震中原。长期以来，瓦剌部众驰骋在辽阔的西北原野，内勤牧耕，外御强敌，为开发与捍卫祖国边疆作出了重大贡献。但历史上，在双重正统观念（汉族封建正统观念、蒙古成吉思汗系黄金氏族正统观念）的束缚及影响下，对瓦剌历史很少予以客观系统的论述及公正评价，因而留给后世的是残缺不全的记载和迷雾重重的疑团。

过去，瓦剌史长期是一个冷僻的角落，以其资料分散、钩稽不易而为明代蒙古史研究中之难题，不仅没有综合性的专著，连专题论文也不常见，瓦剌的史实只有在中国通史和蒙古史综合著作中略有所述，且语焉不详。白翠琴在尽可能搜集各种有关资料及吸取国内外研究成果的基础上，积多年潜心研究，写出《瓦剌史》。钩沉剔微，据实考述，对瓦剌政治、经济、军事、文化及社会生活各个方面进行深入探讨。在许多问题上不乏

独到见解，如对瓦剌族源、各部源流及分布、瓦剌联盟形成及变化、社会结构、政治状况、文化习俗、也先之后二百年历史等，皆搜遗辑佚，综汇诸家，提出自己新看法。《瓦剌史》是我国第一部较为全面、系统研究瓦剌史的专著，填补了学术界在这方面研究的空白，受到国内外好评。

30余年来，她发表了大量西蒙古史研究学术论文。例如：《1257年释迦院碑考释》、《斡亦剌贵族与成吉思汗系联姻考述》、《瓦剌境域变迁考述》、《瓦剌王猛可帖木儿杂考》及《瓦剌王猛可帖木儿续考》、《从经济交流看瓦剌与中原地区的关系》、《明代大同马市与蒙汉关系刍议》、《明代蒙古与西域关系考述》、《明前期蒙古与女真关系述略》、《论脱欢、也先与脱脱不花的联盟》、《也先之后瓦剌探微》、《十五至十八世纪卫拉特社会组织和统治机构》、《卫拉特蒙古官制演变考述》、《土尔扈特早期史探微》、《土尔扈特东归精神形成历程新论》等。而在《关于评价也先汗的几个问题》中，则针对其是"叛逆"、"篡位者"、"诡诈百端的虏首"、"杀掠犯境的逆贼"等传统看法，从巩固东西蒙古的统一，打破传统观念和排除习惯势力的障碍，成为非黄金氏族蒙古大汗；采取措施，促进瓦剌社会经济复苏和发展；"土木之役"后审时度势，达成"景泰和议"等三方面进行探讨，认为综观也先戎马倥偬生涯，论析其功过，他应是蒙古史上有作为的首领，完全可以与达延汗等同样彪炳青册。

## 二　潜心探索魏晋南北朝民族史，梳理辨析创新意

因参与编写国家"六五"重点项目《中国民族关系史纲要》之需，从20世纪80年代中期开始，白翠琴将精力逐渐转向魏晋南北朝民族史及民族关系史之研究。主要成果有《魏晋南北朝民族史》；《中国民族关系史纲要》魏晋南北朝部分；《中国民族史》（国家"七五"规划重点项目）中乌桓、鲜卑、羯胡、柔然、敕勒、氐、羌等部分；《中国历代民族政策研究》之《魏晋南北朝民族政策概论》；《中原地区历史上的民族融合》的"魏晋南北朝编"及"隋唐编"；等等。其并发表大批有关学术论文。

魏晋南北朝时期各民族、部族的历史活动，不管是自觉还是不自觉、主动抑或被动，客观上都为功业辉煌、文化灿烂之"大唐盛世"的形成作出了重大贡献。历史一再证明，雄伟绚丽且五千年绵延不绝的中华文明

是各族人民共同创造、继承、保护和发展的结果，也是我们中华民族团结奋进、共同繁荣的历史根基和文化渊源。而《魏晋南北朝民族史》以丰富的史实、科学的方法、简洁的文笔凸显了此一历史主题，展示出中华民族演进史中具有深远历史意义的重要一章。此书为国内外第一部全面、系统地论述魏晋南北朝各族历史的学术著作，无论是其选题还是内容都具有开拓意义。书中除了对当时中华大地诸族的源流、分布、迁徙以及政治演变、社会制度、经济生活、文化艺术、风俗习惯、与他族交往和融合、对创造中华文明的贡献等方面进行精辟论述，在很多问题上提出独到见解外，还对这个时期民族融合特点及汉民族发展问题高屋建瓴地加以剖析和概括。作者摆脱旧史的窠臼，一反“五胡乱华”、“民族间大混战”、“汉族惨遭杀戮”、“历史大倒退”之陈词，认为此时期是我国汉族发展的重要阶段，民族大迁徙、大融合给汉族注入了大量新鲜血液，而在融合过程中，汉族又汲取了少数民族文化精华，大大丰富了自身物质文化和精神文化。并且，汉族人口分布较前广泛、合理，与其他民族一起对恢复北方社会经济和开发江南共同作出了贡献，为隋唐繁荣昌盛、汉族大发展奠定了基础。此书出版后，受到国内外学术界关注，《中国社会科学》专门载文对此书进行评介，并获中国社会科学院暨国家社科基金项目优秀成果奖。

作者在有关这一时期的专题论文中，也不乏创新开拓之作。例如，《魏晋南北朝民族观初探》用大量史实对汉族及少数民族统治者的民族观进行深入探讨。指出，汉族统治者一方面从先秦两汉以来的民族思想中，汲取自己需要的部分，使其披上一层古圣人立言的外衣，另一方面又根据国势民情有所变化和发挥。其特点有三：第一，既以华夏正统自居，轻视少数民族，又要面对少数民族日益强大的事实，千方百计加以羁縻控制；第二，既坚持“内诸夏外夷狄”的传统观念，痛心疾首地称十六国时期为“五胡乱华”，又不得不承认南北对峙局面，遣使往来通好，并逐渐改变对北方诸族的看法；第三，入仕少数民族的汉族世家士人，从宗晋为正朔所在，转而奉北魏为正统，并极力“以夏变夷”，促进汉化。而少数民族统治者，一方面为了统治人口占多数的汉人，尽力标榜自己也是继承华夏正统，并提出正统不是根据族称，而是以德相承，从不将自己排斥于中华一统之外，这实际上是对“夷夏有别”、“贱夷贵夏”思想的否定，为少数民族入主中原，进而统一全国寻找理论根据，对后世产生很大影响。

另一方面，又仰慕汉族传统文化，重用汉族士人，加速汉化，以适应统治中原地区的需要，并提高本族的文化素质。此论文发表后，受到好评，还被《中国社会科学》海外版翻译成英文向国外介绍。

## 三 深入北方游牧民族法制史领域，独辟蹊径新求索

中国疆域辽阔，民族众多，法律文化各具风采。深入探讨少数民族法制内容实质、演变历程，廓清其发展脉络，这不仅有利于对诸族政治制度、法制思想、阶级结构、经济状况等的研究，而且对进一步了解现代法律框架下少数民族习惯法的遗存，针对性地制定各种法律制度，加强依法治国，更好地贯彻落实“民族区域自治法”，也是有所裨益的。但是，过去在相当长时期内，对少数民族法制的研究尚未引起有关方面的高度重视，蒙古法、哈萨克法等在国内学术界也很少涉及。多年来，白翠琴涉足此领域，搜集有关资料，从民族学、历史学、法制学、社会学、民俗学等多学科角度，进行深入研究，取得不少成果。自20世纪80年代初开始，陆续撰写发表了《试论卫拉特法典》（合著，收入《中国法制史考证》）、《哈萨克法初探》（合著，收入《中国法制史考证》）、《略论元朝法律文化特色》、《卫拉特法典与噶尔丹洪台吉敕令之比较研究》、《突厥法探究》等论文，并长期坚持关于北方游牧民族法制的专题研究。对蒙古、哈萨克、鲜卑、突厥等游牧民族的法源、从习惯法至成文法发展历程、具体内容及实质等进行探讨，开我国此方面研究之先河。对深入研究我国民族史、社会制度史、法制史等都颇有启迪作用。

例如，《卫拉特法典》内容十分丰富，犹如一面镜子，透过它，可了解卫拉特蒙古的政治、经济、文化及风俗习惯等。作者在《试论卫拉特法典》一文中，详尽地分析了法典制定的历史背景、主要内容及历史意义。明确地指出：法典的“某些条款虽然也保留了氏族制的外壳，但其主要内容是从社会生活各个方面维护封建所有制，巩固封建等级制度，稳定封建统治秩序。从法律上促进了封建制的发展，对蒙古社会的历史进程产生深远影响”。并从五个方面加以论述：（一）法典规定，藏传佛教为蒙古各部共同信仰的宗教，严禁用言语和行动侮辱僧侣；（二）土地、牧场归领主占有和支配，严禁阿拉特牧民离开所属封建领

主而自由迁徙，重惩逃亡和盗窃，竭力保护封建领主所有制；（三）法典规定王公、高级僧侣的各种特权，贵族与平民及平民间上、中、下三个阶层的严格区分；（四）法典在社会生活其他方面（婚姻、继承等）的立法规定也是为进一步巩固封建制度服务的；（五）法典规定各部必须联合起来共同抵御外敌，宣扬对敌勇敢战斗的精神，并进一步调整了卫拉特与喀尔喀之间，以及各鄂拓克、爱马克内部的关系，以加强团结，共同抵御外侮。

又如《哈萨克法初探》一文，对哈萨克法概况、内容实质、法源等进行了探讨，尤其对哈萨克法中反映出来的游牧宗法封建制加以剖析。并指出：哈萨克法既是哈萨克族统治阶级意志的体现、民间习惯的汇集，又受到政治风云变幻及社会发展、文化素质提高、思想观念变化及周围诸族法律文化（尤其是蒙古法、伊斯兰法）的影响。因而，深入研究哈萨克法，有助于更好地了解哈萨克族的历史和文化。

再如，《略论元朝法律文化特色》一文，作者以民族学、法制学、历史学、语言学等独特视野，在全面研究元朝法制的基础上，通过纵横对比，从成文法渊源、形式、内容、监察司法机构、圆署约会制度、律书语言文字等方面论述元朝法律文化的五大特色：（一）法源呈多源性，蒙古法、回回法、金制唐律等兼容并蓄；（二）大部分律书是法例汇编性质，断狱量刑基本上以断例为依据；（三）元律公开宣称各族在法律上不平等，将人分为四等，罪同罚异；（四）诉讼审判制度颇有独树异帜、开创新例之举；（五）元代律书文体独特，多半为“硬译公牍文体”。作者进而指出：“元朝统治者将‘祖述’和‘变通’紧密结合，其法律主要受中原传统法系影响，但又留有浓郁草原游牧气息的蒙古习惯法遗痕，还吸收了回回法等的某些内容。这种与他族交融而不失原有特色的文化现象，正是一个民族内部及中华民族凝聚力经久不衰的重要渊源所在。”

## 四 参与多种民族辞典之编纂，竭诚为普及民族学科知识作贡献

普及民族学科知识，使广大民众更好地了解诸族的历史和文化，这是民族科研工作者义不容辞的责任。白翠琴以其深厚学识造诣及扎实专业功底，参与《中国民族史大辞典》、《中国民族史人物辞典》、《中国历史大

辞典》、《新疆历史辞典》、《大辞海》等编纂及《辞海》修改补充工作，共撰写60余万字的释文。在编纂中，对自己所写的辞条字斟句酌，反复推敲，力求准确。同时，其认真负起副主编、编委等职的责任，细致地参加部分条文的修改、审定、校对等工作，为普及民族学科知识贡献自己的力量。

（原载《当代中国著名民族学家百人小传》，中央民族大学出版社2006年版。此次收入稍作增补）

# 目　录



## 一　关于民族政权、民族观及中国意识等问题的探讨



## 二　魏晋南北朝民族史研究

## 三 卫拉特蒙古史研究



## 四 民族法制史研究及其他

# 前　言

我自大学毕业，进入民族研究所工作后，长期从事西蒙古史、魏晋南北朝民族史、游牧民族源流考证及少数民族法制史等方面的研究工作。在积极参加国家及院所级重大科研项目的同时，还加强个人有关课题的探究。独著或与他人合作出版了十余部专著和大型工具书，并且结合自己的研究重点，撰写发表了近70篇百余万字的学术论文，在国内外学术界皆有一定影响。但有的论文发表迄今已有30余年，目前难以寻找。今年恰是我从事民族研究50周年，为了对逝去的学术生涯作一总结，也为了便于读者搜索，拟从已发表的论文中选出40篇，汇集成册，取“探幽洞微”（见曹植《武帝诔》）之意，名为“探微集”。这些论文不仅具有学术价值，而且存在现实意义，对民族史学的繁荣和发展有所裨益。其主要内容包括以下几个方面。

（一）关于民族政权、民族观及中国意识等问题的论述，从民族学、历史学、社会学等多学科角度，采取微观与宏观相结合的研究方法，进行深层次的探讨。例如，《怎样看待历史上的少数民族政权》、《略论中国意识的内涵及特色》、《魏晋南北朝民族观初探》等。这些论文在国际学术讨论会上宣读及报刊上登载后，皆引起反响。有的被《中国社会科学》海外版翻译成英文向国外介绍。

（二）探索魏晋南北朝民族史中的一些关键问题，诸如民族政策、迁徙与融合、社会经济演变及文化互动等问题。在对相关资料梳理辨析后，提出自己的新见解。例如在《魏晋南北朝汉民族发展刍议》一文中，笔者摆脱旧史的窠臼，一反“五胡乱华”、“民族间大混战”、“汉族惨遭杀戮”、“历史大倒退”之陈词，用具体史实说明此时期是我国汉族发展的重要阶段。民族大迁徙、大融合给汉族注入了大量新鲜血液，而在融合过程中，汉族又汲取少数民族文化精华，大大丰富了自身的物质文化和精神文化。并且，汉族人口分布较前广泛、合理，与其他民族一起，对恢复北方社会经济和开发江南共同作出了贡献，为隋唐大发展奠定了基础。论文发表后，引起学术界关注，多次被引用或转载。

（三）探讨卫拉特蒙古史，尤其是明代瓦剌史的一些重要问题，收集了一批相关论文。例如，《斡亦剌贵族与成吉思汗系联姻考述》、《1257 年释迦院碑考释》、《瓦剌境域变迁考述》、《瓦剌兴衰史探究》一至四、《关于评价也先汗的几个问题》、《卫拉特蒙古官制演变考述》、《土尔扈特东归精神形成历程新论》等。运用大量史料，钩沉剔微，据实考述，填补了这方面研究的一些空白。

（四）北方游牧民族法制及其他问题。过去，在相当长时期内，对少数民族法制史的研究，尚未引起有关方面的高度重视，蒙古法、哈萨克法等在国内学术界也很少涉及。多年来，笔者深入此领域，独辟蹊径，进行新求索。从 20 世纪 80 年代以来，陆续撰写发表（独著或与他人合作），诸如，《试论卫拉特法典》、《哈萨克法初探》、《卫拉特法典与噶尔丹洪台吉敕令比较研究》、《略论元朝法律文化的特色》、《从“北魏律”至“唐律疏议”看汉夷间法律文化互动》、《北方游牧民族法律文化特点略论》、《突厥法探究》等论文。对蒙古、哈萨克、鲜卑、突厥等游牧民族的法源、从习惯法至成文法发展历程、具体内容及实质等进行探讨。这些论文多次被转载或收入《法制史考证》中，对加强民族法制研究和建设有一定推动及参考作用。

总之，“探微集”中很多论文，对某一专题进行深入探讨，无论在资料搜集，观点阐述，疑题考辨等方面，多有独到之处。反映了笔者的治学态度和风格，凝聚着数十年之心血。诚然，由于各种因素的影响，论文中不足之处，在所难免，敬请方家不吝赐教。

白翠琴

甲午秋于京城

# 一

# 关于民族政权、民族观及中国意识等问题的探讨

# 怎样看待历史上的少数民族政权

在我国悠久的历史发展过程中，曾经出现了许多以少数民族为主建立的政权，通常称为“民族政权”或“国”。其中，除蒙古族建立的元朝、满族建立的清朝统一了全国外，其他少数民族政权并没有统一全国，尽管其统治范围大小不同，存在的时间长短各异，所占的地区或在内地或在边疆，但它们都属于中国历史上的政权。这些政权对缔造我们伟大祖国光辉灿烂的历史和文明，都作出了自己的贡献。

## “国中之国”神州孕育

在我国历史上，对于“国”这一词汇的传统用法和今天的理解不尽相同。在古代，北方地区，如匈奴、夫余、高句丽、鲜卑、柔然、敕勒、突厥、回鹘、黠戛斯、契丹、党项、女真、蒙古等族建立的政权。南方地区，如越、巴、蜀、滇、夜郎、成汉、南诏、大理及青藏高原的女国、附国、吐蕃等。中原地区，如十六国时期匈奴建立的汉（前赵）、大夏，羯人的后赵，鲜卑的前燕、后燕、南燕、西燕，氐族的前秦、后凉，羌族的后秦等；南北朝时又有鲜卑建立的北魏（东魏、西魏）、北周；五代时有西突厥别部沙陀所建立的后唐、后晋、后汉及十国中的北汉等。上述政权都是当时中国境内的政权，其历史一一列载于我国“二十四史”及《清史稿》之中。这些民族政权都建号称尊，自比王者，不自外于中国，互斥对方为“潜伪”，并往往以统一中国为己任。蒙古族、满族统治者则将其付诸实践，建立了疆域辽阔、国力鼎盛的元、清两朝。总之，伴随着中原王朝的衰落而往往兴起少数民族政权，而当中原地区出现强大的王朝时，它们又渐趋消失或从属于中央王朝。

我国古代不仅出现过许多少数民族政权，而且也出现过两个以上并存的汉族政权。如东汉之后，魏、蜀、吴三国鼎立；五代十国时，南方的吴、南唐、吴赵、楚、闽、南汉、前蜀、后蜀、荆南等9国。这些汉族统治者所建立的“国”，经过激烈的争夺后，又逐渐地统一于某个较为强大的中央王朝之下。

**唐蕃会盟碑（又称“长庆会盟碑”或“甥舅和盟碑”，在西藏自治区拉萨市大昭寺前）**

由上可见，我国古代之“国”的概念，并不代表当时整个中国。而且“中国”、“中华”等内涵也有一个演变发展的过程。“中国”一词，初含“京师”、“国中”、“王畿”等义，后渐指以“诗书礼乐法度为政”之国或中原地区、中央王朝，主要是一种文化类型和政治地位的区分，或是一个地域的名称，而不是整个历史疆域和政治管辖范畴的概念。统观中国历史，从夏、商、周、秦、汉，到后来的隋、唐、宋、元、明、清，历代王朝都有自己的国号，却没有一个王朝将“中国”作为自己的国号。“中国”，正式作为我国统一多民族国家政权的名称，乃近代之事，是在孙中山先生领导的辛亥革命，推翻封建王朝，建立“中华民国”（通称“中国”）之后。而中华人民共和国的成立，使“中华民族”真正成为我国56个兄弟民族（包括侨居海外各族同胞）的总称。“中国”一词才真正摆脱了民族主义和正统观念的束缚，成为中华人民共和国的简称，成为反映中国历史实际的一个科学概念。今天我们来谈论各少数民族所建立的政权，既要反对封建文人把中国少数民族政权称为“异族”、“外国”、“外寇”等充满大汉族主义的民族观，又要尊重历史上我国境内曾经出现过许多民族政权的事实，承认它们是祖国历史发展的组成部分，无须采取回避态度。

## 追根溯源　骨肉相连

我国古代各族所建立的政权，无论就其历史渊源、地域分布、民族构成及与中原王朝的关系等方面来看，都是与中华民族大家庭的形成和发展紧密相连的。

以匈奴政权为例，据《史记·五帝本纪》所载，黄帝曾“北逐荤粥”，这反映了匈奴的先祖早就与中原华夏诸族有所接触。至西汉屡经战和，匈奴臣属于汉廷，与此同时，匈奴也对其周邻被征服诸族进行剥削，开展文化交流。东汉时，匈奴分为南、北两部，南匈奴归汉朝直接管辖，北匈奴也大批附汉。后南匈奴因变乱大批迁入内地，和汉族等错居杂处。也有不少邻近于匈奴的汉人，或被迁、被俘，或因躲避中原地区战乱，到匈奴地区生活，而成为各自族源的一部分。

汉族之所以成为今天中国的主体民族和世界上人口最多的民族，也是由古代华夏族和其他民族长期混血而逐渐发展形成的。约从公元前21世纪至公元前770年，黄河中、下游的夏人、商人、周人经夏、商、周三个王朝和其他部落长期相处，华夏族逐渐形成和发展。春秋战国时，齐、秦、晋、燕、楚等大国成为东西南北各族密切联系的中心，华夏族和其他各族接触更广泛、更频繁，与四周的所谓戎狄蛮夷逐渐融合。至秦、汉时期形成了以华夏族为主体的、统一的、多民族的中央集权国家。汉代以后渐称汉族。魏晋南北朝是我国民族大融合时期，北方民族大举南下，在黄河流域先后建立了许多政权。大批中原地区的汉族向江南、河西陇右、辽东、蜀汉等地迁徙，南北各族融合于汉族之中的达三四百万人。这就为唐代统一后，汉族的发展创造了条件，李唐皇室就有不少北方民族的血统。元朝统一后，把契丹、女真等族都视为“汉人”。故从族源上来看，汉族是由我国古代境内华夏族和其他民族融合发展而成。在这个过程中，少数民族建立的政权通过战争、迁徙、交流等手段，起到积极的推动作用。

我国古代少数民族政权的地域分布、管辖的对象等，也与中原地区有密切联系。以辽代为例，辽的地域东自大海，西至流沙，南越长城，北绝大漠，包括今东北三省、内蒙古东半部、山西北部及河北（包括北京在内）一带。其境内除了契丹族以外，还有奚、渤海、回鹘、女真、蒙古和汉等族。辽代统治阶层与中原王朝的关系更是源远流长，其先祖曾受过中原王朝的册封。契丹族首领在南北朝时，就向北魏岁贡名马，“朝贡至齐受禅不绝”。隋时，“悉其众款塞，高祖纳之”。唐代，契丹首领窟哥举部内属，被任命为松漠都督，封无极男，赐姓李。唐朝廷还在契丹分布地区设立松漠都督府和10个州。

同时，辽朝等统治集团的组成也不单纯是一个民族，除了以这个民族的统治阶级为主外，还有其他民族的上层人物参加。例如，辽太祖阿保机建立辽朝。他的主要谋士之一是汉人韩延徽，封其为相，号“政事令”，契丹谓之为“崇文令公”。在辽太宗耶律德光时，辽“官分南、北”，即所谓“以国制治契丹，以汉制待汉人”。南面官，包括太傅、太保、太尉、大丞相、左丞相、右丞相等在内，大多由汉人担任。此外，中原王朝的典章制度也被吸收，加以施行和推广。其他民族政权如前秦、北魏、北周、西夏、金等，类似的情况不胜枚举。总之，我国以少数民族为主建立的政权，无论从其分布的地域、管辖的民族、政权的组织、历史渊源，还是与中原王朝关系等方面来看，都是和祖国多民族大家庭历史分不开的。

大理崇圣寺三塔（在云南省大理县城西北崇圣寺内）

## 祖国疆域　共同开拓

我国古代少数民族政权大多是在边陲，其统辖区往往与我国疆域范围密不可分。有人认为，我国历代疆域，应以历代王朝设官治守或管辖到的地方为界，而把少数民族所建立的政权及其管辖范围，排除在祖国大家庭以外，把它们看作是“外国”、“外敌”，将它们对中原王朝的进犯，说成是“外国对中国的侵略”或“异族入侵”等，这种看法显然是错误的。

中国的历史在长期发展中，经历了统一、分裂及再统一的过程，各少数民族政权和中原王朝形成了各种各样的复杂关系。在统一的时候，有的少数民族政权就置于汉族或其他统治民族所建立的王朝管辖范围内，或成为中原王朝的郡县、羁縻府州和行省；有的是册封授印，在政治上处于从属关系；有的甚至只有朝贡互市关系。在分裂时期，边陲少数民族政权也往往与中原地区较为强大的政权保持一定的从属关系，例如，突厥与西魏，高昌回鹘与北宋等。有的还与邻近较为强大的少数民族政权发生从属关系，如10世纪时，辖戛斯（今柯尔克孜族之先祖所建）是辽的属国，辽在其地设"辖戛斯国王府"。因此，不管统一或分裂时期，少数民族政权与中原地区始终存在着各种各样的政治、经济、文化联系，其传统和稳定的管辖地区始终是我国历代王朝不可分割的一部分。

我国历史上的疆域，并不限于现在的国界，如今的疆界要比原来小得多。这是近代帝国主义入侵我国北方地区以后逐渐造成的。我国历代疆域虽有所变迁，但大体上有一个传统和稳定的范围。这与历史上秦、汉、唐、元、清等大一统时期，中原王朝曾先后统一这些地区，建立了行政机构及进行有效管辖有关。历代建立的少数民族政权都有自己的传统、固定的游牧地和管辖区，一般以大河、高山为界。不少民族政权的分布活动范围及其管辖地区，在我国史籍上都有明确记载，如南匈奴及准噶尔等还绘有游牧分布图。显然，这些都是确定祖国历史疆域的珍贵资料。由此，也充分证明我国疆域是各族人民共同开拓的。

## 千秋功过　据实评说

我国历史上曾出现过许多少数民族政权，它们与祖国保持着休戚相关、生死与共之关系。如何正确评价这些政权在历史上的地位及在中华民族凝聚力形成和发展中的作用，乃是影响民族感情、关系民族团结的重大问题。因此，我们对历史上的少数民族政权或其首领人物的评价，一定要立足于中华民族，放眼整个历史发展过程，坚持民族平等的原则，既要铲除大汉族主义和正统观念的影响，又要冲破狭隘地方民族主义的束缚，历史地、辩证地看问题，实事求是地加以分析。其标准，应该大致有以下几点：第一，客观上是否有利于祖国统一、民族团结；第二，是否有利于本民族的进步和发展；第三，明末清初以后，是否有利于反抗帝国主义、殖民主义的侵略和压迫等。之所以说要客观地看待少数民族政权，是由于这些民族政权和首领人物的所作所为，在当时，主观上并不一定具有多民族祖国大家庭的概念，而往往是从狭隘的民族利益出发，但从其行动的后果看，则常常起到有利于民族团结和祖国统一的作用，促进了社会进步和经济发展。民族主义在一定的历史条件下，是具有进步意义的。当然，这里还有两个问题的界限必须划分清楚：一是少数民族政权与外国（特别是和邻近国家）的正常往来，要与那些卖国投敌、出卖民族利益、引狼入室的叛国行为严格区分开来，不能一与外国有所接触，就说是勾结。二是要把少数民族政权及其人民反抗中原王朝的民族压迫和反抗苛政暴敛的斗争，与“分裂”、“叛乱”严格区分开来，不能把反对中原王朝（尤其是大一统时期）不加分析地斥为“分裂”、“叛乱”；反之，也不能把凡是反对中原王朝的行为都冠以“民族起义”之名，大加赞颂。否则，容易伤害民族感情，既不利于民族团结，也不利于判断历史是非。

依据以上所说的三项标准，梳理史书所载，少数民族政权在我国历史发展中的作用，至少有三个方面是值得肯定的。

第一，各民族政权建立前期，一般都能采取各种有利于本民族统一和发展的措施。例如，魏晋南北朝时期，匈奴建立的汉（前赵）、羯人建立的后赵、氐人建立的前秦、羌人建立的后秦、慕容鲜卑建立的前燕、拓跋鲜卑建立的北魏、宇文鲜卑建立的北周等；隋唐时期的突厥、回鹘、渤海、南诏、吐蕃等政权；宋、辽、金、夏时期，契丹建立的辽、女真建立的金、党项建立的西夏、白蛮建立的大理、蒙古族建立的“大蒙古国”等。建国后大多能利用强大的政治、军事力量为后盾，制定一系列典章制度，采取各种措施，促进本民族的内部统一和社会经济发展。元、清更曾一度出现了封建社会的“盛世”。关于这方面的问题，史书及前人著作都有详细记载和论叙，兹不赘述。因而，可以说，我国光辉历史和灿烂文化的形成和发展是与这些少数民族政权及人民的贡献分不开的。

第二，各民族政权的局部统一为祖国大一统和历史疆域的形成创造了有利条件。统观中国历史，自秦建立统一的多民族中央集权制国家以来，中国封建社会的历史，基本上是在汉代奠定的多民族的中国版图范围内时分时合，以合为主流地向前发展着。中国的历史之所以与世界历史上经常出现的那种强行用军事行政办法联合成的军事帝国不同，在每次分裂后，仍能再次形成新的大一统局面，就是因为中国的大一统是建立在深厚经济、文化联系的基础上，特别是建立在中原地区与边疆少数民族地区之间千丝万缕的经济、文化和政治联系的基础上。

史实证明，全中国的统一，与各民族内部的统一是分不开的，没有各民族内部的统一，全中国的统一也就不可能。虽然在某一时期，少数民族政权在某一地区形成局部割据，但正是这种局部的割据（也是局部的统一），为新的大统一酝酿着必要的条件。如成吉思汗把分散的蒙古部落统一起来，建立统一的蒙古贵族政权（也称“大蒙古国”），后来才出现了元朝的大统一局面。努尔哈赤把满族统一起来，建立后金政权，为清朝大统一奠定了基础。在清前期，我国西北地区的卫拉特蒙古族，在其首领巴图尔珲台吉、僧格等的领导下，一方面采取有效措施，促进了本民族的统一与发展；另一方面英勇地抵抗沙俄的东侵南犯，为清朝统一新疆创造了条件。而在宋、辽、金对峙时期，辽政权把长城以北各少数民族聚居的广大疆域更紧密地同华北及中原连成一体。金政权把我国黑龙江流域的广大疆域与祖国内地连成一体。可见，契丹人、女真人及之后的蒙古人都为开发祖国北方疆域作出贡献。同样，吐蕃、南诏、大理等民族政权对开发我国西南边疆也起了很大作用。这些少数民族政权，都为祖国新的更大范围的统一起到积极作用。

**江孜抗英炮台遗址（在西藏自治区江孜地区，1904年西藏人民抗击英国入侵的遗址）**

第三，各民族政权与中原王朝的政治联系及经济、文化交流，增强了中华民族的凝聚力。在我国统一多民族国家的历史发展过程中。由于存在着阶级矛盾和民族矛盾，各族之间不可避免地发生过各种各样的战争。如各族剥削阶级掠夺、压迫别的民族及争夺封建王朝统治权、统一全国的战争；被压迫被剥削民族反抗掠夺压迫的斗争等。诚然，有的少数民族政权统治者发动的侵扰战争，使生灵涂炭、经济破坏、社会停滞不前，应予以否定，但这毕竟是我国历史发展的支流。而各族之间友好往来、和平相处则是我国历史发展的主流，其突出表现在各族之间的经济、文化交流，建立互相依存、相互促进、密不可分的关系上。

我国古代游牧民族如匈奴、突厥、回鹘、蒙古等，地处北方寒冷的游牧区域，需要依靠中原农业地区供应“絮、缯、酒、米、食物”等生活必需品，而中原地区也需要他们支援大量的骏马和皮毛，满足军事、生产、生活上的需要。我国古代少数民族与中原地区或周围诸族的经济交流，常常以朝贡和互市的方式来实现。中原王朝对少数民族政权统治者的朝贡以回赐的方式，把大量的锦罗绸缎、金银首饰、乐器珍玩、书籍纸张及贵重药品等送给他们。而一般劳动人民则通过互市，换取生产与生活必需品，如布帛、米麦、锅釜、茶叶等。即使在这些少数民族政权与中原王朝发生战争和冲突时，经济联系也没有中断。在生产技术和文化交流方面，中原汉族地区的建筑、水利工程和手工业等先进生产技术，不断地传入兄弟民族地区。同时，少数民族地区的植棉、棉织技术、独特的烹饪技艺以及草药、乐器、歌舞等也都不断地流传到中原地区，大大丰富了祖国的医药宝库和艺术园地。总之，各少数民族政权与中原王朝所建立的密切政治关系，是各族之间长期经济、文化交流的结果，反过来，又促进了各族之间的经济、文化交流和发展。而这种强有力的纽带，将祖国各族紧紧地联结在一起，促进了中华民族凝聚力的形成和发展。

（原载《中国民族报》2002 年 5 月 28 日）

# 魏晋南北朝民族观初探

魏晋南北朝时期，民族政权林立，各种矛盾错综复杂。无论是汉族统治者建立的政权，或是少数民族统治者建立的政权，其境内都有多个民族，均存在民族问题①，也必然产生对本族、其他民族及民族问题的看法，即民族观。不同民族、不同阶级，存在不同民族观，反映着不同民族的阶级利益。

这个时期，先后建国者三十有余，大多是封建制国家。时代背景不同，民族各异，所反映出来的民族观也就五花八门。但基本上可分为两大类，一是汉族统治者的民族观；二是少数民族统治者的民族观。为了更好地论述这个问题，首先要对其历史背景、政权演变、民族构成及民族关系特点作一简单交代。

## 一　朝代更迭、民族情况及民族关系特点

从公元3世纪初至6世纪末，我国经历了魏、蜀、吴三国鼎立，西晋短暂统一，东晋及十六国嬗递，南北朝对峙时期。

三国中，曹魏辖区最广，据有淮河以北的中国北半部，西及陇西，并曾于西域设长史府。境内除汉人外，还包括我国东北、北方、西北诸族，如匈奴、鲜卑、氐、羌、乌桓、羯、卢水胡、丁零等。蜀汉地处西南，包括今陕西南部、四川、云南及贵州西部。其北部与曹魏相接，交界处陇右有氐、羌等族；东与孙吴毗邻，交界处有武陵蛮，荆州以南的交州有越

① 民族问题是指民族间关系问题，主要表现在政治、经济、文化、语言文字和风俗习惯等方面，并贯穿于民族存在和发展的始终。不同时期具有不同的性质和内容。

人。境内少数民族有青羌、叟、嶲、僚、濮、昆明等南中诸族。孙吴境内的少数民族大致可分为两大集团，一是蛮，二是百越后裔。分布在今湘西及黔、川、鄂三省交界地区沅水上游的有五溪蛮（又称武陵蛮），聚居在今鄂东及皖西南的大别山和长江之间的有五水蛮（也称豫州蛮和西阳蛮）。百越后裔在吴境者主要有俚和山越两大支系。俚人聚居在岭南“广州之南，苍梧、郁林、合浦、宁浦、高凉五郡中央，地方数千里”①。由于岭南地区社会秩序相对稳定，中原不少汉族避乱南来，与俚、僚杂居。山越主要分布在扬州等地，即今苏、浙、皖、赣、闽、粤等省部分山地，居于崇山峻岭之中，从事农业。

西晋时期，境内除汉族（又称晋人）外，尚有许多少数民族，其中比较强大和活跃的，在北方主要是匈奴、鲜卑、羯、氐、羌等。东汉末年以来，上述诸族不断内迁，幽、并、雍、梁、秦、凉等州都有其足迹。大抵匈奴居今山西北部及陕西北部；氐、羌入居陕西、甘肃、宁夏等地；鲜卑分布于东起辽东，西迄青海的塞外，并在归附的名义下，大批进入中原。此外，略阳、天水附近还居住着巴氐（巴人或賨人）。陇西、秦、凉及今河北、山西、河南一带也有丁零（敕勒）部落聚居。西南、中南、东南，与三国蜀、吴相似，分布着南中诸夷及蛮、百越后裔。而汉族人民也大批离开本土，向辽东、江东、陇右、河西及益州等地迁徙。幽、并、雍、梁、秦、凉等州出现各族错居杂处的现象，造成“西北诸郡，皆为戎居”②，“关中之人百余万口，率其少多，戎狄居半”的局面③。

4世纪初，晋室东迁，大量汉族移居江左，北方及西南出现了十六国更替。以匈奴为主建立的有汉（后称前赵）、夏；以卢水胡为主建立的有北凉；以鲜卑为主建立的有前燕、后燕、南燕、西秦、南凉；以羯为主建立的有后赵；以氐族为主建立的有前秦、后凉；以羌族为主建立的有后秦；以賨人为主建立的有成（后称为汉）；以汉族为主建立的有前凉、西凉、北燕。另外，还有鲜卑建立的西燕、丁零建立的翟魏、吐谷浑建立的政权、拓跋鲜卑建立的代（后为北魏）等。

5世纪前叶，北魏统一北方，江南刘裕取代晋而建立宋，进入了南北

① 万震：《南州异物志》，见《太平御览》卷785，四夷部六，俚条注引。

② 《资治通鉴》卷81，晋武帝太康元年。

③ 《晋书》卷56，《江统传》。

朝时期。北魏统一北方后，汉族成为其统治区的主要居民，少数民族除鲜卑诸部外，还有原居住在黄河流域、长城内外的匈奴、羯、氐、羌、丁零余众、山胡（稽胡）、卢水胡、契胡（羯胡）以及焉耆胡（西域胡）等。另有敕勒、柔然、吐谷浑、蛮等举族投附或被俘获迁徙至北魏境内者。而其周边，东北方有库莫奚、契丹、室韦、乌洛侯、豆莫娄、勿吉、地豆于等；北方有柔然、高车与后起的突厥；西北有龟兹、于阗、康居、乌孙、疏勒、月氏、鄯善、车师之属；西南境有仇池氐、邓至及宕昌羌、吐谷浑、女国、附国等。北魏、东西魏及北周、北齐南面和汉族建立的宋、齐、梁、陈世代对峙。

南朝主体民族是汉族，境内居住着众多少数民族，统称为“蛮”、“诸蛮”。种类繁多，言语不一，见于记载者有蛮、僚、俚、爨、巴、蜀、楚、越、谿、蜒等各种名称。在这些民族中，蛮、僚、俚、爨四大支系分布地区较广，人数较多，大多从事农业生产，在经济文化方面有其显著特点，与南朝关系也较为密切。

魏晋南北朝时期，除西晋短暂统一外，经常处于群雄割据、汉族和少数民族所建政权鼎立并存的状态，是我国分裂混战时期，也是各族发生大规模迁徙和融合时期。这个时期的民族关系显示了其时代的特点。

首先，北方匈奴、鲜卑、羯、氐、羌等族大规模进入中原，成为统治阶级，先后建立各类政权持续近 3 个世纪，而原居于统治民族地位的北方汉族则往往变成被统治民族。各族之间，特别是各少数民族与汉族之间，既相互斗争又相互结合，关系更为密切。内迁诸族加速了封建化与汉化的过程，其具体表现在少数民族统治者与汉族地主在政治上的进一步联合，崇尚儒学，采用汉制；内迁诸族不同程度地发展了农业经济，社会生产水平逐渐接近汉族；中原地区诸族语言差异逐渐消失，汉语成为绝大部分内迁诸族通用语言；夷夏观念逐渐淡薄，民族心理素质也发生变化；生活习俗方面民族特点逐渐消失，通过杂居通婚，血统上混为一体。不过，这个时期的民族融合虽是以汉族为核心而进行，但汉化和夷化往往同时存在，内迁诸族与汉族融合，内迁诸族之间，塞外各族之间也相互融合。民族融合不仅给汉族注入大量新鲜血液，使之更加发展壮大、生气勃勃，而且，质朴刚健的北方草原文化与中原汉族封建文化经过反复撞击，融炼汇合，去粗存精，形成华戎兼采、空前宏伟之格局，为光辉灿烂的唐文化奠定了基础。

其次，在南方，由于晋室东移，大批北方汉人南迁及少数民族出居平地，也造成某些杂居局面。使部分与汉族关系密切的少数民族逐渐汉化，也有一些迁居或以其他形式进入民族地区的汉族融合于少数民族。

最后，南北对峙二百多年①，对以汉族为主建立的东晋、南朝来讲，认为原属于他们的北方已沦于异族统治，常欲收复失地；从以氐及鲜卑等为主建立的前秦、北朝而论，认为自己入主中原，称南朝为岛夷，总想灭之而统一中国。这就是双方矛盾的根源和发生战争的原因。当双方势均力敌，谁也不能吞并对方时，便出现对峙局面，存在着经济、文化交流。因此，东晋与十六国、南朝与北朝之间，既曾发生南征北战的军事冲突，又有婚娉、互市等和平往来，但绝大多数岁月是处于相峙稳定的状态，这有利于南北的经济文化交流，为隋唐大一统创造条件。

在阶级社会中，民族观是由统治阶级的民族属性、阶级属性及客观形势所决定的。从一定意义上说，民族观是民族关系的反映。因此，魏晋南北朝民族关系的特点也必然会影响汉族及少数民族统治集团的民族观。

## 二　汉族统治者的民族观

魏、蜀、吴、东晋、西晋、宋、齐、梁、陈等，都是以汉族统治者为主建立的政权。其民族观既继承了周秦以来的民族思想，又有所发展。众所周知，夷夏之称始于西周，至百家争鸣的春秋战国时期，各种民族观应运而生。以管仲为代表的思想家和政治家提出“尊王攘夷”的口号，诬华夏之外的民族为“豺狼”、“禽兽”，只能待之以威，所谓“戎狄豺狼，不可厌也，诸夏亲昵，不可弃也”②；“夫戎狄……若禽兽焉”③；“德以柔中国，刑以威四夷”等④。这种带有强烈的民族歧视的思想，对后世的影响极为深远，是阶级社会中统治阶级用以征服、压迫、剥削各族人民的理论依据之一。而以孔子为首的儒家，从“仁”的思想出发，虽赞同“尊王攘夷”（或“尊夏攘夷”）的行动，但只认为华夏与夷狄有主从、尊卑、

---

① 南北对峙实际始于晋室南迁，东晋政权建立。但作为历史上所称的南北朝时期，则一般从宋代晋开始。

② 《左传·闵公元年》，管仲语。

③ 《国语·周语中》；《左传·僖公二十五年》。

④ 同上。

内外之别，如“蛮夷要服，戎翟荒服”，“要服者贡，荒服者王”[①]；“裔不谋夏，夷不乱华”[②]；“内诸夏而外夷狄”[③]；“非我族类，其心必异”等[④]。对四夷侧重于怀，即所谓“诸侯亲之，戎狄怀之”[⑤]。孟子等主张以华夏为中心，兼容并包夷狄，“用夏变夷”，即以华夏文化为基础，实现大一统。公羊家则进而提出，以能否按礼仪行事为区分夷夏主要标准，夷狄而有礼仪，可进于爵，“夷狄进至于爵，天下远近小大若一”，是为夷夏无别之太平世[⑥]。这些思想就成为后世有作为的统治阶级政治家对夷狄采取怀柔羁縻政策的理论根据之一。总之，春秋战国时期儒法家代表人物所提出的民族思想，孕育和初步具备了后世二千多年的民族观之基本内容。

魏晋南北朝汉族统治者一方面从先秦两汉以来的民族思想中，汲取自己所需要的部分，使其所执行的民族政策披上一层古圣人立言的外衣；另一方面又根据国势民情有所变化和发挥。由于民族大迁徙和大融合，使汉族传统的民族观受到很大的冲击，不得不面对少数民族入主中原，南北对峙的现实，改变自己的看法和调整民族政策。因此，从时间上看三国、西晋与东晋、南朝时期有所不同；从地域上看，留在北方入仕异族政权的汉族世家文臣武将与东晋、南朝统治者也大有差异。并视自己实力和对方情况，交替使用镇抚两手，“伐叛柔服”[⑦]，刚柔并济，威德兼施。现从三个方面加以具体分析。

### （一）既以华夏正统自居，轻视少数民族，又要面对少数民族日益强大的事实，千方百计加以羁縻控制

魏晋南北朝时期，君临中原的王朝，无论是哪个民族统治者建立的政权，其境内汉族总是占据多数，在经济、文化上也占有优势。华夏正统、“内中华外夷狄”的观念，在汉族统治者和士大夫中是根深蒂固的，并都借顺应天命来表明自己的正统地位。曹魏、蜀汉、西晋、刘宋皇帝等皆标

① 《国语·周语上》。
② 《左传·定公十年》，孔子语。
③ 《春秋公羊传·成公十六年》。
④ 《左传·成公四年》，季文子引语。
⑤ 《国语·晋语八》。
⑥ 参见洪廷彦《评春秋公羊解诂》，载《上海图书馆三十周年纪念文集》。
⑦ 《魏书》卷35，《崔浩传》。

榜嗣承帝位是遵天命顺人心，而且也得到蛮夷、百夷君长的拥戴和支持。如《后汉书·献帝纪》载："辛未，魏王登坛受禅，公卿、列侯、诸将、匈奴单于、四夷朝者数万人陪位，燎祭天地、五岳、四渎。"《三国志·蜀书·先主传》谈到，刘备在即位诏中曰："询于庶民，外及蛮夷君长。"《晋书·武帝纪》也说，武帝即位"设坛于南郊，百僚在位及匈奴南单于四夷会者数万人"。据《宋书·武帝纪》所载，刘裕在即位策中提到："殊俗慕义，重译来庭，正朔所暨，咸服声教"；"是以群公卿士，亿兆夷人，佥曰皇灵降鉴于上，晋朝款诚于下，天命不可以久淹，宸极不可以暂旷"。这一方面是为了在三国鼎立、西晋统一及刘宋代晋中争取人心，使自己的地位合法化；另一方面，也是以华夏正统来吸引四夷，并认识到蛮夷是一股不可忽视的力量，其向背直接影响自己统治的安危，必须采用镇抚两手来加以拉拢和控制。在某种程度上，企图凭借当时较为先进的封建礼仪，通过盟誓、和亲、互市、封爵等进行羁縻，"以夏变夷"，乃至同化。曹魏的怀柔分化、先征服后迁徙的政策；蜀汉的"西和诸戎，南抚夷越"政策；西晋的安抚与奴役兼施政策；刘宋对南方少数民族的设治管辖与武力镇压政策以及对北魏的征伐等，也都是从华夏正统出发而制定的。

汉族统治者以中国正统自居，歧视少数民族，频见史载。如曹操诬"夷狄贪而无亲"。认为"羌、胡欲与中国通，自当遣人来，慎勿遣人往。善人难得，必将教羌胡妄有所请求，因欲以自利；不从便为失异俗意，从之则无益事"[①]。邓艾则大讲"戎狄兽心，不以义亲，强则侵暴，弱则内附"[②]。孙吴视百越为"凶慝"、"藜蓧稂莠"、"魑魅魍魉"，诬称之为"山贼"、"山寇"、"恶民夷贼"等。西晋统治者更是将境内少数民族当作"胡寇"、"贼夷"，掠为奴婢，加以奴役，稍有反抗，严加镇压。东晋、南朝时，北来的汉族世家大族也轻视南方少数民族，如东晋温峤诋陶侃为"溪狗"[③]，南齐范柏年骂胡谐之为"傒狗"等[④]。而称北方拓跋鲜卑等为"索虏"、"魏虏"、"夷贼"等，认为北方是沦为异族统治，"戎

---

① 《三国志·魏书》卷1，《武帝纪》。

② 《三国志·魏书》卷28，《邓艾传》。

③ 《世说新语》，《容止篇》。

④ 《南史》卷47，《胡谐之传》。

夷乱华，丧我洛食，蹙国江表，仍遘否定，沦没相因”[①]；“魏朝甚盛，犹曰五胡，正朔相承，当在江左”[②]。即使留在北方的一些汉族士人，虽寄居异族政权之下，也常对其抱着轻视态度。总之汉族统治者对少数民族存在一种优越感，视夷狄为被压迫受奴役的对象，非要其稽颡称臣、课税纳贡不可。但由于境内及周边诸族的势力日益强盛，为了巩固自己的统治，也千方百计加以羁縻控制。如对周边诸族采取抚纳怀柔政策；对境内诸族采取汉化政策，或直接将内迁诸族纳入汉族封建政权的州郡县为编户齐民，或因俗而治，封官赐爵，以夷治夷。

**（二）“内诸夏外夷狄”，将少数民族内迁或入主中原，视为“夷狄乱华”，主张驱之塞外，痛心疾首地称十六国时期为“五胡乱华”，但又不得不承认南北对峙的局面，遣使往来，聘问交好**

“内诸夏外夷狄”的民族观，在汉族统治阶级中的影响是很深的，表明汉族统治者始终对少数民族存有戒心和隔阂。面临不断内迁的诸族及日益尖锐的民族矛盾，产生一种恐慌心理，提出将居于内郡的少数民族驱逐出境。早在曹魏时，邓艾就提出：“羌胡与民同处者，宜以渐出之，使居民表崇廉耻之教，塞奸宄之路。”[③] 晋武帝太康年间，匈奴等数反，侍御史郭钦具体罗列了分步徙戎的办法，并提出徙汉民实边的主张。他上疏曰：“戎狄强犷，历古为患。魏初人寡，西北诸郡皆为戎居。……宜及平吴之威，谋臣猛将之略，出北地、西河、安定，复上郡，实冯翊，于平阳已北诸县募取死罪，徙三河、三魏见士四万家以充之。裔不乱华，渐徙平阳、弘农、魏郡、京兆、上党杂胡，峻四夷出入之防，明先王荒服之制，万世之长策也。”[④] 晋惠帝元康时，江统的《徙戎论》更是进一步论述了这种观点。他于氐帅齐万年起义后，借古论晋，认为“四夷乱华，宜杜其萌”，必须将夷蛮戎狄迁出中原，返居故里。其辞曰：“夫夷蛮戎狄，谓之四夷，九服之制，地在要荒。春秋之义，内诸夏而外夷狄。以其言语不通，贽币不同，法俗诡异，种类乖殊；或居绝域之外，山河之表，崎岖川谷阻险之地，与中国壤断土隔，不相侵涉，赋役不及，正朔不加，故曰

① 《宋书》卷2，《武帝纪》中。

② 《资治通鉴》卷143，齐东昏侯永元二年。

③ 《三国志·魏书》卷28，《邓艾传》。

④ 《晋书》卷97，《北狄匈奴传》。

‘天子有道，守在四夷’。”并认为“非我族类，其心必异，戎狄志态，不与华同。而因其衰弊，迁之畿服，士庶翫习，侮其轻弱，使其怨恨之气毒于骨髓”。为了西晋境内安定，提出使内迁诸族“各附本种，反其旧土，使属国、抚夷就安集之。戎晋不杂，并得其所，上合往古即叙之义，下为盛世永久之规。纵有猾夏之心，风尘之警，则绝远中国，隔阂山河，虽为寇暴，所害不广”。“以四海之广，士庶之富，岂须夷虏在内，然后取足哉！此等皆可申谕发遣，还其本域，慰彼羁旅怀土之思，释我华夏纤介之忧。”[①] 由于诸族内徙已久，且逐渐汉化，大多成为统治阶级的编户齐民，而且当时西晋也无能力强徙他族返故里，因此，晋廷没有采纳他的主张。后赵末年，汉人冉闵（即石闵，原为石虎养孙）建立冉魏前后，则将徙戎主张变为行动。他为了巩固自己的统治，争取汉族的支持，打出反胡羯的旗帜，下令诛杀胡羯，“死者二十余万”，“屯居四方者，所在承闵书诛之，于是高鼻多须至有滥死者半”。他还不顾永嘉以来，边徼各族移居中原的历史事实，欲驱逐各少数民族的势力于赵魏之外，以致使“青、雍、幽、荆州徙户及诸氐、羌、胡、蛮数百万余，各还本土，道路交错，互相杀掠，且饥疫死亡，其能达者十有二三”。在这种情势下，“诸夏纷乱，不复农者”[②]。北方的社会经济遭到惨重破坏，冉魏也就很快被兴起于北方的鲜卑慕容氏所灭。

这种夷夏之别思想虽然来自统治阶级，但由于他们处在政治、经济、文化和意识形态的支配地位，故此等观念不仅占据汉族士大夫脑海中，而且也必然对一般汉族民众有一定影响。十六国和南北朝时期，那些身在北方，心系东晋和南朝者，不乏其人。前秦周虓（原晋梓潼太守，入秦不仕）每见苻坚，“或箕踞而坐，呼为氐贼”。当苻坚问他前秦之元会与晋朝相比如何。虓攘袂厉声曰：“犬羊相聚，何敢比拟天朝。”[③] 王猛虽是前秦苻坚重臣，临终时也对坚说：“晋虽僻陋吴越，乃正朔相承。”[④] 而那些饱受劫掠杀戮之苦的汉族民众，更是思晋心切。如褚裒北伐，“北方士民降附者日以千计。”[⑤] 桓温伐秦，“三辅郡县皆来降……民争持牛酒迎劳，

---

① 《晋书》卷56，《江统传》。

② 《晋书》卷107，《石季龙载记》下。

③ 《资治通鉴》卷103，晋孝武帝宁康元年。

④ 《晋书》卷114，《苻坚载记》下。

⑤ 《资治通鉴》卷98，晋穆帝永和五年。

男女夹路观之，耆老有垂泣者曰：不图今日复见官军”[①]。总之，当时东晋、南朝统治者都以华夏正统自居，认为北方是“五胡乱华”，“索虏篡权”，因此，只要政治、军事力量许可，就千方百计举兵北伐，欲收复失地。而身居北方的很多汉族，也认为是沦于异族统治之下，盼望北伐，希冀南归。但是随着军事征伐的失利，东晋、南朝汉族统治者也不得不面对南北对峙的现实，遣使往来，封官赐爵，进行经济文化交流。并随着民族融合，夷夏观念的淡薄，逐渐改变对北方少数民族所建政权的看法。

**（三）入仕少数民族政权的北方汉族世家士人，从宗晋为正朔所在，转而奉北魏等为正统，并极力主张“以夏变夷”，促进汉化**

晋室南迁，北方进入十六国时期。东晋利用错综复杂的民族矛盾，以华夏正统相号召，并不时出兵北伐，曾牵系着不少北方汉人之心。汉族士人张宾、王猛、尹纬等，虽然看到石勒、苻坚、姚兴等是有作为的统治者，从自家利益出发，欲发挥临乱致治、“以夏变夷”的才能，帮助后赵、前秦、后秦等制定封建官制礼仪，崇尚儒学，促进汉化，但并不以所仕政权为正统。如王猛就认为东晋乃是“正朔相承”。

东晋朝廷在正统旗帜下进行的数次北伐，不仅不能“收复失地”，而且往往成为权臣谋取私利的手段，从而使许多北方汉族士人深感失望。晋、宋之际，由于东晋内部争权夺利的斗争激化，致使世族士人陆续向北流亡，这不能不影响北方士人的观念。至出身寒门的刘裕取代司马氏政权，遂使汉族士人逐渐淡薄的故国之思日益消失，而将对晋室正朔的企盼，转而为在北方复兴汉族传统文化的热忱。如入仕北魏的清河崔浩，继其父崔宏之后，一反十六国时期北方汉族世家士人宗晋为正统的行为，将拓跋魏比于曹魏，而称东晋为“僭晋”（隐喻司马氏篡夺曹魏政权）。并欲“以夏变夷”，帮助鲜卑拓跋氏政权向传统的汉族封建政权转变，加速北朝社会汉化。有些汉族谋士，还力图使少数民族政权“并有六合，混一九州”，实现大一统。张衮就曾向北魏道武帝进言：“主上天姿杰迈，逸志凌霄，必能囊括六合，混一四海。”后又向明元帝上疏：“方今中夏虽平，九域未一，西有不宾之羌，南有逆命之虏，岷蜀殊风，辽海异教。

① 《资治通鉴》卷99，晋穆帝永和十年。

虽天挺明圣，拨乱乘时，而因儿抚会，实须经略。”① 总之，入仕北方少数民族政权的汉族士人经历了从宗晋为正统至尊拓跋鲜卑为正统，对少数民族政权从歧视到认同，由不合作、观望到积极参与的过程，这对北方社会的发展，无疑是有一定积极意义的。

魏孝文帝在前代汉化基础上，迁都洛阳，全面推行汉化改革，使北魏政权进一步封建化。孝文帝故被汉族士人尊为“四三皇而六五帝”之圣主②，北魏也为很多汉族士人所接受。如中原士族中大夫杨元慎在驳斥梁侍中陈庆之称梁为正统，所谓“正朔相承，当在江左，秦皇玉玺，今在梁朝”的论调时，即理直气壮地说：“江左假息，僻居一隅。……我魏膺箓受图，定鼎嵩洛，五山为镇，四海为家，移风易俗之典，与五帝（常）而并迹；礼乐宪章之盛，凌百王而独高。岂卿鱼鳖之徒，慕义来朝，饮我池水，啄我稻粱；何为不逊，以至于此。”③ 这表明一部分北方汉族士人已不再把所谓“正朔相承”、“秦皇玉玺”看成正统所在的根据，而是将迁都洛阳，移风易俗，兴复儒学的北魏王朝看成正统。这样，由南朝单方面地以正统相号召转变为南北之间经济、文化上的竞争，北方历史演进日益成为中国历史发展的主流，新的统一在民族大融合潮流中逐渐孕育成熟，最终隋代北周，旋即灭陈，实现南北统一。

## 三 少数民族统治者的民族观

十六国、北朝时，匈奴、鲜卑、羯、氐、羌、賨人等先后在北方和西南建立了政权，其统治者既有战胜民族的优越感，又有长期以来历史造成的夷狄民族自卑感，但从不将自排斥于中华一统之外，一方面为了统治辖区内占人口多数的汉人，千方百计标榜自己也是继承华夏正统，并提出正统不是根据族称，而是以德相承，为少数民族入主中原进而统一全国寻找理论根据；另一方面又仰慕汉族传统文化，重用汉族士人，加速汉化，以适应统治的需要，并提高本族的文化素质。因此，其民族观是相当复杂的，具有两重性。

① 《魏书》卷24，《张衮传》。

② 《魏书》卷62，《李彪传》。

③ 杨衒之：《洛阳伽蓝记》卷2，《景宁寺》。

**（一）认为正统不是根据族称，而是以德相承，夷狄也能继承华夏正统，成为“天下之主”**

北方各族统治者入主中原，占据原来汉族居住的地区，统治辖区内人口多数为汉族。虽然他们自身汉化程度一般来讲比较高，大多精通经史，但本族文化程度相对要低些，人口也较为稀少。他们在建立政权以后，急切需要巩固自己的统治地位，加强对文化较高的汉族的控制。因此，一方面学习汉制，争取汉人世家豪族的支持和合作；另一方面想方设法确立自己受天之命，继承华夏正统的形象。

匈奴汉国刘元海就标榜自己是奉天之命，承汉室正统，并举历史上大禹、文王之例，表明戎夷也可当皇帝入主中原。他说：“当为崇冈峻阜，何能为培塿乎！夫帝王岂有常哉，大禹出于西戎，文王生于东夷，顾惟德所授耳。今见众十余万，皆一当晋十，鼓行而摧乱晋，犹拉枯耳。上可成汉高之业，下不失为魏氏。虽然，晋人未必同我。汉有天下世长，恩德结于人心，是以昭烈（刘备）崎岖于一州之地，而能抗衡于天下。吾又汉氏之甥，约为兄弟，兄亡弟绍，不亦可乎？且可称汉，追尊后主，以怀人望。”于是刘元海从离石迁于左国城，胡、汉归之者数万。第二年，即汉王位，“追尊刘禅为孝怀皇帝，立汉高祖以下三祖五宗神主而祭之”①。

前秦君主也借托天命，继承华夏正统，沿袭汉制。苻生下书曰：“朕受皇天之命，承祖宗之业，君临万邦，子育百姓。”② 苻坚继位后提出“今四海事旷，兆庶未宁，黎元应抚，夷狄应和”的主张③，表示“朕方混六合为一家，视夷狄为赤子”④。任用汉族士人王猛等，“修废职，继绝世，礼神祇，课农桑，立学校，鳏寡孤独高年不自存者，赐谷帛有差，其殊才异行、孝友忠义、德业可称者，令在所以闻”⑤。俨然以盛世圣君、奉天承运的帝王自居，将“混一六合”视为自己份内之事。他驳斥苻融关于戎狄不能继正统的论调，说：“帝王历数岂有常哉，惟德之所授耳！汝所以不如吾者，正病此不达变通大运。刘禅可非汉之遗祚，然终为中国

---

① 《晋书》卷101，《刘元海载记》。

② 《晋书》卷112，《苻生载记》。

③ 《晋书》卷113，《苻坚载记》上。

④ 《资治通鉴》卷103，晋孝武帝宁康元年。

⑤ 《晋书》卷113，《苻坚载记》上。

之所并。”[①] 在他看来，正统不是根据族统，而是以德相承，而德之所授是无民族界限的。他自认为是有德之君，有资格继承大统，这在当时来讲，可以说是比较进步的民族观。他又说：“吾统承大业垂二十载，芟夷逋秽，四方略定，惟东南一隅未宾王化，吾每思天下不一，未尝不临食辍餔，今欲起天下兵以讨之。”[②] 也即要举兵江南，击败东晋，统一中国[③]。对周围或境内诸族首领实行“服而赦之”的方针。只要自动归附或战败投降的，基本上采取优容政策。如灭前燕时，苻坚“赦慕容暐及其王公已下，皆徙于长安，封授有差”[④]。匈奴赫连勃勃也标榜自己出自淳维，是夏禹之后，故建国以大夏命名。

5世纪初，北魏拓跋鲜卑贵族统一北方，君临中原。其国内种族繁多，民俗各殊，周边政权林立，矛盾猬集。为控制境内诸族，稳定周边，必须审时度势，制定一系列行之有效的民族政策。其民族观核心是首先在南北汉族及其他诸族中树立正统形象，以华夏大国自诩，称拓跋鲜卑部成员及最早归附的四方部落为“国人”或“八国良家”，而将周边诸族视为“荒服小国”或“东南岛夷”。第一，标榜祖先为黄帝后裔。《魏书·序纪》开篇即道：“昔黄帝有子二十五人，或内列诸华，或外分荒服，昌意少子，受封北土，国有大鲜卑山，因以为号……黄帝以土德王，北俗谓土为托，谓后为跋，故以为氏。”第二，下诏表明德在己身，“应运龙飞”，“受命维新”[⑤]，可为诸华之主。天兴元年（398年），拓跋珪诏曰：“昔朕远祖，总御幽都，控制遐国，虽践王位，未定九州。逮于朕躬，处百代之季，天下分裂，诸华乏主。民俗虽殊，抚之在德，故躬率六军，扫平中土，凶逆荡除，遐迩率服。宜仍先号，以为魏焉。”[⑥] 第三，定国号为魏，以与东晋争正统。国号称魏，其意义有二，一是“夫‘魏’者，大名，

① 《晋书》卷114，《苻坚载记附融传》。

② 《晋书》卷114，《苻坚载记》下。

③ 《朱子语类》卷136，朱熹在分析苻坚发动淝水之战的原因时说：“他是急欲做正统，恐后世以其非正统，故急欲亡晋。”

④ 《晋书》卷113，《苻坚载记》上。

⑤ 《魏书》卷24，《崔玄伯传》。

⑥ 《魏书》卷2，《太祖纪》。至孝文帝迁洛以“土为黄中之色，万物之元”，因而诏改元氏。

神州之上国”[①]；二是拓跋珪以魏为国号，报书于东晋，等于宣称，北魏政权才是曹魏的合法继承者，而僭取曹魏之司马氏晋政权是非法的。以正朔自居，旨在争取汉族土大夫。而崔宏等主张以魏为拓跋政权的国号，不仅是迎合拓跋珪贬抑晋主的需要，而且也反映了北方汉族士人恢复汉魏典章制度文化传统的愿望，并为自己入仕拓跋政权披上扶持正统之外衣，以取得心理平衡。第四，行夏正，从五行，祀孔子，尚儒学，兼奉道、佛教，以示承袭华夏渊源。并采取一系列措施促进鲜卑族的封建化和汉化，如建立均田制、三长制、俸禄制，说汉语，改汉姓，定姓族，提倡与汉人通婚等。凡此种种，其目的，一是为了缩短民族心理上的距离，便于控制占辖区人口多数的汉族；二是招徕远方，臣服近邻；三是以华夏正统与南朝争衡，为统一中国造舆论，认为自己代表中国，称东晋、南朝为东南岛夷，总想将其兼并。孝文帝迁都洛阳后认为“密迩江扬，不早当晚，会是朕物”[②]，若大举南伐，南北混一指日可待。由此，北魏从“华夏正统”、“天命在我”出发，制定对其境内及周边民族的政策。鲜卑宇文氏，也将自己视为炎帝之后。如《北史·周本纪》云：“周太祖文皇帝姓宇文氏……其先出自炎帝。”

**（二）民族优越感和自卑感并存，既认为自己是战胜民族，可以统治中国，但又感到文化传统上不如汉族，因而尽力拉拢汉族士人，加速汉化**

入主中原的少数民族统治者的民族意识也很强烈，既含有战胜民族的自尊和民族优越感，又有长期以来夷狄民族的自卑感。这不仅反映在他们向往汉族经济文化、自觉不自觉地接受华夏文化，并逐渐为之融合，而且往往制造与汉族同源或有亲戚关系的舆论，以缩短与汉族的距离和隔阂。如刘元海称帝时，一方面认为戎夷也可作帝王，另一方面又恐“晋人未必同我”，不得不借“吾又为汉氏之甥，约为兄弟”的血缘关系作为登位的依据。并以“汉有天下世长，恩德结于人心”[③]，故用“汉”为国号，收揽人心。

石勒则由于受戎狄不能为帝王论点的影响及力量对比关系迟迟未敢称

① 《魏书》卷24，《崔玄伯传》。《资治通鉴》卷110，晋安帝隆安二年六月胡三省于同条下注：“《左传》卜偃曰：‘魏，大名也。’战国之时，魏为大国。中国谓之神州。”

② 《魏书》卷47，《卢昶传》。

③ 《晋书》卷101，《刘元海载记》。

帝，表现出一定自卑感。例如刘琨在劝石勒投降的信中说："今相授侍中、持节、车骑大将军、领护匈奴中郎将、襄城郡公，总内外之任，兼华戎之号，显封大郡，以表殊能，将军其受之，副远近之望也。自古以来，诚无戎人而为帝王者，至于名臣建功业者，则有之矣。"石勒在复信中难以辩驳戎狄不能为帝王的观点，只是说："事功殊途，非腐儒所闻。君当逞节本朝，吾自夷，难为效。"① 石勒的部下王子春也对王浚说："且自古诚胡人而为名臣者实有之，帝王则未之有也。石将军非所以恶帝而让明公也，顾取之不为天人所许耳。"② 这虽然是受石勒之指使，从欺骗王浚的策略出发而说的话，但也反映了某种民族自卑感。石勒起兵25年后才借祥符之说，登上皇帝宝座。因此，即位后，号胡人为国人，讳胡之令尤峻，以提高胡人的地位。这一方面显示了战胜者的优越感，另一方面也恰好说明在自卑感驱使下的一种保护措施。正因为有民族自卑感，石勒等注重汉化，重用汉族士人，在提高胡人地位的同时，也下令"不得侮易衣冠华族"。而滞留北方的汉族士人从自身利益考虑，也需要与少数民族合作，张宾辅佐石勒就是突出的例子。张宾曾说："吾历观诸将多矣。独胡将军可与共成大事者。"③ 乃提剑谒军门，大呼请见，以施展临乱致治的才能。

鲜卑慕容氏崛起后，长期以晋臣自居，未敢称帝。慕容儁在答群臣上称号时说："吾本幽漠射猎之乡，被发左衽之俗，历数之箓，宁有分邪！"④ 后以得传国玺"历运在己"为借口而称帝。这都说明，君临中原的少数民族统治者有卑怯的心理，为了适应统治汉族地区的需要，不得不承继汉族统治阶级封建正统思想意识。

而前秦的一些统治者，与东晋相比时，也表现了民族自卑感，但对其他民族又有很强烈的民族优越感及大民族主义。苻坚准备进攻东晋，苻融劝之曰："……且国家，戎族也，正朔会不归人。江东虽不绝如綖，然天之所相，终不可灭。"而将其他少数民族又视为仇贼。融谏坚道："陛下宠育鲜卑、羌、羯，布诸畿甸，旧人族类，斥徙遐方。今倾国而去，如有风尘之变者，其如宗庙何！监国以弱卒数万留守京师，鲜卑、羌、羯攒聚

① 《晋书》卷104，《石勒载记》上。
② 同上。
③ 《晋书》卷105，《石勒载记》下。
④ 《晋书》卷110，《慕容儁载记》。

如林，此皆国之贼也，我之仇也。”[①] 又如，太元八年（383 年），吕光自长安发兵西域，苻坚送于建章宫，谓光曰：“西戎荒俗，非礼义之邦。羁縻之道，服而赦之，示以中国之威，道以王化之法，勿极武穷兵，过深残掠。”[②] 并称羌族为小羌，据《晋书·苻坚载记》所载，姚苌求传国玺于苻坚，坚瞋目叱之曰：“小羌乃敢干逼天子，岂以传国玺授汝羌也。图纬符命，何所依据？五胡次序，无汝羌名。违天不祥，其能久乎！玺已送晋，不可得也。”

至于北魏等对其他少数民族也表明了大民族主义。一方面歧视其他少数民族，任意加以奴役。北魏太武帝拓跋焘在给宋将臧质的信中曾露骨地声称：“吾今所遣斗兵，尽非我国人，城东北是丁零与胡，南是三秦氐、羌。设使丁零死者，正可减常山、赵郡贼；胡死，正减并州贼；氐、羌死，正减关中贼。卿若杀丁零、胡无不利。”[③] 另一方面，从正统出发，对少数民族首领加以羁縻。大多保留其部落，未设立州郡编户齐民，而是实行“修其教不改其俗，齐其政不易其宜”，“抚之在德”，以夷治夷的政策。孝文帝曾经说过：“人主患不能处心公平，推诚于物。能是二者，则胡越之人皆可使如兄弟矣。”[④] 但面对汉族传统文化，又表现了一定自卑，认为儒学是治世之道，文明体现，因而尊重儒学，兴办教育，提高自己的文化素质，促进汉化，并进行许多改革。如提倡说汉语，孝文帝对朝臣说：“今欲断诸北语（鲜卑语），从正音（汉语）。年三十以上，习性已久，容或不可卒革；三十以下，见在朝廷之人，语言不听仍旧，若有故为，当降爵黜官，各宜深戒，如此渐习，风化可新。”[⑤] 同时还提倡着汉服，改变编发左衽的习俗等。孝文帝鼎力改革，着意汉化，首先是为了加强对汉族的统治，同时也是仰慕汉族文化，欲提高拓跋鲜卑的文化水平。他曾经劝诫鲜卑贵族说：“朕修百官，兴礼乐，其志固欲移风易俗，朕为天子，何必居中原！正欲卿等子孙渐染美俗，闻见广博。若永居恒北，复值不好文之主，不免面墙。”[⑥] 可见其良苦用心。

---

① 《晋书》卷 114，《苻坚载记》下。
② 同上。
③ 《宋书》卷 74，《臧质传》。
④ 《资治通鉴》卷 142，齐东昏侯永元元年。
⑤ 《魏书》卷 21 上，《咸阳王禧传》。
⑥ 《资治通鉴》卷 139，晋明帝建武元年。

北齐奠基者、鲜卑化汉人高欢在起兵中除了依靠六镇鲜卑外，也联合汉人强宗大姓，但歧视汉人的言论是十分明显的。史载其“每号令军士，常令丞相属代郡张华原宣旨，其语鲜卑，则曰：汉民是汝奴，夫为汝耕，妇为汝织，输汝粟帛，令汝温饱，汝何为陵之？其语华人，则曰：鲜卑是汝作客，得汝一斛粟，一匹绢，为汝击贼，令汝安宁，汝何为疾之”。[①]这固然有缓和胡汉矛盾之意，但将汉人视为奴隶也溢于言表。由上说明无论是汉族或少数民族统治者对异族都抱有一定的歧视态度，存在各种隔阂，即使联合，也往往怀有戒心和猜忌。太武帝时崔浩被杀，清河崔氏、太原柳氏、范阳卢氏诸大族，死者二千余人，“赵魏旧族，往往以猜忌夷灭”[②]，就是突出例子。

十六国和北朝初期，由于夷夏之分尚很严格，民族意识非常强烈，民族隔阂仍然存在，故各国统治者在制定民族政策时，也充分估计到这种情况，并采取一系列缓和民族矛盾的措施。

随着汉化程度的不断加深，各族上层政治、社会生活发生变化，胡汉统治阶级间夷夏之别逐渐缩小。例如北魏太和中，韩显宗在上言时务中谈道：“伏见京洛之制，居民以官位相从，不依族类。”[③] 南朝对北朝的看法也有所改变，如中大通元年（529 年），梁将陈庆之自北魏洛阳还，感慨地说：“吾始以为大江以北皆戎狄之乡，比至洛阳，乃知衣冠人物尽在中原。”[④] 洛阳“礼仪富盛，人物殷阜，目所不识，口不能传”[⑤]，成为北方政治、经济、文化中心。故陈寅恪先生曾说：“北朝胡汉之分，不在种族，而在文化，其事彰彰甚明，实为论史之关要。”[⑥] 这种夷夏观念的变化，还直接影响了隋唐的统治阶级，使唐朝的民族关系及民族观开创一代新风尚。

## 四　余论

第一，民族观是民族关系和阶级关系的反映，它往往影响民族政策的

① 《资治通鉴》卷 157，梁武帝大同三年。

② 《魏书》，《旧本魏书目录序》。

③ 《魏书》卷 60，《韩显宗传》。

④ 《资治通鉴》卷 153，梁武帝中大通元年。

⑤ 《洛阳伽蓝记》卷 2，《景宁寺》。

⑥ 陈寅恪：《隋唐制度渊源略论稿》，三联书店 1954 年版，第 41 页。

制定。从某种意义上讲，民族观是统治阶级制定民族政策的思想基础，而民族政策是统治阶级民族观的具体体现。但是由于政治气候、力量对比等因素的制约，民族观与民族政策往往存在一定差别和距离，或表里不一的现象。

魏晋南北朝时期，以汉族为主建立的政权，在以华夏正统自居、内诸夏外夷狄、歧视少数民族但又意识到其是一股不可低估力量的民族观支配下，所制定的民族政策，主要是如何采用恩威兼施、拉拢与镇压相结合的手法，来统治和管辖境内及周边各少数民族的问题。诸如军事征伐，强制迁徙；羁縻怀柔，分而治之；编户齐民，课税征役；以夷治夷，封官赐爵；设左郡左县，任命酋豪为刺史、县令；等等。并设置校尉、中郎将、护军、督护、司马、长史等专管少数民族事务及加以监督。

而十六国、北朝时，北方许多以少数民族统治者为主建立的政权，在战胜民族优越感及与汉族相比自卑感的支配下，一方面千方百计以继承华夏正统自诩，对其他民族采取歧视态度；另一方面又仰慕汉族文化，尽快促进汉化。入主中原的民族政权都面临着如何统辖人数众多的汉族及其他民族的问题，大多采取镇抚兼施、强制迁徙、学习汉制、因地制宜、随俗而治、以汉治汉、以夷治夷、胡汉分治的策略。对不同民族、部落、阶层采取不同的民族政策。大致说来，对本族保留了部分原有统治方式，不断学习汉制，逐步汉化，以适应统治中原地区的需要；对汉族各阶层采取区别对待，重用汉族士人，以汉治汉的政策；对其他少数民族则是因俗而治，以夷治夷，基本上是通过拉拢其酋帅而加以控制。但是无论对于哪个民族，都“伐叛柔服”，坚决镇压各族人民的反抗。对周围诸族，交替使用战和两手，军事征伐和遣使往来，羁縻怀柔与扩张掠夺交叉进行。因此，深入探讨魏晋南北朝时期各族统治者的民族观，无疑对进一步理解当时的民族关系及民族政策是有所裨益的。

第二，无论是汉族或是少数民族统治者都以华夏正统自诩，深受儒家大一统思想的熏陶。皆欲通过武力征服或羁縻怀柔等手段，来吸引其他民族，使自己成为夷夏一统的主宰。或“用夏变夷”，或先鲜卑化后汉化，促进民族融合，最后殊途同归，形成强大凝聚力。这种凝聚力，使我国多民族国家在经历分裂后，能一次又一次地走向统一，由小统一到大统一，由局部割据政权的统一而到全国的统一，犹如千河万流，奔腾向前，最后汇入浩瀚大海，形成我国今天统一多民族大家庭的繁荣昌盛。这也是中华民族之所以能不断发展壮大，屹立于世界民族之林的渊源所在。因此，深入地研究历代统治者的民族观，对于进一步探索中华民族凝聚力的形成和发展，也具有不可忽视的意义。

第三，魏晋南北朝期间，民族大迁徙大融合，引起思想观念的变化，有力地冲击了传统的民族观。有些少数民族统治者明确地提出，夷狄也能继承中华正统，成为夷夏之主的观点，这实际上是对夷夏有别，贱夷贵夏，“裔不谋夏，夷不乱华”思想的彻底否定，对后世产生很大影响。使隋唐的统治者不敢忽视民族问题，各种歧视、侮辱之言行也有所收敛，并采取比较开明的民族政策。如隋文帝杨坚欲以儒家的“仁义”、“道德”去教化四夷，提出：“溥天之下，皆曰朕臣，虽复荒遐，未识风教，朕之抚育，俱以仁孝为本。”① 唐太宗李世民则公开宣称：“自古皆贵中华，贱夷狄，朕独爱之如一，故其种落皆依朕如父母”②；“岂独百姓不欲，而必顺其情；但夷狄不欲，亦能从其意耳”③。同时，他还表示：“我今为天下主，无问中国及四夷，皆养活之；不安者，我必令安，不乐者，我必令乐。”④ 这种将四夷与华夏一视同仁的思想，无疑是有时代进步性的。因而，他被北方诸族称为“天可汗”或“天至尊”。由前述可见，魏晋南北朝上承秦汉，下启隋唐，是我国民族思想发展的重要阶段。从宏观角度对此时期民族观作深层次剖析，必然有助于推动中国民族思想史的探讨。

（原载《民族研究》1993 年第 5 期；《中国社会科学》英文版于 1995 年第 3 期翻译转载等）

① 《隋书》卷 83，《吐谷浑传》。

② 《资治通鉴》卷 198，唐太宗贞观二十一年。

③ 《册府元龟》卷 18，《帝王部·帝德》。

④ 《册府元龟》卷 170，《帝王部·来远》。

# 略论中国意识的内涵及特色

何谓“中国意识”，这是牵涉到生理学、心理学、哲学、历史学、民族学、政治学、社会学、宗教学、地理学等一系列学科的问题。目前全面系统阐述“中国意识”的论文甚少，笔者不揣浅陋，拟从历史发展脉络来探索中国意识的内涵及特色。

## 一　从“中国”一词含义演变看中国意识的形成和发展

探索中国意识的形成和发展，首先对其主题词“中国”，必须要有一个清晰的了解。“中国”概念和意义，是随着历史的发展而有所变化的。

近百年来，对“中国”、“中华”等称谓，梁启超、章太炎以及许多名家都曾进行诠释。自20世纪50年代以后，海峡两岸学人又屡次分别进行探讨。一般认为“中国”名称始出现于西周初期。文献记载西周武王、成王时已有“中国”一词。这从1963年在陕西宝鸡贾村出土的“何尊”中得以确证。此尊上的铭文称：“唯王初（迁）宅于成周，复禀武王礼，福自天。在四川丙戌，王诰宗小子京室曰：‘……惟武王既克大邑商，则廷告于天曰，余其宅兹中国，自之辟民……’”[①]《尚书·梓材》也有成王追述“皇天既付中国民越厥疆土于先王”的记载，即指皇天将“中国”的土地与人民交付周武王治理。这可与“何尊”铭文互为印证，“中国”显然是指以洛阳为中心的地区，即夏代的中心区域。《汉书·地理志》谓：“昔周公营雒邑，以为在于土中，诸侯蕃屏四方，故立京师。”《诗

---

① 参见于省吾《释中国》，载《中华学术论集》，中华书局1981年版。

经·大雅·民劳》提到："惠此中国，以绥四方。""惠此京师，以绥四国。"《史记·五帝本纪》云："夫而后之中国，践天子位焉。"《集解》："刘熙曰：'帝王所都为中，故曰中国。'"《诗经·大雅·桑柔》也出现"中国"一词，其曰："天降求亲丧乱，灭我立王，降此蟊贼，稼穑卒痒，哀恫中国，具赘卒荒。"东汉郑玄《毛诗笺》称："中国，京师也。""恫，痛也，哀痛中国之人也。"即以"中国"、"京师"对"四方"与"四国"；以西周之封域为"中国"，以与"远方"对称。

综上所述，在西周的初期出现的"中国"，大致有这样几种含义：一是天子所居之城，即京师，以与四方诸侯相对称。二是周灭商前，以丰镐为中心的周人区域为"区夏"（夏区），克殷以后，以洛阳居"天下之中"称"中国"或土中（中土），是指夏代中心地区，又以商代的中心地区为"东夏"。"中国"遂包括以丰镐、雒邑为中心的黄河中游，即后世称为"中原"地区，以与远方各族对称。周的疆域观念，则不限于封域以内，还包括"王会"各族地区。三是指夏、商、周三族融为一体的民族，以夏为族称，也包括夏人的文化。东汉许慎《说文解字》称："夏，中国之人也。"《诗经·小雅·六月序》曰："《小雅》尽废，则四夷交侵，中国微矣。"又《礼记·中庸》："是以声名洋溢乎中国，施及蛮貊。"都说明"中国"含有华夏之意。而华夏族、汉族多建都于黄河南北，因称其地为"中国"，与中土、中原、中州、中夏、中华含意相同。此后，经过我国历史上四次民族大迁徙大融合，"中国"的含义又有所演变。

经过春秋战国时期我国历史上第一次民族大融合，至秦汉统一，"中国"，由指单一民族成为多民族的概念，由华夏族分布的中原地区，扩大为指中原王朝直接管辖的地区。初步形成多民族统一国家的概念。首先，在《春秋》、《左传》、《国语》等书中，春秋时期齐、鲁、晋、郑、陈、蔡等中原诸侯称为"中国"、"诸夏"、"诸华"或"华夏"，秦、楚等仍是"夷狄"。至战国时，七雄则并称"诸夏"，同列为"中国"。其后"秦遂以兵灭六王，并中国，外攘四夷"①。秦统一六国，兵锋所及一律为郡县，郡县范围自龙山以西东至于海，东北至辽东，南至珠江流域及巴、蜀、黔中，"中国"范围扩大，"四夷"则是指郡县的边疆地区。汉代，我国疆域有了更大发展，仅以西、北边疆而言，汉宣帝时，天山以北的乌

① 《史记》卷27，《天官书》之太史公曰。

孙、天山以南的三十六国、大漠南北的匈奴等相继归属汉朝，这就使北方、西北等族及其地区，进一步与中原地区连成一体。其次，“中国”与“诸夏”、“华夏”同义，以与四夷、夷狄相对而称。春秋时还强调“夏夷之防”，至战国已形成“中国”与“五方之民”共为天下，同居“四海”的整体观念①。最后，“中国”又是文化的概念。《春秋》明“华夷之辨”，族类与文化并重，而把文化标准放在首位。以孔子为首的儒家，基于华夏、戎狄不断同化、融合的现实，往往以文化（礼仪）来区分华夷的标准。如公羊家主张华夏夷狄之间可依能否按礼仪行事互换位置，凡是接受华夏文化的，则为华夏者；反之，若华夏之人无礼仪，则为戎狄②。

自魏晋南北朝至隋唐，我国经历了第二次民族大融合大统一时期，“中国”、“中华”成为在中原建国的各族自称，其内涵已初步且有包括中国各民族的含义。“中华”一词，在魏晋时已出现，普遍使用于南北朝。它是由中国和华夏复合而成，在古代，含义与“中国”相当，既是地域、民族概念，又是文化概念，一般指古人所称的“礼乐冠第”之中原文化③。魏晋南北朝时期，无论是汉族或少数民族统治者深受儒家大一统思想的影响，皆以中华正统自居，前秦苻坚、北魏拓跋焘等都自诩为“中国皇帝”，而称东晋为“司马家儿”，南朝为“东南岛夷”及“南伪窃据”④。东晋、南朝更以正朔自居，斥北方王朝为“戎狄”和“索虏”。

隋唐大一统局面比前朝更大，唐贞观时，其地“东极海，西至焉耆，南尽林州南境，北接薛延陀界”。⑤包括了除吐蕃以外的所有民族地区。唐时在民族地区普遍施行羁縻都督府州制度，中原与边疆地区更为密切。同时“中国”与“四夷”相对称变为“蕃汉”对举。“中国”、“中华”的内涵已初步有了包括中国各民族的含义。

第三次民族大融合与元的统一，使东北与内地更紧密地联结为一体，

---

① 《礼记·王制》曰：“中国夷狄，五方之民，皆有性也，不可推移。……中国、夷、蛮、戎、狄，皆有安居、和味、宜服、利用、备器。五方之民，语言不能，嗜欲不同。”孔颖达疏：“五方之民者，谓中国与四夷也。”

② 《春秋公羊传》，划春秋为七世，其中太平世，则“夷狄进至于爵，天下远近小大若一”。

③ 《唐律疏义》曰：“中华者，中国也。亲被王教，自属中国，衣冠威仪，习俗孝悌，居身礼义，故谓之中华。”

④ 《魏书·韩显宗传》载：“自南伪相承，窃有淮北，欲擅中华之称。”

⑤ 《旧唐书》卷38，《地理志》。

边疆与内地的地方行政制度逐渐定型。唐后，我国又处于五代十国和宋、辽、金、西夏几个政权对峙的分裂时期。以北部边疆少数民族为主先后建立的这些政权，把长城以北各少数民族聚居地区与华北连成一片，把我国黑龙江地区同内地连成一体。元朝的统一，超过任何王朝，其版图东至于海，西至今中亚广大地区，西藏和台、澎地区都正式归于元朝的管辖。[①]元在全国建立行省制度，是为我国建立省制之始，并在甘肃和南方民族聚居地区还建立了土官、土司制度。

第四次民族大融合与明清的统一，奠定了我国疆域与当代民族的基础，中华诸族之间各种联系更为密切，“中国”是多民族共同祖国的观念日益深入人心，渐成为主权国家的专称。以满族统治者为首的清王朝在全国建立统一的中央集权。于北方蒙古族地区建立盟旗制度；在西藏设立驻藏大臣；在台湾设将军府（1863 年，清在台湾设一府三县，1887 年建台湾省）；于南方少数民族地区推行改土归流政策。建立了包括各少数民族地区在内的直属中央政权机构，彻底改变了过去历代王朝所采取的羁縻政策和割据状况，基本上形成了今天少数民族大分散、小聚居及汉族与少数民族纵横交错的分布格局，各族之间经济文化交流更为频繁，使我国历史上逐步形成的统一多民族国家得到了进一步巩固和发展，奠定了我国疆域与当代民族的基础。

进入近代，在反帝反封建斗争中，中华民族整体思想不断地演化，逐渐形成不可分割的统一体。中国各民族在共同创造祖国光辉历史、灿烂文化及捍卫和建设祖国中，皆作出了杰出的贡献。

由上可见，从历史脉络来考察，“中国”一词的内涵是不断发展和丰富的。第一，由专指京师及黄河流域地区，发展为包括中原王朝统辖的所有郡县，进而扩展为包括所有边疆地区。第二，由对京师、中土大地或历代王朝的通称，发展成为主权国家的专称。晚明以前，历代中原王朝或南北对峙的王朝，都各有其朝代国号，而又皆以“中国”为其通称，边疆民族地区所建的王朝也往往在其国号、王号前冠以“中国”名称。在有些西方国家入侵中国后，“中国”则作为主权国家的名称。第三，由专指华夏、汉族及所属传统文化，发展为包括中国各民族，“中国”等于中国

① 元代至元年间，在澎湖设立巡检司，以管理台湾、澎湖。有的学者认为早在南宋时已在澎湖建立政府机构，对台澎进行管理。

各民族，以与“外国”相对称。作为民族与文化的含义，魏晋以前，“中国人”与“夏人”等称同义。东晋十六国至南北朝，又派生出“中华”与“汉人”作为民族的新称谓，而“中国”逐渐成为各民族共有的名称。如今，“中国”与“中华”的含义已表现为生活在中华大地上所有民族及侨居海外各族同胞的整体概念，亦即指中国或中华各民族。无论从历史发展的纵向，或是经济、文化的横向来考察，中华民族都已形成为具有丰富内涵、不可分割的整体。因此，从先秦到汉唐乃至宋明，思想家往往是将“中国”看作一个政治概念、民族概念、文化概念，而不仅仅是地理概念。世代相袭，普天认同的“礼仪之邦”的观念，便是其具体反映。

意识是一种认识、一种感觉，是人们所特有的对客观现实的能动反映，又反作用于客观现实。既然，如上所述，“中国”一词是随着历史的发展而不断演变，那么，“中国意识”的含义及内涵也不会一丝不变，固步不前，是随着时代的前进，而有所发展和变化的。

与“中国”一词的由来和发展变化相对应，笔者认为中国意识也经历了萌芽、形成与发展等阶段。中国意识大致萌芽于先秦时期，形成于秦汉，自隋唐、宋元至明清逐渐发展成熟，近代以降，中国意识则发生质的飞越。从其内容而言，所包含的范畴越来越大，内涵日益丰富。它既含有对作为京都、国名、民族之“中国”的认识，也包括对“中国”所体现的传统文化的扬弃及对中国未来命运的关切。

## 二　中国意识的内涵及特色

中国意识，简而言之，就是中华民族对一系列重大问题的共识。其内涵究竟包括哪些方面，有何特色，主流是什么？目前尚无统一认识，以笔者愚见，大致可包含以下几点。

### （一）强烈深厚的民族意识，历韧不衰的传统文化

民族意识是民族凝聚力的重要组成部分。而民族凝聚力是指民族主体以他独特的山河风貌、民族历史、传统文化以及卓越成就使民族成员产生的依恋情结及亲和力。民族意识就是一种民族认同感和对本民族命运前途的看法，以及由此而产生的民族精神，它是一个民族心理素质最集中的反映和表现。是在民族共同地域、共同经济生活及历史发展的基础上形成

的，有的还与宗教信仰有密切关系。根据我国是统一多民族国家的特点，既要看到中华民族整体民族意识的统一性（共性），又要看到各民族的民族意识的差异性（个性）。

民族意识从其内容而言，又可分为三个层次：一是该民族共同体成员对自己的民族归属之共识，并由此产生对养育自己的祖先和乡土的依恋，对本民族特有的传统文化的热爱及民族自尊心。二是在民族交往中，意识到本民族的历史地位，关切本民族的命运和前途，以及为维护民族整体利益而应负的责任。三是在民族长期发展中逐步形成自己特有的民族精神。民族精神是一个民族政治文化思想、民族性格、传统道德观念的升华，是维护和支撑着一个民族生存与发展的精神支柱、民族魂。中华民族的民族精神主要是统一大同，自强不息；酷爱自由，不畏强暴；刻苦耐劳，勤俭朴素；团结互助，信义和平等。

在漫长的历史岁月中，中国内部虽然有过纷争，汉族和非汉族的统治者分别掌握过全国或地区性政权，但是每一个民族始终都自视为中华民族的组成部分，把各族共同创造的中华文化作为自己的主体文化。文化上的认同是民族自认性一致的根基。即使在帝国主义列强入侵，中华民族受欺凌的苦难岁月中，也未忘记自己是中华民族之一员，并奋起保家卫国。生活在异国的华侨、华人也始终眷恋养育自己的故乡故土，崇尚民族文化，把许多传统生活习俗完整地保存下来，并时刻关心着民族的命运及为此献策出力。这一点，是别的国家和民族无法比拟的。

中华民族强烈的民族意识，是与中华民族有着悠久的历史和光辉灿烂的古代文化紧密相连的。特别是优秀的文化传统，至今还有着时代的价值，为各族民众所自豪，而被外国人称羡借鉴。

传统文化包括思想观念、哲学理论、语言文学、道德伦理、典章文物、文学艺术、风俗习惯及科技教育等，甚至衣食住行也渗透着传统文化的影响。中华民族传统文化最突出的特色是以儒学为主，兼容并蓄，融合其他多种学说而形成，它注重人与人之间关系的调和，强调个人道德修养，从而发展为伦理道德规范。经过数千年的锤炼和大浪淘沙，留下了许多优秀传统文化和民族精神的精华。例如，“天下兴亡，匹夫有责”的爱国情操；“刚健奋进，自强不息”的开拓精神；“民贵君轻，天下为公”的民本思想；“见义勇为，坚贞不渝”的英雄气概；“富贵不能淫，贫贱不能移，威武不能屈”的民族气节；“先天下之忧而忧，后天下之乐而乐”的政治抱负；“兼容宽宏，厚德载物”及“中国一统，世界大同”的豁达胸怀；“勤劳俭朴，实干力行”的民族性格；“砥砺品学，上下求索”的民族气质；“立身行事，整体至上”的价值取向；等等。正是这些精神财富，以及先进的政治力量、雄厚的经济基础和悠久的历史渊源，千百年来营造了我们民族强大的向心力和凝聚力，激励着无数中华儿女为着祖国统一、民族富强、社会进步而进行英勇顽强、前赴后继的斗争，使中华民族百折不挠、历韧不衰，巍然屹立在东方。

**（二）历久弥坚的大一统思想，根深蒂固的家族观念**

所谓大一统思想，即统一思想，把中华民族作为一个整体的思想。首先来自儒家学说，孔子说：“管仲和桓公，霸诸侯，一匡天下，民到于今受其赐。”[①] 而明确提出“大一统”概念的是《春秋公羊传》，其曰：“元年春王正月。……何言乎王正月？大一统也。”[②] 并以周文王为一统的象征。西汉董仲舒将“大一统”理解为“天人合一”[③]。历代统治者都竭尽其力追求一统天下，即《诗经》所说的“溥天之下，莫非王土，率土之滨，莫非王臣”[④]。唐太宗即位后，提出了“王者视四海如一家，域城之内，皆朕赤子”[⑤]。“四海一家”，也是“大一统”之意。这种大一统思想不仅表现在政治上，也表现在文化价值观方面，提倡在主导思想的规范下，不同派别、不同类型、不同民族的思想文化之交相渗透、兼容并包、多样统一。如儒道互补，儒法结合，儒佛相融，佛道相通，儒、佛、道三教合一等，并主张以文化为标准，华夏可以退为夷狄，夷狄也可以进为华夏。而《中庸》提到的“车同轨，书同文，行同伦”正是大一统思想在文化上的反映。这种大一统思想，固然出于封建统治者的需要，但也反映了发展小农经济、社会稳定及民族发展的客观要求。

中国大一统思想，随着两千多年的封建社会而不断发展，对中华民族的形成、融合和发展产生了很大影响，是中国意识的核心之一。这种大一统思想，使中国在一次次分裂后，能在更大的范围内达到统一，是中华民

① 《论语·宪问》。
② 《春秋公羊传·隐公元年》。
③ 《汉书》卷56，《董仲舒》师古注：“一统者，万物之统皆归于一也。”
④ 《诗·小雅·北山》。《孟子·万章上》，引此诗“溥”字作“普”。
⑤ 《资治通鉴》卷192，唐高祖武德九年。

族的凝聚力和向心力。之所以能起到如此效果，是与中国大一统思想有其显著特点分不开。第一，大一统思想不是狭隘的民族观念，而是与兼容天下的广阔胸怀相结合，不含有排他性。华夏与夷狄的区分主要在于“华夏文明”，即所谓“礼仪”，汉化与夷化往往是双向或多向交叉进行，经过长期的接触交流、融合、兼容并包，夷夏观念逐渐淡薄，形成中华民族大家庭。第二，传统的大一统思想的实质是文化的统一和融合，主要不是靠武力征服。例如，孔子就主张民族融合主要是文化上的礼乐一体，即以华夏民族为主体，以礼乐为核心，进行文化交流，以实现民族融合。提出：“远人不服，则修文德以来之。既来之，则安之。”① 第三，儒家大一统是和施仁政及政治革新相联系。宋代王安石就是主张以政治革新来达到大一统，以摆脱“内则不能无以社稷为忧，外则不能无惧于夷狄”的局面②。第四，“天下为公”、“大同世界”是大一统思想的理想境界。清末康有为托孔子改制，以“大同世界”为变法维新的理想，是清代儒家大一统思想的演变。孙中山先生的“天下为公”思想更是使大一统思想达到新的境界。

中国历史实践证明：宜合不宜分，合则兴，分则衰。汉朝的“汉武中兴”、唐朝的“贞观之治”、清朝的“康乾盛世”，都是在祖国大统一和民族团结的环境中实现的。

在古代中国，与大一统相并行的，还有家族观念。家庭是以婚姻和血缘关系结成的社会单位，在我国历史上曾经历过母系大家族、父系大家族。而此处所指的“家庭”，应是“以血缘为纽带，以族田为经济力量，以宗祠族长为组织保障，以族法族规为指导观念”的利益群体③。中国经历了漫长的封建社会阶段，这不能不在人们意识中打下了深深的烙印。中国封建社会的生产，是以家庭为单位的小农经济。由于生产力较低，为了应付自然灾害和保障家庭的利益，家族的群体不仅成了人们的生存保障，实际上成了人们活动的基层单位。家族观念在中国根基很深，还由于中国古代实际上存在家国一体的社会结构及思想。即所谓“修身、齐家、治

---

① 《论语集注》卷八，《季氏》。

② 《王文公文集》卷一，《上皇帝万言书》。

③ 张国钧：《家族主义——中国传统伦理文化的基本精神》，《中国人民大学学报》1990 年第 3 期。

国、平天下”，“身修而后家齐，家齐而后国治，国治而后平天下”等[①]。国是家的扩大，忠是孝的延伸[②]，家有家长，国有国父，称做官的为“父母官”。因此，在中国家族观念根深蒂固，修纂家谱之风甚盛。家族观念虽然有不少消极因素，但在增强民族凝聚力方面也有其一定的历史作用。

### （三）坚贞不渝的爱国情操，百折不挠的奋斗精神

中华民族的形成是和多民族统一中国的形成并驾齐驱，密不可分的。中华民族是个勤劳勇敢、充满爱国情怀、富于创造精神的民族。是在两千多年前的周秦之际，就已出现爱国的观念和思想。例如《战国策·西周策》说“周君岂能无爱国哉”；《汉纪》也有“欲使亲民如子，爱国如家”的记载。在奔腾不息的历史长河中，爱国主义哺育着一代又一代中华儿女的爱国情操，出现一批又一批爱国人物和爱国英豪。

爱国主义是属于一定历史范畴的，不同历史时期，爱国主义的具体内容、运动方式、推动爱国主义前进的社会力量皆有所不同，大致可分为古代爱国主义、近代爱国主义和现代爱国主义三个时期。三者之间既有区别，又有联系；既有个性，又有共性。不过，它们都是一脉相承，共同构成了中华民族爱国主义的光荣传统，成为中国意识的重要部分。其基本特点：第一，维护祖国统一和民族团结，反对分裂。从孔子的“一匡天下”，孟子的“定于一”，荀子的“文王载百里，而天下一”的大一统思想，到康有为的“大同世界”，孙中山的“天下为公”等都是国家民族思想统一反映。正如孙中山先生在《中国国民党宣言》中所说：“以言民族，有史以来，其始一民族成一国家，其继乃与他民族综合博聚成一大民族，民族之种类聚多，国家之版图也随之愈广。”祖国的统一是中华民族繁荣昌盛的重要保证，维护、促进祖国统一、民族团结，就是有利于国家、民族的爱国行动。第二，维护祖国的独立和主权，反对侵略。长期以来，中华民族不仅反对民族压迫，而且勇于反对外国侵略，坚决维护祖国的独立尊严和领土完整。特别是鸦片战争以后，资本主义列强的侵略和清廷的腐败，使中国逐渐沦为半殖民地半封建社会，在国家贫穷落后，民族

---

① 《大学·经论》。

② 《孝经·广扬名》曰：“君子之事亲孝，故忠可移于君；事兄悌，故顺可移于长；居家理，故治可移于君。”

饱受欺凌的历史条件下，以反帝反封建，争取民族独立和解放为内容的爱国主义就显得特别活跃。从太平天国起义、义和团运动到戊戌变法、辛亥革命、五四运动，尽管历史背景、性质千差万别，但外争国权，内惩国贼，挽救民族危亡则是共同的。到了20世纪20年代，为了拯救中华民族，改变中国落后和四分五裂的局面，在打倒北洋军阀的共同目标下，实现了国共两党第一次合作。其后，日本帝国主义大举侵华，在国家和民族生死存亡的紧要关头，实现了国共第二次合作。在爱国主义旗帜下，全国人民同仇敌忾、万众一心，组织了空前广泛的统一战线，开展了轰轰烈烈的抗日救亡运动，取得了抗日战争的最后胜利，奏响了保家卫国、团结抗战的凯歌。第三，热爱祖国，为推动祖国的进步和繁荣，为创造和丰富中华民族的物质文化、精神文化作出贡献。在当前，更需要继承和发扬维护祖国统一和民族团结、反对分裂的优良传统，通过各方的共同努力，早日完成和平统一祖国、振兴中华的千秋大业。

以上所说的是中国意识的主流，毋庸讳言，长期以来，中国意识中也掺杂着一些不利于社会进步的消极因素。这就要求我们与对待传统文化一样采取扬弃的态度，剔除糟粕，取其精华，既不能全盘否定，也不能一律顶礼膜拜，提倡复古主义。对待外来意识和文化，既不能因循守旧，一概排斥，也不能不加分辨，崇洋媚外，妄自菲薄，数典忘祖，全盘西化。

## 三　中国意识与台湾意识之关联

祖国美丽富饶的宝岛台湾，远自三万年前的旧石器时代后期，就有“左镇人”古人类生活着，继之，又有一万五千年前“长滨文化”主人。进入新石器时代以后，又有“大坌坑文化”、“圆山文化”、“凤鼻头文化”等主人活动之痕迹。这些考古文化的主人，与后来的台湾少数民族既有渊源关系，又不能等同而论。

根据历史文献记载分析，商周秦汉时代，台湾古代居民应属于百越民族中的一支——闽越。三国时代的“山夷”和隋代的“琉求土人”应是闽越的后代，也是高山族的先民。据《三国志·吴王传》所载，孙权派将军卫温、诸葛直率将士万人，“浮海求夷洲”（今台湾），带回土著数千人。这是我国史籍首次记载大陆王朝对台湾的大规模经营。后至唐宋时代，大陆各族人民和菲律宾、马来人等，大量迁入台湾，到明代融合成为

"东番夷"，即台湾少数民族的祖先，明末清初称为"土番"，清代称为"番族"（又分生番和熟番），日本占据时期又称为"番族"、"高砂族"。直至抗日战争胜利后才普遍称为高山族。又称原住民、土番族，台湾当局则称之山地同胞（简称山胞）。其中包括居住台湾西部平原的平埔人，中部山区、东部纵谷平原的阿美人、泰雅人、排湾人、布农人、卑南人、鲁凯人、曹人、赛夏人，以及兰屿上的雅美人，现约有50万（约占台湾人口百分之二强），在大陆各地尚有近二千人。台湾是祖国领土不可分割的一部分，台湾少数民族是中华民族大家庭的成员，这早已是不争之事实，兹不赘述。

明末清初以来，台湾少数民族与不断迁入的汉族一起，共同开发宝岛，奋起反抗外国殖民主义者的入侵，出现了许多英勇不屈、可歌可泣的动人事迹，反映了强烈的爱国主义精神，无论是郑成功率领台湾诸族抗击荷兰殖民者，收复台湾的斗争，还是反抗日本帝国主义的雾社起义等，都在中国历史上写下了光辉的一页。

意识是现实的能动反映。由上述可知，台湾是祖国领土不可分割的一部分，台湾地区汉族（现占台湾人口百分之九十七以上）和少数民族皆是中华民族大家庭的成员。长期以来，他们和大陆地区在政治、经济、文化上互相交流，相互影响，共同发展，形成密不可分的整体，反映在意识上，也是"你中有我，我中有你"。因而说"台湾意识"是"中国意识"的有机组成部分，这也是顺理成章之事。

但由于所处自然环境不同，历史发展轨迹的差异，台湾意识与中国意识既有共性又有异性。例如，热爱祖国、坚持统一、维护主权独立等概念仍然深入人心；尊重传统文化，儒家伦理思想仁义礼智信仍然被视为中华民族传统美德，这些都是与中国意识的共性。我们从大陆经香港抵台湾，一下飞机，国语入耳，华风扑面，有种强烈的亲和感，也说明此点。但是，也不可否认，因为所处的历史条件、政治立场、生产方式、生活方式、价值取向、所受教育的关系，海峡两岸人士中，在祖国统一、民族团结、主权完整上，对一些具体问题方面，有不同认识是可以理解的，也是可以探讨的。但有人强调台湾意识的特殊性，企图告别"中国"，另起炉灶，并否定中华民族与中国文化，提出所谓"新兴民族"的概念，把爱台湾与爱中国对立起来，这恐怕是与传统的"中国意识"背道而驰，是值得商榷的。

中国意识强调“中华一体”、“国家一统”的传统概念，与现今中华人民共和国政府和台湾当局的“一个中国”的政治理念有思想渊源上的相同之处。中国意识强调对文化的理想追求，肯定中华文化精神和内在价值，而对优秀传统文化的继承和弘扬，对“天下一家，和而不同”广阔胸怀的现代阐发，也将成为沟通海峡两岸的重要精神纽带。因此，对中国意识的内涵及特色进行深入的探讨，不仅有其学术价值，而且也有重要的现实意义。

（原载《中国意识与台湾意识论文集》，台北，海峡学术出版社 1999 年版。本文也是笔者在澳门召开，由夏潮基金会和联合国 UNESCO 澳门教科文中心联合主办的关于“中国意识与台湾意识”研讨会上的发言稿。会议期间，恰是李登辉公开抛出“两国论”之际，当笔者接受中央电视台记者采访时，即以文中主要观点对“两国论”加以批驳）

# 二

# 魏晋南北朝民族史研究

# 魏晋南北朝时期汉民族发展刍议

往昔有的论著，提起魏晋南北朝，常着眼所谓“五胡乱华”、“汉族惨遭杀戮”、“历史大倒退”等。而研究这一时期民族迁徙与融合，也往往偏重于论述汉族对少数民族的影响。实际上，魏晋南北朝时期是我国汉族发展的重要阶段。民族大迁徙、大融合给汉族注进了大量新鲜血液，而在融合过程中，汉族又汲取了少数民族文化精华，大大丰富了自身的物质及精神文化。同时，汉族人口分布较前广泛、合理，与其他民族一起，对恢复北方社会经济和开发江南共同作出了贡献，为隋唐的繁荣昌盛、汉族大发展奠定了基础。

## 一 民族融合为汉族注入大量新鲜血液

魏晋南北朝是我国古代史上第二次民族大融合时期。北方匈奴、鲜卑、羯、氐、羌等内迁诸族，因长期与汉族错居杂处，在汉族影响下，社会经济得到较快发展，并在加速封建化和汉化的过程中，形成了共同经济体制。从民族特点而言，他们与汉族的共同性日益增多，隔阂及差异性逐渐减少，最后多融合于汉族。而在南方，由于大批北方汉人南迁及少数民族出居平地，也造成某些杂居局面，使一部分与汉族关系密切的少数民族逐渐汉化，也有一些迁居或以其他形式进入民族地区的汉族融合于少数民族。

关于魏晋南北朝时期的民族迁徙与融合问题，笔者已有专文加以论述①。这里主要是探讨一下此时期到底有多少其他民族融合于汉族。欲说

① 白翠琴：《论魏晋南北朝时期民族的迁徙与融合》（《中央民族学院学报》1987 年第 1 期）、《论十六国时期民族关系的特点》（《中国民族关系史论集》，青海人民出版社 1988 年版）。

清这个问题，首先要了解北方民族内迁及南方民族流徙情况。

### （一）北方民族内迁及融合于汉族

匈奴。东汉末，曹操将居于山西地区的匈奴析为五部[①]，以分其势，左部万余落，右部六千余落，南部三千余落，北部四千余落，中部六千余落，共约三万落。若每落以五口计算，即有十五万人。西晋时，先后又有三十余万塞外匈奴迁居晋地，加之原有的南匈奴，约有四十五万。他们分布在河套以南、汾水流域及关中地区，仍以并州为主要居地。内迁的匈奴，特别是原来的南匈奴，由于长期受魏晋统治，与汉族杂居，不仅大量吸收了汉族的经济、文化，而且在习俗上也逐渐与汉族接近。例如，匈奴贵族屠各氏改姓刘氏，很多首领读汉籍，习汉礼，跻身于士大夫阶层。后匈奴刘氏建立汉国（前赵），铁弗赫连氏建立夏国，前赵、夏国灭亡后，大批匈奴和汉族融合。

羯胡。羯为匈奴别部，一说源于小月氏，或谓包含较多的西域胡成分。羯胡入塞后散居于太行山以南的上党武乡一带，与当地汉人杂处，从事农业。十六国时石勒建立后赵。羯胡人口数，史书无明确记载。从冉闵下令诛杀胡羯，死者二十余万，其后，还能见到秀容川契胡（羯胡）尔朱荣活动等情况分析，羯胡人数远在二十万以上。

卢水胡。有的学者认为源于小月氏，有的则认为其原是匈奴一部分，后融合了月氏、羌等族的成分。东汉时游牧于青海祁连县西北的黑河流域，后有的向东北或西北迁徙。[②] 魏晋之际，卢水胡则从青海湟水附近的卢水南下抵汶山郡（今四川茂县）境内。后沮渠氏建立北凉。北魏攻下姑臧，收其城内户口二十余万，诸郡杂胡降者又数十万，徙沮渠牧犍宗族及吏民三万户于平城。还有部分卢水胡西奔高昌等地。太平真君年间，卢水胡盖吴起义，联合汉、屠各、氐、羌等，有众十余万。据上分析，卢水胡内迁人数大概不低于十万。

乌桓。汉时就已逐渐内迁，居于辽东、辽西、右北平、渔阳、广阳、上谷、代郡、雁门、太原、朔方诸郡，汉置校尉以领之。东汉末年，乌桓

① 此据《晋书》卷97，《北狄匈奴传》。但据《晋书·江统传》所载，初分为三部，最终分为五部是西晋时之事。

② 《后汉书·窦固传》记载了明帝永平十六年（73年）窦固率张掖甲卒及卢水羌胡万二千出酒泉击匈奴之事。

各部逐渐形成几个政治中心，上谷、辽西、辽东、右北平部共一万六千余落。其中尤以辽西丘力居为盛。曹操北征乌桓后，迁辽东、辽西、右北平三郡乌桓余众及乌桓校尉阎柔所统幽、冀、乌桓各万余落于邺城附近诸郡，加上原先内迁的约有三十万。他们一部分久处郡地与汉人杂居，逐渐融合于汉族，一部分随着鲜卑的强大而加入其行列。西晋时，尚有部分乌桓存在，但到东晋，就很少见于记载。此后，乌桓（乌丸）往往成为部分杂夷的总称。乌桓以东的高句丽人也有被徙入内地的，如荥阳高句丽，就是自曹魏正始中从辽东塞外被迁到此地的，“始徙时，户落百数，子孙孳息，今以千计”①。

鲜卑。东汉桓帝、灵帝时，鲜卑檀石槐称大汗，分其地为三部，共五十余邑，统众达数十万户。檀石槐死后，联合体瓦解，步度根、轲比能等首领各拥所部，附属汉魏。在东起辽东，西抵河西的边境线上分数路向内地迁徙。慕容、乞伏、秃发、宇文、拓跋等部先后在今华北和西北地区建立政权。慕容氏于魏初率部入居辽西，魏晋间迁邑于辽东，太康、元康年间，又迁至徒河之青山及昌黎韩城。后建立前燕、后燕、南燕、西燕。慕容部有众多少，无法确定。我们从前燕慕容儁初登位时有兵二十余万，后邺下政权有兵士四十余万，前燕户二百四十五万，口九百九十八万，苻坚攻下邺后，徙慕容暐及其王公并鲜卑四万余户于长安等迹象看，鲜卑慕容部之众当有数十万。宇文部分布在慕容部以北，先被慕容部击败，后大多成为拓跋氏统治下的一部分。西魏末，宇文氏受禅建北周。段部鲜卑居于幽州境内，其首领受晋封为辽西公，所领凡三万余家。后为石虎所破，其部众大多与汉人融合。拓跋氏原居于额尔古纳河和大兴安岭北段，后迁至今河套固阳阴山一带，政治中心渐南移。拓跋力微时，控弦之士二十余万骑，众约一百万。猗卢时控弦骑士四十余万。郁律时“控弦上马将有百万”②，这里恐有夸张，并且包括降服部落，不光是鲜卑。但从控弦百万推之，部众当倍或数倍计，拓跋鲜卑成员该占有相当比例。十六国南北朝时建代国和北魏，在北方政治舞台上扮演了重要角色。而拓跋另一些支系秃发氏更迁至陇右、河西，与氐、羌杂居。曹魏时，雁门太守牵招曾通河西鲜卑十多万家。十六国时秃发氏建立南凉。还有乞伏部，于魏晋

① 《晋书》卷56，《江统传》。

② 《魏书》卷1，《序纪》。

间自漠北南出阴山，迁往陇西，并进一步向陕西、甘肃发展，后建立西秦。这几部鲜卑由于邻近汉区，并通过不同途径大量吸收汉人，故深受汉文化影响，建立政权后也大多采用汉制。通过杂居汉化及通婚，多融合于汉族。

氐、羌。魏晋时，氐、羌主要分布在陇西地区，也有相当部分迁居三辅和安定、北地等郡。致使“关中之人，百余万口，率其少多，戎狄居半”①。这里所说的戎狄，主要是指氐、羌，也即有五十万以上，实际上远超过此数。例如，前秦克凉州后，西边氐、羌降服贡献者就有八万三千余落，约五十万人。太元五年（380 年），将氐族分散到各个方镇，“分三原、九嵕、武都、汧、雍氐十五万户，使诸宗亲各领之，散居方镇，如古诸侯”②。十五万户约有七十五万人，留居长安周围的还不计在内。由上分析，氐、羌之数当在百万以上。冉魏时，冉闵不顾永嘉以来，边疆各族移居中原的历史事实，欲驱逐少数民族的势力于赵魏之外，以致使“青、雍、幽、荆徙户及诸氐、羌、胡蛮数百余万，各还本土，道路交错，互相杀掠，且饥疫死亡，其能达者十有二三”③。由此也可见内迁民族数量之大。

巴氐。賨人一支。自东汉末由巴西之宕渠（今四川渠县东北）迁汉中杨车坂，号为杨车巴。魏武帝时又将万余家数万人迁略阳、天水一带④，称巴人或巴氐。晋末灾荒，在李氏领导下，大量流入四川，建立成汉。但有相当部分巴氐仍居关陇地区。前赵时，巴氐句渠知联络四山羌、氐、巴三十多万人，展开反抗刘曜的斗争，巴氐五千余家被灭于阴密。可见内迁人数至少有数万人，后大多融合于汉族。

此外，陇西、秦、凉及今河北、山西、河南一带也有丁零部落聚居，丁零翟氏曾于 388—392 年建立翟魏政权，统有七郡约三万人，其中相当部分是丁零。北魏末年丁零人民不断掀起反抗斗争，后大多融合于汉族。还有柔然、敕勒、吐谷浑、蛮等举族投附或被俘获迁徙至内地者，融合于

① 《晋书》卷 56，《江统传》。

② 《资治通鉴》卷 104，晋孝武帝太元五年。

③ 《晋书》卷 107，《石季龙载记》下。

④ 《太平御览》卷 123，引《十六国春秋》曰：“及魏武剋汉中，（李）特祖父虎归魏，魏武嘉之，迁略阳。徙内者亦万余家，散居陇右诸郡及三辅、弘农，所在号为巴人。”另见《华阳国志》卷 9，《李特志》。

汉族的也为数不少。

综上所述，东汉末年以来，匈奴、鲜卑、乌桓、羯、氐、羌等族不断内迁，幽、并、雍、秦、凉等州都有其足迹。根据笔者粗略统计，大约有三百万人以上。这些内迁诸族经过魏晋南北朝时期与汉族的错居杂处，通婚汉化，大多融合于汉族，并表现了明显的阶段性。首先是前、后赵灭亡后，匈奴和羯人大批与汉族融合。鲜卑慕容部在诸燕灭亡后，也以散居的形式融合到汉族和拓跋鲜卑中去。淝水战后，前秦旋即灭亡，氐族共同体大为削弱。接着建立政权的羌人、卢水胡、河西鲜卑、关陇匈奴等，也陆续进入自己的解体过程。到了北魏后期，早期内迁的匈奴、羯、氐、羌以及稍后的慕容部等，在中原地区大多消失。南迁的柔然、敕勒以及内迁的吐谷浑等，有一部分也逐渐与汉族融合。北魏孝明帝正光以前，“时惟全盛，户口之数，比夫晋太康，倍而已矣”①，即达五百余万户②。人口之所以增长如此迅速，除了由于实行三长制，检括荫附户口及社会经济恢复人口自然增长外，内迁各族逐渐汉化（或先鲜卑化而后汉化），成为编户齐民，也是一个重要因素。至于拓跋鲜卑部，入隋唐以后，也最终完成了汉化。北方民族的汉化，主要表现在少数民族统治者与汉族地主政治上的进一步联合，崇尚儒学，采用汉制；内迁各族不同程度地发展了农业经济，社会生产水平逐渐接近汉族；中原地区诸族语言差异逐渐消失，汉语成为绝大部分内迁诸族通用语言；夷夏观念逐渐淡薄，“居民以官位相从，不依族类”；③ 生活习俗方面民族特点逐渐消失，通过杂居通婚，血统上混为一体等④。

不过，民族融合是一个漫长而曲折的历史进程。这个时期的民族融合虽是以汉族为核心而进行，但汉化和夷化往往同时存在，内迁民族与汉族融合，内迁诸族之间、留在塞外各族之间也相互融合。各族之间出现合而复分，分而复合，交叉融合的现象。例如，十六国后，武都仇池的氐人继仇池国之后又建立武都、武兴、阴平等国，保留了一部分本族的文化习俗。隋唐以后，氐人除保存一些特殊的姓氏外，其他习俗与汉人差别极

---

① 《魏书》卷106上，《地形志》上。据《通典·历代盛衰户口》所载为“倍而余矣”。

② 据《晋书·地理志》所载：太康元年平吴，大凡户二百四十五万九千八百四十，口一千六百一十六万三千八百六十三。《隋书·地理志》称太康时户二百六十余万。

③ 《魏书》卷60，《韩显宗传》。

④ 详见白翠琴《论魏晋南北朝时期民族的迁徙与融合》。

小，关中和陇东的“东羌”人自北朝以来，其经济、文化虽与汉人无甚差别，但往往聚族而居，仍用复姓，相沿到唐中叶才逐渐与汉族融合。陇西宕昌羌及邓至羌在南北朝时保持相对独立达一百四十来年。河湟和陇南的羌族最初受吐谷浑的影响较深，其服饰、习俗有北族化（主要是鲜卑化）的倾向，唐后又逐渐藏化。唯有居住在四川西北部汶、理、茂各县的羌族，自秦汉至近代一直保持古羌的语言、文化和习俗。而南匈奴在前赵、夏等相继灭亡后，以其为主体融合他族而成的稽胡仍活跃在隋唐历史舞台上。同时，隋唐以来，鲜卑作为政治和民族实体，虽已不复存在，但其后裔却在两朝中居于重要地位。隋、唐建国者杨、李二家是鲜卑化汉人，他们之母、妻是汉化鲜卑人。至于两朝的文武达官显宦，鲜卑人为数可观，位至宰相的就有二十余人，其他如尚书、侍郎、都督、刺史更是不胜枚举。其中有隋代筑造学家宇文恺、音韵学家陆法言、唐初权相长孙无忌、中唐诗人元稹，等等。无怪乎元代胡三省在《资治通鉴》注中讽刺那些坚持“夷夏之分”的人时说：“自隋以后，名称扬于时者，代北之子孙十居六七矣，氏族之辨，果何益哉！”

### （二）南方诸族出居平地及与汉族融合

魏晋南北朝时期，也是南方民族迁徙与融合的重要阶段。自秦汉以来，就有不少汉人进入越、蛮、西南夷及岭南地区。魏晋南北朝时，晋室南迁，大批汉人移居江左。为了逃避战乱和苛重赋税，汉人纷纷迁入蛮、俚、僚、爨等族聚居地区。与此同时，少数民族也通过自然或强制方式不断移徙到汉族聚居区。东吴时，孙吴用征伐和招抚的办法，使大批山越定居平地。“彊者为兵，羸者补户”[①]，也就是壮者充当军卒，弱者被作为郡县的编户，并设立新郡进行控制，使他们课税纳贡、服役征战，逐渐汉化。据统计，吴盛时，兵约三十万，降晋时兵约二十三万，其中少数民族兵丁众多。吴先后得南蛮、交州夷、山越等族兵不下十六万，而山越约占十三万。[②] 加上妇孺老幼，出居平地的山越，必是此数的几倍。这些山越多逐渐融合于汉族，隋唐时尚偶见于史载，宋以后，不复出现。

自东晋南朝以来，蛮人也逐渐从山谷出居到江、汝、淮、颍之间，与

---

① 《三国志·吴志》卷58，《陆逊传》。

② 陶元珍：《三国吴兵考》，《燕京学报》第13期。

汉族杂居。豫州蛮从南郡迁至汉水下游，渐推移至庐江（今安徽庐江县西北）。荆、雍州蛮原居于长沙武陵，后渐北上荆、雍州，分布于陆浑（今河南嵩县北）、宛（今河南南阳市）、洛（今洛阳市）等地。南朝设左郡左县管理之。在征战中，汉族统治者还将俘获的蛮生口迁至广陵、建康一带。例如，宋元嘉后期，沈庆之伐蛮，前后俘获二十余万人，很多被迁至建康，以为营户，并将进征湖阳所获的蛮族万余口迁于广陵。雍州刺史武陵王刘骏"讨缘沔蛮，移一万四千余口于京师"①。蛮族自动归附南北朝的也为数不少，先后有十六七万户降附北朝。不过这些北投的蛮族，有相当部分后又归南朝。数十万归附南北朝或被俘获的蛮族，后很大一部分融合于汉族。僚原居于广西、贵州一带，晋太康间，内属之牂牁僚就有二千余落。东晋前期，僚人向东北面发展，"自汉中达于邛笮，川洞之间，所在皆有"②。成汉李势时，又大量移居巴蜀之地，后来渐入陕西西南部和湖北西部。俚族虽然主要聚居在岭南地区，但常为地方官将掠卖内地。爨人也有被召募至内地的，如梁太清二年（548 年），宁州刺史徐文盛应调赴荆州平定"侯景之乱"，从宁州各族中"召募得数万"③，率至内地。

从上述可知，这一时期，在南方，汉族深入少数民族聚居区，山越、俚、僚出居平地，豫州蛮、荆、雍州蛮向北推移，爨人被征调内地，成为南朝的编户齐民。通过迁徙杂居、武力征伐和反抗斗争、联姻结盟、左郡左县设置及地方官吏的一些进步措施，逐步消除民族隔阂，促进了南方各少数民族与汉族融合，使一部分与汉族关系密切、接触频繁的少数民族逐渐汉化。也有一些生活于少数民族地区的汉族逐渐夷化，但由于汉族人数众多、文化较高，故在整个融合过程中，汉族融合于少数民族是局部的，少数民族汉化则表现为主要的。据笔者约略统计，南方少数民族融合于汉族的人数当在百万以上。根据《晋书》和《宋书》所载，平吴得户五十二万，口二百三十万，经一百八十年左右，至刘宋大明时，有户九十万余，口四百六十八万，增一倍左右，除了其他种种因素外，也是与南方民族融合于汉族，列为编户分不开。这些南方民族由于长期与汉族杂居，社

① 《宋书》卷 5，《文帝纪》。

② 《南齐书》卷 15，《州郡志》下。

③ 《梁书》卷 46，《徐文盛传》。

会发展水平逐渐与汉族接近，政治、经济、文化和习俗上也日益消除差异。例如《隋书·南蛮传》在追溯南方少数民族与汉族融合的情况时说："南蛮杂种，与华人错居，曰蜒、曰獽、曰俚、曰獠、曰㐌，俱无君长，随山洞而居，古所谓百越也。"而南朝时，大部分与汉人融合，故继而指出："浸以微弱，稍属于中国，皆列为郡县，同为齐人，不复详载。"这表明其中有相当部分融合于汉族。以荆、雍州蛮而言，"其与夏人杂居者，则与诸华不别"[①]。益、梁二州的僚人，"初因李势后，自蜀汉山谷出，侵扰郡县。至梁时，州郡每岁伐獠以自利，及后周平梁益，自尔遂同华人矣"[②]。汉中地区"杂有獠户，富室者颇参夏人为婚，衣服居处言语，殆与华不别"[③]。俚人也"渐袭华风，休明之化，沦洽于兹。椎跣变为冠裳，侏儷化为弦诵，才贤辈出，科甲蝉联，彬彬然埒于中土"[④]。

我们从史书记载可看到，西晋太康时户数为二百四十五万，北魏正光前户五百万，刘宋大明时户九十万，到隋大业五年，户达八百九十万，唐天宝年间，户九百六十一万，口五千二百八十八万。这除了管辖范围扩大，检括户口及自然增长等因素外，也是与大批少数民族编户齐民融合于汉族密切相关。数百万（约四百万以上）北方的乌桓、匈奴、鲜卑、羯、氐、羌及南方山越、蛮、俚、僚、爨等族，与汉族融合，不仅给汉族注进了大量新鲜血液，使之生机勃勃，更富有创造力。同时，一些原来较低于汉族社会发展水平的少数民族纳入汉族共同体，实际上也加速了其自身社会的发展。

## 二　汲取精华促进汉族文化发展

我国自古以来就是一个多民族的国家，各民族共同缔造了祖国光辉灿烂的历史和绚丽多彩的文化。汉族能成为我国的主体民族，也是根源于多民族演变发展的结果。各族间长期杂居共处，政治、经济联系，文化交流，彼此建立了相互依存、相互促进、交叉吸收、互为渗透的关系。汉族

---

① 《隋书》卷31，《地理志》下。

② 《通典》卷187，《南蛮》上。"獠"，即"僚"，为封建文人对"僚"之歧称。除了引文外，笔者在论述中皆用"僚"

③ 《隋书》卷29，《地理志》上。

④ 《古今图书集成·职方典》，《高州府部汇考》三。

与少数民族之间各种文化的双向传播贯穿于整个中华民族的发展史。汉民族的物质和精神文化对少数民族的发展起着重要作用。而汉民族的政治、经济、文化等社会生活的发展和进步，也都含有少数民族各种文化的积极参与。若没有对少数民族之文化精华兼收并蓄、交融汇合，汉民族数千年的文明史将不会如此举世瞩目。魏晋南北朝时期的民族融合，不仅给汉族注进新鲜血液，使之不断壮大发展，而且还使汉族汲取了其他民族的文化精华，大大丰富了自身的物质文化和精神文化。其主要表现在以下几个方面。

第一，少数民族的畜牧业生产品种、技术乃至一些农产品传入中原地区。东魏杰出农业科学家贾思勰在《齐民要术》中记载了牛、马、骡、羊等牲畜饲养和役使方法，以及兽医术、相马术和畜产品加工技术，如制毡法、做酪法、做酥法等，其中有不少方法和技术来自少数民族。《齐民要术》中称羊脓鼻病为“可始浑”，这显然是胡语。农业上也引入了胡谷（又名竹叶青）、虏小麦等。有些少数民族不仅掌握了中原地区的先进生产技术，而且有所创造和发展。如十六国时，鲜卑人叱干阿利性尤工巧，任将作大臣，曾修大夏的都城统万城。并“造五兵之器，精锐尤甚”，“又造百炼刚刀，为龙雀大环，号曰‘大夏龙雀’”。“复铸铜为大鼓及飞廉、翁仲、铜驼、龙虎之属，皆以黄金饰之，列于宫殿之前”，“器物莫不精丽”①。匈奴人綦母怀文的宿铁刀，是“烧生铁精以重柔铤，数宿则成刚。以柔铁为刀脊，浴以五牲之溺，淬以五牲之脂，斩甲过三十札。今襄国冶家所铸宿柔铤，乃其遗法，作刀犹甚快利，不能截三十札也”②。可见，其锻钢铸冶技术对汉族地区也颇有影响。近年，一系列的考古发现，又给我们提供了宝贵资料。如从辽宁北票县西官营子北燕宰相冯素弗墓葬出土的大镂孔高圈足铜锅，既有胡族的提梁盖锅形制，又有由立耳改为附耳并附加螭首纹带的汉族色彩，这正是胡汉文化交融、互相渗透的珍品③。

第二，胡服、胡饼、胡床等的普遍制作和使用，对汉族衣食住行方面产生颇大影响。胡服便于骑射，早在战国时就从匈奴传入。东汉末又有不少胡物传进中原。不过当时仅限于少数汉族统治阶级使用，尚未进入寻常

① 《十六国春秋辑补》卷64，《夏录》；《晋书》卷130，《赫连勃勃载记》。

② 《北齐书》卷49，《綦母怀文传》；《北史》卷89，《綦母怀文传》。

③ 《辽宁北票县西官营子北燕冯素弗墓》，《文物》1973年第3期。

百姓家。如汉灵帝“好胡服、胡帐、胡床、胡坐、胡饭、胡空候（箜篌）、胡笛、胡舞，京都贵戚皆竞为之”①。至西晋时有所发展，“泰始之后，中国相尚用胡床、貊槃，及为羌煮貊炙，贵人富室，必畜其器，吉享嘉会，皆以为先。太康中，又以毡为絈头及络带袴口。百姓相戏曰：中国必为胡所破。夫毡毼产于胡，而天下以为絈头、带身、袴口，胡既三制之矣，能无败乎！”② 十六国时，大量胡物随着胡汉杂居，在中原各族中推广。如胡床自北而南，广为流行，促使高足家具的出现，改变过去席地而坐的习惯。《齐民要术》中所记的胡物有胡饼、胡椒酒（筚拨酒）、胡饭、胡羹、羌煮等。北齐时“中国衣冠”，“乃全用胡服”③。“袴褶”则从北方传至江左④。到唐朝时，胡乐、胡服、胡食更是盛行于长安。史称唐“开元来……太常乐尚胡曲，贵人御馔，尽供胡食，士女皆竟衣胡服”⑤。因此，南宋朱熹说：“后世衣服，固未能猝复先世之旧，且得华夷稍有区别。今世之服，大抵皆为胡服，如上领衫、靴鞋之属。先王冠服，扫地尽矣。自晋五胡之乱，后来遂相承袭，唐接隋，隋接周，周接北魏。”⑥ 可见，魏晋以来，在饮食、服饰、用具方面吸收了北方少数民族很多东西。

第三，汉族在语言、文学、艺术等方面吸收了少数民族的精华，胡歌、胡乐、胡舞、胡戏等的流行，给以汉族为主体的中原文化增添了新鲜色彩。

在语言、文学方面，汉族受北方少数民族影响颇大。北朝时学习鲜卑语成为汉族贵族子弟引为时髦之举。高欢就能兼言汉语和鲜卑语。史称：“高祖每申令三军，常鲜卑语，（高）昂若在列，则为华言。”⑦ 又如《颜氏家训》中提到：“齐朝有一士大夫，尝谓吾曰：‘我有一儿，年已十七。颇晓书疏，教其鲜卑语及弹琵琶，稍欲通解，以此伏事公卿，无不宠爱，亦要事也。’吾时俛而不答。”⑧ 颜之推还曾在《颜氏家训·音辞篇》中

① 《续汉书·五行志》（《后汉书》志第十三，五行一）。

② 《晋书》卷27，《五行志》上。

③ 沈括：《梦溪笔谈》。

④ 详见《晋书》卷72，《郭璞传》；《宋书》卷72，《文九王传》；王国维：《观堂集林·胡服考》。

⑤ 《旧唐书》卷45，《舆服志》。

⑥ 朱熹：《朱子语类》卷91。

⑦ 《北齐书》卷21，《高乾附昂传》。

⑧ 颜之推：《颜氏家训》卷1，《教子篇》。

指出："南方水土和柔，其音清举而切诣；北方山川深厚，其音沉浊而铫（讹）钝；得其质直，其辞多古语……而南染吴越，北杂夷虏，皆有深弊，不可具论。"也就是说南北汉族语言中均杂有"胡虏"或"夷越"之音。至隋末，鲜卑人陆法言著《切韵》，以当时洛阳音为主，酌收古音及其他方音（其中也杂有胡虏和吴越之音），建立了汉语的韵母系统，为唐宋韵书的始祖。唐僧人宁温在《切韵》的基础上，运用梵语字母的拼音原理剖析汉语，制定三十声母，为宋《广韵》之三十六声母体系奠定基础。因而，《通志・七音略》指出："七音之韵，起自西域，流入诸夏。"

在文学方面，由于南北长期对峙，北方汉族吸取了入主中原的"五胡"文化，南方汉族则吸收了一些"南蛮"文化。北朝以来的大量乐章歌辞，"其曲亦多可汗之辞"①。著名的如流传至今赞美草原景色和游牧生活的千古绝唱《敕勒歌》："敕勒川，阴山下，天似穹庐，笼盖四野。天苍苍，野茫茫，风吹草低见牛羊。"② 据《乐府广题》记载，此民歌是东魏时敕勒人斛律金奉高欢之命而唱，"其歌本鲜卑语，易为齐语（汉语），故其长短不齐"③。民歌吟咏的是漠南阴山下敕勒川的景象，斛律金又是敕勒斛律部人，其高祖为倍侯利④。因此，该歌最早应是敕勒语，在广为流传的民歌基础上，经过反复加工提炼而成，是用汉语译写北方民族诗歌较早的优秀作品。其气势雄浑，声调铿锵，对以后隋唐诗歌产生了一定影响，是中华民族文学宝库中一颗璀璨夺目的明珠。而脍炙人口的《木兰辞》，作为汉语五言长诗，是孝文帝迁都洛阳实行汉化政策，研究正音，锐情文学，在民族融合土壤上开放的一朵奇葩⑤，题材广泛，风格刚健，从艺术形象看，反映了北方各族妇女的特色⑥，其中"万里赴戎机，关山度若飞。朔气传金柝，寒光照铁衣。将军百战死，壮士十年归"等辞句，

① 《旧唐书》卷29，《音乐志》。

② 郭茂倩编：《乐府诗集》，卷86；洪迈：《容斋随笔》卷1，记"笼盖四野"为"笼罩四野"。

③ 沈健：《乐府广题》，见《乐府诗集》所引。

④ 《北齐书》卷17，《斛律金传》。

⑤ 关于《木兰辞》写作年代，各说不一。笔者认为始流传于北朝，完善于隋唐或唐初。有的学者还认为木兰很可能是鲜卑仆兰或穆陵氏的异译。

⑥ 《颜氏家训・治家篇》提到南北妇女风尚之不同："江东妇女略无交游。其婚姻之家，或十数年间未相识者，唯以信命赠遗，致殷勤焉。邺下风俗，专以妇持门户，争讼曲直，造请逢迎，车乘填衢，绮罗盈府寺，代子求官，为夫诉曲，此乃恒代（指鲜卑）之遗风乎……河北人事，多由内政。"

歌颂了木兰女扮男装，代父出征的英雄气概。从文字而言，词兼胡汉，“天子”、“可汗”并用。胡歌对北方文化影响是深远的，其质朴刚劲之风，与六朝艳曲骈文迥然不同。《隋书·文学传叙》称：“江左宫商发越，贵于清绮；河朔辞义贞刚，重乎气质。”“若能掇彼清音，简兹累句，各去所短，合其两长，则文质彬彬，尽善尽美矣。”《乐府诗集》也谓“艳曲兴于南朝，胡音生于北俗”。而唐诗正是汇集了南北文风的特点，加以发展。李白瑰玮绚烂的诗品不仅吸收北方文风粗犷、豪爽、质朴、刚健雄奇及现实主义的特点，而且广取南方文风清新、绮丽含蓄、想象丰富、善于抒情的浪漫主义色彩，以达到“笔落惊风雨，诗成泣鬼神”，“清水出芙蓉，天然去雕饰”的境界，是南北文风结合的典范，民族融合的结晶。

在艺术方面，“戎华兼采”[①]。胡乐对中原地区的影响也是深远的，胡笳、羌笛、琵琶等胡乐器及胡曲在中原民间广泛流行，并给趋向僵化的宫廷音乐增添朝气。魏晋南北朝时，随着民族大迁徙，漠北、西域音乐大量输入黄河流域，鲜卑、吐谷浑、步落稽、高丽、龟兹、疏勒、西凉、高昌、康国、安国、天竺等音乐，与汉族音乐交融汇合。晋室南迁后，南方《清商曲》也被乐府采集整理，形成“陈梁旧乐，杂用吴楚之音；周齐旧乐，多涉胡戎之伎”的现象[②]。其中龟兹乐和西凉乐，对我国北方民族影响很大。西晋后期，天竺国送给凉州刺史张轨乐工二十二人，乐器一部，其中有笛子、琵琶、箜篌、五弦、铜鼓、皮鼓和都昙鼓等，并带来多种天竺曲调。前秦末年吕光远征西域，又获得筚篥、腰鼓、羯鼓、答腊鼓等许多乐器和龟兹乐曲。天竺乐和龟兹乐在凉州逐渐融合，并吸收当地汉族及少数民族音乐的长处，形成了独特的西凉乐[③]。与汉族历代正统的“雅”、“颂”相比，善于表现粗犷悲壮、豪迈激昂的“西凉乐”，更易为北方少数民族所接受，因而，西凉乐往往成为他们的国乐。孝文帝时，“方乐之制及四夷歌舞，稍增列于太乐”[④]。许多西域乐工也东游内地献艺。北周武帝娶突厥可汗女为皇后，龟兹乐、疏勒乐、安国乐、康国乐之乐舞队作

① 《隋书》卷14，《音乐志》中。

② 《旧唐书》卷28，《音乐志》一；《册府元龟》卷567。

③ 《隋书》卷15，《音乐志》下提到：“西凉者，起苻氏之末，吕光、沮渠蒙逊等，据有凉州，变龟兹声为之，号为秦汉伎。魏太武帝既平河西得之，谓之西凉乐，至魏周之际，遂谓之国伎。”

④ 《魏书》卷109，《乐志》。

为陪嫁送至长安。其中龟兹苏祇婆曾为乐府勘定七律。

江南地区，虽有流传下来的汉魏旧音，又补充以吴歌、西曲、清商乐，但也受北方胡歌胡舞的影响。《宋书·乐志》称“又有西、伧、羌、胡诸杂舞。随王诞在襄阳，造襄阳乐，南平穆王为豫州，造寿阳乐，荆州刺史沈攸之又造西乌飞哥曲，并列于乐官。歌词多淫哇不典正”[①]。隋朝统一后，文帝设置国伎、清商伎、高丽伎、天竺伎、安国伎、龟兹伎、文康伎七部乐，并杂有疏勒、扶南、康国、百济、突厥、新罗、倭国等伎。隋炀帝又改为九部乐[②]。唐朝设十部乐，即燕乐、清商乐、西凉乐、龟兹乐、高丽乐、天竺乐、安国乐、康国乐、疏勒乐、高昌乐。其中燕乐和西凉乐，大多源于北朝的胡汉混和乐。隋唐时，龟兹乐和西凉乐盛行各地。这在唐人诗词中也有生动的反映，如元稹《法曲》诗云：“女为胡妇学胡妆，伎进胡音务胡乐。”王建的《凉州行》也提到：“城头山鸡鸣角角，洛阳家家学胡乐。”此外，胡舞、胡戏等对中原文化的影响也是明显的。例如，北齐的《兰陵王入阵曲》[③]，舞者戴假面具，紫衣金带，手执金桴，虽属软舞范围，但威武雄壮。北周的《城舞》，行列方正，像城郭，舞者八十人，刻木为面。这种舞蹈既是北方民族融合的艺术结晶，又对后世戏剧等产生了一定影响。又如以著名《霓裳羽衣曲》为乐的盛唐舞蹈《霓裳羽衣舞》，可谓是汉舞与胡舞融合的佳作。

民族融合也给雕刻和绘画艺术带来生机。由于佛教的盛行，寺宇林立，又注意吸收外来文化的营养，雕塑和壁画兴起。在今新疆、甘肃、陕西、山西、河南、四川等地，开山凿窟，建立石窟寺，并根据地质岩石构造不同，进行雕塑和绘画。如大同云冈、洛阳龙门、四川大足等地区，岩石适宜于雕刻，主要艺术创作是石雕。而敦煌千佛洞、天水麦积崖等地区，岩石比较松脆，就以壁画和塑像为主。石窟艺术是集中代表了这一时期建筑、雕塑和绘画的高度发展水平。云冈、龙门及敦煌莫高窟造像艺术的光辉成就，是我国各族艺术家和劳动人民才能及智慧的反映，各种文化融合的产物。十六国和北朝的塑像绘画既保留了汉族雕塑的传统工艺，又

① 《宋书》卷19，《乐志》。

② 《隋书》卷15，《音乐志》下。

③ 兰陵武王高长恭，一名孝瓘，文襄王高澄第四子，勇武而貌美，常戴面具出战。据《北齐书·文襄六王》记载：芒山之役，其为中军，率五百骑再入周军，遂至金墉之下，被围甚急，城上人弗识，长恭免胄示之面，乃下弩手救之，于是大捷。武士共歌谣之，为兰陵王入阵曲。

大胆借鉴佛教传说和吸收西域诸族工艺，创造了佛、菩萨、金刚、梵天王、飞天之类栩栩如生的形象，并且对了解当时社会生活的各个方面提供了珍贵的资料。石窟壁画的画面上有城垣、宫殿、寺塔、亭阁、街市、店铺、民房、园林、桥梁等，使后人了解当时建筑的平面布局和结构特点。敦煌壁画更是一座丰富多彩的艺术宝库。云冈、龙门石窟的圆雕和浮雕，不仅显示了高超的雕刻塑像技巧，也留下了当时帝后、官宦、侍从、平民服饰及生活习俗资料。如云冈佛籁洞前室的石雕，组成了天女凌空、婀娜多姿、乐伎吹奏、箫鼓齐鸣的生动舞乐场面，既描绘了佛国净土的舞乐境界，又展示了北魏鲜卑文化与中原文化融会之璀璨画卷。同时，佛教艺术并不局限于寺庙，也深入日常生活中，各种莲花纹装饰着建筑物和美化了陶瓷器，而莲花砖也为宫殿、陵墓、园林建筑增色许多。

因此，可以说北方河朔文化和南方六朝文化一起，构成唐代封建文化高度发展的两个重要来源。魏晋南北朝时期，汉族由于民族融合，兼收并容，汲取少数民族及外来文化之精华，不仅产生了许多杰出的思想家、优秀的文学家、艺术家、史学家，还出现了一些重要的科学发明和科技著作，丰富和发展了具有中华民族自己风格和特色的文化艺术、科学技术。

## 三　迁移流徙使汉族分布更为广泛影响日趋扩大

魏晋以来，北方周边诸族纷纷内迁，南方少数民族也大量出居平地，与汉族杂居。而汉族人民由于逃避战乱及沉重的政治压迫和经济剥削，再加之统治阶级开疆辟土的需要，也大量流入凉州和东北或南迁江左，与鲜卑、氐、羌及当地土著杂居。某种程度地改变了中原地区民族分布格局，一向为汉族居住的广大地区出现了多民族杂居的局面，而汉族也向四周伸展。仅西晋末年，由于连年饥荒，中原地区汉人向外流徙的就有三十万人以上。十六国时期，北方先后出现汉、匈奴、羯、氐、羌、鲜卑、卢水胡等族建立的政权。各政权为掠取兵源和劳动力，都大规模地把被征服地区的民户，集中于其都城或军事重镇。汉族除了在中原地区辗转流徙外，还大批地向江南、辽东、河西、陇右、蜀汉等地迁徙。

### （一）汉族向河西陇右迁徙，河西文化对北朝产生较大影响

十六国时期，河西地区为张氏父子统治，社会秩序相对稳定，吸收了大批汉族世家及人民，“中州避难来者日月相继”①。张轨“上表请合秦雍流移人于姑臧西北，置武兴郡”，“又分西平界置晋兴郡”安置之。② 西晋愍帝被俘后，宗室司马保残部投奔凉州的有一万多人。前秦苻坚统一北方后，为经营西域，又迁江淮及中原地区一万七千余户于河西，淝水战后，汉人流入也不少。张骏执政时，“尽有陇西之地，士马强盛”，又勤修政事，“刑清国富”，“境内渐平”。③ 使河西走廊成为发展当时汉族先进文化的重要据点。河西地区从前凉张氏统治以来，学术研究空气很浓厚，无论是鲜卑秃发氏建立的南凉，还是卢水胡沮渠氏建立的北凉，都保持了此传统。史称“凉州自张氏以来，号为多士”。④ 魏太武帝平北凉后，接纳了不少河西学者至平城，或著书修史，或讲学授业，对北魏学术界产生较大影响。孝文帝改革时，河西人士参加了很多典章制度的制定。中原地区经学的修复也在一定程度上仰仗河西学者。此外，在传入西域文化和佛教汉化方面皆起着特殊作用。

### （二）汉族向辽东迁徙，有助于东北地区的开发

自东汉末年，汉族也不断向东北迁徙。《三国志·管宁传》说：“天下大乱，公孙度令行于海外，相率避乱辽东。”《资治通鉴》也提到：“公孙度威行海外，中国人士避乱者多归之。”⑤ 永嘉之乱后，“百姓失业，流亡归附者日月相继”，流入人口等于“旧土十倍有余”。西晋时平州有一万八千余户，那么流入的户数则达十八万左右，以五口之家计算，将近九十万。以至出现“人殷地狭，故无田者十有四焉”的现象。⑥ 前燕慕容氏一方面重用汉族世家，推举贤才，委以庶政，崇尚儒学，兴办教育，于是“路有颂声，礼让兴矣”；另一方面设置侨郡县，“以统流人”。起初，以

① 《晋书》卷86，《张轨传》。
② 《晋书》卷14，《地理志》。
③ 《晋书》卷86，《张轨传》。
④ 《资治通鉴》卷123，晋文帝元嘉十六年。
⑤ 《晋书》卷108，《慕容廆载记》。
⑥ 《晋书》卷109，《慕容皝载记》。

冀州人为冀阳郡，豫州人为成周郡，青州人为营丘郡，并州人为唐国郡，后“以勃海人为兴集县，河间人为宁集县，广平、魏郡人为兴平县，东莱、北海人为育黎县，吴人为吴县，悉隶燕国”。[①] 慕容氏在汉族士人的协助下，劝课农桑，发展生产。流移到辽东地区的汉族人民，大多有熟练的生产技能，对辽东的开发和农业技术的传播作出了贡献。

**（三）大批汉族移居江南，促进南方经济的发展，使汉族文化传播面更为广泛深入**

历史上汉族人口曾有几次大规模从黄河流域和淮河以北向长江、珠江流域南移。东汉末，中原牧守混战，汉族南迁者就为数不少。史称“是时四方贤士大夫，避地江南者甚众”[②]。仅孙权与曹操相争于濡源时，一次即有十余万户渡江而南。据《三国志·孙权传》记载：“初曹公恐江滨郡县为权所略，征令内移，民转相惊，自庐江、九江、蕲春、广陵，户十余万皆东渡江，江西遂虚，合肥以南惟有皖城。”[③] 西晋永嘉之乱，黄河流域汉族更是大规模迁至江南。经南北朝，仍有汉族不断南迁。

西晋“八王之乱”，继之匈奴刘渊、羯人石勒起兵，北方局势紧张。为避战乱，就有一批世家大族率宗族、乡里、宾客、部曲，南渡江左。洛京失守，晋室南移，司马睿称帝建康，北方世家豪强和一般汉人移居江南者更多。史称：“洛京倾覆，中州士女避乱江左者十六七。”[④] 此后，在十六国混战更迭过程中，北方汉族又陆续南迁。如东晋成帝初，内讧蜂起，江淮间大乱，于是淮南汉人及北方人侨居于淮南者，更南走渡江。桓温北伐关中和枋头败退前后，南渡者也甚多。自东晋康帝、穆帝之后，“胡亡氐乱”[⑤]，中原兵燹连年，关右尤甚，陕甘之人多南出汉水流域或南走四川。东晋末年，刘裕北伐，关中、河南得而复失，流民南渡者也为数甚多。宋元嘉中，“氐虏数相攻击”[⑥]，关陇流民多避难移向梁、益二州。齐、梁、陈各朝也均有大批淮南、江北之众南渡。东晋和南朝设有侨居州

① 《晋书》卷109，《慕容皝载记》。
② 《三国志·魏志》卷13，《华歆传》注引《吴历》。
③ 《三国志·吴志》卷47，《孙权传》。
④ 《资治通鉴》卷89，晋怀帝永嘉五年。
⑤ 《宋书》卷35，《州郡志》。
⑥ 《南齐书》卷15，《州郡志》下。

县，据《宋书·州郡志》所载，南徐州、南兖州、南豫州、雍州等侨州郡总户数为十八万余户，人口约为九十六万多。其中包括当地原来户口，但尚有一些侨置郡县户口未计在内，约略估计，北方人南迁者相当于西晋北方人口的八分之一①。这仅是封建王朝控制的侨户，尚不包括依附农民和零散迁徙未被控制者。刘宋全境编户人口数为五百四十万，北方侨民约占六分之一。流民到南方，初是侨居，只为客籍，后来有的迁回北方，多数则由于久居江南而“土断”入籍②。

汉族人民还通过屯垦、移民、被掠、流亡等方式移居边疆各地，与少数民族错居杂处，共同开发和捍卫边疆。自秦汉以来，就有不少华夏或汉族大批进入蛮族、西南夷及岭南地区。魏晋南北朝时期，为了逃避战乱和苛重赋役，汉族也纷纷迁入蛮、俚、僚、爨等聚居区。如靠近荆、雍两州蛮区的汉人不少逃入蛮区。萧齐时，曾“以临沮西界，水路纡险，行迳裁通，南通巴巫，东南出州治，道带蛮蜒，田土肥美，立为汶阳郡，以处流民”。③ 此外，汉人因经商入蛮者渐增，还有封建统治者潜往蛮区成为蛮族首领的。汉人进入俚区的为数也不少。东晋时，因“东土多赋役，百姓乃从海道入广州。广州刺史邓岳大开鼓铸，诸夷因此知造兵器”④。而当时，北方多故，汉人大量南迁，构成今日广东客家人的主体。例如冯融“本北燕苗裔。初冯弘之投高丽也，遣大父业以三百人浮海归宋，因留于新会”⑤。刘宋始兴郡汉人因“逷接蛮俚，去就益易”⑥。汉人并更多地从长江沿岸向湘、广俚人区域发展。据《宋书·州郡志》所载，刘宋时，广州领郡十七（实十八），户四万九千七百二十六，人口二十六万六千六百九十四⑦。至隋时，相当于刘宋时广州境的共九郡，即南海、苍梧、信安、永熙、永平、郁林、高凉、龙川和义安，总户数为十八万五千八百十八⑧。隋去宋一百六十多年，户籍增长三倍，这除了自然增长及俚人附籍外，可能相当部分是汉人移居广州而增加的户口数。两晋之际，滇

① 参见谭其骧《晋永嘉丧乱后之民族迁徙》（《燕京学报》第15期）。
② 参见《晋书》卷75，《范汪附宁传》。
③ 《南齐书》卷15，《州郡志》下。
④ 《晋书》卷73，《庾翼传》。
⑤ 《隋书》卷80，《谯国夫人传》。据《旧唐书·冯盎传》所载，“新会”为“番禺”。
⑥ 《宋书》卷92，《徐豁传》。
⑦ 宋时，广州十八郡中尚有宁浦、晋兴、乐昌三郡未注户口数。
⑧ 《隋书》卷31，《地理志》。

东北的汉族向西迁入包括洱海的永昌地区，或向南迁入黔西。当时南中地区的民族融合主要表现在汉人的夷化，以后汉化成分逐渐增多。

随着晋室南迁和汉族的政治、文化中心逐渐移至江左，以及大批汉族的自北南徙，增加了许多劳动力和带来中原地区较为先进的生产技术，这无疑会加速江南的开发。再者，江南地区社会比较稳定，东晋、刘宋等王朝也采取一些有利于发展生产的措施，因而，使南迁的汉人有可能和江南土著及山越、蛮、俚、僚、爨等一起，利用得天独厚的自然资源、促进南方社会经济和文化的发展。不仅农业生产有所提高，纺织业、矿冶业、造纸业、制船业、制盐业、制瓷业以及制茶、漆器等手工业，都有显著发展。商业贸易也十分活跃，尤其是南朝都城建康和东南沿海地区更成了全国文化中心和发达地区。随着南方经济的发展，也使中原汉族文化和南方原有的文化相结合，逐渐形成具有时代特色的“六朝文化”，兹不赘述。

总之，汉族通过向东北、西北及江南的大规模迁徙，改变了这些地区地广人稀、劳动力不足的状况。并且也改变了汉族过于集中在中原地区的局面，逐渐遍布全国，而主要聚居于黄河、长江、珠江三大流域和松辽平原，使人口分布格局较前合理，有利于生产发展。同时，随着汉族的流移，也带去了中原地区较为先进的生产技术和文化，经济区域呈现扩大趋势。通过杂居共处，加速各族之间的文化交流，扩大了汉族文化的传播面。如魏晋时，汉族和汉文化在江南的发展主要在长江流域沿岸和从荆州南下，经湘州逾五岭至广州的交通线上以及沿海一带。东晋至南朝，经过迁徙融合，汉族文化更广泛地得到伸展，从长江中游向南，沿湘水流域、郁水流域向两岸扩张，由点线连成面，并延伸到今四川、江西以及云南等蛮、僚、俚、爨居住地区。

综上所述，通过魏晋南北朝时期民族大融合，许多少数民族融入了汉族，使之更加壮大发展、朝气蓬勃（当然，汉族在南下北上的过程中，有些也融入当地少数民族内，汉化与夷化往往交叉进行）。同时，汉族还从许多方面吸收了少数民族的文化精华，经过融化汇合，进一步提高了自身的物质和精神文明。而其向东、向西、向南之迁徙，初步改变了以往过于集中黄河流域的分布格局，有利于对江南、东北、西北的开发，并使汉族文化传播面更广泛，对少数民族的影响更为深刻。即使在黄河流域，汉族士大夫也辅助北方诸族统治者采取一些劝课农桑、治国安邦的措施，汉族人民与内迁诸族人民一起为恢复与发展社会经济作出了贡献，中原文化也得以弘扬光大。在这整个过程中，汉民族各方面的素质皆有所提高，为隋唐的兴盛发展提供了最重要条件。通过对此时期汉民族发展的初步探讨，我们进一步体会到，在中华民族历史发展过程中，“汉族离不开少数民族，少数民族也离不开汉族”这个真理。从而，更自觉地维护民族团结，同心同德，奋发图强，创造更加光辉灿烂的中华文明。

（原载费孝通主编《中华民族研究新探索》，中国社会科学出版社1991年版；另见《民族研究》1990年第3期《论魏晋南北朝民族融合对汉族发展的影响》）

# 论拓跋鲜卑社会经济的演变

拓跋氏初是鲜卑地处最东北的一支，也称“别部鲜卑”[①]。原居于额尔古纳河和大兴安岭北段，“统幽都之北，广漠之野，畜牧迁徙，射猎为业”[②]，过着牧猎兼营的经济生活。在向南向西发展过程中，拓跋鲜卑吸收“四方诸姓”及“内入诸姓”等，势力日益增强，社会经济生活也发生很大变化。至南北朝时，相当部分拓跋鲜卑成员已经由游牧为主过渡到以农耕为主。其原因错综复杂，不过，概括起来，主要是两个方面，一是历史地理环境之变迁及与汉族等错居共处；二是统治阶级采取各种促进转化的措施。现简析如下。

## 一　拓跋鲜卑历次大迁徙对其社会经济的影响

拓跋鲜卑的发祥地在“大鲜卑山”。1980 年，在鄂伦春自治旗阿里河镇西北十公里大兴安岭北段顶巅东侧的嘎仙洞中，发现北魏太平真君四年（443 年）拓跋焘派林敞祭祖先时，刊刻在石壁上的祝文。从而进一步探明了“大鲜卑山”就是在今阿里河附近的大兴安岭北段（有的学者则持异议）。

据《魏书·序纪》所载，鲜卑之先“积六十七世”[③]，至拓跋氏远祖成帝毛时（约在公元前 2 世纪后期至 1 世纪前期左右，西汉武帝在位期间），为“远近所推，统国三十六，大姓九十九”。此所谓国，当指氏族

① 杜佑：《通典》卷 196，《边防典》12。

② 《魏书》卷 1，《序纪》。

③ 成帝毛往上溯六十七世，若以每世 20 岁计，则毛之先祖可追溯至 1300 余年以前，即商前期。

集团或者部落；大姓，即指氏族或比氏族较小的家支。毛似是部落联盟的酋长，所称皇帝为拓跋珪时追尊。

**（一）拓跋鲜卑建国前的三次大迁徙**

毛下传五世而至宣帝拓跋推寅时期（约公元1世纪前期），正值东汉初年，北匈奴西迁，南匈奴保塞，拓跋鲜卑乘隙第一次南迁，至“大泽”，即今呼伦池（达赉湖）。由于此地“方千余里，厥土昏冥沮洳（指沼泽地带），谋更南迁，未行而崩”①。当今发现的呼伦贝尔盟陈巴尔虎旗完工和新巴尔虎右旗札赉诺尔的古墓群②，大约是拓跋鲜卑南迁过程中的文化遗迹，表明拓跋鲜卑确在呼伦贝尔大草原居住过。当时，拓跋鲜卑还过着“畜牧迁徙，射猎为业”的游牧生活，处于原始社会末期的部落联盟阶段。

推寅后又经六世，至献皇帝邻时，一方面“七分国人，使诸兄弟各摄领之”；另一方面因呼伦池附近荒遐，未足以建都邑。随着拓跋氏社会贫富分化的发展，部落首领为掠夺财富，扩张势力，就必然向南发展，遂准备第二次南移。由于邻年老体衰，乃以位授子圣武帝诘汾。诘汾遵命率众南迁，几经险阻，才到达匈奴故地。所谓匈奴故地，据《汉书·匈奴传》记载：“……北边塞至辽东，外有阴山，东西千余里，草木茂盛，多禽兽，本冒顿单于依阻其中，治作弓矢，来出为寇，是其苑囿也。”也即今河套北部固阳阴山一带。这里水草丰美，树木茂繁，是牧猎的好场所，并接近了中原文化。

拓跋鲜卑进入匈奴故地后，与留居故地的匈奴融合。拓跋力微时，在七十五个异姓部落中，属于匈奴的就有贺赖氏、须卜氏、丘林氏、破六韩氏、宿六斤氏等③。这些匈奴部落加入拓跋鲜卑联盟之后，杂居共处，相互通婚，逐渐鲜卑化。同时，还有不少晋人和乌桓等部众也成为其“新民”。

始祖神元皇帝力微时（一说220—277年在位），拓跋鲜卑开始了第

① 《魏书》卷1，《序纪》。

② 内蒙古工作队：《札赉诺尔古墓群》，《文物》1961年第6期、《考古》1961年第12期；《内蒙古陈巴尔虎旗完工古墓清理简报》，《考古》1965年第6期；宿白：《东北、内蒙地区的鲜卑遗迹》，《文物》1977年第5期。

③ 《魏书》卷113，《官氏志》。

三次迁徙。拓跋诘汾长子秃发匹孤率众从塞北迁居河西。拓跋本支，从力微时代起就游牧于上谷（治今河北怀来县）以西，云中（今内蒙古托克托县东北）一带。曹魏甘露三年（258 年），力微在位第三十九年，从河套北部迁汉定襄郡之盛乐（今内蒙古和林格尔县西北）。同年四月，举行祭天大典，诸部君主皆赴助祭，唯白部大人观望不至，遂召而戮之，使远近震慑，相继归附。在这次由部落贵族和扈从武士操纵的部落大会上，拓跋部正式取得部落联盟的领导权，力微也巩固了世袭的大酋长之位。

同时，拓跋鲜卑在向西南发展过程中，对中原地区曹魏、西晋政权采取通好政策。双方“聘问交市，往来不绝”①。曹魏等赠给拓跋氏金币缯絮，岁以万计。这也是拓跋鲜卑得以强盛和社会经济发生变化的因素之一。

### （二）代国及北魏时拓跋鲜卑的迁徙

从力微开始，拓跋部落体有了很大发展，蒙古草原各部落纷纷成为拓跋联盟的新成员。当时除了帝室十姓外，其他异姓诸部加入拓跋联盟的有七十五个（一说六十八个）姓或部落成分。此外，四方诸部还有三十五姓（一说三十二姓）与拓跋部落经常发生朝贡或交换关系，“凡此诸部，其渠长皆自统众”②，只是与拓跋保持岁时朝贡，即政治上交聘或从属，经济上交换之关系。后随着北魏势力强大，兼并的部落日益增多，大多逐渐转为内入诸姓，变成编户齐民。

至晋元康五年（295 年），力微少子禄官统部时，仿匈奴旧制，分众为中、东、西三部。禄官自为大酋，居上谷之北，濡源（今河北东北部滦河上源）之西，东接宇文部，为东部；以力微长子沙漠汗之子猗㐌统一部，居代郡参合陂（今内蒙古凉城东北）北，为中部；以猗㐌弟猗卢统一部，居定襄之盛乐故城，为西部。禄官承力微以来既成之势，与晋通好，社会较为安定，“财畜富贵，控弦骑士四十余万”③。

永嘉元年（307 年），猗卢继位，总摄三部，成为塞北一支强劲力量。四年（310 年），猗卢遣侄郁律率骑二万，助晋并州刺史刘琨大败白部鲜

① 《魏书》卷 113，《官氏志》。

② 同上。

③ 《魏书》卷 1，《序纪》。

卑及铁弗匈奴。因功猗卢受封为大单于、代公，并要求晋割让陉岭（今山西代县西北句注山）以北的马邑、阴馆、楼烦、繁畤、崞五县，其地东接代郡，西连西河、朔方，方数百里，乃徙十万户以充之[①]，疆域不断扩大，势力益炽。建兴元年（313 年），以盛乐为北都，修故平城（今山西大同市东北）为南都，并于灅水之阳黄瓜堆筑新平城（小平城），令子六修镇之，统领南部（以晋人为多）。建兴三年（315 年），受晋愍帝之封为代王，置官属，食代、常山二郡，并明刑峻法。因而，有的学者认为代国自此年始。

传至拓跋郁律时期（317—321 年在位），击败入侵之铁弗匈奴刘虎，以女嫁来附之虎从弟路孤。进而向北部草原发展，“西兼乌孙故地，东吞勿吉以西，控弦上马将有百万”[②]。士兵精强，雄于北方。拒绝前赵刘曜、后赵石勒请和及东晋的封爵，有“平南夏之意”[③]。

又数传至拓跋什翼犍。东晋咸康四年（338 年），在繁畤（今山西浑源县西南）北即代王位，年号建国。次年，“始置百官，分掌众职”[④]，用代郡汉人燕凤为长史，许谦为郎中令，其余官职及名号，多仿晋朝，又制定法律，规定反逆、杀人、偷盗、乱伦之刑罚。自此，代政权初具国家规模，故有的学者认为代国从什翼犍即位起，才算正式建立。咸康六年（340 年）定都于盛乐宫（今内蒙古和林格尔县西北）。翌年，又于盛乐故城南八里筑盛乐新城，逐渐开始农业生产。曾多次进攻高车、铁弗匈奴刘卫辰等部，掠取奴隶和牲畜。“东自貊，西及破洛那，莫不款附。”[⑤] 当时，实际控制疆域大致为今内蒙古中部和山西北部。

东晋太元元年（建国三十九年，376 年），代国为前秦苻坚所灭。代国灭亡后，以拓跋部为首的部落联盟瓦解，分散在云中、定襄、雁门、五原四郡。苻坚于障塞要地派尉监官监督领押，限制他们出入往来，并三丁取一，五丁取二，以供兵役[⑥]。

淝水战役后，前秦衰败。太元十一年（386 年），什翼犍嫡孙拓跋珪

---

① 《宋书·索虏传》提到：“卢兄驰有救腾之功，旧勋宜录，请移五县民于新兴，以其地处之。”从这段记载可以看出，以五县空地，安置猗卢所率领的部落民。

② 《魏书》卷 1，《序纪》。

③ 同上。

④ 《魏书》卷 111，《刑罚志》。

⑤ 《魏书》卷 1，《序纪》。

⑥ 《晋书》卷 113，《苻坚载记》上。

乘机召集旧部，在牛川（今内蒙古锡拉木林河、呼和浩特东南）召开部落大会，并即代王位。同年四月，改称魏王，天兴元年（398 年），正式定国号为魏，史称北魏或后魏，迁都平城，即皇帝位，是为魏道武帝。拓跋珪在翦除内患后，不断向外扩展。不仅获得大量土地，掳掠大批战马和牛羊，而且还收降了不少部落，成为塞外强国。北魏皇始二年（397 年），乘后燕慕容垂新死，亲勒六军四十余万，进兵中原，先后攻取晋阳、中山、邺等名都重镇，拥有黄河以北之地，隔河与东晋相峙，拓跋鲜卑成员也随着军事势力的进展而入驻黄河流域汉族聚居区。

至泰常八年（423 年），拓跋珪孙、拓跋嗣子焘继位后，凭借鲜卑骁勇的骑兵，四出征伐。先后灭夏国、北燕、北凉等，屡次出兵击败柔然、高车、吐谷浑。同时，还采取镇抚兼施的策略，使西域诸族及东北契丹等族遣使朝贡。遂完成统一北方大业，结束十六国割据局面。继之又于太平真君十一年（450 年），率军十万南下进攻刘宋，经略江淮，围悬瓠（今河南汝南），直抵瓜步（今江苏六合东南）。后遭宋军顽强抵抗，掠淮南五万余户而返，辖区扩大到淮河以南，形成南北对峙的局面。其疆域东北起辽西，西至新疆东部，南达秦岭、淮南，北抵蒙古高原。至太和年间，孝文帝迁都洛阳，大批拓跋鲜卑南徙洛京。六镇大起义失败后，又有数十万鲜卑及鲜卑化汉人、胡人南迁至河北诸州。

大量拓跋鲜卑成员向南迁徙，进入汉族聚居区，与汉族等农耕民族杂居共处。这对拓跋鲜卑的原有生产方式和生产关系产生很大影响，使其中相当一部分成员从以游牧为主，逐渐变为农牧兼营或以农耕为主，逐渐完成封建化的过程。

## 二　道武帝、孝文帝等改革及拓跋鲜卑社会经济的变化

拓跋鲜卑在进入中原前，基本上处在早期家长奴隶制阶段，以游牧业为主。在这一阶段，各部落民众在一定牧场上进行游牧；部落民对于部落大人或渠帅缴纳一定的畜税及服兵役、徭役；八部和“内入诸部”的大人把一部分畜税再交给盟主。而四方诸部渠长与盟主则保持一种“岁时朝贡”的关系。至拓跋珪建立北魏后，逐渐向封建化过渡，并有相当一部分转变为农业定居。

### （一）拓跋珪采取各种促进鲜卑封建化和逐渐向农耕定居过渡的措施

拓跋珪在建立北魏和进取中原过程中，采取一系列措施，以便适应统治中原地区的需要，并促进鲜卑的封建化和向农业定居过渡。

首先，拓跋珪注意延揽人才，吸收汉族士人，制定朝廷典章制度，按照周秦以来中原王朝的规模，建立北魏朝廷。在保存汉人原来的社会制度和采用汉人原有的租税制度的同时，拓跋氏与汉族世家豪强也逐步相结合。早在登国初年，拓跋珪即以许谦为右司马，张衮为左长史，“参赞初基”①。十年（395 年），参合陂之战后，“于俘虏之中擢其才识者贾彝、贾闰、晁崇等与参谋议，宪章故实”②。皇始元年（396 年），夺取并州后，“初建台省，置百官，封拜公侯、将军、刺史、太守，尚书郎以下悉用汉人”③。张衮、崔玄伯（崔宏）、邓渊、李先、贾闰、崔逞、晁崇等，先后成了拓跋珪重要谋臣和各种制度的制定者。天兴元年（398 年）七月，“迁都平城，始营宫室，建宗庙、立社稷”。八月，“诏有司正封畿，制郊甸，端经术，标道里，平五权，校五量，定五度”。十一月，“诏尚书吏部郎中邓渊典官制，立爵品，定律吕，协音乐；仪曹郎中董谧撰郊庙、社稷、朝觐、飨宴之仪；三公郎中王德定律令，申科禁；太史令晁崇造浑仪，考天象；吏部尚书崔玄伯总而裁之”④。十二月，拓跋珪即皇帝位，“命朝野皆束发加帽，追尊远祖毛以下二十七人皆为皇帝……又用崔宏议，自谓黄帝之后，以土德王。徙六州二十二郡守宰、豪杰二千家于代都”⑤。从而，使上层建筑适应封建生产关系。

其次，离散诸部，分土定居，变部落民为国家编户。拓跋鲜卑由北向南发展，从原始社会末期、家长奴隶制向封建制度转化的过程，也就是由游牧业转向农业的过程，同时，必然从逐水草而居转向定居。早在猗卢时就曾修筑盛乐城和故平城，并筑新平城。拓跋珪攻取中山后，进入农业发达的华北平原，要解决衣食特别是军粮所需，就必须加强国家控制，克服诸部落各自为政的现象，采取措施发展农业。因此，拓跋珪在登国元年

① 《魏书》卷 24，《许谦传》。

② 《魏书》卷 2，《太祖纪》。

③ 《魏书》卷 2，《太祖纪》；《资治通鉴》卷 108，晋孝武帝太元二十一年。

④ 《魏书》卷 2，《太祖纪》；卷 24，《崔玄伯传》。

⑤ 《资治通鉴》卷 110，晋安帝隆安二年。

(386 年) 四月改称魏王后，即下令“散诸部落，始同为编民”[①]，即解散原来参加联盟的四方或内入诸姓部落乃至帝室十姓部落，强迫各部落大人和他们的部民（牧民）脱离关系，使各部牧民不再成为各部大人的私属，而变成北魏国家的编户，把他们安排在一定地区定居下来，分给土地，以从事农耕或进行定居牧放，不准随便迁徙。使建立在血缘关系基础上的氏族，转变为地缘关系的编户。由于遭到各部大人的强烈反对而未实现。

时隔十余年，拓跋珪以强大军事力量为后盾，对一些公开违抗命令的部落进行武力镇压。在击败后燕之后，于天兴初，第二次下令“离散诸部，分土定居，不听迁徙，其君长大人皆同编户”[②]，“悉令造籍”。并实行“计口受田”的办法，使其逐渐从事农业，转向定居。离散的部落民，开始仍设大夫或别帅管辖。至高宗太安三年（457 年）正月，以诸部护军各为太守，编户齐民才告完成。孝文帝时三长制和均田制的推行，进一步促使部落组织解体，有利于拓跋鲜卑与汉族等错居杂处。

分土定居的地区大多在京都平城及其附近。拓跋珪下令“制定京邑，东至代郡（治今山西大同东北），西及善无（今山西右玉县东南），南极阴馆（今山西阴县西南），北尽参合（今内蒙古凉城县西南），为畿内之田；其外，四方四维置八部帅以监之，劝课农耕，量校收入，以为殿最”[③]。王畿之内，置八部大夫于皇城四方四维，“以拟八座，谓之八国”。这是从鲜卑八国八部大人演变而来，由宗室八部子孙担任。在王畿内参理朝政，劝课农桑，为文秩。至明元帝拓跋嗣神瑞元年（414 年），置八大人官，八部大夫遂废。同时在王畿外的郊甸（亦称甸服）之内置八部帅，大多也由宗室八姓子孙担任。他们率领军队驻扎在东至上谷军都关（居庸关），西至黄河，南至中山隘门塞（今山西灵丘县西南），北至五原（今内蒙古包头市西北）的郊甸内，拱卫京师，并监督新民和分土定居的拓跋诸部成员进行生产[④]，为武秩，明元帝后渐废。

离散诸部，分土定居，使民族组织变为地域组织，部落民变为国家编户，这不仅加强了中央集权，有利于北魏开辟财源和兵源，而且也有助于

---

① 《魏书》卷 113，《官氏志》。

② 《魏书》卷 83，《贺讷传》。

③ 《魏书》卷 110，《食货志》。

④ 北魏统治者将汉族和部分其他民族的俘虏或依附者称为“新民”，迁徙到平城或其他政治、军事重地，驱使他们进行农牧业生产。

消除民族之间的隔阂，促进民族融合。

最后，实行“计口受田”，“劝课农桑”，扩大屯田，减轻租赋，并徙民以充实京师，发展农业生产。

北魏统治地区，从西晋末年以来，兵连祸结，人民“或死于干戈，或毙于饥馑，其幸而自存者，盖十五焉”[①]，再加之汉族大量南迁，人口锐减，土地荒芜，农业经济遭到严重破坏。拓跋珪徙居盛乐后，注意发展农业生产，在阴山之阳，黄河以北，出现了“务农息民，国人悦之”的局面[②]。登国九年（394 年），又命东平公拓跋仪（元仪），“垦辟河北，自五原至于稒阳塞（今内蒙古包头市东，一说北）外为屯田”[③]，“分农稼，大得人心”[④]。皇始元年（386 年），拓跋珪攻取并州后，以中书侍郎张恂等为诸郡太守，“招抚离散，劝课农桑”[⑤]。天兴元年（398 年）正月，“徙山东六州人吏及徒何、高丽杂夷、三十六署百工伎巧十余万口以充京师”[⑥]。二月，“诏给内徙新民耕牛，计口受田”[⑦]。这种获得耕牛、农具，计口受田的新民，显然不是奴隶，而是被强制在土地上耕种的农民（一说为农奴），其中包括汉人、慕容鲜卑、高丽人及一部分拓跋部众。迁都平城后，又制定京邑，设立八部帅进行监督农耕之事。天兴二年（399 年），并下令“除州郡人租赋之半”[⑧]，以减轻农民负担，鼓励农业生产。当时从事农业生产的，虽然主要是汉人和汉化慕容鲜卑人，但拓跋鲜卑的贵族及部众也逐渐经营农业。如平原太守和跋死时，嘱咐诸弟，“灅北地瘠，可居水南，就耕良田，广为产业”[⑨]。登国十年（395 年）后燕伐魏，拓跋珪徙部落畜产避之，燕军至五原，“降魏别部三万家，收穄田百余万斛”[⑩]。可见，在北魏辖区内农业已有相当发展。

拓跋珪卒后，其继位者，仍沿袭封建化的方针。拓跋嗣也注意简贤任

① 《魏书》卷 110，《食货志》。
② 《资治通鉴》卷 106，晋孝武帝太元十一年。
③ 《魏书》卷 110，《食货志》。
④ 《魏书》卷 15，《卫王仪传》。
⑤ 《资治通鉴》卷 108，晋孝武帝太元二十一年。
⑥ 《北史》卷 1，《魏本纪》一。
⑦ 《魏书》卷 2，《太祖纪》。
⑧ 《北史》卷 1，《魏本纪》一。
⑨ 《魏书》卷 28，《和跋传》。
⑩ 《资治通鉴》卷 108，晋孝武帝太元二十年。

能，劝课农桑。如永兴五年（413 年），奚斤等破越勤倍尼部落，徙二万余家而归，后置新降人于大宁川（今河北宣化一带），给农器，计口受田。

北魏初期，经过“计口受田”及“离散诸部、分土定居”，农业已成为北魏的社会经济基础，不过畜牧业仍然占有重要地位，农业歉收时，要靠畜牧业接济。国有牧场和私人牧场上的畜牧业都相当繁荣。除了八部牧民从事畜牧业外，还有被拓跋焘迁至漠南的高车、柔然降附之民，从事耕牧，岁致献贡；河西国有牧苑的牧子，养马二百余万匹，骆驼一百余万头，牛羊无数。此外，如契胡尔朱荣，在北秀容川（今山西朔县西北一带）就有辽阔的私人牧场，“牛羊驼马，色别为群，谷量而已”，“朝廷每有征讨，辄献私马，兼备资粮，助裨军用”①。北魏对于畿内及郊甸的农民，采取了封建性的田租户调之剥削方式。对于从事畜牧业的各族牧民，也采取封建性的剥削办法。如明元帝泰常六年（421 年）二月，“调民二十户输戎马一匹、大牛一头”。三月，“制六部民，羊满百口输戎马一匹”②。即每一家牧民每年羊满百口，输战马一匹。此外，还有一些力役之征，如筑城、建宫、造苑、运输、兵役等。

经过各族工匠的辛勤劳动，北魏初期平城的建筑虽很简陋，但已粗具规模。关于平城建筑和宫室之制，《南齐书·魏虏传》有详细记载，为我们保留了珍贵史料，兹不避冗长，摘录于下：“什翼珪（拓跋珪）始都平城，犹逐水草，无城郭，木末（拓跋嗣）始土着居处。佛狸（拓跋焘）破梁州、黄龙，徙其民居，大筑郭邑。截平城西为宫城，四角起楼，女墙，门不施屋，城又无堑。南门外立二土门，内立庙，开四门，各随方色，凡五庙，一世一间，瓦屋。其西立太社。佛狸所居云母等三殿，又立重屋，居其上。饮食厨名‘阿真厨’，在西，皇后可孙恒出此厨求食。”又说：“殿西铠仗库屋四十余间，殿北丝绵布绢库土屋一十余间。伪太子宫在城东，亦开四门，瓦屋，四角起楼。妃妾住皆土屋。婢使千余人，织绫锦贩卖，酤酒，养猪羊，牧牛马，种菜逐利。太官八十余窖，窖四千斛，丰谷丰米。又有悬食瓦屋数十间，置尚方作铁及木。其袍衣，使宫内婢为〔之〕。伪太子别有仓库。其郭城绕宫城南，悉筑为坊，坊开巷。坊

① 《魏书》卷 74，《尔朱荣传》。

② 《魏书》卷 3，《太宗纪》。据《官氏志》载，泰常二年夏，“置六部大人官。有天部，地部，东、西、南、北部，皆以诸公为之，大人置三属官”，故八部民改称六部民，泛指北魏境内王畿及郊甸一带的诸族牧民。

大者容四五百家，小者六七十家。每南（闭?）坊搜检，以备奸巧。城西南去白登山七里，于山边别立父祖庙。城西有祠天坛，立四十九木人，长丈许，白帻、练裙、马尾被，立坛上，常以四月四日杀牛马祭祀，盛陈卤簿，边坛奔驰奏伎为乐。城西三里，刻石写《五经》及其国记，于邺取石虎文石屋基六十枚，皆长丈余，以充用。”① 自拓跋焘至拓跋弘，平城宫殿“世增雕饰。正殿西筑土台，谓之白楼，万民（拓跋弘）禅位后，常游观其上。台南又有伺星楼。正殿西又有祠屋，琉璃为瓦。宫门稍覆以屋，犹不知为重楼。并设削泥采，画金刚力士。胡俗尚水，又规画黄龙相盘绕，以为厌胜”。从上述可看出北魏初平城宫室、宗庙、祀坛、仓库、街坊及宫内奴婢生产等情况，犹如一幅丰富多彩的历史画卷，使我们对拓跋鲜卑贵族及一般工匠、奴婢物质生活和北魏的社会文化有了较为深刻的理解。

### （二）孝文帝改革使拓跋鲜卑社会经济生活发生深刻变化

拓跋鲜卑所建立的北魏，经过将近百年，至孝文帝元宏太和年间（471—499 年），在各族人民反抗斗争的冲击下，为了缓和各种社会矛盾，巩固北魏在中原地区的统治，孝文帝及其祖母冯太后在代魏以来逐步汉化的基础上，鼎力改革，促进北魏进一步封建集权化，鲜卑人日益汉化。

第一，创颁“均田令”，改革租调力役制，初立三长制，推行百官俸给制，改定礼仪、官制、律令等，加速北魏在政治、经济上实现封建化进程。太和九年（485 年），下诏计口分配空荒土地。凡男年十五以上受露田四十亩，女二十亩。奴婢同样受田，丁牛一头受田三十亩，以四头为限。由于当时施行休耕法，授田一般是二至三倍。所授之田，不准买卖，年老免课，及身亡，须还田给政府。此外，初受田男子另给桑田二十亩，作为世业，身终不还，可传给子孙，不许买卖，但超过二十亩者可卖其余，不足可买。在缴纳麻布为“调”之地区，男授麻田十亩，女五亩，奴婢相同，年老身死，还田。新附民户，每三口加宅田一亩，奴婢五口一亩。桑田及宅地为世业，受田后不准迁徙。地方官按级给公田。均田制仅分配无主荒地，未触及地主原有土地。占有奴婢和耕牛的主人，还可按奴

---

① 《南齐书》卷 57，《魏虏传》。“织绫锦贩卖”，有的学者认为应作“织绫锦，贩卖”；“马尾被，立坛上”，有的学者认为应是“马尾被立坛上”。

婢和牛数多得土地。与之相适应的是废除旧赋税制“九品混通法”，实行新的田租户调制度，规定一夫一妻之户，岁出帛一匹，粟二石，还有力役，而有奴婢八人或耕牛二十头，才缴纳同额租调[①]。因而均田制虽授给包括鲜卑在内各族农民一定土地，但获益最多的是鲜卑贵族和中原的世家豪强。嗣后北齐、北周和隋唐皆沿此制，办法略有变更[②]。继之，又颁行三长制代替原来的宗主督护制，即五家立一邻长，五邻立一里长，五里立一党长。三长直属州郡，职责为“口算平均，义兴讼息”[③]，即校比户口，造户籍，征发劳役兵役，调解民事纠纷，以强化县以下地方组织，更严密地控制人口，限制人民逃亡。同时也是为了检括荫户，与豪强争夺人口，扩大征调赋税的对象，增加封建王朝财政收入。

均田制、三长制、租调制三种制度先后颁行，是相辅相成的，通过均田制将包括鲜卑在内的诸族人民编制于土地上从事生产。通过租调制来剥削农民的剩余产品。通过三长制来检察户口，催督租调。并进一步打破了原来的氏族部落组织，加速鲜卑的汉化和封建化。再加太和八年（483年），百官俸给制的推行，在一定程度上限制了官吏的贪赃枉法、巧取豪夺。同时下诏放松对手工业者的控制，开创了我国历史上减轻手工业者人身束缚的先河。凡此种种，对北方社会经济的恢复和发展以及增加封建政府财政收入方面都起了一定作用。这也是孝文帝得以进行一系列汉化措施及对周围诸族采取恩威并施手法的经济基础。

第二，迁都洛阳，更便于吸收汉族封建文化，与汉族地主阶级联合。北魏原都于平城，地偏北方，“土气寒凝，风砂恒起，六月雨雪”[④]。拓跋氏虽在此地大力发展农业，但所产粮食，不足所需，且常发生水旱疾疫之灾。要解决粮食供应问题，即需迁至农业更发达，转输较方便的地区。同时，北边的柔然逐渐强大，曾屡次进兵云中一带，威胁平城。而且平城长期为北魏都城，保守势力大，不利于改革。因此，随着北魏在中原疆土的开拓和治下汉人的增加以及对长江以南的军事进攻，平城的地理位置已不符合形势发展的需要。为了避免柔然的直接攻袭，更好地与汉族地主联

① 《册府元龟》卷495，《邦计部·田制门》；《魏书》卷7，《高祖纪》及卷110，《食货志》。

② 《隋书》卷24，《食货志》；《旧唐书》卷48，《食货志》上。

③ 《魏书》卷110，《食货志》。

④ 《南齐书》卷57，《魏虏传》。

合，推行改革，加速封建化，以巩固北魏在中原地区的统治，孝文帝不顾部分鲜卑贵族的反对，太和十七年（493年）秋，毅然定计迁都洛阳。次年，南徙洛阳。前后迁洛的贵族、官僚、军队及民众总数约在一百万左右，大批拓跋鲜卑成员南移。

太和十九年（495年），孝文帝又规定："迁洛之民，死葬河南，不得还北。于是代人南迁者，悉为河南洛阳人。"① 这就使南迁者永远定居下来，断绝北返之念。但为了照顾旧贵恋土之情，"遂许冬则居南，夏便居北"②。

当时，拓跋鲜卑等分化为两个集团：一个是住在洛阳的鲜卑，一个是留居在代郡以及六镇的鲜卑。孝文帝为了照顾鲜卑贵族的既得利益，仿照平城畿内旧制，使"代迁户"得以在洛阳建立家业，获得土地房屋③。拓跋鲜卑宗室身任高官要职，占有大量良田、奴婢的不计其数，如咸阳王元禧"奴婢千数，田业盐铁偏于远近，臣吏僮隶，相继经营"④。鲜卑贵族子弟和各郡汉族大姓豪强良家子弟也充当羽林虎贲宿卫。太和十九年（495年），下诏"选天下武勇之士十五万人为羽林虎贲以充宿卫"。太和二十年十月又诏令"以代迁之士皆为羽林虎贲"⑤。此所谓"代迁之士"、"天下武勇之士"是鲜卑八姓以及各郡汉族大姓豪强"良家子弟"。一般鲜卑平民子弟是很难充任宿卫亲兵的。

鲜卑平民在平城时，以牧农业为主。迁洛后，其主要职业是务农和服兵戍。由于从代至洛道路遥远，平时积累下来的一点资产和牲畜，在长途跋涉中丧失殆尽。至洛阳后，生活维艰。正如任城王元澄所言，"今代迁之众，人怀恋本，细累相携，始就洛邑，居无一椽之室，家阙儋石之粮，而使怨苦即戎，泣当白刃，恐非歌舞之师也。今兹区宇初构，又东作方兴，正是子来百堵之日，农夫肆力之秋，宜宽彼逋诛，惠此民庶"⑥。鲜卑平民既要务农维生，又要从戎当戍，往往是"一夫从役，举家失业"，与鲜卑贵族高官厚禄、崇门丰室相比，真有天壤之别。

---

① 《魏书》卷7下，《高祖纪》下。
② 《北史》卷15，《常山王遵传附晖传》。
③ 参见《北史》卷15，《常山王遵传附晖传》；《洛阳伽蓝记》卷4，《城西》等。
④ 《魏书》卷21上，《咸阳王元禧》。
⑤ 《魏书》卷7下，《高祖纪》下。
⑥ 《魏书》卷19中，《任城王澄传》。

第三，禁止鲜卑人着胡服、在朝廷上说鲜卑语，提倡改鲜卑姓为汉姓，定姓族，说汉语，着汉服，鼓励鲜卑人与汉人通婚。太和十九年(495年)，诏令“不得以北俗之语言于朝廷，若有违者，免所居官”[①]。并对朝臣说：“今欲断诸北语，一从正音（汉语）。年三十以上，习性已久，容或不可卒革；三十以下，见在朝廷之人，语言不听仍旧。若有故为，当降爵黜官。各宜深戒。如此渐习，风化可新。”[②] 孝文帝还大力提倡着汉服。鲜卑族旧俗为编发左衽，夹领小袖装束，袴褶作为朝贺大会的礼服，这是与塞外天寒及骑马的游牧生活方式相适应的。孝文帝认为不合魏晋以来中原传统礼仪，欲以华夏正统文化自居，必然在衣冠上要与汉族地主趋向一致。于是，在迁都前就命李冲等人于禁中议定衣冠，经六年才制成官吏的冠服。妇女的服饰，也大抵依南朝的款式。对于仍穿胡服的现象，孝文帝便提出指责。他曾对元澄说：“朕昨入城，见车上妇人冠帽而着小襦袄者，若为如此，尚书何为不察？”[③] 遂令其严加禁止。

在语言、衣冠汉化的同时，孝文帝还下诏定姓族，改鲜卑复姓为汉姓。如拓跋氏改为元氏[④]，拔拔氏改为长孙氏等。除帝室元氏及长孙、叔孙、奚氏等宗族诸姓外，鲜卑以穆、陆、贺、刘、楼、于、嵇、尉八姓为最首；八姓之外，又根据各宗族祖宗的官位，分别列入姓或族，并为汉族豪强定姓族。其主要目的是为了区别升降，以门第高低来品举人才，即所谓“班镜九流，清一朝轨”，以免“清浊同流，混齐一等”[⑤]。实际上，就是保证鲜卑贵族的政治地位，逐渐与汉族世家合流。这样，使胡汉统治者在门阀制度下，进一步消除隔阂，加强联合，并往往结成姻戚。孝文帝曾以“范阳卢敏、清河崔宗伯、荥阳郑羲、太原王琼四姓，衣冠所推，咸纳其女，以充后宫”[⑥]，又纳陇西李冲女为夫人，以崔挺女为嫔[⑦]。并为其五位皇弟娶中原汉人世家大族女为妻。皇室女也往往下适汉族著姓，如

① 《魏书》卷7下，《高祖纪》下。

② 《魏书》卷21上，《咸阳王禧传》；《北史》卷19，《魏咸阳王禧传》。

③ 《魏书》卷19中，《任城王澄传》。

④ 太和二十年（496年）改鲜卑姓为汉姓，以“土者黄中之色，万物之元”，故诏拓跋氏为元氏。西魏废帝三年（554年），恭帝元廓即位后，去年号，复旧姓，隋时又称元氏，然亦有未改者。

⑤ 《魏书》卷59，《刘昶传》。

⑥ 《资治通鉴》卷140，齐明帝建武三年。

⑦ 《北史》卷32，《崔挺传》。

范阳卢氏“一门三主”。其他拓跋贵族与汉世家大族建立姻戚关系的也很多。这样，通过婚姻关系，不仅双方在政治上休戚相关，利害与共，而且使胡汉在血统上凝为一体，以共同支持北魏的封建政权。

如上所述，道武帝、孝文帝等在经济、政治、文化、社会习俗等方面进行汉化，其目的是为了使北魏政权进一步封建化，加强鲜卑贵族和汉族世家的联合，以巩固自己的统治。但通过均田制等的推行，对限制豪强、恢复和发展生产起了一定作用。各项汉化措施，客观上促进鲜卑等族与汉族的融合，也推动了鲜卑本身的发展，使相当一部分拓跋鲜卑由经营游牧经济向农业定居过渡。不过留在代北和六镇的拓跋鲜卑大多仍以畜牧业为主或农牧兼营。

世宗（宣武帝元恪）以后，北魏政治腐败，贵族官僚日益荒淫奢侈。宣武帝本人就是“好游聘苑囿”、“嬉戏无度”、“不亲视朝”。王公贵族腐化不堪，竞以豪侈相尚。“帝族王侯，外戚公主，擅山海之富，居川林之饶，争修园宅，互相竞夸。崇门丰室，洞户连房，正馆生风，重楼起雾，高台芳榭，家家而筑，花林曲池，园园而有。莫不桃李夏绿，竹柏冬青。”[①] 同时，广建佛寺石窟更是耗费大量人力物力。这些贵族世家为了满足奢骄腐朽的生活，除了经营田业盐铁、舟车山泽之利外[②]，朝中权贵还卖官鬻爵，贿赂公行，“纳货用官，皆有定价”[③]。而州郡刺史、太守更是逾尚华侈，“聚敛无极”[④]，贪黩刻削人民，并用大斗长尺征调。再加高利贷盘剥，均田制破坏，连年水旱饥荒，民不堪命，天下怨叛。从太和末年至正光二年（499—521 年），二十余年间，起义或反抗竟达二十六次。至正光五年（524 年），终于爆发了声势浩大的六镇起义。

北魏初都平城，为了拱卫京都，以抵御北方游牧民族柔然的威胁，拓跋焘时，“发司、幽、定、冀四州十万人筑畿上塞围，起上谷，西至于河，广袤皆千里”[⑤]。并沿平城北边陆续设镇防守，自西向东有沃野（内蒙古五原县东）、怀朔（内蒙古固阳西南）、武川（内蒙古武川县西南）、抚冥（内蒙古四子王旗东南）、柔玄（内蒙古兴和县西北）、怀荒（河北

① 杨衒之：《洛阳伽蓝记》卷 4。

② 见《魏书》卷 21，《咸阳王禧传》；卷 94，《刘腾传》等。

③ 《北史》卷 15，《常山王遵传曾孙晖附传》。

④ 《北史》卷 15，《河间公齐传孙志附传》。

⑤ 《魏书》卷 4 下，《世祖纪》下。

张北县北）六镇，此外还有御夷镇（河北赤城北）及远在河套之西的高平（宁夏固原）、薄骨律（宁夏灵武西南）等军事重镇。六镇镇民来源，大致是：鲜卑拓跋部族成员、被迁徙的汉族及其他少数民族、徙边的罪犯。由于迁洛和汉化及少数民族（如敕勒、吐谷浑、杂胡、江淮诸蛮等）、罪犯的徙边，使留居北镇的鲜卑拓跋部成员之地位逐渐下降，"役同厮养，官婚班齿，致失清流"[①]。与迁洛的"本宗旧类"的"各各荣显"相比，他们丧失了特权，仕宦阻隔，被视同府户，为镇将奴役，"穷其力，薄其衣，用其工，节其食"[②]。六镇府户和中原鲜卑贵族间的矛盾，镇内将官、奸吏与士兵的矛盾日益尖锐激化。六镇戍兵处于中原贵族官僚和本镇将吏的双重压迫下，遂揭竿而起，拉开了北魏末年各族人民大起义的序幕。六镇大起义失败后，又有大批拓跋鲜卑南徙，散居于河北冀、定、瀛等州，与汉族等杂处。从此，拓跋鲜卑也由鼎盛走向衰落，至隋唐后，大多融合于汉族之中，作为民族实体不复存在。

总之，从分析拓跋鲜卑社会经济的演变中，我们可看到由于民族大迁徙、大融合及统治者所采取的各种促进封建化、汉化措施，使北方游牧民族在进入中原地区后，政治制度、社会经济、文化习俗等方面都发生巨大变化。当然，拓跋鲜卑等的政治、经济、文化也对汉族及周围诸族产生不小影响。魏晋南北朝时期拓跋鲜卑如此，之后的契丹、蒙古等族基本上也是遵循这一客观规律而发展。因此，深入地探讨拓跋鲜卑社会经济演变的各种原因和历史进程，对于进一步研究游牧民族和农耕民族之间的千丝万缕联系，探索刚健质朴的草原文化与中原汉族等农业文化相互撞击转化的内在规律，是大有裨益的。

（原载《中国史论集》，天津古籍出版社 1994 年版）

① 《北齐书》卷 23，《魏兰根传》。

② 《魏书》卷 69，《袁翻传》。

# 一部拓跋鲜卑的别史

## ——略论《洛阳伽蓝记》史学价值

**摘　要**　本文认为杨衒之在撰写《洛阳伽蓝记》时，既重视有关文献记载，又注意实地调查，采摭旧闻，追叙古迹，实录成书，其记述丰富，可信程度高，史料弥足珍贵；不是孤立地专记佛教寺塔兴废，而是以寺庙名胜为纲，穿插许多故事，与洛阳都市盛衰、拓跋鲜卑所建王朝兴亡联系起来论述，深刻地反映了北魏时期佛教文化、社会经济、生活风貌、民族关系以及政局变幻，其中不少资料可补《魏书》之不足，并为《资治通鉴》等所采用；既以细腻的笔触描述了洛阳城内外伽蓝的结构、帝都风物、庭园景色，又精练生动地记载了尔朱氏跋扈等历史事件及拓跋贵族穷奢极欲的生活状况，寓严肃的历史题材于文学记叙的笔法之中，体例明晰，繁简得宜，文史并茂，在中国史学史上占有一定地位。

**关键词**　伽蓝　洛阳　拓跋　鲜卑　别史

《洛阳伽蓝记》为东魏杨衒之所撰，杨或作阳、羊，北平郡（治今河北卢龙）人，历官抚军府司马、期城郡太守、秘书监。东魏迁都邺城（治今河北临漳县西南邺镇）后，武定五年（547 年），他“因行役”，重返遭受兵燹之乱的洛阳，感慨万分，于是著此书溯忆北魏孝文帝拓跋宏迁都之后洛阳的繁华景况。该书以追述洛阳伽蓝（梵语“佛寺”之意）的兴废沿革为主要线索，先叙城内，次述四门，共成 5 卷。其内容涉及颇广，凡政治、经济、人物、风俗、地理、文学、艺术、宗教、掌故传闻，乃至苑囿建筑、外商来洛居住和各国风土人情等无不详载，许多资料可补正史之不足。该书不仅是一部出色的地理方志，而且亦为文史俱佳的著作。同时，由于记述的是拓跋鲜卑统治者之事，故又是一部有关少数民族的史籍。

## 一　感念兴废，采摭旧闻，追叙古迹，实录成书，史料弥足珍贵

洛阳佛教寺塔建筑，自后汉明帝永平十一年（66 年）始有白马寺，至晋怀帝永嘉年间（307—312 年）才有佛寺 42 所，但太和十九年（495 年）北魏迁都洛阳后陡然骤增。至神龟元年（518 年），洛阳寺院达 500 余所[①]，其建筑雄伟，结构精丽，侈靡之风更甚。正如《洛阳伽蓝记》序所说："逮皇魏受图，光宅嵩洛，笃信弥繁，法教逾盛。王侯贵臣，弃象马如脱屣，庶士豪家，舍资财若遗迹。于是昭提栉比，宝塔骈罗，争写天上之姿，竞摹山中之影，金刹与灵台比高，广殿共阿房等壮，岂直木衣绨绣，土被朱紫而已哉！"及永安元年（528 年）尔朱荣入洛，杀王公朝士二千余人，当时死事之家多舍居宅以施寺，为亡者求冥福，故《魏书·释老志》称："京邑第舍，略为寺矣。"永熙（532—534 年）初，最盛时洛阳佛寺达 1367 所。永熙末，东西魏分立，东魏迁都邺，诸寺僧尼同时徙邺。战祸之余，洛阳尚存庙宇 421 所，可见北魏统治者佞佛之盛及洛阳庙宇的高度集中。

永熙乱后，洛阳残破。杨衒之曾居洛阳，武定五年（547 年）故地重游，洛阳城此时已"城郭崩毁，宫室倾覆；寺观灰烬，庙塔丘墟；墙被蒿艾，巷罗荆棘。野兽穴于荒阶，山鸟巢于庭树。游儿牧竖，踯躅于九逵；农夫耕老，艺黍于双阙"。他感触万端："麦秀之感，非独殷墟；黍离之悲，信哉周室！京城表里，凡有一千余寺。今日寮郭，钟声罕闻。恐后世无传，故撰斯记。"[②] 于是怀着故都横遭大劫的沉痛心情，写出《洛阳伽蓝记》。以眼前所见惨状，来追忆孝文帝迁都之后洛阳的繁盛景象，两相对比，描绘出乱后都城残破、寺塔成灰的荒凉场面。这部系统的伽蓝

---

① 《魏书》卷 114《释老志》载："披寻旧旨，研究图格，辄遣府司马陆昶，属崔孝芬，都城之中及郭邑之内检括寺舍，数乘五百，空地表刹，未立塔宇，不在其数。民不畏法，乃至于斯！自迁都已来，年逾二纪，寺夺民居，三分且一。"

② 杨衒之：《洛阳伽蓝记》序，见范祥雍《洛阳伽蓝记校注》，上海古籍出版社 1982 年版，第 1—2 页。

记，表面上似记载建筑，实际隐含着北魏盛衰兴亡之追述。

杨衒之一向反对佛教度僧过多建寺和贵族浪费，认为这些皆影响国家赋役和兵力来源。而统治阶级“不恤众庶”，榨取民脂来修造大量寺塔，原想邀获冥福，结果人谋不臧，佛法无灵，这不能不使身临其境者有麦秀黍离之感。文章从尊君理财卫国出发，字里行间渗透着对国家成败得失的思考及“佞佛误国害民”的感慨；并对寺院的华丽和王公贵族的侈奢，寓有讥讽之意，以期唤醒统治者佞佛之迷梦，提高人们的警觉。真可谓“不读华严经，焉知佛富贵”，“不读伽蓝记，不知佛浪费”①。

由于怀着揭露和警世的目的，因而他从洛阳众多的伽蓝中，精心筛选，广采博收，挑出富有代表性的伽蓝加以叙述，使全书体系完整。作者依城内、城东、南、西、北的次序，以40余所著名寺院为纲（加上相关的中小寺庙，共涉及55所），兼及所在里巷、方位乃至名胜古迹，牵连叙述有关史实，主次详略皆有一定原则。书中描述了寺院的规模，又谈到施主及许多遗闻逸事。从中可窥孝文帝迁洛至尔朱氏之乱40年间洛阳的故事与台省坊市分布之端倪。读者根据此书，可准确地绘出北魏京城洛阳平面图，在图上按照城门方向，城内外里坊远近，填出书里所记许多伽蓝以及宫殿官署名胜古迹的地点位置，由此可见其文字记叙的条理性和准确性。而作者对于一些搞不清楚的问题也能暂且阙疑，决不妄加判断。总之，杨衒之时以“实录”要求自己，既重视文献记载，又注意实地调查，文直事核，记述内容丰富，可信程度高，史料弥足珍贵。

## 二　假佛寺名，志帝京事，融会贯通，内涵丰富，诚为拓跋鲜卑之别史

该书作者善序事理，融会贯通，不是孤立地专记佛教寺塔兴废，而是以寺庙名胜为纲，穿插许多故事，与洛阳都市盛衰、北魏王朝兴亡联系起来论述，将胸中无限感慨，变为笔下鸿篇高识。正如清人吴若準在《洛阳伽蓝记集证》序中所说：“杨衒之慨念故都，伤心禾黍，假佛寺之名，志帝京之事。凡夫朝家变乱之端，宗藩废立之由，艺文古迹之所关，苑囿桥梁之所在，以及民间怪异、外夷风土，莫不巨细毕陈，本末可观，足以

① 范祥雍：《洛阳伽蓝记校注》，第13页。

补魏收所未备，为拓跋之别史，不特遗闻逸事可资学士文人之考覈已也。”此书不仅反映了40年间洛阳佛教寺塔的兴废，而且反映了京城洛阳的经济、文化由繁荣至衰败的状况，同时又反映了北魏政治、军事上的许多重大事件，如高祖迁洛、太后临朝、宦官专权、外藩举兵、诸王争位，乃至与南朝及周边民族和国家之关系，其中不少资料可补《魏书》的不足，并为《资治通鉴》等所采用，是研究北魏时期佛教及拓跋鲜卑所建政权盛衰的宝贵史料。

**（一）利用典型事例，无情地揭露北魏有些贵族权豪之穷奢极欲生活及其贪鄙性格**

这方面的事例很多，譬如该书卷4《法云寺》条，有王子坊一则，就以辛辣的笔触，生动地描绘了河间王元琛的华侈和章武王元融的贪婪，其云：

自退酤（里）以西，张方沟以东，南临洛水，北达芒山，其间东西二里，南北十五里，并名为寿丘里，皇宗所居也，民间号为王子坊。当时四海晏清，八荒率职……于是帝族王侯，外戚公主，擅山海之富，居川林之饶，争修园宅，互相夸竞。崇门丰室，洞户连房，飞馆生风，重楼起雾，高台芳榭，家家而筑，花林曲池，园园而有。莫不桃李夏绿，竹柏冬青。而河间王琛最为豪首，常与高阳争衡，造文柏堂，形如徽音殿，置玉井金罐，以金五色绩为绳。妓女三百人，尽皆国色。……琛在秦州，多无政绩。遣使向西域求名马，远至波斯国，得千里马，号曰追风赤骥。次有七百里者十余匹，皆有名。以银为槽，金为锁环。诸王服其豪富。……琛常会宗室，陈诸宝器，金瓶银瓮百余口，瓯檠盘盒称是。自余酒器有水晶钵、玛瑙（盃）、琉璃碗、赤玉卮数十枚。作工奇妙，中土所无，皆从西域而来。又陈女乐，及诸名马。复引诸王按行府库，锦罽珠玑，冰罗雾縠，充积其内。绣缬、紬绫、丝彩、越葛、钱绢等，不可数计。琛忽谓章武王融曰：“不恨我不见石崇，恨石崇不见我！”融立性贪暴，志欲无限，见之惋叹，不觉生疾。还家，卧三日不起，江阳王继来省疾，谓曰：“卿之财产应得抗衡，何为叹羡以至于此？”融曰：“常闻高阳一人宝货多融，谁知河间，瞻之在前？”继笑曰：“卿欲作袁术之在淮南，

不知世间复有刘备也！”融乃蹶起，置酒作乐。

尽管元融富可与元琛抗衡，仍贪得无厌，“及（胡）太后赐百官负绢，任意自取，朝臣莫不称力而去，唯融与陈留侯李崇负绢过任，蹶倒伤踝，太后即不与之，令其空出，时人笑焉”。

这里，凡写北魏统治集团虽然是实录，作者并未加褒贬，但却利用典型事例，高度概括地勾勒了王室贵族的贪婪荒淫，充分地暴露了北魏后期统治者生活的腐朽侈靡。进而说明北魏灭亡主要在于统治集团的内讧，而诸王的腐化，则是酿成日后横遭杀戮，使得王室削弱，权臣乘机夺权的根源。

**（二）以永宁寺兴废为主线，详尽地记载了北魏末年尔朱氏拥兵跋扈的历史事件**

北魏后期，政治腐败，贵族官僚日益荒淫奢侈，广建佛寺石窟更是耗费大量人力物力，再加高利贷盘剥，均田制被破坏，连年水旱饥荒，民不堪命，天下怨叛。至正光五年（524 年）终于爆发声势浩大的六镇起义，继之，各族人民纷纷揭竿而起，使北魏王朝受到强烈冲击。而此时，北魏内部忙于争夺帝位。武泰元年（528 年）三月，孝明帝元诩与北秀容川契胡尔朱荣合谋，欲借外力推翻其母胡氏专政，反被胡太后毒害。胡太后立孝明帝堂侄，三岁幼儿钊为帝。其年四月，尔朱荣以此为借口率兵南下，拥立元子攸为帝，将太后及元钊投于黄河溺死，又在陶渚（今河南孟州市境内）杀百官王公卿士二千余人，将洛阳的鲜卑贵族和出仕北魏王朝的汉族世家几乎消灭殆尽，史谓“河阴之变”。随着北魏政权的衰落，地方势力抬头，在东方，自尔朱荣于永安三年（530 年）为孝庄帝元子攸所杀后，继之而起的是鲜卑化汉人高欢，在关中有尔朱氏的旧部贺拔岳和宇文泰。高欢消灭尔朱氏后，自居于晋阳，遥控洛阳政权，魏帝元修不甘于当傀儡，与高欢矛盾激化。永熙三年（534 年），高欢调集 20 万大军分道南下，七月，元修放弃洛阳，率轻骑入关，投奔宇文泰。北魏经 12 帝 148 年而亡。

《洛阳伽蓝记》卷 1《永宁寺》条对此事件始末，不惜笔墨加以详细叙述。如尔朱荣、元天穆与长乐王元子攸之勾结，胡太后闻荣举兵惊惶失措，河阴屠杀之惨，尔朱氏封爵赏赐之滥，孝庄帝子攸手刃尔朱荣于光明殿，尔朱兆犯阙，缢死子攸于晋阳三级寺等，皆有较为具体的记载。其中形象地描述河阴之变后，“洛中草草，犹自不安，死生相怨，人怀异虑。贵室豪家，弃宅竞窜。贫夫贱士，襁负争逃”。军阀的残暴，人民遭受痛苦的惨状，历历在目。

**（三）通过对洛阳市里的描述，反映京城社会经济面貌**

北魏洛阳城乃是在汉魏洛阳故城的基础上建立的，共有12门。“京师东西二十里，南北十五里”，是指洛阳城区和四郊而言。洛阳城内除宫室府曹外，居民住的地方称为里，共220里，多为官宦府第，也有平民聚居。例如御道北的延年里，有宦官司空刘腾之宅，“屋宇奢侈，梁栋逾制，一里之间，廊庑充溢，堂比宣光殿，门匹乾明门，博敞弘丽，诸王莫及也”。又如修梵寺北的永和里，里内“皆高门华屋，斋馆敞丽，楸槐荫途，桐杨夹植，当世名为贵里”①。原是汉太师董卓之宅，北魏为太傅录尚书长孙稚等宅。但洛阳城东北的上商里（北魏改为闻义里），情况却大为不同，原为殷“顽民”所居，北魏迁洛之初，不少朝廷官员住此，互相讥讽，因而纷纷离去，“惟有造瓦者止其内，京师瓦器出焉”。故有一首民谣说：“洛城东北上商里，殷之顽民昔所止。今日百姓造瓮子，人皆弃去住者耻。”② 从这些记载，可以看出当时洛阳城区已具规模，出现了贫富悬殊的住宅区。

北魏孝文帝即位以来，鼎力改革，效法南朝，改定官制礼仪，更律令，严法制，提倡务农积谷，考核官吏。太和八年（484年），行百官俸给制。九年，颁均田令，改革租调力役制。十年，初立党、里、邻三长制，定民户籍。为适应在中原统治的需要，采取一系列汉化措施。从平城迁都洛阳后，提倡衣汉服，说汉语，改鲜卑姓为汉姓，鼓励鲜卑人与汉人通婚，铸太和五铢钱，通用于京城及诸州。工商业继平城发展之势，呈现繁荣景象，已有固定的手工业和商业区。

洛阳除了城内的宫殿、寺署、邸宅以外，出西城外，还有特设的市区。据《法云寺》条所载，城西有洛阳大市。市东有通商、达货二里，“里内之人，尽皆工巧，屠贩为生，资财巨万”。市南有调音、乐律二里，“里内之人，丝竹讴歌，天下妙伎出焉”。市西有退酤、治觞二里，“里内

---

① 《洛阳伽蓝记》卷1，《城内·建中寺》及《修梵寺》。

② 《洛阳伽蓝记》卷6，《城北·凝圆寺》。

之人，多酝酒为业”。市北有慈孝、奉终二里，“里内之人，以卖棺椁为业，赁輀车为事”。“别有准财、金肆二里，富人在焉。凡此十里，多诸工商货殖之民，千金比屋，层楼对出，重门启扇，阁道交通，迭相临望。金银锦绣，奴婢裳衣，五味八珍，仆隶毕□。神龟年中，以工商上僭，议不听衣金银锦绣。虽立此制，竟不施行。”

洛阳城南宣阳门外有金陵、燕然、扶桑、崦嵫四馆和归正、归德、慕化、慕义四里，用来安置南朝、柔然以及东北、西北各族来降或入朝者和朝贡使节、西域商人等。《洛阳伽蓝记·归正寺》称：“自葱岭以西，至于大秦，百国千城莫不款附，商贩胡客，日奔塞下，所谓尽天地之区已。乐中国土风，因而宅者，不可胜数。是以附化之民，万有余家。门巷修整，阊阖填列，青槐荫陌，绿树垂庭，天下难得之货，咸悉在焉。”这里俨然成为一个国际贸易市场。在洛水之南，有四通市，民间称之为永乐市。“伊、洛之鱼，多于此卖，士庶须脍，皆诣取之。鱼味甚美，京师语曰：‘洛鲤伊鲂，贵于牛羊。’”“城南归正里，民间号为吴人坊，南来投化者，多居其内。近伊、洛二水，任其习御。里三千余家，自立巷市，所卖口味，多是水族，时人谓为鱼鳖市也。”①

从《洛阳伽蓝记》的记载，可看出当时京城洛阳因手工业发展，工匠人户增多，居住场所由原来分散而逐渐聚集在一起，按行业分成不同商业区，并随着商业范围扩大，出现了“坐庄”。同时，由于商人僭越，引起朝廷干涉，结果禁令不行，商人势力的增长可想而知。洛阳户数曾一度激增至10.9万户，若每户按5口计，约有50多万口，成为“礼仪富盛，人物殷阜”的大都市。

### （四）从记录遗闻逸事中，分析当时社会风尚和南北文化交流

杨衒之在撰写洛阳佛寺时，很注意搜集民间异闻杂事。由于他具有“良史之材”，做过秘书监一类的官吏，熟悉朝廷档案，留心当代艺文，又有社会生活实践，重视民间口碑，深入调查历史遗迹，因此对当时各阶层人物的描写栩栩如生，对社会风尚的分析入木三分，同时也特别注意南北对峙中的文化交流和生活习俗的相互影响。

南北对峙实际始于晋室南迁，东晋政权建立。但作为历史上所称的南

---

① 《洛阳伽蓝记》卷2，《城东·景宁寺》。

北朝时期，则一般认为从宋代晋开始。对以汉族为主建立的东晋、南朝来讲，既以华夏正统自居，轻视少数民族，认为原属于他们的北方已沦于异族统治，常欲收复失地，但又要面对少数民族日益强大及南北对峙的现实，千方百计加以羁縻或遣使往来，聘问交好。而从以氐及鲜卑等为主建立的前秦、北朝而论，一方面认为自己入主中原，正统不是根据族称，而是以德相承，夷狄也能继承华夏正统，成为“天下之主”，故称南朝为“岛夷”，总想灭之而统一中国；另一方面，又仰慕汉族传统文化，重用汉族士人加速汉化，以适应统治中原的需要，并提高本族文化素质。这就是双方矛盾的根源和发生战争之原因，也是能保持相对稳定局面遣使往来的前提条件。因此，东晋与十六国、南朝与北朝之间，既曾发生南征北战的军事冲突，又有婚聘、互市等和平往来，但绝大多数岁月处于相对稳定的状态，这有利于南北的经济、文化交流，为隋唐大一统创造了条件。

魏孝文帝迁都洛阳，全面推行汉化改革，使北魏政权进一步封建化，入仕少数民族政权的北方汉族世家士人，也从宗晋为正朔所在，转而奉北魏等为正统，并极力主张“以夏变夷”，促进汉化。《洛阳伽蓝记》卷2《景宁寺》条记载了永安二年（529年）北魏中大夫杨元慎与南朝萧梁侍中陈庆之关于正统的争论，是颇为耐人寻味的。宴席间，陈庆之认为“魏朝甚盛，犹曰五胡。正朔相承，当在江左，秦皇玉玺，今在梁朝”。杨元慎立即反驳说：“江左假息，僻居一隅。……我魏膺箓受图，定鼎嵩洛，五山为镇，四海为家。移风易俗之典，与五帝而并迹；礼乐宪章之盛，凌百王而独高。岂（宜）卿鱼鳖之徒，慕义来朝，饮我池水，啄我稻粱，何为不逊，以至于此?”而陈庆之还梁后，不无感慨地说：“自晋、宋以来，号洛阳为荒土，此中谓长江以北，尽是夷狄。昨至洛阳，始知衣冠士族，并在中原。礼仪富盛，人物殷阜，目所不识，口不能传。所谓帝京翼翼，四方之则。”并因此“羽仪服式，悉如魏法，江表士庶，竞相模楷，褒衣博带，被及秣陵”。同条还记载了杨元慎借给陈庆之治病之机，对南朝的风俗习惯加以讥讽，① 但也生动地反映了江南习俗。这表明一部

---

① 《洛阳伽蓝记》卷2，《城东·景宁寺》条云：元慎口含水噀庆之道：“吴人之鬼，住居建康，小作冠帽，短制衣裳。自呼阿侬，语则阿傍。菰稗为饭，茗饮作浆，呷啜鲟羹，唼嗍蟹黄，手把豆蔻，口嚼槟榔。乍至中土，思忆本乡。急手速去，还尔丹阳。若其寒门之鬼，□头犹修，网鱼漉鳖，在河之洲。咀嚼菱藕，捃拾鸡头，哇羹蚌臛，以为膳羞。布袍芒履，倒骑水牛，沅湘江汉，鼓棹遨游。随波溯浪，噞喁沈浮，白纻起舞，扬波发讴。急手速去，还尔扬州。”

分北方汉族士人已不再把所谓“正朔相承”、“秦皇玉玺”看成正统所在的根据，而是将迁都洛阳、移风易俗、兴复儒学的北魏王朝看成正统。这样由南朝单方面地以正统相号召转变为南北经济、文化上的竞争，北方历史演进日益成为中国历史发展的主流，新的统一在民族大融合潮流中逐渐孕育成熟，最终隋代北周，旋即灭陈，实现南北统一。

《洛阳伽蓝记》还介绍了南北饮食嗜好的殊异及交融。其中提到齐秘书丞王肃奔魏。“初入国，不食羊肉及酪浆等物，常饭鲫鱼羹，渴饮茗汁。京师士子，道肃一饮一斗，号为‘漏卮’。经数年已后，肃与高祖殿会，食羊肉酪粥甚多，高祖怪之，谓肃曰：‘卿中国之味也。羊肉何如鱼羹？茗饮何如酪浆?’肃对曰：‘羊者是陆产之最，鱼者乃水族之长，所好不同，并各称珍。以味言之，甚有优劣。羊比齐、鲁大邦，鱼比邾、莒小国。唯茗不中，与酪作奴。’……彭城王（元勰）谓肃曰：‘卿不重齐、鲁大邦，而爱邾、莒小国。’肃对曰：‘乡曲所美，不得不好。’彭城王重谓曰：‘卿明日顾我，为卿设邾、莒之食，亦有酪奴。’因此复号茗为酪奴。”“自是朝贵宴会，虽设茗饮，皆耻不复食。”[①] 从中可以看出南北饮食文化的不同及一部分汉族士人在生活上逐渐鲜卑化。

与此同时，南北语言、文学、诗歌、音乐、艺术等，也相互汲取，逐渐合流。[②]

### （五）依据宋云《家纪》、惠生《行记》、《道荣传》，翔实地综述了宋云、惠生西行求法的经过，为研究古代西域及中印文化交流提供了重要资料

宋云和惠生等在北魏神龟元年（518年）十一月，奉胡太后之令，前往五天竺取经。他们从洛阳出发，取道吐谷浑到达鄯善，经左末（且末）、于阗、朱驹波、汉盘陀，越葱岭，出帕米尔高原，达乌苌国，后又前往乾陀罗国都城富楼沙（今巴基斯坦白沙瓦）。至正光三年（522年）二月才返回洛阳，携归佛经170部。宋云、惠生皆撰有行记。《隋书》卷32《经籍志》著录《惠生行传》一卷，《旧唐书》卷46《经籍志》、《新唐书》卷58《艺文志》并著录宋云《魏国以西十一国事》一卷。此二书

① 《洛阳伽蓝记》卷3，《城南·报德寺》。

② 详见白翠琴《魏晋南北朝民族史》，四川民族出版社1996年版，第523—528页。

皆佚，幸赖《洛阳伽蓝记》记其梗概。杨衒之在卷5《闻义里》条敦煌人宋云宅下，依据惠生《行纪》、《宋云家纪》、《道荣传》，① 详细记载了宋云、惠生向西域求经行程，并附带记录了沿途27国或地区的风土人情，可补正史之不足，为研究东西交通史和佛教史的重要资料，与《历游天竺记》、《大唐西域记》、《往五天竺传》等书同为国内外学者所重视。单就为本篇作笺释者，就有丁谦《宋云求经记地理考证》②、法国人沙畹(E. Chavannes)《宋云行纪笺证》(有冯承钧译注)③、张星烺《中西交通史料汇编》第6册第98节附注三种。中外学者在研究古代西域或中印交通地理时皆多有引用或加以考证。

## 三 妙笔葩芬，繁简得宜，体系完整，文史并茂，在中国史学史上占有一定地位

杨衒之既以细腻的笔触描述了洛阳城内外伽蓝的结构、帝都风物、庭园景色，又精练生动地记载了尔朱氏跋扈等历史事件及贵族权豪穷奢极欲的生活状况，寓严肃的历史题材于文学记叙的笔法之中。如《高阳王寺》条记载高阳王元雍的豪侈时说："正光中，雍为丞相，给舆葆鼓吹，虎贲班剑百人。贵极人臣，富兼山海，居止第宅，匹于帝宫，白壁丹楹，窈窕连亘，飞檐反宇，轇轕周通。僮仆六千，妓女五百，随珠照日，罗衣从风，自汉晋以来，诸王豪侈，未之有也。出则鸣驺夹道，文物成行，铙吹发响，笳声哀转；入则歌姬舞女，击筑吹笙，丝管迭奏，连宵尽日。其竹林鱼池，侔于禁苑，芳草如积，珍木连阴。雍嗜口味，厚自奉养，一食必以数万钱为限，海陆珍羞，方丈于前。"④ 用极简扼的笔法，精粹的语言，

---

① 《洛阳伽蓝记》卷5，《闻义里》载：衒之跋云："惠生《行纪》事多不尽录，今依《道荣传》、《宋云家纪》，故并载之，以备缺文。"

② 丁谦：《宋云求经记地理考证》，见浙江图书馆丛书第2集。其中提到："按上三书，《藏经》既未收入，亦无他传本，盖亡佚久矣。尚赖此记存其涯略，亟加考证，以为究心地学之助。"

③ ［法］沙畹：《宋云行纪笺证》，见 Voyage de song Yun dans I' Udyana et Ie Gandhara. pp. 518—522。冯承钧对《宋云行纪笺证》的译注载于《禹贡》半月刊第4卷第1期、第6期及《西域南海史地考证译丛六编》。

④ 《洛阳伽蓝记》卷3，《城南·高阳王寺》。《魏书·高阳王传》只是简单提到："岁禄万余，粟至四万，伎侍盈房，诸子琛冕，荣贵之盛，昆弟莫及焉。"

勾勒出高阳王元雍的侈靡。在刻画人物方面更有独到之处，前面所引的王子坊一则，描写元琛等的豪富及贪鄙出神入化，跃然纸上。描述寺院建筑及法会方面也妙笔生花，阅后如身临其境。

《洛阳伽蓝记》除以伽蓝为纲，记述各种故事外，还采辑诗歌和谣谚来真实反映社会各阶层动态及揭露封建贵族尔虞我诈的黑暗统治。如秦《太上君寺》条引京师民谣说："狱中无系囚，舍内无青州，假令家道恶，腹中不怀愁。"用幽默的口吻，道出百姓对清明世道的渴望及对贪官污吏之痛恨。《永宁寺》条则记载了孝庄帝元子攸的绝命诗。建明元年（530年）十二月，元子攸被尔朱兆囚禁于永宁寺，天寒，向尔朱兆乞头巾，不予，最后将他送到晋阳三级寺缢杀。子攸"临崩礼佛，愿不为国王"。并赋五言诗曰："权去生道促，忧来死路长。怀恨出国门，含悲入鬼乡。隧门一时闭，幽庭岂复光。思鸟吟青松，哀风吹白杨。昔来闻死苦，何言身自当。"这说明拓跋鲜卑统治集团争权夺利的斗争不仅给人民带来莫大痛苦，自己也不免落得悲惨下场。这些诗歌谚语更增添了此书的艺术性和可读性。

总之，《洛阳伽蓝记》妙笔葩芬，奇思清峙，体例明晰，文史并茂。唐代刘知几《史通》称许此书既有正文，又有子注，既能除烦，又能毕载。其云："亦有躬为史臣，手有刊补。虽志存该博，而才阙伦叙。除烦则意有所吝，毕载则言有所妨。遂乃定彼榛楛，列为子注。（自注：注列行中，如子从母。）若萧大圜《淮海乱离志》、羊衒之《洛阳伽蓝记》……之类是也。"①

由于此书表面以记载佛教寺塔兴废为主，故过去一般认为其属于地理志范畴。但因为该书不仅谈神说怪，猎奇拾遗，而且叙述婉转有致，文辞清丽秀逸，有文有史，自成体系，有很强艺术性，所以有的学者将其归入文学作品类，具有颇高文学价值。不过其最主要的属性恐是一部有关北魏后期历史的真实记录，可谓为"拓跋别史"。《四库全书总目提要》称此书："体例绝为明晰。其文秾丽秀逸，烦而不厌，可与郦道元《水经注》肩随。其兼叙尔朱荣等变乱之事，委曲详尽，多足与史传参证。其他古迹艺术，及外国土风道里，采摭繁富，亦中以广异闻。"

因此，该书与《齐民要术》、《水经注》同被列为北魏三大杰作，在

① 刘知几：《史通》卷5，《补注》。

我国史学史上占有一定地位，其史学价值也不容忽视。而此书作者将实地考察与文献资料巧妙地结合在一起的严谨治学精神，亦史亦文、文史并茂的写作风格，都给人以启迪和借鉴。

（原载《民族研究》1999年第6期。本文曾是1998年底参加在台北召开的有关魏晋南北朝文史研讨会之发言稿）

# 论十六国时期民族关系的特点

东晋与十六国对峙及北方十六国纷争，实际上是形成南北朝的前奏。关于魏晋南北朝民族关系问题，国内外学者曾从不同角度进行了有益探讨，取得可喜进展。十六国时期的民族关系，虽已展开初步研究，但在许多著作中，未能摆脱“五胡乱华”的传统观念。现笔者仅就十六国时期民族关系的特点问题，一抒管见。

## 一

十六国时期民族关系特点的产生，是与当时具体历史情况分不开的。因此，在分析这个时期民族关系特点以前，必须对魏晋以来历史特点有个概括的认识。

汉魏以来，北方周边各族纷纷内迁。这一方面是由于豪强混战，使原来人口集中的关中和黄河中下游地区遭到严重破坏，中原人口锐减，汉族地主阶级为了补充兵源和劳力的需要，用招募、纳降、强制迁徙等手段，使北方诸族大量内迁。另一方面，也由于北方诸族之间兴衰变化，以及长期政治、经济、文化联系所形成的内聚力，使其不断向内地流动。因此，从东汉至西晋，不仅早已内迁的氐、羌、匈奴等族更向中原发达地区深入，即使原居住东北的乌桓及东部鲜卑也陆续入塞。而汉族人民由于逃避战乱及沉重的政治压迫和经济剥削，再加统治阶级开疆辟土的需要，也大量流入凉州和东北，与当地氐、羌、鲜卑等族杂居。幽、并、雍、梁、秦、凉等州出现各族错居杂处的现象，造成“西北诸郡，皆为戎居”①，

① 《资治通鉴》卷81，晋武帝太康元年。

“关中之人百余万口，率其少多，狄戎居半”的局面[①]。

内迁各族受到西晋统治阶级的奴役和压迫，不断起兵反抗。到西晋政权崩溃前夕，内迁各族统治者纷纷摆脱西晋的羁绊，形成独立势力。除居住在辽东的鲜卑慕容氏打着拥晋旗号扩张势力外，大多暂时汇集在匈奴刘氏周围。西晋灭亡后，北方及西南等地诸族统治者均欲建立自己的政权，彼此展开长期的争夺战争，形成了历史上罕见的民族间政治、军事方面多边角逐，出现旧史所称“五胡十六国”的局面[②]，开创了北方民族南下入主中原的先例。由于这些政权掌握在不同民族统治者的手中，因此，它们之间的矛盾和冲突、兴衰嬗递，实质上是民族矛盾和阶级斗争的一种特殊反映。

十六国时期，北方局势纷扰动荡，各少数民族统治者陆续在广大中原地区建立政权，成为统治民族，出现了较为后进的民族统治较为先进地区、许多民族政权鼎立并峙的局面。同时，原居于统治地位的中原地区汉族，变成被统治民族，中原地区的经济、文化也受到不同程度的破坏。但从另一个角度来看，中原地区较为先进的社会制度、经济文化，对各少数民族的政治、经济、文化又产生了很大的影响。因而，这个时期的民族关系呈现其时代特点，既有民族冲突与战争的消极一面，又有民族间友好交往、加速融合的积极一面。

## 二

十六国时期民族矛盾尖锐激烈，民族关系错综复杂。现从各国统治阶级间的关系，民族政权汉化和汉人世家士族的作用、“胡汉分治”与各族人民反抗斗争形式以及民族大迁徙、大融合的特点等七个方面加以分析。

---

① 《晋书》卷56，《江统传》。

② 十六国为成汉、二赵（前、后）、三秦（前、后、西）、四燕（前、后、南、北）、五凉（前、后、南、北、西）及夏，此外，还有冉魏、翟魏、西燕和北魏前身代国等。其中前凉、北燕、西凉为汉人所建，前燕、西燕、后燕、南燕、西秦、南凉为鲜卑所建，成汉为巴氐所建，前秦、后凉为氐族所建，前赵、夏为匈奴所建，后赵为羯所建，北凉为卢水胡所建。

**（一）十六国统治者在立国前或登位后，彼此皆有各种联系。后建国的统治者大多来自先朝的官将，势力较弱的国主常受较强的国主封爵，并与东晋互遣使臣，往来不绝。因此，各国统治者之间，时而兵戎相见，剑拔弩张；时而封官授职，联姻结盟，这种现象屡见不鲜**

关于互授封爵方面，史籍记载很多。例如，匈奴刘元海曾受晋封为“建威将军、五部大都督、汉光乡侯”。他称帝后，遣使授羯族石勒为“持节、平东大将军、校尉、都督、王如故”。[①] 晋愍帝遣使拜辽东鲜卑慕容廆为镇军将军，昌黎、辽东二国公。前赵刘曜封前凉张茂为“领西域大都护、护氐羌校尉、太师、凉王”。[②] 后燕慕容垂为前燕慕容皝之子，封吴王，投奔氐秦之后，拜冠军将军，封宾都侯，官至京兆尹。南燕慕容德为慕容垂弟，后燕封他为范阳王。后秦姚苌原为苻坚龙骧将军。西秦乞伏国仁曾被前秦封为苑川王，其弟乞伏乾归被封为金城王。后秦姚兴又以乾归为河州刺史。南凉建立者秃发乌孤曾受后凉吕光的官爵，其子秃发傉檀受后秦姚兴之封为车骑大将军、广武公。前赵刘聪封铁弗刘虎（赫连勃勃祖）为安北将军、监鲜卑诸军事、丁零中郎将。后秦姚兴又拜勃勃为骁骑将军，加奉车都尉。凡此种种，不胜枚举。

较弱国并常向较强国朝贡称藩。如前凉张茂向前赵刘曜“遣使称藩，献马一千五百匹、牛三千头、羊十万口、黄金三百八十斤、银七百斤、女妓二十人，及诸珍宝珠玉、方域美货不可胜纪”[③]。南凉秃发傉檀曾向后秦姚兴“献马三千匹，羊三万头”[④]。西秦乞伏炽磐遣使朝魏，贡黄金二百斤，请伐夏[⑤]。

十六国的大多统治者与东晋也有不同程度联系，遣使遗书，频见史载。如前燕奠基者慕容廆受东晋元帝封为“车骑将军、并州牧、辽东郡公”等[⑥]。永和七年（351 年），东晋拜后秦先人姚弋仲“使持节、六夷大都督、都督江淮诸军事、车骑大将军、仪同三司、大单于，封高陵郡公”[⑦]。义熙十二年（416 年），西秦乞伏炽磐遣使于晋，受封为河南公。

---

① 《晋书》卷 104，《石勒载记》上。

② 《晋书》卷 103，《刘曜载记》；崔鸿：《十六国春秋》，《前凉录》。

③ 《晋书》卷 103，《刘曜载记》。

④ 《晋书》卷 126，《秃发傉檀载记》；《资治通鉴》卷 114，晋安帝义熙二年。

⑤ 《魏书》卷 99，《乞伏国仁附炽磐传》；《资治通鉴》卷 119，晋营阳王景平元年。

⑥ 《晋书》卷 108，《慕容廆载记》。

⑦ 《晋书》卷 116，《姚弋仲载记》。

北凉卢水胡沮渠蒙逊执政时，东晋益州刺史朱龄石“遣使来聘”。蒙逊“遣舍人黄迅报聘益州”，并上表“请率河西戎为晋右翼前驱”①。十四年(418年)，沮渠蒙逊奉表称藩于东晋，拜凉州刺史。东晋刘裕灭后秦，攻取长安后，也遣使遗书大夏国主赫连勃勃，“请通和好，约为兄弟”②。

当然，各国之间的战和向背，是以统治集团的利害关系为转移。因而，往往瞬息之间，风云突变，和使未归，战事又起，刀光剑影，生灵涂炭。这时期，各个不同民族政权之间的战争具有其自身的特点。由于各国统治者都不同程度地推行民族歧视和压迫政策，因而使这些政权之间的战争往往带有明显的民族战争性质。它既不同于三国鼎立式的割据战争，更不能等同于外国的侵略战争，而是中国各民族统治者在国家处于分裂时期，争夺中原或其他地区统治权的斗争。

**（二）内迁少数民族建立的政权，大多是各族统治者与汉族地主的结合，共同压迫剥削汉族及他族人民**

内迁各族的统治者虽然汉化程度较高，但本族文化程度相对要低些，人口也较为稀少。他们在建立政权以后，急切需要巩固自己的统治地位，加强对文化较高的汉族人民的控制，因而，就必须得到汉族世家豪强的支持和合作。在保存汉人原来的租税制度的同时，少数民族统治者也逐步和汉人世家豪强相结合。这样，内迁各族统治者和汉族世家豪强的关系就显得极为微妙，既有逼迫和损害汉族世家豪强相对抗的一面，又有与他们妥协和联合的一面。对汉人士族实行安抚政策，在政治上拉拢和重用他们，往往承认他们原有的政治、经济特权和社会地位，并授以高官厚禄。而滞留在中原地区的汉族高门华阀和坞堡豪强，为了维护其既得利益，也宁愿投靠各族统治者，以确保自身利益和施展临乱致治的才能。这就为两者的结合创造了特定的历史条件，各少数民族统治者和汉族世家豪强，便在利害一致的前提下联合起来。

内迁各族的建国大多得到原西晋中下级士族的帮助。这些汉族世家士族在辅佐少数民族统治者立国、建立封建统治秩序中发挥了很大作用。如张宾之于后赵政权，王猛之于前秦政权，尹纬之于后秦政权。

① 《晋书》卷129，《沮渠蒙逊载记》。

② 《晋书》卷130，《赫连勃勃载记》。

张宾，字孟孙，赵郡中丘世家。“少好学，博涉经史，不为章句，阔达有大节。”① 石勒投靠刘渊为“辅汉将军”，与诸将下山东。当时，群雄角逐，张宾认为“独胡将军可与共成大事”。乃提剑谒军门，“大呼请见”②。石勒命其为“参军都尉，领记室，位次司马，专居中总事”③。称其为右侯，而不名。史谓“成勒之基业，皆宾之勋也”④。故张宾病卒时，石勒流涕顾左右曰：“天欲不成吾事邪，何夺吾右侯之早也!”⑤ 其他诸如张班、孟卓、王波、斐宪、卢湛、石璞、傅畅、杜嘏、荀绰、崔悦、崔遇、郑略等世家士族也得到石勒的重用。石勒在冀州集衣冠人物为君子营，后又“徙朝臣掾属已上士族者三百户于襄国崇仁里。置公族大夫以领之”⑥。这一方面固然是为了便于控制，另一方面也是尊崇士族的表现。

王猛助苻坚治秦，也是一个显例。王猛，字景略，北海剧人，家于魏郡。“少贫贱，以鬻畚为业……瓌姿儁伟，博学好兵书，谨重严毅，气度雄远。”⑦ 深得前秦苻坚的信任，官至丞相，封清河郡侯。在军事上辅助苻坚统一北方，在政治上采取一系列措施，整顿纪纲，惩罚豪强，推崇儒学，平外患息内乱，劝课农桑，与人民休养生息等，使前秦“兵强国富，垂及升平”。苻坚并“复魏晋士籍”，以争取汉族世家士族的支持，于是“关东士望”如房旷、房默、崔逞、韩胤、阳涉、田勰、阳瑶、郝略等人都纷纷投靠苻坚。淝水之战后，当苻坚与羌族姚氏角逐时，“关中堡壁三千余所，推平远将军冯翊赵敖为统主，相率结盟，遣兵粮助坚”⑧。

后秦统治者姚兴也注意重用汉族世家。史称“兴留心政事，苞容广纳，一言之善，咸见礼异”⑨。他信任顾命大臣尹纬就是突出一例。尹纬，字景亮，天水人，关西豪族。他帮助姚兴制定封建法治，“立律学于长安，召郡县散吏以授之。其通明者还之郡县，论决刑狱。若州郡县所不能

① 《晋书》卷105，《石勒载记下附张宾传》。

② 同上。

③ 《晋书》卷104，《石勒载记》上。

④ 《晋书》卷105，《石勒载记下附张宾传》。

⑤ 同上。

⑥ 《晋书》卷105，《石勒载记》下。

⑦ 《晋书》卷114，《苻坚载记下附王猛传》。

⑧ 《晋书》卷114，《苻坚载记》下。

⑨ 《晋书》卷117，《姚兴载记》上。

决者，谳之廷尉”[①]。还“班命郡国，百姓因荒自卖为奴婢者，悉免为良人”[②]。以解放部分奴婢，增加农业劳动力，并增关津之税以限制和打击豪强地主之势力。

这些汉人世家士族与少数民族统治者联合，固然有共同镇压和剥削各族人民的一面。但他们帮助少数民族统治者在中原地区建立短暂安定的朝代，创立封建统治新秩序，局部地稳定了人民群众生活，使其免受颠沛流离之苦，有利于恢复社会经济和促进民族融合。从这个意义上讲，还具有一定值得肯定的历史作用。

### （三）各族统治者为巩固自身统治、稳定社会秩序，大多注重学习汉族较为先进的封建文化传统和生产技术，促进本民族经济文化的发展

1. 重用汉族世家，制定封建官制礼仪。如匈奴刘渊建元称号，“大定百官”，中央设丞相、太师、太傅、太保、大司徒、大司空、大司马等七公。后赵石勒“朝会常以天子礼乐飨其群下，威仪冠冕从容可观矣”[③]。前燕慕容廆引用大批汉族士人处理政事，大兴礼乐，法制皆学汉人。前秦苻坚任用王猛等，“修废职，继绝世，礼神祇，课农桑，立学校，鳏寡孤独高年不自存者，赐谷帛有差。其殊才异行，孝友忠义，德业可称者，令在所以闻”[④]。俨然以盛世圣君自居。后秦姚苌称帝于长安，改元建号，立皇后、太子，置百官，“自谓以火德承苻氏木行，服色如汉氏承周故事”[⑤]。

2. 兴办教育，崇尚儒学。各少数民族统治者颇为注意兴办教育，吸收汉族较为先进的封建文化和统治权术。匈奴刘渊、刘聪、刘曜，卢水胡沮渠蒙逊，鲜卑族慕容廆、慕容翰、慕容宝、慕容德，氐族苻坚、苻融，羌族姚苌、姚兴、姚泓等人都有相当高的汉文化修养。尽管十六国时期动荡不安的政治局势，使文化教育事业的发展受到很大限制，但这些统治者只要苟获小安，还是设法兴立学校，崇尚儒学，注重文艺教育，有时并通过考试的途径选拔人才。例如：

---

① 《晋书》卷117，《姚兴载记》上。

② 同上。

③ 《晋书》卷104，《石勒载记》上。

④ 《晋书》卷113，《苻坚载记》上。

⑤ 《晋书》卷116，《姚苌载记》。

前赵刘曜“立太学于长乐宫东，小学于未央宫西，简百姓年二十五已下十三已上，神志可教者千五百人，选朝臣宿儒明经笃学以教之”。并亲临太学，“引试学生上第者拜郎中”[①]。后赵石勒本人，不识字，但“雅好文学，虽在军旅，常令儒生读史书而听之，每以其意论古帝王善恶，朝贤儒士听者莫不归美焉”。并“立太学，简明经善书吏署为文学掾，选将佐子弟三百人教之”。石勒得襄国后，“增置宣文、宣教、崇儒、崇训十余小学于襄国四门，简将佐豪右子弟百余人以教之”。在地方郡国，也设置学校，“命郡国立学官，每郡置博士祭酒二人，弟子百五十人，三考修成，显升台府。于是擢拜太学生五人为佐著作郎，录述时事”。在选举方面，沿用九品中正制，使“其举人得遂相荐引，广招贤之路”[②]。

前燕慕容廆以“平原刘讃儒学该通，引为东庠祭酒，其世子皝率国胄束脩受业焉。廆览政之暇，亲临听之，于是路有颂声，礼让兴矣”[③]。其子慕容皝继位后，“赐其大臣子弟为官学生者号高门生，立东庠于旧宫，以行乡射之礼，每月临观，考试优劣”。并“雅好文学，勤于讲授，学徒甚盛，至千余人”[④]。南燕慕容德即位之初，下令“建立学官，简公卿已下子弟及二品士门二百人为太学生”[⑤]。

前秦苻坚在广兴学校、尊崇儒学方面，于十六国中更为突出。他广修学官，“召郡国学生，通一经以上充之，公卿已下子孙并遣受业。其有学为通儒、才堪幹事、清修廉直、孝悌力田者，皆旌表之。于是人思劝励，号称多士……典章法物靡不悉备。坚亲临太学，考学生经义优劣，品而第之”。后来，苻坚“每月一临太学，诸生竞劝焉”。并把教育施及将士后宫，“中外四禁、二卫、四军长上将士，皆令修学。课后宫，置典学，立内司，以授于掖廷，选阉人及女隶有聪识者署博士以授经”。同时，“颇留心儒学”，欲使“周孔微言不由朕而坠”。并“行礼于辟雍，祀先师孔子，其太子及公侯卿大夫士之元子，皆束脩释奠焉”[⑥]。

后秦姚苌在长安称帝后，旋下书“令留台诸镇各置学官，勿有所废，

① 《晋书》卷103，《刘曜载记》。

② 《晋书》卷105，《石勒载记》下；汤球：《十六国春秋辑补》卷13，《后赵石勒》。

③ 《晋书》卷108，《慕容廆载记》。

④ 《晋书》卷109，《慕容皝载记》。

⑤ 《晋书》卷127，《慕容德载记》。

⑥ 《晋书》卷113，《苻坚载记》上。

考试优劣，随才擢叙”[①]。其子姚兴时广纳儒士，如“天水姜龛、东平淳于岐、冯翊郭高等皆耆儒硕德，经明行修，各门徒数百，教授长安，诸生自远而至者万数千人”[②]。北魏初年的拓跋焘也“起太学于城东，祀孔子，以颜渊配”[③]。

十六国统治者之所以重视兴办教育，尊崇儒学，主要是为了“以汉制汉”，即利用汉族传统文化来加强对中原地区的控制，以达到巩固封建统治的目的。但在客观上，对于提高各少数民族文化素质，加速封建化，促进民族融合都起了一定作用。

3. 劝课农桑，制定租赋制度。在汉族较为先进的经济文化影响下，为适应统治中原地区的需要，各少数民族统治者逐渐放弃原有的统治方式，在其管辖区内实行封建剥削。后赵石勒、前秦苻坚、前燕慕容廆，还有后秦、南燕、后燕等统治者均采取了一些措施。

石勒占据幽、冀二州后，开始“阅实人户，户赀二匹，租二斛”。大兴二年（319年），称赵王，即“均百姓田租之半”，并“遣使循行州郡，劝课农桑”。后来，为了发展农业生产，巩固自己的统治，石勒以右常侍霍皓为劝课大夫，与典农使者朱表、典劝都尉陆充等“循行州郡，核定户籍，劝课农桑”。并规定“农桑最修者赐爵五大夫”。[④]石虎继位后，“如长乐、卫国，有田畴不辟、桑业不修者，贬其守宰而还”。并曾“使典农中郎将王典率众万余，屯田海滨”，“自幽州东至白狼，大兴屯田”[⑤]。

前燕统治者对发展农业也很重视。早在慕容廆都于大棘城时，就“教以农桑，法制同于上国”。史称“先是，辽川无桑，及廆通于晋，求种江南，平川桑悉由吴来”[⑥]。其子慕容皝更是亲自“躬巡郡县，劝课农桑”，并下令“苑囿悉可罢之，以给百姓无田业者。贫者全无资产，不能自存，各赐牧牛一头，若私有余力，乐取官牛垦官田者，其依魏晋旧法”[⑦]。

---

① 《晋书》卷116，《姚苌载记》。
② 《晋书》卷117，《姚兴载记》。
③ 《魏书》卷4，《世祖纪》上。
④ 《晋书》卷105，《石勒载记》下。
⑤ 《晋书》卷106，《石季龙载记》上。
⑥ 《晋书》卷124，《慕容宝载记》。
⑦ 《晋书》卷109，《慕容皝载记》。

前秦苻坚统治初期，在戎马倥偬之余，也较为重视劝课农桑，开放山泽之利，仿汉统治者，举行“亲耕藉田，其妻苟氏亲蚕于近郊”的仪式，并教民以区种之法。同时，还注意兴修水利，曾“以关中水旱不时，议依郑白故事，发其王侯已下及豪望富室僮隶三万人，开泾水上源，凿山起堤，通渠引渎，以溉冈卤之田。及春而成，百姓赖其利”①。史称苻坚灭前燕后，“关陇清晏，百姓丰乐，自长安至于诸州，皆夹路树槐柳，二十里一亭，四十里一驿，旅行者取给于途，工商贸贩于道”②。

综上所述，十六国时期，不少统治者为巩固自身统治，也注意吸收汉族较为先进的生产技术，采取一些措施。对北方社会经济的恢复、社会秩序的稳定，加速各少数民族封建化的过程都起到了一定的作用。

**（四）各少数民族统治者建国之初，为了掠取兵源和劳动力，都大规模地把征服地区的民户集中于其都城或军事重镇。以便于控制，形成了魏晋南北朝时期第二次民族大迁徙③**

与东汉末及北魏时期民族迁徙相比，这次民族大迁徙，有其自身的特点：第一，强制性迁徙表现得更为突出。各个政权为驱使更多劳动力为其服役，经常掠夺人口。由于政权更迭，统治中心转移，强迁人口也随之流动，规模大，民族复杂，又往往是大区域性调动。第二，由于长期战乱、天灾人祸造成大量流亡。同时，各族人民常以逃亡作为反抗民族压迫和阶级剥削的斗争方式，这样，使迁徙更为频繁。第三，北方各族大迁徙，除在关中和中原地区辗转流徙以外，中原地区的汉族人民也大批离开本土，向辽东、江东、陇右、河西及益州等地迁徙。南迁的汉族，据官府统计，仅是封建王朝控制的侨户就有十八万余，人口九十六万左右④。还不包括依附农民，这就相当于北方人口的八分之一。流入辽东地区的先后也有九

---

① 《晋书》卷113，《苻坚载记》上。

② 《太平御览》卷465，《歌》；《初学记》卷24，《道路》；《晋书》卷113，《苻坚载记》上。

③ 一般把这个时期的民族迁徙，分为东汉末至西晋、十六国、北魏三个阶段。

④ 据《宋书·州郡志》所载，南徐州、南兖州、南豫州、雍州的户数为18万余，口数为96万多。其中包括当地原来户口，但尚有一些侨置郡县户口未计在内，故侨置州郡户口数约略等于南渡户口数。详见谭其骧《晋永嘉丧乱后之民族迁徙》（《燕京学报》1934年第15期）。

十万人左右[①]。其他如流入河西的汉人也为数不少，史称："中州避难来者日月相继。"[②] 苻坚统一北方后，又迁江淮及中原地区一万七千余户于河西。淝水之战后，陆续有不少汉人流入河西。第四，由于北方各地人口大量交错迁移，军队民族成分更为复杂化。东汉末年以来迁入内地的边境各族人户，有不少打破原有部落组织，就地与汉人错杂而居，不再各成区域。但大多仍处于大分散、小聚居状态，依然保留原先部落形式。这也是各族能迅速聚集的重要条件之一。

十六国时期北方民族迁徙非常频繁，迁徙的规模也相当大。查阅史书，撮其要者简述如下。

永嘉六年（312 年），匈奴汉国时刘曜放弃长安，将关中士女八万余口驱掠回平阳。后又迁司徒傅祗之孙傅纯、傅粹并其二万余户于平阳[③]。

前赵刘曜遣车骑将军游子远击败关中上郡氐、羌的反抗，生擒巴氐酋大虚除权渠之子伊余后，分徙其部落二十余万口于长安。后刘曜又亲征氐、羌，复迁仇池杨韬万余户于长安[④]。

后赵石勒、石虎除了拓境辟土之外，还大规模掠夺民户，以补充兵源的不足和劳动人手的缺乏。据史书记载累计有四十余万户。如每户五口计，恐有二百余万人。如石勒将逯明攻宁黑于茌平，降之，因破东燕酸（故城在今河南延津县北）枣而还，徙降人二万余户于襄国。后又击宁黑于东武阳，陷之，徙其众万余于襄国。石勒还迁平原乌丸展广、刘哆等部落三万余户于襄国。迁巴帅及诸羌羯降者十余万落于司州诸县[⑤]。石虎进军河西，秦陇悉平，徙氐、羌十五万落于司、冀州。战败石生攻占长安后，复徙雍、秦州华戎十余万户于关东。击败郭权后又徙秦州三万余户于青、并二州诸郡[⑥]。石虎伐辽西鲜卑段辽，乃迁其户二万于雍、司、兖、豫四州之地。后又遣夔安为征讨大都督，统五将步骑七万攻荆扬北鄙，进

---

① 《三国志·魏书·管宁传》曰："天下大乱，公孙度令行于海外，相率避乱辽东。"《资治通鉴》卷 60 记道："公孙度威行海外，中国人士避乱者多归之。"《晋书·慕容廆载记》指出永嘉之乱后，"百姓失业，流亡归附者日月相继"，等于"旧土十倍有余"，设侨州郡加以安顿。西晋时平州有一万八千余户，那么流入的户数则达十八万左右，以五口之家计算，将近九十万口。

② 《晋书》卷 86，《张轨传》。

③ 《晋书》卷 102，《刘聪载记》。

④ 《晋书》卷 103，《刘曜载记》。

⑤ 《晋书》卷 104，《石勒载记》上。

⑥ 《晋书》卷 105，《石勒载记》下。

据胡亭，晋将黄冲、历阳太守郑进皆降之，夔安于是掠七万户而还[①]。

氐族苻坚灭前燕慕容氏后，徙关东豪杰及诸杂夷十万户于关中。内有鲜卑四万余户徙于长安，另处乌丸杂夷于冯翊（今陕西大荔县）、北地（今陕西铜川市南），丁零翟斌于新安（今河南渑池县东），并徙陈留、东阿万户以实青州。当时，“鲜卑、羌、羯，布满畿甸”。而为了巩固氐族在中原地区的统治，加强对他族的控制，又把十五万氐族分迁到被征服地区各重要方镇去[②]。

前燕慕容皝在蓟城战败石虎后，掠徙幽、冀二州三万余户而还。后又亲伐宇文归，“徙其部人五万余落于昌黎”[③]。

后秦姚氏掠夺民户也频见史载。如后秦建立不久，曾“徙秦州三万户于安定”[④]。姚苌又徙安定五千余户于长安，徙千余家于阴密。夜袭大界营后，驱掠男女五万口而归[⑤]。姚兴战败苻登后，徙阴密三万户于长安。击败河东太守柳恭时，徙新平、安定新户六千于蒲坂。姚兴又遣姚崇寇洛阳，陷柏谷，徙流人西河严彦、河东裴歧、韩袭等二万余户而还。后复遣狄伯支迎流人曹会、牛寿万余户于汉中。徙河西豪右万余户于长安[⑥]。后凉吕隆也率户一万，随后秦仆射齐难东迁至长安[⑦]。

其他诸如大夏、后凉、南凉、西秦、西燕、北凉等少数民族统治者强令迁徙的记载也很多，兹不赘述。

汉族统治者如冉闵灭后赵以后，也强令“青、雍、幽、荆州徙户及诸氐、羌、胡、蛮数百余万，各还本土”。由于“道路交错，互相杀掠，且饥疫死亡，其能达者十有二三”。稍后，打败后赵石祗的刘显，又“焚襄国宫室，迁其百姓于邺”[⑧]。

① 《晋书》卷106，《石季龙载记》上。

② 《晋书》卷113，《苻坚载记》上曰：“坚以关东地广人殷，思所以镇静之，引其群臣于东堂议曰：‘凡我族类，支胤弥繁，今欲分三原、九嵕、武都、汧、雍十五万户于诸方要镇，不忘旧德，为磐石之宗，于诸君之意如何？’”

③ 《晋书》卷106，《石季龙载记》上；卷109，《慕容皝载记》；《魏书》卷95，《徒何慕容廆》。

④ 《太平御览》卷123，引《十六国春秋·后秦录》。

⑤ 《晋书》卷116，《姚苌载记》。

⑥ 《晋书》卷117，《姚兴载记》上。

⑦ 《太平御览》卷123，引《十六国春秋·后秦录》。《晋书》卷117，《姚兴载记》上只是简单提到：“徙隆及其宗室僚属于长安。”

⑧ 《晋书》卷107，《石季龙载记下附冉闵传》。

此外，如前所述，原来居住在中原地区的汉族由于战乱和不堪忍受少数民族统治者的奴役和剥削，也纷纷离开本土向辽东、江东及河西等地迁徙。这种民族大迁徙，固然给人民带来极大痛苦，但由于打破了各民族较为固定的居住区域，大量汉族人民流入周边少数民族地区，大批周边各族流入内郡，形成错居杂处的局面，增加各族接触的机会。这就为民族大融合创造了前提，也有利于各族生产技术、文化艺术的交流。同时，民族大迁徙使我国经济区域扩大，布局较前合理。过去我国人口主要集中在中原地区，大规模的流徙使人口分布状况比以往合理些。并且，长江流域、东北、陇右河西等地区大量人口的流入，改变了以往地广人稀、劳动力不足的情况，还带来了先进的生产经验和技术。他们和当地人民一起，共同开发了这些地区，其中尤以江南地区发展最快。这就为南北朝时期南方经济的发展以及隋唐时期经济高潮的到来奠定了基础。

### （五）十六国统治者大多采用“胡汉分治”的政策，即设置胡汉两个系统的官制，分别统治汉族和胡人①

“胡汉分治”是特殊历史条件下的产物。十六国统治者所管辖的地区内，既有人数众多以农业为主的汉族，又有以游牧或畜牧为生的六夷部落。加之，统治者自身既不同程度地接受了汉化，又多少保持着本民族的旧俗。因而，面对国内经济、文化及习俗相异的胡汉人民，十六国统治者吸收我国历史上“因俗而治”的统治经验②，采取胡汉分治政策。其特点是皇帝、单于二名号同时存在；设立专门管理胡人或汉人的两套统治机构。其中尤以匈奴汉国和前赵、羯人所建后赵、鲜卑秃发部建立的南凉以及慕容氏后燕末期最为明显。

晋建兴二年（314年），刘聪在皇帝、大单于最高权力之下，对汉人和匈奴等少数民族，分别设置统治机构。“置左、右司隶，各领户二十余万，万户置一内史，凡内史四十三”，以统治汉人。而另设“单于左右辅，各主

① 此处所指胡人，为北方诸少数民族之泛称。

② 据《汉书·百官公卿表》记载，秦汉时在中央设典属国，其职能是“掌蛮夷降者”，又设有典官，“掌诸归义蛮夷”，后两者并为大鸿胪。在民族聚居区设属国，存其国号（或部落名称）而属汉朝，遣都尉辖之，并设有护匈奴中郎将、护羌校尉等。魏晋沿袭之，在各族聚居区设校尉及中郎将，起督护作用，而对各族人民进行直接统治的仍是其酋豪。

六夷十万落，万落置一都尉”[①]，以统率匈奴、羯、鲜卑、氐、羌、乌桓（一说为巴氐）等族人民。前赵刘曜以皇帝之位直接统治汉人，而以其子刘胤为大单于，“置左右贤王已下，皆以胡、羯、鲜卑、氐、羌豪杰为之”[②]，即依靠各族豪帅去统治本族人民。石勒继承前赵之制，以魏郡、汲郡、中山等十一郡并前赵国、广平、阳平等十三郡，共二十四郡为后赵封内，置内史统治，另置大单于“镇抚百蛮”。并“号胡为国人”，立“讳胡之律”[③]。鲜卑慕容氏建立的后燕，自东晋隆安元年（397年）迁都龙城后，也“立燕台，统诸部杂夷”[④]。慕容熙又改“北燕台为大单于台，置左右辅，位次尚书”[⑤]。而南凉秃发利鹿孤称河西王后，则采纳其将鍮勿崘的建议：“置晋人于诸城，劝课农桑，以供军国之用，我则习战法以诛未宾。”[⑥]也就是让汉人进行农业生产，提供军国之需。而本族则进行征伐战争，这也是“胡汉分治”的一种形式。此外，汉人冯跋建立的北燕也继承后燕慕容盛及熙以来的制度，由太子冯永领大单于，置四辅，实行“胡汉分治”。

总之，“胡汉分治”虽不是内迁诸族建国者的发明，但在十六国特殊历史条件下有所发展。这既有因地制宜，从其故俗而治之，适应各族不同经济、文化、习俗，便于统治的一面，但又人为地保持乃至加深彼此间的隔阂，在一定程度上延缓了民族融合的进程。同时，由于“胡汉分治”、部落状态的存在，便于有些民族上层形成很强的军事、政治势力，这就使国家隐藏着分裂因素，不利于更大规模的统一。当然，由于历史时期不同，社会发展状况各异，对“胡汉分治”要具体分析，不能一概而论。

**（六）十六国时期，民族矛盾和阶级矛盾交织在一起，各族人民反抗异族压迫和封建剥削的斗争，往往以民族斗争或民族战争的形式体现出来。但各族人民由于经济地位，特别是阶级地位渐趋一致，逐步突破统治阶级所设置的各种界线，汉族和少数民族人民逐渐联合起来共同斗争**

建国的统治者对异族统治者采取恩威并济的政策，对异族人民进行民

① 《晋书》卷102，《刘聪载记》。
② 《晋书》卷103，《刘曜载记》。
③ 《晋书》卷105，《石勒载记》下。
④ 《资治通鉴》卷110，晋安帝隆安四年。
⑤ 《晋书》卷124，《慕容熙载记》。
⑥ 《晋书》卷126，《秃发利鹿孤载记》。

族压迫和阶级压迫，对本族人民虽有某些优遇，但仍然存在阶级压迫和剥削。而在民族矛盾上升为社会主要矛盾的情况下，汉族地主和人民有可能暂时联合起来，共同抗击少数民族统治者的掠夺和屠杀。但更多的统治者为了保护自己的利益又纷纷投靠少数民族统治阶级，联合起来共同对付各族人民。由于各族人民社会地位和阶级地位比较接近，有一定联合斗争的基础，但各族人民间由于族别不同、语言各异、文化传统和心理素质等存在差异，再加之统治阶级的挑唆和煽动及“胡汉分治”的影响，彼此之间不可避免地存在着隔阂。

十六国时期，虽然有相当部分汉族世家士族受到少数民族统治者的青睐，但广大汉族人民的社会地位却极为低下，深受民族和阶级双重压迫，常以逃亡作为反抗的形式。如刘聪在位时，无岁不战，饥荒连年。建兴四年（316 年），其国都“平阳大饥，流叛死亡，十有五六”[①]。被匈奴贵族掳掠到平阳的司隶部汉族二十万户逃亡冀州，投奔石勒。翌年，当东晋将领攻袭河东时，“右司隶部人盗牧马负妻奔之者三万余骑”[②]。后赵石虎死后，“其国大乱，遗户二十万口，渡河将归顺，乞师救援”。由于东晋接应不力，“死亡咸尽”[③]。这说明汉族人民深受他族统治者压迫，思晋之心非常强烈，在当时历史条件下，也是反抗民族压迫的一种斗争形式。汉族人民还举行武装起义。如后赵的王脊、梁犊、马勋等领导的起义，前秦的李焉起义，后秦的曹会、牛寿领导的起义等。这些起义虽被镇压下去了，但给统治者以沉重打击。

处于被统治地位的少数民族人民，其境遇虽稍优于汉族人民，但同样受到统治民族上层的压迫和剥削，其反抗斗争也是史不绝书。如匈奴汉国刘聪统治后期，氐、羌叛者十余万落。前赵刘曜统治时，由于杀巴氐酋长徐库彭等五十余人，关中巴氐尽起反抗，“四山羌、氐、巴、羯应之者三十余万，关中大乱，城门昼闭”[④]。后赵石勒统治时，休屠王羌起兵反抗，“陇右大扰，氐羌悉叛”[⑤]。

少数民族统治者建立政权后，为了加强对异族的统治，对于本族人民

---

① 《晋书》卷 102，《刘聪载记》。

② 同上。

③ 《晋书》卷 93，《褚裒传》；《资治通鉴》卷 98，晋穆帝永和五年。

④ 《晋书》卷 103，《刘曜载记》。

⑤ 《晋书》卷 105，《石勒载记》下。

一般给予较高的社会地位。但他们不仅要为统治阶级打仗卖命，而且仍不免遭受本族统治者的奴役和压迫。尤其在统治集团内讧时，本族人民也往往成为牺牲品。例如，刘聪晚年，匈奴贵族内讧，“坑士众万五千余人，平阳街巷为之空”[①]。前燕慕容暐统治时，“帑藏虚竭，军士无襜褕之赉”，“兵士相逃，乃相招为盗贼”[②]。西秦乞伏暮末时，“政刑酷滥，内外崩离，部民多叛”[③]。前赵的屠各部路松多起义，后秦贰县、新支、李闰等地区的羌族起义，都是属于反对本族统治者的斗争。

如上所述，十六国初期，各族人民的反抗往往是以民族斗争的形式出现。但由于各族人民之间并不存在对抗性的矛盾，随着进一步交错杂居，彼此间政治、经济地位渐趋一致，故由各族单一起义逐步发展为联合斗争。如前赵后期，陈安起兵，其中除了秦陇汉族人民外，陇右氐、羌人民也纷纷响应，众至十余万。后赵末年，汉族梁犊领导的起义队伍中，除了汉人外，也有不少胡人[④]。汉族杜洪领导的起义军占领长安后，“戎夏多归之”[⑤]。当然，其中也不能完全排除某些统治阶级为保存自己的统治地位和利益而起兵。但这些起义和斗争，毕竟在不同程度上限制了各族统治者的掠夺和屠杀，同时也促进了各族的融合。

**（七）汉族是这个时期融合的核心，但汉化和夷化交叉进行。内迁的民族与汉族融合，内迁民族之间、留在塞外的各族之间也相互融合，并具有明显的阶段性**

恩格斯在《反杜林论》中曾指出：“在长期的征服中，比较野蛮的征服者，在绝大多情况下，都不得不适应征服后存在的比较高的‘经济情况’；他们为被征服者所同化，而且大部分甚至还不得不采用被征服者的语言。”[⑥] 十六国民族关系的进程，也完全符合这“一条永恒的历史规

---

① 《晋书》卷102，《刘聪载记》。

② 《晋书》卷111，《慕容暐载记》。

③ 《魏书》卷99，《乞伏国仁传》。

④ 《晋书》卷107，《石季龙载记》。

⑤ 《晋书》卷112，《苻健载记》。

⑥ 恩格斯：《反杜林论》，《马克思恩格斯全集》第20卷，人民出版社1974年版，第199页。

律"①。

北方各少数民族在内迁以前，都不同程度地受过汉文化的影响。内迁以后，虽大部分还保留着部落组织形式，但都直接或间接地受魏晋政权的管辖，有的还成为曹魏和西晋的编户齐民。少数民族与汉族之间，少数民族彼此之间杂居共处、犬牙交错。同一个地区往往居住着好几个不同的少数民族，同一个少数民族又分居在不同地区。而这些地区原来大多是汉族劳动生息的场所，为北方民族融合和汉化提供了良好条件。西晋灭亡后，各族统治者为了战争和生产需要，又大量进行强制性迁徙，还吸收异族部众入伍，军队民族成分更复杂化。这样，逐步破坏了原先的部落组织，使各族人民能更广泛地进行接触。并且，十六国时期内迁各族所建立的政权都比较短暂，往往是乍建倏灭。这些政权先后崩溃，各少数民族人民并没有迁回到原来的居住区，而是留在当地承受他族统治者的压迫和剥削，由原来的统治族人民变成被统治族人民。或者在这个地区是统治民族，而在另一地区却是被统治民族。由于形势骤变，政权更替频繁，兴衰起落无常，以及各国封建化进程的加速，使少数民族人民和汉族人民的社会地位和阶级地位更趋一致。因此，往往联合起来共同对付统治者，并在斗争中进一步消除了彼此间的隔阂。杂居共处，又便于互相学习、取长补短，从而加快了融合的速度。

加之，内迁各族统治阶级还采取一些有利于民族融合的措施，使内迁各族社会逐步向封建制过渡和发展。同时，从游牧或半游牧生活逐渐过渡到农业定居生活。使一大批少数民族社会发展达到与中原汉族相一致，在经济、文化和民族习俗乃至宗教信仰上逐渐消除了差异。经过杂居和通婚，在血统上与汉族凝为一体，民族心理素质也发生了变化，使汉族共同体有了新的发展壮大。

据粗略统计，在北方，先后与汉族融合的少数民族，仅乌桓、鲜卑、匈奴、羯、氐、羌等就超过三百万。而这些民族在与汉族融合过程中又表现了明显的阶段性。首先是前、后赵灭亡后，匈奴和羯人大批与汉族融合。鲜卑慕容部在诸燕（前燕、后燕、西燕、南燕）灭亡后，也以散居的形式融合到汉族和拓跋鲜卑等族中去。淝水之战后，前秦旋即灭亡，氐

① 马克思：《不列颠在印度统治的未来结果》，《马克思恩格斯选集》第2卷，人民出版社1972年版，第70页。

族共同体大为衰弱。接着建立政权的羌人、卢水胡、河西鲜卑、关陇匈奴等，也陆续进入自己的解体过程。到了北魏后期，早期内迁的匈奴、羯、氐、羌以及稍后的慕容部等，在中原地区大多消失。南迁的柔然、敕勒及内迁的吐谷浑等，有一部分也逐渐与汉族融合。即使后起的鲜卑拓跋部，入隋唐以后也最终完成了汉化。不过，民族融合是一个漫长而曲折的历史进程，氐、羌、匈奴等族皆如此。十六国后，武都仇池的氐人继仇池国之后又建立武都、武兴、阴平等国，保留了一部分本族的文化习俗。隋唐以后，氐人除保留一些特殊的姓氏以外，其他习俗与汉人差别极少。关中和陇东的“东羌”人自北朝以来，其经济、文化虽与汉人无甚差别，但往往聚族而居，仍用复姓，相沿到唐中叶才逐渐与汉族融合。陇西宕昌羌及邓至羌在南北朝时保持相对独立达一百四十来年。河湟和陇南的羌族最初受吐谷浑的影响较深，其服饰、习俗有北族化（主要是鲜卑化）的倾向，唐后又逐渐藏化。唯有居住在四川西北部汶、理、茂各县的羌族，自秦汉至近代一直保持古羌的语言、文化和习俗。而南匈奴在前赵、夏等相继灭亡后，以其为主体融合他族而成的稽胡仍活跃在隋唐历史舞台上。

与此同时，各少数民族之间也互相融合。例如，以匈奴为主，融合他族，形成了铁弗匈奴、卢水胡、稽胡等。匈奴融入他族形成拓跋鲜卑、鲜卑宇文部、柔然等。还有一种，以匈奴为主，与汉族融合，形成匈奴屠各胡。有的则是先汉化而后鲜卑化，如匈奴独孤部等。有的汉人也逐渐鲜卑化，如建立北齐的高氏，即是鲜卑化的汉人。并且，汉族人民为逃避战乱南下长江及珠江流域，促进了与南方各民族之间的往来和融合。各族之间出现了合而复分、分而复合，交叉融合的现象。民族融合，给汉族注进了新鲜血液，使之生机勃勃，更富有创造力，并大大丰富了汉族的物质生活和精神生活。同时，汉族和各族融合，也促使各族在经济生活和社会制度，包括心理素质、语言文字等方面都发生了巨大变化。

## 三

综上所述，十六国时期的民族关系，表现了其时代的风貌和特点。一方面，各族统治者为了争权夺利，尤其是争夺对异族的统治权，不断发动战争，出现了战乱频仍、各族政权并立的局势。使社会经济遭到不同程度的破坏，人民横罹兵燹之苦，给这个时期的民族关系蒙上一层阴影，这是历史的支流。另一方面，通过各种民族大迁徙、大融合，促进了各族之间经济、文化交流，政治上逐渐浑然一体。大部分少数民族统治者，为了巩固自己的统治，建立以本族统治者为主，联合汉族封建世家豪强的政权，共同压迫和剥削各族人民。他们学习汉制、汉法，采用汉族地区的先进文化和生产技术。使受到破坏的中原经济有所恢复，并在一定程度上发展了本民族经济，有力地促进民族融合。这些，都为南北朝时期的相对稳定及其后隋、唐时期的大统一和经济发展，奠定了基础。并为隋唐王朝处理民族关系一代风尚的形成，创造了前提条件，这是历史的主流。

过去，封建史学家把十六国时期斥为“五胡乱华”。有些近现代史学家也因袭旧说，称之为“五胡之乱”或“十六国大乱”。把这个时期视为民族之间充满仇恨、残杀、灾难、“黄河流域大破坏”的黑暗时期等。将此段历史说得乌烟瘴气，漆黑一团。而对其积极和应肯定的一面，则往往避而不谈或者不予重视。凡此种种，不能不说是研究十六国历史尤其民族关系史的一大缺陷。我们只有立足于民族平等原则，尊重客观历史事实，从复杂纷繁的现象中揭示事物的本质和规律。才能拨开茫茫迷雾，展现其清晰的历史画卷，对十六国时期的历史地位和民族关系作出符合客观实际的评价。

（原载《中国民族关系史论集》，青海人民出版社 1988 年版）

# 论魏晋南北朝时期民族的迁徙与融合

清代以前，我国历史上曾出现过三次民族大融合，第一次为春秋战国时期，第三次为宋辽金元时期，而魏晋南北朝是第二次民族大融合时期。这个时期，北方内迁各少数民族，因与汉族长期错居杂处，在汉族的影响下，社会经济得到较快发展，并在加速封建化的过程中，逐渐与汉族形成了共同的经济体制，最后多融合于汉族。而在南方，由于大批北方汉人南迁及少数民族出居平地，也造成某些杂居局面，使一部分与汉族关系密切的少数民族逐渐汉化，也有一些迁居或以其他途径进入民族地区的汉族融合于少数民族。但由于汉族人数众多，文化较高，故在整个融合过程中，少数民族汉化则表现为主要的，汉族融合于少数民族却是局部的。

随着民族间的交往和融合，我国各民族先进、优秀的经济文化也交融一起，汲取升华。隋唐时期，我国封建文化的高度发展，就是这一融合的结果。

## 一　北方民族的迁徙和融合

北方少数民族主要如鲜卑、匈奴、羯、氐、羌等族与汉族之间，在社会发展阶段、经济生产水平和文化习俗、居住环境等方面都存在差异。而各族统治者实行的民族压迫政策，更是民族隔阂存在的重要因素。要消除民族隔阂以及各种阻碍民族融合的社会因素，既要有各族之间互相接近的社会依据和条件，又要有促进融合的社会斗争，并且需要一个相当长的历史过程。而魏晋南北朝的北方，则具备了这样的历史条件。

### （一）北方民族大迁徙为民族融合提供了先决条件

周边各民族大规模向内地迁徙及其与汉族错居杂处，促进了各族之间的相互接触和经济文化交流，而经济文化交流在民族融合中又起着重要的纽带作用。依照这一时期政治斗争发展变化，民族大迁徙可分为三个阶段。

第一阶段，三国至西晋末。长期的军阀混战，使中原人口锐减，这就给北方民族内迁造成有利条件。因此，不仅早已内迁的氐、羌、匈奴等族更向中原发达地区深入，而且原居于东北的乌桓和东部鲜卑，也大量内迁。与此同时，汉族人口大量流入东北和凉州，与鲜卑及氐、羌杂居。从而，某种程度地改变了中原民族分布格局，一向为汉族居住的广大地区出现多民族杂居的局面。当时，内迁各族大体有两种类型，一类是保留其原有组织，仍有自己的首领，但却受地方官吏的管理或派遣汉官加以监督。如对内迁的匈奴“部立其中贵者为帅，选汉人为司马以监督之”。[①] 另一类型，其原有组织基本解体，直属州郡，成为编户，如关中氐帅齐万年所率领的氐民[②]。

第二阶段，十六国时期。北方先后建立了汉、匈奴、羯、氐、羌等族建立的政权。各个政权为掠取兵源和劳动力，都大规模地把被征服地区的民户，集中于其都城或军事重镇，这便形成了魏晋南北朝时期第二次民族大迁徙。这次迁徙与三国及北魏时期相比，具有以下几个特点：第一，强制性迁徙表现得更突出，各个政权为驱使更多劳动力为其服役，经常掠夺人口。由于政权更迭频繁，统治中心不断转移，强迁人口也随之流动，规模大、民族复杂，又往往是大区域性调动。第二，由于长期战乱和天灾造成人口大量流亡。同时，各族人民又往往以逃亡作为反抗民族压迫和阶级剥削的斗争方式。这样，使迁徙更为频繁和错杂。第三，北方各族大迁徙，除在关中和中原地区辗转流徙以外，中原地区的汉族人民也大批向江东、辽东、河西、陇右、蜀汉等地迁徙。第四，由于北方各地人口大量交错迁移及军队民族成分更复杂化，迁入内地的各族人户，打破了原有的组织，就地与汉人或他族杂居，不再各成区域。

第三阶段，为北魏时期。北魏初，强制迁徙的事例仍不少。但统一北方后，民族迁徙事件便减少了，从而使已经定居在中原的各族基本上稳定下来。民族迁徙则主要表现在鲜卑等族的大量南移。其中包括孝文帝迁都

---

① 《晋书》卷97，《北狄匈奴传》。

② 《昭明文选》卷20，潘安仁关中诗，李善注引其上诗表云：“齐万年编户隶属，为日久矣”。

时大批代都附近鲜卑等族移居洛阳；六镇起义后北部边镇鲜卑、高车、稽胡等族的南迁。同时，由于拓跋珪采取“散诸部落，始同为编户”的措施，[①] 孝文帝以编户齐民为基础的均田制之实行，多数内迁少数民族已打破原有组织，形成按封建编户重新组合的更广泛民族杂居。

在封建社会中，民族迁徙往往伴随着暴力和压迫。尤其是强制性大迁徙曾给各族人民带来无比痛苦，他们不仅被迫离开田园故土，辗转流徙，而且往往惨遭杀害或被贩卖为奴。但大迁徙在客观上造成北方广大地区内胡汉人民杂居的局面。这种杂居越广泛、越交错，经济文化联系的纽带就越容易发挥作用，同化或融合的速度也就越快。

### （二）各族人民在共同斗争中，增强了解，逐步消除隔阂，促进融合

十六国以来的北方政权，基本上是“胡”汉贵族的联合专政。“胡”汉统治者虽然也存在矛盾，但他们对各族劳动人民的剥削和压迫却是一致的。各族人民不仅在经济上惨遭压榨，而且还受到残酷的民族压迫，甚至经常成为统治阶级进行民族残杀的牺牲品。不过，由于各族人民之间阶级地位的一致性，因而北方各族人民在反抗“胡”汉统治者的斗争中，往往互相支援，采取联合行动，形成“华夷之民，相聚为乱”的局面。[②] 如东晋元帝太兴三年（320 年），关中巴氐为反对刘曜压迫起事，“四山羌、氐、巴、羯，应者三十余万”[③]。北魏太平真君六年（445 年），卢水胡盖吴领导的起义，得到“诸戎夷普并响应，有众十余万”。仅见于史载的就有汉、卢水胡、蜀、氐、羌、屠各、徒何、山胡等族，并得到南方人民的支持，“丈夫遗以弓矢，妇人遗以环钏”。[④] 北魏末年发生的六镇、河北、关陇大起义，则是北方人民最大的一次联合起义，起义队伍包括了北方所有民族。各族人民的联合斗争，不仅打击了统治阶级，而且也有助于民族间的融合。

### （三）各族统治者采取有利于民族融合的措施

十六国和南北朝时期，不管是由哪个少数民族统治阶级建立的政权，

① 《魏书》卷 113，《官氏志》。

② 《资治通鉴》卷 151，梁武帝普通七年。

③ 《晋书》卷 103，《刘曜载记》。

④ 《宋书》卷 95，《索虏传》。

大多与汉族地主联合，利用汉族统治阶级的统治方式，学习汉族的封建文化传统和生产技术。在这过程中，也促进本民族经济文化的发展，其具体表现在下列三个方面。

第一，重用汉族世家，制定封建官制礼仪。如匈奴刘渊建元称号，“大定百官”。后赵石勒设“君子营”，礼遇“衣冠华族”，重用张宾等，“朝会常以天子礼乐飨其群下，威仪冠冕从容可观矣”[①]。前燕奠基者慕容廆引用大批汉族士人处理政事，大兴礼乐，法制皆学汉人。前秦苻坚任用王猛等，“修废职，继绝世，礼神祇，课农桑，立学校……”[②] 后秦姚苌称帝于长安，改元建号，立皇后、太子、置百官，“自谓以火德承苻氏木行，服色如汉氏承周故事”[③]。其子姚兴重用汉族世家尹纬，“立律学于长安，召郡县散吏以授之”[④]。北魏拓跋珪吸收汉族士人，制定典章制度，按照周秦以来中原王朝的规模，建立北魏朝廷。

第二，兴办教育，崇尚儒学。各少数民族统治者颇为注意兴办教育，吸收汉族先进的封建文化。许多少数民族的统治者都有相当高的汉族文化修养。如刘聪“年十四，究通经史，兼综百家之言，孙吴兵法靡不诵之。工草隶，善属文，著述怀诗百余篇，赋颂五十余篇”[⑤]。拓跋嗣“礼爱儒生，好览史传”。这些统治者只要苟获小安，还是设法兴立学校，崇尚儒学，有时还通过考试选拔人才。如前赵刘曜“立太学于长安宫东，小学于未央宫西，简百姓年二十五已下十三已上，神志可教者千五百人，选朝贤宿儒明经笃学以教之”。并亲临太学，“引试学生之上第者拜郎中”[⑥]。后赵石勒、前秦苻坚、前燕慕容廆、后秦姚兴等都很重视兴办教育，其中尤以苻坚更为突出。他广修学官，“召郡国学生，通一经以上充之，公卿已下子孙并遣受业……号称多士”[⑦]。还把教育施及将士、后宫。拓跋珪建立北魏后，也设立国子太学，并为五经群书置博士官。

各族统治者之所以重视兴办教育，尊崇儒学，主要是为了利用汉族传统文化来加强对中原地区的控制，以达到巩固封建统治的目的。但在客观

① 《晋书》卷104，《石勒载记》上。

② 《晋书》卷113，《苻坚载记》上。

③ 《晋书》卷116，《姚苌载记》。

④ 《晋书》卷117，《姚兴载记》。

⑤ 《晋书》卷102，《刘聪载记》。

⑥ 《晋书》卷103，《刘曜载记》。

⑦ 《晋书》卷113，《苻坚载记》上。

上，对于提高各族的文化素质，加速封建化及汉化，促进民族融合，均有一定作用。

第三，劝课农桑，制定租赋制度。在汉族较为先进的经济文化影响下，为适应统治中原地区的需要，内迁各族统治者逐渐放弃原有的生产和剥削方式，在其管辖区内实行封建剥削。从而，使内迁各族社会逐渐向封建制过渡，同时从游牧或半游牧逐渐过渡到农业定居。后赵石勒、前秦苻坚、前燕奠基者慕容廆，还有后秦、南燕、后燕等统治者皆采取了一些措施。如石勒占据幽、冀二州后，开始“阅实人户，户赀二匹，租二斛”。大兴二年（319 年），称赵王，即“均百姓田租之半”，并遣使循行州郡，劝课农桑。

前秦苻坚统治初期，在戎马倥偬之余，也较为重视劝课农桑，开放山泽之利，并仿汉族统治者举行“亲耕藉田，其妻苟氏亲蚕于近郊”的仪式，又教民以区种之法。还注意兴修水利，曾“开泾水上源，凿山起堤，通渠引渎，以溉冈卤之田，及春而成，百姓赖其利”。史称苻坚灭前燕后，“关陇清晏，百姓丰乐，自长安至于诸州，皆夹路树槐柳，二十里一亭，四十里一驿，旅行者取给于途，工商贸贩于道”。北魏拓跋珪称帝后，就注意“息众课农”，天兴元年（398 年），诏“给内徙新民耕牛，计口受田”。拓跋焘也移民开发塞外，“列置新民于漠南”，使之耕牧。孝文帝时期均田制的颁布及北齐、北周的继续推行，对农业生产更是起到了促进作用。

十六国和北朝采取的上述一些措施，有助于北方经济的恢复和社会秩序的稳定，加速了各族封建化的进程。特别是孝文帝的改革，更是从语言、服饰、姓氏、生活习俗各个方面，使鲜卑等族逐渐汉化，同时也使汉族吸收了更多的其他民族的文化，补充了新的血液。

此外，共同的宗教信仰，在沟通民族心理上也起了一定作用。魏晋南北朝时期，无论是南朝还是北朝都盛行佛教，从而寺院经济也得到相当的发展。佛教之所以如此盛行，主要是由于各族人民受阶级和民族的双重压迫，加之战争带来的痛苦甚深，容易接受佛教所散播的幻想。各族统治集团也经历着胜败骤变、生死无常的境地，内心往往是怯弱的，因而需要从佛教的教义中寻找精神上的慰藉，并借以统治人民。宗教信仰的相同，有利于各族思想感情、心理状态的沟通和民族融合。

### （四）北方民族一体化趋向及汉族成分的变化

从东汉末年至北魏后期，经过三个多世纪的发展过程，北方终于出现了民族大融合。一大批少数民族社会发展达到中原汉族水平，经济、文化和生活习俗也日益与汉族接近或基本消除了差异，民族心理素质发生变化。经过杂居通婚，在血统上与汉族凝为一体，使汉族共同体有了新的发展壮大。同时，一些原来较低于汉族社会发展水平的少数民族纳入汉族共同体，实际上加速了自身社会的发展。

恩格斯在《反杜林论》中曾提出："在长期的征服中，比较野蛮的征服者，在绝大多数情况下，都不得不适应征服后存在的比较高的'经济情况'；他们为被征服者所同化，而且大部分甚至还不得不采用被征服者的语言。"[①] 魏晋南北朝的历史进程，也完全符合这"一条永恒的历史规律"。北方民族的汉化，主要表现在以下几个方面。

第一，汉族地主与少数民族统治者在政治上进一步联合。内迁各族统治者在建立政权过程中及其以后，急切需要加强对文化较高的汉族人民的控制，因而，就要得到汉族世家豪强的支持和合作。而滞留在中原地区的汉族高门华阀和坞堡豪强也往往投靠各族统治者，以确保自身利益和施展临乱致治的才能。这样，内迁各族统治者和汉族世家豪强的关系就显得极为微妙，既有逼迫和损害汉族豪强的一面，又有与他们妥协和联合的一面，并且后者越来越占主要地位。从十六国至北朝，各族统治者所建立的政权，基本上是各族统治者与汉族地主的结合。汉族世家位至高官，受到重用的为数不少。尤其是孝文帝为鲜卑贵族和汉人世家大姓定姓族以后，更是从法律上承认和确定了汉族世家豪强的政治地位。北魏政权实际上是门阀化鲜卑贵族和汉族门阀地主的联合体。这种政治上的联合，既是鲜卑等族长期汉化的结果，又有利于各族间差别的缩小。

第二，内迁各族不同程度地发展了农业经济，社会生产水平逐渐接近汉族。由于鲜卑、匈奴、乌桓、氐、羌等族内迁，与汉族杂居，加之各族统治者采取一些汉化和发展农业的措施，内迁诸族都程度不同地接受和发展了农业经济。自北魏孝文帝在中原推行以农业为基础的均田制和三长

---

① 恩格斯：《反杜林论》，《马克思恩格斯全集》第20卷，人民出版社1974年版，第199页。

制，最后瓦解了各族原有的组织系统，出现了“普天之下，谁不编户”的局面。内迁诸族社会逐渐向封建化演变，少数民族贵族门阀化，少数民族人民封建依附化。这使胡汉统治阶级之间、胡汉人民之间的利益和地位各趋于一致，民族分野逐渐由阶级界限所代替，血缘关系为地缘关系所代替。

第三，中原地区诸族语言差异的逐渐消失。由于错居杂处、经济文化交流和联合反抗斗争的需要，汉语逐渐成为北方诸族的通用语言。西晋时，匈奴、羯、氐、羌、乌桓等族大多已用汉语，至北魏统一后，中原地区通行的只有汉语和鲜卑语。孝文改制，明令断“北语”，从“正音”，汉语成为主要通用语。至北朝末年，仅有汉化较晚的，如稽胡“语言类夷狄，因译乃通”，但至隋朝也就“其状似胡而语中夏”了。

第四，夷夏观念逐渐淡薄。随着汉化程度的不断加深，各族上层政治、社会生活发生变化，胡汉统治集团内部夷夏之别逐渐缩小。十六国和北朝的统治者大多精通经史。如孝文帝，“才藻富赡，好为文章，诗赋铭颂，任兴而作”。“自太和十年已后，诏册皆帝之文也。”胡汉界限冲淡，族别之偏见，也逐渐减少，如太和中，韩显宗在上言时务中谈道：“伏见京洛之制，居民以官位相从，不依族类。”南方汉族地主阶级也改变了对北方的传统看法。如中大通元年（529 年），梁将陈庆之自北魏洛阳还，感慨地说：“吾始以为大江以北皆戎狄之乡，比至洛阳，乃知衣冠人物尽在中原。”洛阳“礼仪富盛，人物殷阜，目所不识，口不能传”，成为北方政治、经济、文化中心。这种夷夏观念的变化，还影响了以后的隋唐统治阶级。

第五，生活习俗方面民族特点逐渐消失及血统上融为一体。如匈奴的结发、乌桓的剃发、鲜卑的索发、羌族的披发等发式以及服饰上的左衽，大多消失。随着社会经济差别和生活习俗特点的逐渐消失，民族心理素质也发生了变化，思想感情日益沟通。同时，北方诸族自魏晋以来，不仅统治集团出于政治目的，与汉族等联姻，一般群众由于杂居共处，也往往冲破传统习惯，互相通婚。据史书记载，北魏、北齐、北周的皇后不少是汉人。如北魏自拓跋珪称帝后，历代十九位皇后中汉族世家女共九人（或说仅四人）。公主下适给汉世家大族的也为数不少。一般鲜卑人与汉人通婚日益普遍。各族之间这种通婚关系，使他们从人种学上日益增加了共同性。

不过，民族融合是一个漫长的过程，氐、羌、匈奴等族皆如此。十六国后，武都仇池的氐人继仇池国之后又建立了武都、武兴、阴平等国，保留了一部分本族的文化习俗。隋唐以后，氐人除保留一些特殊的姓氏如苻氏、啖氏等以外，其他与汉人差别极少。关中和陇东的“东羌”人自北朝以来，其经济、文化虽与汉人无甚差别，但往往聚族而居，仍用复姓，相沿到唐中叶才逐渐与汉族融合。陇西宕昌羌及邓至羌在南北朝时，保持相对独立达一百四十来年。河隍和陇南的羌族最初受吐谷浑的影响较深。其服饰、习俗有北族化的倾向，唐后又逐渐藏化。唯有居住在四川西北部汶、理、茂各县的羌族，自秦汉至近代一直保持古羌的语言、文化和习俗。而南匈奴在前赵、夏、北凉相继灭亡后，以其为主体融合他族而成的稽胡仍活跃在隋唐历史舞台上。

值得注意的是，汉族虽为这个时期民族融合的核心，但汉化和夷化往往交叉进行。内迁民族与汉族融合，内迁民族之间、留在塞外的各族之间也相互融合。例如，以匈奴为主，融合他族形成了铁弗、卢水胡、稽胡等。匈奴融入其他族形成拓跋鲜卑、鲜卑宇文部、柔然等。还有一种，以匈奴为主，与汉族融合，形成屠各胡。有的则是先汉化而后鲜卑化，如匈奴独孤部等。而鲜卑南迁与西徙后，复与匈奴、丁零、乌桓、汉人等混血而形成许多新的部别，如乞伏鲜卑等。各族之间出现了合而复分、分而复合，交叉融合的现象。

## 二　大批汉族移居江南及南方民族的融合

南方自孙吴政权经东晋、宋、齐、梁、陈，历代的相对稳定，郡县治所的设置和汉族官员的“劝课农桑”，加上中原地区大批汉族南迁，和江南土著及山越、蛮、俚、僚、爨等族或支系一起，利用得天独厚的自然资源，共同开发了江南，使经济重心逐渐南移。与此同时，南方各族间也通过各种渠道，加速了融合。

### （一）晋室南迁和大量汉族移居江左

西晋自“八王之乱”后，继之匈奴刘渊、羯人石勒起兵，北方局势日益紧张。占据坞垒堡壁的世家大族与地方豪强，除了一小部分北投幽州刺史王浚、平州刺史崔毖或西走河西走廊投奔凉州刺史张轨外，大部分率其宗族、乡里、宾客、部曲，南渡江左，掌握了长江中下游的重要据点。史称："洛京倾覆，中州仕女避乱江左者十六七。"建武二年（318 年），司马睿于建业（建康）正式称帝后又有大批汉民南移。宋、齐、梁、陈各朝，关陇、淮南、江北之汉族流民南迁者也为数不少。

以侨居区域与移民主体而言，南迁之汉人大致可分为东西两部分，山东、河北及河南东部流民大致移居于淮水流域及长江下游，今甘肃、陕西、山西及河南西部的移民，大致迁居长江上游和汉水流域。为安置这些移民，东晋和南朝设有侨居州县。侨治郡户口约略等于南渡户口数，相当于西晋时北方人口的八分之一。不过这仅是封建王朝控制的侨户，尚不包括依附农民和零散迁徙未被控制者。流民到南方，初是侨居，只为客籍，后来有的迁回北方。多数则由于久居江南，从而"土断"入籍。北方人口的大量南迁，带来了中原地区先进的生产技术和文化，这无疑对促进江南经济的发展和南方各民族社会进步都起了很大作用。

### （二）南方民族的迁徙和融合

魏晋南北朝时期，也是南方民族迁徙和融合的重要阶段。自秦汉以来，就有不少汉人进入越人、蛮族、西南夷及岭南地区。魏晋南北朝时期，为了逃避战乱和苛重的赋役，汉人更是纷纷迁入蛮、俚、僚、爨等族聚居地区。如《宋书·夷蛮传》所载："蛮民顺附者，一户输谷数斛，其余无杂调。而宋民赋役严苦，贫者不复堪命，多逃亡入蛮。"由于靠近荆、雍两州蛮区的汉人大量进入蛮区，萧齐时，曾"以临沮西界，水陆纡险，行径裁通，南通巴巫，东南出州治，道带蛮蜒，田土肥美，立为汶阳郡，以处流民"①。此外，还有些汉人因经商而入蛮区的。也有封建统治者逃入蛮区成为蛮族首领的。至于汉人进入俚区及南中夷人地区的也屡见史载。

与此同时，少数民族也不断移徙到汉族聚居区。以蛮族而言，他们逐渐从山谷出居到江、汝、淮、颍之间，与汉族杂居。豫州蛮从南郡迁至汉水下游，渐推移到庐江（今安徽庐江县西南）。荆、雍州蛮原居于长沙、武陵一带，后渐北上荆、雍州，分布于陆浑（今河南嵩县北）、宛（今河南南阳市）、洛（今洛阳市）等地。除了自然迁徙外，统治阶级在征战过

---

① 《南齐书》卷 15，《州郡志》下。

程中还把俘获的蛮族生口迁至广陵、建康一带。

僚族原居于广西、贵州一带。晋太康四年（283 年），“内属”的牂牁僚就有二千余落。东晋前期，僚人向东发展，“自汉中达于邛笮，川洞之间，所在皆有”①。成汉李势时，僚人大量移居巴蜀之地，后来渐入陕西西南部和湖北西部。俚族虽然主要聚居在岭南地区，但常为地方官将掠卖至内地。爨族也有被招募至内地的，如梁太清二年（548 年），宁州刺史徐文盛应调赴荆州参加平定“侯景之乱”，从宁州各族中“召募得数万人”，率至内地。

由上可见，汉族深入少数民族聚居区，俚、山越、僚出居平地，豫州蛮、荆、雍州蛮向北推移，爨族被征调至内地，成为南朝的编户齐民。各族的不断迁徙，造成错居杂处的局面，经济、文化交流日益频繁，推动了南方各少数民族与汉族的融合。

同时，由于南朝统治阶级的掠夺、屠杀、生俘及剥削，迫使各族人民奋起反抗。在斗争中，各族人民由于生计利益的一致，往往采取联合行动。从而增强彼此了解，更有助于民族隔阂的逐渐消失，推进民族融合。

### （三）南方统治者某些有助于民族融合的措施

激烈的民族反抗，给予封建统治者以沉重打击，迫使其不得不采取左郡左县的方法，像统治汉族人民那样统治少数民族人民。左郡左县的建立，无论在民族融合上，还是对少数民族地区的开发上，都具有十分重要的意义。

此外，一些有政治远见并比较廉洁奉公的地方官吏，在其任职期间采取某些进步措施，对民族融合也起了积极作用。如宋文帝元嘉七年至十九年（430—442 年）间，刘道产为雍州刺史、宁蛮校尉，由于他“善抚诸蛮，前后不附官者，皆引出平土，多缘沔为居”，“百姓乐业，民户丰赡”。故在他死后，“诸蛮皆备衰致，号哭追送，至于沔口”。宋孝武帝孝建间（454—456 年），朱修之为宁蛮校尉、雍州刺史、加都督，“在政宽简，士众悦附”，“治方清约……惟以抚纳群蛮为务”。泰始初年，孙谦为巴东、建平二郡太守，此二郡蛮人居多，反抗最为激烈，历任多“以威

---

① 《魏书》卷 101，《獠传》。“獠”为封建文人对“僚”人之歧称，除引文外，笔者在论述中皆用“僚”字。

力镇之”。孙谦认为“蛮夷不宾，盖待之失节耳”，故“至郡布恩惠之化，蛮獠怀之，竞饷金宝。谦慰喻而遣，一无所纳。及掠得生口，皆放还家”。因而，“郡境翕然，威信大著”。这些地方官吏所采取的上述措施，在一定程度上减轻了对少数民族人民的压迫剥削，有利于发展生产，促进融合。

东晋、南朝时期，汉族和蛮、僚、俚、爨等之间，通过迁徙杂居、征伐斗争、联姻结盟，左郡左县设置、地方官吏的一些进步措施，逐步消除民族隔阂，促进了融合。这种融合虽然由于封建社会中的民族歧视和压迫的存在，带有某些强制性和民族征服压迫的痕迹，但它毕竟是历史的进步，有其深远的意义。

第一，为汉民族注入新的血液，扩大了汉族的队伍，使其在我国多民族国家形成、发展与巩固过程中，更好地发挥主体民族的作用。《隋书·南蛮传》在追溯南方各少数民族与汉族融合前的情况时说：“南蛮杂种，与华人错居，曰蜒，曰獽、曰俚、曰獠、曰㐌，俱无君长，随山洞而居，古所谓百越也。”而南朝时，大部分与汉人融合，故继而指出：“浸以微弱，稍属于中国，皆列为郡县，同为齐人，不复详载。”这表明有相当部分融合于汉族。大量少数民族成员融合于汉族，给汉族经济文化发展增添了新的积极因素。而部分汉族融合于少数民族，也促进了当地民族经济文化的发展。

第二，加速各族之间的文化交流，使汉文化对南方民族的影响和传播更广化和深化。魏晋时，汉族和汉文化在江南的发展主要在长江流域沿岸和从荆州南下，通过湘州逾五岭至广州的交通线上，以及沿海一些地方。东晋至南朝，经过迁徙融合，汉族文化更广泛地得到伸展。从长江中游向南，沿湘水流域、郁水流域向两岸扩张，由点线连成面，并延伸到今四川、江西以及云南等地的蛮、僚、俚、爨居住区。汉族和汉族文化在南方的发展、传入少数民族地区，以及与中原联系加强，使这些地区的社会经济发生变化。同时，南方诸少数民族传统的文化，也给汉文化以影响，从而丰富了祖国的文化宝库。

第三，民族融合促进了南方地区的开发。南方民族大融合后，使得数百万劳动力纳入封建经济体系，其社会经济和文化习俗也必然逐步与汉人接近。因此，南方少数民族与汉族融合的过程，实际上也是共同开发南方的过程，使江南的农业有了长足的发展，手工业和商业也相应有所发展，为隋唐时期我国经济重心的南移打下基础。

总之，魏晋南北朝时期民族大迁徙和大融合，不仅促进了少数民族地区的社会发展，也给汉族的社会经济注入新鲜血液。各族人民为恢复中原地区的社会经济和开发江南地区，共同作出了贡献。同时，民族融合使汉族与少数民族之间的团结有所加强，使统治者赖以割据的重要依据也逐渐消失。因而，给统一的封建王朝再创建提供了必要的条件。

（原载《中央民族学院学报》1987 年第 1 期）

# 东吴两晋南朝民族政策概论

从公元3世纪初至6世纪末，我国经历了魏、蜀、吴三国鼎立，西晋短暂统一，东晋及十六国嬗递，南北朝对峙时期。国家经常处于汉族和少数民族统治者所建政权鼎峙并存、群雄割据的状态。因而，这个时期的民族政策也有其显著的特点，既存在汉族统治者如何对待少数民族的问题，又存在少数民族统治者如何管辖汉族及其他少数民族的问题。由于曹魏、蜀汉、北魏的民族政策后面都有专文加以论述，这里仅就东吴两晋、南朝的民族政策进行探索。

## 一　民族概况

三国时期，曹魏辖区最广，据有淮河以北的中国北半部，西及陇西，并曾于西域设长史府。境内包括我国东北、北方、西北诸族，如匈奴、鲜卑、氐、羌、乌桓、羯、卢水胡、丁零等。蜀汉地处西南，包括今陕西南部、四川、云南及贵州西部。其北部与曹魏相接，交界处陇右有氐、羌等族，东与孙吴毗邻，交界处有武陵蛮，荆州以南的交州有越人。境内除汉人外，还有南中诸族，如青羌、叟、嶲、僚、濮、昆明等族。孙吴境内的少数民族大致可分为两大集团，一是蛮；二是百越后裔。分布在今湘西及黔、川、鄂三省交界地区沅水上游的有五溪蛮（又称武陵蛮），聚居在今鄂东及皖西南的大别山和长江之间的有五水蛮（也称豫州蛮和西阳蛮）。百越后裔在吴境内的主要有俚和山越两大支系。俚人聚居在岭南“广州之南，苍梧、郁林、合浦、宁浦、高凉五郡中央，地方数千里”①。由于

① 万震：《南州异物志》，见《太平御览》卷785，《四夷部六》，俚条注引。

岭南地区社会秩序相对稳定，中原不少汉族避乱南来，与俚、僚杂居。山越主要分布在扬州等地，即今苏、浙、皖、赣、闽、粤等省部分山地，居于崇山峻岭之中，从事农业，“山出铜铁，自铸甲兵，俗好武习战，高尚气力”①。

西晋时期，境内除主体民族汉族（又称晋人）外，尚有许多少数民族，其中比较强大和活跃的，在北方主要是匈奴、鲜卑、羯、氐、羌等。这几个民族，自东汉以来，逐渐向内迁徙，在西晋及以后的政治发展中，都扮演了重要角色。东汉末，曹操将居于山西地区的匈奴析为数部，以分其势。在三国争战中，匈奴居住地区比较安定，得到一定发展。西晋时，先后又有三十余万“塞外”匈奴迁居晋地，加之原有的南匈奴，约有四十五万人。他们分布在河套以南、汾水流域及关中地区，即并、凉、雍、幽诸州，仍以并州（今山西境内）为主要居地。内迁的匈奴，特别是原来的南匈奴，由于长期受魏晋的直接统治，与汉族杂居，不仅大量吸收了汉族的经济文化，而且在习俗上也逐渐与汉族接近。例如，匈奴贵族屠各氏改姓刘氏，很多首领读汉籍，习汉礼，跻身于士大夫阶层。后匈奴刘氏建立汉国（刘曜改国号为赵，史称前赵），铁弗赫连氏建立夏国，与匈奴一起迁居中原的还有羯胡，入塞后散居于太行山以南的上党武乡一带，与当地汉人杂处，从事农业，信奉胡天（祆教），晋时“前后徙河北诸郡县，居山间”，后石勒建立后赵。与匈奴有密切联系的还有卢水胡，东汉时游牧于青海祁连县西北的黑河流域，后有的向其东北或西北迁徙。魏晋之际，卢水胡则从青海湟水附近的卢水南下抵汶山郡（今四川茂县）境内。故卢水胡分布除河西、陇右外，在关中、四川西北部也有他们活动的踪迹，后沮渠氏建立北凉。

东北方面的乌桓，汉朝时就已逐渐内迁，居于辽东、辽西、右北平、渔阳、上谷等郡，汉置校尉以领之。东汉末年，乌桓各部也逐渐形成了几个政治中心，其中尤以辽西丘力居为盛。曹操北征乌桓后，迁辽东、辽西、右北平三郡乌桓及乌桓校尉阎柔所统幽、冀乌桓各万余落于邺城附近诸郡，并选壮健者为骑兵。他们一部分久处郡地与汉人杂居，逐渐融合于汉族，一部分随着鲜卑的强大而加入其行列。西晋时，还有部分乌桓存在，但到东晋时，就很少见于记载。此后，乌桓（乌丸）往往成为部分

---

①《三国志·吴书》卷64，《诸葛恪传》。

杂夷的总称。乌桓以东的高句丽人也有被徙入内地的。如荥阳高句丽就是自曹魏正始中从辽东塞外被迁到荥阳的，“始徙之时，户落百数，子孙孳息，今以千计”①。

东北与北部的鲜卑，这时更为强大了，并进一步徙居北边诸郡。鲜卑当时仍不统一，分支很多，其中势力较大者，有慕容部、宇文部、拓跋部和段部等。慕容部于魏初率部入居辽西，魏晋间迁邑于辽东，太康、元康间，又迁至徒河之青山及昌黎韩城，后建立前燕、后燕、南燕、西燕。慕容部另一支西迁甘、青氐、羌地区，后发展为吐谷浑。宇文部分布在慕容部以北，后为慕容部击败，成为拓跋氏统治下的一部分。西魏末，宇文氏代之建立北周。段部鲜卑居于幽州境内，其首领受晋封为辽西公，所领凡三万余家，后为石虎所破，其部众大多与汉人同化。拓跋氏原居于额尔古纳河和大兴安岭北段，“统幽都之北，广漠之野，畜牧迁徙，射猎为业”②。后迁至今河套北部固阳、阴山一带，又南居于盛乐（今内蒙古和林格尔县北）。其中力微一支后建立代国和北魏。而拓跋的另一些支系，如秃发氏更迁至陇右、河西，与氐、羌杂居，后建立南凉。还有乞伏部，于魏晋间自漠北南出阴山，迁往陇西，并进一步向陕西、甘肃伸展，后建立西秦。这几部鲜卑，与晋朝关系均较为密切。由于他们邻近汉区，并通过不同途径大量吸收了汉人，故深受汉文化的影响。在政治上因不断受晋加封，也逐渐采用汉制。

晋时的氐、羌，主要分布陇西地区，也有相当部分迁居三辅和安定、北地等郡。自汉以来，氐、羌由于长期受中原王朝的直接统治及与汉族错居杂处，深受汉族经济文化的影响。他们的首领有不少懂汉语，识汉字，习汉俗，用汉制，并改用汉姓。后氐族苻氏建立前秦，吕氏建立后凉，羌族姚氏建立后秦。

总之，东汉末年以来，匈奴、鲜卑、乌桓、氐、羌等族不断内迁，幽、并、雍、梁、秦、凉等州都有其足迹。大抵匈奴居今山西西北部及陕西北部，氐、羌入居陕西、甘肃、宁夏等地，鲜卑分布于东起辽东、西迄青海的塞外，并在归附的名义下，大批进入中原。此外，略阳、天水附近还居住着巴氐（巴人或賨人）。陇西、秦、凉及今河北、山西、河南一带

① 《晋书》卷56，《江统传》。

② 《魏书》卷1，《序纪》。

还有丁零（敕勒）部落聚居。而汉族人民也大批离开本土，向辽东、江东、陇右、河西及益州等地迁徙。幽、并、雍、梁、秦、凉等州出现各族错居杂处的现象，造成“西北诸郡，皆为戎居”[①]，“关中之人百余万口，率其少多，狄戎居半”的局面[②]。

4世纪初，晋室东迁，大量汉族移居江左，北方出现了十六国更替。以匈奴为主建立的有汉（后称前赵）、夏；以卢水胡为主建立的有北凉；以鲜卑为主建立的有前燕、后燕、南燕、西秦、南凉；以羯为主建立的有后赵；以氐族为主建立的有前秦、后凉；以羌族为主建立的有后秦；以賨人为主建立的有成（后称为汉）；以汉族为主建立的有前凉、西凉、北燕。另外，还有鲜卑慕容氏建立的西燕、丁零建立的翟魏、吐谷浑建立的政权、拓跋鲜卑建立的代（后为北魏）等。

5世纪前叶，北魏统一北方，江南刘裕取代晋而建立宋，进入了南北朝时期。北魏统一北方后，汉族成为其统治区的主要居民。少数民族除鲜卑诸部外，还有原居住在黄河流域、长城内外的匈奴、羯、氐、羌、丁零余众、山胡（稽胡）、卢水胡、契胡（羯胡）以及焉耆胡（西域胡）等。另有敕勒、柔然、吐谷浑、蛮等举族投附或被俘迁徙至北魏境内者。而其周边，东北方有库莫奚、契丹、室韦、乌洛侯、豆莫娄、勿吉、地豆于等；北方有柔然、高车与后起的突厥；西北有龟兹、于阗、康居、乌孙、疏勒、月氏、鄯善、车师之属；西南境有仇池氐、邓至及宕昌羌、吐谷浑、女国、附国等。北魏、东西魏及北周、北齐南面和汉族建立的宋、齐、梁、陈世代对峙。

南朝主体民族是汉族，境内居住着众多少数民族，统称为“蛮”、“诸蛮”。种类繁多，言语不一，见于记载者有蛮、僚、俚、爨、巴、蜀、楚、越、谿、蜒等各种名称。在这些民族中，蛮、僚、俚、爨四大支系分布地区较广，人数较多，大多从事农业生产，在经济文化方面有其显著特点，与南朝关系也较为密切。

蛮，作为一支少数民族的专称，其先分布在川东、鄂西南和湘西。魏晋十六国以来，中原纷扰，蛮族逐渐从长江中上游向东向北发展，向北迁徙的为荆、雍州蛮，向东北迁徙的为豫州蛮，留住在湘州一带的称莫徭

① 《资治通鉴》卷81，晋武帝太康元年。

② 《晋书》卷56，《江统传》。

蛮。其社会发展阶段和特点不一致，有的进入封建制阶段，有的尚处于原始社会状态或初期奴隶制。

僚，魏晋以来对分布在岭南和西南地区部分少数民族的泛称，原居于今广西、贵州一带。东晋十六国时，部分北上进入四川西部和西南部，大多处于奴隶制阶段。

俚人主要分布在岭南地区，岭北如今湖南、贵州地区也有俚人的踪迹。盛行蓄奴、掠卖奴婢、债务奴隶，甚至父子相质，处于奴隶制阶段或保留浓厚的奴隶制残余，有的已进入封建制阶段，有的尚处于原始社会。

爨人，分布在今云南东部（包括贵州西部的部分地区）的民族，从两晋以来，大多处于建宁大姓爨氏统治之下，因此被称为爨人。约在刘宋时，爨人逐渐分裂为东、西两部。东爨以乌蛮为主，西爨以白蛮为主。白蛮主要由僰、汉融合而成（有的学者认为主要由昆弥发展而来），与今天白族有亲缘关系。乌蛮主要是从汉晋时期的叟、昆明族中分化出来，重新组合而成，与今彝、纳西、傈僳等族有渊源关系。此外，西南方面见于记载的还有僚、濮、僰、叟、磨些夷等。

魏晋南北朝时期，魏、蜀、吴、东晋、西晋、宋、齐、梁、陈等，都是以汉族统治者为主建立的政权。其民族政策主要是如何采用恩威兼施、拉拢与镇压相结合的手法来统治和管辖境内及周边各少数民族的。诸如军事征伐，强制迁徙；羁縻怀柔，分而治之；编户齐民，课税征役；以夷治夷，以夏变夷，封官赐爵；设立左郡左县，任命酋豪为刺史、县令等。并设置校尉、中郎将、护军、督护、司马、长史等专管少数民族事务。

三国时，魏、蜀、吴鼎足而立，三方都面临着复杂的民族问题，为巩固自己的统治，增加劳力和财富，都从各自国情出发，执行着不同的民族政策。大体说来，蜀汉以和抚为主，兼以武功；孙吴以征讨为主，辅以怀柔；曹魏则交替使用镇抚两手。

## 二　孙吴的民族政策

孙吴据有荆、扬、交三州①，荆州西部有武陵蛮，交州有南越，腹心

① 黄武五年，分交州之南海、苍梧、郁林、高梁四郡立为广州，俄复旧。永安六年分交州置广州。

地带扬州有山越等。由于其统辖范围多属新开发地区，土地辽阔，劳力少，又兼三国争战，极需扩张军队，因此，孙吴对山越等族，主要是采取以武力征伐为主，辅以安抚的策略，强取掠夺，以充军实和编户齐民，立郡县以镇山越，分封蛮夷首领等。

### （一）武力征讨和掠夺

孙吴将帅贺齐等三十余人先后率军征讨山越，大量擒获其“生口”，以充家兵、佃客和奴隶。因而引起山越人民的不断反抗，孙吴又出兵镇压，如此往复，使吴内部始终处于不稳定状态，在三国争夺中，只能采取“保江东，观成败”的防守策略。

### （二）“彊者为兵，羸者补户”

孙吴屡次出兵山越，不单是镇压他们的反抗，而且是俘掳和招抚其生口充当军卒部曲。吴盛时，兵约三十万，降晋时兵约二十三万，其中少数民族兵丁众多。吴先后得南蛮、交州夷、山越等族兵不下十六万，而山越约十三万①。吴曾多次大规模地掳掠山越，诸葛恪大军围丹阳郡山越，获达十万左右，得甲士四万，“恪自领万人，余分给诸将”②。陆逊征伐“山寇”后，“擒彊者为兵，羸者补户，得精卒数万人”③。贺齐在豫章东部镇压彭材、李玉、王海等所部万余人，“拣其精健为兵，次为县户”④。

### （三）出山民于平川，立新郡以镇之

孙吴用征伐及招抚的办法，使大批山越定居平地，壮者充当军卒，弱者被编为郡县的编户，并设立新郡进行控制，使他们课税纳贡。如宝鼎元年（266年），分会稽为东阳郡，分吴、丹阳为吴兴郡。三年，分豫章、庐陵、长沙为安成郡，“立郡以镇山越”⑤。

---

① 陶元珍：《三国吴兵考》（《燕京学报》1933年第13期）。
② 《三国志·吴书》卷64，《诸葛恪传》。
③ 《三国志·吴书》卷58，《陆逊传》。
④ 《三国志·吴书》卷60，《贺齐传》。
⑤ 《三国志·吴书》卷48，《孙皓传》裴注引孙皓置郡诏。

**（四）分封夷越首领，加以拉拢**

孙吴除了以武力对山越等进行征讨掠夺外，对其首领也给予封爵，以示笼络，或加以蛮夷君长印，或保留其邑侯君长称号。

总之，孙吴为了搜罗兵丁和劳力，不断掠夺和诱降山越等，使其逐渐定居平原，从事屯戍耕作，无论是入伍为兵，或编户为民，都与汉族加强了联系，并日趋融合，共同促进了江南经济的发展。

## 三　西晋的民族政策

西晋对境内少数民族基本上沿袭汉魏的统治制度。在中央设置大鸿胪，统大行、典客等令，负责接待边疆诸族来京师的使者。在尚书省列曹尚书中设主客曹，“主外国夷狄事”①。在地方机构中设护东夷校尉，驻襄平，管理东部鲜卑及夫余、高句丽等事务；置护匈奴中郎将，驻晋阳（今山西太原市西南），管理匈奴、杂胡及北部鲜卑等族事务②；置护西戎校尉，驻长安（今陕西西安市西北），管理关中氐、羌、杂胡事务；置护羌校尉，驻姑臧（今甘肃武威），管理陇西，河西地区羌族、杂胡、鲜卑等事务。此外，设戊己校尉和西域长史，管理西域诸族事务；置西夷校尉，管理四川羌、氐等族；置南夷校尉于宁州，管理南中五十八部夷族；设南蛮校尉于襄阳，管理中南诸蛮族③。又置护羌、戎、蛮、夷、越中郎将、管理西北和南方诸族事务。

西晋统治者从封建阶级利益出发，在“非我种类，其心必异，戎狄志态，不与华同”的思想支配下，有的是通过对民族上层封官赐爵，施行羁縻统治，如对鄯善、焉耆、龟兹、疏勒王等，授以“晋守侍中、大都尉、奉晋大侯、亲晋王”等号④，使其统治西域各族。对东北诸族也是

---

① 《晋书》卷24，《职官志》。

② 据《晋书》卷24，《职官志》所载：“护匈奴、羌、戎、蛮、夷、越中郎将，案武帝置四中郎将，或领刺史，或持节为之。武帝又置平越中郎将，居广州，主护南越。”

③ 《晋书》卷24，《职官志》记载：“护羌、夷、蛮等校尉，案武帝置南蛮校尉于襄阳，西戎校尉于长安，南夷校尉于宁州。元康中，护羌校尉为凉州刺史，西戎校尉为雍州刺史，南蛮校尉为荆州刺史。及江左初，有南蛮校尉，寻又置于江陵，改南夷校尉曰镇蛮校尉。及武帝时，于襄阳置宁蛮校尉。”

④ 王国维：《观堂集林》，卷17，《尼雅城北古城所出晋简跋》。

如此，如晋武帝拜慕容廆为鲜卑都督，愍帝拜廆为镇军将军，昌黎、辽东二国公等。晋怀帝封拓跋鲜卑猗卢为大单于、代公，愍帝又封其为代王等等，使其统治本族。有的一方面利用民族上层进行统治，同时派汉官为司马、护军以监督之，如对并州地区的匈奴诸部。对散居于汉区的少数民族则直接置于汉官统治下。西晋对少数民族的压迫和剥削主要表现在以下几个方面：第一，征发为兵。晋统治者由于军事和经济的需要，往往征发大批少数民族参加战争，并联络其夹攻政敌。如西晋灭吴之役，有匈奴人綦母伣邪，任骑督参加作战[①]。“八王之乱”期间，诸王更是联合少数民族上层，以击败对手。如成都王司马颖交结匈奴贵族刘元海，利用五部之众打败长沙王乂和河间王颙。而东瀛公司马腾引乌桓、鲜卑骑兵，帮助东海王司马越袭司马颖等。第二，掠夺为奴或沦为佃客。如永宁元年（300年），汶山羌反于都安之天拭山，遣王敦讨之，杀数千人，“大掠女弱为生口”。掠买诸族人民为奴也是奴隶来源之一。如正始中，陈泰为并州刺史，使持节护匈奴中郎将，“京邑贵人多寄宝货，因泰市奴婢”[②]。并州刺史司马腾“执诸胡于山东卖充军实”，“两胡一枷”，石勒也在被卖之行列[③]。少数民族沦为世族豪强的佃客更是成千上万。“太原诸郡亦以匈奴、胡人为田客，多者数千”[④]。史称关中羌人自东汉以来，“其内属者或倥偬于豪右之手，或屈折于奴仆之勤”[⑤]。第三，经济剥剥。太康元年制户调之式，“夷人输賨布，户十四，远者或一丈”。又规定占田、课田之制。“远夷不课田者输义米，户三斛，远者五斗，极远者输算钱人二十八文”[⑥]，“近夷服事供职，同于编户”。负担相当繁重，而且“受方任者，妄加讨戮”[⑦]，更加深了对各族人民的剥削。

西晋统治者对少数民族的剥削和压迫，必然不断激起少数民族的怨恨和反抗。面临周边民族不断内迁及日益尖锐的民族矛盾，西晋统治集团不是采取有效措施减轻压迫和剥削，以缓和矛盾，而却提出把居住内郡的少数民族驱逐出境的办法。晋武帝太康初，反抗斗争不断，侍御史郭钦提

---

① 《晋书》卷97，《北狄匈奴传》。
② 《三国志·魏书》卷22，《陈群附子泰传》。
③ 《晋书》卷104，《石勒载记》上。
④ 《晋书》卷93，《王恂传》。
⑤ 《后汉书》卷117，《西羌传》。
⑥ 《晋书》卷26，《食货志》。
⑦ 《晋书》卷52，《阮种传》。

出："裔不乱华，渐徙平阳、弘农、魏郡、京兆、上党杂胡。"[①] 晋惠帝元康时，氐族齐万年起义，江统更提出了《徙戎论》，主张"徙扶风、治平、京兆之氐，出还陇右，著阴平、武都之地。廪其道路之粮，令足自致，各附本种，反其旧土"[②]。这种徙戎主张当然是行不通的，西晋不久即灭亡，晋室东迁，北方出现十六国更替的局面。

## 四　东晋、南朝时期的民族政策

东晋、南朝偏居江南，北与北魏及东西魏、北齐、北周对峙，中间地带与氐、羌、吐谷浑相邻，西与西域诸族也有各种来往，境内以汉族为主，其他主要是蛮、俚、僚、爨四大族系。除与北朝对峙外，对周边民族大多采取怀柔政策，遣使往来，封官赐爵羁縻之。东晋与南朝统治者以华夏正统自居，认为北方陷于异族统治。因此，只要政治、军事力量许可，就不断遣兵北伐，如祖逖、桓温、刘裕、宋明帝等的北伐。在双方势均无力吞并对方时，也遣使来往，设立关市进行经济、文化交流。对吐谷浑、邓至及宕昌羌，基本上是采取羁縻政策。如刘宋少帝封吐谷浑阿豺为可督塞表诸军事、安西将军、沙州刺史、陇西公。宋文帝封慕璝为都督西秦、河、沙三州诸军事，征西大将军，西秦、河二州刺史，进爵陇西王等。而对境内诸族则采取设郡治理、以夷治夷、武力征服和招降抚纳相结合的办法。

### （一）争取少数民族归降，设置左郡左县集中治理，对与汉族杂居的少数民族采取编户齐民的办法，以征调赋役

南朝对于归降或被征服的少数民族，根据具体情况，采取两种安置方式：一是把与汉人杂居的少数民族编入州郡县地方政权，进行直接统治。如"蛮民归顺者"，僚人"与夏人参居者"以及始兴郡中宿县课银的俚民等，都与汉人编户齐民一样，输纳赋税[③]。二是设置左郡左县集中治理归

① 《晋书》卷97，《北狄匈奴传》。

② 《晋书》卷56，《江统传》。

③ 《宋书》卷97，《夷蛮传》；《魏书》卷101，《獠传》。

降的少数民族[①]。既使他们保持同族聚居（甚至有的还保留部落组织）和文化习俗特点，又逐步地将其变为郡县编户齐民。左郡县的郡守、县令，有的委派少数民族首领担任。如宋初“以蛮户立宋安、光城二郡”，以西阳蛮田义之为宋安太守，以田光兴为光城太守[②]。南齐时，郢州蛮首领田驷路为试守北遂安左郡太守，田驴王为试守宜人左郡太守，田何代为试守新平左郡太守等[③]。据《宋书》和《南齐书》之《州郡志》所载，宋时有左郡十一、左县二十五。齐时，蛮族地区有左郡三十八、左县一百十八；俚人地区八郡二十三县；僚人地区五郡四县[④]。此外，在梁大同时，由于俚族首领冼夫人的请命，置崖州，统辖今广东西南部、雷州半岛和海南岛地区。

爨人所居地区原为南中一部分，两晋沿袭蜀汉以来的政策，设宁州，初辖建宁、兴古、云南、永昌四郡。除了宁州刺史大多任命汉人将帅担任外，一般郡守、县令均由爨人酋豪世袭，而经当时中原王朝加以追认。南朝的宋、齐、梁虽仍在南中地区设置宁州，但委派的宁州刺史大部分是驻在内地遥领，直接到任的不多。

左郡左县的设置，虽然其目的归根结蒂是为了进行经济剥削，即征收赋税，役使劳力，增加财政收入，但在中国历代王朝治理南方民族的进程中，有着重要意义，它上承秦汉的“道”，下启唐宋的“羁縻州县”，乃至演变成明清的“土府”、“土州”、“土县”。因此，从某种意义上来讲，南朝时期的左郡制度，是后来羁縻州及土司制度的雏形。

**（二）采取“以夷治夷”的方针，敕封少数民族首领，使统治本族，或协助封建王朝镇压各族起义**

南朝为了稳定和加强对少数民族的统治，对其豪酋渠帅甚为重视，授予王、侯、将军、刺史、太守等爵位，使其依附于封建王朝，推行朝廷政令，成为南朝在少数民族地区的代理人。如刘宋封西阳蛮梅虫生为高

① 《梁书·臧严传》载：“臧严历监义阳、武宁郡，累任皆蛮左。”一说左郡左县意为在蛮左之地设置的郡县。

② 《宋书》卷97,《夷蛮传》。

③ 《南齐书》卷58,《蛮传》。

④ 据吴永章《中国土司制度渊源与发展史》统计，宋时在蛮人地区设置的左郡有三、左县十六（不包括中途省去的左郡三，左县二十在内）；南齐时，有左郡六十五，左县一百三十八。

山侯、田治生为威山侯、梅加羊为扦山侯；南齐以田治生为辅国将军、虎贲中郎，转建宁郡太守。宋大明年间（457—464 年），合浦俚帅陈檀归顺，封为龙骧将军，旋又任命为高兴太守[①]。元嘉九年（432 年），宋拜爨人酋帅晋宁太守爨龙颜为龙骧将军、护镇蛮校尉、宁州刺史、邛都县侯[②]。南朝还往往利用少数民族豪酋渠帅镇压本族及其他族的起义或叛乱。如宋文帝元嘉九年（432 年），益州地区爆发了以赵广为首的起义，其势延及宁州，晋宁太守爨龙颜曾出动五千精锐之军，协助镇压起义。梁大宝元年（550 年），始兴太守陈霸先讨伐侯景，冼夫人资助之。同时在南北朝对峙下，双方都欲利用边沿地带的蛮兵等。蛮人豪酋也常利用南北双方矛盾以自固，或利用北朝力量反对南朝，或与南朝联合反对北朝。

**（三）设置校尉、护军、中郎将、督护等职，专管少数民族事务**

东晋时，中央机构中大鸿胪废置无常，“有事则权置，无事则省”[③]。不设客曹尚书，有关边疆民族事务由祠部尚书掌管。在地方机构中，一度省去南蛮校尉，寻复置于江陵，并改南夷校尉为镇蛮校尉。东晋安帝年间，又在襄阳置宁蛮校尉。南朝宋、齐及梁初，设有大鸿胪，属官有乘黄令、客馆令等，“掌四方宾客”[④]。宋武帝天监七年（508 年），改称鸿胪卿，位视尚书左丞，掌导护赞拜，属官有丞、功曹、主簿等，陈承梁制。鸿胪卿常为清闲之职，“有事则权置，事毕即省”[⑤]。管理民族事务主要由尚书省中的祠部主客曹负责。在民族地区，南朝承袭两晋之制，设有一些专管南蛮事务的校尉。刘宋设有护南蛮校尉（府置佐史，隶荆州）和宁蛮校尉（府置佐史，隶雍州），分治荆、雍州蛮、南蛮校尉废置无常，最后废于南齐延兴元年（494 年），宁蛮校尉如故；安蛮校尉，以治豫州蛮；护三巴校尉（建元三年即 481 年改为刺史），治荆益地界的蛮僚。萧齐永明三年（485 年），又置平蛮校尉隶益州，管辖梁、益二州僚人。俚人地

---

① 《广东通志·前事略》；《宋书》卷 97，《夷蛮传》。

② 《爨龙颜碑》，为刘宋大明二年（458 年）建宁郡同乐县大姓爨氏所立，碑址在今陆良县城东南二十里贞元堡小学。

③ 《晋书》卷 24，《职官志》。

④ 《南齐书》卷 16，《百官志》。

⑤ 《宋书》卷 39，《百官志》上。

区，南朝则设有西江督护、南江督护以统理之，梁时还设有东江督护。在爨人聚居区，晋、宋、齐、梁任命的宁州刺史，仍奉南朝为正朔。另外，北凉、南秦二州曾置护西戎校尉、护羌校尉，南秦、梁州置平戎校尉；设平越中郎将，府置佐史，隶广州；西阳、南新察、晋熙、庐江等郡，置镇蛮护军，武陵郡置安远护军，巴陵郡置度支校尉①。

### （四）采取各种形式对少数民族进行剥削

南朝对少数民族的剥削和奴役，主要是通过输谷米、责租赕、输课银及大肆讨伐，俘掠生口和财富等方式。第一，输谷米、课银。对于“归顺者”，即与汉民杂处或汉化较深的少数民族，一般要征收课税。如荆、雍州“蛮民顺附者，一户输谷数斛，其余无杂调……无徭役”②。南梁州夷僚也得缴纳谷米，张齐曾“上夷獠义租，得米二十万斛”③。有的则课银，如中宿县俚民原课银，始兴太守徐豁改计丁课米④。第二，责租赕⑤。南朝对有的地区少数民族采取征收赕钱的办法。如“沈攸之责赕，伐荆州界内诸蛮，遂及五蛮，禁断鱼盐。群蛮怒，酉溪蛮王田头拟杀攸之使，攸之责赕千万，头拟赎五百万，发气死”⑥。又如“益部山险，多不宾服。大度村獠，前后刺史不能制，（陈）显达遣使责其租赕”⑦。史称“诸蛮陬俚洞，霑沐王化者，各随轻重，收其赕物，以裨国”⑧。第三，边吏借口“不宾附”，进行讨伐，俘掠生口和搜括财物。所掠人口或变卖为奴隶换取钱财，或充当“贱隶”、营户。营户世代为兵，终身服役，除打仗外，还要为封建统治者戍守、种公田、运输、修建等，境遇极为惨苦。刘宋时，经常出动大军向蛮族聚居区进行掠夺，史称“自江汉以北，庐江以南，搜山荡谷，穷兵罄武，系颈囚俘，盖以数百万计”⑨。沈庆之前后伐蛮十八年，仅元嘉二十六年（449年）冬至二十七

① 《南齐书》卷16，《百官志》；《隋书》卷26，《百官志》上。
② 《宋书》卷97，《夷蛮传》。
③ 《梁书》卷17，《张齐传》。
④ 《宋书》卷92良吏，《徐豁传》。
⑤ 所谓赕，《资治通鉴》胡注引何承天《纂文》曰：“赕，蛮夷赎罪货也。”
⑥ 《南齐书》卷22，《豫章文献王传》。
⑦ 《南齐书》卷26，《陈显达传》。
⑧ 《隋书》卷24，《食货志》。
⑨ 《宋书》卷97，《夷蛮传》。

年（450 年）春，征伐沔北诸山蛮，便斩首三千级，俘生蛮二万八千余口，降蛮二万五千口，夺取牛马七百余头，米粟九万斛[①]。梁武帝时，"梁、益二州岁岁伐獠以自裨润，公私颇藉其利"[②]。对于俚人，梁、陈王朝也不时进行征伐。例如，梁中大通年间（529—534 年），萧劢为广州刺史，"俚人不宾，多为海暴。征讨所获生口宝物，军赏之外，悉送还台"[③]。欧阳頠先后任东衡州、衡州、广州刺史，屡次征俚，尽有城池，恣意搜括，其"合门显贵，威镇南土，又多致铜鼓生口，献奉珍异，前后委积，颇有助军国"[④]。

**（五）强制迁徙，移于京师或引居平地**

南朝统治者通过征伐将俘获的大量蛮人迁至广陵、建康一带。例如，元嘉后期，沈庆之伐蛮，前后俘蛮二十余万人。很多被迁至建康，以为营户，并将进征湖阳所获的蛮人万余口迁至广陵。雍州刺史武陵王刘骏讨缘沔蛮，也移一万四千余口于京师[⑤]。另一种是将夷蛮从山区引居平地。如刘道产为宁蛮校尉、雍州刺史，"善于临民，在雍部政绩尤著，蛮夷前后叛戾不受化者，并皆顺服，悉出缘沔为居，百姓乐业，民户丰赡"[⑥]。

综上所述，东晋、南朝对南方少数民族交替使用抚喻怀纳和军事征伐两手，通过设立左郡左县、敕封豪酋及强制迁徙等政策，在客观上有利于南方民族的融合和社会经济的发展。但大规模的讨伐，"搜山荡谷"，"系颈囚俘"，也给民族地区带来沉重灾难。

魏晋南北朝历经三百余年，先后建国者达三十多个，民族繁杂，国情各异，各国采取的民族政策，既有共同处，但由于各族政治、经济、文化及生活习俗、宗教信仰等不同，又有很大差别。无论是诸葛亮的和抚政策，南朝左郡左县的设置，或是十六国时期的因俗制宜、胡汉分治及孝文帝锐意改革，加速汉化的种种措施，都给后人以启迪和思考。因此，深入

① 《宋书》卷 77，《沈庆之传》。
② 《魏书》卷 101，《獠传》。
③ 《南史》卷 51，《萧劢传》。
④ 《南史》卷 66，《欧阳頠传》。
⑤ 《宋书》卷 5，《文帝纪》。
⑥ 《宋书》卷 65，《刘道产传》。

地研究魏晋南北朝的民族政策，对了解这个时期的民族关系、政治制度，进而很好地总结历史经验教训，可以说都是很有意义的。

（此文为《魏晋南北朝民族政策概论》的一部分，原载《中国历代民族政策研究》，青海人民出版社 1993 年版）

# 曹魏治夷策考

关于曹魏的治夷之策（此处之“夷”，泛指曹魏周边及境内少数民族），也即现今通常所说的民族政策。以往学术界及笔者虽曾有所涉及，但或稍欠全面，或失于简略，仍有言犹未尽之感。本文拟从曹魏的周边局势及民族问题、统治者民族观和民族管理机构、民族政策主要内容及得失等方面进行深层次探索，以求教于大方。

## 一　曹魏的周边局势及民族问题

公元3世纪初，经过长期混战，形成以曹操、刘备、孙权为首的三大势力，进而发展到魏、蜀、吴鼎足而立。当时三方的周边及境内除汉族外，都居住着许多其他民族，皆面临着复杂的民族问题。为了巩固自己的统治，增强实力，从各自情况出发，执行着不同的民族政策。

曹魏创始者曹操原为洛阳北部尉，在镇压黄巾起义和讨伐董卓中势力日益强大。建安元年（196年），迎奉献帝都于许昌（今河南省许昌市东），受封大将军，转任司空，挟天子以令诸侯，并开始募民屯田。旋连败袁术，灭吕布，平张绣，遂与地广兵多之冀州牧袁绍成为当时中国北方相对抗的两大势力。建安五年（200年），在官渡之战中大败袁绍，然后休整军队，劝督农耕，以积聚力量。七年（202年），袁绍死，三子谭、熙、尚争立。九年（204年），操克邺（今河北临漳县西南）。次年，攻杀袁谭，平高幹，遂定河北，颁田租、户调令。后又出兵三郡乌桓，消灭袁氏残余势力。统一了南至淮河、西邻关陇、北至长城外的广大地区。十三年（208年），曹操南征刘表。并欲乘势消灭刘备、孙权，进而统一全国，但在孙、刘联军抗击下，败于赤壁，从此确定鼎足之势。孙权据有长江之险，江东政权更为稳固。刘备据有荆州一部分地区后，又取得“崇山之阻”的益州[①]。曹操北还后，则集中力量于内部改革与整顿。建安十六年（211年），进兵关陇，击败韩遂、马超。二十年（215年），调遣10万大军进攻汉中张鲁，后退守长安、陈仓（今陕西宝鸡市东）。并利用孙权解除刘备对襄樊的威胁，大大巩固了北方阵地。

曹操从建安元年迎汉献帝都于许昌，十三年（208年）自命为丞相，十八年（213年）封魏公，二十一年（216年），进爵魏王，刑罚庆赏，大权在握，献帝仅是傀儡而已。二十五年（220年）初，曹操病卒，子曹丕继操为丞相、魏王。同年十二月，代汉称帝，国号魏，改元黄初，迁都洛阳，追尊操为魏武帝，至此，曹魏政权名实俱备。

曹魏在三国中势力最强，辖区最广，据有司、冀、并、幽、凉、雍、荆、兖、豫、扬、青、徐十二州，并在西域设长史府。即包括淮河两岸以北的中原地区和秦岭以北的关中、陇右、河西地区，西连今新疆，东抵朝鲜半岛西北部。其东北有挹娄、夫余、沃沮、高句丽诸族，北邻鲜卑，西北居住着西域诸族，西南与蜀汉毗邻，交界处有氐、羌，南与孙吴相望。境内除汉族外，居住着匈奴、鲜卑、氐、羌、乌桓、羯、卢水胡、丁零等族。他们一般以族聚居，但有的也深入汉区，与汉族杂居共处。

当时，牧守割据，兵连祸结，汉族地主武装集团都竭力争取少数民族的支持。例如，献帝建安初，幽、冀一带，降虏校尉公孙瓒并杀幽州牧刘虞，与袁绍混战。刘虞部下推阎柔为乌桓司马（护乌桓校尉有司马2人），“招诱乌丸、鲜卑，得胡汉数万人”[②]，攻打公孙瓒。袁绍也率兵借乌桓之助击败公孙瓒，与辽西乌桓蹋顿和亲，并矫制赐蹋顿、峭王苏仆延、汗鲁王乌延等以单于印绶，“抚有三郡乌丸，宠其名王而收其精骑”[③]。袁尚还曾遣将与匈奴单于联兵平阳（今山西临汾）以击曹操[④]。建安九年（204年），曹操将攻袁谭，而柳城乌桓峭王欲出兵五千助谭，操遂遣牵招至柳城劝阻。恰遇辽东太守、平州牧公孙康也遣韩忠赍单于印

---

① 陈寿：《三国志·魏书》卷1，《武帝纪》注引《九州春秋》。

② 《三国志·魏书》卷8，《公孙瓒传》。及公孙瓒灭，阎柔乃因鲜卑之众，杀瓒所置护乌桓校尉邢举而代之。官渡之战，袁绍败后，原与乌桓等有密切联系的阎柔等归曹操，为护乌桓校尉，仍持汉使之节如旧，镇广宁（今河北张家口市，或谓山西天镇县）。

③ 《三国志·魏书》卷30，《乌丸鲜卑东夷传》及注引《英雄传》。

④ 《三国志·魏书》卷15，《张既传》、《贾逵传》。

绥至峭王处，以示笼络。双方使者唇枪舌剑，晓以利害，峭王终为招所动，停止遣骑助谭①。但十年（205 年），袁尚被曹操击败后，与弟熙胁迫幽、冀吏民十余万投奔蹋顿，又欲借乌桓之力“复图冀州”②。塞外的鲜卑随着自身势力的发展，也继续南下或西进，并成为各方争取的目标。如刘虞部下曾招诱鲜卑以抗公孙瓒，后公孙瓒也遣使持节，假鲜卑单于玺，“封拜边民，诱呼鲜卑，侵扰北方”③。蜀汉诸葛亮围祁山时，远结鲜卑轲比能，促其引军“故北地石城，与相首尾”④，以扰魏北境，牵制魏军。后魏将邓艾也“招鲜卑数万”⑤，散居于雍、梁二州，以防蜀汉。

同时，今陕、甘、青、川交界处氐、羌之向背，也直接影响曹魏西南边的稳定及对蜀汉争斗的局势。这些地区氐胡羌夷便成为曹操及其继承者与马超、韩遂及蜀汉争夺的对象。曹魏屡“徙武都之种于秦川”，其目的之一，就是“欲以弱寇强国，扞御蜀虏”⑥。马超、韩遂等曾利用氐、羌，与曹操对抗。蜀汉也往往与氐、羌联兵反魏。如魏太和二年（228 年），诸葛亮第一次出师伐魏，西北氐、羌分布地区的南安、天水、安定三郡叛魏应亮，“关中响震”。次年，诸葛亮遣陈式攻武都、阴平二郡，“降集氐和羌”。正始八年（247 年），雍、凉羌胡附蜀反魏，蜀姜维将兵出陇右以应之，与魏雍州刺史郭淮、讨蜀护军夏侯霸战于洮阳。从上述可知，曹操及其继承者，在统一北方及三国鼎峙过程中，不仅要与牧守割据势力及后来的蜀、吴相抗衡，而且其政权巩固和周边稳定与否，还取决于周边及境内诸族的向背和去从。因此，采取比较明智的民族政策，妥善处理与境内及周边诸族的关系，也是摆在曹魏统治者面前亟待解决的问题。

## 二　曹魏统治者民族观和民族管理机构

在阶级社会中，民族观是由统治阶级的民族属性、阶级属性及客观形势所决定的，从某种意义上讲，民族观是统治阶级制定民族政策的思想基

---

① 《三国志·魏书》卷 26，《牵招传》。

② 《三国志·魏书》卷 8，《公孙瓒传》。

③ 范晔：《后汉书》卷 90，《乌桓传》；《三国志·魏书》卷 30，《乌丸鲜卑东夷传》。

④ 《三国志·魏书》卷 26，《牵招传》。

⑤ 房玄龄等：《晋书》卷 47，《傅玄传》。

⑥ 《晋书》卷 56，《江统传》。

础，而民族政策是统治阶级民族观的具体体现。但由于政治气候、力量对比等因素制约，民族观与民族政策往往存在一定差别和距离，或表里不一的现象。

曹魏统治者的民族观既继承了周秦以来的民族思想，又有所发展。“华夏正统”、“内中华外夷狄”的观念，在曹魏统治者和士大夫中是根深蒂固的，并借顺应天命来表明自己的正统地位。例如，标榜嗣承帝位是遵天命顺人心，而且也得到四夷的拥戴和支持。《后汉书·献帝纪》就说：“辛未，魏王登坛受禅，公卿、列侯、诸将、匈奴单于、四夷朝者数万人陪位，燎祭天地、五岳、四渎。”这一方面是为了在三国鼎立中争取人心，使自己的地位合法化；另一方面也是以华夏正统来吸引四夷，并认识到蛮夷是一股不可忽视的力量，其向背直接影响自己统治的安危，必须采用镇抚两手来加以拉拢和控制。也即以强大武力为后盾，凭借当时较为先进的封建礼仪，通过盟誓、和亲、互市、封爵等进行羁縻，“以夏变夷”，乃至同化。

曹魏统治者一方面对境内及周边少数民族存在一种优越感及戒心、隔阂，所谓“非我族类，其心必异”，诬其“贪而无亲”，“强则侵暴，弱则内附”[①]。视夷狄为被压迫受奴役的对象，非要其稽颡称臣、课税纳贡不可。另一方面由于境内及周边诸族的势力日益强盛，为了巩固自己的统治，也千方百计地加以羁縻控制，“伐叛柔服”[②]，威德兼施。

为了加强对周边及境内少数民族的统治，曹魏在中央及地方设置了一系列民族管理机构。

曹魏沿袭汉制，中央设有大鸿胪的机构。史称大鸿胪卿“掌诸侯及四方归义蛮夷”、“四方夷狄封者”，负责夷狄首领进京朝觐接待事宜等，属官有丞、客馆令等[③]。大鸿胪主要职责为接待来使、礼宾司仪、封拜使命、馆饩来使、侨民管理、翻译等[④]。曹魏历任大鸿胪卿可考者有10人。曹魏后期，管理蛮夷的权力逐渐转移到尚书台列曹尚书中的客曹尚书之手。客曹尚书“主外国夷狄事”，即掌管边疆诸族事务，偏重对其政治和

---

① 《三国志·魏书》卷1，《武帝纪》；卷28，《邓艾传》。

② 魏收：《魏书》卷35，《崔浩传》。

③ 洪饴孙：《三国职官表上》，中华书局1984年版。

④ 详见杜佑《通典》卷26，《职官典八·诸卿中·鸿胪卿》。《三国志·魏书》卷24，《崔林传》则叙述其任大鸿胪期间对西域事务的处理，从中可看出大鸿胪卿的职责。

经济方面的管理，属官有左右丞、郎中、典事员、尚书郎等，多达数十人①，大多由博学高才、容仪蕴藉、口齿辩捷者担任。

曹魏在地方上还设有统理边境及内地民族事务的专职官员。曹魏地方机构主要有三个系统，即作为地方行政系统的州、郡、县和行台；作为军事与边防系统的都督、总管、军镇等；作为边境镇抚系统的校尉郎将诸官。他们都在不同程度上担负着镇抚夷狄的职责。曹魏时设置西域长史，戊己、西戎、东夷、绥戎等校尉，护羌、护东夷、护乌桓、护鲜卑校尉，安夷护军、抚夷护军、护匈奴中郎将及司马、长史等，专管少数民族事务，负责接转使者、接受来使、对外遣使、互通文书、转赐假授、接受贡献、受理互市、缔结盟约、获取情报、派兵镇抚等，详见后述。

## 三　曹魏民族政策的主要内容

曹操及其继承者鉴于当时境内及周边的复杂情况，根据各族强弱及自身政治和军事实力变化，对各族采取不同的民族政策。大致说来，曹魏对境内的匈奴、乌桓、氐、羌等族往往是采取交替使用镇抚两手，先征服后迁徙，保留部落组织，册封酋帅，随俗而治，并设置官吏进行监督，征调其租赋兵役的政策。而对塞外鲜卑及东夷、西域诸族则以怀柔羁縻、遣使往来为主。其核心是“以夷治夷”和“伐叛柔服”。所谓“以夷治夷”或“以夷制夷”，一是以本族酋帅统治本族人民，通过他们征调租赋兵役，如对氐、羌、匈奴、乌桓等；二是扶此抑彼，使其互相制约或削弱翦除，以坐收渔利，如曹魏对塞外鲜卑诸部即是；三是以此族防御或攻击他族，如曹操曾使太原乌桓王鲁昔屯池阳以备卢水胡②，毌丘俭率乌桓、鲜卑对付高句丽等。“伐叛柔服”，就是讨伐反叛，怀柔臣服，恩威并济，镇抚兼施，拉拢与镇压交替或并行使用。这也是历代封建统治者驾驭周边乃至境内民族的重要策略之一。现分述如下：

### （一）先征服，后迁徙，设置官吏进行监督，征调租赋兵役

东汉末年，由于豪强混战，兵燹连年，灾疫横行，饿殍遍野，人民锋

① 洪饴孙：《三国职官表下》。

② 《三国志·魏书》卷 15，《梁习传》注引《魏略》。

镝余生，颠沛流离，使原来人口集中的关中及黄河中下游地区遭到严重破坏，中原人口锐减。曹魏一则为补充兵源、劳力及增加租赋；二则为削弱周边诸族的力量，加强对北方的控制，使其南征西伐无后顾之忧，用招募纳降、军事征伐、强制迁徙等手段，使大量北方诸族进一步内迁。同时，北方诸族由于自身兴衰变化、游牧生活需要，以及长期政治、经济、文化交流所形成的凝聚力，也不断向内地流动。曹魏这种军事征服和强制迁徙相结合的策略，集中体现在处理与乌桓及氐、羌关系问题上。

东汉时，乌桓逐渐内迁，居于辽东、辽西、右北平、渔阳、广阳、上谷、代郡、雁门、太原、朔方诸郡，汉置校尉以领之。护乌桓校尉职责之一是牵制匈奴，“以护内附乌丸”[①]，另一作用为职掌乌桓、鲜卑的“赏赐、质子，岁时互市焉”[②]。这点，《资治通鉴》也提到护乌桓校尉“并领鲜卑赏赐、质子，岁时互市焉”[③]。《后汉书》卷九〇《鲜卑传》则记载护乌桓校尉也对鲜卑“通胡市，因筑南北两部质馆”[④]。可见，当时乌桓、鲜卑的质子都由护乌桓校尉负责接待和管理，为此特意在护乌桓校尉所在地上谷宁城（今河北宣化西北或万全县）开辟胡市，并建筑了“质馆”，收留乌桓与鲜卑人质，以保证互市的正常进行。当时所受质子数量相当多，据称“鲜卑邑落百二十部，各遣人质”[⑤]。曹魏时另设护鲜卑校尉，专门管理鲜卑事务。护乌桓校尉的属官，主要有长史和司马，还有从事和掾等中下级属官[⑥]。

东汉末年，乌桓种落繁衍，仅辽东、辽西、右北平三郡及上谷郡，就有1.6万余落。辽西乌桓大人蹋顿总摄三郡乌桓，雄踞北边诸郡，不断参与汉族军阀之间的斗争。无论是公孙康，或是袁绍、曹操都欲利用乌桓攻击对方，控制东北。建安十一年（206年），袁尚兄弟逃奔蹋顿，“欲凭其兵力，复图中国”[⑦]。即谋借乌桓之力与曹操对抗。曹操为彻底消灭袁氏

---

① 《后汉书》卷4，《和帝纪》注引阚骃《十三州志》。

② 《后汉书》卷90，《乌桓传》。据应劭《汉宫仪》载“赏赐、质子，岁时互市焉”（见孙星衍《汉官六种》之《汉官仪》卷上“护乌桓校尉”条，四部备要本）。

③ 司马光：《资治通鉴》卷44，汉光武帝建武二十五年。

④ 《后汉书》卷90，《鲜卑传》，李贤注曰：“筑馆以受降质。”

⑤ 《后汉书》卷90，《鲜卑传》。

⑥ 详见内蒙古文物工作队、内蒙古博物馆《和林格尔发现一座重要的东汉壁画墓》，《文物》1974年第1期。

⑦ 《后汉书》卷90，《乌桓传》。

残余势力，安定其东北境，遂于次年夏率兵北征，“引军出卢龙塞，塞外道绝不通，乃堑山堙谷五百余里，经白檀，历平冈，涉鲜卑庭，东指柳城”①。八月，至距柳城（今辽宁朝阳）约二百里处，蹋顿等才发觉，仓皇调集数万骑迎击，两军遭遇于白狼山（今辽宁喀喇沁左翼蒙古族自治县东境白鹿山）。曹操登高观望，见乌桓军阵列不整，遂以帅旗授张辽，令其统军急袭。乌桓军猝遭袭击，顿时大乱，蹋顿被杀，全军崩溃。乌桓及汉民前后降者二十余万。楼班、苏仆延、乌延等及袁氏兄弟率数千骑亡走辽东，后为辽东太守公孙康所杀。十一月，代郡行单于普富卢、上郡行单于那楼率名王谒曹操于易水，北方尽服。

曹操用武力征服三郡乌桓后，遂迁三郡乌桓降者万余落及乌桓校尉阎柔所统幽、冀乌桓万余落于邺城附近诸郡或幽、并二州之州治，即蓟县（今北京城西南）、晋阳（今山西太原西南）一带。大多成为编户齐民，纳赋交税②。曹操并选壮健者为骑兵，由侯王大人率领参加征战，“由是三郡乌丸为天下名骑”③。黄初二年（221 年），魏文帝以平虏校尉牵招为使持节护鲜卑校尉④、南阳太守田豫为持节护乌桓校尉，皆持节屯驻昌平，镇抚鲜卑、乌桓。三郡乌桓的进一步内迁和加入曹魏军队，不仅增强了曹魏的军事力量，在客观上也促进了乌桓与汉族的融合过程，使之由原始社会末期（或认为是早期奴隶制）向封建制转化，并逐渐从游牧经济向农业定居过渡。

此后，曹操及继位者对乌桓还是采取伐叛柔服、镇抚兼施的政策。建安二十三年（218 年），代郡乌桓及上谷乌桓无臣氏等联军反叛，曹操遣使讨之，无臣氏等投奔鲜卑轲比能。景初元年（237 年），幽州刺史兼护乌桓校尉毌丘俭率领诸军及鲜卑、乌桓骑兵讨伐辽东公孙渊⑤，原居右北平等地，后随袁尚奔辽东的乌桓单于寇娄敦、辽西乌桓都督率众王护留

① 《三国志·魏书》卷 1，《武帝纪》。

② 从东汉末年起，民户要负担田租、户调、力役。建安九年（204 年），曹操颁田租户调令，即“收田租亩四升，户出绢二匹，棉三斤”（《三国志·魏书·武帝纪》）。内迁诸族也比照执行，酌情增减。

③ 《三国志·魏书》卷 30，《乌丸鲜卑东夷传》。

④ 据《三国志·魏书》卷 26，《牵招传》所载，牵招曾随曹操率兵征三郡乌桓，至柳城，拜乌丸校尉。“乌桓”，三国时，又称“乌丸”。

⑤ 《三国志·魏书》卷 28，《毌丘俭传》提到：“帝图讨辽东，以俭有干策，徙为幽州刺史，加度辽将军，使持节，护乌丸校尉。”

叶，率五千余部众归附，遂内迁右北平郡。同时，还对其封王赏赐，加以厚待，如“寇娄敦遣弟阿罗槃等诣阙朝贡，封其渠帅三十余为王，赐舆马缯采各有差”[①]。

曹魏对氐、羌等也是采取先征服后迁徙，封其酋帅，征调租赋兵役的政策。氐、羌自东汉末，主要居于陇右河西，他们介于曹操、刘备集团之间，往往成为两者争夺人力物力的对象。当时势力较大的部落集团如武都仇池百顷氐王杨千万、兴国氐王阿贵、下辩氐帅雷定等，皆各拥有氐众万余落。东汉末年，氐、羌一方面奋起反抗汉朝的统治，另一方面又往往为一些军阀所利用。如在董卓的部队中和马腾、韩遂的麾下，就有不少氐、羌部众。后其居住区域又成为魏、蜀必争之地。因此，曹操往往将氐、羌强制向北或东迁徙。建安十八年（213 年），曹操因杨千万、阿贵与马超联兵反抗，遂遣将夏侯渊进攻。次年，灭阿贵，逐千万西南入蜀，超奔汉中。韩遂徙金城，入氐王千万部，率羌、胡万余骑与夏侯渊战，为渊所败。渊与诸将攻兴国氐，并进行屠杀。曹操对被征服之氐人区别对待，“前后两端者”，被徙置于扶风、美阳；“守善者”，分留天水、南安界。

建安二十年（215 年），曹操领兵征讨汉中张鲁，将从武都入氐，氐人塞道，被操遣将击破。操自陈仓出散关至河池，氐王窦茂率众据险抵抗，为操攻灭。次年，夏侯渊又击武都氐帅于下辩，“收氐谷十余万斛”[②]。同时还遣徐晃讨喻麋（今陕西陇县东）、汧（今陕西陇县南）诸氐，攻降棱、仇夷诸山氐。曹操攻汉中张鲁时，遣武始亭侯张既别从散关入讨氐人，“收其麦以给军食”。后刘备逼汉中，操退出汉中时，恐武都氐为刘备所用，乃“徙氐五万余落出居扶风、天水界”[③]。刘备占领汉中后，遣张飞、马超等进迫下辩，氐帅雷定等七部万余落响应之。魏武都太守又前后使武都氐王杨仆率部众附魏，居汉阳郡。青龙三年（235 年），武都氐苻双、强端率其属六千余人降魏，迁居临渭（今甘肃天水县东北）[④]。正始元年（240 年），齐王曹芳又令郭淮徙氐人三千余落于关中。

① 《三国志·魏书》卷 30，《乌丸鲜卑东夷传》注引《魏略》。而卷 28，《毌丘俭传》为“封其渠率二十余人为侯、王”。

② 《三国志·魏书》卷 9，《夏侯渊传》。

③ 《三国志·魏书》卷 15，《张既传》。

④ 《晋书》卷 1，《宣帝纪》。《资治通鉴》卷 73，记在青龙四年。

淮并奏请将归附的凉州休屠胡梁元碧等二千余家安置于安定之高平①。同时，曹操还与刘备争夺賨人。初张鲁雄踞关中，李特先祖及许多賨人由巴西宕渠（今四川渠县东北）前往依附之。曹操打败张鲁后，即迁賨人万余家于关陇的天水、略阳一带，号为巴氐②。从此，氐、羌布满秦陇，与汉族杂居。

曹魏对陇西氐、羌，继承汉制，除保留其首领继续统率部众外，还设有护羌校尉管理之。魏初以金城太守苏则为护羌校尉，驻榆中（今甘肃榆中县西北）。后又以凉州刺史兼护羌校尉驻姑臧。并增设郡县加强对羌人的控制，例如早在建安十九年（214 年），曹操在灭平汉王宋建，诸羌归附后，就设置西平郡，以管理甘青羌人。并建立富有特色的"护军制"，如曹魏在关中扶风、美阳为安置所徙氐族而设的"安夷、抚夷二部护军"等③。这种护军制乃是从秦汉以来的"护军都尉"、"护军中尉"等职官演变而来④。它以护军将军率军为营，战时参战，平时驻守于民族杂居、易生动乱的郡县，后遂以护军与郡县一级相结合，以军事长官（护军）兼郡太守，进行军政统治，犹如护羌、护乌桓、护鲜卑校尉与州刺史相结合的管理形式。护军除了管守地方外，还经常抽调出征，其管辖下的各族人民也要纳赋服役。例如，正元二年（255 年）十月，魏诏书中曾提到："洮西之战，至取负败，将士死亡，计以千数……其令所在郡典农及安、抚夷二护军各部大吏慰恤其门户，无差赋役一年。"⑤ 可见关中安夷、抚夷二部护军也征调参加洮西之役，而且护军所辖之各族人民也得服赋役。护军制使军事体制与郡县一级行政体制相结合，以管理内迁少数民族与汉族杂居之地，其对后世的地方行政机构影响较大，十六国时各族在西北所建政权中，大多设有护军这一特殊的地方机构。

魏为了控制氐、羌、巴夷、賨人等，对他们的首领也加以利用和册封。如建安二十年（215 年）曹操破张鲁后，"巴七姓夷王朴胡、賨邑侯

① 《三国志·魏书》卷 26，《郭淮传》。

② 常璩《华阳国志·李特志》载："魏武定汉中，祖父虎与杜濩、朴胡、袁约、杨车、李黑等，移于略阳，北土复号巴氐。"李昉等辑：《太平御览》卷三二三引《十六国春秋》曰："内徙者亦万余家。"

③ 《三国志·魏书》卷 30，注引《魏略·西戎传》。

④ 《晋书》卷 24，《职官志》护军将军条。

⑤ 《三国志·魏书》卷 4，《少帝纪》。该年八月，魏雍州刺史王经与蜀姜维大战于洮西（今甘肃洮水西），魏军大败，死者千计，故有此诏。

杜濩举巴夷、賨民来附，于是分巴郡，以胡为巴东太守，濩为巴西太守，皆封列侯”①。曹魏还封仇池氐王杨千万为百顷王，封烧当羌姚柯迴为魏镇西将军、绥戎校尉、西羌都督等，并通过他们向氐、羌等征调租赋兵役。史称郭淮“以威恩抚循羌胡，家使出谷。平其输调，军食用足”②。牵招为雁门太守时，“既教民战陈，又表复乌丸五百余家租调，使备鞍马，远遣侦候”③。这说明内迁诸族皆要输租调，服兵役，曹操军队中就有“匈奴南单于呼完厨及六郡乌丸、丁零、屠各、湟中羌、僰”及“武都氐羌”④。

**（二）拉拢上层，分而治之，使其部曲供职，同于编户**

曹魏对并州匈奴等，主要就是采取拉拢上层，封官赐爵，使其与部众脱离直接联系，分而治之的政策。东汉时南匈奴内附，居西河、北地、朔方、五原、云中、定襄、雁门、代郡等地，即今宁夏、陕北、晋北一带。史称：“其部落随所居郡县，使宰牧之，与编户大同，而不输贡赋。多历年所，户口渐滋，弥漫北朔”⑤，逐渐强大。并州境内匈奴最盛，有3万余落，10余万众，乘乱掠河内诸郡。汉献帝兴平二年（195年），匈奴单于於扶罗死，其弟呼厨泉继为单于，仍居平阳（今山西临汾西南），助袁绍打内战。为割断袁绍与匈奴之联系，确保后方，曹操于建安七年（202年），遣钟繇围攻呼厨泉单于，使之归附。还通过并州刺史梁习采取一系列控制匈奴等的措施。《三国志·梁习传》称：“时承高幹荒乱之余，胡狄在界，张雄跋扈，吏民亡叛，入其部落；兵家拥众，作为寇害，更相扇动，往往棊跱。习到官，诱谕招纳，皆礼召其豪右，稍稍荐举，使诣幕府；豪右已尽，乃次发诸丁彊以为义从；又因大军出征，分请以为勇力。吏兵已去之后，稍移其家，前后送邺，凡数万口；其不从命者，兴兵致讨，斩首千数，降附者万计。”⑥ 即采取抚剿兼施、酋帅与部众分离的方针。首先，吸收匈奴贵族到幕府任职，使其与部众脱离直接联系；其次，

---

① 《三国志·魏书》卷1，《武帝纪》。

② 《三国志·魏书》卷26，《郭淮传》。

③ 《三国志·魏书》卷26，《牵招传》。

④ 萧统编：《昭明文选》卷44，陈琳为曹操檄吴将校部曲文。

⑤ 《晋书》卷97，《北狄匈奴传》。

⑥ 《三国志·魏书》卷15，《梁习传》。

征调匈奴牧民壮丁，编为“义从”、“勇力”，分遣各地驻防、打仗，其家属迁至邺城居住，实为人质，施以教化；再次，对于一般匈奴部众，令其为农，输纳课税；最后，兴兵讨其不服者，进行军事镇压。通过这些措施，使“单于恭顺，名王稽颡，部曲服事供职，同于编户。边境肃清，百姓布野，勤劝农桑，令行禁止”，基本上扭转了原先“胡狄在界，张雄跋扈”的局面①。

曹操又以匈奴久处内地，人口繁衍，势大难治，于己不利，遂分而治之。建安二十一年（216 年），遣亲汉的右贤王去卑诱南单于呼厨泉率诸王入朝，乃留之于邺城，并规定岁给单于棉、绢、钱谷如列侯，子孙传袭其号。而使去卑回平阳监督其众，“听其部落，散在六郡”②。继之又将居住在汾晋一带的匈奴分为左、右、南、北、中五部（一说初分为三部，西晋时才分为五部）③。每部择其贵族为帅，另选汉人为司马，以便对他们进行监督，魏末又改帅为都尉。各部帅家属集中居于晋阳，实为人质，以防叛走。诸侯王以下部众降为编户齐民。从此，单于虽设，已无多少实权。实权逐渐掌握在汉人司马手中，也就是为曹魏政权所控。太和五年（231 年），复置护匈奴中郎将，加强控制。因而，匈奴贵族刘宣曾愤愤不平地说：“自汉亡以来，魏晋代兴，我单于虽有虚号，无复尺土之业，自诸王侯，降同编户。”④ 这虽有夸大之处，但也反映了当时匈奴贵族受曹魏控制及曹魏分而治之政策实施的情况。同时，有的部众还沦为世族豪强之佃客，如“太原诸郡亦以匈奴、胡人为田客，多者数千”⑤。可见，匈奴等部众陷为佃客的现象还是较为普遍。

### （三）分化怀柔，抑强扶弱，招诱内附，设属国等进行安置

曹魏对塞外鲜卑诸部，基本上采取分化拉拢的手段，只要不内犯，尽

---

① 《三国志·魏书》卷 15，《梁习传》。

② 《晋书》卷 56，《江统传》。

③ 据《晋书》卷 97《北狄匈奴传》所载：“魏武帝始分其众为五部……左部都尉所统可万余落，居于太原故兹氏县；右部都尉可六千余落，居祁县；南部都尉可三千余落，居蒲子县；北部都尉可四千余落，居新兴县；中部都尉可六千余落，居大陵县。”但据《江统传》所记：“咸熙之际，以一部太强，分为三率。泰始之初，又增为四……今五部之众，户至数万，人口之盛。过于西戎。”从这段文字分析，最初分为五部是西晋之事。

④ 《晋书》卷 101，《刘元海载记》。

⑤ 《晋书》卷 93，《王恂传》。

量保持和平交往，并设鲜卑校尉管理之。彼此之间，既有朝贡、互市、册封等和平往来，又有矛盾冲突和掠边。

汉末和曹操当权之时，在众多鲜卑各部中，出现了比较强大的三个集团：一是檀石槐后裔步度根集团，拥众数万落，据有云中、雁门一带；二是被称为小种鲜卑的轲比能集团，拥兵十余万骑，据有高柳（今山西阳高县）以东的代郡、上谷边塞内外各地；三是属于东部大人弥加、素利等所领的若干小集团，分布于辽西、右北平、渔阳一带，有众十余万落[①]。鲜卑诸部在东起辽东，西抵河西边境上分数路向内地迁徙。上述三个集团中，以轲比能集团最为强盛。史称："轲比能本小种鲜卑，以勇健，断法平端，不贪财物，众推以为大人。部落近塞，自袁绍据河北，中国人多亡叛归之，教作兵器铠楯，颇学文字。故其勒御部众，拟则中国，出入弋猎，建立旌麾，以鼓节为进退。"[②] 当时，割据各方，都欲利用鲜卑，扩大自己实力，对付政敌。袁绍、公孙渊等皆曾联络鲜卑攻打公孙瓒和曹魏，曹魏也千方计地遏制鲜卑南进，并加以利用。

曹魏根据鲜卑各部不相为一、常互侵伐的特点，采取怀柔分化、招诱内附、封王赐爵、允许通市、屯田防守、伐叛柔服、扶此抑彼、防止三股势力联合，分别加以控制和利用的策略。

首先，曹操及其继承者尽量通过封官赐爵，允许通贡互市的办法怀柔鲜卑诸部。如建安中，曹操定幽州，步度根、轲比能与素利、弥加、厥机等随乌丸（桓）校尉阎柔"上贡献通市"。对东部大人，"太祖皆表宠以为王"。当曹操西征关中，河间郡民田银、苏伯起事时，轲比能曾率三千余骑随阎柔镇压之。延康、黄初年间，轲比能、步度根、素利、弥加等各遣使贡马，分别被封为附义王、归义王等。黄初三年（222 年），轲比能"帅部落大人小子代郡乌丸修武卢等三千余骑，驱牛马七万余口"求市，魏也准之。五年（224 年），步度根为轲比能所逼，将众万余落退保太原、雁门塞，"诣阙贡献"，厚受赏赐[③]。景初二年（238 年），慕容廆曾祖莫护跋率部入居辽西，因从魏司马懿伐公孙渊有功，被封为率义王。

---

① 《三国志·魏书》卷 26，《牵招传》称：招为护鲜卑校尉，"怀来鲜卑素利、弥加等十余万落，皆令款塞"。

② 《三国志·魏书》卷 30，《乌丸鲜卑东夷传》。

③ 《三国志·魏书》卷 30，《乌丸鲜卑东夷传》。同书卷 26《牵招传》则云："将部落三万余家诣郡附塞。"

其次，设护鲜卑校尉，结好东部及河西鲜卑，抑制日益强大的轲比能部。黄初二年（221 年），魏文帝以牵招为护鲜卑校尉，田豫为护乌桓校尉，皆持节屯驻昌平，镇抚鲜卑、乌桓，施计拆散鲜卑各部盟约，使其不相为一，互相攻伐。《魏书·田豫传》称："文帝初，北狄彊盛，侵扰边塞，乃使豫持节护乌丸校尉，牵招、解儁并护鲜卑。自高柳以东，濊貊以西，鲜卑数十部，比能、弥加、素利割地统御，各有分界；乃共要誓，皆不得以马与中国市。豫以戎狄为一，非中国之利，乃先搆离之，使自为仇敌，互相攻伐。"因"素利违盟，出马千匹与官，为比能所攻，求救于豫。豫恐遂相兼并，为害滋深，宜救善讨恶，示信众狄"[①]。于是，田豫应素利所请，助其抗击轲比能。其传赞豫"为校尉九年，其御夷狄。恒摧抑兼并，乖散彊猾"[②]。牵招为雁门太守时，也曾"通河西鲜卑附头等十余万家，缮治陉北故上馆城，置屯戍以镇内外，夷虏大小，莫不归心"[③]。他还率归附的泄归泥等讨轲比能于云中故郡并大败之。太和二年至青龙元年（228—233 年），轲比能先后兼并了"东部大人"所领的各个部和步度根部众，统一漠南地区，从"云中、五原以东抵辽水，皆为鲜卑庭"[④]。曹魏恐轲比能势大于己不利，于青龙三年（235 年），通过幽州刺史王雄遣韩龙刺杀轲比能，更立其弟。自此之后，"种落离散，互相侵伐，彊者远遁，弱者请服，边陲遂安"[⑤]。

最后，设置属国，安置内附东部鲜卑。轲比能死后，东部鲜卑先后兴起了宇文部、段部、慕容部，并乘机南迁，占有乌桓故地。曹魏为了安置内附之东部鲜卑，于正始五年（244 年）置辽东属国，立昌黎县居之[⑥]。并置东夷校尉，驻襄平（今辽宁辽阳市），管理东北地区鲜卑及夫余、高句丽等事务[⑦]。曹魏对迁居漠南的鲜卑拓跋部，也采取"聘问交市，往来

① 《三国志·魏书》卷 26，《田豫传》。

② 同上。

③ 《三国志·魏书》卷 26，《牵招传》。

④ 《三国志·魏书》卷 30，《乌丸鲜卑东夷传》。

⑤ 《资治通鉴》卷 73，魏明帝青龙三年。

⑥ 《三国志·魏书》卷 4，《少帝纪》。

⑦ 曹魏初置东夷校尉，居襄平。景初二年（238 年），灭公孙渊后，改称护东夷校尉，仍驻襄平，西晋沿置。

不绝”的政策[①]，魏人赠给拓跋部的金帛缯絮，岁以万计。并厚待入洛阳为质的拓跋力微之子沙漠汗，以示笼络。

### （四）遣使往来，通贡互市，封官赐爵，设治遥控，羁縻远方

曹魏对鞭长莫及的东夷、西域诸族居住的地区，除了曾对高句丽两次用兵外，主要是用贡使往来、厚赐重赏、封官赐爵、开通互市等经济、羁縻手段，使之宾服，然后设治遥控。例如，夫余原属玄菟郡，“岁岁遣使诣京都贡献”[②]。正始（240—249年）中，并供军粮助幽州刺史毌丘俭讨高句丽，曹魏常厚赐羁縻之。居住在长白山北、松花江及黑龙江中下游的挹娄也向曹魏贡楛矢、石砮、铠甲及马匹、貂皮等[③]。曹魏回赠以鸡、罽锦、锦帛等[④]。但对不断骚扰辽东的高句丽，也曾出兵加以讨伐。高句丽自东汉以来日益强大，不仅据有今朝鲜北部，还曾据有辽河以东的大片地区。魏明帝景初二年（238年），司马懿讨公孙渊时，高句丽王位宫曾派兵数千助征。但位宫恃其强大，经常掠夺汉人充当奴隶，役属周邻诸族，并发兵欲取辽东。魏遣幽州刺史毌丘俭于正始五年（244年）、六年（245年）或七年（246年）两次讨伐高句丽，最后攻下其都城丸都（今吉林集安县境）。“刻石纪功”于丸都山等，并“穷追极远，踰乌丸、骨都，过沃沮，践肃慎之庭，东临大海”[⑤]。又在高句丽地区“穿山溉灌，民赖其利”[⑥]，同时，移其降民数百家于荥阳。曹魏除置东夷校尉进行管理外，还曾以带方太守府掌倭人朝献之事。

魏晋以来天山以北的民族和政权主要有乌孙、悦般、坚昆、丁零、呼揭及匈奴等。天山以南、塔里木盆地周围诸绿洲上仍然是一些分散的互相争斗的城邦，其中较大的有鄯善、于阗、焉耆、龟兹、疏勒、车师等。东汉末年，中原多故，凉州诸郡豪强混战，西域与中原地区交往受阻。而鲜

---

① 《魏书》卷1《序纪》载：“文皇帝讳沙漠汗，以国太子留洛阳，为魏宾之冠，聘问交市，往来不绝，魏人奉遗金帛缯絮，岁以万计。”

② 《三国志·魏书》卷30，《乌丸鲜卑东夷传》。

③ 《三国志·魏书》卷4《少帝纪》载，景元三年（262年），“辽东郡言，肃慎国遣使重译入贡，献其国弓三十张，长三尺五寸，楛矢长一尺八寸，石砮三百枚，皮骨铁杂铠二十领，貂皮四百枚”。

④ 《晋书》卷97，《肃慎氏传》。一说“鸡”为挹娄姓氏，非赠品中有“鸡”。

⑤ 《三国志·魏书》卷28，《毌丘俭传》。另参见王国维《观堂集林》卷20。

⑥ 《三国志·魏书》卷30，《乌丸鲜卑东夷传》。

卑渐占匈奴故地，欲向西域推进。曹操统一北方后，为了巩固西北边疆，首先从整顿敦煌、酒泉、张掖、武威等河西四郡着手。建安十四年（209年），析凉州河西四郡及金城郡为雍州，治姑臧（今甘肃武威市）。但刺史邯郸商到任不久，即被武威太守所杀。十八年（213年），又置雍州，治长安，辖三辅，凉州遂废，十郡皆属雍州。但由于长安偏内，无法控制河西四郡。曹文帝即位初，则复置凉州，辖河西四郡及金城郡，并平定张掖、酒泉之豪强及卢水胡的武装反抗，稳定河西四郡，初步恢复了中原地区与西域的联系。继之，曹魏又沿袭汉制，仍设置西域长史和戊己校尉，在敦煌太守领导下管辖西域。黄初二年（221年）或黄初三年（222年），魏文帝任命行敦煌长史张恭为戊己校尉，驻车师前部高昌（今吐鲁番东南高昌遗址）①，以坚守车师防区，负责防御鲜卑等进入西域，保护西域诸族及西域北道商队安全，并屯田积谷，减少中央耗费及促进本地经济发展②。同时，又遣西域长史自天水郡上邽县（今甘肃天水市）去海头（今罗布泊西北楼兰遗址），接管西域长史府。长史府设有司马、假司马、主簿、从掾、郎中、兵曹、仓曹、小曹等官职，主要是负责管理西域诸族日常事务，传达中央王朝和敦煌太守指令，迎护朝使和各族贡使，维护西域南与中道商队等。一说还在哈密一带设伊吾县，归敦煌郡管辖，这是郡县制首次推行于西域③。据《晋书·地理志》凉州条所载，曹魏时，“刺史领戊己校尉，护西域，如汉故事，至晋不改”④。即戊己校尉禀命于凉州刺史，西域长史当亦如此。不过，由于凉州刺史治所在姑臧（今甘肃武威），而敦煌太守更便于管辖西域事务，故往往兼理之，这从《魏书·仓慈传》所载可寻觅到蛛丝马迹。其曰：“太和中，迁敦煌太守……及西域

---

① 据《三国志·魏书·张恭传》载：“黄初二年，下诏褒扬，赐恭爵关内侯，拜西域戊己校尉。”但同书，《文帝纪》则记在黄初三年二月之后，其中提到黄初三年二月，鄯善等三国来朝，“诏曰：‘西戎即叙，氐、羌来王，《诗》《书》美之。顷者西域外夷并款塞内附，其遣使者抚劳之。’是后西域遂通，置戊己校尉”。因而，有的学者认为设置戊己校尉是在黄初三年二月之后。后张恭子张就继任戊己校尉。

② 例如据《晋书·天文志》所载，青龙四年“九月，凉州塞外胡阿毕师侵犯诸国，西域校尉张就讨之，斩首捕虏万计”。

③ 李吉甫《元和郡县志》卷40云：“曹魏时设有伊吾县，寄理于敦煌北界。”一说始置于西晋。

④ 《三国志·魏书·徐邈传》称，明帝时邈任凉州刺史，“西域流通，荒戎入贡，皆邈勋也”。这表明凉州刺史在沟通和管辖西域中起了很大作用，西域长史和戊己校尉除受敦煌太守领导外，还禀命于凉州刺史。

诸胡闻慈死，悉共会聚于戊己校尉及长吏（史）治下发哀，或有以刀画面，以明血诚，又为立祠，遥共祠之。”[①] 由此可见，敦煌太守与西域诸族事务之密切。

曹魏与西域，除了设治管理外，还对诸王进行封爵，加强政治、经济、文化的联系。黄初三年（222 年）二月，因鄯善、龟兹、于阗等王派使朝贡，乃下诏遣使到西域“抚劳之”。并对其首领进行册封和颁发印信。例如，魏明帝太和三年（229 年），“大月氏王波调遣使奉献，以调为亲魏大月氏王”[②]。又封车师后部王壹多杂为“守魏侍中，号大都尉，受魏王印”[③]。

曹魏的大鸿胪卿还特地通知敦煌太守，按照汉代旧例迎送西域各族使者，沿途吃住免费等。尤其是仓慈任敦煌太守时更注意保护西域贡使和商人的贸易利益。史称：“常日西域杂胡欲来贡献，而诸豪族多逆断绝；既与贸迁，欺诈侮易，多不得分明。胡常怨望，慈皆劳之。欲诣洛者，为封过所，欲从郡还者，官为采取，辄以府见物与共交市，使吏民护送道路，由是民夷翕然，称其德惠。”[④] 从中可知，当时西域商贾分两类，一类以洛阳为目的地，直接与宫廷贸易者可归入此类；另一类以敦煌为目的地，在敦煌销售货物后便返回。凉州和敦煌郡成为中原与西域互市的要地，并通过地方官吏采取各种措施，鼓励发展生产，促进贸易。例如，明帝初，徐邈任凉州刺史、护羌校尉后，“修武威、酒泉盐池以收虏谷，又广开水田，募贫民佃之，家家丰足，仓库盈溢”。他还“立学明训，禁厚葬，断淫祀，进善黜恶，风化大行，百姓归心焉”。时“西域流通，荒戎入贡”[⑤]。至嘉平（249—254 年）中，敦煌太守皇甫隆教民耧犁，“又教衍溉，岁终率计，其所省力过半，得谷加五”[⑥]。随着生产及贸易的发展，西域诸族与曹魏之关系日益密切，赴洛阳及其他中原地区朝贡及贸易的西域使者和商人络绎不绝。在今民丰县尼雅城古精绝国遗址中，就发现了许多魏晋时的“过所”（通行证）[⑦]，这反映了西域与内地交往的盛况。史

---

① 《三国志·魏书》卷 16，《仓慈传》。

② 《三国志·魏书》卷 3，《明帝纪》。

③ 《三国志·魏书》卷 30，《乌丸鲜卑东夷传》。

④ 《三国志·魏书》卷 16，《仓慈传》。

⑤ 《三国志·魏书》卷 27，《徐邈传》。

⑥ 《三国志·魏书》卷 30，《乌丸鲜卑东夷传》，注引《魏略·西戎传》。

⑦ 王国维：《观堂集林》卷 7，《尼雅城北》。

称："其大国龟兹、于阗、康居、乌孙、疏勒、月氏、鄯善、车师之属，无岁不奉朝贡，略如汉氏故事。"①

总之，曹魏政权建立前后，曹操、曹丕父子在西北地区主要是致力于平息各地方势力的反乱，然后选派良吏，招抚流民和羌胡恢复生产，并逐渐完善各级地方行政机构，设置护羌校尉、戊己校尉和西域长史等，来管辖西域各族事务。至魏明帝继立后，则进一步加强对西北诸族的统治，并通过地方官吏，采取措施发展生产，增进贸易。由于曹魏统治者对西域执行了设官治守、怀柔羁縻的政策，有效地阻遏了鲜卑西进，使西域较为安定，经济有所发展，并加强了与中原地区的联系。这样，既保障了丝绸之路的畅通，又解除了曹魏的西北之患。

## 四 曹魏民族政策的得失

曹操及其继承者根据境内及周边诸族的实际情况和自身力量变化，交替使用镇抚两手，将错综复杂的民族问题，处理得井然有序。从而使曹魏的东、北、西边境较为稳定，国力有所增强，为曹魏统一北方及战胜孙吴、蜀汉势力奠定了基础。同时，各族人民也少受兵燹之苦，使北方社会经济得到一定的恢复。

东汉末年，群雄割据，战乱频仍，白骨盈野，饥民流徙，中原人口"十裁一在"②，甚至出现"千里无鸡鸣，生民百遗一"的悲惨景象③。曹魏统一北方之后，占有十二州土地，计其户口，"不过汉时一大郡"④，入籍民户约只有五六十万⑤。由于曹魏对周边诸族实行招募纳降与强制迁徙相结合的政策，使乌丸（桓）、鲜卑、氐、羌等大量内迁，直接处于曹魏的控制之下，这一方面相对地削弱他们对曹魏边境的威胁，另一方面数十万北方民族的内迁，也给曹魏增添了劳力和兵源，并充实了财政收入。内迁诸族，有的被征发为兵，有的被掠卖为奴或沦为佃客。但大多是保留了

① 《三国志·魏书》卷30，《乌丸鲜卑东夷传》。

② 《三国志·魏书》卷8，《张绣传》。

③ 曹操：《蒿里行》，载《曹操集·诗集》，中华书局1959年版。

④ 《三国志·魏书》卷13，《蒋济传》。

⑤ 据《续汉书·郡国志》注引《帝王世纪》所载："景元四年，与蜀通计，民户九十四万三千四百二十三"，而"昔汉永和五年，南阳户五十余万，汝南户四十余万"。

原来的部落组织形式，被编为军户，在其酋帅统领下，平时从事农牧业生产，缴纳租赋，战时跃马挥戈，效命疆场。曹魏军队中就有匈奴、乌丸、丁零、僰、氐、羌等族士兵。如梁习任并州刺史时，对匈奴、乌桓、鲜卑等族人民，除发诸丁彊为“义从”及“勇力”者外，还将数以万计的新降附者，按部曲编制使其勤劝农桑，“服事供职，同于编户”，负担租调力役，从而也增加了曹魏的财政收入。散居边郡的内迁各族则由州郡地方官吏直接进行统治。内迁诸族人民为北方社会经济的恢复和发展作出了不可磨灭的贡献。

曹魏民族政策施行的另一实效是使民族矛盾有所缓和，周边趋向稳定。当时东北，公孙氏占据辽东，袁氏与乌桓联合觊觎幽、冀，后来高句丽又欲染指辽东，曹魏根据“伐叛柔服”的原则，采用军事征伐和怀柔羁縻相结合的策略，先后出兵征乌桓、高句丽、沃沮、领东濊[①]，又灭公孙渊，收乐浪、带方二郡，使“海表谧然，东夷屈服”[②]，贡使表文，往来不绝。而曹魏还用以夷制夷、纵横捭阖的手法，制服北境的鲜卑、河套地区的南匈奴，怀柔分化，以弱其势。西南边的氐、羌由于不断被强制内迁，直接处于曹魏管辖之下，即使起而反抗，也很快被镇压下去。西域地区，在敦煌太守、戊己校尉、西域长史的管辖下，也渐趋安定。总而言之，由于曹魏针对不同民族，采取不同策略，因地制宜，随俗而治，使民族矛盾有所缓和，北境比较稳定，这就解除了曹魏西征南伐的后顾之忧，使其能集中力量对付蜀、吴。同时，内迁诸族与汉族杂居，也有利于民族融合及加速其汉化和封建化的进程。

但曹操及其继承人，毕竟是封建统治者，他们站在华夏正统立场，从维护剥削阶级利益出发，对少数民族始终抱着歧视态度，执行民族压迫政策。只要北方诸族稍有反抗，就出兵加以镇压。如建安二十年（215年），曹操征张鲁，“氐王窦茂众万余人，恃险不服，五月，公攻屠之”[③]。黄初二年（221年），镇西将军曹真命众将及州郡兵，“讨破叛胡治元多、卢水

---

① 《三国志·魏书》卷30，《乌丸鲜卑东夷传》称：“正始六年，乐浪太守刘茂、带方太守弓遵以领东濊属句丽，兴师伐之，不耐侯等举邑降。其八年，诣阙朝贡，诏更拜不耐濊王。居处杂在民间，四时诣郡朝谒。二郡有军征赋调，供给役使，遇之如民。”

② 《三国志·魏书》卷30，《乌丸鲜卑东夷传》曰：“景初中，大兴师旅，诛渊，又潜军浮海，收乐浪、带方之郡，而后海表谧然，东夷屈服。”

③ 《三国志·魏书》卷1，《武帝纪》。

封赏等，斩首五万余级，获生口十万，羊一百一十一万口，牛八万，河西遂平”①。景初二年（238年），烧当羌王芒中、注诣等叛，凉州刺史率诸郡攻讨，斩注诣首②。正始八年（247年），陇西、南安、金城、西平诸羌饿何、烧戈、伐同、蛾遮塞等相结起事，攻围城邑，南招蜀兵，凉州名胡治无戴复叛应之，郭淮率军“进讨叛羌，斩饿何、烧戈，降服者万余落”③。同时，对氐、羌等族的经济剥削也是相当苛重。如正始五年（244年），曹爽西至长安，发卒六七万人，从骆谷入，伐蜀，“是时，关中及氐、羌转输不能供，牛马骡驴多死，民夷号泣道路”④。关中羌人，自东汉以来，“其内属者或倥偬于豪右之手，或屈折于奴仆之勤”⑤，匈奴、鲜卑、乌桓等族人民沦为奴婢、佃客，充当军户，备受压迫剥削者也不计其数。至魏末，民族矛盾日趋尖锐。

此外，虽然大量周边游牧民族内迁中原，有助于民族融合，但也打破了“农耕文化”的汉族与“游牧文化”的北方诸族杂居人口比例之平衡，产生一些消极影响，为十六国纷争埋下了隐患，再加西晋民族政策失当，造成未及预料的后果。至于究竟应如何看待农耕民族与游牧民族在中原地区人口比例关系，这是个很复杂、牵涉多种学科的问题，需要专门进行探讨，并非本文所能承载，恕不赘述。

（原载《北朝史研究》，商务印书馆2004年版）

---

① 《三国志·魏书》卷2，《文帝纪》注引《魏书》。

② 《三国志·魏书》卷3，《明帝纪》。

③ 《三国志·魏书》卷26，《郭淮传》。

④ 《三国志·魏书》卷9，《曹爽传》。

⑤ 《后汉书》卷117，《西羌传》论。

# 论蜀汉“西和诸戎，南抚夷越”之策

**摘　要**　建安十二年（207 年），诸葛亮在《隆中对》中提出了“西和诸戎，南抚夷越”之策。本文在前人研究的基础上，利用大量历史事实，详细论述了蜀汉对周边及境内少数民族这种和抚为主、辅以武功政策的具体内容及实施效果，并对其中一些悬而未决的问题进行深入探索，提出自己的新见解。

**关键词**　蜀汉　诸葛亮　和抚政策　戎夷

关于蜀汉的民族政策，笔者在《魏晋南北朝民族政策概论》及《立向斜阳说孔明》等论著中皆有所涉及①，但由于种种原因，有的问题未能进一步展开讨论。本文拟在往昔研究的基础上，从“西和诸戎，南抚夷越”之策提出的历史背景、具体内容、实施情况及得失等方面加以论述，以期对蜀汉的民族政策有更深入的探究。

## 一　诸葛亮“西和诸戎，南抚夷越”政策之提出

东汉建安十九年（214 年），刘备（161—223 年）入蜀据有成都，蜀汉章武元年（221 年）称帝，国号为汉，史称蜀汉，与曹魏、孙吴成三国鼎立之势。蜀汉地处西南，包括今陕西南部、四川、云南及贵州西部。其北部与曹魏相接，交界处陇右有氐、羌等族；东与孙吴毗邻，交界处有武陵蛮，荆州以南的交州有越人。境内除汉人外，还有南中诸族，如青羌、

① 参见《中国历代民族政策研究》，青海人民出版社 1993 年版；《诸葛亮躬耕地新考》，社会科学文献出版社 1992 年版。

叟、雟、僚、濮、昆明等族。

当时，孙权和曹操各在西南或西北与刘备争取南中及西北诸族的支持。而这些地区的少数民族首领，也往往视三方势力强弱变化而附叛无定。如何统治境内诸族及争取周边少数民族，这是蜀汉政权面临的严峻问题。早在建安十二年（207年），刘备三顾茅庐向诸葛亮（181—234年）问计时，诸葛亮在著名的《隆中对》内就提出：“益州险塞，沃野千里”，“若跨有荆、益，保其岩阻，西和诸戎，南抚夷越，外结好孙权，内修政理”，“诚如是，则霸业可成，汉室可兴矣”[①]。也就是以强大武力为后盾，用和抚办法来争取凉州（今甘肃、青海一部分）等地氐、羌、鲜卑、匈奴及南中地区（今贵州西部、四川西南部和云南大部分地区）的昆明、叟、濮、傣等族。在诸葛亮看来，“西和诸戎，南抚夷越”，是刘备保荆、益，成霸业，兴汉室的前提条件之一。并认识到周边及境内少数民族是一股不可忽视的重要力量，夷戎的向背直接影响到刘氏统治的安危，必须采取镇、抚两手加以笼络和控制，以增强实力。刘备在即位诏中，也特别提到：“询于庶民，外及蛮夷君长，佥曰，天命不可以不答，祖业不可以久替，四海不可以无主。”[②] 这一方面是为了在三国鼎立中，争取人心，使自己的地位合法化；另一方面也是以华夏正统来吸引四夷，并通过盟誓、和亲、互市、封爵等进行羁縻，“以夏变夷”，乃至同化。

因此，诸葛亮在辅佐刘备、刘禅（207—271年）父子的过程中，为蜀汉制定了一系列以和抚为主，兼以武功的民族政策。当时，在蜀汉朝廷设有大鸿胪卿，掌管四方及夷狄来朝之事，史书可考者有3人[③]。并通过地方行政系统的州、郡、县，军事与边防系统的都督、总管，边境镇抚系统的校尉、郎将诸官来管辖少数民族事务，详见后述。

## 二　“南抚夷越”之策的主要内容及其具体执行

蜀汉“南抚夷越”的政策，主要突出地表现在诸葛亮平定南中的策略及前前后后所采取的措施上。

① 《三国志·蜀书》卷35，《诸葛亮传》。

② 《三国志·蜀书》卷32，《先主传第二》。

③ 参见洪饴孙《三国职官表上》，中华书局1984年版。

**（一）诸葛亮平定南中的策略**

蜀汉建国之初，北与曹操争汉中，东和孙吴争荆州。诸葛亮为了贯彻“北定中原……兴复汉室，还于旧都”的基本国策，[①] 就必须先安定南中。正如顾祖禹在《读书方舆纪要·陕西纪要》中指出的“定南中，然后可以固巴蜀，固巴蜀，然后可以图关中”。而当时孙吴也在西进，觊觎南中，南中成为蜀、吴必争之地。

在三国鼎立的形势下，迫使南中诸族大姓在归属问题上不得不做出选择，形成亲吴和亲蜀两派。刘备入蜀后，就着手恢复原益州刺史对南中各郡的统治，派邓方为朱提太守、庲降都督经略南中[②]。庲降都督为南中诸郡最高军政机关官吏。据《华阳国志·南中志》云：“蜀之南中诸郡，庲降都督治也。”即负责管辖整个南中地区。有的人认为“庲降”者，取“招徕”、“降服”之意。庲降与江州、永安、汉中四都督，均为军政长官，不治民。南中诸郡民政仍属益州刺史（其下设有部南中诸郡从事史）。由于当时有的南中大姓拥兵自重，邓方只能进驻南昌县（治今云南镇雄），而无法深入滇境。章武二年（222 年，一说元年即 221 年），邓方死后，由李恢继任[③]。这时孙权也通过交趾太守士燮拉拢与吴“使命往返”的雍闿。雍闿先杀益州太守正昂，继之又将刘备续遣的太守张裔缚送于孙权。孙权遥署雍闿为永昌郡太守，并使故刘璋子刘阐为益州刺史[④]，与李恢针锋相对。雍闿反蜀通吴，引起南中各族人民的反感，“益州夷复不从闿”。雍闿又指使建宁孟获对夷叟进行煽动，说汉官要向他们征收胸前尽黑的乌狗三百头，玛瑙三斗，长三丈的斫木三千根。声称蜀汉要征收这些根本不可能得到的东西，以此蛊惑夷众，“夷以为

---

① 《诸葛亮集》卷 1，《前出师表》。

② 据《三国志·蜀书》卷 45，《杨戏传》附《季汉辅臣赞》赞邓孔山曰：“孔山名方，南郡人也。以荆州从事随先王入蜀。蜀既定，为犍为属国都尉，因易郡名，为朱提太守，选为安远将军、庲降都督，住南昌县。章武二年卒。”一说卒于章武元年（221 年）。

③ 《三国志·蜀书》卷 43，《李恢传》提到，李恢为建宁俞元人，“章武元年，庲降都督邓方卒……遂以恢为庲降都督，使持节领交州刺史。住平夷县”。

④ 据《三国志·蜀书》卷 1，《刘璋传》说，刘璋降刘备后，刘备迁之于荆州，其子阐从。后孙权取荆州，以璋为益州牧，驻秭归。璋死后，雍闿附于吴，孙权以阐为益州刺史，“处交、益界首”。诸葛亮平南中后，阐还吴，为御史中丞。

然，皆从闿”[1]。

章武三年（223年），刘备去世前后，南中大姓和夷帅纷纷反蜀割据。继雍之后，越巂叟帅高定元杀郡将焦璜，“举郡称王以叛”[2]。朱提大姓牂牁太守朱褒也拥郡反蜀，只有永昌郡功曹吕凯和郡丞王伉等拒雍闿固守属蜀[3]。

面临南中危机，在丧失荆州，“主少国疑”，“以新遭大丧，故未便加兵”的情况下[4]，诸葛亮则采取先礼后兵，慎重稳妥的方针。他首先稳定内部，“务农殖谷，闭关息民”[5]。并派邓芝使吴，“团结和亲”，恢复蜀吴联盟。蜀、魏也暂相安无事。于是，诸葛亮集中精力安定南中。他接纳马谡“攻心为上，攻城为下，心战为上，兵战为下”的建议[6]，采取先抚后攻、宽猛并济的手段，先是“抚而不讨”，继之讨抚结合，其目的都在于争取南中的长治久安，为北伐建立一个坚强的后方。在招抚雍闿、朱褒、高定元失败后，才诉诸武力。如让做过犍为太守的李严致书雍闿，“解喻利害”，吕凯也写信规劝雍闿要“翻然改图”。在这样情势下，当建兴三年（225）雍闿、高定元即将进逼永昌郡东北，而曹魏再伐吴无暇西顾之机，诸葛亮断然决定大举南征。

春三月，蜀汉兵分三路：东路派马忠为牂牁太守，率军由僰道（四川宜宾西南）趋牂牁，经川南入贵州境，直取朱褒。中路派庲降都督李恢由平夷（贵州毕节），迳往建宁（曲靖地区），包抄雍闿、孟获后方。而诸葛亮亲率西路军，由成都出发，经安上（四川屏山），然后由水路入越巂。高定元在旄牛（四川汉源）、定榨（四川盐源）、卑水（四川宁南附

① 《华阳国志》卷4，《南中志》。

② 《华阳国志》卷4，《南中志》。高定元早在建安二十三年（218年）就派兵包围新道县（今绥江），被犍为郡太守李严率兵打败，但据有越巂郡。高定元叛、雍闿反，是在刘备死前，朱褒反则是在建兴元年夏。

③ 《三国志·蜀书》卷43，《吕凯传》载诸葛亮于南中上表云：“永昌郡吏吕凯、府丞王伉等，执忠绝域，十有余年。”

④ 《三国志·蜀书》卷35，《诸葛亮传》。

⑤ 《三国志·蜀书》卷33，《后主传》。

⑥ 《三国志·蜀书》卷39，《马良传》附《马谡传》注引《襄阳记》提到：“建兴三年，亮征南中，谡送之数十里……曰：‘南中恃其险远，不服久矣，虽今日破之，明日复反耳。今公方倾国北伐以事强贼。彼知官势内虚其叛亦速。若殄尽遗类以除后患，既非仁者之情，且又不可仓卒也。夫用兵之道，攻心为上，攻城为下，心战为上，兵战为下，愿公服其心而已。’亮纳其策，赦孟获以服南方。故终亮之世，南方不敢复反。”

近，一说昭觉附近）一带筑垒设防①。诸葛亮由安上进攻卑水，攻克高定元的根据地，使高定元“失其窟穴”，并“获其妻子”。诸葛亮欲以此迫使高定元“归首以取其生”②。但高定元纠集残部二千余人，杀人盟誓，要与亮死战。这时，雍闿、孟获也从滇东渡江驰援高定元并准备由越嶲进据永昌。诸葛亮欲等其集合后，一并歼之。在决战关头，高定元的叟兵发现受雍闿之骗，袭杀雍闿。孟获代闿为主，继续相抗。诸葛亮趁机攻下越嶲，斩杀高定元，旋跟踪追击孟获。孟获率领雍闿部众，回渡泸水（金沙江），一说由堂琅（今会泽、巧家一带）向建宁撤退。五月，诸葛亮渡泸，招徕永昌、白崖，并追击孟获③。

与此同时，东、中路军也先后告捷。向建宁进军的李恢在昆明突围后，“追奔逐北，南至盘江，东接牂牁”。而此时，孟获前遇李恢迎战，后有诸葛亮追兵，被包围于盘江中上游的曲靖、沾益一带（有的学者认为是滇池附近或弄栋一带）。在军事胜利的形势下，诸葛亮对孟获以攻心为上，晓之以理，示之以信，连战连胜，使其降服，也就是后来史书和通俗演义所说的“七擒七纵”。该年秋，诸葛亮平定南中四郡；冬，班师，过汉阳（今威宁），招徕罗甸，其夷帅济火因协助破孟获、供应军粮有功，被封为“罗甸国王，世长其土”，“黔人祀武侯，必塑济火之像侍于旁”。明朝时，贵阳武侯祠里，就有济火的塑像在诸葛亮像旁。济火为贵州彝族先民势力最强者。《贵州通志·土司志》提到：“济火，汉牂牁郡帅，黑卢水西安氏远祖也。深目长身，黝面白齿，以青布帛为囊宠，发其中，若角状，习战斗，尚信义，善抚其众，诸蛮戴之。”“闻诸葛武侯南征，积粮通道以迎师，遂佐武侯平西南夷，擒孟获。”另外，世居昆弥川（云南洱海地区）的龙佑那也被封为酋长，赐姓张④。后来，张嶷为越嶲

① 一说诸葛亮从成都出发，循岷江而下，经武阳至僰道，然后分兵三路而进。

② 《北堂书钞》卷158引诸葛亮《南征表》：“初谓高定失其窟穴，获其妻子，道穷计尽，当归首取其生……”

③ 关于诸葛亮渡金沙江地点及以后进军路线，历来说法不一，有东路说、西路说。西路说：由邛都（会昌）、会无（会理）、三绛（黎溪）渡泸水（金沙江）至晴蛉（太姚），然后至益州弄栋县（姚安），再由此向西至叶榆（大理）或东至滇池（晋宁）。东路说：由会无东渡泸水入朱提郡之堂琅县，再南入益州县（今曲靖）至滇池。主西路说并认为孟获不可能由堂琅走味县，而应是在西路抵御蜀汉大军。

④ 参见《诸葛亮集·遗书篇》所引《滇载记》、《述异录》。

太守，又表奏捉马部帅魏狼为“邑侯”，旄牛部首领狼路为“旄牛㽛毗王”①。

关于“七纵七擒”孟获的故事，在西南传播很广。究竟历史上有无孟获其人及七擒七纵之事，历来说法不一。孟获一说是南中大姓②，即汉族大姓移居南中，长期与夷人错居杂处及互相通婚，已逐渐夷化者。一说为蛮王或夷人祖先③。有的学者则认为无孟获此人，更无七擒七纵之事，其理由为陈寿《三国志》所载南中人物之抗蜀者有雍闿、高定（高定元）、朱褒等，而无孟获④。其实，在历史上是有孟获其人的。《益梁宁三州先汉以来士女目录》就有建宁人士御史中丞孟获之记载⑤。《太平御览》卷322引晋习凿齿《汉晋春秋》说：“诸葛亮至南中，所向克捷，闻孟获者，为夷汉所服，图生致之，使观于营阵之间，而问之曰：‘此军如何?’曰：‘不知虚实，是以致耳；知之，定易胜也。’亮乃纵使更战，七纵七擒。”《三国志·蜀书·诸葛亮传》刘宋裴松之注引《汉晋春秋》较详：“亮至南中，所在战捷。闻孟获者，为夷汉所服，募生致之。既得，使观于营阵之间，问曰：‘此军如何?’获对曰：‘不知虚实，故败。今蒙赐观看营阵，若只如此，即定易胜耳。’亮笑，纵使更战，七纵七擒，而亮犹遣获。获止不去。曰：‘公，天威也，南人不复反矣。’”常璩《华阳国志》卷4《南中志》也有所载。后来史书多有涉及。罗贯中《三国演义》更大为铺垫，进行绘声绘色的描写。如第八十七回，“征南寇丞相大兴师，抗天兵蛮王初受执”；第八十八回，“渡泸水再缚番王，识诈降三擒孟获”；第八十九回，“武乡侯四番用计，南蛮王五次遭擒”；第九十回，“驱巨兽六破蛮兵，烧藤甲七擒孟获”等。清代冯苏《滇考·武乡侯南征》条目指出七擒地名及经过。依史载分析，确有孟获其人，但七擒七纵却不符合诸葛亮一贯谨慎用兵的策略和风格。实际上，是亮平定越嶲，渡泸水追去，孟获屡败退，亮一方面在军事上连续加以打击，另一方面利用攻心战术，使其诚服。至于演绎出七擒七纵之故事，其缘由错综复杂，

---

① 《三国志·蜀书》卷43，《张嶷传》。

② 参见《华阳国志》卷4，《南中志》。

③ 参见元代张道宗《纪古滇说集》、明代诸葛元声《滇史》、清代赵震《开化府志》、冯苏《滇考》、元末明初罗贯中《三国演义》等。

④ 参见张华澜《孟获辩》，刊于《南强杂志》。清代傅恒等撰修的《通鉴辑览》卷2也认为“七擒七纵孟获”是不可能的。

⑤ 参见《华阳国志》卷12，《益梁宁三州先汉以来士女目录》。

后面进行分析。

### （二）安定南中之措施及影响

一个带着军队对南中进行平定的统帅，留给当地少数民族的应当是反感和仇恨，但问题却恰恰相反。据《三国志·蜀书·诸葛亮传》及裴松之注引《襄阳记》等说，在其死后，“黎庶追思，以为口实”，“百姓巷祭，戎夷野祀”。而数十年后，“梁、益之民，咨述亮者，言犹在耳”。虽然，这是出于封建史学家手笔，不无溢美之嫌，不过，长期以来，诸葛亮确实在西南少数民族中被广为歌颂，享有相当高的声誉，其遗迹遍及各地。四川成都市南郊的武侯祠，最初就是西晋末年十六国成（汉）賨人李雄为纪念诸葛亮而建。诸葛亮像前，有铜鼓三面，称诸葛鼓，铸于公元6世纪前。其他如唐代樊绰《蛮书》也曾提到：“永昌城，古哀牢地……隔候雪山西边大洞川，亦有诸葛武侯城，城中有神庙，土俗咸共敬畏，祷祝不厥。蛮夷骑马，遥望庙即下马趋走。”[①] 元、明、清时期，有关的记载就更多，仅据明代《滇略》所录，诸葛亮在云南的遗迹，有地点、名称可稽者即达三四十处。而“诸蛮之人，畏之如天地，爱之如祖考”[②]。

究其原因，笔者认为主要有三点，一是后来封建统治阶级为加强对西南控制大加宣扬；二是深受三国故事、演义小说的影响；第三也是最根本的一点是诸葛亮在南征中采取安抚政策，其后又采取一些促进南中社会经济发展与缓和民族矛盾、调整民族关系的措施，取信于西南诸族。

关于第一点，众所周知，由于诸葛亮忠于刘氏父子，所以历代封建统治者对他几乎无不备加推崇，借此为封建社会树立一个忠臣的典范。晋朝习凿齿著《汉晋春秋》，以蜀汉为正统。后来南宋偏安江南，朱熹撰《通鉴纲目》，尊蜀汉以宣扬正统，诸葛亮的地位更被抬高，逐渐由人变成神。在封建社会中，统治阶级的思想往往影响着劳动人民，西南诸族当然也不例外。元代，征服云南灭大理政权后，当地少数民族的反抗斗争此起彼伏。明代在该地区设置大量土司土官，以史为鉴，封建王朝感到要巩固对西南地区的统治，历史上曾进行南征的诸葛亮倒是一个大可利用的人物。因此，西南少数民族地区的武侯祠，大多是明代官方倡议修建的。而

① 樊绰：《蛮书》，云南城镇第六。

② 冯苏：《滇略》卷5，《绩略》。

其中诸葛亮对孟获的“七擒七纵”，更是作为统治者的一项“仁政”来加以宣扬，为加强其在云南地区的统治服务。

第二点，西南诸族之所以对诸葛亮崇敬，还由于深受三国故事、演义小说的影响，这方面的例子也是很多的。明代时曾有这样一首描述三国故事在西南少数民族中流传的诗：

> 孟获生擒雍闿平，永昌南下一屯营；
> 僰人也解前朝事，立向斜阳说孔明。①

另外，在戏剧方面，壮族、傣族等都曾将汉文《三国演义》或三国戏，翻译、改编成壮剧、傣剧《三国》连台本戏上演。连台本戏《三国演义》是云南富宁壮剧十八大本之一，其中，《三气周瑜》、《诸葛亮智取三城》、《失街亭》、《空城计》等壮剧孔明戏还经常作为单折戏或单本戏演出。云南白族吹吹腔传统剧目中，也有很多孔明的故事剧，兹不一一列举。通过三国故事、戏剧等影响，人们把诸葛亮当作智慧、坚贞的典型来喜爱和传诵，这就更增添了西南诸族对他的敬仰之情。

第三点，和抚政策深得人心。任何事物都是外因通过内因起作用的。诸葛亮之所以备受推崇，最主要的还是，他在经营南中的过程中，从蜀国实情（兵少、地狭、主幼等）出发，以其政治家恢弘的胸怀、锐炯的眼光、灵活的手法和仁厚的风采，用强大武力为后盾，采取以和抚为主，兼施武功的民族政策。七擒七纵孟获，不一定完全符合历史事实，但也说明诸葛亮在南征中采取“攻心为上”的策略，通过争取为“夷汉所服”的孟获，达到“夷汉亦思反善”的目的。这也是诸葛亮率兵南征迅速取得胜利的原因之一。此举与两汉时期王莽等对西南诸族反抗的镇压、动辄“斩首捕虏数万”，掠夺大量牲畜财物相比，要明智、温和得多。与同时代的魏、吴比较，也略胜一筹。孙吴将帅贺齐等30余人，先后率军进行征战，大量擒获山越生口，以充家兵、佃客和奴隶，引起山越人民的不断反抗。孙吴又出兵镇压，如此往复，使孙吴内部处于不稳定状态，在三国争夺中，只能采取“保江东，观成败”的防守策略。

---

① （明万历）李元阳《云南通志·地理志》永昌军民府“古迹”条录曹迁《咏诸葛亮营》诗。

在这方面，成都武侯祠中所保存的清赵藩匾做了高度概括：

上联：能攻心则反侧自消从古知兵非好战
下联：不审势即宽严皆误后来治蜀要深思

安定南中后，诸葛亮根据蜀国兵少，不能在南中长期驻兵，而南中新平，当地夷汉人民与蜀汉政权隔阂仍很深的实际出发，继续采取和抚政策，突出一个“信”字，即相信南中大多方土大姓及夷帅是拥蜀的，并且竭力在南中树立信誉，尽量消除对立情绪。其核心仍是沿袭汉武帝以来依其“故俗治”的政策[①]，具体做法是以夷治夷、分而治之，笼络夷帅和方土大姓，赐以王侯爵印，使其归附等。

第一，调整郡县设置，分而治之。汉武帝“开西南夷，始在此设郡”。三国时，“丞相亮南征四郡”[②]，即越嶲、牂牁、永昌、益州四郡。实际当时已有五郡，“蜀章武元年（221 年）……以犍为属国为朱提郡”[③]。南征后，诸葛亮即“改益州郡为建宁郡”；分建宁（应为越嶲）、永昌郡为云南郡；又分建宁、牂牁为兴古郡。[④] 在原有五郡基础上增设云南、兴古二郡，是为“南中七郡”，以分其势，并于建宁复设庲降都督以统之，使南中地区进一步郡县化，加强蜀汉对南中的统治。

第二，“即其渠率（帅）而用之”。蜀汉袭用秦汉分封“蛮夷邑君侯王”之策，尽量少留汉官兵，利用当地夷帅或方土大姓进行统治。南中“夷人大种曰昆，小种曰叟”，“夷中有桀黠能言议屈服种人者，谓之‘耆老’，便为主”[⑤]。其种落无数，“往往邑居，散在山谷”[⑥]，邑落首领称为邑君。诸葛亮南征后，其氏族部落组织并未被打破，仍由“耆老”、“邑君”等渠帅统领，如越嶲郡的苏祁邑君冬逢、定笮“率豪”狼岑、汉嘉郡“旄牛夷率”狼路等。蜀汉政权主要占据了州郡所在的少数据点，对县以下的基层则并未能马上加以有效统治。因此，蜀汉政权只能承认现

① 参见《史记》卷 30，《平准书》。
② 《三国志·蜀书》卷 33，《后主传》。
③ 《晋书》卷 14，《地理志》上。
④ 《三国志·蜀书》卷 33，《后主传》。
⑤ 《华阳国志》卷 4，《南中志》。
⑥ 同上。

实，夷叟大多仍由其渠帅统领，不过，郡县要地则派当地大姓及外地汉人进行管辖。据史称，当有人建议派汉官治理南中时，诸葛亮说：“若留外人，则当留兵，兵留则无所食，一不易也；加夷新伤破，父兄新丧，留外人而无兵者，必成祸患，二不易也；又夷累有废杀之罪，自嫌衅重，若留外人，终不相信，三不易也；今吾欲使不留兵，不运粮，而纲纪粗定，夷汉粗安故耳。”①

关于诸葛亮平定南中后是否留兵及派汉官治理，学术界有不同看法。笔者认为实际情况是，由于蜀汉国小兵寡，其时诸葛亮“方倾国北伐以事强贼”，② 因而不能留下太多军队于南中，但也不能不留兵以守之，以免南中得而复失。庲降都督本身就是南中地区最高军政长官，其主要职守即为统辖该地区军事，故蜀汉政权历届庲降都督均加“将军”头衔，得以利用手中掌握之军队，随时镇压少数民族的反抗。郡守亦领有军队，如张嶷为越巂太守时，原有“四部斯臾及七营军”，后又“置赤甲北军二牙门，及斯臾督军中坚，卫夷徼”③。平定南中后，诸葛亮重用的基本上是逐渐夷化之拥蜀大姓和平叛有功将领，同时还派一些汉官担任南中郡守及庲降都督要职，如张嶷、马忠等。所以说，不留兵、不留外人固不符合历史事实，但鉴于当时形势，蜀汉确是尽量少留汉官和汉兵，依靠拥蜀南中大姓和平定有功将军对郡县进行统治，利用夷帅对夷叟从事基层管理。

第三，扶植南中大姓，削弱夷帅在当地势力，加强蜀汉对南中的控制。蜀汉政权一方面“移南中劲卒青羌万余家于蜀，分五部，所当无前，号为飞军”，以增强蜀国战备；另一方面，“分其羸弱配大姓焦、雍、娄、爨、孟、量、毛、李为部曲”，并鼓励大姓出金帛，“聘策恶夷为家部曲”④，组成夷汉部曲。而 1963 年在云南昭通后海子中寨发现东晋霍承嗣墓之壁画，形象地反映了夷汉部曲组成的情况。该墓中西壁下层有一幅壁画，第一排为汉族装束，手持环骨铁刀的 13 人；第二、三排梳有“天菩萨”（头顶挽髻的一种发型），披毡赤足，装束为“夷”的 27 人，与今凉山彝族的装束相似，可能就是彝族先民。由上可知，蜀汉将雍闿、高定元

---

① 《华阳国志》卷 4，《南中志》。

② 《三国志·蜀书》卷 39，《马谡传》注补《襄阳记》。

③ 《华阳国志》卷 3，《蜀志》。

④ 《华阳国志》卷 4，《南中志》提到“以夷多刚很，不宾大姓富豪，乃劝令出金帛，聘策恶夷为家部曲，得多者奕世袭官。于是夷人贪货物，以渐服属于汉，成夷、汉部曲”。

等所控制的劲卒青羌迁至成都，编为五路军，而将夷帅统治下的奴隶及依附民，则配隶给拥蜀的南中大姓，并让大姓用钱帛买夷人为其私家部曲，使夷汉部曲合法化。这种部曲对大姓的人身依附关系已有所减弱，使封建生产关系在南中得以发展。

第四，吸收方土大姓到蜀汉政权任官。史称诸葛亮“收其俊杰建宁爨习、朱提孟琰及获为官属，习官至领军，琰辅汉将军，获御史中丞”[①]。爨习为益州“方土大姓”，原任建伶县令，平南中后官至领军及行参军偏将军[②]，领军掌禁卫军。孟获为建宁大姓，平南后官至御史中丞，御史中丞掌监察、执法，秩千石。这样，既起到调虎离山之作用，又对从政治上笼络南中大姓，加强蜀汉与南中地区的联系，扩大蜀汉政权的统治基础，以及减少在南中推行郡县的阻力等，皆有一定的积极意义。

第五，选用循吏和抚夷人，先后任庲降都督的李恢、马忠、霍弋及越巂太守张嶷等都能采取一些和抚措施。例如李恢，治理南中，颇有政绩，赋税大增。继任马忠曾长期任丞相府门下督，其“处事能断，威恩并立”，“蛮夷畏而爱之”[③]。霍弋也能“抚和异俗”，做到“立法施教轻重允当，夷晋安之”[④]。又如越巂太守张嶷，“讨叛鄙，降夷人，安种落，蛮夷率服”[⑤]，既能较为妥善处理民族矛盾，又能率夷汉开发盐铁和生漆等资源，并主持修复邛都经旄牛至成都的百余年断绝之旧道，方便商旅往来，加强蜀汉与西南之联系，因而在离任时，“民夷恋慕，抚毂泣涕”[⑥]。凡此等等，不一而足。

第六，因俗而治，加强思想控制。鉴于昆明、叟等族“征巫鬼，好诅盟”之俗，为夷作图谱。“先画天地、日月、君长、城府；次画神龙，龙生夷及牛马羊；后画部主吏乘马幡盖，巡行安恤；又画夷牵牛负酒，赍金宝诣之之象，以赐夷，夷甚重之。许致生口直，又与瑞锦、铁券，今皆存。每刺史、校尉至，赍以呈诣，动亦如之。”[⑦] 夷民看到这种象征和平的图谱，甚为高兴，争先拿回家供奉，以期上佑友善局面。又偿还收买

① 《华阳国志》卷4，《南中志·总叙》。

② 参见《三国志·蜀书》卷43，《李恢传》；卷40，《李严传》注引。

③ 《三国志·蜀书》卷43，《马忠传》。

④ 《华阳国志》卷4，《南中志》。

⑤ 《华阳国志》卷3，《蜀志》。

⑥ 《三国志·蜀书》卷43，《张嶷传》。

⑦ 《华阳国志》卷4，《南中志》；《太平御览》卷751。

“夷人”部曲的费用，并用瑞锦、铁券等法律形式确认夷帅的权力及对蜀汉的从属关系，令其向本族人民征收贡赋上交蜀汉官吏，使蜀汉从南中地区获得金、银、战马及劲卒，增添以后北伐的人力、物力。同时，诸葛亮还令下属官吏常与夷民“投石结草”，拜为兄弟，互示友好。有的学者认为凡此种种皆是欺骗行为，这恐不能一概而论。诚然，诸葛亮的所作所为是为巩固和加强蜀汉政权服务，是以居高临下的姿态来对待西南夷，但尊重当地风俗，取信于民，安定人心，稳定政局，也是符合社会经济发展需要，符合人民要求安居乐业的愿望的。

第七，大兴屯田，发展生产。如李恢为建宁太守期间，曾把永昌地区的“濮民数千落”迁到建宁、云南二郡界境[①]，开垦田地，把他们编为负担赋税兵役的齐民。在建宁郡治的味县（今云南曲靖西）设置五部都尉管理屯田事务，任命大姓为五部都尉，利用政府配隶的部曲和他们领有的夷汉部曲从事屯田，有事则出兵作战，平时从事耕种。史称：“置五部都尉，号‘五子’，故南人言‘四姓五子’也。”[②] 使曲靖地区继滇池地区之后成为南中政治、经济和文化的中心。

第八，通过当地方土大姓及夷帅向少数民族征调赋役，以补充蜀汉兵员和军资给养。除移南中劲卒青羌万余家为飞军等外，还“出其金银、丹、漆、耕牛、战马给军国之用”[③]。自平南中后，“军资所出，国以富饶”[④]，“于时费用不乏”[⑤]。其征敛的方式主要有三：一是通过少数民族首领进行攫取，如张嶷征服捉马豪帅魏狼后，“表拜狼为邑侯，种落三千余户皆安土供职”，即通过豪帅赋敛夷民。二是直接收夺夷帅所经营的有关产业，如“定笮、台登、卑水三县去郡三百余里，旧出盐铁及漆，而夷徼久自固食”。越嶲太守张嶷“率所领过取，署长吏焉”。通过武力征服，派遣蜀汉官员从夷帅手中夺取盐、铁、漆等管理权，“官迄有之”，“遂获盐铁，器用周赡”。三是指派徭役，例如张嶷“以郡宇颓坏，更筑小坞。在官之年，徙还故郡，缮治城郭，夷种男女莫不致力”[⑥]。

---

① 《华阳国志》卷4，《南中志》。

② 同上。

③ 同上。

④ 《三国志·蜀书》卷35，《诸葛亮传》。

⑤ 《三国志·蜀书》卷43，《李恢传》。

⑥ 《三国志·蜀书》卷43，《张嶷传》。

由于诸葛亮等采取上述一系列措施，使南中一度出现了“纲纪粗定，夷汉粗安”的局面[①]，巩固了巴蜀的后方，以达到“定南中”、“固巴蜀”的目的，并使蜀汉能进一步与曹魏争夺氐、羌等，以巩固汉中。

## 三　“西和诸戎”政策的贯彻

在蜀汉的西部、西北部的武都、阴平、汶山、汉嘉等郡，即今甘肃、陕西及川西地区，分布着氐、羌、匈奴、鲜卑等一些支系，通常统称之为“诸戎”。据《华阳国志·汉中志》所载，武都郡有“氐叟，我羌戎之民”，阴平郡“多氐叟，有黑、白水羌、紫羌”[②]；《蜀志》则称汶山郡“有六夷、羌胡、羌虏、白兰峒，九种之戎”[③]。

早在刘备三顾茅庐时，诸葛亮就提出了“西和诸戎”的主张，以稳定西北境域。在三国争战中，蜀汉非常注意争取勇悍善战的氐、羌等族，采取镇抚两手，加以笼络利用。

第一，使用招降或攻城略地的办法使氐、羌等族归附。如建安十八、十九年（213—214年），氐王杨千万响应马超反对曹操，失败后，就与马超入蜀投奔刘备，受到优抚。二十三年（218年），刘备遣将军雷同（一作铜）、吴兰攻击氐、羌等聚居的武都郡，为魏将曹洪所破杀。次年，刘备占领汉中后，遣张飞、马超率军进迫下辩（或作下辨，治今甘肃成县西），氐师雷定等七部万余落响应之。章武元年（221年），刘备派“信著北土，威武并昭”的马超为凉州牧[④]，利用他与西边羌戎的关系，使“西和诸戎”的方针得以逐步实现。当蜀后主建兴六年（228年）诸葛亮第一次出师伐魏时，西北氐羌分布地区的南安、天水、安定三郡叛魏应亮，“关中响震”。诸葛亮围祁山过程中，还远结鲜卑轲比能，促其引军“故北地石城，与相首尾”[⑤]，以扰魏北境，牵制曹魏军队。后曹魏邓艾也

---

① 《三国志·蜀书》卷35，《诸葛亮传》注引《汉晋春秋》。

② 《华阳国志》卷2，《汉中志》。氐叟，即氐人。

③ 《华阳国志》卷3，《蜀志》。据《资治通鉴》卷89，胡三省注说“六夷”即羌胡、羯、鲜卑、氐、羌、巴蛮（或乌丸）。魏晋之际，习惯称匈奴及其别部为“胡”。羌胡，一说指匈奴及其别部羌化者。

④ 《三国志·蜀书》卷36，《马超传》载：“迁骠骑将军，领凉州牧，进封斄乡侯。”

⑤ 《三国志·蜀书》卷26，《牵招传》。《三国志·蜀书》卷35，《诸葛亮传》注引《汉晋春秋》曰：“亮围祁山，招鲜卑轲比能，比能等至故北地石城以应亮。”

曾"招鲜卑数万"，使居雍、梁二州[①]，以防蜀汉。双方皆欲交结鲜卑而利用之。建兴七年（229年），诸葛亮又派护军陈式攻武都、阴平，"降集夷氐，兴复二郡"[②]，将氐羌等聚居的地区控制在蜀汉手中，以利于与曹魏的对抗。在此前后，有不少氐人投奔蜀汉，如建兴十四年（236年），武都氐王苻健附蜀。延熙十年（247年），雍、凉诸羌及胡王治无戴等举部附蜀反魏，姜维将兵出陇右以应之，联合攻魏城邑，与魏雍州刺史郭淮、讨蜀护军夏侯霸战于洮阳。姜维退后，魏军斩杀羌胡起事首领，"降服者万余落"。以上所举部分史实，说明地处魏蜀争夺地的氐羌诸戎，备受其苦，蜀汉所谓"西和诸戎"政策，也往往是以统治者的根本利益为出发点。

第二，增设郡县，强制迁徙；征调赋役，扩充兵源。蜀汉时为加强对氐、羌等族的控制，在羌人聚居的汶山郡增设平康县、白马县、都安县、升迁县[③]，并沿袭曹魏，改置广汉属国为阴平郡，增立广武县[④]。还在汶山郡边缘地带建汶山、龙鹤、冉龙、白马、匡用五围，修屯牙门，增强对羌人地区的置守。同时，蜀汉及曹魏皆纷纷对氐、羌等族强制迁徙，大量征调为兵和服各种徭役。诸葛亮指挥的精锐部队即包括"賨叟、青羌散骑、武骑一千余人"[⑤]。无论是曹魏或蜀汉皆从氐、羌聚居地区征取粮食及战马等军资。例如，魏将邓艾论魏蜀洮西战后，蜀将姜维必再出的根据之一就是蜀兵可"从南安、陇西，因食羌谷"。[⑥] 后来姜维被邓艾打败，不敢回成都，也求种麦于沓中（在今甘肃舟曲县以西，岷县西南一带）[⑦]。

第三，恩威兼施，出兵镇压。蜀汉对于降服的氐、羌等族采取招抚怀柔政策，而对敢于反抗的诸戎，则进行军事征战。例如。建兴九年（231

① 参见《晋书》卷47，《傅玄传》。

② 《华阳国志》卷7，《刘后主志》。《三国志·蜀书》卷35，《诸葛亮传》为"降集氐羌，兴复二郡"。

③ 汶山郡，西汉元鼎六年（前111年）置，治所在汶江县（今四川茂县北）。地节三年（前67年），并入蜀郡。东汉建安末，刘备分蜀郡北部又置，治所在绵虒道（今四川汶川县西南绵虒镇）。辖绵虒、汶江、湔氐、蚕陵、广柔、都安、白马、平康八县。西晋沿袭，但改绵虒为汶山，汶江为广汉，湔氐为升迁，白马为兴乐，治汶山。

④ 阴平郡，建安二十年（215年）曹操平汉中时置，蜀汉因之。东汉广汉属国属县三：阴平道、刚氐道、甸氐道，蜀汉增立广武县。

⑤ 《三国志·蜀书》卷35，《诸葛亮传》注引《汉晋春秋》。

⑥ 《三国志·魏书》卷28，《邓艾传》。

⑦ 参见《华阳国志》卷7，《刘后主志》。

年），汶山羌暴动，蜀汉遣安南将军马忠、将军张嶷讨伐，遭到他里羌人等扼险抵抗，后改用招降而破他里，使其余各部羌人出降或奔窜山谷。之后，蜀汉大将军姜维又多次西征，于延熙四年（241 年）、九年（246 年）、十年（247 年）、十二年（249 年），讨伐汶山郡的诸戎，掠夺大量财富，以致蜀汉与西戎诸部关系日益紧张。

总之，与“南抚夷越”相比，蜀汉“西和诸戎”政策的贯彻，要逊色得多。和戎的目的在于固巴蜀，抗曹魏，其手段不外乎政治招纳与军事征伐相结合，在与曹魏激烈争夺氐、羌等族的交锋中，未能取得预期的效果。尽管如此，蜀汉的和抚政策还是有其特色和成功之处。

## 四 以和抚为主，兼以武功之政策实施效果

和抚政策的实施，使蜀汉基本上统一了西南夷和氐、羌等族分布活动的陇、蜀、滇地区，同时也使蜀汉得到兵员补充和军资给养。蜀汉统治南中期间，“赋出叟、濮，耕牛、战马、金银、犀革，充继军资，于时费用不乏”①。史称“亮率众南征，其秋悉平。军资所出，国以富饶，乃治戎讲武，以俟大举”②。南中地区又是补充蜀汉军员的重要来源。伐魏军中就有“賨叟、青羌”之精锐主力。南中大姓孟琰、爨习所领部曲，王平所统五部军等，均征自南中。孟琰曾率南中万余部曲入蜀。随诸葛亮北伐，官至虎步监。

诸葛亮和抚政策的实行，有利于西南地区民族融合和社会经济发展。而南中与内地的联系进一步密切，则有助于汉族移民的迁入，加强彼此接触，促进交流和西南地区的开发。诸葛亮除了在南中实行屯田外，还大力推广汉族地区先进耕作技术，如“命人教打牛，以代刀耕，彝众感悦”③。并重视兴修水利，据说在云南少数民族中普遍流传着诸葛亮这方面的很多传说。如云南景颇族传说诸葛亮是南中各种制度的创造者；佤族传说稻种也是孔明给的；基诺族传说诸葛亮赐给他们茶籽，使基诺山成为普洱茶六大茶山之一。基诺族男子衣背正中间往往刺绣圆形图案，基诺人称之为

---

① 《三国志·蜀书》卷 43，《李恢传》。
② 《三国志·蜀书》卷 35，《诸葛亮传》。
③ 《三国志·蜀书》卷 43，《李恢传》。

“孔明印”，或说是孔明的“八卦”，祭祀神鬼时还呼喊孔明先生，并传说基诺族的族源与孔明南征部队有关①。清道光年间所修的《云南通志》中的《宁洱县采访》还说基诺等族男子头发“留左、中、右三撮，以武侯曾至其地，中为武侯留，左为阿爹留，右为阿嬢留”②。四川凉山彝族地区和贵州、湖南的部分苗族，也传说诸葛亮曾教给他们各种先进生产技术。

西南地区许多民族衣食住行各方面的不少东西都和诸葛亮孔明的名字有关，诸如孔明灯、孔明印、诸葛菜③、诸葛鼓、孔明塔等，还有孔明营、孔明山、祭风台、祭锣洞等有关古迹。据说傣家的竹楼，也是按诸葛亮的帽子样式盖的。傣族民间传说诸葛亮率兵南征到澜沧江，杀死贪婪的汉官，送来谷种，教他们打谷舂米，用牛耕地。临走时，还把自己的帽子赠送傣人先祖。后来，傣人遇到可怕的瘴气，便遵照诸葛亮在所赠帽子绸条上写的嘱咐（“想命长，水冲凉；草棚矮，住高房”），盖起了形似诸葛亮帽子的傣家竹楼④，并用凉水洗澡，终于驱逐了瘴气。为了表示对诸葛亮的崇敬，每年傣历十二月十五日（约当夏历九月中旬）开门节时，要放孔明灯。传说西南少数民族其他一些风俗习惯也与诸葛亮有关，如南宋人周去非在《岭外代答》一书中提到：“西南夷大率椎髻跣足……其髻以白纸缚之，云犹为诸葛武侯制服也。”明代人陆次云在《峒溪纤志》中说：“苗祀神，多书孔明天子之位。”

这些传说，到底有多少真实性呢？其实，景颇（当时的“裸濮”）、佤族（当时的“闽濮”）种谷子和傣族（当时的“鸠僚”）盖房子的技术及基诺先民种茶树，并不可能是诸葛亮亲自传授的。因为当时诸葛亮本人只亲临越嶲郡和益州郡及永昌郡东部，乃近代彝族、白族等地区，而不曾

---

① 传说基诺族的祖先是孔明南征部队的一部分，因途中贪睡而被丢落（基诺族过去汉文译作“攸乐”，一说“攸乐”为“丢落”之谐音）。后来这些人虽追上了孔明，但不再被收留。为了这些落伍者的生存，孔明赐以茶籽，命其好好种茶，于是基诺山成为著名的普洱茶六大茶山之一。当然，关于基诺族的起源还有其他种种口碑传说。

② 道光时修《云南通志》卷187，《宁洱县采访》。

③ 云南人往往将蔓菁（芜菁）称为诸葛菜。《太平御览》卷980引《云南记》说：“嶲州像山谷间有菜，大叶粗茎，名曰诸葛菜。云是武侯南征时，（种）此菜于山中以济军食。”一说指葱菜。

④ 傣家竹楼属于干栏式建筑。通常分上下两层，搭有竹梯或木梯。上层住人，有走廊、晒台、内外屋。楼下不住人，四周有栏杆，用来搁置家具、生产用具和圈养牲畜。

深入边疆永昌郡西部、南部的近代景颇、佤、傣、基诺等族地区。传说并不等于历史，但从中却可以反映出诸葛亮对南中诸族和他们生产发展的影响。这些传说的实质是：在诸葛亮所采取比较开明的和抚政策影响之下，南中各民族能够有更多的机会与汉族接触，从汉族人民那里学会种植稻谷、茶树和盖房等生产技术，这从一个侧面反映了汉族和西南少数民族经济文化交流和杂居共处中所建立的情谊。

由于南中地区水利兴修，生产发展，使住在深山密林中的“上方夷”，“渐去山林，徙居平地，建城邑，务农桑”[①]，成为“下方夷”。同时手工业和商业也有所发展，征收盐井和矿山为官有，设置盐府校尉和司金中郎将，管理煮盐炼铁。还派人教授织锦技术等，南中土特产铜、锡、黄金、阑干细布、麝香等也进一步采集和生产，销往内地。永昌郡的特产幢华布，大量畅销成都。蜀锦远销北方和东南。旄牛道（从四川雅安至西昌的古道）和沿途驿亭的修复，便于商旅往来，促进了经济文化交流。史家称誉：“亮之治蜀，田畴辟，仓廪实，器械利，蓄积饶。”[②] 此中应包括对南中治理的结果。

诸葛亮等蜀汉统治者“西和诸戎，南抚夷越”的民族政策对于祖国统一、西南地区的开发、促进夷汉之间的关系等都起到了一定的作用。但诸葛亮等毕竟是封建地主阶级的政治家，其和抚政策之实质只是为了加强控制西北和南中，稳定巴蜀的后方，攫取其财富和兵源，巩固蜀汉政权。这些地区的少数民族所受压迫和剥削仍然很严重。南中“供出官赋，取以给兵，以为愁怨”[③]。蜀汉政府对南中“无岁不征”，南中各族人民莫不“苦其役调”[④]，纷纷奋起反抗。如建宁郡“南夷复叛，杀害守将”，李恢率军镇压后，“徙其豪帅于成都”[⑤]。云南郡太守吕凯“为叛夷所害”[⑥]。越嶲郡“自丞相亮讨高定之后，叟夷数反，杀太守龚禄、焦璜，是后太守不敢之郡，只住安定县，去郡八百余里，其郡徒有名而已”。后来张嶷为太守，“将所领往之郡，诱以恩信。蛮夷皆服，颇来降附”。但“北徼

① 杨滇：《滇载记》。
② 《三国志·蜀书》卷35，《诸葛亮传》裴注引《袁子》。
③ 《三国志·蜀书》卷42，《谯周传》。
④ 《三国志·蜀书》卷35，《诸葛亮传》注引张俨《默记·述佐篇》。
⑤ 《三国志·蜀书》卷43，《李恢传》。
⑥ 《三国志·蜀书》卷43，《吕凯传》。

捉马最骁劲，不承节度，（张）嶷乃往讨。生缚其帅魏狼，又解纵告喻，使招存余类。表拜狼为邑侯，种落三千余户皆安土供职”。而对于不肯降服之渠帅，则加以剿杀，如越嶲郡“苏祁邑君冬逢、逢弟隗渠等，已降复反。嶷诛逢”。隗渠“逃入西徼”，张嶷又设计重赏渠之亲信，“使为反间”，而诛隗渠[①]。牂牁、兴古二郡“獠种复反”，“（马）忠令（张）嶷领诸营往讨，嶷内招降得二千人，悉传诣汉中”[②]。其中尤以建兴十一年（233年），南夷豪帅刘胄的反抗规模最大，“扰乱诸郡”[③]，后永昌郡夷僚以及汶山羌也恃险数叛，史称“永昌郡夷獠恃险不宾，数为寇害，乃以（霍）弋领永昌太守，率偏军讨之，遂斩其豪帅，破坏邑落，郡界宁静”[④]。到了蜀汉末期，郡守贪赃腐败，反抗斗争更是此起彼伏。这就为西晋时宁州大姓和夷帅的反晋斗争及联合成汉反晋埋下了伏笔。因此，对蜀汉的民族政策，既要肯定其较为成功的一面，但也不能过高估计，其局限性是非常明显的。

（原载《中国边疆史地研究》2002年第4期）

① 《三国志·蜀书》卷43，《张嶷传》。

② 《三国志·蜀书》卷43，《张嶷传》注引《益都耆旧传》。

③ 《三国志·蜀书》卷43，《马忠传》。

④ 《三国志·蜀书》卷41，《霍弋传》。

# 北魏对境内诸族的政策

4世纪前期，鲜卑拓跋部在今山西北部、内蒙古等地建立代国，后为前秦苻坚所灭。拓跋珪于公元386年重建代国，旋改国号为魏，史称北魏。398年建都于平城（今山西大同东北），历明元帝拓跋嗣，至太武帝拓跋焘，逐步吞并后燕、夏、北燕、北凉，统一北方。494年，孝文帝迁都洛阳。其疆域北至蒙古高原，西至新疆东部，东北至辽西，南境初以黄河为界，后逐渐扩展至秦岭、淮河。境内以汉族为主要居民，少数民族除鲜卑诸部外，还有原居住在黄河流域、长城内外的匈奴、羯、氐、羌、丁零余众、山胡（稽胡）、卢水胡、契胡（羯胡）、焉耆胡（西域胡）等，另有敕勒、柔然、吐谷浑、蛮等举族投附或被俘获迁徙至北魏境内者。而其周边，东北方有库莫奚、契丹、室韦、乌洛侯、豆莫娄、勿吉、地豆于等；北方有柔然、高车与后起的突厥；西北有龟兹、于阗、康居、乌孙、疏勒、月氏、鄯善、车师之属；西南境有仇池氏、邓至及宕昌羌、吐谷浑、女国、附国等；南面与汉族建立的宋、齐、梁世代对峙。

北魏以华夏正统自居，视周围诸族为东南岛夷和荒服小国，根据自身及对方势力变化，交替使用防御与扩张、羁縻与掠夺两手，既有军事冲突、领土争夺，又有设治驻守、遣使聘问、降附羁縻、封爵婚媾、朝贡赏赐、关市贸易等政治、经济及文化联系。并根据境内种族繁多、民俗各殊、矛盾猬集、易于激变的特点，审时度势，对诸族“随俗而治”，采取不同的民族政策。大致说来，对本族是保留了部分原有统治方式，不断学习汉制，逐步汉化，以适应统治中原地区的需要；对汉族各阶层采取区别对待，重用汉族士人，以汉制汉的政策；对其他少数民族则是因俗而治、以夷制夷，基本上是通过拉拢其酋帅而加以控制。但是无论对于哪个民族，都是刚柔并济，镇抚兼施，“伐叛柔服”①，坚决镇压各族人民的反抗。

北魏对境内诸族统治，基本上设有两套机构。登国初，“南北犹置大人，对治二部”②，以八部帅劝课农桑。太宗时置六部大人，似是专管游牧民族之事。世祖时，以“南部尚书知南边州郡，北部尚书知北边州郡”③，并置驾部尚书专管国有牧场之事。对汉族及汉化较深的民族是编户齐民，实行州郡制及后来的三长制，造户籍，置州郡，分黄河以南为二十五州，以北十三州。而对有些少数民族则保留其部落，未同编户，并在其周围设镇管辖之。还设护匈奴、羌、戎、夷、蛮、越、高车中郎将及护羌戎、夷、蛮、越校尉等管辖少数民族事务，进行镇抚。

## 一　对鲜卑拓跋等部的政策

拓跋部成员及最早归附的一些四方部落，在自北而南、建立代魏、逐鹿中原、镇守边陲过程中，立下了汗马功劳，被称为“国人”或“八国良家”。作为统治民族，其政治地位和待遇要优于其他民族。但随着军事的胜利及封建关系的发展，拓跋鲜卑内部贫富越来越悬殊，阶级分化更加急剧。为适应君临中原地区的需要，北魏统治者对本族采取了相应的措施。

### （一）离散诸部，分土定居

拓跋鲜卑由东北向西南迁徙中，形成了部落联盟。族属混杂，既有拓跋部，又有丁零与高车（皆为敕勒同族异称）、柔然、乌桓、东部鲜卑及其他杂胡族姓。至拓跋珪时，北魏已逐渐由家长奴隶制向封建制过渡。这种各自为政，保持一定独立性的松懈组合已不适合形势发展的需要。登国初，下令“散诸部落，始同于编户”④。“帝室十姓”部落、“内入诸姓”各部和“岁时朝贡”的四方诸部均是离散的对象。由于遭到各部大人的强烈反对而未实现。时隔十余年，以强大军事力量为后盾，对一些公开违

① 《魏书》卷35，《崔浩传》。

② 《魏书》卷113，《官氏志》。

③ 《南齐书》卷57，《魏虏传》。

④ 《魏书》卷113，《官氏志》。

抗命令的部落进行武力镇压。在败后燕之后，于天兴初，第二次下令“离散诸部，分土定居，不听迁徙，其君长大人皆同编户”①。并实行“计口受田”的办法，使其逐渐从事农业，转向定居。离散的部落民，开始仍设大夫或别帅管辖。至高宗太安三年（457年）正月，以诸部护军各为太守，“离散诸部，同于编户”才告完成。孝文帝时三长制和均田制的推行，进一步促使部落组织解体，有利于拓跋鲜卑与汉族等错居杂处。同时，军队不断扩大，汉人及他族参加，改变了部落兵的性质。军队成分复杂化，汉人所占比例越来越大，使军队也日益汉化。

**（二）制定姓族，清浊分流**

北魏政权在趋向封建化的过程中，其内部社会结构也必然产生相应的变化，形成复杂的混合体，即拓跋鲜卑以游牧业为基础的社会结构与中原地区以农业为基础的社会结构同时并存，反映到政治制度上，就是带有军事民主色彩的诸部大人会议制，与中原的官僚制度并存。这种情况构成北魏政权内部新旧两种势力激烈争斗的局面。北魏初期，当政者与鲜卑贵族之间的矛盾，在保证各自利益的前提下得到调解。当政者需要那些勇猛慓悍的鲜卑军人去进行征服战争，开拓疆土，而鲜卑贵族则依靠北魏朝廷使自己获得官禄和奴隶、牲畜等财产。这样阶级分化逐渐加深，拓跋贵族和酋帅身系要职，高官显爵，转变为封建官僚，有的随之成为封建地主，并且“以贵承贵”，世代相袭。至后期，“帝族王侯、外戚公主，擅山海之富，居川林之饶，争修园宅，互相夸竞”②。他们“田业盐铁，遍于远近，臣吏僮隶，相继经营”③，“舟车之利，水陆无遗；山泽之饶，所在固护”④。为了维护鲜卑贵族的既得利益，进一步与汉族世家联合，孝文帝采用汉族的门第制度，制定姓族。除帝室元氏及长孙、叔孙、奚氏以外，鲜卑以穆、陆、贺、刘、楼、于、嵇、尉八姓为首。根据各宗族祖宗的官位，分别列入姓或族。并为汉族定姓族，山东以清河崔氏、范阳卢氏、荥阳郑氏、太原王氏、赵郡李氏为首，又称“氏姓”；关中河东以韦、裴、柳、薛、杨、杜氏为首。“郡姓”又按门第官位分为四等，“凡三世有三

---

① 《北史》卷80，《贺讷传》；《魏书》卷83，《贺讷传》。

② 《洛阳伽蓝记》卷4，《城西》。

③ 《魏书》卷21上，《咸阳王禧传》。

④ 《魏书》卷94，《刘腾传》。

公者曰‘膏粱’，有令、仆者曰‘华腴’，尚书、领、护而上者为‘甲姓’，九卿若方伯者为‘乙姓’，散骑常侍、太中大夫者为‘丙姓’，吏部正员郎为‘丁姓’，凡得入者为之‘四姓’”①。门第评定后，孝文帝还“诏诸郡中正，各列本土姓族次第为举选格，名曰‘方司格’”②。其主要目的是为了以门第高低品举人才，区别升降，即所谓“班镜九流，清一朝轨”，以免“清浊同流，混齐一等”③。实际上就是确保鲜卑贵族的地位，逐渐与汉族世家合流。

而原有鲜卑平民，由编户逐渐沦落为束缚于土地上的农奴或府户。特别是留居边镇者，在“以贱袭贱”政策下，地位下降，进一步贫困化，“役同厮养，官婚班齿，致失清流”④，与迁洛的本宗旧类“各各荣显”相比，他们丧失了特权，仕宦阻隔，被视为府户，受镇将奴役，“穷其力，薄其衣，用其功，节其食”⑤。六镇府户和中原鲜卑贵族间矛盾、镇内将官、奸吏与士兵的矛盾日益尖锐化，最后终于爆发了六镇各族大起义。

### （三）迁都鼎革，加速汉化

拓跋鲜卑早在力微至猗卢时期，因与中原王朝关系的加强，就逐渐接受了汉文化。八王之乱，中原战起，匈奴等族相继建国，晋人为避战祸依附猗卢者为数不少。这对鲜卑社会影响颇大，使其逐渐向农业生产和封建制发展。代魏以来，为适应统治中原地区的需要，就逐渐采取汉化的步骤，兴办教育，崇尚儒学，重用汉族士人，建立国子太学、郡国学，培养贵族豪门子弟，吸收汉族封建文化和统治权术。至孝文帝即位，与其祖母冯太后一起，鼎力改革，促使鲜卑人进一步汉化。始颁均田令，初立三长制，推行俸禄制，改定礼仪、官制、律令，并禁鲜卑人同姓相婚等。为了边防和经济发展需要，以及更好地推行汉化措施，孝文帝于太和十八年（494 年），迁都于中原政治经济文化中心——洛阳，并规定“迁洛之民，死葬河南，不得还北。于是代人南迁者，悉为河南洛阳人”⑥。

---

① 《新唐书》卷 199 中，《柳冲传》。

② 同上。

③ 《魏书》卷 59，《刘昶传》。

④ 《北齐书》卷 23，《魏兰根传》。

⑤ 《魏书》卷 69，《袁翻传》。

⑥ 《魏书》卷 7 下，《高祖纪》下。据估计，当时从平城等迁洛者约有一百万，其中有不少是鲜卑人。

同时，孝文帝为迎合一批热衷于“中夏正音”士大夫的心理，以华夏文化继承者自期，提倡说汉话，禁止在朝廷说鲜卑语，违者免所居官。孝文帝曾对朝臣说：“今欲断诸北语，一从正音（汉语）。年三十以上，习性已久，容或不可卒革，三十以下，见在朝廷之人，语言不听仍旧。若有故为，当降爵黜官。各宜深戒。如此渐习，风化可新。”[①] 还提倡服汉衣，禁止鲜卑人着胡服；提倡改鲜卑姓为汉姓，定姓族，鼓励鲜卑人与汉族通婚，并身体力行。孝文帝曾以“范阳卢敏、清河崔宗伯、荥阳郑羲、太原王琼四姓，衣冠所推，咸纳其女，以充后宫”[②]。又以陇西李冲女为夫人，以崔挺女为嫔[③]。同时，还为六位皇弟娶汉族世家之女为妻。皇族女也往往下适汉族著姓。如范阳卢氏“一门三主”。其他拓跋贵族与汉世家大族建立姻亲关系的也为数不少。这样，通过婚姻关系，不仅使双方在政治上休戚相关，利害与共，而且在血统上融为一体，以共同支持北魏。

通过上述一系列措施，北魏政权进一步封建化和中央集权化，加速了鲜卑本身的汉化，促进民族融合，并对隋唐的政治、经济、文化产生深远的影响。隋唐以来，鲜卑作为政治和民族实体，虽已不复存在，但其后裔却在两朝中居于重要地位。隋、唐建国者杨、李二家是鲜卑化汉人，他们的母妻是汉化鲜卑人。至于两朝的文武达官显宦，鲜卑为数可观，位至宰相的就有二十余人，其他如尚书、侍郎、都督、刺史，更是不胜枚举。其中有隋代筑造学家宇文恺、音韵学家陆法言、唐初权相长孙无忌、中唐诗人元稹等。这充分反映了经过魏晋南北朝时期，民族融合的深度和广度，也说明北魏对拓跋鲜卑等的汉化政策所引起的深远影响。

## 二　对汉人实行区别对待的政策

拓跋鲜卑以一个人数少而社会发展又较为缓慢的游牧部族入主中原，要想控制越来越扩大的征服地区，就必须取得汉世家大族的合作，并且吸收其统治经验，以建立有效的社会秩序。同时，为了保证赋税收入、库廪充实，也必须对人口众多的汉族农民和手工业者加以安置，或强制迁徙至

① 《魏书》卷21上，《咸阳王禧传》；《北史》卷19，《魏咸阳王僖传》。

② 《资治通鉴》卷140，齐明帝建武三年。

③ 《北史》卷32，《崔挺传》。

京城及河北等地，或就地编户齐民。

### （一）笼络豪族，重用士人

魏晋以来，汉族豪强地主势力得到发展。十六国时，黄河流域的豪强地主多据坞壁自守，聚族而居。北魏初期，豪强地主被整族迁到京畿、河北地区或留居原地。通过计口受田，仍然拥有许多土地和劳动人口。北魏入主中原后，即倚之为地方基层政权，任命豪族为宗主，督护百姓，史称宗主督护制。《通典》曰："后魏初，不立三长，唯立宗主督护，所以人多隐冒，五十、三十家方为一户，谓之荫附。"[①]"荫附者皆无官役，豪强征敛，倍于公赋。"[②]由此可见，北魏前期，主要是通过豪强地主对农民进行控制。迨孝文帝改行三长制，五家为邻，五邻为里，五里为党，各置一长。上又置州郡加以管辖，宗主督护制遂废。

北魏统治者为了巩固对中原地区广大汉族及他族人民的统治，他们不得不依靠汉人士族，尤其是名门望族的帮助。这一方面是借重汉族硕学名儒和官吏士人制定典章制度，建立封建社会秩序。另一方面，也是为了借助于他们在汉族人民中的影响，缓和汉族的"反胡"心理，以加强自身统治。而汉族士大夫为了施展自己的政治抱负和维护家族利益，也纷纷投靠鲜卑统治者。早在拓跋珪即位之初，就网罗并重用汉族文人燕凤、许谦、张衮、崔宏、邓渊等。将他们强制迁徙到代京，既加以使用，又严密监视与控制。如张衮"常参大谋，决策帏幄"[③]，崔宏官至吏部尚书，"典官制，立爵品，定律品，协音乐"；"撰郊庙、社稷、朝觐、飨宴之仪"；"定律令，申科禁"；"造浑仪，考天象"等建国大事，皆由他"总而裁之"[④]。皇始元年（396年），拓跋珪取得并州，"初建台省，置百官，封拜公侯、将军、刺史、太守，尚书郎已下悉用文人"[⑤]。并"留心慰纳，诸士大夫诣军门者，无少长，皆引入赐见，存问周悉，人得自尽，苟有微能，咸蒙叙用"[⑥]。后平冀、幽，又录用崔逞等大批汉族文人、官吏，任

① 《通典》卷3，《乡党》；《魏书》卷53，《李冲传》。

② 《魏书》卷111，《食货志》。

③ 《魏书》卷24，《张衮传》。

④ 《魏书》卷2，《太祖纪》。

⑤ 同上。

⑥ 同上。

以政事，使之协助平定征服地区的武装反抗和巩固北魏统治。明元帝拓跋嗣也下诏："分遣使者巡求儁逸，其豪门强族为州闾所推者，及有文武才干，临疑能决，或有先贤世胄，德行清美，学优义博，可为人师者，各令诣京师，当随才叙用，以赞庶政。"[①] 大批来自东晋、后秦投附的汉族将军、官吏，均加以录用。太武帝拓跋焘神䴥四年（431年），又征召贤儁之胄卢玄、崔绰、李灵等三十五人至平城。此外还有州郡所遣送的名门士族数百人，"皆差次叙用"。平北凉后，也注意接纳河西学者索敞、段永根、江式等。其中索敞任中书博士，教授拓跋贵族子弟，"前后显达位至尚书牧守者数十人"[②]。历仕三帝的崔浩，更是位极人臣，势倾朝廷。直至献文帝拓跋弘及孝文帝元宏时期，仍是重用汉族士大夫，"平齐民"中的高门崔亮、傅永等都得朝廷的赏识，官位显赫。尤其是为鲜卑贵族和汉人世家定姓族以后，更是从法律上承认和确定了汉族世家的政治地位，使鲜卑贵族和汉族豪强在门阀制度下进一步联合起来。不过，在以拓跋鲜卑贵族为主体而建立的北魏政权中，汉族世家只是受到免役和和仕进的优遇，而不能左右政局。由于民族不同，各自承袭的政治观念、文化素质差别，也造成彼此的隔阂、猜忌，始终存在时隐时现的矛盾，这在北魏前期更为突出。因此，在分析北魏对汉族世家的政策时，既要看到共同的阶级利益使他们有可能联合，拓跋统治集团曾经不遗余力地进行拉拢的一面；又毋庸忽视常会发生冲突的一面。拓跋焘诛杀清河崔氏、太原柳氏、范阳卢氏诸大族，死者二千余人，"赵魏旧族，往往以猜忌夷灭"[③]，就是典型例子。

### （二）计口受田，编户齐民

北魏初，京畿、河北等地区，兵燹连年，有大量荒地和无主耕地，国有牧场又拥有大量耕牛。因而对汉族等"新民"[④]，是通过"计口受田"的形式，分配给他们土地、耕牛、农具，将其束缚在京畿或河北等地区定居，进行农业生产。天兴元年（398年）正月，拓跋珪将山东六州吏民及

① 《魏书》卷3，《太宗纪》。

② 《魏书》卷52，《索敞传》。

③ 《魏书》，《旧本魏书目录序》。

④ 北魏统治者将汉族和部分其他民族的俘虏或依附者称为"新民"，迁徙到平城或其他政治、军事重地，驱使他们进行农、牧业生产。

徙何高丽杂夷迁到盛乐地区后，为能适时春耕，即于二月下诏“给内徙新民耕牛，计口受田”。[①] 迁都平城后，为了加强对京畿地区包括拓跋本部及其他各族的管理，制定京邑，“东至代郡（今山西大同市），西及善无（今山西左云县西），南极阴馆（今山西阴县西南），北尽参合（今山西阳高县东北），为畿内之田，其外四方四维，置八部帅以监之，劝课农耕，量校收入以为殿最”[②]。八部帅监督新民和分土定居的拓跋部成员。京畿以外地区，则通过州，郡、县进行统治。天赐二年（425 年），规定“州置三刺史，北魏宗室一人，异姓二人，郡置三太守，县置三令长”[③]。世祖时，中央设南北两部尚书，“南部尚书知南边州郡，北部尚书知北边州郡”[④]，也就是北部尚书主要是管辖北方游牧民族地区，而南部尚书主要是管理南部汉族农业地区事务。北魏统治者还采取劝课农桑、发展屯田、减轻租赋等措施，以促进社会经济的恢复和发展。汉族等农民在八部帅和郡守、县令的监督下，耕种国家土地，没有迁徙改业自由，社会身份相当于农奴。朝廷则通过征收田租户调进行剥削。特别是“平齐户”中不少人被充作兵丁或沦为奴婢、佛图户、僧祇户，境遇更为悲惨[⑤]。同时，中原地区所盛行的部曲、佃客与世家大族之间的依附关系也在发展。在未建立三长制前，北魏除了建置台省、保留州郡对汉族等人民进行管辖外，还利用汉族豪强地主代行社会基层组织职能，向农民征调赋役，即谓“宗主督护”，太和年间，为了将大量浮游、荫附户口掌握在朝廷手中，把汉族等人民进一步束缚在土地上，以增加国家田赋收入，缓和各种矛盾，遂颁行均田制，建立三长制，造户籍，分置州郡，推行租调力役制，使大量逃亡之人与土地结合起来，对促进生产，减轻农民负担起了一定作用。

### （三）百工伎巧，官府控制

北魏进据中原前，手工业本不发达，缺乏工匠。建国后，急需有各种

---

① 《魏书》卷 2，《太祖纪》。

② 《魏书》卷 110，《食货志》。

③ 《魏书》卷 113，《官氏志》。

④ 《南齐书》卷 57，《魏虏传》。

⑤ 皇兴三年（469 年），魏军攻占刘宋青、齐二州，“徙青、齐人于京师”，“置平齐郡怀安、归安二县以居之”，称平齐民或平齐户。

专业技能的工匠，因而，将“新民”中的百工伎巧迁至京师，变为官府手工业者，采取严厉控制和残酷奴役的政策。先设少府后改设太府，掌管各项手工业，并置细茧、罗縠等户帅来管理工匠户口。禁止私人占有工匠，违者则被杀。并且不准工匠改业，必须世袭本行业，更不准读书做官。同时，还不准随便通婚。如和平四年（463 年），文成帝下诏：“今制皇族、师傅、王公侯伯及士民之家，不得与百工伎巧、卑姓为婚，犯者加罪。”[①] 甚至规定：“分别士庶，不令杂居”，“伎作屠沽，各有攸处”[②]，被限制在固定地点居住和劳动。在官府严厉控制下，工匠没有任何自由，世代劳作于官营手工作坊，生产军用器械、农具和王公贵族生活用品。有的还得成年累月开凿石窟，以满足统治者崇奉佛教的需要，并为官府承担各种杂役。如盐户，既要制盐，还得“常供州郡为兵，子孙见丁从役”[③]。从上述可知，伎作户的地位极为卑下，负担十分沉重。

孝文帝时，曾下令允许“工商杂伎，尽听赴农”，“罢尚方锦绣绫罗之工，四民欲造，任之无禁”。对工匠的控制略为放宽。但仕官之途仍受到很大阻隔。太和元年（477 年），下诏：“工商皂隶，各有厥分；而有司纵滥，或染清流。自今户内有工役者，唯止（或作‘推上’）本部丞，以下准次而授。”[④] 并逐渐有轮番服役的制度，至北周，即规定“匠则六番”[⑤]。北魏对汉族等手工业者的政策，使其有效地控制了相当数量的伎作户，手工业得到一定程度的发展，满足了统治阶级军备和生活的需要，增加财政收入。但是由于手工业者在官营作坊中受到种种限制，生产积极性和技术提高都受到很大影响，因而在一定程度上也阻滞了手工业的发展。

### （四）崇尚儒学，兼奉佛道

尽管北魏采取了一系列适应对广大汉族地区进行封建统治的措施，但在汉族中“华夷之分”的民族心理和“内诸夏外夷狄”的传统观念，是不易很快泯除的。北魏统治者为了加强对汉族等的思想控制，首先注意树

---

① 《魏书》卷 5，《高宗纪》。“师傅”，一作“肺腑”

② 《魏书》卷 60，《韩麒麟附显宗传》。

③ 《魏书》卷 57，《崔挺附游传》。

④ 皆见《魏书》卷 7，《高祖纪》。

⑤ 《隋书》卷 24，《食货志》。

立华夏正统形象，遂标榜祖先为黄帝后裔，“黄帝以土德王，北俗谓土为托，谓后为跋，故以为氏”[①]。并下诏表明德在己身，可为诸华之王。天兴元年（398年），拓跋珪在诏书中提到：“逮于朕躬，处百代之季，天下分裂，诸华乏主。民俗虽殊，抚之在德，故躬率六军，扫平中土，凶逆荡除，遐迩率服。”[②] 同时行夏正，从五行，祀黄帝、唐尧、孔子，以示承袭华夏渊源。

其次，兴办教育，崇尚儒学，提高文化修养，缩小思想意识方面的差距，并采取措施促进鲜卑诸部的封建化和汉化。拓跋珪建立北魏后，即设国子太学，并为五经群书置博士官。拓跋嗣“礼爱儒生，好览史传”[③]，“祀孔子于国学，以颜渊配”[④]。拓跋焘“起太学于城东，祀孔子，以颜渊配”[⑤]。拓跋弘诏立乡学，大郡学生百人，次郡八十人，中郡六十人，上郡四十人。元宏锐意汉化，“立国子太学、四门小学于洛阳”[⑥]，并下诏征求民间遗书。自身“雅好读书，手不释卷”，“才藻富赡，好为文章，诗赋铭颂，任兴而作”[⑦]。宣武帝元恪正始元年（504年），再次下诏“营缮国学”。洛阳成为儒学中心，“时魏平宁日久，学业大盛，燕、齐、赵、魏之间，教授者不可胜数，弟子著最多者千余人，少者犹数百，州举茂异，郡贡孝廉，每年逾众”。而“东晋、宋、齐虽开置国学，不及十年辄废之，其存亦文具而已，无讲授之实”[⑧]。

最后，兼奉佛道两教，以笼络胡汉诸族。道教之源，出于老子，为华夏大地上土生土长之教。北魏皇帝信道教，正是从宗教角度树立自己的华夏正统形象，便于统治汉人。如拓跋珪“好《老子》之言，诵咏不倦。天兴中，仪曹郎董谧，因献服食仙经数十篇。于是置仙人博士，立仙坊，煮炼百药”。至拓跋焘时，宠信天师寇谦之，“亲至道坛受符箓，备法驾，旗帜尽青，以从道家之色也。自后诸帝每即位，皆如之”[⑨]。另一方面，

---

① 《魏书》卷1，《序纪》。
② 《魏书》卷2，《太祖纪》。
③ 《魏书》卷3，《太宗纪》。
④ 《魏书》卷108，《礼志》。
⑤ 《魏书》卷4上，《世祖纪》上。
⑥ 《资治通鉴》卷104，齐明帝建武二年。
⑦ 《魏书》卷7下，《高祖纪》下。
⑧ 《资治通鉴》卷145，梁武帝天监三年。
⑨ 《魏书》卷114，《释老志》。

北魏又利用“佛是戎神，所应尊奉”之说[①]，寻找夷君统治华夏的理论根据，并用以联络和统治信仰佛教的西北及中原诸族。史称孝文帝“善谈庄老，尤精释义”[②]，即是融道佛两教于一身，从某种意义上讲，北魏时期儒佛之争及佛道之争，也包含着夷夏、人伦礼乐及有神无神之争。北魏统治者正是以儒学、佛教、道教为加强对汉族等思想统治的工具。

随着孝文帝的改革及汉化程度的不断加深，各族上层政治、社会生活发生变化，夷夏观念也逐渐淡薄，“居民以官位相从，不依族类”[③]。这不仅有利于民族融合，而且还直接影响了隋唐的统治者，使唐朝的民族政策和民族关系，开创了一代新风尚。

## 三　对其他少数民族的政策

北魏对其他少数民族的酋帅采取量才录用、优容待之的政策，通过他们控制部落。并设有中郎将和校尉等官吏加以管理，中央设有南部、北部尚书，“北部尚书知北边州郡”，专以管辖北边诸族。对一般部众或设镇压制、编入军队、迁移戍边，或掠卖为奴婢，或计口受田、编户齐民。

### （一）优容酋帅，封官授爵

北魏对其他少数民族或部落的文武将吏降附者，一般采取拉拢利用政策。如拓跋珪在参合陂战役中，俘慕容宝“文武将吏数千人”，为笼络人心，优容待之。拓跋焘征北凉，沮渠牧犍“与左右文武五千人面缚军门，帝解其缚，待以藩臣之礼”[④]。对归附的柔然贵族也倍加优待，封官进爵，居文武高位，男尚女适，和亲不绝。正如崔浩所说：“蠕蠕子弟来降，贵者尚公主，贱者将军大夫，居满前列。”[⑤] 除柔然外，朝廷或州郡中还有不少出身于敕勒、契胡、匈奴、氐、羌、吐谷浑等族的文臣武将。

---

① 《晋书》卷95，《佛图澄传》。

② 《魏书》卷7下，《高祖纪》下。

③ 《魏书》卷60，《韩麒麟附显宗传》。

④ 《魏书》卷4上，《世祖纪》上。

⑤ 《魏书》卷35，《崔浩传》。

### （二）保留部落，随俗而治

在北魏统一战争过程中，许多少数民族的部落酋长，慑于北魏的军事威力及优容政策的吸引，往往率领所部人口和牲畜，自动内属。北魏对这些归附的少数民族或部落，除了少部分直接吞并或建州郡统辖外，大多未设立州郡编户齐民，而是实行“修其教不改其俗，齐其政不易其宜”，“抚之在德”的政策。随俗而治，因族制宜。即保持其原来的部落体、宗教信仰、民族语言和风俗习惯，酋长的权力地位受到尊重，继续“世领部落”，被封为第一领民酋长等，成为北魏的附臣。但各渠帅必须服从统治者的政治和军事需要，供应军马、粮食或率军出征，也就是“纳其方贡以充仓廪，收其食物以实库藏，又于岁时取鸟兽之登于俎用者以轫膳府”①。例如，并、肆、汾、晋、定、安诸州之稽胡、蜀、丁零，北秀容川之契胡，朔州的匈奴，以及与魏同出之某些鲜卑部落，散处魏境，未同编户，世为酋帅，袭领部落，以夷治夷。

北魏对于降服和俘获的敕勒诸部，则是将他们迁至漠南和河西等地，“使之耕牧而收其贡赋”②，既保留其部落组织和酋帅③，但又仿照汉魏时对入居内地匈奴的管理方法，设司马、参军和护高车中郎将等加以监督和管理。如天兴年间，高车侄利曷莫弗敕力犍、解批莫弗幡豆建先后率部附魏，北魏除封两部首领为扬威将军和威远将军外，还在各部置司马、参军④。神䴥二年（429 年），北魏将数十万漠北敕勒迁至漠南后，曾“诏司徒平阳王长孙翰、尚书令刘洁、左仆射安原、侍中古弼镇抚之”⑤。并大致划分了各部游牧地区，从史籍中所记载的东部、西部、北部敕勒，河西敕勒等，可隐约看到其分布情况。北魏迫使其部众缴纳贡赋、服兵役、出征、任“殿中武士”，充当各军镇世兵及营户等等。

北魏对于江淮之间的蛮人，也是因俗而治。自拓跋焘瓜步之役后，蛮人聚居的江淮之间，已成为南北边地。蛮人酋帅经常依据南北局势而决定

① 《魏书》卷 110，《食货志》。

② 《资治通鉴》卷 121，宋文帝元嘉六年。

③ 《魏书·高车传》云：“太祖时，分散诸部，唯高车以类粗犷，不任使役，故得别为部落。”

④ 《魏书》卷 103，《高车传》。

⑤ 《魏书》卷 4 上，《世祖纪》上。

归附去向。如延兴二年（472年），蛮酋桓诞率沔水以北、滍叶以南八万余落归附北魏[①]。孝文帝封他为襄阳王、东荆州刺史，“听自选郡县”，令居朗陵（今河南确山县西南）。从太和初年到正光年间，先后又有九万余户降附北魏（有相当部分后又归附南朝）。北魏对蛮酋授以刺史、将军文武职衔及封爵王、公、侯、伯等。并按其内部原有部落结构划分郡县加以管理。如景明初，“大阳蛮酋育丘等二万八千户内附，诏置四郡十八县”。永平初，“东荆州表□□太守桓叔兴前后招慰大阳蛮归附者一万七百户，请置郡十六、县五十，诏前镇东府长史郦道元检行置之”[②]。刺史拥有置吏大权，“所统守宰，任其铨置”[③]，封爵食邑限于蛮户。同时，蛮酋归附，还得按时朝贡和留质子以表臣服和忠款。北魏对蛮人实行输税、服役之策，征取军粮、马匹。对敢于反抗的，则采取军事镇压，掳掠其生口、杂畜，并强迫迁徙于边地戍守。如景明三年（502年），鲁阳蛮鲁北鹫等聚众攻逼颍川，魏遣左卫将军李崇讨平之，徙万余家于河北诸州及六镇，“寻叛南走，所在追讨，比及河，杀之皆尽”[④]。有的还被内徙于汉水北岸，或置于汝水之侧。

### （三）获掠生口，驱为奴隶

北魏在征伐中，俘掳了许多称为“生口”的游牧民族人口。例如，登国三年（388年），征讨解如部，大破之，获男女、杂畜十余万。征库莫奚，“获其四部，杂畜十余万”[⑤]。登国五年（390年），征讨袁纥部，获其生口、马牛羊二十余万。天兴二年（399年），破“高车杂种三十余部，获七万口”[⑥]。拓跋嗣神瑞二年（415年），安平公叔孙建征讨河西胡刘虎，“虏其众十余万口”[⑦]。拓跋焘神䴥二年（429年），魏军大破柔然、高车诸部，先后得降人数十万。此时，北魏社会虽然已由奴隶制向封建制逐步过渡，但对这些被俘的牧民，北魏统治者仍采取主要将其驱为奴隶的政策。

---

① 《魏书》卷101，《蛮传》；卷45，《韦珍传》为七万余户。
② 《魏书》卷101，《蛮传》。
③ 《魏书》卷61，《毋益宗传》。
④ 《魏书》卷101，《蛮传》。
⑤ 《魏书》卷2，《太祖纪》。
⑥ 同上。
⑦ 《魏书》卷29，《叔孙建传》。

第一，作为王公贵族和有功将士的赏赐品。北魏初年，沿袭奴隶制旧习，官吏均无俸禄。因此，俘获的生口往往被作为战利品或额外赏赐分给王公贵族。由于俘虏大多是以户为单位赏赐下去的，所以就成为私人占有的“隶户”。为加强对“隶户”的控制和束缚，北魏特颁布了管理制度。天赐元年（404 年），拓跋珪下诏：“始赐王、公、侯、子国臣吏，大郡王二百人，次郡王、上郡公百人，次郡公五十人，侯二十五人，子十二人，皆立典师，职比家丞，总统群隶。”① 臣吏，即家臣和家兵。所谓“典师”，即为贵族家中掌管奴婢、隶户的总管。“群隶”，则主要是战俘奴隶。贵族们依照爵位的高低，受赐一定数量的臣吏，众臣吏在典师的率领下，管理奴隶们具体事务。奴婢或隶户，小部分被用以家务劳动，大多则从事农业、牧业和手工业或商业贸易活动。他们在典师的监督下分别进行“织绫锦贩卖，酤酒，养猪羊，牧牛马，种菜逐利”②，或是经营“田业盐铁，遍于远近”③。至孝文帝后期由于均田制的推行以及解放奴婢诏令，这种现象有所改变，有部分隶户向封建依附农民转化。

第二，成为国有牧场上的牧奴或牧子（鲜卑语称“费也头”）。他们仍是按原来部落聚族而居，是国家直接控制下的部族奴隶。北魏在代、河西、并州等地的牧场规模很大，主要是养马以供军国之用。拓跋焘西征凉州，平定统万、秦陇之地，“以河西水草善”，适于大规模放牧，遂将部分凉州战俘就地安置，使之放牧。经过数年经营，“畜产滋息，马至二百余万匹，橐驼将半之，牛羊则无数”④。北魏在朝廷设有专门管理国有牧场的驾部，兴安二年（453 年），置驾部尚书，“知牛马驴骡”之事务⑤。孝文帝即位后，于延兴四年（474 年），置外牧官加以管理。复以河阳为牧场，“恒置戎马十万匹，以拟京师军警之备，每岁自河西徙牧于并州，以渐南移，欲其习水土，而无死伤也，而河西之牧弥滋矣”⑥。在这些规模庞大的牧场里，均有许多由战俘沦为牧子的奴隶从事艰辛的劳动。

第三，将战俘赏赐给寺院为佛图户。北魏统治者也将战俘赐给寺院，

---

① 《魏书》卷 113，《官氏志》。
② 《南齐书》卷 57，《魏虏传》。
③ 《魏书》卷 21 上，《咸阳王禧传》。
④ 《魏书》卷 110，《食货志》。
⑤ 《南齐书》卷 57，《魏虏传》。
⑥ 《魏书》卷 110，《食货志》。

供其奴役。《魏书·释老志》中提到，和平（460—465年）初，昙曜奏："又请民犯重罪及官奴以为'佛图户'，以供诸寺扫洒，岁兼营田输粟。"所谓官奴，有很大部分来源于战俘。

第四，强迫俘虏服各种徭役或充当引敌诱饵。北魏统治者经常迫使俘虏营建苑圃、城池，修筑驰道、长城等。如天兴二年（399年），拓跋珪驱使高车七万多俘虏兴建规模宏大的鹿苑，并凿渠引武川水注之苑中。鹿苑竣工后，又驱其"穿鸿雁池"。北魏统治者还迫使俘虏充当军中杂役或引敌诱饵、进攻箭垛。如拓跋焘讨叛将冯文通时，命令大将奚斤"发幽州民及密云丁零万余人，运攻具出南道"[①]。太平真君六年（445年），焘为攻袭柔然，遂驱赶"诸种杂人五千余家"到北境边塞之地，令其北徙广漠佯为放牧，"以饵蠕蠕"南下[②]，以便北魏伏兵一举歼灭之。

另有一部分少数民族被迁至京师等地从事农业生产，如徒何、高丽杂夷迁至京师者、北燕之民迁至幽州者，都"计口受田"，编户齐民。又如永兴五年（413年），魏军破越勤倍尼部落于跋那山（今陕西榆林市东北）西，获马五万匹、牛二十万头，徙二万余家于大宁（今张家口附近，为京畿之地），计口受田。同年八月，河西胡曹龙归降，北魏"置新民于大宁川，给农器，计口受田"[③]。

### （四）伐叛柔服，设镇弹压

讨伐反叛，怀柔臣服，恩威并济，镇抚兼施，是历代封建统治者对待民族问题的手段。北魏鲜卑贵族为了防范、镇压各族人民的反抗，先后在军事要地设镇治守。例如，北魏初都平城，为拱卫京畿，"规遏北疆"，以御柔然的侵扰和压制聚居在北边的高车等族，沿北塞设镇防守，自西向东有沃野、怀朔、武川、抚冥、柔玄、怀荒六镇及统万、薄骨律、高平、上邽等镇。为了镇压不断起事的稽胡，于汾水以西、吕梁山周围设置离石、吐京、六壁三大军事重镇，采取三面包围之势以防止和钳制稽胡的反抗。此外，设枹罕镇威慑吐谷浑，设巴州及隆城镇管理梁益二州诸僚，设仇池镇、李润镇、杏城镇于氐、羌、卢水胡等进行军事提防和武力镇压；

① 《魏书》卷29，《奚斤传》。
② 《魏书》卷4下，《世祖纪》下。
③ 《魏书》卷3，《太宗纪》。

置营州于和龙（今辽宁朝阳市）以羁縻东北诸族；并曾在今新疆东部设鄯善、焉耆镇及西戎校尉府镇抚西域诸族。

北魏屡次遣兵镇压稽胡、敕勒、氐、羌等族的反抗。并把他们作为民族仇杀、争权夺利的工具和牺牲品。魏太武帝拓跋焘给宋将臧质信中露骨地声称："吾今所遣斗兵，尽非我国人，城东北是丁零与胡，南是三秦氐、羌。设使丁零死者，正可减常山、赵郡贼；胡死，正减并州贼；氐、羌死，正减关中贼。卿若杀丁零、胡，无不利。"① 并在战争中，往往强迫汉族和其他诸族人民充当步兵，作战时步兵在前面冲锋，而鲜卑骑兵则在后面督阵，踩着他们的血肉之躯前进。沉重的阶级和民族压迫，促使各族人民纷纷揭竿而起。从拓跋珪建立政权算起，至元宏即位后的一百年中，见于记载的起义斗争达八十余次，每次起义都遭到了北魏统治者残酷镇压。

## 四　北魏民族政策的积极作用和局限性

北魏对各族所采取的政策，主要是为了巩固自己的统治，但在客观上有其一定的积极意义。

### （一）人口增加，经济恢复

十六国以来，北方横罹兵祸，人口锐减，"田亩多荒"。史称"生民道尽，或死于干戈，或毙于饥馑，其幸而自存者，盖十五焉"②。北魏初期境内人口稀少，有的县不满百户，经济凋敝。北魏统治者将所俘生口强制在私人及国家牧场上，汉族和部分其他民族迁徙或安置于京畿及河北、山西等地，使农民与土地相结合，并采取一系列劝课农桑、减免租税的措施。从而生产出大批牛羊和粮食布匹，使这些地区经济得到恢复和发展，人口也有所增加。至孝明帝正光以前，"时惟全盛，户口之数，比夫晋太康，倍而已矣"③。据《通典·历代盛衰户口》注载，西晋平吴后有户二百四十五万九千八百，口一千六百一十六万三千八百余，北魏盛时户数比

① 《宋书》卷74，《臧质传》。

② 《魏书》卷110，《食货志》。

③ 《魏书》卷106上，《地形志》上。

西晋多一倍余，则达五百多万。人口之所以增长如此迅速，除了由于实行三长制，检括荫附户口外，也不能排除社会经济恢复发展，促使人口自然增长的因素。

同时，大批敕勒、柔然等族人民牧畜于漠南及阴山河套地区，对充实北魏边地，丰富中原地区人民经济生活也产生一定影响。据《魏书·高车传》所载，漠北敕勒附魏后，在漠南延袤千里之地，“乘高车，逐水草，畜牧蕃息，数年之后，渐知粒食，岁致献贡，由是国家马及牛羊遂至于贱，毡皮委积”。为内地畜牧业、制毡及制革业发展作出了贡献。此外，由于保留部落，随俗而治，使有些民族地区的局势相对稳定，有利于生产的持续发展。如契胡繁衍生息的秀容川，畜牧业也较发达，“牛羊驼马，色别为群，谷量而已。朝廷每有征讨，辄献私马，兼备资粮，助裨军用”①。仇池氐所管辖的地区及吐谷浑、东北诸族农业与畜牧业都有一定程度的发展。

### （二）加速汉化，促进融合

北魏统治者实施的“离散诸部，分土定居”，“廓定四表，混一戎华”；均田制、三长制、迁都洛京以及所采取的一系列汉化、封建化改革，都促使北魏政权封建化、鲜卑等族汉化。同时有利于打破部落组织，促进各民族更广泛的杂居和接触，使民族间共同性日益增多，差别性日益减少，加速了民族融合的进程。其具体表现在汉族地主与鲜卑统治者政治上的进一步联合；内迁各族不同程度地发展了农业经济，社会生产水平逐渐接近汉族；中原地区诸族语言差异逐渐消失，汉语成为绝大部分北方诸族通用语言；夷夏观念逐渐淡薄，“居民以官位相从，不依族类”；生活习俗方面民族特点逐渐消失及血统上凝为一体。数百万乌桓、匈奴、羯、氐、羌及鲜卑等族与汉族融合，这不仅给汉族注入了新鲜血液，使之生机勃勃，更富有创造力，而且也加速了其自身的发展。

我们在肯定北魏民族政策积极作用的同时，也应看到其消极影响的一面。择其要者，有以下几点：一是将大批人民强制为奴隶或农奴，使得当时中原地区原来较先进的封建生产关系出现某种倒退现象，致使北

① 《魏书》卷74，《尔朱荣传》。

魏前期经济发展缓慢。二是保留部落、世为酋帅等措施，既有“因俗而治”积极之处，但也使地方势力坐大，不利于中央集权和民族融合。三是强制迁徙，设镇弹压，甚至抢劫残杀等手段，都加深了民族矛盾。而对各族上层的优容和拉拢，对各族人民的奴役剥削，又使阶级矛盾激化，各族人民反抗斗争连绵不断。北魏统治者对各族起义进行了残酷镇压。

综上所述，北魏作为崛起于我国北方的少数民族政权，在当时的历史条件下，对境内各民族、部落、阶层，采取了不同的统治方式，尽可能地缓和各种矛盾，保证汉化和封建化的进展和财政收入，以巩固自己的统治，这在客观上有利于社会经济的恢复和发展，有利于民族融合和鲜卑等族自身的进步。但北魏统治者毕竟是剥削阶级，无论在境内或周边，推行的都是以华夏正统为核心的大民族主义，对各族人民必然采取压迫和奴役政策，没有也不可能从根本上解决各种矛盾，最后终于在各族人民大起义的怒涛中，分崩离析，走完自己的历史旅程。因此，深入地研究北魏的民族政策，不仅能使我们进一步了解这个时期的民族关系、政治制度、社会状况，而且将有助于更好地总结历史经验教训，给后人以启迪。

（原载《中国民族史学会第二次学术讨论会论文集》，改革出版社1990年版）

# 论北魏对周边民族的政策

笔者在魏晋南北朝民族政策探究系列论文中，曾就魏晋、十六国时期民族政策特点及北魏对辖境内民族政策等进行了初步探讨。本文拟就北魏对周边民族政策略陈管见。

## 一　北魏的周边形势

鲜卑拓跋贵族崛起于东北，挥戈南进，于338年建立代国，376年为前秦所灭。登国元年（386年），拓跋珪复代国，改称魏王，都于盛乐（今内蒙古和林格尔县北）。当时其北边及东北边有柔然、高车、库莫奚等，西有匈奴刘卫辰部，南有西燕，东有后燕，处于各少数民族政权及部落包围之中。拓跋珪采取远交近攻、镇抚兼施的策略，相继战胜周边诸族政权及部落。他首先借助后燕的力量，击败其叔窟咄势力，悉收其众。旋之，于登国二年（387年），率军大破匈奴独孤刘显部。翌年，击败西拉木伦河一带的库莫奚，获杂畜十余万头。又破嫩江流域的解如部，获男女、杂畜十余万。四年（389），袭高车部落大破之。五年，击败高车袁纥部，获生口、马牛羊二十余万，又讨纥突邻、纥奚、豆陈、贺兰、叱奴等。六年，西讨黜弗部，北征柔然，又破匈奴刘卫辰部，共获马三十余万匹、牛羊四百余万头。这样，拓跋珪不仅夺得了大量土地，掳获了大批战马和牛羊，而且收降了不少部落，成为塞外强国。遂于十年（395年），叛后燕，侵逼附塞诸部。大败慕容宝于参合陂（今内蒙古凉域县东北），俘获士卒四五万，全部坑杀之，生擒后燕“文武将吏数千人，器甲辎重军资杂财十余万计”①。

① 《魏书》卷2，《太祖纪》。

翌年。率骑四十余万，又大败后燕。“铁马长驱，席卷赵魏”[①]，尽有山东六州之地，逼慕容宝弃中山，北走龙城（即和龙城，今辽宁省朝阳市），太行山以东诸族皆附珪。天兴元年（398年），正式定国号为魏，迁都平城（今山西大同东北）。及至太武帝拓跋焘时，南北设防，东西出兵，北败柔然，西吞河右，灭夏赫连氏、北凉沮渠氏，降服西凉李宝；东举龙碣，灭北燕冯氏，统一黄河流域，并使东北、西北诸族臣服朝贡。史称其“扫统万，平秦陇，翦辽海，荡河源，南夷荷担，北蠕削迹，廓定四表，混一戎华”[②]，“虽裂土分区，不及魏晋，而华氓戎落，众力兼倍”[③]。继而，又于太平真君十一年（450年），举兵南攻刘宋，“胡旆映江，穹帐遵渚”[④]，军至瓜步（今江苏六合东南），辖区延伸至淮河以北。历献文、孝文、宣武诸帝，又占有青齐二州、沔北五郡及司州、汉中地。

北魏统一北方后，汉族成为其统治区的主要居民、少数民族除鲜卑诸部外，还有居住在黄河流域、长城内外的匈奴、羯、氐、羌、丁零余众、山胡（稽胡）、卢水胡、契胡（羯胡）、焉耆胡（西域胡）等，另有敕勒、柔然、吐谷浑、蛮等举族投降或被俘获迁徙至北魏境内者。而其周边，东北方有库莫奚、契丹、室韦、乌洛侯、豆莫娄、勿吉、地豆于等；北方有柔然、高车与后起的突厥；西北有龟兹、于阗、康居、乌孙、疏勒、月氏、鄯善、车师之属；西南境有仇池氐、邓至及宕昌羌、吐谷浑、女国、附国等，南面与汉族统治者建立的宋、齐、梁世代对峙。北魏与周围诸族既有军事冲突、领土争夺，又有设治驻守、遣使聘问、降附羁縻、封爵婚媾、朝贡赏赐、关市贸易等政治、经济及文化联系。

## 二　北魏对周边诸族的政策

北魏拓跋鲜卑贵族以金戈铁马统一北方，君临中原。其国内种族繁多，民俗各殊，周边政权林立，矛盾猬集。为控制境内诸族，稳定周边，必须审时度势，制定一系列行之有效的民族政策。其核心是首先在南北汉族及其他诸族中树立正统形象，称拓跋鲜卑成员及最早归附的四方部落为

① 《宋书》卷95，《索虏传》。
② 《魏书》卷4下，《世祖纪》下史臣言。
③ 《宋书》卷95，《索虏传》。
④ 同上。

“国人”或“八国良家”，而将其他民族视为被征服者、奴隶。并以华夏大国自居，视周边诸族为“荒服小国”或“东南岛夷”。其具体做法有以下几点。第一，标榜祖先为黄帝后裔。《魏书》开篇即云：“昔黄帝有子二十五人，或内列诸华，或分外荒服，昌意少子，受封北土，国有大鲜卑山，因以为号。其后，世为君长，统幽都之北，广漠之野，畜牧迁徙，射猎为业……黄帝以土德王，北俗谓土为托，谓后为跋，故以为氏。”① 第二，下诏表明德在己身，可为诸华之主。天兴元年（398年），拓跋珪曰：“昔朕远祖，总御幽都，控制遐国，虽践王位，未定九州。逮于朕躬，处百代之季，天下分裂，诸华乏主。民俗虽殊，抚之在德，故躬率六军，扫平中土，凶逆荡除，遐迩率服，宜仍先号，以为魏焉。”② 第三，行夏正，从五行，祀黄帝、唐尧庙及孔子，尚儒学，兼奉道、佛教，以示承袭华夏渊源。并采取一系列措施促进鲜卑族的封建化和汉化。其目的，一是为了缩小民族心理上的距离，便于控制占辖区人口多数的汉族；二是招徕远方，臣服近邻；三是以华夏正统与南朝争衡，为统一全国造舆论。孝文帝迁都洛阳后认为“密迩江扬，不早当晚，会是朕物”③，若大举进攻，南北混一指日可待。北魏统治者正是从“华夏正统”、“天命在我”出发，恩威并济，镇抚兼施，制定其对周边民族的政策，欲使“四夷”稽颡称臣，服事纳贡。

**（一）刚柔并济，张弛相间，交替使用武力征伐和遣使往来两手，这突出表现在处理与柔然及南朝等的关系上**

4世纪前期，柔然役属于拓跋鲜卑，“岁贡马畜貂豽皮”④。代国被苻坚灭后，柔然曾一度依附于铁弗匈奴刘卫辰部。北魏拓跋珪即位，北方高车等部皆服，独柔然不事魏。柔然统治者一方面采取联合中原其他政权如后秦、北燕、北凉等，共同对付北魏，与之争夺漠南地区的统治权；另一方面则不断对魏之北边进行骚扰和掠夺。5世纪初，社仑吞并诸部，士马繁盛，雄于北方，成为北魏的严重威胁。从社仑、斛律至大檀的二十余年间，几乎每年都袭击魏边，掠夺人口和财物。北魏一则为了保卫北境安

① 《魏书》卷1，《序纪》。
② 《魏书》卷2，《太祖纪》。
③ 《魏书》卷47，《卢玄附昶传》。
④ 《北史》卷98，《蠕蠕传》。

全，解除逐鹿中原后顾之忧；二则为了征服漠北，掠获生口和牲畜，也常发兵讨伐，乃至御驾亲征，并在沿边加强屯田、设置军镇和修筑长城。根据双方力量强弱，交替采用防御、出击与遣使、和亲等策略。例如，柔然于天赐三年（406 年）、六年（409 年），曾先后两次入塞袭击。拓跋嗣继位不久，即率军北征，社仑败亡，其子斛律、大檀先后嗣位，多次南下骚边。当时，北魏西边是刚占领关中的夏国，南边是欲收复失地的东晋；北边和东北边是柔然与北燕的联盟；西北边，柔然与北凉呈犄角之势，再加国内饥荒，因而对柔然由主动出击变为防御。在长川（今内蒙古集宁东北）南筑长城，以防御柔然。长城“起自赤城（今河北赤城），西至五原，延袤二千余里，备置戍卫”①。拓跋焘嗣位后变防御为主动出击，于始光二年（425 年），大举讨伐柔然，兵分五道并进，度漠击之。神䴥二年（429 年），焘又率军分东、西两路大败柔然，追至兔园水（即推河，今蒙古国吐沁河），然后“分军搜讨，东至瀚海，西接张掖水，北度燕然山”②。俘斩甚众，获戎马百万余匹。北魏在重挫柔然军力后，为获得北边安宁，以便集中力量对付刘宋和统一北方，一方面沿边陆续设镇防守，自西向东有沃野、怀朔、武川、抚冥、柔玄、怀荒等军事重镇；另一方面，与柔然通使和亲。延和三年（434 年），魏以西海公主妻吴提，拓跋焘也娶吴提妹为夫人，后进左昭仪。在此期间，北魏还先后击败柔然的盟军夏国、北燕和北凉。上述和亲并未能维持多久，双方围绕争夺西域问题又发生武装冲突。从 5 世纪 40 年代起，北魏先后连续 9 次出兵漠北，袭击柔然。魏孝文帝即位后，稍许改变自太武帝以来武力进攻为主的策略。太和十年（486 年），柔然遣使至魏。时敕勒叛柔然，魏臣有建议乘机击之者。孝文帝曰：“先帝屡出征伐者，以有未宾之虏故也。今朕承太平之业，奈何无故动兵革乎？”③ 遂以厚礼赏使者遣归。柔然因敕勒（高车）副伏罗部阿伏至罗率十余万落西迁，脱离其统治，失去对西域控制，势转衰，与北魏以媾和为主。北魏也采取保存柔然，分其势力，以牵制和防御日益强盛的高车国之策略。

北魏对南朝，也是对峙与往来、扩张与防御、战争与言和交叉进行，

① 《魏书》卷 3，《太宗纪》。

② 《北史》卷 98，《蠕蠕传》。

③ 《资治通鉴》卷 136，齐武帝永明四年。

既有南征北战的军事冲突，又有婚聘、互市等和平往来。南北双方均以华夏正统自居，从南朝来讲，认为北方是沦为异族统治。如东晋恭帝在禅位于刘裕的诏书中提到："戎夷乱华，丧我洛食，蹙国江表，仍遘否运，沦没相因。"① 刘宋等称北魏为"索虏"，始终欲收复失地。从北朝而论，认为自己代表中国，称南朝为"东南岛夷"，总想将其兼并。这就是双方矛盾之根源，发生战争的重要原因。当战争不能解决矛盾，南北均无力吞并对方时，也存在和平相处和经济、文化交流。

北魏初期因为忙于统一北方的战争，无暇南顾，对南朝采取防御策略，只是乘刘裕自关中退回之机，占领洛阳、虎牢、滑台等地。并击败刘宋到彦之等的进攻。待拓跋焘统一北方、大败柔然之后，即转防御为进攻，遂于太平真君十一年（450 年），率十万步骑，南下围袭悬瓠（河南汝南县）。由于刘宋守将苦战却敌，焘败退。随之，刘宋出动大军分水陆数路北上，进围滑台，攻占潼关，遭到魏军追击败退。焘乘势南下，直趋瓜步，扬言进攻建康。实际上也无力渡江，最后焚烧庐舍，掳掠居民而归。自此，刘宋防线步步南撤。到了皇兴元年（467 年），北魏军大败宋沈攸之等，淮北的青、冀、徐、兖四州及豫州淮西九郡尽为北魏所占。刘宋防线撤至淮南，终以淮河为南北疆界。迨孝文帝迁都洛阳后，于太和二十一年（497 年），发冀、定、瀛、湘、济五州兵二十万，亲率征齐，占领沔北五郡。6 世纪初，北魏又进攻梁的义阳，占领了司州和汉中地。

北魏在与南朝争夺河南、淮南地区的同时，也不断遣使和南朝沟通。自太武帝拓跋焘始光二年（425 年）至孝文帝太和十八年（494），北魏曾向南朝派使三十八次。并规定使节必须是容止可观，文学优赡者，绝大多数是汉族士人。如北魏太延年间，"以前后南使不称，妙简行人。游雅荐（高）推应选。诏兼散骑常侍使刘义隆，南人称其才辩"②。文成帝和平年间，以游明根"性贞慎寡欲，综习经典"，假员外散骑常侍、冠军将军、安乐侯，使于刘骏，"前后三返"，骏称其长者，迎送之礼，有加常使"③。故史称"时南北通好，务以俊乂相夸，衔命接客，必尽一时之选，无才者不得与焉"④。使臣的任务不外乎是传递朝命，以示通好；表明北

① 《宋书》卷 2，《武帝纪》中。
② 《魏书》卷 48，《高允附推传》。
③ 《魏书》卷 54，《游明根传》。
④ 《资治通鉴》卷 157，梁武帝大同三年。

魏是知礼之邦，以在南方汉族中树立华夏正统之形象，并且也包含着对南朝华风的敬崇和向慕。当然有时还带有暗窥南朝虚实或进行政商合一的贸易及求婚和亲等使命。例如，太和十六年（492 年），宋弁出使南齐归来，孝文帝问他："卿比南行，入其隅隩，彼政道云何？兴亡之数可得知不？"弁对曰："萧氏父子无大功于天下，既以逆取，不能顺守。德政不理，徭役滋剧，内无股肱之助，外有怨叛之民，以臣观之，必不能贻厥子孙，得有南海。"[①] 对南朝情况了如指掌。又如，延和二年（433 年），太武帝拓跋焘派兼散骑常侍刘宣使宋，且为太子晃求婚，宋文帝"依违答之"[②]。即使在双方交战期间，也常遣使往来。如太平真君十一年（450 年），北魏率骑南征至瓜步，焘遣使赍骆驼、名马，讲和求婚，并对宋使说："宋若能以女妻此孙，我以女妻武陵王，自今匹马不复南顾。"[③] 宋以"戎狄无亲，许之无益"而拒绝。双方还互索土特产，刘宋以甘蔗、酒、柑橘、螺杯、炬烛、锦等送与北魏，北魏则以骆驼、马、毡、盐、胡豉等回赠刘宋。

**（二）威德兼施，镇抚并用，设立州镇治守与封官授爵相结合，对东北、西域及其西南境诸族基本上采用这种威慑与羁縻并济的政策**

北魏为了加强对周边民族的控制，在东北、北边、西北、西南设置州镇，各镇长除个别外，皆由鲜卑贵族担任，掌握军政大权。东北一隅，两汉之际属幽州。公孙度始置平州，晋初及鲜卑慕容氏皆沿袭。后辽东之地没于高句丽，平州之名始废。北魏初期，对东北地区是采取军事征伐、掠夺人口及强制迁徙的策略。神䴥三年（430 年），灭北燕，辽东等六郡投降，迁郡民三万余户于幽州[④]，以辽西之地属幽州。太延二年（436 年），设和龙镇。太平真君五年（444 年），始于和龙城（今辽东朝阳市）置营州[⑤]，凡领昌黎、建德、辽东、乐浪、冀阳、营丘六郡，以保障东北，控制东夷。但由于南北对峙，征战频仍，无暇顾及东北，高句丽逐渐占有辽

① 《魏书》卷 63，《宋弁传》。

② 《资治通鉴》卷 122，宋文帝元嘉十年。

③ 《资治通鉴》卷 125，宋文帝元嘉二十七年。而《魏书》卷 4 下，《世祖纪》下，却说："甲申，义隆使献百牢，贡其方物，又请进女于皇孙，帝以师婚非礼，使散骑侍郎夏侯野报之。"

④ 此据《魏书》卷 4 上，《世祖纪》上。《太平御览》卷 127，《冯文通》作四万户。

⑤ 《魏书·地形志》营州下注："治和龙城，太延二年为镇，真君五年改置。"然据文成五王等传，和龙城镇至高祖时尚未罢。

东、玄菟、乐浪、带方四郡。故中后期，北魏对东北诸族大多只是不时羁縻，遣使往来而已。但对高句丽王则授以王爵官衔，太武帝曾遣使封高丽王高琏为“都督辽海诸军事、征东将军、领东夷中郎将、辽东郡公、高句丽王”[①]，以示笼络。北魏在北边，先后设立沃野等六镇以及御夷、高平、薄骨律等军事重镇，以拱卫京都平城，抵御柔然的侵扰及防备、镇压敕勒等族的反抗。

在西北边，北魏在占有凉州之后，也设治管辖西域。魏晋统治者沿袭汉制，对西域仍设置西域长史和戊己校尉加以管辖。东晋十六国时期，西域由于中原多事及地理位置和行政隶属关系，一直属凉州地方集团的势力范围。前凉张氏、后凉吕氏、西凉李氏、北凉沮渠氏，都先后割据凉州而拥有西域。前凉在高昌设立高昌郡及田地县（治所今新疆鄯善县西南鲁克沁），属沙州刺史下设高昌太守管辖，还设西域长史营、玉门大护军营等。分别负责西域日常事务，此制为后凉、西凉、北凉所沿袭。

北魏初年，因经营中原，未暇及于四表，西域之贡不至，有司奏依汉代故事，请通西域，太祖拓跋珪不从，“历太宗世，竟不招纳”[②]。至拓跋焘时，于始光三年（426 年），发兵二路攻关中赫连氏之夏国。四年，两军决战，焘一方面在北边诏陆俟“督诸军镇大碛，以备蠕蠕”[③]；另一方面攻击统万，在战术上采取轻骑突进、麻痹对方、诱敌出城、围而歼之的方针，迫使赫连昌逃往上邽（治所今甘肃天水市）。五年，擒昌。神䴥四年（431 年），杀赫连定，灭夏，尽有关中之地。遂于太延元年（435 年），乘西域龟兹、疏勒、乌孙、悦般、渴槃陀、鄯善、焉耆、车师、粟特诸国至魏“远贡方物”之机，遣使通西域，中途被柔然拘留，未达目的。翌年，又派董琬等六人至西域，招抚之。如车师车伊洛世服于魏，拜其为平西将军，封前部王。该时，柔然雄踞北方，势达伊吾、高昌、车师、焉耆、龟兹、姑墨等地。太延五年（439 年），北魏灭北凉，沮渠氏残余势力西据高昌。太平真君三年（442 年），北魏在敦煌设立沙州，以西凉后主李歆弟子李宝为沙州牧、西戎校尉、敦煌公管辖西域。五年（444 年），调李宝至平城任官，而设敦煌镇，由都督凉、沙、河三州诸军

① 《北史》卷 94，《高丽传》。
② 《魏书》卷 102，《西域传》。
③ 《魏书》卷 40，《陆俟传》。

事、安西将军、领护羌校尉尉眷任敦煌镇将，管辖西域。次年，北魏万度归发凉州以西兵袭鄯善。九年（448 年），设鄯善镇，由交趾公韩拔任征西将军、领护西戎校尉、鄯善王，"赋役其民，比之郡县"①。继之，攻入焉耆和龟兹，又设焉耆镇，由万度归镇守②。但由于需北御柔然，南防刘宋、萧齐，不能长期把重兵名将放在西域，鄯善、焉耆二镇之兵将相继撤回③，仅保留敦煌镇。并于延兴元年（471 年），以南安王元祯为假节、都督凉州及西域诸军事、领护西域校尉、仪同三司，镇凉州。后高车、吐谷浑、嚈哒势力陆续进入西域，与柔然、北魏等争相控制高昌、焉耆、于阗等地。北魏由于中原多事，鞭长莫及，只是遣使安抚羁縻之。综观北魏对西域的策略，是出兵征伐、设镇治守与安抚怀柔交替进行，尤其是后期，以安抚为主。北魏准许西域诸国岁岁朝贡，同时，也常遣使西域抚慰，敕封高昌王等，东西贸易甚为频繁。

北魏对其西南境诸族及其所建立的政权亦然。一方面设枹罕镇以震慑吐谷浑，设巴州及隆城镇管理梁益二州之诸僚，设仇池镇、李润镇、杏城镇对氐、羌、卢水胡等进行军事提防和武力镇压；另一方面又对这些民族政权的上层封官授爵，让其统治本族，并对北魏表示臣服。如对吐谷浑的首领即屡次进行敕封。吐谷浑由于地处西部南北交通要冲，又夹于两大政权之间，为了自身生存和发展，向刘宋与北魏双方表示臣服。北魏对吐谷浑则采取镇抚两手。当其表示臣服，或北魏本身无法出兵时，即遣使封其官爵，以示笼络。如神䴥四年（431 年），封慕璝为大将军、西秦王。太延二年（437 年），慕璝死后，封慕利延为镇西大将军、仪同三司、西平王。正平二年（452 年）后，拜拾寅为镇西大将军、沙州刺史、西平王。太和十四年（490 年）后，拜伏连筹为使持节都督西陲诸军事、征西将军、领护西戎中郎将、西海郡开国公。其间，北魏为使吐谷浑臣服及攫取金银和扩张领土，自太平真君五年（444 年）始，先后发动三次进攻。从 473 年后，又趋于和平友好状态，使臣往来不绝。北魏为了与南朝争夺中

---

① 《魏书》卷 4 下，《世祖纪》下。鄯善镇治扜泥，又称西戎校尉府。北魏初期，曾在今青海置鄯善镇，治所乐都县，孝昌二年（526 年），改为鄯州。

② 据《魏书·车夷洛传》所载，太平真君十一年（450 年），"伊洛收集遗散一千余家，归焉耆镇"。

③ 关于二镇撤销年代；各说不一，有的认为是太和十七年前后，罢原焉耆镇戍，焉耆、且末等地由吐谷浑控制。有的则认为是在兴安元年（452 年）之后。

间地带的氐、羌诸族政权，也对仇池氐、宕昌及邓至羌首领进行敕封，并通过他们控制本部落。仇池氐杨氏先后建立前仇池国、后仇池国、武都国、武兴国、阴平国。由于地处南朝与北朝的中间地带，成为双方争夺的对象，这些政权也往往两事之，接受南北朝的封号。北魏曾封后仇池国君杨玄为都督荆、梁、益、宁四州军事，征南将军，梁州刺史，南秦王。拜杨难当为征南将军、南秦王。太延五年（439 年），封杨保宗为征南大将军、秦州牧、武都王。献文帝时，授武都国君（一说为武兴国君）杨文度为武兴镇将。太和元年（477 年），封武兴国主杨文弘为南秦州刺史、征西将军、西戎校尉、武都王。十年（486 年），封杨集始为征西将军、武都王。景明四年（503 年），封杨绍先为南秦州刺史、汉中郡公、武兴王。太和初，还封阴平国主杨广香为阴平公、葭芦镇主。

南北朝时期，羌族大部分受北魏政权直接统治，或某种程度地受制于吐谷浑，但也有一部分形成了半独立性的小政权，如陇西羌水（白龙江）一带的宕昌羌、白水（白水江）流域的邓至羌。他们处于南北朝之间，往往是“提挈于魏，时通江左”[①]。北魏除了设军事重镇加以防备外，还对其首领进行敕封。如太平真君九年（448 年），宕昌羌酋弥忽“遣子弥黄奉表求内附。世祖嘉之，遣使拜弥忽为宕昌王，赐弥黄爵甘松侯”。此后，“世修职贡”[②]。太和五年（481 年），孝文帝封邓至王像舒彭为龙骧将军。

**（三）以夷制夷，随俗而治，使其互相制约，便于从中控制**

“以夷制夷”或“以夷治夷”，包含两层意思，一是以本族酋帅统治本族人民；二是扶此族抑彼族，使其相互制约或翦除，坐收渔人之利。这是历代封建统治者驾驭周边乃至内地民族的策略之一。北魏统治者对周边诸族，一方面“以五方之民各有其性。故修其教不改其俗，齐其政不易其宜，纳其方贡以充仓廪，收其食物以实库藏”[③]，随俗而治，因地制宜，只要名义上表示归属，就尽量保持或授封其原有首领进行统治。如对东北诸族、高车、吐谷浑、仇池氐、邓至及宕昌羌等都是如此。另一方面，又

① 《南史》卷 79，《夷貊传》下。
② 《魏书》卷 101，《宕昌传》。
③ 《魏书》卷 110，《食货志》。

对一些周边民族政权或部落，采取扶此抑彼的手法，使其在互斗中削弱。例如，在柔然成为北边的直接威胁时，北魏往往扶持敕勒（高车）攻击柔然，当高车国日益强盛时，又扶植柔然以牵制高车。太和十四年（490年），高车王阿伏至罗为了联合北魏共同抗击柔然，遣胡商越者至平城，以二箭奉贡，约北魏共击柔然，孝文帝“遣使者于提往观虚实”。自此，高车首领阿伏至罗、穷奇、弥俄突、伊匐等经常遣使北魏，朝贡方物，北魏也酬答之。永平元年（508年），弥俄突在蒲类海（巴里坤湖）之北杀柔然可汗伏图，割其发献于北魏将领孟威，并遣使献龙马五匹、金银、貂皮诸方物，北魏也遣使高车，“赐乐器一部、乐工八十人、赤细十匹、杂綵六十匹”。伊匐继汗位后，于神龟元年（518年），被北魏封为“镇西将军西海郡开国公、高车王”。正光二年（521年），伊匐大破柔然，婆罗门（弥偶可社句可汗）投奔凉州。北魏此时又采取保存柔然，分其势力，以牵制和抵御高车国的策略，扶植阿那瑰和婆罗门。孝明帝封阿那瑰为朔方公、蠕蠕王，置之于吐若奚泉，置婆罗门于故西海郡，以与高车抗衡。后阿那瑰重返漠北，击败伊匐。

**（四）俘掠边民，强制迁徙，以充实京师及幽州、河北等政治、军事重地，并减弱周边诸族势力**

北魏前期，伴随着军事征伐而来的，往往是掠夺人口和财富，并强迫边民内迁。如天兴元年（398年），“徙山东六州民吏及徒何高丽杂夷、三十六署百工伎巧十余万口以充京师（盛乐）”①。泰常三年（418年）徙冀、定、幽三州徒何于京师，徙龙城民万余家于内地。延和元年（432年），徙营丘、成周、辽东、乐浪、带方、玄菟六郡民三万余户于幽州。太延元年（435年），拓跋丕等至和龙，徙男女六千口而还。五年，西讨北凉沮渠牧犍，徙凉州民三万余家于京师（平城）。太平真君六年（445年），南略淮泗以北，徙青徐之民以实河北。十一年（450年），掠淮南五万余家而还，分置近畿。皇兴三年（469年），魏军攻占刘宋青齐二州，徙青齐人于京师，设平齐郡安置之。在征伐漠北和河西过程中，还俘获了大量生口，迁到漠南或京师等地。如永兴五年（413年），奚斤等“破越

① 《北史》卷1，《魏本纪》一。而《魏书》卷2，《太祖纪》，“三十六署”为“三十六万”。

勤倍尼部落于跋那山（今陕西榆林市东北）西，获马五万匹，牛二十万头，徙二万余家于大宁，计口受田”①。泰常元年（416 年），公孙建征讨河西胡刘虎，虏其众十余万口。神䴥二年（429 年），魏军大破柔然、高车诸部，先后获数十余万落，徙于漠南，使之耕牧，收其贡赋。“自是魏之民间马牛羊及毡皮为之价贱。”② 大批人口迁往京师和河北等地，固然对于发展北魏的经济和促进民族融合有一定作用，但也给各族人民带来极大苦难，使许多家庭流离失所，辗转沟壑，并对周边民族的经济造成了损害。

**（五）怀柔远域，恩抚降附，设立四馆四里，招徕四方**

北魏在征伐与统一战争过程中，经常是掠夺与羁縻、镇压与安抚相结合。对敢于顽抗的或者一般部众往往肆意杀戮，或驱为奴婢，或迁至边镇当隶户、营户，强迫其缴纳贡赋、出征服役。但对降附的各族上层，基本采取怀柔拉拢政策，以吸引更多的人自动归降，分化削弱周边诸族政权的力量。其具体做法大致有三：一是承认他们原有地位，让其继续统治本族或本地区人民。北魏对东北、西域、吐谷浑、仇池氐、邓至羌、宕昌羌等表示归附的首领，一般都是采取此种方法。对于归附的江淮之间的蛮人酋帅授以刺史、将军等文武职衔及王、公、侯、伯爵位。仍让其统辖本族，并按其内部原有的部落结构划分郡县加以管理，向他们征收赋税、军粮、马匹，蛮酋需向北魏朝贡和留质子以示臣服和忠款。而对于降服和俘获的敕勒诸部，则是将他们迁至漠南和河西等地，既保留了其部落组织和酋帅，但又仿照汉魏时对入居内地匈奴的管理方法，设司马、参军和护高车中郎将等加以监督和管理。二是迁至内地，封官授爵。北魏朝廷或州郡中，有不少出身于敕勒、柔然、高丽、契胡、匈奴、氐、羌、吐谷浑等的文臣武将。三是婚媾交娉、和亲不绝。为了政治需要，北魏皇室与汉及北方诸族联姻之事频见史载。如献明皇后贺氏、道武皇后慕容氏与刘氏、明元皇后姚氏与杜氏、太武皇后赫连氏、景穆皇后郁久闾氏、文成皇后冯氏、孝文皇后高氏等。对主动归附的柔然等上层贵族倍加优待，封官进爵，居文武高位，男尚女适，婚聘频繁，正如崔浩所说：“蠕蠕子弟来

---

① 《魏书》卷 3，《太宗纪》。

② 《资治通鉴》卷 121，宋文帝元嘉六年。

降，贵者尚公主，贱者将军大夫，居满前列。”[①] 以此来分化柔然等政权本身，减少来自北边的威胁，并且使周边民族对北魏进一步形成内聚力。但是北魏对降附而复叛者，则采取严厉镇压的态度，如后仇池国杨保宗，先投奔北魏，后又谋据险自固以叛魏，结果被杀。

为了安抚归降者，孝文帝迁都洛阳后，还设立四馆四里，以供四方民族和国外来者居住。南朝来者，处于金陵馆，三年后，赐宅归正里。北方诸族来归，处于燕然馆，三年后赐宅归德里。东方诸族来者，处于扶桑馆，三年后，赐宅慕化里。西方诸族来者，处于崦嵫馆，三年后赐宅慕义里。

### （六）设立关市，贸迁有无，加强经济、文化沟通

历代治边都重视农牧业经济间的联系和相互补充，开展民族间的互市贸易，北魏也不例外。北魏向周边诸族遣派使者，也准许周边政权岁岁朝贡，遣使往来。通过朝贡、赏赐，互通有无，加强经济、文化方面的交流。据不完全统计，勿吉自北魏延兴至北齐武平一百年间，遣使至平城、洛阳、邺城等共有三十七次。北魏太延后，契丹与库莫奚遣使至平城、洛阳朝贡各达三十余次，岁致名马、文皮，北魏回赠缯帛、青毡等物。吐谷浑向北魏遣使达六十一次[②]，除了表示政治上臣服外，实际上是官方的遣使贸易。南北通使也含有贡市性质，如北魏太和七年（483 年），南齐武帝遣骁骑将军刘缵聘于北魏，魏人出内藏之宝，“使贾人鬻之于市”[③]。

北魏还允许在东北及南北交界处设立关市。如准许在和龙、密云之间，与契丹等族进行互市。库莫奚与“安、营二州边民参居，交易往来，并无欺贰”[④]。正始四年（507 年），并规定“交市之日，州遣上佐监之”[⑤]。北魏又“于南垂立互市，以致南货、羽毛齿革之属，无远不至”[⑥]。南北之间或其他交界地区，边将官吏还利用各种渠道进行交换。如崔宽为北魏陕城镇将，把弘农出产的漆、蜡、竹、木私运到南方，“贩

① 《魏书》卷 35，《崔洗传》。

② ［日］松田寿男：《吐谷浑遣使考上》；周伟洲：《吐谷浑史》，第 38 页。

③ 《魏书》卷 53，《李孝伯附安世传》。

④ 《北史》卷 94，《奚传》。

⑤ 《魏书》卷 100，《库莫奚传》。

⑥ 《魏书》卷 110，《食货志》。

贸来往，家产丰富”[①]。至于民间贸易更是频繁，如南齐、萧梁时的郁州，因“接边陲，民俗多与魏人互市”[②]。当时京城洛阳不仅是北魏的政治中心，而且是内地与周边经济文化交流的中心，史称“商胡贩客，日奔塞下”，“附化之民，万有余家”，“天下难得之货，咸悉在焉”[③]，“礼仪富盛，人物殷阜”[④]。

综上所述，北魏以华夏正统自居，对周边诸族及其政权，虽然有时也诉诸武力，进行征伐、掠夺，但大多是沿袭汉魏以来的羁縻政策。对于表示归附的周邻诸族首领予以官爵，遣使往来。并根据各族强弱、民俗差异及北魏政权自身各时期的政治形势、经济、军事实力，采取不同的策略。大致说来，南北（如对柔然、南朝）是征伐与遣使、扩张与防御交替进行，东西是羁縻与掠夺相结合，而以设治羁縻为主。从时间上，前期武力征伐较多，后期和平交往占主流。自拓跋珪至拓跋焘前期以征伐为主，统一北方后，征伐渐少。史称“魏自神䴥已后，宇内平定，诛赫连积世之僭，扫穷发不羁之寇，南摧江楚，西荡凉城，殊方之外，慕义而至。于是偃兵息甲，修立文学，登延儁造，酬谘政事。梦想贤哲，思遇其人，访诸有司，以求名士”[⑤]。其中不乏溢美之词，但也说明统一北方后，对周边战事渐少，使孝文帝等能致力于内部社会改革，除南北偶尔有征伐或防御战争外，周边一般比较安定。

## 三　北魏对周边民族政策的两重性

由于北魏对周边诸族采取恩威兼施、镇抚相济，怀柔羁縻与武力讨伐交替使用以及因俗而治、区别对待的政策，因而，除北境外，其他诸边相对来讲比较稳定。这样，不仅使北魏统治者能集中精力抵御柔然的南扰，也足以与南朝相抗衡。并在客观上，使周边及内地诸族少受兵燹之苦，有利于北魏经济恢复和社会变革的进行，同时也有助于周边诸族社会进步及与内地经济、文化交流。但北魏统治者从封建剥削阶级的利益出发，无论

① 《魏书》卷24，《崔玄伯附宽传》。
② 《梁书》卷16，《张稷传》。
③ 《洛阳伽蓝记》卷3，《宜阳门外》。
④ 《洛阳伽蓝记》卷2，《景宁寺》。
⑤ 《魏书》卷48，《高允传》。

是在国内或周边，推行的都是大民族主义思想和民族压迫歧视政策。无论是武力征伐残杀掠夺，或是强制迁徙设镇弹压，都加深了民族矛盾，给周边民族造成很大痛苦。如拓跋珪攻灭独孤部时掳获马三十余万匹，牛羊四百余万头，使其部家破人亡。在参合陂之役后，将俘虏的四万后燕军士全部坑杀。太武帝拓跋焘神䴥二年（429 年）亲征柔然，使其“国落四散，畜产野布，无人收视”①。太平真君十年（449 年），北伐柔然，“尽收其人户畜产百余万”②。皇兴四年（470 年），献文帝北伐柔然，“斩首五万级，降者万余人，戎马器械不可称计”③。如果说北魏对柔然的战争，有时还包含防御成分的话，那么，北魏对敕勒（高车）的战争基本上是掠夺性质的。仅天兴二年（399 年），北魏出兵漠北，就“破高车杂种三十余部，获七万余口，马三十余万匹，牛羊百四十余万”④。并将七万余敕勒人当做野兽，“自牛川南引，大校猎，以高车为围，骑徒遮列，周七百余里，聚杂兽于其中。因驱至平城，即以高车众起鹿苑”⑤。北魏在征伐南朝中，给汉族人民带来的灾难也是罄竹难书。如拓跋焘南征，“魏人凡破南兖、徐、兖、豫、青、冀六州，杀伤不可胜计，丁壮者即加斩截，婴儿贯于槊上，盘舞以为戏。所过郡县，赤地无余，春燕归，巢于林木。魏之士马死伤亦过半”⑥。

同时，北魏北伐柔然、高车，南征宋、齐、梁，东灭北燕，西击夏国、北凉等，消耗了大量物力人力。太武帝在太延三年的诏书中也不得不承认：“频年屡征，有事西北，运输之役，百姓勤劳，废兴农业，遭离水旱，致使生民，贫富不均，未得家给人足，或有寒穷不能自赡者。”⑦ 迁都洛阳后，为夺取长江以北土地以加固河南防务，不断南侵。宣武帝即位，战争规模更趋扩大，“荆扬二州，屯戍不息，钟离义阳，师旅相继”，人民的徭役和兵役随之加重，“汝颍之地，率户从戎，河冀之境，连丁转运”⑧。兵士役苦，死于征伐，农民亡命山泽或沦为佃客部曲，遁入沙门

① 《北史》卷 98，《蠕蠕传》。

② 《魏书》卷 103，《蠕蠕传》。

③ 同上。

④ 《魏书》卷 2，《太祖纪》。

⑤ 《魏书》卷 103，《高车传》。

⑥ 《资治通鉴》卷 126，宋文帝元嘉二十八年。

⑦ 《魏书》卷 4 上，《世祖纪》上。

⑧ 《魏书》卷 47，《卢玄附昶传》。

者为数也不少。农业生产遭到很大破坏，以致造成“通原遥畛，田芜罕耘，连村接闬，蚕饥莫食”的凄惨景象①。再加北魏为巩固自己的统治，对各族上层拉拢优容，以共同剥削和压迫各族人民，更激化了阶级矛盾和民族矛盾，最后终于爆发了六镇各族大起义，使北魏政权逐渐走向崩溃，对周边诸族也失去了有效控制。

（原载《中国边疆史地论集》，黑龙江教育出版社 1991 年版）

① 《魏书》卷 47，《卢玄附昶传》。

# 从魏晋南北朝看民族间文化的双向传播

魏晋南北朝是继春秋战国之后，我国历史上第二次民族大迁徙大融合时期。从血统上看，北方民族入居中原及南方诸族出居平地，通过杂居共处、通婚融合，给汉族注进了大量新鲜血液，使之不断发展壮大。同样，汉族也充实了其他民族，有一些迁居或以其他途径进入少数民族地区的汉族融合于少数民族。从文化上看，内迁诸族日益汉化，不同程度地发展了农业经济，社会生产水平逐渐接近汉族；中原地区诸族语言差异日益消失，汉语逐渐成为内迁诸族的通用语言；夷夏观念逐渐淡薄，十六国和北朝的统治者大多精通经史，生活习俗方面民族特点也逐渐消失。值得注意的是，汉族虽为这个时期民族融合的核心，但汉化和夷化往往交叉进行。汉族也汲取了其他民族的文化精华，大大丰富了自身的物质文化和精神文化。其主要表现在以下几个方面。

第一，少数民族的畜牧业生产品种、技术乃至一些农产品传入中原地区。东魏杰出农业科学家贾思勰在《齐民要术》中记载了牛、马、骡、羊等牲畜饲养和役使方法，以及兽医术、相马术和畜产品加工技术。其中有不少方法和技术来自少数民族。《齐民要术》中称羊脓鼻病为“可始浑”，这显然是胡语。农业上也引入了胡谷（又名竹叶青）、虏小麦等。有些少数民族不仅掌握了中原地区的先进生产技术，而且有所创造和发展。如十六国时，鲜卑人叱干阿利性尤工巧，任将作大臣，曾修大夏的都城统万城，并“造五兵之器，精锐尤甚”，“器物莫不精丽”（《晋书·赫连勃勃载记》）。匈奴人綦母怀文的宿铁刀，是“烧生铁精以重柔铤，数宿则成刚。以柔铁为刀脊，浴以五牲之溺，淬以五牲之脂，斩甲过三十札。今襄国（今河北邢台）冶家所铸宿柔铤，乃其遗法，作刀犹甚快利，不能截三十札也”（《北齐书·綦母怀文传》）。可见，其锻钢铸冶技术对汉族地区也颇有影响。如从辽宁北票县西官营子北燕宰相冯素弗墓葬出土的大镂孔高圈足铜锅，既有胡族的提梁盖锅形制，又有由立耳改为附耳并附加螭首纹带的汉族色彩，这正是胡汉文化交融、互相渗透的珍品。

第二，胡服、胡饼、胡床等的普遍制作和使用，对汉族衣食住行方面产生颇大影响。胡物虽早已传入中原，但尚未进入寻常百姓家。十六国时，大量胡物随着胡汉杂居，在中原各族中推广。如胡床自北而南，广为流行，促使高足家具的出现，改变过去席地而坐的习惯。《齐民要术》中所记的胡物有胡饼、胡椒酒（筚拨酒）、胡饭、胡羹、羌煮等。北齐时“中国衣冠”，“乃全用胡服”（沈括《梦溪笔谈》）。“袴褶”则从北方传至江左。到唐朝时，胡乐、胡服、胡食更是盛行于长安。史称唐“开元来……太常乐尚胡曲，贵人御馔，尽供胡食，士女竞衣胡服”（《旧唐书·舆服志》）。可见，魏晋以来，在饮食、服饰、用具方面吸收了北方少数民族很多东西。

第三，汉族在语言、文学、艺术等方面吸收了少数民族的精华，胡歌、胡舞、胡乐、胡戏等的流行，给汉族为主体的中原文化增添新的光彩。

在语言方面，受北方及南方少数民族影响颇大。北朝时学习鲜卑语成为汉族贵族子弟引为时髦之举。高欢就能兼言汉语和鲜卑语，史称：“高祖每申令三军，常鲜卑语，（高）昂若在列，则为华言”（《北齐书·高祖附昂传》）。又如《颜氏家训·教子篇》中提到：“齐朝有一士大夫，尝谓吾曰：‘我有一儿，年已十七，颇晓书疏，教其鲜卑语及弹琵琶。’”颜之推还在《颜氏家训·音辞篇》中指出：南北汉族语言中均杂有“胡虏”或“夷越”之音。至隋末，鲜卑人陆法言著《切韵》，以当时洛阳音为主，酌收古音及其他方音（其中也杂“胡虏”和吴越之音），建立了汉语的韵母系统，为唐宋韵书的始祖。

在文学方面，北方汉族吸取了入主中原的“五胡”文化，南方汉族则吸收了一些“南蛮”文化。北朝以来的大量乐章歌辞，“其曲亦多可汗之辞”（《旧唐书·音乐志》）。著名的千古绝唱《敕勒歌》：“敕勒川，阴山下，天似穹庐，笼盖四野。天苍苍，野茫茫，风吹草低见牛羊。”据《乐府广题》记载，此民歌是东魏敕勒人斛律金奉高欢之命而唱，“其歌本鲜卑语，易为齐语（汉语），故其长短不齐”。这是用汉语译写北方民族诗歌较早的优秀作品。其气势雄浑，声调铿锵，对以后隋唐诗歌产生了一定影响，是中华民族文学宝库中一颗璀璨夺目的明珠。而脍炙人口的《木兰辞》，作为汉语五言长诗，是在民族融合土壤上开放的一朵奇葩（关于《木兰辞》写作年代，各说不一，笔者认为始流传于北朝，完善于隋唐）。从文字而言，词兼胡汉，“天子”、“可汗”并用。胡歌对北方文化影响是深远的，其质朴刚劲之风，与六朝艳曲骈文迥然不同。《乐府诗集》谓“艳曲兴于南朝，胡音生于北俗”，而唐诗正是汇集了南北文风的特点加以发展起来的。

在艺术方面，“戎华兼采”（《隋书·音乐志》），胡乐对中原地区的影响也是深远的。胡笳、羌笛、琵琶等胡乐器及胡曲在中原民间广泛流行，并给趋向僵化的宫廷音乐增添朝气。其中龟兹乐和西凉乐对我国北方民族影响很大。与汉族历代正统的“雅”、“颂”相比，善于表现粗犷悲壮、豪迈激昂的“西凉乐”，更易为北方少数民族所接受，因而，西凉乐往往成为他们的国乐。孝文帝时，“方乐之制及四夷歌舞，稍增于太乐”（《魏书·乐志》）。许多西域乐工也东游内地献艺。

江南地区也曾受北方胡歌胡舞的影响。《宋书·乐志》称“又有西、伧、羌、胡诸杂舞”。隋唐时，龟兹乐和西凉乐盛行各地。这在唐人诗词中也有生动的反映，如元稹《法曲》诗云：“女为胡妇学胡妆，伎进胡音务胡乐。”此外，胡舞、胡戏等对中原文化的影响也是明显的。

民族融合也给雕刻和绘画艺术带来生机。云冈、龙门及敦煌莫高窟塑像艺术的光辉成就，是我国各族艺术家和劳动人民才能及智慧的反映，各种文化融合的产物。十六国和北朝的塑像绘画既保留汉族雕塑的传统工艺，又大胆借鉴佛教传说和吸收西域诸族工艺，创造了佛、菩萨、金刚、梵天王、飞天之类栩栩如生的形象，并且对了解当时社会生活的各个方面提供了珍贵的资料。

因此，可以说北方河朔文化和南方六朝文化一起，构成唐代高度发展封建文化的两个重要来源。而这两部分文化都包含着少数民族文化的积极参与。魏晋南北朝时期，汉族由于民族融合，兼收并容，汲取少数民族及外来文化之精华，不仅产生了许多杰出的思想家和优秀的文学家、艺术家、史学家，还出现了一些重要的科学发明和科技著作，丰富和发展了具有中华民族自己风格和特色的文化艺术、科学技术。

（原载《光明日报》1990 年 9 月 12 日）

# 从西凉乐形成发展看民族间文化交融

西凉乐，或称凉州乐，因产生于凉州而得名①。是我国魏晋南北朝隋唐时期民族融合的产物，西域与中原地区文化交流的结晶。本文拟通过对零散资料的钩稽，从西凉乐形成、发展过程及对后世艺术影响等方面，略陈管见，以蠡测民族间文化交融之轨迹。

## 一

音乐是民族文化的重要组成部分，为民族特性及其外在风貌的一种艺术表现形式。即通过有组织的乐音所形成的艺术形象，来表达人们的思想感情，反映社会现实生活。研究一个民族的音乐，是探索该民族的心态、性格和文化特征不可阙如之方面。同时，在中国古代，音乐又常被视为国家的象征和治国之重要手段。正如《礼记·乐记》所载："礼乐刑政，其极一也，所以同民心而出治道也。"音乐被看作与"礼"、"刑"、"政"同样重要的治国手段，因此"王者功成作乐，治定制礼。其功大者其乐备，其治辩者其礼具"②。纵观历史，各族统治者皆对音乐极其重视，登基伊始，即着手"制礼作乐"。而西凉乐的形成和发展，也是与当地的自然环境和人文条件紧密相连的。

凉州，位于河西走廊，为中西交通要道，是我国多民族杂居区。河西地区在西汉初年，曾经是乌孙、月氏游牧场所。由于大月氏和乌孙先后被迫西迁，匈奴遂占据该地，但仍有一部分月氏人在此放牧，史称小月氏。

---

① 《新唐书·礼乐志》曰："开元二十四年，升胡部于堂上。而天宝乐曲，皆以边地名，若《凉州》、《伊州》、《甘州》之类。"

② 《礼记》卷37，《乐记》。

后来匈奴昆邪王杀休屠王归服西汉。汉武帝设凉州，置武威、张掖、酒泉、敦煌四郡，迁移了大量汉族农民至此种田，并遣军队驻防，保护通往西域的道路。凉州为汉武帝十三刺史部之一，东汉时治所在陇县（今甘肃张家川回族自治县）。辖境相当于今甘肃、宁夏和青海湟水流域及陕西定边、吴旗、凤县、略阳等地。因在中原之西，又称西州。三国曹魏黄初（220—226年）中移治姑臧县（今甘肃武威），魏晋以后辖境逐渐缩小，只限于今甘肃省黄河以西地区。《晋书·地理志》称："魏时复分以为凉州，刺史领戊己校尉，护西域，如汉故事，至晋不改，统郡八，县四十六，户三万七百。"十六国时，在河西地区出现了"五凉"政权，即汉人张轨父子建立的前凉，李嵩的西凉，氐人吕光的后凉，鲜卑秃发乌孤的南凉，卢水胡沮渠蒙逊建立的北凉。北魏统一北方后，在河西地区设置了十个郡并瓜州。西魏文帝曾设西凉州，治所在永平县（今甘肃张掖西北），废帝时改为甘州。隋朝在河西地区设置武威郡、张掖郡和酒泉郡。唐廷则在河西地区设置了凉州武威郡、沙州敦煌郡、瓜州晋昌郡、甘州张掖郡、肃州酒泉郡，并在新疆东部设置伊州伊吾郡。自汉至唐，河西凉州地区主要生息繁衍着匈奴、小月氏、卢水胡、鲜卑、氐、羌及汉族等，其中匈奴、小月氏、卢水胡、鲜卑等，主要经营游牧业，与之相适应的是流行以鼓和吹奏乐器为主的"马上之声"，即后来的北狄乐。《新唐书·礼乐志》曰："北狄乐皆马上之声，自汉后以为鼓吹，亦军中乐，马上奏之，故隶鼓吹署。"主要乐器有鼓、钲、铙、排箫、笳、短角等。凉州诸族人民能歌善舞，具有优秀的音乐文化传统和艺术才能。所谓"西凉州俗好音乐"[①]，"凉州七里（一作'城'）十万家，胡人半解弹琵琶"[②]，即是生动的写照。凉州在汉文化西传及传入西域文化和佛教汉化方面都起着特殊的作用，而且十六国时期该地区社会秩序也相对稳定。西凉乐就是在这样的社会环境和艺术氛围中逐渐形成的。

## 二

关于西凉乐的渊源和形成时间，由于史书记载简略或前后不一，因

① 郑启：《开元传信记》。

② 岑参：《凉州馆中与诸判官夜集》。

而，历来众说纷纭。归纳起来基本上有三种说法：其一认为西凉乐是以龟兹乐为基础形成的；其二认为唐代《凉州》等大曲，是“变龟兹声为之”；其三认为西凉乐是汉唐间西凉地区各族人民共同创造的。这些说法都有一定道理，但略欠准确和全面。实际上，西凉乐是本地少数民族音乐与龟兹乐及中原汉族音乐交融而成，并汲取了天竺乐、波斯乐乃至埃及音乐的成分。故《旧唐书·音乐志》称：西凉乐即是“凉人所传中国（此指中原）旧乐，而杂以羌胡之声也”。

根据史书记载分析，笔者认为西凉乐的形成和发展，大致经历了三个阶段，即发端于汉晋，形成于十六国后期及南北朝初期，日臻完善于隋唐。

从西汉末至魏晋，可以说是西凉乐萌芽时期。自张骞通西域后，西域的音乐文化就逐渐东传。汉灵帝刘宏不仅喜欢西域乐舞，而且好胡服、住胡帐、倚胡床、坐胡座、食胡饭。他在位时，西域的音乐、舞蹈及胡琴、胡笛、胡箜篌等不断传入中原。而凉州是丝绸之路的必经之道，中西文化交汇点。本地区诸游牧民族的“马上乐”与汉族等农耕民族的“秦汉之声”进行交融[①]，又汲取西域音乐的营养，为西凉乐的形成提供了重要的前提和适宜的土壤。

十六国后期至南北朝初期是西凉乐形成阶段。晋末动乱，“礼崩乐坏”，汉魏旧曲散佚殆尽。而河西地区在张氏父子统治下，社会秩序相对稳定，吸收了大批汉族世家及人民，“中州避难来者日月相继”[②]。“太常乐工多避地河西”[③]。张轨“上表请合秦雍流移人于姑臧西北，置武兴郡”，“又分西平界置晋兴郡”，“分金城……立广武郡”，以安置之[④]。西晋愍帝被俘后，宗室司马保残部投奔凉州的有万余人。前秦苻坚统一北方后，为经营西域，又迁徙江淮及中原地区一万七千多户于河西，淝水战后，汉人流入也不少。张骏执政时，“尽有陇西之地，士马强盛”，又勤修政事，“刑清国富”，“境内渐平”。当时长安歌谣曰：“秦川中，血没

---

① 郭茂倩《乐府诗集》称：“横吹曲，起始众谓之鼓吹，马上奏之，盖军中之乐也。北狄诸国皆马上作乐，故自汉已来，北狄乐总归鼓吹署。”

② 《晋书》卷86，《张轨传》。

③ 《资治通鉴》卷137，齐武帝永明九年条胡三省注曰：“宋文帝元嘉四年，魏克统万；十六年，克姑臧。晋永嘉之乱，太常乐工多避地河西；夏克长安，获秦雅乐，故二国有其器服工人。”

④ 《晋书》卷14，《地理志》。

腕，惟有凉州倚柱观。"[①] 这样，河西走廊便成为发展当时汉族较为先进文化的重要据点。同时，西域诸城邦也都派遣使者送方物，其中有汗血马、火烷布、犎牛、孔雀、巨象及诸珍异品、乐器等。张骏并在今吐鲁番地区建置高昌郡，加强与西域诸族的联系。河西地区自前凉张氏统治以来，学术研讨空气甚为浓厚，无论是鲜卑秃发氏建立的南凉，还是卢水胡沮渠蒙逊建立的北凉，都保持这一传统。史称"凉州自张氏以来，号为多士"[②]。

晋永嘉（307—313 年）之乱后，伴随着"太常乐工避难至河西"[③]，中原旧曲也向河西流传，并逐渐与西域胡乐相融合。十六国前期，天竺国送给前凉主凉州牧张重华（346—353 年在位）乐工 12 人，乐器一部，其中有笛子、琵琶、凤首箜篌、五弦、铜鼓、毛员鼓、都昙鼓、铜钹、贝等，并带来多种天竺曲调。后其国王子为沙门来游中土，"又得传其方伎"[④]。前秦末年，苻坚派吕光远征西域，在攻占龟兹后撤出时，"以驼二万余头致外国珍宝及奇伎异戏、殊禽怪兽千有余品，骏马万余匹"[⑤]。并获得竖箜篌、琵琶、五弦、笙、笛、箫、筚篥、毛员鼓、都昙鼓、答腊鼓、腰鼓、羯鼓、鸡娄鼓、铜钹、贝等 15 种龟兹乐器，还有《善善摩尼》、《于阗佛曲》等共"佛曲百余成"[⑥]。这些胡声，"铿锵镗鞳，洪心骇耳"，歌词均用本民族语，在汉族士人看来，"娄罗胡语，直置难解"[⑦]。经后凉、北凉，西来之天竺乐、龟兹乐及东来之汉族旧乐，与当地小月氏、丁零、匈奴、氐、羌等族的音乐糅合，形成了一个新的独特乐种，被称为"秦汉伎"或"秦汉声"[⑧]。正如北齐尚药典御祖珽所说："此声所兴，盖苻坚之末，吕光出平西域，得胡戎之乐，因又改变，杂以秦声，所谓秦汉乐也。"[⑨]《隋书·音乐志下》又提到："西凉者，起苻氏之末，吕

---

① 《晋书》卷 86，《张轨附寔传》。

② 《资治通鉴》卷 123，晋文帝元嘉十六年。

③ 虽据《晋书·乐志》所载"永嘉之乱，海内分崩，伶官乐器，皆没于刘、石"，但仍有相当数量太常乐工避难至河西。太常，为魏晋时期掌管雅乐的机构。

④ 杜佑：《通典》卷 142，《乐典》二。

⑤ 《晋书》卷 122，《吕光载记》。

⑥ 崔令钦：《教坊记》。

⑦ 杜佑：《通典》卷 142，《乐典》二。

⑧ 《中国少数民族艺术词典》第 498 页（民族出版社 1991 年版），则认为吕光迁龟兹乐队至凉州之前，新风格的秦汉乐已形成。

⑨ 《隋书》卷 14，《音乐志》中。

光、沮渠蒙逊等，据有凉州，变龟兹声为之，号为‘秦汉伎’。魏太武既平河西得之，谓之‘西凉乐’。至魏、周之际，遂谓之‘国伎’。”① 上述记载，虽勾勒了西凉乐产生的轮廓，但未能明确地指出，凉州当地诸族原有音乐在西凉乐形成过程中的重要作用，这不能不说是缺憾之处。

据《魏书·乐志》所载，北魏太武帝拓跋焘在神䴥四年（431年）攻克姑臧平定凉州后，“得其伶人、器服，并择而存之”。也就是说北魏时“秦汉伎”又进行一番改造，去粗存精，谓之“西凉乐”。孝文帝迁都洛阳，因久在洛阳传习，后称为“洛阳旧乐”。至北齐文宣帝高洋受禅代魏，由祖珽定音，仍杂以西凉之曲。经过几番交融，“其后声多变易”，艺术性大有提高，故魏周之际，被尊为“国伎”。

至隋、唐两代，可谓为西凉乐鼎盛时期。从十六国后期，历经南北朝，至隋唐，凉州的乐曲和歌曲在内地颇为盛行。唐朝杜佑撰的《通典·乐典》说：“有新声自河西至者，号胡音声，与龟兹、散乐俱为时重，诸乐咸为之少寝。”这在唐人诗词中也有生动的反映，如元稹《法曲》云：“自从胡骑起烟尘，毛毳腥膻满咸洛。女为胡妇学胡妆，伎进胡音务胡乐。”② 王建在《凉州行》中也提到：“城头山鸡鸣角角，洛阳家家学胡乐。”③

隋朝统一后，将中原音乐、少数民族音乐、外国音乐分门别类加以整理。开皇年间（581—600年），置七部乐：国伎（即西凉乐）、清商伎、高丽伎、天竺伎、安国伎、龟兹伎、文康伎。又杂有疏勒、扶南、康国、百济、突厥、新罗等伎。大业年间（605—618年），隋炀帝将七部乐重新分为九部乐，即清乐④、西凉乐、龟兹乐、疏勒乐、康国乐、安国乐、天竺乐、高丽乐、礼毕乐，以清商乐为首，降国伎为次，还其原名“西凉乐”。唐高祖武德元年（618年），依隋制设九部乐，即燕乐伎、清商伎、西凉伎、龟兹伎、疏勒伎、康国伎、安国伎、扶南伎（一说为天竺伎）、高丽伎。唐太宗贞观十六年（642年），在武德九部乐基础上，增加高昌

---

① 《隋书》卷15《音乐志》下。有的学者认为，北魏获西凉的土龟兹乐和秦汉乐后，自此至北周，尊奉为“国伎”，即“洛阳旧乐”。

② 《元氏长庆集》卷24，第5页。

③ 《全唐诗》第5函第5册。

④ 清乐，即清商乐，始自清商三调（平调、清调、瑟调），汉代以来旧曲。后晋室播迁，声伎分散，其在南朝发展为江南吴歌、荆楚西声。北魏孝文帝采集中原旧曲及吴歌、西声，总称为“清商乐”，隋炀帝时改为“清乐”。

一部，即燕乐、清商、西凉、扶南（一说为天竺）、高丽、龟兹、安国、疏勒、康国、高昌等十部乐。唐代宫廷音乐后又分为坐部伎和立部伎。据《旧唐书·音乐志二》所载，“立部伎有安乐、太平乐、破阵乐、庆善乐、大定乐、上元乐、圣寿乐、光圣乐，凡八部”。立部伎是在室外立着演奏，规模大，气势恢弘，大部分为龟兹乐曲。其中，“惟庆善乐独用西凉乐，最为闲雅”①。而坐部伎是坐在堂上演奏，规模小，艺术性高，大多是丝竹细乐②。白居易在《立部伎》诗中有“堂上坐部笙歌清，堂下立部鼓笛鸣”之句，就是描写两部合奏的壮观场面。

西凉乐的乐器，据《隋书·音乐志》所记有钟、磬、弹筝、挡筝、卧箜篌、竖箜篌、琵琶、五弦、笙、箫、大筚篥、小筚篥、长笛、横笛、腰鼓、齐鼓、檐鼓、铜钹、贝，共 19 种为一部③，乐工 27 人。西凉乐等乐器的演奏，是和唱歌、舞蹈结合在一起的。乐曲分为歌曲、舞曲和解曲三种④。大概开始时以器乐合奏的解曲作序曲，唱歌时以歌曲伴奏，其后跳舞时以舞曲伴奏。西凉乐的歌曲有《永世乐》，解曲有《万世丰》，舞曲有《于阗佛曲》。据《旧唐书·音乐志》和《通典·乐典》所载，乐工戴平巾帻，穿绯褶。舞蹈有白舞一人，方舞四人。方舞者穿戴：假髻、玉支钗、紫丝布褶、白大口袴、五綵接袖、乌皮靴。史称“胡戎歌非汉魏遗曲，故其乐器声调，悉与书史不同”⑤。西凉乐以管弦曲著称，刘贶《太乐令壁记》提到：“自周隋以来，管弦杂曲数百，多用西凉乐，鼓舞曲多用龟兹乐。”⑥ 西凉乐成为隋唐燕乐的重要组成部分，属于俗乐之范围。我国古代音乐大致分为两大类：雅乐和俗乐。雅乐，是历代专供皇帝祭祀、朝贺大典的御用音乐。俗乐是泛指各种民间音乐，也指宫廷演奏的燕乐。燕乐是兼礼仪性、艺术性、娱乐性于一身的宫廷宴享典礼乐舞。唐玄宗将燕乐按其来源划分为十部伎，其中除了《燕乐》、《清商乐》外，其余都是少数民族音乐和外国音乐。而西凉乐作为由中原旧曲和西域胡乐

① 《旧唐书》卷 29，《音乐志》二。

② 坐部伎有燕乐、长寿乐、天授乐、鸟歌万寿乐、龙池乐、破阵乐，凡六部。

③ 《旧唐书·音乐志》及《新唐书·礼乐志》与《隋书》所记略同，但明确指出钟一架、磬一架或称编钟、编磬皆一。

④ 关于解曲，唐人南卓著的《羯鼓录》曰：“凡曲有意尽声不尽者，须以他曲解之。如《耶婆色鸡》用《屈柘急遍》解，《屈柘》用《浑脱》解之类是也。”

⑤ 《隋书》卷 15，《音乐志》下。

⑥ 另见《旧康书·音乐志》三、《新唐书·礼乐志》。

及本地游牧民族音乐融会贯通而成的河西新乐，又与江南雅乐合流，形成华夏新声，绵延后世。

为了更好地说明西凉乐与龟兹乐、天竺乐及内地清商乐之间的关系，现将这几种音乐的乐器、乐工、乐曲、舞蹈等项列表于下。

| 项目<br>乐名 | 乐器 | 乐工 | 乐曲 | 舞蹈 | 资料来源 |
| --- | --- | --- | --- | --- | --- |
| 西凉乐 | 钟、磬、弹筝、搊筝、卧箜篌、竖箜篌、琵琶、五弦、笙、箫、大筚篥、长笛、小筚篥、横笛、腰鼓、齐鼓、檐鼓、铜钹、贝等19种为一部。 | 乐工共27人，穿戴平巾帻，绯褶。 | 歌曲有《永世乐》，解曲有《万世丰》，舞曲有《于阗佛曲》。 | 白舞1人，方舞4人。方舞穿戴：假髻，玉支钗，紫丝布褶，白大口袴，五綵接袖，乌皮靴。 | 《隋书·音乐志》、《旧唐书·音乐志》、《新唐书·礼乐志》、《通典·乐典》。 |
| 龟兹乐 | 竖箜篌、琵琶、五弦、笙、笛、箫、筚篥、毛员鼓、都昙鼓、答腊鼓、腰鼓、羯鼓、鸡娄鼓、铜鼓、贝等15种为一部。唐时又增弹筝、齐鼓、檐鼓、侯提鼓等。 | 乐工共20人，穿戴皂丝布头巾，绯丝布袍，锦袖，绯布袴。 | 歌曲有《善善摩尼》，解曲有《婆伽儿》，舞曲有《小天》、《疏勒盐》。 | 舞者4人，红抹额，绯袄，白袴帑，乌皮靴。 | 同上。 |
| 天竺乐 | 隋时有凤首箜篌、琵琶五弦、笛、铜鼓、毛员鼓、都昙鼓、铜钹、贝等9种为一部。唐时增筚篥、羯鼓。 | 乐工共12人，穿戴皂丝布头巾，白练襦，紫绫袴，绯帔。 | 歌曲有《沙石疆》，舞曲有《天曲》。 | 舞2人，辫发，朝霞袈裟，行缠，碧麻鞋。 | 同上。 |
| 清商乐 | 钟、磬、琴、瑟、击琴、琵琶、箜篌、筑、筝、节鼓、笙、笛、箫、篪、埙等15种为一部。 | 乐工25人，穿戴平巾帻，绯袴褶。 | 其歌曲隋时有《阳伴》，舞曲有《明君》、《并契》等。唐武则天时尚有63曲。 | 唐时舞4人，碧轻纱衣，裙襦大袖，画云凤之状，鬟髻，饰以金铜杂花，状如雀钗，锦履。 | 同上。 |

# 三

综前所述，西凉乐是以西北诸族音乐为主体，杂以秦汉之声的一种音乐，既与西域音乐交融，又与中原音乐文化乃至江东文化融汇，同时还汲取了印度、波斯等音乐成分。并在交融中有所取舍，不断创新，对后世艺术产生很大影响。那么，从民族文化交流的角度，来审视西凉乐形成和发展的特点，我们究竟可以得到哪些有益的启示呢？概括起来至少有以下几点。

第一，相互渗透，交错吸纳，反映了民族间文化交流的双向性和复杂性。

所谓双向性，就是不仅少数民族学习、吸收汉族文化，汉族也同样学习、吸收少数民族文化。所谓复杂性，就是这种文化上的相互吸收、交融，不仅在汉族和少数民族之间，而且在各个不同民族、部族，乃至国家之间交错进行。中国传统文化，正是历史上各民族文化相互碰撞、互相吸收、不断融合而逐渐形成的。西凉乐的形成和发展也充分证实了这一点。现着重从西凉乐的乐器方面加以分析。从上表可看出，西凉乐与龟兹乐共有的乐器达 13 种之多，即弹筝、竖箜篌、琵琶、五弦、横笛、笙、箫、筚篥、檐鼓、齐鼓、腰鼓、铜钹、贝等。而其中羌笛、齐鼓、檐鼓为我国古代游牧民族羌等所创制①，筚篥（觱篥）、直颈五弦琵琶则为龟兹人所创造②。西凉乐与天竺乐共有的乐器有琵琶、箜篌、五弦、笛、铜钹、贝等。一说曲颈四弦琵琶、竖箜篌、贝、铜钹等是从古代印度、波斯、埃及等国传入我国。西凉乐与龟兹乐相比，拥有更多的汉族乐器，尤为突出的是编钟、编磬，还有筝、箫等。同时仍保留了以鼓吹乐器为主“马上之声”的某些特点。而其舞曲《于阗佛曲》，则是吕光从龟兹带回百余佛曲之一。西凉乐在形成发展过程中，不仅在器乐方面吸收他族的精华，而且在声乐、旋律、节奏方面也汲取他族音乐的不少表现手法。所谓“声多变易”、“曲转奇”，就是在吸纳其他民族的音乐成分之后而发生的变化。

---

① （唐）段安节《乐府杂录》曰：“笛，羌乐也。”齐鼓、檐鼓皆为古代西北和东北少数民族膜鸣乐器。

② （唐）段安节《乐府杂录》云：“觱篥者，本龟兹国乐也，亦曰悲篥，有类于笳。”五弦，源于西域，后盛行于北朝，故《旧唐书·音乐志》曰：“五弦琵琶，稍小，盖北国所出。”

从上述可知，民族间文化交融呈多元复合的特点。

第二，华戎兼采，包而用之，反映了民族间文化交流的兼容性。

对周边诸族的音乐加以广泛吸收，这历来是王者以天下为一家的明智之举。周朝就设有“鞮鞻氏掌四夷之乐，与其声歌”[①]。并设立四裔（四夷）乐部，由乐官旄人掌教，以广泛吸纳四夷音乐。《周礼·春官·旄人》载，旄人“掌教舞散乐，舞夷乐，凡四方之以舞仕者属焉”。周以后，历代多沿设四裔乐部，执掌少数民族乐舞。诸朝统治者大多热衷于汲取少数民族的音乐，并不因其为夷狄之音而加以排斥。有的还认为：“古今夷、夏之乐，皆主之于宗庙，而后播及其余也。夫作先王乐者，贵能包而用之，纳四夷之乐者，美德广之所及也。”[②] 这种比较开明的音乐观，对于推动各族之间音乐文化的交流无疑起到积极作用。

南北朝、隋唐统治者，在艺术方面也“戎华兼采”[③]。胡乐对中原地区的影响是深远的，胡笳、羌笛、琵琶等胡乐器及胡曲在中原地区民间流行，并给趋向僵化的宫廷音乐增添了朝气。随着民族大迁徙，漠北、东夷、西域音乐大量输入黄河流域，鲜卑、吐谷浑、步落稽、高丽、龟兹、西凉、高昌、康国、安国、天竺等音乐与汉族音乐交汇融合。晋室南迁初期，“以无雅乐器及伶人，省太乐并鼓吹令”[④]。举兵败前秦、灭后秦、南燕等之后，分别从冉魏、前秦苻坚、南燕慕容超、后秦姚泓处得到乐器和乐工，这对东晋，乃至南朝的宫廷音乐之发展都极为重要。因而，起源于北方游牧民族音乐“马上之声”的鼓吹乐曲，不仅流行于北朝，而且影响了南朝。《乐府诗集》所载的“梁鼓角横吹”六十六曲[⑤]，就是这种“马上之声”。其中有以“慕容”为题的歌《慕容垂》及《慕容家自鲁企由谷》、羌族姚氏后秦的《琅玡王》与《钜鹿公主》、氐族前秦的《企喻》、拓跋鲜卑《高阳王乐人》等。这些歌曲被翻译成汉语，故“其辞华

---

① 《周礼》卷24，《春官宗伯·鞮鞻氏》，郑玄注曰：“王者必作四夷之乐，一天下也。”鞮鞻氏，官名，为春官之属，掌四夷之乐。

② 《宋书》卷19，《乐志》一，曹魏散骑常侍王肃奏议。

③ 《隋书》卷14，《音乐志》中。

④ 《晋书》卷23，《乐志》。

⑤ （宋）郭茂倩：《乐府诗集》卷25，《梁鼓角横吹曲》。卷21《横吹曲辞》序云：“《古今乐录》有梁鼓角横吹曲，多叙慕容垂及姚泓战阵之事，其曲有《企喻》等歌三十六曲。乐府胡吹旧曲又有《隔谷》等歌三十曲，总六十六曲。”

音，与北歌不同”[①]。对此，南朝精于乐律的王僧虔曾感慨地说：“古语云‘中国失礼，问之四夷’，计乐亦如。苻坚败后，东晋始备金石乐，故知不可全诬也。”这些北方音乐直至南朝末年仍然存在[②]。与此同时，南方《清商乐》也被乐府采集整理，形成“陈、梁旧乐，杂用吴楚之音；周、齐旧乐，多涉胡戎之伎”的现象[③]。

而北魏建国后，除了继承中原地区传统音乐外，也大量吸收周边诸族音乐。拓跋珪天兴元年（398 年）冬，“诏尚书吏部郎邓渊定律吕，协音乐”。邓渊将北魏所得四方音乐与汉族传统音乐相结合，加以吸收和改造，从而创作、改编了一系列适于北魏王朝的宫廷音乐。遂每年“正月上日，飨群臣，宣布政教，备列宫悬正乐，兼奏燕、赵、秦、吴之音，五方殊俗之曲。四时飨会亦用焉”。与此同时，北魏又在“掖庭中歌《真人代歌》，上叙祖宗开基所由，下及君臣废兴之迹，凡一百五十章，昏晨歌之，时与丝竹合奏。效庙宴飨亦用之”[④]。后又与西凉乐合奏。据《旧唐书·音乐志》记载：“后魏乐府始有北歌，即《魏史》所谓《真人代歌》是也。代都时，命掖庭宫女晨夕歌之。周、隋世，与西凉乐杂奏。今存者五十三章，其名可解者六章：《慕容可汗》、《吐谷浑》、《部落稽》、《钜鹿公主》、《白净王太子》、《企喻》也。其不可解者，咸多可汗之辞。”[⑤]

与历代正统的“雅”、“颂”相比，善于表现粗犷悲壮、豪迈激昂的“西凉乐”，更易为北方少数民族所接受。西凉乐往往成为他们的国乐。北魏、北周之拓跋氏、宇文氏尊其为“国伎”。出身北方豪门世家，与鲜卑有千丝万缕联系的隋、唐统治者，更是对西凉乐等少数民族音乐推崇备至，被列入七部乐、九部乐、十部乐，成为宫廷宴享典礼乐舞的重要组成部分，使唐代的文化更加五彩斑斓、璀璨夺目。京都长安成为各族音乐文化荟萃、交融之地，以国际性音乐城享誉东西方。

第三，去粗存精，不断创新，反映了民族间文化交流的开拓性。

民族音乐文化的交流，不是简单的吸纳，而是要在交融中有所取舍，

① 《旧唐书》卷 29，《音乐志》二。

② 根据《隋书》卷 32《经籍志》一所载，记录这些歌曲的《古今乐录》一书为陈朝沙门智匠撰。

③ 《旧唐书》卷 28，《音乐志》一；《册府元龟》卷 567。

④ 《魏书》卷 109，《乐志》。“代”系北魏古都平城（今山西大同东北），“真人”又作“真主”，北魏君主之号。

⑤ 《旧唐书》卷 29，《音乐志》二。

有所创新，这样，才能保持旺盛的艺术生命力。西凉乐在形成和发展过程中，汲取了各种具有地域或民族色彩文化的精华，并在交融中不断推陈出新，扩大内涵。例如，唐人李颀在《听安万善吹觱篥歌》一诗中就写道："南山截竹为觱篥，此乐本自龟兹出。流传汉地曲转奇，凉州胡人为我吹。"李白在《观胡人吹笛》诗中也说："胡人吹玉笛，一半是秦声。"这些都说明，西域、凉州音乐传入内地后，又受到汉族音乐的影响，变得更婉转动听，扣人心弦。

唐玄宗开元（713—741 年）中，凉州大曲的出现，更使西凉乐内涵得以进一步充实。唐代郑启在《开元传信记》中说："西凉州俗好音乐，新制曲目《凉州》，开元中列上献，上诏诸王便殿同观。曲终诸王贺，舞蹈称善。"凉州大曲的歌词多已失传。大曲为大型乐舞①，一般认为每套大曲有三个组成部分：第一部分称散序，无歌，不舞；第二部分称排遍、中序或序拍，以歌为主，始有舞；第三部分称破，以舞为主，为全曲高潮，繁音急节，声调铿铮，结束时转慢，舞而不歌。在这三个部分中，每一遍为一个器乐曲、歌曲和舞曲。每一套大曲的遍数由十几遍至二十余遍不等。宋人王灼《碧鸡漫志》云："今（凉州）见于世者凡七宫曲……然七曲中知其是唐曲，黄钟、道调、高宫是也。"凉州大曲中，数《霓裳羽衣曲》最为盛行（属唐代燕乐胡部新声中之名曲）。此曲本名《婆罗门曲》，原为凉州流行的一套大曲（一说由西域传入）。西凉节度使杨敬述于开元十九年（731 年）进献唐玄宗，传说此曲曾经玄宗润色并制歌词。天宝十三年（754 年），唐廷实行"蕃汉杂奏"之策，"诏道调、法曲与胡部新声合奏"，"婆罗门"遂改为"霓裳羽衣"。白居易《霓裳羽衣舞歌》及自注描述了这套大曲的曲体与音乐之妙。全曲有散序六段，中序十八段，曲破十二段，共三十六段十二遍。同其他大曲的区别是"凡曲终必遽，唯霓裳羽衣曲将毕，引声益缓"②。乐器除用磬、箫、筝、笛外，还有箜篌、筚篥、笙等③。唐文宗时所用乐队则更近于清乐系统，反映了胡乐俗化的过程。以《霓裳羽衣曲》为乐的盛唐舞蹈《霓裳羽衣舞》，既运用了传统的小垂手，又借鉴了胡旋舞旋转、迅疾的动态，使传统舞姿的柔媚、典雅与

① 凉州大曲，是由同一宫调的若干"遍"组成的大型乐舞。对其结构，（宋）沈括《梦溪笔谈》、陈旸《乐书》、王灼《碧鸡漫志》各说不一。

② 白居易：《霓裳羽衣舞歌和微之》。

③ 《新唐书》卷 22，《礼乐志》十二。

西域舞蹈的俏丽、明快水乳相融，可谓是汉舞与胡舞结合的佳作。

西凉乐舞及百戏，对我国后来的戏剧、杂技和词曲等皆颇有影响。元稹在《西凉伎》中生动地描述了凉州剑、弄丸、狮舞等百戏（杂技）和歌舞表演的盛况。其中提到："吾闻昔日西凉州，人烟扑地桑柘稠。葡萄酒熟恣行乐，红艳青旗朱粉楼……前头百戏竞撩乱，丸剑跳掷霜雪浮。狮子摇光毛彩竖，胡姬（一作"腾"）醉舞筋骨柔。"白居易在《西凉伎》的长诗中，也对凉州狮子舞进行感人的描绘。而乐府《近代曲》之"凉州词"（一名"凉州歌"，原为凉州一带的歌曲）调①，则多被唐代诗人

**酒宴图（十六国时期）**

用来作歌词，描写西北塞上风光和战争情景，其中尤以王翰和王之焕所作著称于世。如王翰《凉州词》二首云："葡萄美酒夜光杯，欲饮琵琶马上

① 《近代曲》，乐府歌曲名，实为隋唐间的杂曲。

催。醉卧沙场君莫笑，古来征战几人回。秦中花鸟已应阑，塞外风沙犹自寒。夜听胡笳折杨柳，教人意气（一作“气尽”）忆长安。”王之涣的《凉州词》更是脍炙人口，其曰：“黄河远上白云间，一片孤城万仞山。羌笛何须怨杨柳，春风不度玉门关。单于北望拂云堆，杀马登坛祭几回。汉家天子今神武，不肯和亲归去来。”

流行于内地的凉州大曲等，至宋朝开始演变为有简单故事情节，出现了杂剧，后发展为戏剧。其唱腔初多为大曲中曲调。据王国维《宋元戏曲考》认为，两宋官本杂剧280本，用大曲者103本。其中梁州（即凉州）大曲有6本。戏剧中的伴奏乐器也采用了西凉乐和龟兹乐中的琵琶、筚篥、铜钹、笙、笛等，后来胡琴、唢呐更是戏剧中伴奏的主要乐器。同时由于西凉乐在内地的盛行，又促使唐诗、宋词和元曲的发展。

总之，任何一种文化的交流都是双方、互动的。从西凉乐的形成、发展过程中，可看出民族间文化交流呈现了多向性交融和辐射的特点。西凉乐既是不同民族音乐文化相互吸收、渗透，并再创造的结果，又对其他民族音乐文化产生深远影响，进一步丰富了中华文化。因而，西凉乐不仅是魏晋南北朝隋唐时期，中原与西域文化交融的璀璨明珠，中华民族文化宝库中一枝奇葩，而且在我国古代音乐史上也占有不可忽视的地位。

（原载《民族史研究》，民族出版社2002年版；另见《西凉乐探幽》，《寻根》1995年第3期）

# 论唐朝典章制度的“华戎兼采”

## ——兼谈民族互动对汉文化发展的影响

**摘　要**　本文从唐代均田制和府兵制的继续施行与改进，都督府之发展及羁縻府州的建立，宗教事务管理大多沿袭北朝旧制，唐采访使制的形成等方面，探讨唐朝典章制度中“华戎兼采”的现象。追溯唐朝制度渊源，系属多元，这也符合中国统一多民族国家发展的历史实际及各族共创盛唐辉煌的真谛。

**关键词**　唐朝　典章制度　华戎兼采　民族互动

所谓“民族互动”，主要是指通过民族间双向迁徙、杂居通婚，政治上相互往来，经济、文化上不断交流，彼此吸纳，升华更新，从而提高诸族整体素质，增强凝聚力。魏晋南北朝有三四百万北方民族，诸如匈奴、鲜卑、氐、羌、羯等迁入内地，并建立了汉（前赵）、后赵、前秦、后秦、前燕、后燕、北魏、北周等政权。同时，又有数百万中原地区汉族向河西、辽东、江南及闽、赣、粤等地迁徙，并流向周边民族地区，大大扩大了汉文化的传播面；而汉族则吸取了许多戎狄夷蛮的文化精华，汉化与夷化交叉进行。本文拟从民族互动的视野，剖析北朝鲜卑等族统治者所制定的大量典章制度对唐朝的影响，以进一步探索汉文化发展的历史轨迹。

隋唐的统一，是从北朝演进而来，因而其典章制度也呈现了“华戎兼采”的特点，在不少方面留有北朝政治制度的痕迹，诸如均田制和府兵制的继续施行和改进；计账、户籍制度的发展；都督府的设置；宗教管理制度的沿袭；官吏任用由吏部铨选；勋官制度的设置；行台尚书制的演变；十恶、八议形成等，都反映了魏晋南北朝时期少数民族统治者或鲜卑化汉人统治者的影响。同时，很多出身于少数民族的文臣武将参与朝政①，也对唐朝的典章制度产生各种影响，保留不少夷蛮的成分，并是唐代华戎混一的政治表现之一。

关于隋唐制度渊源问题，早在60余年以前，陈寅恪先生在《隋唐制度渊源略论稿》中曾作过精辟的阐述。本文欲运用民族学、社会学、法学等多学科综合分析方法，从民族互动对汉文化发展影响角度，作些补充研究。主要从均田制和府兵制的继续施行与改进；都督府之发展及羁縻府州的建立；沿袭北朝的宗教事务管理制度；从北朝的行台尚书制至唐采访使制等方面，对唐朝典章制度中“华戎兼采”的现象进行探讨。诚然，我们说唐朝典章中含有北朝政治制度的遗痕，并不意味着排斥或忽视唐朝很多方面是继承周秦两汉以来历代中原王朝制度的传统及受南朝的影响。追溯唐朝制度渊源，系属多元，这也符合中国统一多民族国家发展的历史实际及各族共创盛唐辉煌的真谛。

## 一　均田制和府兵制的继续施行与改进

北魏颁布的均田令，是由其前期拓跋珪等在代北实行的“计口受田”制度演变而来的。系当时北方人口大量迁徙和死亡，土地荒芜，劳动力与土地分离，所有权和占有权十分混乱，拓跋部众逐渐由游牧向农业定居过渡等特殊情况下的产物。

均田制自北魏太和九年（485年）颁行以来，经北周、隋，至唐具体规定有所变化。唐初，地主土地制在农民起义打击下有所削弱，国家掌握了大量的无主田，统治者将相当部分官田用作赐田、公廨田、驿田、屯田，以供禄米、经费和其他军政开支之用，其余大部分则用以实行均田制，即作为永业田、口分田分配给各阶级、各阶层的人占有。民户中18岁以上，60岁以下的男人受永业田20亩、口分田80亩。官员按品级受不同数量的永业田，勋官按勋品受不同数量的勋田。道士、女冠和僧尼，

① 据冯承钧《唐代华化蕃胡考》（见《西域南海史地考证论著汇辑》）所列就有165人，分别来自鲜卑、匈奴、奚、契丹、柳城胡、高丽、百济、靺鞨、乌洛侯、突厥、回纥、西域人、蛮、乌、蕃、羌、越、倭等。又据章群《唐代蕃将研究》所列《唐代蕃将表》，蕃将总数达2500多人。

寡妻妾及笃疾、废疾者也能得到少量受田①。与北朝和隋代相比，唐朝放宽了对买卖永业田、口分田的限制，但民户“应受田”额与“已受田”额距离较大，受田一般不足法定亩数，而唐前期的课税租庸调是建立在均田制的基础上的。课户每丁每年纳粟2石，称作租；纳绢2丈、棉3两，称作调；服正役20天，不役者折收绢，每日合3尺，这种从绢折役的办法称为“输庸代役”。受田不足税照纳，这无形中增加了农民的负担。后随着均田制的破坏，用两税法来代替租庸调。均田制至建中元年（780年）废弛，历经近300年。

府兵制，“起自西魏、后周，而备于隋，唐兴因之”②。西魏大统十四年（548年），宇文泰按照鲜卑八部旧制，正式建立以“八柱国”为首的府兵制。魏周之际，府兵大多是军府所在均田民中财富力强之人。北周武帝正式下诏府兵“诸军军士”都改称“侍官”③，由统属相府的武装，成为名实相符的宿卫禁旅；而且府兵基础从六镇鲜卑、关陇豪右逐步扩大到均田民的汉族农民，“除其县籍”，“无他赋税”④，由兵牧合一的部落兵制向兵农合一的封建军制转化。至周末、隋初，“夏（汉）人半为兵矣”⑤。开皇十年（590年），隋文帝下诏：“凡是军人，可悉属州县，垦田籍账，一与民同，军府统领，宜依旧式。”⑥ 这标志兵农合一的完成。隋代军府有内府、外府之分，以骠骑将军、车骑将军为长、贰。炀帝改称“鹰扬府”。唐初一度恢复骠骑、车骑府旧称。贞观十年（636年），外府更号折冲府，内府更号中郎将府。

唐前期，府兵制日趋完备。这是一种建立在均田制基础上封建性的兵农合一、寓兵于农的制度。府兵由军府从所在州县的受田农民中挑选，三年一拣点，年20入伍，60免役，平时在家生产，农闲训练，有事出征。府兵主要任务是宿卫，护卫京师，按路途远近分番轮流，叫做“番上”。法令规定：百里外五番，五百里外七番，一千里外八番，每番一个月，二千里外九番，每番两个月。内府卫士除两京及其附近诸州必须番上宿卫以

① 《新唐书》卷51，《食货志》一。

② 《新唐书》卷50，《兵志》。

③ 《周书》卷5，《武帝纪》。

④ 《隋书》卷24，《食货志》；《北史》卷60，《李弼等传后序》。

⑤ 《隋书》卷24，《食货志》。

⑥ 《隋书》卷2，《高祖纪》下。

外，余州都纳资代役。府兵到长安宿卫，由十二卫将军分领。府兵另一项任务是戍边征防。出兵征防则由朝廷命将统领，调遣时必须持兵部所下鱼符，经州刺史和折冲府将领勘合后，才得发兵。战争结束则兵散于府，将归于朝，从而避免将帅拥兵自重。服役期间，府兵本身免除课役，但军资、衣装、轻武器（弓箭、横刀）和上番赴役途中的粮食，均须自备。每一火（一火十人）还得共备供运输的马六匹（或用驴），即所谓“六驮马”。自备资装这对农民来说是沉重负担，因而，后来府兵制也随着均田制的破坏，而至玄宗时被废除。

唐前期，府兵制承袭北周与隋朝由北方部落兵牧合一到封建兵农合一的特征和性质。但至高宗、武后时逐渐破坏，到玄宗时，由于战事频繁，防御线延长，府兵久戍不归，导致人民避役，兵士逃亡；府兵地位日益低落，唐初承前代遗风，对于卫士较尊重，至武后时，番上卫士往往被贵族官僚借为私家役使，导致社会上以当府兵为耻；高宗以后，土地兼并日益严重，均田制破坏，府兵征点制失去了赖以生存的经济条件，以致番上卫士缺员，征防更难调发，于是逐渐以招募强壮为“长从宿卫”（后改名为“彍骑”）。开元二十五年（737 年），玄宗下诏命令诸镇节度使按照防务需要制定定额，在诸色征人和客户中招募自愿长住镇戍的健儿，“便令长住”。次年又下诏道诸军招募的长征健儿业已足额，以后不再从内地调发，原有兵士（包括兵募、健儿等）非长征者一律放还①。这就从法令上停止了调发府兵征防。天宝八载（749 年），鉴于军府无兵可交，遂停折冲府上下鱼书，府兵制终于废除。

## 二　都督府之发展及羁縻府州的建立

都督，作为军事长官或领兵将帅，汉末始有此称。魏、晋、南北朝称都督、中外诸军事或大都督者，即为全国最高军事统帅②。都督可开府置僚属，机构称府，军区也随之称府。都督，作为地方军政长官是在魏晋以后。都督府的设置，源于南北朝。当时州刺史有领兵与不领兵之别，领兵刺史兼督数州军事，由督军事而总民事，都督府是掌理一州政务兼督数州

① 《资治通鉴》卷 214，唐玄宗开元二十五年五月癸未；二十六年正月丁丑。

② 《三国志·魏书》卷 9，《曹真传》称曹魏黄初三年（222 年）始置都督诸州军事。

防务的军政机关。北周改都督府为总管府，隋沿置，文帝以并、益、荆、扬四州置大总管府，其余总管府于诸州，列为上中下三等。炀帝悉置之。唐初复置总管府，武德七年（624年），改称都督府。隋唐以总管、都督专掌辖区诸州的城隍、兵马、甲仗、食粮、镇戍等事。唐初都督府一般置于缘边及军事要冲之地。有的都督府还兼管邻近的羁縻州。唐中期后，逐渐以节度使、观察使为地方最高长官，都督遂名存实亡。

而唐朝羁縻府州的建立也都华戎兼采，一方面借鉴都督府的建制，另一方面又承袭历代羁縻制度。自秦汉以来，随着“属国”、“道”的建立，羁縻制已处于萌芽阶段。中经十六国时期汉（前赵）的“胡汉分治”，设治左右司隶及单于左右辅等不同机构，统治汉族和六夷①；北魏的南北两部，“分民而治”②；南朝的设立“左郡左县”，因俗而治，管理“蛮左”之地。至唐代，无论从建置或隶属关系上以及管理制度和措施方面，皆更为规范化、系统化，日益完备。唐朝根据民族地区的特殊情况及各族所处的地位，依俗而治，分别设置羁縻府、州、县等这种特殊行政区划。

唐代前期于边疆地区设置都护府，作为对周边少数民族的管理机构。从贞观至武则天时期，共设置安东、安南、安西、安北、单于、北庭六个都护府。它是边疆地区的最高行政机构，直隶于中央，都护府分大都护府和上都护府两等，“掌抚慰诸蕃，缉宁外寇，觇候奸谲，防范奸细，讨伐叛乱”。大都护府设大都护一人，一般由亲王遥领；副大都护二人；功曹、仓曹、户曹、兵曹、法曹参军事各一人，参军事三人；诸曹的职掌与州府同。大都护由亲王遥领，屡见于史载。例如，麟德元年（664年），突厥阿史德请唐朝立一位亲王为可汗统治他们。唐高宗说：“今之可汗，古之单于也。”③ 于是以第八子殷王李旭轮（即相王、唐睿宗李旦）遥领单于都护，改云中都护府为单于大都护府。圣历二年（699年），女皇武则天又任命相王李旦“兼检校安北大都护”④。

都护府统领边疆少数民族，主要是通过羁縻府州来进行。都护府所属的府州都是羁縻府州，小者为州，大者为都督府，以本族首领为都督、刺史，并得以世袭。有史可稽之羁縻府州约856个（其中包括羁縻府94个，

① 《晋书》卷102，《刘聪载记》。

② 《魏书》卷113，《官氏志》。

③ 《资治通鉴》卷201，唐高宗麟德元年正月。

④ 《资治通鉴》卷206，则天后圣历二年八月。

羁縻州762个)。这些羁縻府州分别隶属于单于、安北、安东、安西、安南、北庭等都护府及夏州、灵州等24个都督府。羁縻府州制度的建立和完善，汲取了汉族及少数民族所建王朝的统治经验，是我国多民族国家历史发展的产物。它加深了民族地区与中原的政治关系，促进了民族地区的经济、文化发展，巩固和加强了民族之间的融合。

## 三　沿袭北朝的宗教事务管理制度

隋唐管理制度沿袭北朝而有所发展。中国的僧官制起始于十六国后秦姚兴时期。据《历代三宝记》卷八所载："三千德僧共止一处，共受姚天王供养……因立僧官奉侍中秩，置两都录辑五部僧，昭玄之兴始此起。"当时设立了"僧主"(僧正)，统辖后秦僧尼；"悦众"，管理宗教理论和修订法事；"僧务"，为负责登记教徒并主管花名册的官员。北魏置监福曹，统辖全国僧尼。北齐置昭玄寺，掌管佛教与道教。置大统一人，统一人，都维那3人，又有主簿、功曹等员，以管理州郡县沙门曹。并在鸿胪寺置典寺署，有僧祇部丞一人。北周置司寂上士、中士，掌佛教之政，司士、中士、下士，掌道教之政。僧官、道官系统的建立及日趋完善，使宗教纳入封建政权管理范围内。

隋制于鸿胪寺置崇玄署，设令、丞为正副主官，管理佛教与道教事务。炀帝改佛寺为道场，改道观为玄坛，各置监丞，属鸿胪寺。唐代是中国佛教的鼎盛时期。唐朝帝王虽自称是始祖老子(李耳)的后裔，尊崇道教，但实际上是采取道佛兼行的政策。唐初沿隋制于鸿胪寺置崇玄署，掌管佛教与道教，各寺观置监一人，贞观中废寺观监。武则天延载元年(694年)，敕全国僧尼隶祠部，不属司宾(即鸿胪寺)。玄宗时仍属鸿胪寺①，而以祠部为主管机关。祠部郎中、员外郎之职，掌祠祀、享祭、天文、漏刻、国忌、庙讳、卜筮、医药、僧尼之事②。天宝六年(747年)，玄宗置左右街功德使以及东都功德使、修功德使，以管理僧尼和修改官寺，僧尼度牒仍由祠部司掌管，后屡有变化。

---

① 《唐六典》卷18，《鸿胪寺》曰："凡天下寺观三纲及京都大德，皆取其道德高妙为众所推者补充，上尚书祠部。"

② 《旧唐书》卷43，《职官志》二。

隋唐的祆教管理机构也是从北朝沿袭而来。琐罗亚斯德教，隋唐时期译为“祆教”或“火祆教”、“火教”等，又称为“胡天”，“胡天神”①。是流行于古波斯、中亚等地的宗教，约在4世纪时已从中亚传入中国汉地(一说6世纪)②。主张善恶二元论，认为火、光明、清净、创造、生是善端；黑暗、恶浊、不净、破坏、死是恶端。该教认为，在光明与黑暗、善与恶的对峙中，人有选择自己命运的自由意志。主张善恶报应、灵魂转世和末日审判。要求教徒通过专门仪式，礼拜“圣火”，“祆”就是“天神”的意思。西域焉耆、疏勒、于阗等均信祆教，羯胡石勒建立的后赵也祆教与佛教兼奉。祆教，当时也称“胡天”。在北魏、南梁时，火祆教崇奉之神称为“天神”，“火天神”、“火神天神”等，至隋末唐初才称“火祆”。该教传入中国后，曾受到后赵、北魏、北齐、北周、南梁等统治阶级的支持。北魏灵太后率领宫廷大臣及眷属数百人奉祀火天神。北齐后主“躬自鼓儛，以事胡天”③。因此，在京都（邺，今河南临漳县）出现了很多奉祀火祆教的神庙。北周的皇帝也曾亲自“拜胡天”，“其仪事从夷俗”④。从北魏开始，北齐，北周相继在鸿胪寺中设置火祆教的祀官。例如，北齐，在鸿胪寺典客署设京邑萨甫二人、诸州萨甫一人，以管理祆教教徒⑤。隋唐时，东西两京皆有祆祠，东京有2所，西京有4所。在这些祠庙中“商胡祈福，烹猪羊，琵琶鼓笛，酣歌醉舞”，极一时之盛。信奉者多为侨居中原的西域胡及外国人。政府设立萨宝府作为管理祆教的专门机构，隶属于礼部的祠部司，设有萨宝（即萨甫）、祆正、萨宝府祆祝、萨宝率府、萨宝府史等，自四品至七品不等，为管理祆教的祀官。由此可见，隋唐宗教管理制度，大多沿袭北朝，汲取了少数民族统治者的一些管理制度。

---

① 详见《晋书·石季龙载记》、《魏书·皇后传》、《隋书·礼仪志二》等。

② 《晋书》卷107，《石季龙载记》下提到：“龙骧孙伏都、刘铢等结羯士三千伏于胡天，亦欲诛（石）闵等。”可见，祆教在4世纪时已随着西域胡传入中原。有的学者认为波斯于518年通北魏，与波斯邻近的滑国于516年通梁，这两国皆信奉火祆教，故火祆教传入中原地区的时间当在516—519年间，该说值得商榷。

③ 《隋书》卷7，《礼仪志》二。

④ 同上。

⑤ 《隋书》卷27，《百官志》中。

# 四　从北朝的行台尚书制至唐采访使制

魏晋南北朝时期，在州之上曾有两种特别的政区，一是都督诸州军事所辖的军区，即都督府，后带有特别行政区的性质。二是行台尚书所辖的政区。魏晋南朝间或在京师以外设立尚书省分支机构，称为行台，如曹魏末司马昭讨诸葛诞，西晋永嘉年间东海王司马越率众许昌请进讨石勒，均以行台自随。又南朝梁末，侯景为河南大行台等①，这些大多是因重大军事行动，由尚书省派出机构随军行使职权。尚书省别称“中台”，故其派出机构称“行台”。北朝时，行台尚书制大有发展。北魏称之尚书大行台，开府置僚佐。例如，道武帝拓跋珪曾置中山行台，以秦王拓跋仪为尚书令以镇之。孝武帝永熙三年（534年），以宇文泰为大行台，以苏绰为行台度支尚书。北齐时“行台兼统民事自辛术始”②。武定八年（天保元年550年），辛术为东南道行台尚书。东徐州刺史郭志杀郡守，文宣帝闻之，敕令辛术说：“江淮初附，百姓难向京师，留卿为行台，亦欲理边民冤枉，监理牧守。自今以后，所统十余州地，诸有犯法者，刺史先启听报，以下先理后表。”③ 尚书省派出机构逐步转变为实质上的一级地方行政组织，在其辖区无所不统。隋的行台省、唐的采访使制以及元代行省制均由其蜕变发展而成。

隋沿北朝，谓之行台省。“有尚书令、仆射各一人，主事四人，有考功、礼部、膳部、兵部、驾部、库部、刑部、度支、金部、工部侍郎各一人。每行台置食货、农圃、武器、百工监副，各置丞、录事等员，盖随其所管之道，置于外州，以行尚书事。”④ 唐初，亦置行台，贞观以后遂废。之后，“诸道各置采访等使，每使有判官二人，兼判尚书六行事，亦行台之遗制”⑤。派遣各种使臣前往各地，是隋唐王朝中央政府获取信息、加强统治的重要渠道及手段。隋文帝就经常“潜遣行人采听风俗，吏治得

---

① 《通典》卷22，《职官》四。

② 《北齐书》卷38，《辛术传》曰：“自今所统十余州地诸有犯法者，刺史先启听报，以下先断后表闻。”

③ 《通典》卷22，《职官》四。

④ 同上。

⑤ 同上。

失，人间疾苦，无不留意”①。唐代，使臣的派遣更为频繁，名目颇多，有观风俗使、巡察使、按察使、黜察使、黜陟使、采访处置使等，他们也往往代表中央处理一些事务。唐中宗以后，开始在各道设立中央常驻使臣，定期轮换。玄宗时，这些常驻使臣开始向道一级地方行政长官转化。肃宗乾元元年（758 年），改采访使为观察使，此后观察使例由节度使兼任，各道节度观察使成为正式的地方行政长官。

其他诸如隋唐的法律制度、户籍与检括户口制度、官吏任用制度中州郡任命之权一律归吏部等规定，都是沿袭北朝而有所发展。凡此种种，不一一列举。隋唐史志所记，往往包含北朝典章制度的痕迹，则是不争之史实。这从一个侧面，反映了北朝少数民族政权对缔造中华文明的重要贡献。

（原载《2007 年汉民族研究学术研讨会论文集》，黑龙江人民出版社 2008 年版）

① 《隋书》卷 2，《高祖纪》下。

# 三

# 卫拉特蒙古史研究

# 斡亦剌贵族与成吉思汗系联姻考述

蒙元时期，斡亦剌贵族与成吉思汗系建立世代通婚关系，男尚公主，女适皇胄，可谓“世联戚畹”①，权势显赫。正如拉施特哀丁所指出的那样，他们“保持相互嫁娶姑娘的关系，并成为按达—忽答”②。这不仅对斡亦剌社会产生很大影响，而且也是成吉思汗家族统治策略的重要组成部分。对该问题进行探索，也许有助于蒙古史的研究。本文拟就世袭联姻背景、史实以及意义等方面略加论述。

## 一

成吉思汗在统一蒙古和四处征伐的过程中，先与弘吉剌、亦乞烈思部，继而又和汪古、斡亦剌部建立联姻关系。同历史上其他统治者一样，这不仅是单纯的通婚，而是一种政治行为。恩格斯早就精辟地指出，对于剥削阶级的诸侯、王公来说，“结婚是一种政治行为，是一种借新的联姻来扩大自己势力的机会，起决定作用的是家世的利益，而决不是个人的意愿”③。成吉思汗及其后裔之所以与斡亦剌世联婚姻，也是有其军事原因和政治目的。

首先，由于斡亦剌部贵族忽都合别乞等在成吉思汗统一“林木百姓”过程中建立了功勋，成吉思汗为了进一步利用他们来巩固自己的统治，凭

---

① 《元史》卷109，《诸公主表·序》。

② 拉施特哀丁：《史集》第1卷第1分册，海塔古洛夫译本，莫斯科—列宁格勒1952年版，第119页。“按达”，《元朝秘史》中作“安答”，汉译为“契交”，即结拜、结义、朋友之意。“忽答”，《元朝秘史》汉译为“亲家”，意谓姻亲。

③ 恩格斯：《家庭、私有制和国家的起源》，《马克思恩格斯全集》第4卷，人民出版社1958年版，第74页。

倚“藩翰屏垣之寄”[①]，一方面保留其领地和属民，封为四千户；另一方面，通过联姻，作为结成军事联盟的一种手段。斡亦剌贵族也借此提高自己的政治地位和经济权益。

13世纪初，在蒙古高原上，分布着两种不同经济类型的部落，一部分称为“草原游牧民”，如蒙古、塔塔儿、篾儿乞、克烈、乃蛮等部，另一部分被称为“林木中百姓”，过着以狩猎为主兼营渔牧的生活。居住在德勒格尔河至叶尼塞河上源一带的斡亦剌惕就是“林木百姓”中较为著名的部落。他们“人数众多，并分成许多支系，各自有某种名称”,[②] 统称为秃绵（万）斡亦剌。

当时，蒙古高原各部首领为了争夺统治权，掠夺奴隶、牲畜和其他财富，互相征杀，战争频仍。斡亦剌也被卷入这场风暴，常常成为各部落争取的一股力量。1201年（鸡儿年）斡亦剌部忽都合别乞参加了札木合联军对铁木真、王罕的征战，并身为札木合军前锋，双方会战于阔亦田地方（今哈拉哈河上源处）。据《元朝秘史》所载，忽都合别乞和乃蛮的不亦鲁黑罕有呼风唤雨本领，但施展法术后，风雨反向自己的军队袭来，顿时天地晦暗，阵地泥泞难行，札木合联军溃败而归[③]。1204年（鼠儿年），忽都合别乞又与乃蛮等结盟，复败于铁木真[④]。从前面那次近乎神话的战争中可看出，斡亦剌在反铁木真的联军中所起作用和地位，这也是成吉思汗后来悉力争取它的一个原因。

1207年（兔儿年），成吉思汗派长子术赤率右翼军去征伐“林木中百姓”。术赤以不合为前导，由色楞格河及其支流德勒格尔河溯源而上，首先与忽都合别乞率领的一支斡亦剌相遇。忽都合别乞不战而降，遂引术赤军北行，越过德勒格尔山，到达锡什锡德河。术赤招降了斡亦剌其他支系、不里牙惕、巴儿浑、兀儿速惕、合卜合纳思、秃巴思和万乞儿吉思部[⑤]。

---

① 《元史》卷109，《诸公主表·序》。

② 《史集》第1卷第1分册，第118页。

③ 《元朝秘史》卷41，又见《史集》第1卷第2分册，斯米尔诺娃译本，莫斯科—列宁格勒1952年版，第121—122页。

④ 《元史》卷1，《太祖本纪》；谢再善译：《蒙古秘史》，第171、第182—183页均有详细记载。另见《史集》第1卷第2分册，第147—148页。

⑤ 此据《元朝秘史》卷10。但据《元史·太祖本纪》、《圣武亲征录》及《史集》第1卷第1分册第151、第123页和第2分册第151、第152页所载，忽都合别乞不战而降，为蒙古军当向导，进至也儿的石河讨灭脱脱之事，是在1208年冬。而术赤率军远征乞儿吉思等部则是在1218年。

由于忽都合别乞在西征“林木百姓”中首先臣服，并作向导，立下功绩，受到成吉思汗的赏识和嘉奖。成吉思汗将其女及术赤女嫁给忽都合别乞的两个儿子，结成姻亲。1218 年，成吉思汗命术赤再次征服豁里秃马惕后，还把该部那颜的妃子赐给忽都合别乞。自此，斡亦剌势力进入秃马惕故地，即《史集》所说的谦河之八河口①。成吉思汗以后，其继位者为了使南征西伐无后顾之忧，也非常重视与斡亦剌的关系，极力以高官厚禄及通婚结好斡亦剌贵族。志费尼在分析“成吉思汗子孙的舅父多出自该部”的原因时也曾指出：“当成吉思汗开始兴起时，斡亦剌支持和援助他，竞相臣服，而为褒奖他们的劳迹，有诏与该部，称：他们的异密之女应与成吉思汗的子孙婚配，同时，成吉思汗也把自己的女儿扯扯干别吉赐给该部之长（应是其子）。这就是诸王从斡亦剌部娶妻的缘故。”②

其次，由于斡亦剌地处战略要冲，既是元廷西北屏藩，又是连接各宗王封地的通道，因此，成为元廷与各宗王争取的对象，彼此都企图通过联姻，与斡亦剌结成联盟，以增强自己的实力。

随着蒙古的强盛，斡亦剌部逐渐从德勒格尔河、锡什锡德河向叶尼塞河上游发展。其住地东南与拖雷、西南与窝阔台及察合台、西北与术赤宗王封地相连。元代，西北宗王势炽，内战不休。尤其是忽必烈时期，先是阿里不哥之乱，继而海都之叛，元皇室与西北诸王斗争，旷日持久，直至 14 世纪初才得以平息。在这种内讧蜂起的情况下，相持各方都欲拉拢斡亦剌贵族，纷纷与其联姻结盟。

总之，分析成吉思汗系与斡亦剌贵族世代通婚的原因，固然不排斥斡亦剌女子貌美的因素③，但更重要的还是由于斡亦剌所处地理位置具有战略意义，其骑兵骁勇善战，忽都合别乞又有率先降服之功。故无论是元皇室或宗王都极力争取斡亦剌，并通过联姻结成新的军事同盟。屠寄谓此世代通婚，“皇族与主家，彼此互为舅甥，休戚相关，安危与共，非汉唐羁縻之策可比”④。

---

① 《史集》第 1 卷第 1 分册，第 118 页。

② 志费尼著，何高济译，翁独健校订：《世界征服者史》，内蒙古人民出版社 1980 年版，第 603 页。

③ 伯希和：《卡尔梅克人历史纪略评注·卡尔梅克命名考》；《多桑蒙古史》冯承钧译本下册，第 268 页。此两书都谈到斡亦剌“子女颇俊秀，人多喜之”及“他们或她们长得很美”等等。

④ 屠寄：《蒙兀儿史记》，《诸公主表》第三。

## 二

《元史·诸公主表序》称："元室之制，非勋臣世族及封国之君，则莫得尚主，是以世联戚畹者，亲视诸王。"斡亦剌贵族由于上述政治军事原因，深受蒙元统治者器重，世联姻亲，尚公主或宗室女者为数不少。

(1) 扯扯干公主适脱劣勒赤驸马（一说适亦纳勒赤）

扯扯干公主，成吉思汗次女，脱劣勒赤为忽都合别乞长子。关于扯扯干公主到底嫁给谁，历来有两种不同看法。一是据《元朝秘史》所载，认为嫁给忽都合别乞之次子亦纳勒赤，因为《元朝秘史》明确指出："成吉思汗以斡亦剌种的忽都合别乞先来归附，将扯扯亦坚名的女子与了他的子亦纳勒赤。将拙赤的女豁雷罕与了亦纳勒赤的兄脱劣勒赤。"[①] 清代以来，钱大昕《元史氏族表》、魏源《元史新编》、洪钧《元史译文证补》、屠寄《蒙兀儿史记》、柯劭忞《新元史》等基本上沿袭此说。一是据《史集》所载，认为适脱劣勒赤。《史集·部族志》提到："成吉思汗曾把自己的女儿扯扯干（J̌ī J̌ākān)[②] 嫁给这个脱劣勒赤（turāl J̌ī）古儿干。"[③] 这和《元史·诸公主表》所载基本吻合，《延安公主位》下有："阔阔干公主，适脱（亦禾）[栾] 赤驸马。"[④] "阔阔干"应为"阇阇干"。屠寄的《蒙兀儿史记》改作"扯扯亦坚"，并注云："原作阔阔干，音差。且蒙兀语花曰扯扯，青曰阔阔，义既不同，声又不近，当是元史之误。""脱栾赤"，即《元朝秘史》汉译之"脱劣勒赤"。洪钧认为《史集》谓扯扯干适脱劣勒赤，"当即亦纳勒赤之讹"[⑤]，这种看法似嫌武断。《史集》所主，从明代万历年间成书的《俺答汗传》中也可得到佐证。《俺答汗传》记道："仿圣祖成吉思汗以豁雷干、赤赤干二女妻伊纳勒赤、脱劣勒赤兄弟，使成为古列坚例……"[⑥] 这里，从行文顺序来看，豁雷干是适伊纳勒赤，扯扯干当适脱劣勒赤。此外，志费尼在《世界王子旭烈兀出

① 《元朝秘史》卷10。

② 括号中为《史集》波斯原文转写，下同。其转写参据余大钧等之汉译本第1卷。

③ 《史集》第1卷第1分册，第119页。"古儿干"又译为"古列坚"，"驸马"之意。第2分册第70页也有所载。

④ 参见《元史》卷109校勘记（中华书局标点本）。"亦禾"，系误析简体"栾"字为二。

⑤ 洪钧：《元史译文证补》卷3。

⑥ 《俺答汗传》蒙文本，第13页。译文参照珠荣嘎同志公开发表的文章。

征西方诸国》中也指出：跟随旭烈兀西征的诸王、那颜、驸马有“从扯扯干别吉那里派出不花帖木儿及一支斡亦剌部兵”①。不花帖木儿，据《史集》所载，应是脱劣勒赤之子②。这也许能作为扯扯干适脱劣勒赤之一旁证。

总之，由于拉施德哀丁撰写《史集》时掌握了宫廷秘籍金册，作为底本，又有来自元廷的孛罗为口述补充，还采用了《世界征服者史》等书的材料，在世谱方面，其准确性应该说还是比较大。故以笔者管见，《史集》谓扯扯干嫁给脱劣勒赤之说颇为可信。但作为成书于13世纪中叶之蒙古皇室秘籍的《元朝秘史》所载也不容忽视。其存疑处有待以后再考。

据《史集》所载，脱劣勒赤与扯扯干有三男二女（或四女），三男即不花帖木儿、不儿脱阿、巴儿思不花。关于脱劣勒赤的女儿，《部族志》记载着两种说法。第一种说法是有二女，一个是亦勒赤黑迷失哈敦，为阿里不哥元妃，一个是斡儿吉纳（《元史》作“兀鲁忽乃”）嫁察哈台之孙合剌旭烈兀为妻。另一种说法认为不花帖木儿有四个姐妹：古巴克（古玉克）哈敦，为旭烈兀的第一个妻子；斡儿吉纳哈敦，为合剌旭烈兀之妃；忽出哈敦，适拔都次子托罕；完者哈敦，为旭烈兀之妃。拉施特哀丁认为后者“是正确的”③。

（2）火鲁公主适亦纳勒赤驸马（一说适脱劣勒赤）

火鲁，又译为火雷、豁雷罕、豁雷亦合赤等④，术赤女，拔都姐妹。《元朝秘史》卷十认为她嫁给亦纳勒赤之兄脱劣勒赤。《元史·诸公主表》延安公主位载：“火鲁公主适哈答驸马。”哈答驸马，《元史新编》、《新元史》等书均认为是脱劣勒赤，《蒙兀儿史记》则谓即成吉思汗所封功臣合歹古列坚⑤。但据《史集》记载，“忽都合别乞的另一个儿子，上述亦纳勒赤（aīnāl J̌ī）的故事如下：拔都曾把自己的一个姐妹豁雷亦合赤（qūlūī-aīka J̌ī）嫁给他。她生了一个儿子名叫兀勒都，兀勒都有两个儿子尼克台和阿忽帖木儿。他们俩在宽彻（拔都曾孙）的兀鲁思内，统率过

① 志费尼：《世界征服者史》，第725页。

② 《史集》第1卷第1分册，第119页。

③ 《史集》第1卷第1分册，第119页。《部族志》先是说不花帖木儿有二女忽出和完者，接着又说这两人是其姐妹。据《部族志》和《旭烈兀汗本纪》所载，其女为那伦和完者台。

④ 《元史》卷109，《诸公主表》卷95，《食货志三·岁赐》，《元史新编》卷61，《新元史》卷28，《元朝秘史》卷10，《史集》第1卷第1分册，第119页。

⑤ 屠寄：《蒙兀儿史记》，《诸公主表》。

四千札剌亦儿军队。”[①]《元史》之《食货志·岁赐》，火雷公主位下，有岁赐火雷公主等的记载：“五户丝，丙申年（太宗八年，1236年），分拨延安府九千七百九十六户。延祐六年（1319年），实有代支户一千八百九户，计丝七百二十二斤。”丙申年之栏，无疑是赐给火鲁公主，后由延安王也不干和延安公主袭。

（3）脱脱灰公主适秃满答儿驸马

《元史·诸公主表》延安公主位下有：“脱脱灰公主，世祖孙女，适秃满答儿驸马。”[②]秃满答儿属何支系不明，但《元史·暗伯列传》记载了至元廿四年（1287年）乃颜叛乱后，驸马秃绵答儿参与诸王哈鲁（即哈鲁孙）叛乱之事。其曰：“又诸王哈鲁、驸马秃绵答儿等叛，暗伯率所部兵战于克流速石巴秃之地……刺秃绵答儿杀之。”查《元史·诸公主表》，与秃绵答儿相似的驸马名字只有秃满答儿，故两者很可能系一人。

（4）一悉基公主适八立托驸马

其名见于《释迦院碑》。1953年，蒙古人民共和国（今蒙古国）科学委员会考古队在库苏古勒省阿尔布拉克县第三巴格地方，色楞格河支流德勒格尔木伦河北岸，发现《释迦院碑》。碑记用蒙、汉两种文字刻成。这是元宪宗丁巳（1257年）夏外剌（斡亦剌）驸马八立托、公主一悉基为蒙哥汗祝寿的祷文[③]。

八立托、一悉基之名，不见于《元史》之《诸王表》和《诸公主表》。但与八立托音相似的名字在《元史》中曾有出现。《元史·宪宗本纪》记载：“七年丁巳春，幸忽阑也儿吉。诏诸王出师征宋。”“冬，帝度漠南，至于玉龙栈。忽必烈及诸王阿里不哥、八里土、出木哈儿、玉龙塔失、昔烈吉、公主脱灭干等来迎，大燕，既而各遣归所部。”柯劭忞《新元史》所记略同[④]。屠寄认为《元史·宪宗本纪》之八里土，即是《宗

① 《史集》第1卷第1分册，第119页。

② 屠寄：《蒙兀儿史记》之《诸公主表》认为，即妥妥辉。《元史·顺帝本纪》曰：元统二年（1334年）“封皇姑妥妥辉为英寿大长公主”。顺帝为海山之孙，其皇姑应为海山之女，故《元史·诸公主表》校勘记指出，疑是“世祖”下脱“裔”或“玄”字。但若秃满答儿即系秃绵答儿，那么，脱脱灰就不是妥妥辉，当是世祖孙女。

③ 培尔勒：《蒙古古城史略》（《苏联考古学》1357年第3期）。那木南道尔吉：《关于蒙哥汗石碑和宫殿的发现》（乌兰巴托，1956年），本文参阅了胡斯振、恩和巴图两同志之译稿，特致谢意。

④ 柯劭忞：《新元史》，本纪第六。

室世系表》所列的宪宗长子班秃。多桑更明确地指出："忽必烈及宗王数人来迎。"[①] 因此，虽八里土与八立托音极近，建碑与迎宪宗又在同年，仍难确定为一人。关于八立托的家世，《史集·部族志》提供了极为重要的线索。《史集》在谈到忽都合别乞孙、脱劣勒赤次子不儿脱阿时指出："成吉思汗曾把自己氏族中的一个姑娘嫁给这个不儿脱阿（būrtūā），她的名字和辈分不详；〔因此，〕不儿脱阿当了古儿干。"不儿脱阿读音与八立托甚相似，所处年代也较为接近。根据以上分析，八立托很可能就是忽都合别乞之孙不儿脱阿，一悉基公主即是《史集》中所说的那位宗室女。不儿脱阿"有两个儿子：一个名叫兀鲁黑，另一个叫辛。两人均曾供职于忽必烈合罕"。[②]

（5）燕帖木儿适巴儿思不花古儿干

燕帖木儿为拖雷和领昆哈敦之女，嫁与脱劣勒赤第三子巴儿思不花为妻[③]。

（6）□□公主适别乞里迷失驸马

《元史·诸公主表》延安公主位下记有"□□公主适别里迷失驸马"。别里迷失，即别乞里迷失，又译为别克列迷失、别急列迷失等，为忽都合别乞之曾孙、巴儿思不花之子。《史集》指出：巴儿思不花有两个儿子，"一个名失剌卜（šīrāp），另一个名别克列迷失［bīkl（a）mīš］，两人均曾供职于忽必烈合罕，为其侍从"[④]。□□公主系何人之女，何时适别乞里迷失，尚不见史书记载。关于别乞里迷失，元史之《世祖本纪》和有关列传中曾多次提及，他跟随伯颜四处征伐，屡立战功，官至中书右丞、同知枢密院事[⑤]。

（7）□□公主适沙兰驸马

《诸公主表》曰："□□公主适沙兰。"沙兰，即《史集》中提到的"失剌卜"，如前所引，为巴儿思不花之子，与别乞里迷失是兄弟，均曾

① 屠寄：《蒙兀儿史记》卷6，《蒙格汗本纪第五》，《多桑蒙古史》冯承钧译本上册，第272页。

② 《史集》第1卷第1分册，第119页。

③ 《史集》第2卷，维尔霍夫斯基译本，莫斯科—列宁格勒1960年版，第202页。

④ 《史集》第1卷第1分册，第119页。

⑤ 《元史》卷152，《刘通列传》；卷127，《伯颜列传》；卷8，《世祖本纪》；卷166，《贺祉列传》、《王昔剌列传》；卷165，《孔元列传》；卷132，《杭忽思列传》；卷135，《阿答赤列传》。

供职于元廷。

(8) 延安公主适延安王也不干

《诸公主表》曰:“延安公主适延安王也不干。”延安公主属何支系，史无记载。也不干为斡亦剌贵族，可能是亦纳勒赤和火雷公主的后裔，袭延安地区份地，被封为延安王。

《元史·宁宗本纪》至顺三年（1332年）八月，曾有“赐驸马也不干子欢忒哈赤……金、银、币、钞有差”之记载。

(9) 那木罕适珠年（殊班）古儿干

据《史集》所载，那木罕（nūmū ğān）为阿里不哥和胡图里克哈敦之女，珠年［J̌ūn（a）n］系脱劣勒赤长子不花帖木儿之子，珠年尚那木罕为妻，成为古儿干①。

(10) 额木干适脱黑帖木儿古儿干

据《史集·忽必烈汗本纪》所载，阿里不哥次子明理帖木儿之女额木干嫁给脱劣勒赤曾孙、巴儿思不花之孙脱黑帖木儿古儿干为妻②。

(11) □□适腾吉思古儿干

□□，为贵由汗女，腾吉思古儿干，斡亦剌首领。据《史集·部族志》所载，“与斡亦剌惕部落首领忽都合别乞有亲属关系的古儿干异密中，有一个腾吉思［t（a）nkkīz］古儿干，贵由汗曾把一个女儿嫁给他，他就作了他的女婿。贵由汗死后，蒙哥汗登上汗位时，贵由汗的氏族和一些异密谋叛。异密们被处死，腾吉思古儿干也受到控告，并且遭受笞打，打得他大腿上掉下肉来。此后，其妻——贵由汗之女请求保留他的性命；他被赐还给了她”③。

(12) 秃都合赤适腾吉思古儿干（后又适速剌迷失、赤彻克古儿干）

秃都合赤，为旭烈兀汗第四女。据《史集·旭烈兀汗本纪》所记，初嫁腾吉思古儿干为妻，腾吉思古儿干死后，续嫁给他的儿子速剌迷失（sūlāmīš），后又嫁腾吉思古儿干之孙，速剌迷失之子赤彻克（J̌ī J̌āk）古

① 《史集》第1卷第1分册，第119页；第2卷，第201页。珠年，又译为术撚，在《忽必烈汗本纪》中为珠班古儿干。

② 《史集》第2卷，第202页。

③ 《史集》第1卷第1分册，第120页；第3卷，第21页，阿林德斯译本，莫斯科—列宁格勒1946年版。

儿干[①]。而《史集·部族志》却说："旭烈兀汗的女儿秃都合赤（tūdūkā J̌）嫁给了腾吉思古儿干；现今赤彻克古儿干的一个孙子娶了她〔为妻〕。她给他生了几个儿子。"[②] 其抵牾处可能是《部族志》之误笔，若按《部族志》所载，高祖母下嫁玄孙，相隔四代，似太玄乎。

（13）忙古鲁干适札乞儿古儿干（一说适塔儿海古儿干）

忙古鲁干，系旭烈兀第三女。札乞儿（J̌āqīr）古儿干为脱劣勒赤之孙、不花帖木儿之子。与其子塔儿海古儿干均为斡亦剌千户长。其父不花帖木儿于1253年率一支斡亦剌部兵，随旭烈兀西征波斯等地。其两位姑母完者哈敦和古玉克哈敦嫁旭烈兀为妃。据《史集·旭烈兀汗本纪》所载，札乞儿娶旭烈兀第三女忙古鲁干［m（a）nkkū－lūkān］为妻[③]。但《部族志》却说："塔儿海［t（a）rq（a）ī］曾娶旭烈兀汗的女儿忙古鲁干为妻。她死后，又继娶猛哥帖木儿之女阿剌忽都鲁［ārā－q（u）tlūq］为妻。"[④]《旭烈兀汗本纪》所载较详，可靠性也大些，札乞儿既是驸马，就必然要有宗室女相嫁，故《部族志》恐有疏忽之处。但也不排斥塔儿海纳非亲生母的可能性。

（14）阿剌忽都鲁适塔儿海古儿干

阿剌忽都鲁，猛哥帖木儿之女、旭烈兀之孙女。据《史集·部族志》所载，塔儿海古儿干是先娶旭烈兀之女忙古鲁干，后又娶她的侄女阿剌忽都鲁为妻[⑤]。但《旭烈兀汗本纪》却说忙古鲁干是嫁给塔儿海古儿干之父。塔儿海是娶阿剌忽都鲁为妻，系猛哥帖木儿之女婿[⑥]。可能是塔儿海古儿干先纳非生母，后娶阿剌忽都鲁。

关于塔儿海古儿干，《史集》之《部族志》及《合赞汗本纪》都记载了1296年他率斡亦剌部属从底牙儿别克儿逃出奔往苫国（叙利亚）之事[⑦]。《多桑蒙古史》采《史集》、诺外利书和《世界史略》等书之说，对这段历史有较详叙述。其云："当合赞之军叛变欲谋废立之时，其驻守

① 《史集》第3卷，第21、112页。
② 《史集》第1卷第1分册，第120页。
③ 《史集》第3卷，第21页。
④ 《史集》第1卷第1分册，第120页。
⑤ 同上。
⑥ 《史集》第3卷，第21页。
⑦ 《史集》第1卷第1分册，第120页；第3卷，第107页。

报达之斡亦剌部人,[①] 亦叛走西利亚。其长万户塔儿海古列干者，因与伯都合击乞合都，合赞欲杀之[②]。曾命其新任之底牙儿别克儿长官统将木莱以兵围塔儿海，别遣使率八十骑往逮塔儿海与其他斡亦剌将校。然斡亦剌部人杀使者与其从骑，举部渡额弗剌特河，往投西利亚。木莱率其万户军往追，与战不利，伤亡甚众。此部逃亡人共约有一万八千人。”此后，其部众住居叙利亚沿海之地，死者甚众。史称“其子女颇俊秀，人多喜之，故西利亚之将卒人民多收养其子，而娶其女。至若战士则分配于诸军中，后皆成为穆斯林，而与其他人民无别”[③]。

(15) □□、□□适讷兀鲁思、列克集

据《史集·部族志》所载，讷兀鲁思［n（a）ūrūz］、列克集［l（a）kzī］之父为阿儿浑阿合，是斡亦剌部的异密。他原出身低微[④]，后从窝阔台汗的宿卫怯薛一直升到掌握伊朗的政权，并任八思哈之职。讷兀鲁思、列克集是他众多子女中的两个，他们娶了成吉思汗氏族的姑娘[⑤]。而阿儿浑的一个外孙女不鲁罕则嫁给合赞。

斡亦剌部虽不如弘吉剌氏那样“生女世以为后，生男尚公主”[⑥]，但其女子适皇室宗王为后妃的也不乏其例，下面对此略作考述。

(1) 斡兀立海迷失适蒙哥汗（一说适贵由汗）

关于斡兀立海迷失，各史书记载不尽相同，尤其是属于何部和婚配问题歧异更大。归纳起来，主要有三种看法。一种是拉施特哀丁《史集》所主，认为有两个海迷失，一个是斡亦剌部忽都合别乞之女嫁蒙哥汗为妻，一个是篾儿乞部人，为贵由之皇后。《史集·部族志》提到，斡亦剌部君长“有两个儿子，亦纳勒赤和脱劣勒赤。有为蒙哥汗所娶的一个女儿斡兀立海迷失（a ğūl－qūīmš）。早先，成吉思汗曾有意娶她为妻，但事未成。据说，虽然她是忽必烈合罕和旭烈兀汗的嫂子，她总是称他们为儿子，而他们对她十分恭敬”[⑦]。《蒙哥汗本纪》所记略有不同，其中谈道：

---

① 《史集》第3卷第167页认为是从底牙儿别克儿逃出。

② 据阿不法剌治（亦名把儿赫不烈思）之《世界史略》第613页所载，其迁徙原因与上述不同，详见《多桑蒙古史》下册，第268页注。

③ 《多桑蒙古史》下册，第267—268页。

④ 但据志费尼《世界征服者史》（何高济译本，第603页）说，其父太出是千户。

⑤ 《史集》第1卷第1分册，第120—121页。

⑥ 《元史》卷108,《特薛禅列传》。

⑦ 《史集》第1卷第1分册，第119页。

蒙哥还有一个来自斡亦剌部落的大妻子，名叫斡兀立都脱迷失，她是完者哈敦的姐妹。这个女人很有本事。起初，她是分给拖雷汗的，因此，她把自己丈夫的兄弟——忽必烈合罕和旭烈兀汗称为儿子，而他们很尊敬她。她没有给他留下儿子，但有两个女儿……[①]《部族志》与《蒙哥汗本纪》人名拼音虽略有差异，但系同一人，是毫无疑问的。其分歧点在于：《部族志》说她是因成吉思汗欲纳未成而嫁给蒙哥汗，而《蒙哥汗本纪》却说起初是分给拖雷，这就为她称忽必烈汗等为儿子提供依据。此外，她与完者哈敦也不是姐妹，而是姑侄。同时，拉施特哀丁在《部族志·篾儿乞部落》中又提到："斡兀立海迷失哈敦是贵由汗第一个夫人；她给他生了两个儿子：忽察和脑忽。"[②] 因此，从以上记载分析，《史集》记有两个斡兀立海迷失，分属于斡亦剌部和篾儿乞部。

另一种看法，是以《多桑蒙古史》、屠寄《蒙兀儿史记》和洪钧《元史译文证补》等为代表。其认为贵由汗之皇后斡兀立海迷失是斡亦剌部忽都合别乞之女。《多桑蒙古史》曰："先是拔都发自窝勒伽河畔，东迎贵由，行至距海押立七日程之阿剌塔黑山，闻赴告，乃托词休养士马，停驻其地，依旧俗请皇后斡兀立海迷失摄政。斡兀立海迷失者，贵由诸妻位之最高者，而斡亦剌部长忽秃哈别吉之女。"[③] 《元史译文征补》提到："斡兀立海迷失，西书作乌古勒凯迷失，谓是卫拉特部长库都喀之女，此可以补后妃表。库都喀即忽都哈之异译。"[④]

第三种看法，以柯劭忞《新元史》为代表，基本上糅合了前述两种意见，而认为贵由汗皇妃中有两个海迷失。他在《后妃传》中记道："定宗钦淑皇后斡兀立氏，讳海迷失，号三皇后。定宗崩，后临朝称制者四年，宪宗即位，后始归政焉。二年后与皇孙失烈门厌禳事觉，谪失烈门于没赤脱之地，赐后死。至元三年追上尊谥，祔定宗庙。定宗在潜邸，其元

---

① 《史集》第2卷，第127页。查《元史》之《后妃表》宪宗后妃栏无与斡兀立海迷失相似之名。而定宗后妃栏及《后妃列传》却有关于斡兀立海迷失的记载。

② 《史集》第1卷第1分册第116页《部族志·篾儿乞部落》中没按照常规交代斡兀立海迷失之身世，也许是篾儿乞部人惨遭屠杀，家破人亡之缘故。而在《史集》第2卷第10页《窝阔台汗本纪》中应该叙述其出自何氏族的地方原稿又出现脱漏。《贵由汗本纪》也未涉及其家庭身世，这就给后世治史者带来疑惑之处。

③ 《多桑蒙古史》冯承钧译本上册，第249页。

④ 洪钧：《元史译文证补》卷2，《定宗宪宗本纪补异》。

妃曰乌兀儿黑迷失，篾儿乞氏，卒年未详。”[①] 从表面上看，《新元史》作者把两种不同意见统一起来了，但有何根据，不得而详。就史书记载而言，早在13世纪60年代写成的《世界征服者史》，虽然较为详细地叙述了斡兀立海迷失的摄政和被害经过，但没有涉及属于哪个氏族的问题[②]。《元史》在《后妃传》和《后妃表》中对这个问题也一反常例，缄默不语[③]。迄今为止，就我们所掌握的，谈到贵由汗斡兀立海迷失皇后出身氏族问题的仅有《史集·部族志》。也许《新元史》作者是把《部族志》两处记载揉搓在一起了。至于《多桑蒙古史》在世谱方面是大量采用了《史集》的材料，然而它作出贵由汗皇后斡兀立海迷失为斡亦剌部忽都合别乞之女的判断，不知是对《部族志·篾儿乞部落》的记载有所疏忽，还是另有依据，难以断定。

质言之，在目前尚未发现更多新史料来说明贵由汗皇后斡兀立海迷失是斡亦剌部忽都合别乞之女的情况下，还是按《史集》所主，即忽都合别乞女适蒙哥汗，篾儿乞部的斡兀立海迷失嫁贵由汗为宜[④]。综观斡亦剌与成吉思汗家族的联姻，忽都合别乞与拖雷系的通婚最为频繁，这也许是从斡兀立海迷失开始的。我们从其侄子不阿脱阿古儿干（八立托驸马）为蒙哥树碑祝寿之举也可看出其关系非一般。

（2）亦勒赤黑迷失适阿里不哥

亦勒赤黑迷失（aīl Ǐīqmīš），脱劣勒赤之女。据《史集·部族志》所载，她是阿里不哥的长妻大哈敦，身材很高，非常受宠爱，没有给阿里不哥生下子女[⑤]。《忽必烈汗本纪》也提到阿里不哥诸妃中，有一个是从斡亦剌部出身的亦勒赤黑迷失。[⑥]

（3）斡儿吉纳适合剌旭烈兀（续适阿鲁忽）

斡儿吉纳，又译为兀鲁忽乃、倭耳干纳、兀儿客捏、兀勒吉捏等，为

---

① 柯劭忞：《新元史》卷104，《后妃列传》。

② 志费尼：《世界征服者史》何高济译本第309—313、第690—693页均有叙述。

③ 《元史》卷114，卷106。顺便提一下，《后妃传》关予斡兀立海迷失的记载短短四十来字，竟有三四处失误，可谓欠慎。

④ 据《史集》第1卷第1分册第116页所载，贵由汗之母脱列哥那哈敦本是篾儿乞部异密答亦儿—兀孙的妻子。因而，在同一部落中选择儿媳的可能性也是很大的。

⑤ 《史集》第1卷第1分册第119页。拉施特哀丁紧接着又提出另外一种看法，认为不花帖木儿有四姐妹，即古巴克、斡儿吉纳、完者、忽出，并无亦勒赤黑迷失之名。其抵牾处待考。

⑥ 《史集》第2卷，第201页。

脱劣勒赤和扯扯干之女，成吉思汗之外孙女。《史集·部族志》说："斡儿吉纳（aūrgn eh）哈敦嫁给木阿秃干子、察合台之孙合剌旭烈兀［q（a）rā—hūlākū］为妻。木八剌沙，是这个斡儿吉纳哈敦生的。窝阔台（察合台?）非常喜欢她，称她为斡儿吉纳—别里，即称她为儿媳。她曾长期管理察合台兀鲁思。"① 据《世界征服者史》所载，1242 年，察合台死后，合剌旭烈兀曾一度监国。1246 年，贵由以舍子传孙为非，贬黜，令察合台子也速蒙哥袭位。宪宗初，由于也速蒙哥与失烈门为党，反对蒙哥汗登基，又命合剌旭烈兀嗣位。但他未及即位就死于归途。由于其子木八剌沙尚年幼，蒙哥汗就命斡儿吉纳摄政，并处死也速蒙哥。② 她继其夫统治了十年察合台兀鲁思。

1260 年，忽必烈和阿里不哥各自立为大汗，均欲控制中亚地区。忽必烈派合剌旭烈兀兄不里之子阿卜失合回国主事，在归途中被阿里不哥所获。而阿里不哥另遣阿鲁忽［合剌旭烈兀堂兄弟，其叔贝达儿（拜答儿）之子］赴察合台兀鲁思，从斡儿吉纳手中夺取了政权，既而又叛阿里不哥。1262 年，阿里不哥发兵攻之，进驻阿力麻里等地，由于肆行杀掠，失去民心，士卒多散，腹背受敌。阿里不哥恐阿鲁忽乘危而攻，遣斡儿吉纳（被阿鲁忽夺权后，遂往依阿里不哥）去阿鲁忽处议和，及至，阿鲁忽娶其为妻。1266 年，阿鲁忽死。斡儿吉纳立合剌旭烈兀子木八剌沙为汗，不久被八剌（合剌旭烈兀侄，其弟也孙笃哇之子，木八剌沙之堂兄弟）所篡位。1270 年八剌死，木八剌沙复掌权。③

（4）古巴克适旭烈兀汗

古巴克又译为阔帕克或古玉克。脱劣勒赤之女，不花帖木儿的姐妹。据《史集·部族志》所载，"古巴克（kūbāk）哈敦，她是旭烈兀（hūlākū）汗的第一个妻子，出木哈儿之母"④。《史集·旭烈兀汗本纪》也说，旭烈兀的另一妻子古玉克是斡亦剌部落脱劣勒赤之女儿，她是出自成吉思汗的女儿扯扯干⑤。

① 《史集》第 1 卷第 1 分册，第 119 页。窝阔台显然是察合台之误。

② 志费尼：《世界征服者史》，第 322—323 页。《史集》第 2 卷，第 90—98、第 159—168 页，叙述得较为详细。

③ 《多桑蒙古史》冯承钧译本上册，第 290—292 页；下册，第 157 页。

④ 《史集》第 1 卷第 1 分册，第 119 页。

⑤ 《史集》第 2 卷，第 18—19、第 21 页。她还有一女名布鲁干阿合。

（5）完者适旭烈兀汗（后适阿八哈）

完者（aūl J̌āī），又译为乌勒杰。脱劣勒赤之女，与古玉克为姐妹。嫁与旭烈兀为妻，生子猛哥帖木儿、女忙古鲁干和乞迷亦。旭烈兀汗死后，阿八哈将底牙儿别克儿、哲吉烈两地之一部封给完者哈敦。后被阿八哈纳为妃。阿八哈死后，在汗位继承问题上，欲奉旭烈兀与其所出子猛哥帖木儿继汗位。会猛哥帖木儿死，又与忽推哈敦商议拥戴阿八哈子阿鲁浑为汗[①]。

（6）忽出适秃罕

忽出哈敦，脱劣勒赤之女。《史集·部族志》提到脱劣勒赤“另一女名字不详，她被嫁与拔都光荣氏族中的托罕（tūqān），她生下了猛哥帖木儿”[②]。《史集·术赤汗本纪》却点出了她的名字，其云：“托罕的第三子脱答猛哥和其兄猛哥帖木儿的母亲是斡亦剌部的忽出哈敦，她是完者哈敦和不花帖木儿的姐妹。”[③] 其两个儿子自1266年至1290年相继为钦察汗国之君主。

（7）额木干适明理帖木儿

据《史集·忽必烈汗本纪》所载，巴儿思不花之女额木干哈敦适阿里不哥次子明理帖木儿为妻。明理帖木儿六子中，有四子系她所出，即明罕、阿赤吉、也孙土瓦、巴里台。[④]

（8）那伦适出木哈儿

那伦为不花帖木儿之女，出木哈儿母古巴克之侄女。据《史集·部族志》所载，那伦（n－ūlūn）哈敦适旭烈兀次子出木哈儿［J̌ūm ǧ（u）r］为长妻。其女兀儿忽答黑嫁给孙札黑阿合之子沙的为妻。合赞汗之妻昆珠克即是沙的之女[⑤]。

（9）完者台适猛哥帖木儿（后适按八儿赤）

完者台［aūl J̌（a）tāī］，亦作完者哈敦。[⑥] 为不花帖木儿之女，是猛哥帖木儿母完者哈敦之侄女。据《史集·部族志》和《旭烈兀汗本纪》

---

① 《史集》第1卷第1分册，第119页；《多桑蒙古史》冯承钧译本下册，第146、第189页。

② 《史集》第1卷第1分册，第119页。

③ 《史集》第2卷，第73页。

④ 《史集》第2卷，第203页。

⑤ 《史集》第1卷第1分册，第120页；第3卷，第19、第92页。

⑥ 《史集·部族志》谓完者台，《旭烈兀汗本纪》为完者哈敦。

所载，完者哈敦先嫁猛哥帖木儿（mūnkkā－tīmūr），生二女。猛哥帖木儿死后，其子按八儿赤（anbār J̌ī）纳之，生一女，名叫忽秃黑台，适撒木忽儿之子阿剌卜①。

（10）忽都鲁适阿鲁浑汗

忽都鲁（qūtlūq）哈敦，为腾吉思古儿干与贵由女所出。适伊儿汗国第四代汗阿鲁浑（阿八哈长子）为长妻，生子希歹斡兀立②。此外，腾吉思女阿里罕·额格赤适旭烈兀。

（11）完者适阿鲁浑汗

完者（aūl J̌āī），腾吉思古儿干之孙女，速剌迷失和秃都合赤之女，继其姑母忽都鲁哈敦之后，嫁给阿鲁浑为妻。③

综上所述，成吉思汗系公主及宗室女适斡亦剌贵族的，共16人，其中有成吉思汗女扯扯干、术赤女火鲁、拖雷女燕帖木儿、贵由女（不知名）、旭烈兀女忙古鲁干和秃都合赤、阿里不哥女那木罕、世祖孙女脱脱灰等。斡亦剌部贵族女适成吉思汗家族为皇妃的共13人。其中忽都合别乞的女儿嫁蒙哥汗（一说贵由汗），脱劣勒赤的五个女儿分别适阿里不哥、旭烈兀、察合台孙合剌旭烈兀、术赤孙托罕等。这仅是根据目前接触到的史料粗略统计，恐怕还有遗漏。同时，有的联姻关系也并未一一载入史册，或许实际上的数目字远远不止这些。

从以上通婚关系，可看出两个显著的特点：一是姑表交叉通婚，亲上加亲。如扯扯干将女完者嫁其侄旭烈兀，完者又将女忙古鲁干嫁其侄札乞儿等。因此，姑母侄女为婆媳、姐妹为妯娌或同嫁一夫的现象比较普遍。二是盛行族内转婚制，父死子继、兄终弟及、孙纳庶祖的现象也屡见不鲜。这种特点并不单纯是上古遗风的反映，而是与统治阶级利益紧密相连。前者是为了保持世代通婚关系，以便结成军事同盟，后者是为了保持或夺取权益和财产，均带有浓厚的政治色彩。

## 三

斡亦剌和成吉思汗系的联姻，产生了两方面积极的效果：一是有利于

① 《史集》第1卷第1分册，第120页；第3卷，第21页。

② 《史集》第1卷第1分册，第120页；第3卷，第107、第112、第113、第117、第138页。

③ 《史集》第3卷，第112页。

成吉思汗系的统一事业，二是促进了斡亦剌本身生产方式的根本变化。

如上所述，成吉思汗不仅将其女及术赤女分别嫁给忽都合别乞两个儿子，还娶忽都合别乞及脱劣勒赤女为孙媳，姑表通婚，关系至为密切。其政治目的是要通过斡亦剌的影响和作用来征服和统治“林木中百姓”。忽都合别乞所率的斡亦剌部由于与森林民杂处交往，地理环境熟悉，在成吉思汗统一林木百姓中起了很大作用。此后，在统一中原和平定叛乱的过程中，元皇室一直与之保持联姻关系，并对其贵族子弟封官赏爵，予以重用。而斡亦剌贵族子弟也对蒙古统一和治理全国，立下汗马功劳。据史籍记载，忽都合别乞之后，在元室充任要职的斡亦剌贵族不乏其人。脱劣勒赤次子不儿脱阿（八立托）、不儿脱阿子兀鲁黑和辛，脱劣勒赤第三子巴儿思不花的两个儿子失剌卜和别乞里迷失、斡亦剌贵族也不干（延安王）等都臣事于元皇朝，受到重用和赏识。尤其是别乞里迷失，跟随伯颜征伐南宋，平定宗王叛乱，冲锋陷阵，屡建奇功。同时，由于斡亦剌地据战略要枢，西北叛王也常常通过联姻加以拉拢，使斡亦剌中的一部分人分化出来，站在叛王一边，反抗元廷。因此，往往出现代表双方的斡亦剌军对阵厮杀的场面。如据《史集·忽必烈汗本纪》所载，1261 年昔木勒泰湖（《元史·世祖本纪》作“昔木土脑儿”）之战时，被忽必烈打败的阿里不哥军队中有不少斡亦剌士兵①。《元史·术赤台列传》也把“石木温都”之战的阿里不哥军叫做“外剌之军”②。一直到明初，斡亦剌贵族在元廷与宗王的斗争中仍扮演了重要角色。如据《华夷译语》所载，1388 年，脱古思帖木儿就是被受瓦剌支持的阿里不哥后裔也速迭儿所杀③，后瓦剌乌格齐哈什哈又击杀额勒伯克汗④。

另一方面，这种联姻关系，使斡亦剌贵族成为蒙元统治集团的成员，促使氏族贵族向封建统治阶级转化。《元史》称：“元兴，宗室驸马，通称诸王，岁赐之颁，分地之入，所以尽夫展亲之义者，亦优且渥。”⑤《蒙兀儿史记》也谓“蒙兀驸马之亲，等于宗王”⑥。斡亦剌贵族作为成吉思

---

① 《史集》第 2 卷，第 163 页。
② 《元史》卷 120，《术赤台列传》。
③ 火源洁：《华夷译语》，《捏怯来书》。
④ 《蒙古源流》卷 5。
⑤ 《元史》卷 108，《诸王表·序》。
⑥ 屠寄：《蒙兀儿史记》，《诸公主表·序》。

汗系的驸马，其位如同亲王，与宗王同样受到岁赐和份地。如延安王也不干就分得延安府之地，每年收取钱粮布帛。因此，我们认为斡亦剌社会之所以能越过奴隶制发展阶段，向早期封建制转化，除了成吉思汗在叶尼塞河上游地区实行千百户制，分封土地，使原来以血缘关系为基础的氏族制向以地缘关系为基础的封建制过渡外，此种联姻加速了斡亦剌贵族封建化，也是一个重要因素。关于这一方面的问题，其他学者已有专文论叙，兹不赘述[①]。

蒙元时期，斡亦剌贵族与成吉思汗系这种用联姻来缔结政治、军事同盟以壮大势力的手段，对后世也产生很大影响。明初，额勒伯克汗为了缓和冤杀浩海达裕（太尉）引起的矛盾，曾把己女萨穆尔公主下嫁浩海达裕之子巴图拉（一说即马哈木）后[②]，萨穆尔公主又续嫁瓦剌乌格齐哈什哈子额色库为妻。额勒伯克弟哈尔古楚克之遗腹子阿寨台吉也娶瓦剌部女为妻[③]。脱欢打败阿鲁台，统一东蒙古，立额勒伯克汗从孙脱脱不花为汗，将其女嫁之。也先时，又将己女齐齐克嫁给脱脱不花弟阿噶巴尔济济农之子哈尔固楚克台吉为妻，即达延汗之祖母，俺答汗之高祖母。达延汗的古实福晋则是瓦剌巴图特巴噶尔观鄂拓克之阿拉克丞相之孙女。俺答汗在西征过程中，曾娶瓦剌奇喇古特哲恒阿哈之女钟金为妻。并“仿圣祖成吉思汗以豁雷干、赤赤干二女妻伊纳勒赤、脱劣勒赤兄弟，使成为古列坚例，伕门之子俺答以亲生满珠锡里、松布尔二女妻（奇喇古特）伯克岱、额格依丞相二人，使他们成为自己的古列坚”[④]。同时，瓦剌与元宗室后裔也保持了姻亲关系。脱欢在统一蒙古本土同时，为了进一步控制哈密，曾把其女弩温答失里嫁给忠顺王卜答失里。1460 年，弩温答失里子卜列革死后，她主政达二十二年之久。瓦剌养罕王也企图与弩温答失里曾外孙罕慎联姻。故瓦剌统治者与哈密后王以舅甥相称。瓦剌贵族还与察合台后裔吐鲁番贵族通婚。并千方百计欲与赤斤蒙古等卫首领联姻。

总之，斡亦剌贵族与成吉思汗家族的联姻在缓和统治阶级间矛盾、促使斡亦剌社会向早期封建制转化方面曾起过一定作用，对明代蒙古地区的

---

① 杜荣坤：《试论十三四世纪斡亦剌政治、经济的变化》，《民族研究》1980 年第 6 期。

② 萨囊彻辰：《蒙古源流》卷 5；《蒙古世系谱》卷 3。

③ 《蒙古源流》卷 5。哈尔古楚克，《蒙古黄金史》认为是额勒伯克汗之子。

④ 《俺答汗传》，第 12—13 页。

政治形势也产生了深刻影响。但是这种联姻毕竟是为统治阶级利益服务的，战和随其所欲。因而，通婚联盟与军事征伐往往是交替进行，既可视若亲王，施以恩惠，又可兵戎相见，横加杀戮。综观有元一代，汗位之争，尤为剧烈，骨肉相残，频见史载。有时还波及外戚姻亲，招致牵连。而斡亦剌部众也并没有由于统治阶级间的联姻而免受压榨和兵燹之苦。因此，这种联姻，从本质而言，仅是保持或扩大统治阶级权益的一种手段。

（原载《民族研究》1984 年第 1 期，后陆续被收入四种有关论集中）

## 斡亦剌贵族与成吉思汗系联姻表

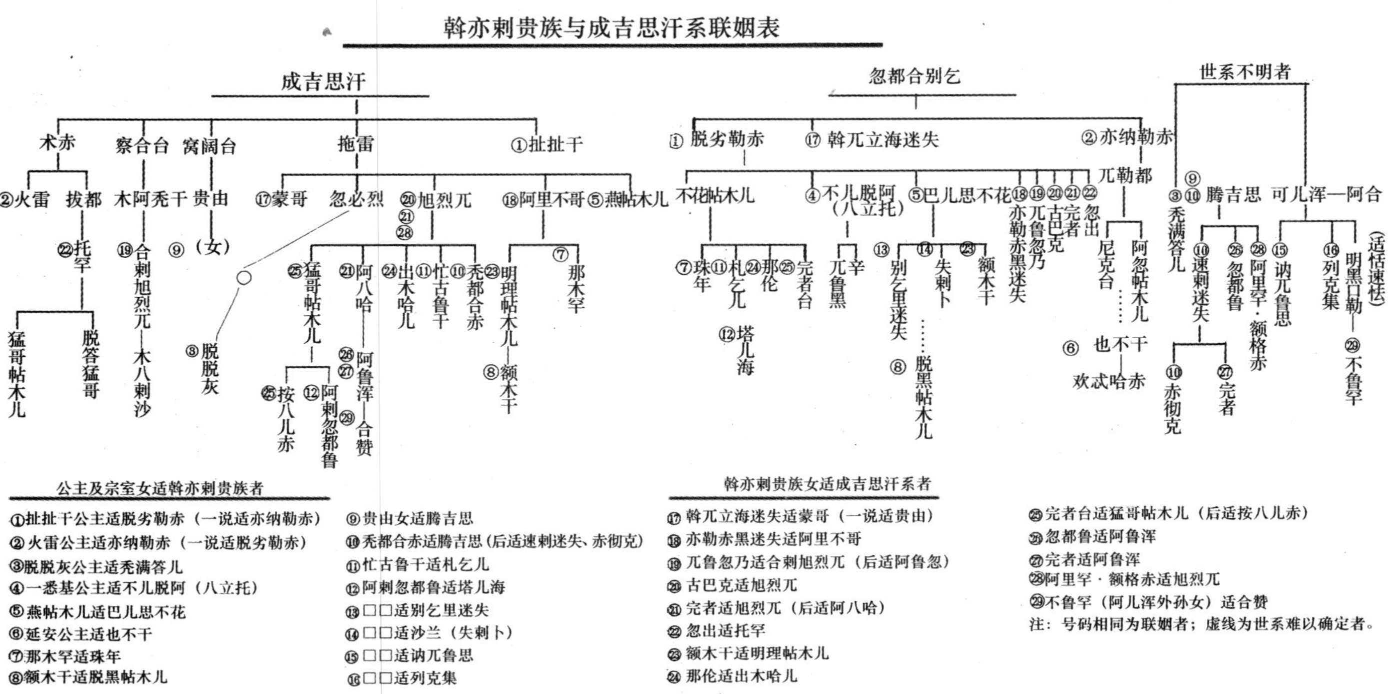


### 公主及宗室女适斡亦剌贵族者

①扯扯干公主适脱劣勒赤（一说适亦纳勒赤）
②火雷公主适亦纳勒赤（一说适脱劣勒赤）
③脱脱灰公主适秃满答儿
④一悉基公主适不儿脱阿（八立托）
⑤燕帖木儿适巴儿思不花
⑥延安公主适也不干
⑦那木罕适珠年
⑧额木干适脱黑帖木儿
⑨贵由女适腾吉思
⑩秃都合赤适腾吉思（后适速剌迷失、赤彻克）
⑪忙古鲁干适札乞儿
⑫阿剌忽都鲁适塔儿海
⑬□□适别乞里迷失
⑭□□适沙兰（失剌卜）
⑮□□适讷兀鲁思
⑯□□适列克集

### 斡亦剌贵族女适成吉思汗系者

⑰斡兀立海迷失适蒙哥（一说适贵由）
⑱亦勒赤黑迷失适阿里不哥
⑲兀鲁忽乃适合剌旭烈兀（后适阿鲁忽）
⑳古巴克适旭烈兀
㉑完者适旭烈兀（后适阿八哈）
㉒忽出适托罕
㉓额木干适明理帖木儿
㉔那伦适出木哈儿
㉕完者台适猛哥帖木儿（后适按八儿赤）
㉖忽都鲁适阿鲁浑
㉗完者适阿鲁浑
㉘阿里罕·额格赤适旭烈兀
㉙不鲁罕（阿儿浑外孙女）适合赞

注：号码相同为联姻者；虚线为世系难以确定者。

# 1257年释迦院碑考释

## 一　释迦院碑的发现和研究

1953年，蒙古人民共和国科学院科学考察队在库苏古勒省阿尔布拉格县第三巴格所属德勒格尔汗山南、德勒格尔河北岸一座叫阿勒坦·噶达斯（АпІтан·Гадас“北极星”）的小石山稍北不远，发现了蒙元时期丁巳年（宪宗七年，1257年）外剌部驸马建立的一块释迦院碑（即“蒙哥汗碑”）和城镇遗址。据敖·那木南道尔吉著文所述①，那时，考察队刚到库苏古勒省，就听到当地群众传说：在德勒格尔汗山南、德勒格尔河岸上有两块奇怪的石头——亲王青衮咱卜的靠背和香炉。他们前去考察，原来不仅是两块石头，而是完整的一处院落和城镇遗址。院落南面横放着一块巨大的正中掏空的四方形紫黑色花岗石（碑座），这就是传说中的香炉。从这里往南将近40米的地方，可能是当时院落的正门附近，在高高隆起的芨芨草丛中有露出地面约40厘米的一块青色扇形石头，传说中把它叫做靠背的，就是带有蒙汉铭文的释迦院碑。

经过挖掘和清理，这块板岩状巨大的青色石碑，高144厘米，宽78厘米，厚20厘米。紫色花岗石碑座长100厘米，宽68厘米，高40厘米。碑座上的卯眼和凹槽长46厘米，深20厘米，宽20厘米。石碑能牢固地竖立在这块碑座上，石碑和碑座共高184厘米，约1吨重。碑面上方为汉文碑额“释迦院碑记”五字，下面左边刻了三行回鹘式蒙文，右边刻了十二行汉文，共263字。第十行损坏的字最多。

释迦院碑所在的地方，当时可以看到四周隆起的模糊痕迹，见方约一

① 敖·那木南道尔吉：《关于蒙哥汗石碑和宫殿的发现和研究》（乌兰巴托，1956年）。

百米，可能是原来的一座院墙。它的正中有见方三十米的一处方形建筑的房基，废墟的芨芨草丛中还有六块四方形紫色花岗石的柱基和不少带有卯眼的紫色花岗石露出地面。在院子里，其他地方到处出现许多房基，石碑周围有许多带珐琅和不带珐琅的砖瓦。从发掘出丰富的用绿色陶瓷制作的穿蒙古服装的半身人像和带凹槽的蓝色陶瓷等各种各样的砖瓦证明，这块石碑是安放在一座华丽的塔楼式的屋宇里。院落外面好远的地方也出现房基：西北面相距几百米的地方有一处石基，东面或东南面一公里远的地方房舍遗迹十分丰富；西南面 8—10 公里处，德勒格尔河对岸、额尔其木岭北面、札格术山口往上的地方，还有一处大城遗址[①]。

石碑经过清理之后，1955 年蒙古科学院把它运到乌兰巴托，又经过拓描、校读，1956 年准备在蒙古国家中央博物馆公开展览。与此同时，那木南道尔吉著文介绍，蒙古科学院对这一碑铭进行了拓描、校读、书写、照像、翻译、研究等大量工作。乌兰巴托国立大学汉语教师吕远明教授对汉文进行了描绘和研究。当时翻译汉文碑铭的有哈·帖木耳土希（X. Төмөртөш）、斯·古里门森（С. Гулъ—мансан）、乌·古尔舍德（О. Гурсад）和那·苏格达尔札布（Н. Сугдаржаб）。此外，还有达木丁苏隆、贡保苏隆、贡保札布、帖木尔泽仁、泽仁道尔吉、泽仁敦德布等人对上述工作也给予了大力帮助。1957

① 见那木南道尔吉前文，并参阅胡斯振、恩和巴图《元代外剌部释迦院的遗址》（前文摘译，《元史及北方民族史研究集刊》1978 年第 3 期）及前文译注稿（《西北民族学院学报》1983 年第 3 期）。

年，策·达木丁苏隆把这一碑铭收入他的《蒙古文学史》中，进行了转写和翻译[①]。浩·勃尔来在《关于蒙古古城及居民点史》上也作了介绍[②]，内蒙巴·莲花同志还转写为旧蒙文刊出[③]。1959 年，永谢布·仁钦发表他对铭文的注释[④]。1961 年，美国华盛顿大学波贝（N. Poppe）和张琨等合作，又发表了他们的碑铭注释[⑤]。去年，陈得芝同志发表《元外剌部释迦院碑札记》[⑥]，对此碑开始从历史方面进行探讨。

## 二　建碑地址

外剌部（斡亦剌部）的帐幕和驻地，据拉施特《史集》记载在八河地区，这块释迦院碑为什么建立在德勒格尔河北岸？其遗址和外剌部又是什么关系呢？为了解决这个问题，我们有必要简单回溯一下外剌部的迁徙和分布状况。

13 世纪前，斡亦剌是一个半猎半牧而又分成许多支系的大部落。他们生活在蒙古草原北部的森林中，也即“薛灵哥河彼岸”、“被称为巴儿忽真—脱窟木”的地区[⑦]。草原上的牧民称他们为“槐因亦儿坚”，意即“林木中百姓”。

据《元朝秘史》第 141—144 节记载，1201 年，斡亦剌部忽都合别乞参加了札木合联军对铁木真、王罕的征战，并身为前锋。双方会战于阔亦田地方（今哈拉哈河上源处）。兵败后，为了争夺林木地区，忽都合别乞率部向失思吉思地面而去。同书第 239 节又记，1207 年，拙赤奉成吉思汗命出征林木中百姓，斡亦剌的忽都合别乞为拙赤引路去征万斡亦剌惕，进到失黑失惕地面。“斡亦剌、［不里牙惕、巴尔浑、兀儿速惕、合卜合

① 策·达木丁苏隆：《蒙古文学史，十三—十七世纪》（沈阳，1957 年）。

② 浩·勃尔来：《关于蒙古古城及居民点史》（《苏联考古学》杂志 1957 年第 3 期）。

③ 参见内蒙古历史语言研究所《蒙古语文》杂志总第 20 期。

④ 永谢布·仁钦：《蒙哥汗蒙汉碑铭注释》（《中亚杂志》1959 年第 4 卷）。

⑤ 波贝：《蒙哥汗碑铭注释》（《中亚杂志》1961 年第 6 卷）。

⑥ 陈得芝：《元外剌部释迦院碑札记》（《元史论丛》第 2 辑，中华书局 1983 年版）。本稿撰于 1984 年，故称 1983 年为“去年”。

⑦ 见拉施特《史集·部族志》“巴儿忽惕”等条目。脱窟木 tukum，意为盆地、洼地。巴儿忽真—脱窟木，应泛指贝加尔湖东西广阔的森林地带。

纳思、康合思]、秃巴思诸种都投降了。……"[①] 失思吉思、失黑失惕这两个地名，达木丁苏隆今译本《蒙古秘史》把前者取于罗卜藏丹津《黄金史》（Altan tob či）作 Sigsig，后者依汉文译作 sigsit[②]。而古蒙文词尾的 g（k）和 t（d）又常因单复数概念的交替而产生混用，所以二者是同一地名的异写。此地（失黑失惕）位置既在兀儿速惕、合卜合纳思等部之南，就应该是现在叶尼塞河南源华克木河上游的锡什希特（亦作锡什锡德）河[③]。遗址在德勒格尔河之北，锡什希特河之南，这一带正是外剌部当时的驻地。

斡亦剌部又在什么时候迁到原住秃马惕部的八河地区呢？大约从成吉思汗十二年（1217 年）再征秃马惕部开始。秃马惕先已归附，因巴阿邻族的豁儿赤万户经成吉思汗准许前去挑选三十名美女，引起反抗，将其捕捉。成吉思汗继派熟悉林木百姓情况的忽都合别乞前往救援，又被扣留。接着命四杰之一的博尔忽赶去问罪，竟被伏击捕杀。于是再遣朵儿边人朵儿伯·朵黑申率军征讨，攻占了秃马惕地区。当时，秃马惕部那颜歹都忽勒已死，正由其妻孛脱灰·塔儿浑自行管辖。战争胜利后，成吉思汗把孛脱灰·塔儿浑赐给了忽都合别乞[④]。显然，忽都合别乞这时（1218 年）开始成为秃马惕地区的实际主人，斡亦剌部众也就逐渐向西北迁入"秃马惕故地"，远到谦河（今叶尼塞河）上游的八河之口，八河流域从此成为他们的主要活动地区。这八条河的名称，据《史集》记载是：阔阔（kuk）—沐涟（河）、温（aūn）—沐涟、合剌—兀孙（水）、散必—敦（Sanbī—tun）、兀黑里（agri）—沐涟、阿合儿（agar）—沐涟、主儿扯

---

① 根据《圣武亲征录》、拉施特《史集》、《元史·太祖纪》等史料记载，斡亦剌部忽都合别乞不战而降，并作向导，是在 1208 年蒙古军征脱脱和曲出律而去也儿的石（额尔齐斯）河途中。1207 年只派按弹、不兀剌二使招降乞儿吉思部，自无忽都合引路之事。这第 239 节所述的拙赤远征，又是在 1218 年乞儿吉思复叛时的事情。那时才收服了乌思（兀儿速惕）、撼合纳思（合卜合纳思）等部，参见韩儒林《穹庐集》第 374—375 页和陈得芝前文。

② 达木丁苏隆译本《蒙古秘史》，内蒙古人民出版社 1957 年，第 129、第 311 页。

③ 伯希和在《卡尔梅克史评注》一书中认为，Shishgid（锡什希特，Shishgit - Shishgis）一名，是 Shigshid（失黑失惕）一字中间的两个辅音（g、sh）易位所致。参见《穹庐集》第 340 页。达木丁苏隆亦采此说，在其译本的 Sigsit 一词之下，用括号注为 Shishgit。

④ 《元朝秘史》第 240—241 节、《元史·太祖纪》、《圣武亲征录》、《史集》"秃马惕"、"许慎"等条。参见《穹庐集》第 375 页和杜荣坤同志《厄鲁特族源初探》（《新疆大学学报》1981 年第 2 期）、《试论准噶尔分布境域的变迁》（见《新疆历史论文续集》，新疆人民出版社 1982 年版）。

(J̌ur J̌eh）—沐涟和察罕（J̌a J̌an）—沐涟。[①] 八河的今名，据杜荣坤同志初步考证，应为哈克木河（又作华克木、卡克木）、乌鲁克木河、乌斯河、士毕河、厄格列斯河、阿克河、(?)、克木池克河[②]。这些河流都分布在叶尼塞河上游一带，地当萨彦岭和唐努山之间。在这里，叶尼塞河由东向西，再折而由南向北汇成一条大河奔流而去。

综上所述，13世纪前半期，斡亦剌诸部活动范围大致从色楞格河支流德勒格尔木伦河及其以北的锡什希特河，沿叶尼塞河上源大小叶尼塞河，经乌鲁克木河至克姆池克河，包括谦州、益兰州和撼合纳在内的叶尼塞河上游的广大地区[③]。而释迦院碑所在地德勒格尔木伦河就在斡亦剌所辖范围的南境，为外剌驸马八立托的夏营地。

## 三　建碑人

释迦院碑汉文碑铭中的驸马八立托，即是蒙文碑铭的Bar（s）töge。八立托究为何许人？那木南道尔吉《关于蒙哥汗石碑和宫殿的发现和研究》一文的合作者，根据《元史·宪宗本纪》一段记载。“［七年］冬，帝度漠南，至于玉龙栈。忽必烈及诸王阿里不哥、八里土、出木哈儿、玉龙塔失、昔烈吉、公主脱灭干等来迎，大燕。既而各遣归所部。”从而认为，这个八里土可能就是碑上的八立托。两者究竟是否为同一个人呢？屠寄认为《元史·宪宗本纪》之八里土，即是《宗室世系表》所列的宪宗长子班秃[④]。多桑更明确指出：“1257年10月，蒙哥……度漠南至玉陇栈，忽必烈及宗王数人来迎。”[⑤] 因此，八立托与八里土音虽极近，建碑与迎宪宗又在同年，但是既然八里土被称为“诸王”、“宗王”，或“宪宗长子”，他与“驸马八立托”显然不是同一个人。关于八立托的家世，《史集·部族志》提供了极为重要的线索。《史集》在谈到忽都合别乞孙脱劣勒赤和成吉思汗女扯扯干的次子不儿脱阿（būrtūā）时指出：“成吉

① 余大钧、周建奇汉译本《史集》第1卷第1分册，商务印书馆1983年版，第193页。

② 参见杜荣坤前文。此外，韩伯诗《剑水注》一文，曾在贝克木及华克木两河支流中寻求八水。见《亚洲学报》1956年，第285—286页。

③ 详见杜荣坤《厄鲁特族源初探》等。

④ 见屠寄《蒙兀儿史记》卷6，《蒙格汗本纪》。陈得芝前文引《史集》第2卷《成吉思汗的继承者》波义耳译本作Baltu。

⑤《多桑蒙古史》冯承钧译本上册，第272页。

思汗曾把自己氏族中的一个姑娘嫁给这个不儿脱阿，她的名字和辈分不详，［因此］不儿脱阿当了驸马［古列坚］。”① 这个 būrtūā，既是外剌驸马，又和 bar（s）－töge 音极相近，并与蒙哥辈分相当，为姑舅表兄弟。所以我们认为：释迦院碑上的八立托就是《史集》中所说的不儿脱阿，一悉基公主即是《史集》中所说的那位不知名的女子。那木南道尔吉在文中认为一悉基公主是蒙哥汗的亲女儿，即成吉思汗曾孙女。我们还不知此说根据之所出。

忽都合别乞在成吉思汗西征林木百姓中首先臣服，并作向导，收降诸部，立下丰功。故成吉思汗把女儿扯扯干嫁给忽都合长子脱劣勒赤，把拙赤女豁雷干（火雷公主）嫁给他的次子亦纳勒赤，使他们弟兄都成为驸马。扯扯干的三个儿子和几个女儿，除长子不花帖木儿所娶不详外，次子不儿脱阿（八立托）娶一悉基公主，三子巴尔思不花娶拖雷女燕帖木儿，又是两位驸马。他们的姐妹分别适拖雷子旭烈兀、阿里不哥、察哈台孙合剌旭烈兀、拙赤孙秃罕等为妻。所以忽都合别乞家族和成吉思汗帝系已是世代姻亲②。八立托就是蒙哥的姑表兄弟。

其次，成吉思汗的继承者为了使自己西征南伐无后顾之忧，非常重视与斡亦剌的关系。除了联姻结好之外，又按照蒙古惯例，把整个外剌部分封给忽都合家族；推行千户制，他们也照旧自己统领军队，自己任命千户长。③ 八立托尽管以“性格孱弱出名”④，毕竟是受封的权势之家，总得赐以高官厚禄，使他们世代领有这里的土地与人民。所以八立托和蒙哥，既有亲戚之谊，又有君臣之分；既“叨国王水土之恩”，就不能不投以“丹悃”，尽力“追酬”。

他们为什么要在丁巳（1257 年）年建寺立碑呢？大家知道，据《元史》记载，这年正是蒙哥汗五十大寿的岁月⑤。所以《碑记》指明这次建寺立碑，目的在酬谢皇恩，隆重地为蒙哥祝寿，并为自身祈福，才“广兴喜捨之心，重发菩提之意”的。这时蒙哥的处境又怎样呢？蒙哥 1251

① 《史集》第 1 卷第 1 分册，第 119 页。余大钧、周建奇汉译本，第 194—195 页。

② 详见白翠琴《斡亦剌贵族与成吉思汗系联姻考述》（《民族研究》1984 年第 1 期）。

③ 《史集》第 1 卷第 2 分册，第 269 页。

④ 《史集》第 1 卷第 1 分册，第 119 页。

⑤ 《元史・宪宗本纪》：（蒙哥母）“怯烈氏，讳唆鲁禾帖尼。岁戊辰（1208 年）十二月三日生帝”。又记：九年己未（1259 年）秋七月“癸亥，帝崩于钓鱼山，寿五十有二，在位九年”。故丁巳年（1257 年）正是五十岁。

年即位，在镇压窝阔台后王反抗、巩固内部统治之后，随即四出征伐：命其弟旭烈兀领兵征西亚的木剌夷和巴格达的阿拔斯王朝哈里发；命塔塔儿人撒里等征欣都思（印度）和怯失迷儿（克什米尔），命宗王也古、札剌亦儿赤等领兵征高丽；命弟忽必烈征云南大理等国，并绕道伐宋。这时连年征伐，财力日拙，而忽必烈经营汉地，声威日隆，1256 年更有人告发他“王府奸利”，使得他们兄弟之间嫌隙顿生：蒙哥竟派亲信大臣阿兰答儿、刘太平等人到陕西、河南钩考钱谷、争夺财权①。同时为了夺回中原军政权力，1257 年蒙哥正准备亲率军队，大举伐宋②。蒙哥即位七年以来，一直安住漠北，这初次亲征，皇亲国戚，能不萦怀？特别是，脱劣勒赤长子、八立托之兄不花帖木儿已先随旭烈兀西征，斡亦剌其他成员也纷纷派出子弟参与南伐。这时，忽都合家族八立托等人的命运，能不和皇室蒙哥汗的胜败紧密相连？所以他们要求佛祖保佑的心情，也就格外迫切，《碑记》祷祝“国泰民安，法轮常转”，颇切题意。

祝寿形式很多，为什么外剌部也采用建寺立碑的形式，而且《碑记》更以汉文为主呢？首先，八立托驸马“奉佛”，这是显而易见的。其次，佛教当时在蒙古的情况又怎样呢？蒙古早期信仰萨满教，后来四处征伐，所受影响渐多，开始信仰景教、佛教乃至道教。他们对宗教采取兼容并蓄政策，还对宗教职业者豁免赋役，大加优待③。禅宗（临济宗）十六世祖中原著名僧人海云，据念常《佛祖历代通载》卷 21《海云传》记载，他十三岁（计在 1214 年）在山西宁远时就面见过蒙古统帅。《海云简和尚塔碑》提到他“历事太祖、太宗、宪宗、世祖，为天下禅宗之首”④。蒙哥即位后，仍然“以僧海云掌释教事”⑤。又召嵩山少林寺名僧（曹洞宗大师）福裕到“北庭行在”，讲经累月⑥，并在和林大兴土木，建造佛寺，“供僧书经，高营宝塔”⑦，海云、福裕等人备受宠遇。蒙哥还“尊那摩

---

① 参见陈得芝《忽必烈与蒙哥的一场斗争——试论阿兰答儿钩考的前因后果》（《元史论丛》第 1 辑，中华书局 1982 年版）。

② 《元史·宪宗本纪》：“七年，丁巳春，幸忽阑也儿吉，诏诸王出师征宋。……冬，帝度漠南，至于玉龙栈。……”

③ 《多桑蒙古史》冯承钧译本上册，第 158 页。

④ 程钜夫：《雪楼集》卷 6。

⑤ 《元史》卷 3，《宪宗本纪》。

⑥ 程钜夫：《雪楼集》卷 8，《嵩山少林寺裕和尚碑》。

⑦ 念常：《历代佛祖通载》卷 21。

(克什米尔僧人)为国师，授玉印，总天下释教"[①]。连欧洲基督教教士鲁不鲁克在汗廷时也曾亲眼看到："蒙哥及皇族对于基督教、伊斯兰教、佛教典礼，悉皆参加。……除蓄养珊蛮或巫师外，兼赡养此三教之教师。"[②] 1255年、1256年，佛道两家福裕和李志常还在和林举行过御前辩论，蒙哥最后说："我国家依著佛力光阐洪基，佛之圣旨敢不随奉？……今先生言道门最高，秀才人言儒门第一……细思根本，皆难与佛齐。"[③] 由此可见，佛教在蒙古的势力，到蒙哥时期已达鼎盛阶段，而且最早接触并得势盛行的恰恰是汉地的禅宗。上行而后下效，所以"奉佛驸马八立托"向蒙哥投以"丹悃"，要在封地之上建寺立碑以垂久远，就不必为奇了。

## 四　蒙文碑铭

大家认识确切，读法一致的字如下（不一致的暂记问号）：

uruɣun uruɣiɣar kedün kedün (?)

世世代代或子子孙孙

mongke qaɣan tümen tümen nalsulatuɣai kemcǰü bars töge??

蒙哥汗万万岁祝（说道）八立托

(?) (?) (?) buyan kürtüngei

福分　到达、延至

第一行末尾的字，那木南道尔吉读为 Hoёc Ta（官人），又说或可读为 yecд（世代，时候），仁钦也读 Hoёc Ta，达木丁苏隆则读作 Yec Te（后代），而在中间放了一（Hoёд?），波贝则直接读为 uyes - Te（后代）。他说：Hoyaн"王公"的复数只能是 Hoёд 而不能是别的什么，在古碑文里把元音 ü 写为 u 的现象是不足为奇的。达木丁苏隆在括号里写了一个 Hoёд，大概也不同意 Hoёc 的写法。所以，波贝和达木丁苏隆的意见一致，我们认为是可取的。

第三行，那木南道尔吉把第一字读作 Хундлэн（尊敬的），把第二、第三字读为 Тэднн（Тэдэнд，于他们）дабарırтy（yцралт，遇到的）；达

---

① 《元史》卷125，《铁哥传》。

② 《多桑蒙古史》冯承钧译本上册，第264页。

③ 《至元辩伪录》卷3。

木丁苏隆对第二、第三字的读法和他的意见相同，但第一字读为 Хуртэл（直至，及至）。后来，仁钦、波贝同样把第一字读作 Хуртэл。这也正如波贝所说 Хуртэл 是一个后置词，如同英语前置词 until 一样，需要和别的词连用。照那木南道尔吉的读法应为 Хундлэн Тэдэнд（可敬、他们），但与后面全文连续，就知道 Хундлэн 的读法不妥。第二、第三字，仁钦读作 Anadabariytu，前者解为“此生”，后者和那木南道尔吉一致，作 Дабариɣtu（遇到的）。可是波贝有另一种读法：ene dabariɣunu（这个有缘分的）。他认为 dabariɣunu 是尾上带 - ɣun 的动名词再带 - u 尾而为所属格，是主语 buyan（福分）的限制词。它上面的 ana 一词，在早期古典文献里，语首 e 常写成两个齿，故应为指示代词 ene 而作 dabariɣun 的修饰语。那木南道尔吉、达木丁苏隆、仁钦三人都读作 Дабаригту 或 Үчралт（遭遇、相逢），意思一致，为了在格，可释为“Тохиолд”或“Таширамд”（借此机会），从整个句子或全文意义来看，还比较贴切一些。因为这样解释，可以表达两层意思：祝愿蒙哥汗万寿无疆；祝愿子孙后代领此福分。这和汉文碑记“上祝今□皇帝……次冀在堂公主……再乞……后嗣称心”的层次吻合。

最重要的还在第二行。前三位都是按顺序去读，唯独波贝的判断，对于通读全碑蒙文，是有重大作用的。他说：考查碑文，“第三行是第一行的直接延续”。即第一行的最末一词 uyes - Te“给子孙后代”同第三行的第一个词 Kürтele（直至、及至）相连。中间行，即第二行 mongkee qaɣan tüмantümen nasulatuɣai kemeǰü bars töge bosqaɣul［ba］应看作第一行，它包括皇帝的名字蒙哥。因此，它开头较高，顶端超过其他两行，并居于中间位置①。这类文书，在元代牌符上是不少见的。只是第二行末尾一词，词尾损坏，也有几种读法。由于三行按顺序读，那木南道尔吉把它读作 Ъосгаагуулж，达木丁苏隆读作 Ъосгаагуулах，只是波贝读作 bosqaɣul［ba］，我们赞成波贝的意见，更想读为 bosɣqaul［bai］是否更妥当一些。

归结起来，我们认为波贝的注释比较成熟一些。但还想补充一点意见：因为（1）中间行最末一词 Ъocɣaɣul［bai］表示句意完了，可第一、第三行的内容难道不是建碑人所企求？（2）第三行的最末一词 Kürtügei 和中间行的 nasulatuɣai 是同样的希望形词尾，而两短句的内容又都是八立

① 内蒙古大学亦邻真同志认为这三行可以分作四段来读，我们的意见正相符合。

托建碑的目的。所以我们打算这样转写和翻译：

转写：mongke qaɤan tüman tümen nasulatuɤai

uruɤun rurɤiɤar kedün kedün uyes－te kürtele ene dabariɤtu

buyan kürtügei kemeǰü bars töge bosqaɤul［bai］

翻译：祝蒙哥合罕万寿无疆！

愿此福分荫及子孙后代！

八立托立碑。

## 五　汉文碑铭

《释迦院碑记》的照相，汉文碑铭有大量的字辨认不出来。那木南道尔吉 1956 年乌兰巴托版的那篇文章，里面附有一个汉文活字重排版。它和原碑对照是有一些缺点的。例如（1）第一行不是题目却排印得像题目；（2）第三至六行的起讫和原碑不同；（3）五个“注”没有印出；（4）排印漏掉的如“之”字（第四行）、错的如“麻”（第六行）应为“庥”字等。可是，为了弄清内容，我们还得依靠它。波贝文章里的汉文复写本，也是借助那木南道尔吉论文里的重排版，才把此前大量难读的字弄清楚的。现在因为波贝的复写本进了一步，避免了 1956 年重排版上的一些缺点，所以我们这里采用了他的复写本。

波贝书中这个汉文碑铭，具体是由张琨（Kun Chang）和利昂·胡尔威茨（Leon Hurvttz）注释的。他们根据仁钦文章所附照片，提出了一些可疑的或错误的字，进行了校订和注释（加［　］的为本文补注）。

第 1 行，□国（重排版）：“国”字是错误的。［达木丁苏隆《蒙古文学史》里的照片也不清楚。］

外剌：蒙古语 Oyirad 的汉文译写之一。［即《元朝秘史》里的斡亦剌惕部。］

第 2 行，附马，即驸马，公主丈夫［大汗女婿］。

丹悃：［赤诚］。

切念：深切知道，同时表谦逊。［私心明白］。

第 3 行，爰处爰居：［《诗经·邶风·击鼓》：“爰居爰处，爰丧其马，于以求之，于林之下。”爰，在那里。］

第 4 行，天地覆载之德。重排版掉“之”字。句意为天覆地载万物的恩德。

叨：［承蒙］。

第 5 行，水土之恩：［水土养育的恩德］。

罔及：达不到。［莫及］。

國外剌薩營居奉
佛附馬公枇公主一悉巻　投丹悃者切念生居濁世幸遇
明君發慮發居長安長樂賴
天地覆載之德叨
國王水土之恩中心藏之追酬罔及今者　公枇廣興善裕之心捐財立　像堂發
善投之意建寺　僧上報　廣博之渠麻別冀　通達之景既上記
今皇帝萬壽無疆國泰民安　法輪常轉次冀
在堂公主福壽增延進去時中吉祥如意再乞自身吉慶四時歌慶賀之愷後詞
稱心　諸佛應心中之願四恩總報三友通資　法界有情俱登
彼岸　護　興　毋　二
一草拾悠多劫多生好結良因早成
丁巳季夏中旬後五日奉　佛附馬　公枇　公主一悉巻　立記

察罕汗碑的蒙文

喜捨：汉文“喜捨”是梵文 mudita 和 upeksa 同义术语，前者表示愉快，后者表示冷淡。可是这里是通俗用法，表示愉快捐助。[乐意施舍]。

第 6 行，菩提：[觉悟。这里指普度众生的仁慈。]

洪庥：“洪麻”（重排本）应为“洪庥”。[庥，福荫。洪庥即洪福。]

冀：[希望。]

逍遥：[从容自得，自由自在。]

第 7 行，法轮常转：[佛法常在。]

第 8 行，进去时中：来去逢时。[进退得时，起居坐卧，四时如意。]

懽：宁可作“懽”[即“欢”]。

第 9 行，“请佛”（重排版）：应为“诸佛”。

应心中之愿：[应验佛心的意愿。]

四恩□报：四恩总报。四恩是来自各人的双亲、师长、君主和佛法所授予的恩惠。[四恩：《心地观经》谓一父母恩、二众生恩、三国王恩、四三宝恩。《释民要览》说：一父母恩、二师长恩、三国王恩、四施主恩。]

三友遍资：三友是士大夫结识交游的三种人，即正直的人、解事的人、博学的人。[《论语》益者三友：友直、友谅、友多闻。遍资，普遍得助。]

惧登（重排版）：应为“俱登”。

第 10 行，彼岸：[意为脱离苦海，精神解脱。]

第 11 行，一草招愆：一片小草可以带来罪过。

多劫多生：[劫：劫波，劫数。多劫多生，意为大千世界，许多灾祸，又许多生机。]

这一碑铭的汉文有蒙译和英译文。波贝的英译，因为注释较好，译文也较好。那木南道尔吉的文章提到有四种蒙译。其中帖木尔土希的译文，更被收入达木丁苏隆的《蒙古文学史》中。这几篇蒙译，虽有一些缺点，但又有反映蒙汉民族情谊源远流长的地方。如第七行“上祝今□皇帝垚寿无疆，国泰民安”一句的译文（“垚”似非“尧”字）。

“再祝当今皇上福寿无疆，像唐尧虞舜一样太平，人民安泰。……”（哈·帖木尔土希）

“希望皇帝万寿无疆，国泰民安。”（斯·古里门森）

“祝主上皇帝像中国尧皇万寿无疆，国泰民安。”（乌·古尔舍德）

“渴望当今主皇上福寿无疆，像古代唐尧长命百岁，国家太平。人民

安乐。”（那·苏克达尔札布）

## 六 结语

1953 年蒙古科学院在库苏古尔湖以西、德勒格尔河北岸发现的蒙元时期，外剌部驸马八立托丁巳年（1257 年）六月在其领地南境为祝贺蒙哥汗五十寿辰而建立的这块释迦院碑，是 13 世纪蒙古民族在漠北地区留下的极为珍贵的历史文物之一。它在蒙古古代碑铭中，时间上仅次于亦孙哥·箴儿干建立的成吉思汗石碑，而在价值上则说不定有过之而无不及。这块碑铭的发现和研究，使我们弄清了如下的问题。

一、外剌部（斡亦剌惕—瓦剌—卫拉特）13 世纪前期的活动地域开始是在色楞格河支流德勒格尔河以北到华克木河上游的锡什希特（失黑失惕）河一带，后来部分扩展迁徙到秃马惕故地，即今叶尼塞河（时称谦河）上游广阔的“八河地区”，而释迦院的遗址，正在外剌部辖地的南境，是外剌部驸马八立托的夏营地。

二、研究蒙古佛教的人，往往对忽必烈封八思巴为国师一节，津津乐道，以此和喇嘛教联系起来，证明蒙藏关系日趋密切，却很少提到蒙古在接受喇嘛教之前，早已接触了中原汉地的佛教。其实，窝阔台时期，和林建城，同时兴建佛寺；蒙哥时期，佛道两家辩论的结局，说明汉地禅宗各派在蒙古汗廷已极受尊崇。现在释迦院碑的发现证明：由于蒙哥崇佛，远在色楞格河之北的森林地带，早年酷信珊蛮巫师的外剌驸马现在也成了虔诚“奉佛”的部落首领。他们和成吉思汗帝系世代姻亲，特建寺立碑，为蒙哥祝寿。所以蒙古信仰佛教，最先是汉地禅宗，早在尊奉八思巴为国师之前已经备受优遇了。

三、这块释迦院碑，铭刻了三行回鹘式蒙文和十二行汉文，又冠以《释迦院碑记》五个汉字作为碑额，显然是汉僧主持所建。三行蒙文采用了古代牌符之类的习惯形式，当出于蒙古硕学之士，十二行汉文，文情并茂、雅俗共赏，也必出于汉地禅宗高僧。这是他们两相配合，各自撰写然后铭刻而成的碑文，它反映了蒙汉两民族自古以来声息相通，休戚与共，在文化上彼此配合、相互交流的亲密关系。碑铭发现之后，一些蒙古学者倍加重视，共同研究，特别在蒙译汉文“上祝□皇帝万寿无疆，国泰民安”一句，多数人都因：“垚”字像“尧”（堯），联想到中国古代的“尧皇”，这种历史文化上传统的心神，也将如碑铭石刻，传之万世。

（原载《蒙古史研究》第 1 辑，内蒙古人民出版社 1985 年版，与胡斯振先生合著）

# 关于评价也先汗的几个问题

也先，又译额森、厄僧等，是明代蒙古史上的著名人物。他曾经联结东西蒙古诸部，巩固两翼，拆除明廷的“西域屏障”和“辽海藩篱”，并挥戈南下，大败明军，俘获英宗，威震中原。对于这样一位叱咤风云的人物，数百年来，在双重正统观念（黄金氏族正统观念及汉族等封建正统观念）的束缚和影响下，其形象往往是被歪曲的。在具有浓厚的成吉思汗系黄金氏族正统观念之封建史学家看来，他是“叛逆”、“篡位者”；在汉族等统治者的眼里，他是“诡诈百端的虏首”、“杀掠犯境的逆贼”。因此，到底如何评价也先，成为五个世纪以来的悬案。究竟哪些方面应予以肯定，哪些方面又该予以否定？目前在史学界尚有分歧。笔者认为，综观也先戎马倥偬的生涯，论析其功过，他应是蒙古史上有作为的首领，完全可以与达延汗等同样彪炳青册。为说明此点，笔者主要从其巩固东西蒙古的统一，打破传统观念和排除习惯势力的障碍，成为非黄金氏族的蒙古大汗；对瓦剌社会经济发展的作用；土木之役后及时达成景泰和议等三方面进行考察。

## 一　巩固东西蒙古统一，成为非黄金氏族的蒙古大汗

1368 年，元顺帝妥欢帖木儿（又译为“妥懽帖睦尔”）北奔上都（开平，今内蒙古锡林郭勒盟正蓝旗境内），大元在中原地区的地位为朱元璋建立的明朝所代替。自此之后，屡经与明廷征战，成为偏安塞北的小朝廷，史称北元。北元，无论从汗统、礼制、统治集团的自我意识看，都是元王

朝的延续，故史称其为“整复故都，不失旧物”①。随着可汗势力的衰微，北方蒙古地区，诸部又处于四分五裂的状况，持续将近半个世纪。当时，大漠东西蒙古族主要分成三个集团，即鞑靼、瓦剌、兀良哈三卫，各个集团封建主为了争夺蒙古地区的统治权，时而兵戎相见，时而联姻结盟。

从 14 世纪末至 15 世纪初，东西蒙古封建主自相雄长，发生激烈内讧。当时，蒙古政治局势的特点是“赛特”专政，汗权衰落。但鉴于成吉思汗系黄金氏族在蒙古的正统地位和威望，异姓诸王欲夺取统治大权，就必须以可汗为旗号，充当其争权夺利的工具。因而，可汗废立频繁，社会动荡不安。瓦剌乘机崛起，与北元分庭抗礼。元末明初，瓦剌诸部在猛可帖木儿（一说即乌格齐哈什哈）管辖下，形成一股强大的政治势力。后瓦剌由马哈木、太平、把秃孛罗等率领，在蒙古汗位的争夺中，扮演了重要角色。他们基本上倾向拥立阿里不哥后裔称汗，但在复杂的斗争中，出于战略上的需要，也尽力搜寻与拉拢被大多数蒙古人视为正统的忽必烈后裔。

明永乐十六年（1418 年），脱欢承袭其父马哈木太师之职，驰骋疆场。内并贤义、安乐两王之众，外联忽必烈后裔脱脱不花（即岱总汗、普花可汗），立其为汗，并将女嫁给他。共同击败东蒙古阿鲁台太师及阿岱汗，使东西蒙古暂归统一。但这种统一，本身就包含着深刻的矛盾，是瓦剌强大军事力量与黄金家族深厚政治潜力的暂时妥协，极为脆弱，给蒙古的再度分裂留下了隐患。

脱欢东征西伐的目的，是为了建立以绰罗斯家族为中心，自己充任蒙古汗的统治集团。击杀阿岱汗、阿鲁台太师，悉收其众及驻牧地后，他原打算率领“都沁都尔本二部落（即指全蒙古）人众”，在成吉思汗陵寝前举行即汗位大典。但由于非孛儿只斤氏黄金家族出身，遭到那些具有强烈正统观念的蒙古封建主的反对。为了缓和矛盾，只好共奉脱脱不花为全蒙古大汗，让其率领原阿鲁台和阿岱部众，居住在今克鲁伦河下游，呼伦贝尔草原一带，统辖大兴安岭的蒙古诸部及岭东兀良哈地区蒙古诸部，其中包括阿鲁科尔沁和嫩科尔沁。脱欢自为太师，居住在漠北，驻兵哈喇和林，统辖卫拉特诸部，并征服开平以北的哈喇嗔等部②，掌握蒙古的政治

① 谷应泰：《明史纪事本末》卷 10。

② 叶向高：《四夷考》卷 6，《北虏考》。

军事实权。其人马逐渐深入漠南北部和哈喇莽来（即广武镇，今二连浩特北）、沙净州（沙井和净州，今呼和浩特北）一带。

但脱欢在击败阿岱汗后不久即身亡。关于脱欢之死，汉文史籍语焉不详，《蒙古源流》作者萨囊彻辰站在正统观念立场上加以描述，说是脱欢因其母萨穆尔公主是额勒伯克汗之女，就自诩为蒙古汗外孙，欲自立为汗，结果遭到成吉思汗的神罚，两胛之间中箭，口鼻冒血而死①。此传说虽纯属虚构，但也说明两点：脱欢曾一度觊觎汗位，也许还当过非常短暂的汗②；东蒙古贵族乃至部众反对非成吉思汗后裔出身之人当汗，脱欢很可能是被暗害的。

黄金氏族正统观念产生的思想渊源在于天命论，即所谓“上天日月二也，下土汗济农二也，索岱之后嗣，伊等太师丞相二也”③。既然“天地商量着国土主人教铁木真做”④，那么，其后裔继承汗位也就天经地义、神圣不可侵犯。汗权天授观念，是蒙古社会汗权统治的反映，随着社会的发展，根深蒂固地刻印在蒙古民众脑海中，而其深厚的社会影响基础则根于成吉思汗的伟大功业。因此，也先要想取代黄金氏族后裔，也必须沿着成吉思汗的老路，建立辉煌业绩，使东西蒙古封建主得到实利和荣誉。也先在正统四年（1439 年），继承其父脱欢太师之位后，也正是试图这样做。

也先骁勇善战，足智多谋，年轻时代就跃马挥刀，辅助其父东征西伐，颇有政治抱负。继承太师位后，运筹帷幄，为在蒙古建立强有力的统治核心出谋划策，进一步巩固东西蒙古的统一。他吸取脱欢图谋汗位遭到失败的教训，不急于称汗，而是继续与东蒙古脱脱不花保持君臣和联盟关系，并封脱脱不花弟阿噶巴尔济为济农，让其管辖右翼，还将女儿齐齐克嫁给济农子哈尔固楚克为妻，结成姻亲，以牵制脱脱不花。然后用黄金氏族的威望，南征北战，扩充实力，以达到夺取汗位和恢复大元统治的目的。

也先与脱脱不花利用军事征伐、封官设治、联姻结盟等手段，拉拢和

① 详见《蒙古源流》卷 5。《蒙古黄金史纲》、《蒙古世系谱》所记略同。

② 据《蒙古黄金史纲》汉译本第 58 页记载，脱欢太师掌握蒙古大统后，“拜谒了主上的八室，表示了‘来取汗位’的意图，朝拜之后，做了可汗”。

③ 《蒙古源流笺证》卷 5。

④ 《蒙古秘史》第 121 节。

征服周围诸族，致使“漠北东西万里，无敢与之抗者”[①]。并以兀良哈三卫和沙州等卫为左右翼，在北方形成了与明廷相抗争的强劲政权，使蒙古地区在衰落了几十年后，又重新兴盛起来。卫拉特联盟也进一步巩固和发展，当时由绰罗斯、土尔扈特、和硕特合为一个卫拉特；巴儿浑、不里牙惕合为一个卫拉特；辉特、土默特（秃马惕异译）、不里牙惕为一个卫拉特；全体蒙古（即脱脱不花统辖的东蒙古诸部）合为一个卫拉特。此外，贝加尔湖以西、额尔齐斯河以东的兀良合惕、布喇斯、巴尔曼、客列亦惕、乞儿吉思以及额尔古纳河、斡难河和呼伦贝尔附近的乌拉特、札赉特等一度属于巴儿浑、不里牙惕这个卫拉特[②]。至 15 世纪中期，也先势力所及，西边远达巴尔喀什湖东南，东北抵女真诸部。其统治范围，西起额尔齐斯河上游，北连安格拉河以西，叶尼塞河上游，东为克鲁伦河及呼伦贝尔草原一带。并进而于正统十四年（1449 年），发动了向中原进攻的土木堡之役，俘获明英宗，盛极一时。

也先在统一蒙古及与周围诸族的争战中，进一步巩固了政治、经济地位，景泰元年（1450 年），明廷在敕书中已称其为“都总兵、答剌罕、太师、淮王、大头目、中书丞相”[③]。并大大扩充了军权，史称也先“兵最多，普花虽为可汗，兵稍少，知院阿剌兵又少”[④]。但是，随着也先实力的增强，与脱脱不花及其他封建主的矛盾也日趋尖锐。也先一方面利用脱脱不花的声望以号令蒙古，另一方面又竭力削弱其权力。而脱脱不花也不是任人摆布的庸君，为恢复汗权，与也先明争暗斗，乘机扩充自己的实力。两者之间矛盾和斗争主要表现于对明廷态度上的分歧，在东北地区的角逐，汗储拥立上的矛盾等[⑤]。

当时，从东西蒙古力量对比来看，瓦剌虽暂居优势，但东蒙古的部众占多数。成吉思汗后裔或拥护他们的封建主无时无刻不想恢复黄金氏族统治。随着脱脱不花在东北地区实力的增强，羽翼渐丰，竭力想摆脱也先的控制，成为名符其实的蒙古汗。而对早就觊觎汗位的也先来说，脱脱不花

① 《明英宗实录》卷 149，正统十二年正月庚辰。

② 详见《和鄂尔勒克史》、《蒙古溯源史》、巴图尔乌巴什图们《四卫拉特史》。

③ 《明英宗实录》卷 149，正统十二年正月庚辰。

④ 刘定之：《否泰录》。

⑤ 详见白翠琴《论脱欢、也先与脱脱不花的联盟》（《中国民族史研究》，中国社会科学出版社 1987 年版）。

的存在，是他成为名实相符的蒙古统治者的重要障碍。故双方的矛盾日趋公开化，最后终以汗储拥立问题为导火线，引起武装冲突。

初战时也先失利，后来利用脱脱不花与弟阿噶巴尔济济农之间的矛盾，以汗位为诱饵拉拢济农，共同举兵袭击脱脱不花。景泰二年（1451年）十二月，脱脱不花势孤而败，逃到兀良哈，为沙不丹所杀。也先尽掳其妻子、部众、牲畜，分配给诸部首领。然后又设陷阱杀害姻亲、同盟者阿噶巴尔济。

也先打败脱脱不花后，为了进一步削弱东蒙古封建主的势力，控制兀良哈三卫和女真诸部，亲自驻扎在脱脱不花故地：阿剌忽乞（乌珠穆沁境内）、可兰海子（呼伦池）、卜儿海子（贝尔池）一带[①]。而其老营驻扎在哈剌莽来，“精壮屯于沙窝”（今内蒙古苏尼特旗境内）[②]。另沿明边东起辽东、山海关、永平、怀来、大同，西至延绥，宁夏、甘州、凉州、庄浪等处驻扎重兵达数万，筑成一道防线，以防明廷乘蒙古内讧政局不稳之际前来进攻。景泰三年（1452年）秋，也先在哈剌莽来召集兀良哈蒙古封建主会盟，通报蒙古情况，要求各部封建主听其号令，而他表示从军事上支持兀良哈南下驻牧。对于赤斤蒙古卫等甘肃行省各部封建主也进一步加强联系，曾遣使持书至赤斤蒙古卫，欲与都督阿速结亲。景泰四年（1453年）六月，又遣使持书给亦鲁伯，表示通好，“且约亦鲁伯禁治西番人民”[③]。接着，也先将哈密忠顺王倒瓦答失里召往瓦剌议事。明廷还得到“也先宰白马九、黑牛五祭天，八月间往西南回回地面并甘州虏掠”的消息[④]。其间，并多次派遣使臣察占和阿只哈力等至明廷，提出双方遣使往来，以便加强贡市贸易的建议。

也先在对内加强统治，对外折服诸部，并与明廷调整了关系，经过一系列准备后，遂于景泰四年（1453年）夏秋间，自立为汗，称“大元田盛（天圣）大可汗”，并封其次子（一说即阿失帖木儿或阿马桑赤）为太师，建年号添元（天元），以“皇元”继统者自居。他在给明廷的敕书中提到：“往者元受天命，今已得其位，尽有其国土人民，传国玉宝，宜顺

① 《少保于公奏议》卷10，《兵部为边情事》。

② 《明英宗实录》卷223，景泰三年十一月丙戌；《国朝献征录》卷10，《昌平伯赠颖国公杨公传》。

③ 《明英宗实录》卷230，景泰四年六月甲午。

④ 《明英宗实录》卷232，景泰四年八月甲午。

天道遣使和好，庶两家共享太平。”①

这样，也先终于以自己的聪明睿智和英勇武功，打破非黄金氏族不能称汗的传统观念，冲破了重重阻力，成为蒙古史上第一个也是唯一的非黄金氏族出身的大汗。因为即使蒙古史籍中的额色库确是西蒙古乌格齐哈什哈之子（一说为阿里不哥后裔），由于当时东边还有阿岱汗与之对峙，充其量也只能是西蒙古之汗，而也先则是统辖全蒙古的大元天圣大可汗，集政治、军事大权于一身。

## 二 采取各种措施，促进社会经济复苏和发展

北元以来，由于战争频仍，兵连祸结，蒙古经济严重衰退。城市荒废，屯田破坏，人口锐减，牧地缩小，牲畜头数大幅度下降，与中原及西域地区经济文化交往稀疏，牧民处境恶化。脱欢时期东西蒙古暂归统一后，蒙古经济开始走出低谷，逐渐复苏。这个时期，与明朝虽有武装冲突，但情况发生了根本变化。明太祖、成祖两朝，主要是明廷出击，战争在蒙古境内进行，牧业生产往往无法正常进行。正统以来，战争则基本上由蒙古贵族发动，在明边内进行。

也先承其父既成之势，进一步稳定蒙古社会秩序，为瓦剌和整个蒙古地区经济发展，创造了良好的条件。在其统治的十余年中，牧地扩大，人口增加，牲畜繁衍，社会经济有所恢复和发展。这方面直接史料虽然不多，但从侧面可以反映出当时经济发展情况。如从朝贡的人数、贡市贸易的牲畜和畜产品的数量来看，脱欢时期，一次贡使达数十至数百人，贡马几百匹至千余匹。至也先时期，每次贡使增至数百乃至数千人，所带马驼可达万匹，各种皮货多抵十几万张。正统六年（1441年）十月，脱脱不花遣使臣阿都赤等两千余人贡马2537匹、貂鼠及银鼠皮21200张；景泰三年（1450年）闰九月，“迤北差来使臣纳哈赤等三千余名，所带马驼等畜四万余匹”②。仅正统、景泰（1436—1456年）20年间，瓦剌等向明廷派出贡使43次，其中13次的贡使人数为24114人，11次贡马驼68390

① 《明英宗实录》卷234，景泰四年十月戊戌。

② 《明英宗实录》卷221，景泰三年闰九月甲申。

匹，5次贡貂鼠、银鼠等各种皮货达186332张。这固然有东蒙古封建主参与的因素，但从如此大规模的通贡贸易中，足以证明牧区牲畜的增长和牧区经济的发展是相当快的。因而，要求扩大各种形式的贸易，出现了瓦剌等贡使“络绎乎道，驼马迭贡于廷”①，“金帛器服络绎载道”的情景②。以致明廷无力接待，不得不加以限制，这也是爆发土木堡之役的一个重要经济原因。

也先采取促进蒙古地区经济复苏的措施，主要有以下几点：

1. 利用战和两手，不断扩大牧地和增加牲口数量，为畜牧业发展提供更多基本生产资料。

元室北迁，退居漠北后，史称洪武晚年“王师追讨，北虏远遁，不敢近边住牧者十年”③。终永乐之世，漠南东部仍极少有蒙古游牧驻地。正统以后，瓦剌势力南下，深入漠南地区，三卫进驻蓟州宣府边外，河套也常有蒙古部众游牧。据史载，土木之役后，也先的主力占据了西越大青山（今呼和浩特附近），东迄阳和（今山西阳高）、宣府（今河北宣化）边外地区，其老营曾设在八宝山（大青山古丰州附近）、失八儿秃（商都以南）。阿剌知院根据地在其西，现今多伦县、克什克腾旗一带。脱脱不花驻牧在今乌珠穆沁至呼伦贝尔地区。其势伸展至今内蒙古及张家口一带。土木之役中，数十万明军覆没，蒙古“所获盔甲、器械、金银、锦缎、牛、羊、骡、马等物动数十万，到处搜山，杀虏军民男妇亦数十万”④。

2. 以外交及武力打通和控制贸易通道，如对哈密、沙州等卫的争夺和联结。

瓦剌南与哈密为邻。哈密既是西域诸族与明廷通贡的要道，又是瓦剌与西域诸族及中原地区进行贸易的中继站和奴隶买卖的转运站，被蒙古封建主抢劫和俘虏的汉人往往从这里转卖到撒马儿罕等地。元亡后，无论是东或西蒙古封建主都与哈密保持联系，并成为双方争夺的焦点，常为此大动干戈。也先一方面利用联姻和征伐相结合、恩威并施的手段控制哈密上层；另一方面又利用哈密等处回回商人善贾的特点，经常与其一起朝贡和

---

① 《论虏情疏》，《明经世文编》卷19。

② 谷应泰：《明史纪事本末》卷33。

③ 魏焕：《皇明九边考》卷1，《番夷总考》。

④ 《明英宗实录》卷182，正统十四年九月壬午。

经商。

瓦剌在控制哈密的同时，对哈密以东的沙州、罕东、赤斤蒙古诸卫也加以联结。此三卫地处要道，农牧皆宜，是瓦剌与哈密等往甘凉地区及京师朝贡贸易必经之道。因此，也先为了达到军事上以兀良哈及沙州三卫为左右翼，包围明廷，经济上控制西域贸易通道之目的，采取联姻、封爵，仿元制建立甘肃行省等手段加以拉拢。瓦剌在向西发展过程中，别失八里（亦力把里）阻隔了其通往定居农业地区的道路。也先与歪思汗进行61次战争，曾两次俘获之。其势力逐渐向天山西部扩展，有利于与中亚的经济、文化交流。

也先以上的所作所为除了政治、军事目的外，经济上的考虑也占很重要因素，即控制贸易通道，掠夺更多财物及牧场牲畜。而这对发展牧区经济，满足他们生产与生活需要，无疑是起了一定作用。

3. 尽力扩大与中原地区的贸易，通过朝贡和互市，达到贸迁有无的目的，促进牧区经济的发展。

明永乐前，当时瓦剌居住在蒙古高原以西，中有东蒙古势力横隔，与明廷直接交往甚少，也鲜有记载。脱欢、也先统一东西蒙古后，为扩大与中原交往打开了通道，其时，主要是以通贡和互市两种形式进行的。

互市，亦称马市。永乐初，在辽东开原东五里及广宁开马市，以与兀良哈三卫进行贸易，蒙古其他诸部也往往利用此二处马市与明廷交易。明初，没有为瓦剌专设的马市，但永乐年间，甘州、凉州等地是鞑靼、瓦剌与内地进行贸易的重要场所。瓦剌一方面与西番及西域诸族进行交易，另一方面主要是途经哈密或亦集乃等至甘凉地区与汉族等进行贸易。明廷在甘州、凉州、兰州、宁夏等处设置了随来随市的不定期马市。随着瓦剌势力强大，派来的贡使越来越多，所索剧增，明廷感到难以应付，再加上边防逐渐废弛，其在漠南所设基地全部内徙或撤废，用武力限制已不可能，只得允许开马市，以缓和矛盾。正统三年（1438年）开设大同马市。马市分官、民两市。在官市里，瓦剌等送来的马匹，由明朝官方发给马价，每匹马值金、银、绢、布各若干都有具体规定。在民市里，蒙古用马、骡、驴、牛、羊、骆驼、毛皮、马尾等物，与汉族商人交换缎、绢、䌷、布、针线、食品等物，但“禁货兵器、铜铁”①。另由官府发给抚赏金银

① 《明英宗实录》卷41，正统三年四月癸未。

若干。大同马市的设立，是瓦剌封建主用软硬兼施的手段争取来的，它标志着蒙古与中原地区贸易的进一步发展。

这个时期，冲破官府限制的民间私市，也日益发展起来。在私市中，交易双方往往不顾明廷禁令，出现汉地"远近商贾多以铁货"与蒙古部属进行交换的情况①。除了瓦剌等贡使以马匹及明廷所赐的缎绢等私换军器外，蒙汉人民间还在边缘地区互换日常用品。通过私市贸易，蒙汉人民在一定程度上满足了各自生产和生活的需要。同时，朝贡和互市的发展，反过来又促进了蒙古地区畜牧业的发展。

4. 促进蒙汉间生产技术的交流。

当时蒙汉之间的生产技术交流，主要是通过两条渠道进行的。一是在各种形式的贸易过程中，蒙汉人民互通有无，互相吸收对方之所长或交换生产工具，如将犁、铧、渔网等输入蒙古地区。二是大批汉人北往，促进生产技术的交流。土木之役前后，汉人被俘往蒙古地区的为数不少。大批汉人北往，一方面增加了劳动力，其中妇女或婚配，或沦为家内奴隶，男子主要从事"牧孳畜"、"拾粪草"等劳动，或随瓦剌贡使至京贸易。另一方面，当时被掳或由于其他原因出边的汉人，既有深知明廷虚实的山西榆次李员外等，又有各种匠作和农民，他们在传授中原地区的典章制度和生产技术方面必然起到一定作用。

## 三　土木之役后，审时度势，达成景泰和议

正统十四年（1449年）七月，也先借口明廷"悔婚"、"减岁赐"，分兵四路，进扰明境。英宗在王振怂恿下，率号称五十万大军，仓促亲征。结果，明军大败，英宗被俘，这就是历史上有名之"土木之役"或"己巳之变"。

那么，也先为什么不乘势夺取"大都"，反而送回英宗，达成和议呢？其关键仍在于政治、经济、军事等方面原因和也先的深谋远虑。首先，由于以于谦为首的抗战派率领中原地区军民奋起抗战，也先的劝诱、要挟等政治手腕，攻城焚关等军事压力，都没有收到预期的效果；欲以英宗为奇货，攻取城池及攫取大量财富的企图，在明廷于谦等另立景泰皇帝

① 《明孝宗实录》卷150，弘治十二年正月壬午。

及提出“社稷为重，君为轻”口号下，也落了空。而瓦剌等军屡遭挫败，死伤颇多，再加上统治集团内部矛盾重重。脱脱不花和阿剌对这场战争带来的后果和也先长期拘留英宗也逐渐持异议，以致纷纷撤兵，使也先处于孤军作战的境地。清朝学者刘献庭曾敏锐地指出“明英宗之得归，燕都之不陷，不但于少保之功，亦因也先图谋普花，思结好于中国，精神所注射，在彼不在此也”[①]。

其次，也先为了实现其政治和经济上的企图，曾利用蒙古民众对明朝统治者限制互市贸易的不满情绪，发动对中原地区的战争。但在战争过程中，并没有给民众带来任何补益，所得到的只有沉重的战争负担和临阵遭受杀掳的厄运。并且因为战争的影响，使人们失去了原来与中原地区的互市关系，因而厌战情绪日益增涨。正如阿剌知院部下完者脱欢所说：“凡我下人，皆欲讲和。”[②]

最后，从客观上看，瓦剌的军事力量日益强大，但门类较为单一的游牧经济尚相当脆弱，东西蒙古的统一也仅仅是军事联合体而已，并存在种种矛盾，而明廷虽日趋腐败，但尚未达到被推翻的程度。从主观上分析，也先虽有“重求大元一统天下”之愿望[③]，但其近期目标是为了以强大的武功和威望来巩固自己的统治，谋取更大的政治和经济利益，并将战争或暴力掠夺作为贡市的补充和继续，或当作迫使明廷让步，求得扩大贡市增加财富的一种手段。因此，在土木之役大捷后，未能乘胜追击，而是忙于打扫战场，搜集武器和攫取财富。同时，将拘留英宗视作“以战不败，以和可成之策”[④]。也先几经与明廷较量，深感从总体上讲，其军事和经济力量尚远不及明廷，面对众志成城的中原军民，逐渐地坚定了送回英宗，重修和好的决心，并欲以妹嫁英宗，结为姻亲。不失时机地遣返英宗，这一方面可结束蒙明征战不已的局面，以达到以战促和，扩大经济交易之初衷；另一方面，也是为了实现“正统还入，则与景泰必有猜疑，以成内乱，如此，徐观其势，欲施其策”的计谋[⑤]。后来，明英宗复辟的事实充分说明也先高瞻远瞩的政治家风度。

---

① 《广阳杂记》卷3，中华书局标点本。

② 《明英宗实录》卷192，景泰元年五月辛未。

③ 谷应泰：《明史纪事本末》卷32。

④ 谷应泰：《明史纪事本末》卷33。

⑤ 《李朝实录》卷126，世宗三十一年十月乙丑。

景泰元年（1450年）八月，终于达成和议，送回英宗。景泰和议的达成，是我国民族关系史上有积极意义的事件。首先，送回英宗后，双方恢复正常往来，使蒙汉之众免于战祸，有利于社会经济的恢复和发展。其次，在新的基础上扩大了贡市贸易，恢复了马市，促进了蒙汉地区的经济联系。同时，和议的实现，使也先能致力于内部事务，为其清除政敌，自立为汗创造了条件。

当然，作为封建统治阶级的代表人物，也先也有许多过失，如东征西伐，使生灵遭涂炭；未能制定一整套政治、经济制度，以稳固地控制蒙古局势，消除正统观念带来的不利因素，争取蒙古诸部封建主的大力支持，与此相反，在某些方面还人为地加剧了东西蒙古封建主的矛盾；登上汗位后，"恃强骄恣"，将自身及家族利益置于至高无上的地位，对蒙古统治集团内部的权力再分配处理不当，以致使与他并肩驰骋疆场多年的阿剌知院等心怀不满遂生嫌隙。这些也是导致他即汗位仅仅一年，就在内讧中被刺身亡的重要原因。但是，从其一生主要活动及所起作用来看，也先不愧是蒙古史上一位杰出人物。

（原载《内蒙古社会科学》1993年第2期；《新疆师范大学学报》1993年第1期）

# 瓦剌境域变迁考述

明前期，瓦剌活跃在蒙古高原历史舞台上。也先时，其势力所及，西起中亚，东接朝鲜，北连西伯利亚南端，南临明边，致使“漠北东西万里，无敢与之抗者”①。同时也先还挥戈南下，直指明朝京师，在“土木之役”中，以两万轻骑大败号称五十万的明军，俘获英宗，威震中原。

但瓦剌究竟是如何从叶尼塞河上游逐渐向东南和西南发展的？后来，其主力又怎样往西迁移？由于史料缺乏，中外论著涉及不多，或语焉不详，至今尚未能勾画出一个比较清晰的轮廓。笔者不揣浅陋，试图分三个阶段对这个问题加以探索。

## 一

蒙元时期，瓦剌先祖斡亦剌惕主要分布在色楞格河支流木伦河及其以北的锡什锡德河至叶尼塞河上游的广大地区，按千户编制，属拖雷系领地，后成为岭北行省一部分。虽直辖于元廷，但保持一定独立性。由于政治和战争等因素的影响，斡亦剌贵族和部众大致离散成三部分，一部分在元廷供职和参加元朝的军队；一部分由于参加阿里不哥和海都等宗王之乱，散居于额尔齐斯河和伊犁河流域，有的则早在1253年就随旭烈兀远徙于波斯一带②，而留在本土的这部分斡亦剌人，也逐渐从叶尼塞河上游

① 《明英宗实录》卷149，正统十二年正月庚辰。

② 志费尼：《世界征服者史》，何高济译本第725页；拉施特哀丁：《史集》第1卷第1分册，海塔古洛夫俄译本，莫斯科—列宁格勒1952年版，第129页；第3卷，阿林德斯俄译本，莫斯科—列宁格勒1946年版，第167页。

向南部草原地带发展，有的向坤桂、札布汗河流域迁徙，有的越过阿尔泰山，游牧于哈喇额尔齐斯河一带。但大规模的迁徙则是在元末明初。

故元势力退居塞北后，随着可汗权力的衰微，大漠东西蒙古族，基本上分为互不统属的三个集团，即鞑靼、瓦剌、兀良哈三卫。此外，别失八里和关西的哈密、赤斤蒙古、沙州等卫所以及内地，也住有不少蒙古人。鞑靼，又称为东蒙古。游牧于贝加尔湖以南，大漠以北，东至鄂嫩河、克鲁伦河流域的广阔地区，后势力渐入漠南。兀良哈三卫初分布于潢水（西喇术伦河、西辽河）以北，自怀山（兴安岭东支脉）至东金山（今怀德县附近）之地。正统年间逐渐南下，耕牧于辽河、老哈河之间。瓦剌则分布于札布汗河、科布多河流域以及额尔齐斯河、叶尼塞河上游一带。北与乞儿吉思为邻，西南与别失八里、哈密毗连，东与鞑靼相接，东南渐向陕甘边外发展。

明初，瓦剌在猛可帖木儿（一说即乌格齐哈什哈，或鬼力赤）的率领下①，部众繁衍，势力大增，拥有四万户以上②。在处理蒙古事务中越来越占举足轻重的地位，大有与北元分庭抗礼之势。据《华夷译语》所载，北元脱古思帖木儿遭到明军致命打击后，就是被受瓦剌支持的阿里不哥后裔也速迭儿所杀③。从此，可汗权势低落，东西蒙古封建主自相雄长，掀起了激烈的内讧。其特点是“赛特”专政，可汗成为他们争权夺利的工具和牺牲品。建文元年（1399 年），瓦剌首领克哷古特（一说即土尔扈特）的乌格齐哈什哈（一说即猛可帖木儿）起兵弑额勒伯克汗。“蒙古人众大半降之”④，其中包括阿速特的大封建主阿鲁台。根据蒙汉文史料综合分析，乌格齐哈什哈杀额勒伯克汗后，慑于当时根深蒂固的正统观念，并没有立即篡夺汗位，而是继续积蓄力量，伺机行事。

《蒙古源流》卷五提到：庚寅年（1410 年），阿岱台吉即汗位，遂与阿鲁台和阿寨台吉统兵去征伐四卫拉特，战于札勒满山，掳获巴图拉丞相之子巴噶木而还。一般认为巴图拉即是汉文史籍中的马哈木，巴噶木即脱

① 详见白翠琴《瓦剌王猛可帖木儿杂考》。近年，有的学者认为鬼力赤为窝阔台后裔乌鲁克特穆尔。

② 详见《蒙古黄金史纲》及罗卜藏丹津《蒙古黄金史》下卷。

③ 火源洁：《华夷译语》之《捏怯来书》，涵芬楼秘笈本。

④ 萨囊彻辰：《蒙古源流》卷5。主要依据《蒙古源流笺证》，并参阅其他译本。

欢。札勒满山，在哈密东北百余里之地，属天山东部余脉[1]，为瓦剌活动地区之一。此外，我们从瓦剌贡使经过的路线也可看出其主力在阿尔泰山、札布汗河一带。根据《明实录》记载分析，贡道大致为：由瓦剌驻地入哈密，经陕甘至京师。有时也从亦集乃（今内蒙古额济纳旗一带）[2]，径趋瓦剌。

当时活跃在蒙古的历史舞台上，并与明廷经常保持贡使来往的，是以本雅失里、阿鲁台为代表的东蒙古势力，以马哈木、太平（一说即乌格齐哈升哈之子额色库）、把秃孛罗为首的瓦剌势力。阿鲁台、本雅失里欲乘废除鬼力赤之机，复振东蒙古，击败瓦剌，控制兀良哈三卫，号令全蒙古。马哈木等也不甘臣属东蒙古，并力图东进，称雄漠北。双方封建主为了扩充实力及取得通贡互市之利，都加强与明廷联系。而明廷当时正值永乐初年，忙于夺权和巩固内部，对蒙古诸部，一方面采取抚驭羁縻政策，如遣使通好，准许贡市、封官授职、重建或增设外卫、安抚归附等，加以笼络。另一方面则使用“以夷制夷”、扶此抑彼的手段，达到削弱对方的目的。初，明廷看到东蒙古阿鲁台太师势力日益强盛，就大力支持瓦剌。而当瓦剌势炽，又转而支持阿鲁台。并时而出兵加以干预，以保持东西蒙古处于抗衡状态，无暇南顾，而求得边境安宁。故瓦剌势力的向东发展，不仅受到东蒙古强烈抵抗，而且为明廷所制约。

永乐七年（1409 年）五月，明廷封马哈木为顺宁王、太平为贤义王、把秃孛罗为安乐王。六月，马哈木等击败阿鲁台、本雅失里的进攻，并占领和林一带[3]。阿鲁台、本雅失里退走胪朐河（今克鲁伦河）。秋，明廷因本雅失里杀使臣郭骥，乘其新败之际，遣丘福等率十万明军攻袭，全军覆没。翌年，明成祖亲统五十万军队，深入蒙古草原，于斡难河（今鄂嫩河）畔击败本雅失里，复东向袭破阿鲁台于兴安岭。本雅失里西走瓦剌，永乐十年（1412 年，一说死于永乐八年），为马哈木所杀，立答里巴

---

① 王树枏：《新疆图志》卷 61，1923 年东方学会排印本；顾祖禹：《读史方舆纪要》卷 65，中华书局 1955 年版。

② 《明太宗实录》卷 64，永乐七年六月丙寅条提到：遣敕谕瓦剌使臣暖答失曰：“本雅失里、阿鲁台为马哈木等所败，尔等可取道亦集乃归，毋经哈密。如亦集乃不便，即取他道驰归。”

③ 详见《明太宗实录》卷 74，永乐七年六月辛亥、乙丑，丙寅、丁卯等条。史书无明确记载占领和林之事，但从瓦剌进军路线和阿鲁台败退情况及以后事态的发展，可看出和林一带当掌握在瓦剌手中。

为汗①。而阿鲁台也于永乐八年（1410 年）拥立科尔沁斡赤斤诺颜之后裔阿岱（阿台）台吉为汗。② 与答里巴并称为东西两汗，以挟可汗而令蒙古。

但明廷并不希望瓦剌过于强大，转而扶持阿鲁台，封王赐爵，共同对付瓦剌。永乐十一年（1413 年）冬，瓦剌马哈木、太平、把秃孛罗挟持答里巴拥兵三万于饮马河（胪朐河，今克鲁伦河），并派其将奥鲁渡河至漠南哈剌莽来（即广武镇，今内蒙古二连浩特北），扬言进攻阿鲁台。翌年三月，明成祖率军亲征。六月，双方激战于土拉河畔忽兰忽失温（今乌兰巴托东）地区，明军借火铳之力击败瓦剌军，马哈木等沿土拉河西退③。当时，漠北土拉河以西为瓦剌控制，克鲁伦河一带为鞑靼占据④。

永乐十四年（1416 年）春，阿鲁台遂乘瓦剌新败，联合兀良哈三卫攻破之。未几，明边传来马哈木已死的消息⑤。明廷转而支持瓦剌，对阿鲁台进行三次远征。瓦剌又乘机攻之，使阿鲁台逐渐往东南迁徙。

永乐十六年（1418 年），马哈木子脱欢袭父爵为顺宁王。他内并太平、把秃孛罗之众，统一瓦剌，外则继续与阿鲁台作战。永乐二十一年（1423 年）夏，脱欢击败阿鲁台，“掠其人口马驼牛羊殆尽，部落溃散无所属”⑥。宣德六年（1431 年）春，又使“阿鲁台败北，部曲离散，多于近边假息”⑦。阿鲁台本人“为瓦剌所逼，率家属南奔”⑧。而其“所部人马二千，驻集宁海西北岸”⑨，即今张家口边外的昂古里泊附近⑩。宣德七年（1432 年）九月，“阿鲁台杀败兀良哈，遂往牧辽东塞。明年，阿鲁台

① 此据《明太宗实录》永乐十年五月乙酉所载。而《蒙古源流》卷 5 认为本雅失里（即额勒锥特穆尔）殁于庚寅年（1410 年），答里巴于辛卯年（1411 年）继位。

② 关于阿岱即位年代，《蒙古源流》卷 5 所载前后有矛盾。前曰：“岁次庚寅（1410 年）”，后又说“岁次丙午（1426 年）”。《蒙古黄金史纲》则云：“该蛇年（1425 年），阿岱可汗即了大位”。1410 年，所立的汗是否有可能为阿寨台吉，待考。

③ 《明太宗实录》卷 90，永乐十一年十一月甲申；卷 92，永乐十二年六月戊申；金幼孜：《后北征录》。

④ 《明太宗实录》卷 92，永乐二十二年六月己巳。

⑤ 关于马哈木之死，汉蒙文记载极为简单，且各不相同。以笔者管见，1415 年与 1416 年间为乌格齐哈什哈所杀的可能性较大。不久，乌格齐哈什哈也卒。

⑥ 《明太宗实录》卷 127，永乐二十一年九月癸巳。

⑦ 《明宣宗实录》卷 76，宣德六年二月丙申。

⑧ 《明宣宗实录》卷 78，宣德六年四月己未。

⑨ 《大清一统志》卷 497。

⑩ 瞿九思：《万历武功录》卷 7，《俺答列传》上。郑晓：《皇明北虏考》所记略同。

遣使，自辽东入贡”[①]。随着阿鲁台的东退南下，瓦剌势力逐渐向东向南推进，占据漠北东部。

在这期间，脱欢又收纳逃入瓦剌的脱脱不花兄弟，共同对付东部蒙古的阿鲁台和阿岱汗。脱脱不花即蒙文资料中的岱总汗，为元裔阿寨台吉之长子。永乐七年（1409 年），脱脱不花在亦集乃一带归附明廷[②]。宣德七年（1432 年），从铁门关西逃奔瓦剌。宣德九年（1434 年）二月，脱脱不花王子率众至哈海兀良之地，击败阿鲁台。阿鲁台妻子死，孳畜略尽，与子失捏干等率人马一万三千人徙居母纳山、察罕脑剌（白湖之意，今内蒙古五原县东）等处。七月，脱欢复率众袭杀阿鲁台、失捏干，其部属溃散，阿鲁台所立的阿岱可汗（阿台王子）仅余百人，遁往阿察秃之地[③]。阿察秃之地在西套、河西方面，即亦集乃一带，处于明廷与瓦剌势力缝隙之间，此后，阿岱可汗等又屡遭明军袭击。正统三年（1438 年）九月，明边传来阿岱、朵儿只伯为脱脱不花所杀的消息。

脱欢击败阿鲁台后，本欲自立为可汗，但迫于蒙古历来浓厚的正统观念，只好拥立成吉思汗黄金家族后裔脱脱不花为可汗[④]。使其统领原阿鲁台部众，驻牧在今克鲁伦河下游，呼伦贝尔草原一带，并以女妻之。而脱欢自立为太师（丞相），驻牧漠北，并征服开平以北的哈喇嗔（喀喇沁）等部，掌握蒙古政治、军事实权。其势力所及，西至阿尔泰山南麓，东及兀良哈三卫，南临明边。当时，瓦剌使臣出入于大同境[⑤]，脱欢、脱脱不花人马屯聚哈喇忙来（即哈剌莽来）等处[⑥]，并在近塞沙净州（沙井和净州，呼和浩特北）一带牧猎[⑦]。由此可见，瓦剌的政治重心已逐渐南移。

正统四年（1439 年），脱欢死，其子也先袭位。如果说脱欢的主要精力放在兼并瓦剌诸部，征服东蒙古的话，那么，也先承其父既成之势，则

---

① 《明太宗实录》卷 65，永乐七年七月丁亥。

② 《明宣宗实录》卷 89，宣德七年四月癸卯条云：“初，鞑靼脱脱不花等二十余户既降复叛，今在铁门关西，请发兵掩捕。”

③ 《明宣宗实录》卷 113，宣德九年十月乙卯。

④ 关于脱脱不花即可汗位年代问题，各说不一。《明史·鞑靼传》为正统初，《蒙古源流》为正统四年。《明英宗实录》于正统四年才出现“达达可汗”的称号。和田清《东亚史研究·蒙古篇》认为是宣德八年（1433 年），还有的学者认为是正统三年。笔者认为宣德九年（1434 年）击败阿鲁台后拥立脱脱不花为汗的可能性更大些。

⑤ 《明英宗实录》卷 65，正统五年三月庚戌条提到：“近年以来，瓦剌使臣从大同入贡。”

⑥ 《明英宗实录》卷 61，正统四年十一月辛酉。

⑦ 《明英宗实录》卷 60，正统四年十月甲申。

把视野转向西北和东北，并逐渐逼近明境。

也先继位后，经过十余年经营，势力达到全盛。他与脱脱不花可汗利用军事征伐、封官设治、联姻结盟等手段，北服乞儿吉思[①]，西征中亚诸族；西南攻破哈密，慑服忠顺王倒瓦答失里，控制西域要道，并联结沙州、罕东、赤斤蒙古诸卫，封官授职，置甘肃行省，以撤除明廷的西陲"屏蔽"；东攻兀良哈，席卷女真诸部，远交朝鲜，以拆除明廷的"辽海藩篱"，并欲以兀良哈三卫和沙州等卫为左右翼，重建"大元一统天下"[②]。关于瓦剌与西域及女真诸部乃至和明廷的关系，笔者已有专文论述[③]，这里仅从历史地理角度加以分析。

瓦剌在向西南发展过程中，与哈密交往日益频繁。由于哈密地处交通要道，既是西域诸族与明廷通贡必经之道，又是瓦剌与西域诸族及中原地区贸易的中继站，因此瓦剌历代统治者都非常重视与哈密的关系。一方面利用联姻和军事征伐相结合的手段，控驭哈密上层，另一方面又利用哈密等处回回商人善贾的特点，经常与其一起朝贡和经商，西达撒马尔罕，东至甘凉、京师，都遍布他们的足迹。瓦剌太师脱欢曾把其女弩温答失里嫁给哈密忠顺王卜答失里。正统四年（1439 年），其长子倒瓦答失里继位。正统八年（1443 年），也先乘罕东、沙州、赤斤诸卫先后侵掠哈密之机，也遣兵围哈密城，"杀头目，俘男妇，掠牛、马、驼不可胜计，取王母及妻北还"[④]。王母即也先姐弩温答失里。也先正是利用这种特殊关系，软硬兼施，慑服哈密。

瓦剌在控制哈密的同时，对哈密之东的沙州、罕东、赤斤蒙古诸卫也加以联结。遣使送礼，力求与这三卫首领联姻，并于正统九年（1444 年），派使授予沙州、罕东、赤斤蒙古诸卫都督喃哥诸人以平章等官职，封锁南奔为祁王，仿元制，设置甘肃行省。使其势力伸展到哈密以东、嘉峪关以西的重要通道，进而把矛头指向别失八里。

《明史·西域四》称，别失八里，"南接于阗，北连瓦剌，西抵撒马

---

① 详见《明宣宗实录》卷 66，宣德五年五月乙卯；别特罗夫：《15—18 世纪柯尔克孜封建关系概要》，1961 年伏龙芝版，第 37 页；巴德雷：《俄国·蒙古·中国》第 2 卷，伦敦 1919 年版，第 37—39 页。

② 谷应泰：《明史纪事本末》卷 32。

③ 请详见白翠琴《明代蒙古与西域关系考述》、《明前期蒙古与女真关系述略》、《从经济交流看瓦剌与中原地区关系》等。

④ 《明史》卷 329，《西域一》。

儿罕，东抵火州”。有的学者认为别失八里即是《拉什德史》中所指的蒙兀儿斯坦，其地域范围，南面包括焉耆以西的整个南疆直到费尔干纳盆地，北面从额尔齐斯河与额敏河到天山，再往西包括巴尔喀什湖以东以南的广大地区①。瓦剌在向西发展过程中，通往各定居农业民族市场之路为蒙兀儿斯坦的领地所阻隔，为了争夺贸易通道和扩充领地，远在14世纪末就发生瓦剌进攻蒙兀儿斯坦的事件。永乐十六年（1418年），歪思汗继位后，② 率部落西迁到伊犁河流域，更名为亦力把里。瓦剌人开始进入蒙兀儿斯坦，并屡次打败歪思汗③。

也先时期，瓦剌继续与察合台后王作战，并往往将其打败。歪思汗之次子也先卜花（1429—1462年在位）的一个名叫密尔·哈克·巴尔第·别启切克的“异密”为了避开瓦剌的袭击，迁到伊塞克湖地区，把家属安置在名叫阔伊苏的小岛上，筑堡自卫。而佳拉斯部和巴林部的蒙兀儿“异密则投靠瓦剌。④ 瓦剌曾多次对伊塞克湖一带发动进攻。说明其势已逐步向天山西部扩展，兵锋曾抵巴尔喀什湖以南。有的史籍提到，瓦剌首领乌斯帖木儿台吉于1452—1455年间，曾统领军队进入谢米列契（七河流域），在锡尔河岸打败了原术赤领地白帐汗国统治者阿布都海尔汗，势力到达河中地区，并攻占了塔什干和另一些绿洲⑤。

也先在控制西域要道同时，又挥戈东向，兀良哈三卫成为主要目标，也波及女真诸部。

早在宣德十年（1435年），脱欢就和兀良哈三卫人马一起寻击阿台王子（阿岱可汗）。正统二年（1437年）脱欢聚众饮马河，遣人与兀良哈、女真诸部联系，欲使其成为东攻南犯的向导。正统六年（1441年），也先娶泰宁卫都督拙赤之女为妻，并与都指挥隔干帖木儿结为姻亲。正统九年（1444年），瓦剌乘三卫新败于女真肥河卫之机出兵加以截杀。越三年，也先弟赛刊王又举兵杀朵颜卫指挥乃儿不花，大掠而去。朵颜、泰宁皆不支，归附瓦剌，而福余卫率众避居脑温江（今嫩江）流域。景泰初，朵

① 参见《巴托尔德文集》第2卷第1分册，第80页；米尔咱·穆罕默德·海答儿：《拉什德史》，1972年重印英译本，第365页。

② 歪思汗，又译为维术汗，1418—1428年在位。

③ 详见《明太宗实录》卷121，永乐十九年八月壬辰；《拉什德史》，第65—67页；《巴托尔德文集》第5卷，第538—540页。

④ 米尔咱·穆罕默德·海答儿：《拉什德史》，第78—79页。

⑤ 《巴托尔德文集》第2卷第1分册，第87页。

颜卫又被逼徙至黄河母纳之地。

为了拆除明廷的“辽海藩篱”，正统十二年（1447年），也先乘追击兀良哈三卫之机，兵锋曾抵海西女真所在的西喇木伦河一带[①]，以及建州诸卫，乃至黑龙江流域[②]。翌年秋，还派头目把秃不花等同兀良哈部属带着文书到女真诸卫，以成吉思汗和元世祖的名义为号召，要彼想念“旧恩”，为瓦剌准备脚力、粮饭等[③]。对远邻朝鲜也采取结好政策，正统七年（1442年），脱脱不花曾令朵颜卫笃吐兀王、海西女真波伊叱间等赍书结交朝鲜[④]。

也先的东进，由于与明廷的战事而中止，继之是脱脱不花对女真的经略。正统十四年（1449年），当也先进攻中原时，脱脱不花根据统一部署，与兀良哈三卫进攻辽东[⑤]。景泰元年冬至二年春（1450—1451年），率军三万，征伐海西女真，自松花江至嫩江，传箭各寨，令海西诸部投顺。脱脱不花返回克鲁伦河下游时，还留下五千人马在建州卫北边的木里火落等处喂马休整[⑥]。并准备收捕建州等卫都督李满住、董山等。[⑦] 后来只是由于也先与脱脱不花发生内讧，无暇东顾，建州女真才得以幸免。

由上述可知，15世纪四五十年代，瓦剌的势力，西边曾远达巴尔喀什湖东南，东抵女真诸部。其统治范围，西起额尔齐斯河上游，北连安格拉河以南、叶尼塞河上游，东至克鲁伦河下游及呼伦贝尔草原一带。主力在札布汗河、杭爱山和鄂尔浑河流域，并逐渐南移。也先继位后，其大本营已移到堆塔出晃忽儿槐之地。所谓堆塔出晃忽儿槐，见于《明英宗实录》，正统五年（1440年），甘肃总兵官蒋贵的奏报：“脱欢二子不睦，

---

① 《李朝世宗实录》卷116，世宗二十九年（正统十二年）六月戊子；《明英宗实录》卷160，正统十二年八月壬午。

② 《李朝世宗实录》卷120，世宗三十年（正统十三年）四月庚辰条曰：“也先军击三卫鞑靼，又击老温江（嫩江）、其里未（吉勒迷）等处野人。野人同力拒战，不利还，退。”

③ 《明英宗实录》卷174，正统十四年正月己酉；叶向高《四夷考·北虏考》、何乔远：《名山藏·王享记·鞑靼》等均有记载。

④ 《李朝世宗实录》卷96，世宗二十四年五月癸亥、戊辰。

⑤ 《辽东志》卷5，《王翱传》；《明史》卷177，《王翱传》；《明英宗实录》卷183，正统十四年九月乙酉；《李朝世宗实录》卷125等。

⑥ 木里火落，其方位史书无明确记载，但据《少保于公奏议》卷8，景泰二年五月六日《兵部为军务事》中记载由迄北走回的杨伴叔等说。“脱脱不花见在海西灰扒江等地，寻杀野人女真。”可见，木里火落是在建州女真北边的灰扒河（辉发河）一带。

⑦ 《李朝文宗实录》卷5，文宗元年（景泰二年）正月壬戌；《少保于公奏议》卷8。

其长子也先住于晃合儿淮地，次子住脱脱不花王部下。”① 正统九年(1444年)，明廷对边将王翱等人的敕谕又说：“比得降‘虏’言，北‘虏’计议，待我使臣回日，即携其家属于堆塔出晃忽儿淮地面潜住。分兵两路入寇，脱脱不花率兀良哈东侵，也先率哈密知院西入。”②《少保于公奏议》也曾提到，景泰二年（1451年）也先与脱脱不花王争斗时，一度躲避于“慌忽儿孩”之地③。晃忽儿槐、晃合儿淮、慌忽儿孩，蒙语为“洼处”、“洞穴”之意。有的学者认为可能就是今杭爱山东南的推河和塔楚河之间的洼地一带④。后也先势力逐渐深入漠南，其东是脱脱不花的基地，其西是阿剌知院的驻牧地，三股势力逼近明境。

正统十四年（1449年）七月，也先集合各部，兵分四路进攻明边。也先率所部进攻大同，阿剌知院率兵进袭宣府，围攻赤城，脱脱不花率所部及兀良哈进攻辽东，另一支向甘肃进掠，以便牵制明廷的兵力。“土木之役”后，也先的主力占据了西越大青山（今呼和浩特附近），东迄阳和（今山西阳高）、宣府（今河北宣化）边外地区。其老营曾设在八宝山（大青山古丰州附近）⑤、失八儿秃（商都以南）⑥。阿剌知院的根据地在其东面，现今多伦县、克什克腾旗一带。脱脱不花的根据地在今乌珠穆沁到呼伦贝尔地区⑦。其势伸展至今内蒙古及张家口一带。明人瞿九思在《万历武功录》中称：

> 先是“虏”骑屯和林。也先既称可汗，乃营于上谷，比哈剌莽来之地，而以轻锐屯沙窝。漠南之“虏”患，盖自是始也。⑧

景泰三年（1452年），也先击败脱脱不花可汗后，尽掳其妻子、部

① 《明英宗实录》卷70，正统五年八月乙亥。

② 《明英宗实录》卷121，正统九年九月丁亥。哈密知院可能是阿剌知院之误。

③ 《少保于公奏议》卷2，《兵部为被虏走回人口事》。

④ 和田清：《东亚史研究·蒙古篇》，东京东洋文库1959年版，第278页。

⑤ 据袁彬：北征事迹》、杨铭《正统临戎录》、《明英宗实录》等有关记载，也先俘获英宗后北行，经威宁海子（希尔泊）、九十九个海子（官山九十九泉附近）、柳源县、黑河，到八宝山、黑松林、大青山附近的也先营帐。

⑥ 景泰元年（1450年）七月，杨善等人出使瓦剌，至也先老营失八儿秃。

⑦ 据《明英宗实录》、《北征事迹》、《正统临戎录》、《明史》、《读书方舆纪要》等书综合而成。

⑧ 瞿九思：《万历武功录》卷7，《俺答列传》上。

众、牲畜，将人畜分配给诸部首领，并乘胜威胁诸部，东及建州、兀良哈，西及赤斤蒙古、哈密等卫。景泰四年（1453年），也先称大元田盛（天圣）大可汗，并封其次子为太师。继而，率师西征，“宰白马九、黑牛五祭天。八月间往西南回回地面并甘州掳掠”[①]。但也先的雄心并未能实现，称汗不久，统治集团就发生权力之争。景泰五年（1454年），阿剌知院由于太师之位落空及二子为也先所害，起兵击败也先[②]。翌年，东蒙古喀喇沁领主孛来太师复败阿剌知院。瓦剌由鼎盛逐渐走向衰落，其地域也随之发生了变化。

## 二

也先之后，东西蒙古暂归统一的局面遂告结束。但瓦剌并不是像有些史学家所描绘的那样，顿趋衰颓，立即西迁，而是在相当长时期内，仍雄踞漠北，颇为强盛。后来由于内讧，东蒙古封建主乘机攻袭，才迫使其主力逐渐迁往漠西。

当时，鞑靼从东边对瓦剌步步进逼，察合台后裔又极力抵制其势力向西南发展，通向青海之道也遭到抵抗。而明廷采取软硬兼施、扶此抑彼的办法，尽量阻遏蒙古势力南移。因此，瓦剌西迁是在与东蒙古封建主和察合台后王不断斗争中进行的。探究这方面的问题，必然涉及彼此之间战和及力量消长。关于也先之后，瓦剌与东蒙古、西域及明廷的关系，笔者在《也先之后瓦剌探微》中已作较为系统的叙述，本文只能简单提及。

也先歿后，其妻者密失哈屯和长子火儿忽答孙楚王等率人马一万牧居干赶河（即今札布汗河）附近[③]。其母及另一妻赛因失里又为孛来所夺，住在东蒙古[④]。其弟伯都王、侄兀忽纳等投奔哈密忠顺王之母弩温答失里[⑤]。

① 《明英宗实录》卷232，景泰四年八月甲午。

② 《蒙古源流》卷5；《明英宗实录》卷246，景泰五年十月甲午。

③ 《明英宗实录》卷253，景泰六年五月乙酉。火儿忽答孙，似应是《西域同文志》等所载的也先长子、杜尔伯特部始祖博罗纳哈勒，但两者读音相去甚远，是否同一人，待考。

④ 《明英宗实录》卷252，景泰六年四月戊戌；卷253，五月己酉。孛来又译为孛罗，原为也先部下，其根据地哈喇沁部在今乌珠穆沁一带。

⑤ 《明英宗天顺实录》卷327，天顺五年四月甲申。

而大多数瓦剌部众在也先次子阿失帖木儿太师的率领下[①]，尚游牧于大漠以北辽阔地区。克鲁伦河下游、呼伦贝尔一带及漠南大部为东蒙古所据。为了争夺牧地、属民和统治权，东西蒙古封建主之间联姻结盟和武装冲突交替进行。

阿剌知院攻杀也先之后，率领重兵驻守在札布汗河流域一带。根据《明英宗实录》所载，景泰六年（1455 年）十月，明边传来朵颜卫的奏报："北'虏'脱脱不花王子马儿可儿吉思并毛那孩、孛罗等领四万骑欲攻阿剌知院，阿剌屯坎坎地面，亦聚众三万待之。"[②] 结果，阿剌兵败，[③]翌年为部属所杀。[④]"坎坎地面"，系指何处，史书没有明确记载。笔者认为可能就是瓦剌经常出入的札布汗河附近。这不仅是由于"坎坎"，与"干赶"，即"札布汗"之读音相近，而且可从阿剌击败也先的地点得以佐证。当时也先是在经略西番的途中，被阿剌攻袭的[⑤]。《蒙古源流》卷五明确地指出也先最后被杀于库克山，日本学者和田清认为库克即库奎札巴哈，此山在坤桂、札布汗河流域间[⑥]。再者，这与《蒙古源流》卷五关于东蒙古初征卫拉特的记载也基本吻合。该书说，也先殁后，脱脱不花遗孀萨睦尔太后为了复仇，曾携其七岁的幼子蒙古勒克哷青吉斯（即汉文史籍中的马古可儿吉思），贮于皮柜以马负之，率骑马乘牛之士及步兵去征伐四卫拉特[⑦]，战于库奎札巴哈（坤桂、札布汗河）一带，大有俘获，撤兵而还。其虽未指明是与瓦剌何部作战，但根据当时也先已死，瓦剌大权掌握在阿剌知院手中来看，可能是与阿剌所部作战。因此，笔者认为坎坎地面，即是在札布汗河流域一带。

天顺、成化年间（1457—1487 年），瓦剌大部分属众仍居住漠北的东自克鲁伦河中上游，西至额尔齐斯河上游的广大地区。东蒙古尚无力阻塞其通贡之道。因而，瓦剌与明廷互派使臣，朝贡敕封，来往较为频繁。并

① 一般认为即是帕拉斯《蒙古民族历史资料集》和傅恒《西域同文志》等所载的也先次子额斯墨特达尔汉诺颜，为准噶尔部始祖。

② 《明英宗实录》卷 259，景泰六年十月乙卯。

③ 《李朝世祖实录》卷 2，世祖元年（景泰六年）八月辛亥。

④ 《明英宗实录》卷 296，景泰七年八月丁未。

⑤ 《明英宗实录》卷 246，景泰五年十月甲午；卷 232，景泰四年八月甲午。

⑥ ［日］和田清：《东亚史研究·蒙古篇》，第 351 页。

⑦ 四卫拉特，此处似是四万卫拉特的泛指，不一定是卫拉特四部。当时小王子所征伐的可能是卫拉特某一部分，达延汗和俺答汗时期亦然。

且瓦剌使臣还与位于东北的卜剌罕、朵颜三卫一起从喜峰口入贡[①]。明廷称阿失帖木儿为"迤北瓦剌酋长"、"迤北瓦剌太师"、"北虏"[②]。可见，当时在明廷看来，瓦剌是在大漠以北。此外，我们从福余卫奏报中所说的方位，也可进一步作出判断。成化六年（1470年），福余卫平章遣赤荣温等至大喜峰口报道：

> 白革谮太师[③]、孛罗乃王[④]、孛罗丞相三人率万骑东行。又斡失帖木儿率四万骑驻牧西北，阿罗出小石王率万骑同朵颜卫都督朵罗干男脱脱火赤二百骑在西。

事下兵部，尚书白圭指出：

> 参酌累次传报夷情，则孛罗乃王往年为斡失帖木儿所败，已奔卜剌罕卫，近报又云东来。盖此虏虽败亡之余，而部落犹多，恐实纠合丑类，收捕朵颜三卫用为向导，谋犯边境。矧斡失帖木儿率众四万驻牧西北，其势亦盛，不可不虑。宜令大同、宣府一带总兵等官整饬防御。[⑤]

这里所指的方位，是从福余卫的角度而言。兀良哈三卫中，福余卫居东，也先强盛时避走嫩江，后在辽东境内水草便利处驻扎，朵颜卫被逼徙黄河母纳之地（今内蒙古五原县东）。而阿罗出小石王即阿罗出少师，其人马屯聚在河套一带[⑥]。故奏报中，指瓦剌为西北（实为漠北），阿罗出和脱脱火赤在西。再者，从往年孛罗乃王为阿失帖木儿所败，曾东奔卜剌罕卫（今洮南东南通榆一带），毛里孩王久居河套，不敢渡河而北等情况

---

① 《明宪宗实录》卷34，成化二年九月丙戌；卷37，成化二年十二月丁未；卷65，成化五年三月辛卯。

② 《明宪宗实录》卷34，成化二年九月丙戌；卷37，成化二年十二月丁未。

③ 白革谮，即乩加思兰，也就是《蒙古源流》、《蒙古黄金史》所称的斡亦喇特或斡亦古特之伯格哷森太师。原为也克力首领，成化初率部人据河套。

④ 孛罗乃王，一说即伯颜蒙克，博勒呼济农，达延汗之父。

⑤ 《明宪宗实录》卷79，成化六年五月乙酉。

⑥ 《明宪宗实录》卷77，成化六年三月戊戌。

分析[①]，成化年间，瓦剌的势力有时尚能抵达河套以北。

成化十四年（1478 年），阿失帖木儿卒，克舍继为太师。边关不断传来东西蒙古连和，欲大举进攻明廷的消息[②]，并闻说“迤北‘虏’酋克失遣人招降诸夷及朵颜三卫”[③]。克失即克舍，明廷称其为“迤北虏酋”，也可从一个侧面反映瓦剌主力尚占据漠北大部。明人郑晓在分析成化年间蒙古地区的形势时说：

> 大抵瓦剌为强，小王子次之，二种反复相残，并阴结朵颜，伺我塞下。即贡马，二种也相继往来，恐中国左右，以故虽深入，彼自相猜忌。不能久留内地。[④]

直至成化二十二年（1486 年），克舍死后，其弟阿沙嗣为太师，与末弟阿力古多兀有隙，势力遂衰[⑤]，达延汗乘机攻袭，才改变这种状况。

达延汗，名巴图蒙克，为也先曾外孙，其生卒年代各说不一。据蒙文本《俺答汗传》所载推之，当是 1474 年生，1480 年即位，1517 年卒。关于达延汗与瓦剌的战争，汉文史籍无明确记载。《蒙古源流》记述了满都海彻辰偕同达延汗的两次征战，第一次发生在达延汗即位之初，“加兵于四卫拉特，大战于塔斯博尔图，胜之，掳获无算”。《蒙古黄金史纲》所记略同。塔斯博尔图战场，可能就在乌布苏湖东北的特斯河和博尔河之间。对于这次胜利，《蒙古世系谱》作了似乎有些夸张的描绘，其曰：

> 下令威勒忒（卫拉特）将领：嗣后房舍不得称殿称宅，冠缨不得过四指，居常许跪不得坐，食肉许啮不得割，改乌苏克（酸奶）之名为扯格。其部众以食肉用刀跪请，许之，余悉如令。威勒忒至今

① 《明宪宗实录》卷 34，成化二年九月辛巳；卷 37，成化二年十二月壬戌。

② 《明宪宗实录》卷 250，成化二十年三月己酉；卷 251，成化二十四年四月辛酉；卷 275，成化二十二年二月己卯；《明孝宗实录》卷 42，弘治三年九月乙卯。

③ 《明宪宗实录》卷 251，成化二十年四月辛酉。

④ 郑晓：《皇明北虏考》；严从简：《殊域周咨录》卷 18，《鞑靼》沿此说。

⑤ 详见《明宪宗实录》卷 280，成化二十二年七月壬申；卷 289，成化二十三年四月甲戌。这与郑晓《皇明北虏考》所载稍异。

犹奉行焉。①

瓦剌经达延汗征伐，成化末，据哈密都督罕慎译报，其分布大致为："瓦剌养罕王率众七千在把思阔屯驻，大瓦剌阿沙太师与平章把秃撒及阿力古多王、兀麻拾王等分驻察罕阿剌帖儿等境，欲入边剽掠。"② 把思阔即哈密以北巴里坤一带，察罕阿剌帖儿可能是札布汗河流域以南的广阔地区。这里必须说明一点，罕慎奏报的仅是瓦剌势力的一部分，离哈密较远的地方就不一定包括在内。《明孝宗实录》中屡次出现的瓦剌太师火儿忽力（或火儿古倒温）等③，就未提及其属于何部，驻牧何处。

达延汗虽以胜利者的姿态对瓦剌将领颁布严厉的禁令，但并未能使其屈服。瓦剌仍然是达延汗北部的劲敌。弘治初年（约为1490年），达延汗又不得不兴兵往征瓦剌，丧师而归④，或云四卫拉特前来袭击，满都海彻辰逃去时坠马⑤。这从明人的记载中也可略知一二。弘治六年（1493年）六月，兵部为甘肃镇抚等官太监傅悳奏报覆议时指出："况北'虏'部落被瓦剌杀散，住牧宁夏贺兰山后。"⑥《明史·马文升传》也说达延汗"方败于他部（指瓦剌）"。由此可见，当时瓦剌尚拥有从漠南之北部或西北部去攻袭达延汗的实力。只是数年之后，瓦剌统治集团内讧才使达延汗得到进一步伸展势力的机会。弘治九年（1496年），达延汗原准备遣三千人入京朝贡，未几，"复言瓦剌兄弟相攻，欲回兵袭之，至秋乃来贡"⑦。

瓦剌由于屡遭达延汗攻袭，逐渐舍弃了漠北的东半部。但杭爱山及和林一带，仍掌握在瓦剌手中。《万历武功录》⑧ 在谈到正德末年（16世纪

① 《蒙古世系谱》卷4，民国二十八年北平排印本，第19页。此段记载源于《黄册》，见莎斯季娜译注《萨拉图吉——十七世纪蒙古编年史》，莫斯科—列宁格勒1957年版，第72页。

② 《明宪宗实录》卷290，成化二十三年五月丙寅。

③ 《明孝宗实录》卷48，弘治四年二月丁丑；卷49，弘治四年三月辛巳、丁亥。火儿忽力和火儿古倒温很可能是同名异译。

④ 《蒙古源流笺证》卷5。

⑤ 施密特译本：《鄂尔多斯萨囊彻辰洪台吉的东蒙古人及其王家史》，第183页；道润梯步新译校注：《蒙古源流》，第295页。

⑥ 《明孝宗实录》卷77，弘治六年六月戊子。

⑦ 《明孝宗实录》卷113，弘治九年五月己未。

⑧ 成书于万历四十年（壬子，1612年）的《万历武功录》，可能是参阅了《皇明北虏考》、《译语》等记载，但在某些方面又比前者详细。

20 年代)，蒙古各部的分布情况时说：

> 其十五年（1520 年）秋，瓦剌与吐鲁番相仇，自是瓦剌部徙而西，不为我患害。其十六年，“虏”寇花马池。时“虏”可汗阿着死，部人立故阿尔伦台吉之长子卜赤，号亦克罕。亦克罕者，“虏”言可汗也。亦可罕控弦之士七万，为营五，在偏头西北、威宁海、大沙窝、古云中、五原郡地也。别部四，北部曰兀良哈，叛去不服从。东部三……又西为瓦剌，众可五万，直酒泉。大抵亦克罕所统部，皆瓦剌种。而在故地者，犹称瓦剌云。亦克罕部，东至朵颜，西至哈密，控弦之士三十万，皆旁我漠南。而故和林地，则黄毛诸达虏居之，向势弱，近颇闻渐强大矣。①

至于瓦剌舍弃漠北东部的具体时间，史无明确记载。从达延汗统一蒙古、建立六万户、分封诸子时，喀尔喀万户尚在喀尔喀河流域一带等情况分析，喀尔喀势力发展到漠北东半部最早应在 16 世纪初期。因而，《武备志》引《职方考》记述达延汗各部情况时说：“弘治间，有小王子，因瓦剌西徙，与土鲁番相仇杀，势渐强。”②

瓦剌东边受到达延汗等的攻袭，主力逐渐西移。而在西迁过程中又受到吐鲁番等的遏制。因此，瓦剌既要对付东蒙古的征伐，又要防御吐鲁番对哈密周围乃至瓦剌的进犯。

前面已经提到，也先之后，其弟侄率人马投奔哈密弩温答失里。成化五年（1469 年），瓦剌平章拜亦撒哈叛离阿失帖木儿，率众近哈密驻牧，后又率四百名披甲之众至哈密城中屯聚③。哈剌灰（属瓦剌部）逐渐成为哈密三大部族之一。驻牧哈密周围及巴里坤附近，见于史载的，还有瓦剌克失秃王、小列秃王、卜六王、奄檀王、养罕王等。养罕王并与哈密罕慎结成姻亲。他们经常一起朝贡经商，而且往往联合起来对付吐鲁番。

15 世纪中期，亦力把里分裂为以吐鲁番为中心和以喀什噶尔为中心的东西两部，统治者仍是察合台宗王后裔。其势力不断向东发展，先后占

---

① 瞿九思：《万历武功录》卷 7，《俺答列传》上，1962 年中华书局影印本。

② 茅元仪：《武备志》卷 206。

③ 《明宪宗实录》卷 65，成化五年三月辛卯；卷 67，成化五年五月辛丑。

有哈密、瓜州、沙州等地。吐鲁番北邻瓦剌，东连哈密，其势力扩展必然波及瓦剌，而哈密成为他们控制东西要道必争之地。根据汉文史料记载，成化九年（1473年）春，阿力速檀（一说即歪思汗长子羽努思），[①] 乘哈密无主，罕慎新继都督位之机，袭哈密城，执王母，夺金印，分兵守之。罕慎被迫率其属众迁往苦峪（今甘肃安西东南、玉门之西）居住，后在此地建城池，将哈密卫移至苦峪。这件事从波斯文史籍中也可得到佐证。巴托尔德根据波斯史记载指出：1472年，瓦剌阿玛三吉台吉在伊犁河畔击溃羽努思的军队，一直追击到锡尔河岸。过了两年，吐鲁番的军队又进攻哈密，袭击了瓦剌牧区[②]。而汉文记载又进一步证实了波斯文史料。根据《明宪宗实录》记载，成化十一年（1475年）初，吐鲁番贡使向明廷奏报，已得哈密城池和瓦剌奄檀王人马一万[③]。弘治元年（1488年），罕慎率畏兀儿、回回、哈剌灰之众，联合赤斤、罕东二卫，夜袭哈密，乘势连复八城，遂还居故土。后又被吐鲁番攻占。弘治七年（1494年），明廷派许进收复哈密，居住在哈密北山把思阔（巴里坤）一带的小列秃王和其子卜六阿歹（即卜六王），配合明军断吐鲁番东进之道，翌年，收复哈密[④]。正德十二年（1517年），瓦剌乘吐鲁番于瓜州被明军击败之机，加以攻袭。越岁，卜六王又受明廷之约，乘虚袭破吐鲁番三城，迫使其暂时讲和[⑤]。此后双方仍屡有战事发生。

这个时期，在亦力把里西部，瓦剌与满速儿的弟侄们也曾发生武装冲突。满速儿弟赛以德之子拉什德于1523年至1524年冬，带兵出征瓦剌，博得“噶济”（征服异教徒的勇士）之称。赛以德本人在1525年夏，获悉瓦剌进军亦力把里的消息，也从伊塞克湖附近出发，行至中途，由于接到塔什干汗突然死亡的消息，而班师回营[⑥]。

---

① 据《明史·西域一》所载，阿力速檀1469—1478年在位，其子阿黑麻1478—1504年在位，阿黑麻死后，其长子满速儿继位。

② 《巴托尔德文集》第2卷第1分册，1963年版，第89页。巴托尔德认为阿玛三吉是也先之子，“此人是由本国内讧中赶出来的”。似是汉文史籍中所提到的拜亦撒哈平章。

③ 《明宪宗实录》卷137，成化十一年正月癸酉。奄檀王，很可能与《明史·瓦剌传》所称的“拥精兵数万的养罕王”同为一人。

④ 《明史》卷186，《许进传》。

⑤ 《明武宗实录》卷148，正德十二年四月丙辰；卷164，正德十三年七月丙午。

⑥ 《巴托尔德文集》第2卷第1分册，第93页。

嘉靖二十四年（1545 年），满速儿死，子沙嗣为速檀[①]，其弟马里麻亦称速檀，互相仇杀，分据哈密，并与瓦剌联姻，以抗其兄。此后，吐鲁番势力渐衰，喀什噶尔汗国遂兴起。瓦剌曾出兵协助喀什噶尔统治者攻打吐鲁番城[②]。

15 世纪末至 16 世纪前期，瓦剌主力逐渐西移。《拉什德史》（成书于 1541—1545 年间）记述 1509 年前亦力把里本部的四至范围时指出："其东界（应是东北界）与卡尔梅克（此指瓦剌）连接，卡尔梅克即巴儿思渴（今巴里坤）、叶密立（今额敏）、也儿的石（今额尔齐斯河）。"[③] 这说明额尔齐斯河、额敏河及巴里坤是瓦剌与亦力把里的分界处，也即瓦剌的南境。巴里坤东南的北山（札勒满山）是瓦剌经常出入的地方，因而明人记载中也常以北山为界。嘉靖初，明大臣桂萼在奏疏中提到吐鲁番的疆土："东至哈密界六百里，西至曲先有七百里，南北相去约有百里。北山后为瓦剌达子，南山后为番子。"[④] 魏焕的《皇明九边考》（成书于嘉靖二十年，1541 年）写道："甘肃之边，北'虏'止二种，亦不剌盘据西海（青海），瓦剌环绕北山。"[⑤] 严从简在《殊域周咨录》中也谈道："瓦剌一部在甘州西北，环绕北山住牧。"[⑥] 郑晓在《皇明北虏考》（成书于嘉靖三十一年，1552 年）中分析正德年间明北边的形势时指出："又西为瓦剌，可五万人，世与土鲁番为仇。诸'虏'虽逐水草，迁徙不定，然营皆有分地不相乱。"[⑦]

综上所述，这个时期，瓦剌的主要活动地区是以坤桂、札布汗河流域为中心，东连杭爱山，西达额尔齐斯河，北越唐努山至叶尼塞河上游。

## 三

16 世纪中期以后，为了寻找水草甘美的牧场，满足封建贵族分封领土和礼佛熬茶的需要，以及逃避战乱等，东蒙古诸部一方面加紧向南部及

---

① 沙又译为沙赤，1545—1565 年（一说 1570 年）在位，死于与瓦剌的一次战斗中。
② 巴托尔德：《出使土耳其斯坦的报告》，第 239 页。《拉什德史续编》也有所记载。
③ 米尔咱・穆罕默德・海答儿：《拉什德史》，英译本，1972 年重印本，第 365 页。
④ 桂萼：《进哈密事宜疏》，见《皇明经世文编》卷 181。
⑤ 魏焕：《皇明九边考》卷 9，《甘肃镇・边夷考》，国立北平图书馆善本丛书第一集。
⑥ 严从简：《殊域周咨录》卷 22，《鞑靼》，北平故宫博物院本（据明万历刊本排印）。
⑦ 郑晓：《皇明北虏考》，见《吾学编》卷 69，隆庆海盐刊本。

西南部鄂尔多斯和青海迁徙；另一方面逐渐向西北和林、杭爱山一带发展，外蒙古喀尔喀诸部通过各种手段极力将瓦剌势力向西排挤。而瓦剌为哈萨克和吐鲁番所逼，也开始往东南甘、青一带寻求新牧地①。这就与已驻牧在松山（今甘肃永登县北部、天祝藏族自治县东部）、西海（青海）一带的东蒙古封建主发生矛盾②。再加俺答汗欲收复被视为圣地的和林及复仇，因而双方又不断引起新的局部武装冲突。瓦剌逐渐失去了和林、杭爱山地区。

当时，东蒙古封建主中，以达延汗系土默特部俺答汗（1507—1582年）的势力最盛。他与鄂尔多斯济农合力进攻瓦剌，袭取西海，征服畏兀儿，并遣兵进入喀木及西图伯特诸地。

关于俺答汗及鄂尔多斯封建主对瓦剌的征讨，国内外学者曾作过许多有益的探索③。笔者着重分析这些征战对瓦剌分布境域的影响及各部驻牧概况。

据《蒙古源流》卷六所载，俺答汗的西征只有一次。其云：

> 壬子年（嘉靖三十一年，1552年），阿勒坦汗年四十七，于控奎札卜罕地方杀奈曼明安辉特之诺颜玛尼明阿图，掳其妻基葛根（又译吉格根）阿哈并其二子托海、库库帖儿，所属人众全被收服，遂占据四卫拉特，并将其众迁离首府和宁。④

《蒙古黄金史纲》只是简单地提到：俺答汗“攻打卫拉特，杀死了札拉满图鲁，降服了以吉格根阿哈为首的一部分人民”⑤。

《蒙古源流》所说的占据四卫拉特，实际上仅占据了瓦剌某部游牧

① 例如《明世宗实录》卷328，嘉靖十九年六月辛巳条提到，卜六王等数困于吐鲁番，要求迁往我来川（即莽来川，今青海贵德西南，西北部邻近青海湖和河西地区），与已牧居此地的另一瓦剌首领奄克同驻，被明廷拒绝。

② 正德间亦不剌始入西海。据《明史·西域二》所载，嘉靖三十八年，俺答“携子宾兔、丙兔等数万众，袭据其地。卜儿孩窜走，遂纵掠诸番。已，引去，留宾兔据松山，丙兔据青海。西宁亦被其患”。

③ ［日］和田清：《东亚史研究·蒙古篇》之《俺答汗的霸业》第三部分《西北方面的经略》，全书第772—789页；薄音湖：《俺答汗征卫拉特史实》，《内蒙古大学学报》1983年第4期；等等。

④ 《蒙古源流》卷6，施密特译本，第208—210页。

⑤ 《蒙古黄金史纲》，蒙文书社1927年版，第61页上。

地，使其臣属，并未长期驻兵管辖。《蒙古黄金史纲》关于“降服了以吉格根阿哈为首的一部分人民”的提法还是恰如其分的。由于这次征伐的结果，自马哈木以来，一直为瓦剌占据的和宁（和林）又回到东蒙古人手中。关于这点，施密特译本在谈到丙午年（1576 年）切尽黄台吉劝俺答汗皈依喇嘛教以赎罪孽时，重新提起，其曰：“你曾占领和宁，灭卫拉特，并杀戮其诺颜及人民。”① 根据当时漠北形势分析，俺答汗收复和林，曾得到喀尔喀诸部的配合，从收复后，和林实际上为喀尔喀所掌握，也可证明此点。

但据《俺答汗传》记载，其西征瓦剌共有两次。第一次是在嘉靖三十七年（1558 年）②，俺答汗从河套地区出发，经吐鲁番，越呼锡山，攻袭额鲁特和巴噶图特的卜都海太师、翁郭依丞相。后又进驻济勒满山（札勒满山），仿照成吉思汗与周围诸族和亲的先例，派使者去见吉格根阿哈（又译为哲恒阿哈）、札拉满图类，“告以圣明俺答汗欲依昔日故事和亲之旨。吉格根阿哈遣奇喇古特之脱顾乌尔鲁克、脱格拉尔阿哈拉呼二人还报，献亲女钟金为哈屯”③。俺答汗班师而归。

第二次西征是隆庆二年（1568 年），俺答汗携钟金哈屯往征卫拉特。把钟金哈屯安置在赛汉之地后，直趋阿尔泰山。到达奥达托图木之地时，遇见奇喇古特兀鲁思的吉格根阿哈等诸颜，经交涉知是前已和亲者。吉格根阿哈遂率子女归附俺答汗。这次战役后，俺答汗没有立即撤兵，而是驻扎在巴克之地。这时，“贵门之女钟金哈屯生一子，汗等举众欢腾，大摆‘米喇兀’喜筵，名其曰不他失礼（博达锡礼），命为卫拉特庶众之主”。当然，这种任命往往仅是名义上的，并无实际行政管辖权。凯旋之后，俺答汗又“赐封卫拉特兀鲁思之吉格根阿哈等诸颜，仿圣祖成吉思汗以忽都合别乞为太师例，赐其长子乌巴岱以太师名号”④。并结成新的联姻关系。

---

① 《蒙古源流》卷 6，施密特译本，第 224 页。

② 其时间与汉文记载也大致相同。《万历武功录·俺答列传中》和冯时可《俺答前志》两书在嘉靖三十六年（1557 年）条下均云：“遂西往收捕瓦剌，甘肃镇臣大勒兵败之。”

③ 《俺答汗传》第 11 页下—12 页上。

④ 《俺答汗传》第 12 页下—13 页上。关于这次征伐，汉文史籍无明确记载，只是从《明穆宗实录》卷 83，隆庆三年六月乙未条所载的兵部尚书霍冀奏疏中，看到一些蛛丝马迹。其曰：“迩者又闻俺答西抢回夷。”从明边看来，俺答是往西北回夷地区进军，实际上是经回夷之地往北征伐瓦剌。

《蒙古源流》与《俺答汗传》关于俺答汗征讨瓦剌的记载，从时间、次数、过程、结果等方面都有较大差异。薄音湖同志对此作了详细考证。他认为俺答汗第一次出征是在嘉靖三十六年左右。《蒙古源流》没有提及第二次西征，"不是疏漏，就是把两次征伐合而为一了"。《蒙古源流》中提到的辉特玛尼明阿图，即是《俺答汗传》中的札拉满图类[①]。同时，也是《黄册》中所说的额色勒贝侍卫之父索岱明阿图。[②] 吉格根阿哈原为克哷古特（土尔扈特）部之女，嫁与辉特部札拉满图类为妻，故在其夫死后，也就被视为土尔扈特诺颜了。实际上，她所率领的恐怕大多仍是辉特部众。但笔者认为，根据蒙古习俗，贵族之女出嫁，往往有陪嫁人户，因而，吉格根阿哈所率领的，可能也有相当一部分土尔扈特人。

除了俺答汗亲征瓦剌外，其族系鄂尔多斯封建主也对瓦剌进行过征伐。据《蒙古源流》卷六所载，第一次是发生在嘉靖四十一年（1562年），俺答汗族孙库图克图彻辰洪台吉等举兵西征[③]，至额尔齐斯河，"征剿土尔扈特，击杀喀喇博郭罗，竖立黑纛于灶君之前，[④] 将锡木必斯、土尔扈特存留一半，安置其地，遂撤兵"。

也就是说，在额尔齐斯河上游，击败土尔扈特，杀其首领，将标志汗权的黑纛，竖立在象征土尔扈特权势中心的"灶君"前，意味着胜利和征服。然后将一部分锡木必斯和土尔扈特人仍旧地安置，另一部分则作为战利品俘获而归。

关于锡木必斯（šimlbis ~ šilbis ~ šinbis），到底属于何部，中外学者并无一致看法。薄音湖同志将其与西伯利亚汗国都城失必儿（sibir）联系起来分析，颇为可取。笔者只作若干史料上的补充。当时土尔扈特驻牧在额尔齐斯河两岸，与西伯利亚汗国相邻，彼此互有来往。故土尔扈特游牧地上夹杂失必儿人也是有可能的。据有的西伯利亚编年史记载，1591年，

---

① 详见薄音湖《俺答汗征卫拉特史实》，《内蒙古大学学报》1983年第4期。

② 莎斯季娜译注《萨拉图吉——十七世纪蒙古编年史》第101页提到辉特世系时指出：成吉思汗将其女扯扯干嫁给辉特的忽都合别乞之子亦纳勒赤，其兄脱劣勒赤娶了术赤之女豁雷罕。他们的后裔为瓦齐赉明阿图，其子索岱明阿图，孙额色勒贝侍卫。

③ 库图克图彻辰洪台吉即明人所称的切尽黄台吉。

④ 关于灶君，《史集》第1卷第1分册第193页中谈道："蒙古人有如下的习俗，因为幼子常在家里，而火又是家庭生活的中心，幼子便被称为斡惕赤斤，即火王、灶君之意。"符拉基米尔索夫《蒙古社会制度史》第49页也有解释。

西伯利亚汗国古楚汗（又译为库程汗，1563—1598 年），为了逃避突然来袭的俄国军队，带着一些鞑靼人，连同妻妾、子女逃奔到卡尔梅克边境的伊施姆、诺尔伊施姆……等河上游离塔拉城不远处。后来又逃到额尔齐斯河上游的斋桑湖[①]。1621 年左右，和鄂尔勒克曾将其女嫁给西伯利亚汗国伊希姆王子。1632—1634 年间，顾实汗在托波尔河流域与古楚汗后代一起游牧。因而，在此以前，可能就有一些西伯利亚汗国属民与土尔扈特部一起游牧。

鄂尔多斯部封建主另一次征战瓦剌是万历二年（1574 年），俺答汗族系布延巴图尔洪台吉在哈尔该前（即杭爱山阳），尽降额色勒贝侍卫率领的奈曼明安辉特。而库图克图彻辰洪台吉在击败哈萨克阿克萨尔汗的凯旋途中[②]，获悉布延巴图尔兄弟正在征伐卫拉特，于是就把辎重留在巴里坤，在札勒满山击败以喀木苏和都哩图为首的巴噶图特部[③]。其子鄂勒哲伊勒都齐经过三个月的追赶，于图巴罕山（唐努乌梁海地区的都播山）之阴，掳掠了以绰罗斯必齐呼锡格泌为首的四鄂拓克[④]，后额色勒贝侍卫起兵击败巴图尔洪台吉于克尔齐逊河，乃叛去。此后，俺答汗及其继位者也曾率军西征瓦剌，但都未能获胜。

由上述可略知，16 世纪六七十年代，瓦剌由于俺答汗及鄂尔多斯部封建主的征伐，以及喀尔喀势力向西发展，使其丧失了和林及杭爱山以东广大地区。瓦剌牧区的东侧杭爱山阳，紧挨着东蒙古领地的是辉特，辉特之西则是土尔扈特，再往西是绰罗斯、和硕特等，各部牧地变动频繁，但总的趋势是向西迁徙。

16 世纪末 17 世纪初，更大的冲击来自瓦剌东北的喀尔喀诸部。喀尔喀原为达延汗时期六万户之一，共十二部（或称鄂拓克、旗），其中内喀尔喀五部，由阿勒珠博罗特率领，居兴安岭东南，为巴林、札鲁特

---

① 列密佐夫：《西伯利亚编年史》，第 352 页。

② 据《蒙古源流》卷 6 所载，1572 年，彻辰洪台吉之弟古拉齐巴图尔等行兵托克马克，在锡尔河畔击败阿克萨尔汗。班师途中，受追击，兵败身亡。翌年，彻辰洪台吉为报弟仇，领兵打败阿克萨尔汗，获胜而归。

③ 巴噶图特部为卫拉特旧部系之一。霍渥斯在《蒙古史》第 1 卷第 590 页中认为：“早期巴噶图特包括着绰罗斯姓的准噶尔和杜尔伯特。”因而，这里所说的巴噶图特，也许就是后面提到的绰罗斯，或是作为准噶尔和杜尔伯特的泛称。前面所提到的额鲁特亦然，抑或包含着辉特部。

④ 施密特本为 Dorbed，即“四”之意，库伦本为 Dorben，译为杜尔伯特。

等旗始祖。外喀尔喀七部由达延汗季子格哷森札札赉尔统领，“析众万余为七旗，授七子领之”[①]。长子阿什海掌右翼，三子诺诺和掌左翼。初居于喀尔喀河流域，后渐向漠北东部发展。16世纪中期，其势力已抵达土拉河、鄂尔浑河一带，并继俺答汗西征之后，逐渐占据瓦剌牧区。

据蒙古编年史《宝贝念珠》记载，16世纪70年代末，喀尔喀土谢图汗部先祖阿巴岱赛因汗在科布多地区打败和硕特[②]，杀其首领哈尼诺颜洪果尔[③]。在此期间，喀尔喀赉湖尔汗曾与瓦剌赛音诺颜等于额敏河口发生战争[④]，后双方达成协议，保证不再互相伤害。但局部的冲突仍然时有发生。

面临喀尔喀等的威胁，基于内政外交的需要，瓦剌诸部逐渐改变互不统辖的局面，形成新的联盟。其表现形式，即举行不定期的封建领主会盟，蒙古语称为“楚固拉干”（čuɣulɣan，也译为“丘尔干”），作为调整各部关系，处理共同事务的临时机构。盟长由最有势力的封建主担任。从16世纪后半期至17世纪初，其盟主先后为和硕特部首领博贝密尔咱（始称卫拉特汗）、哈尼诺颜洪果尔、拜巴噶斯等，后准噶尔部崛起，逐渐取代盟主地位。这种联盟在共同抵御强敌和处理内部事务中发挥了作用。万历十五年（1587年），拜巴噶斯率五部联军打败乌巴什洪台吉的进攻，即是明显的例子。

据《乌巴什洪台吉的故事》记载，该年，喀尔喀乌巴什洪台吉和乌梁海执政者赛因马楚克联合，率兵八万，从杭爱山一带出发，进攻瓦剌。他们在额敏河口抓到一个属于和硕特拜巴噶斯（哈尼诺颜洪果尔长子）部下的七岁牧童。从牧童口中了解到：离乌巴什军队最近的是土尔扈特王公赛因舍尔登的牧地，沿着额尔齐斯河发源地的是辉特王公赛音黑雅，往西是绰罗斯哈喇忽剌的领地[⑤]。还有游牧于纳林河发源处的杜尔伯特赛音

① 张穆：《蒙古游牧记》卷7。

② 阿巴岱为诺诺和长子，据《蒙古源流》卷7所载，丁亥年（万历十五年，1587年），去西藏取经，获斡齐赖赛因汗之称号。归来后，在今乌兰巴托地区建大寺院。其孙衮布始号土谢图汗，与车臣汗硕垒、札萨克图汗素巴第并称喀尔喀三汗。

③ 噶尔丹台吉：《编年史“宝贝念珠”》，乌兰巴托，1960年。

④ 其祖阿什海为喀尔喀右翼长，赉湖尔继祖职，所部尊之为汗，至其子素巴第始称札萨克图汗。

⑤ 《乌巴什洪台吉的故事》，见策·达木丁苏荣编《蒙古古代文学一百篇》。

达玛那巴托（似是达赖台吉之异译）[①]。而和硕特的牧区在塔尔巴哈台西部额敏河和伊犁河沿岸。

关于土尔扈特、绰罗斯的领地，《乌巴什洪台吉的故事》叙述得较为含糊。依笔者管见，当时，乌巴什的军队已至额敏河口，土尔扈特离其最近，因此，可能是游牧于塔尔巴哈台东部一带。而辉特部沿着额尔齐斯河发源处游牧，额尔齐斯河上游在准噶尔盆地以北，源出阿尔泰山南坡，由许多平行支流汇合而成，西流注入斋桑泊，下游流入鄂毕河。那么，绰罗斯准噶尔在辉特之西，也就可能游牧于斋桑泊一带，后又沿着额尔齐斯河往西北发展。

17 世纪初，瓦剌与喀尔喀发生多次冲突。如 1606 年，双方构兵，“民受荼毒，二部行道几为阻滞”[②]。经图鲁拜琥（顾实汗）从中调解，才得以平息[③]。在此前后，瓦剌由于屡败于赉湖尔汗，被迫舍弃了杭爱山阳坤桂、札布汗河流域，并不得不承认赉湖尔汗的宗主权和向其纳贡[④]。同时，赉湖尔汗之堂弟硕垒乌巴什（阿勒坦汗）也逐渐向原属瓦剌的唐努乌梁海地区发展，而据有吉尔吉斯湖、乌布苏湖、贝古木河及萨彦岭一带，建立和托辉特部（阿勒坦汗部）[⑤]，经常与准噶尔部首领哈喇忽剌等发生武装冲突，互有胜负。

16 世纪末 17 世纪初，瓦剌由于受到喀尔喀蒙古和漠南蒙古排挤，其势力逐渐向西北原属岭北行省人烟稀少的库隆达、额尔齐斯和伊希姆草原迁移，也即徙牧于托木河、鄂毕河流域。土尔扈特、杜尔伯特及和硕特的部分属众游牧于伊施姆、托波尔河中上游流域，邻接原西伯利亚汗国的塔拉附近。当时哈喇忽剌的驻牧地，大抵南面和东面从额尔齐斯河水源直接与和托辉特的领地相接，西面到额尔齐斯河东岸，北面至鄂毕河支流球梅什河。西北方面顺额尔齐斯河而下，以亚梅什湖为中心，由其子巴图尔等管辖[⑥]。额尔齐斯河和鄂毕河中游，这个时期成为瓦剌的中心活动地区

---

① 巴尔喀什湖以东有两条纳林河，一条位于伊塞克湖之南，一条是斋桑泊之北的额尔齐斯河支流。根据当时情况及以后事态的发展看，杜尔伯特部游牧于额尔齐斯河中游的支流纳林河一带。

② 刘立千译：《续藏史鉴》，华西大学边疆研究所 1946 年版，第 74 页。

③ 松巴堪布：《青海史》。

④ 帕拉斯：《蒙古民族历史资料集》，法兰克福—莱比锡 1779 年版，第 54 页。

⑤ 《外藩蒙古回部王公表传》卷 63，传 47。

⑥ 参见霍渥斯《蒙古史》第 1 卷，伦敦 1876 年版，第 614—616 页；兹拉特金、乌斯郭夫主编：《1607—1636 年俄蒙关系资料集》，文献第 107 号，第 238 页；帕拉斯：《蒙古民族历史资料集》，第 55 页；等等。

之一。

哈喇忽剌掌权时，正是硕垒乌巴什向西扩充之际，两部之间屡次兵戎相见。1620 年，哈喇忽剌联合土尔扈特和杜尔伯特台古，率领四千骑兵进攻和托辉特的大本营乌布苏湖一带，招致惨败。翌年，哈喇忽剌逃到球梅什河口筑堡避难。1623 年，集结在伊施姆河、额尔齐斯河之间卡梅什罗夫地方的巴图尔台吉、楚琥尔乌巴什及土尔扈特和鄂尔勒克的西路军，和占据球梅什河口的哈喇忽剌所率领的东路军会合，远征和托辉特部，但又一次被打败。直至 1628 年至 1629 年间，哈喇忽剌联军才击败了阿勒坦汗俄木布额尔德尼（硕垒乌巴什子），重返天山以北广大地区[①]。而亚梅什湖及其以北逐渐成为瓦剌的边地。

明末清初，瓦剌各部经过长期发展、变化、战争和迁徙，并融合和吸收了周围突厥语系及东蒙古诸族的成分，最后归并为准噶尔、杜尔伯特、和硕特、士尔扈特四大部以及附牧于杜尔伯特的辉特部。其游牧地大致是：准噶尔初在额尔齐斯河至博克河、萨里山一带，后以伊犁河流域为中心，和硕特从额敏河两岸至乌鲁木齐地区以及阿拉湖以南一带，土尔扈特在塔尔巴哈台及其以北（西迁后，辉特居其地），杜尔伯特游牧于额尔齐斯河沿岸[②]。

由于各部统治集团之间的矛盾、寻求新牧地和宗教信仰的需要以及沙俄骎骎南侵的威逼，一些有势力的封建主逐渐率部离开原游牧地。1628 年左右，土尔扈特和鄂尔勒克经卫拉特联盟同意[③]，率所部及部分和硕特、杜尔伯特属众共约五万帐，击败诺盖人，越过哈萨克草原，于 1630 年迁至里海沿岸的额济勒河（伏尔加河）下游[④]。1636 年，顾实汗率领部分和硕特属众，在巴图尔珲台吉联军的协助下，从塔尔巴

---

① 详见若松宽《哈喇忽剌的一生》，载《东洋史研究》1964 年第 22 卷第 4 期。

② 参见魏源《圣武记》卷 3；《西域图志》卷首一，天章一《准噶尔全部纪略》；巴德雷：《俄国·蒙古·中国》附《蒙古及其四邻地区总图》；拉特纳勃哈德勒：《咱雅班第达传》；等等。据《咱雅班第达传》所载，1657 年，咱雅班第达在杜尔伯特托音（达赖台吉第三子）的营地喀拉库木过冬。大部分僧众到贝什克河畔的阿巴赖庙。喀拉库木，为巴尔喀什湖东北角的一条小河，此地可能是杜尔伯特游牧区的南境。

③ 关于土尔扈特部开始向伏尔加河下游迁徙的时间各说不一。根据噶班沙喇布《四卫拉特史》第 39 页所载，和鄂尔勒克于“土龙年（1628 年），通知杜尔本·卫拉特诺颜有关他们要分离出去的打算。次年土蛇年（1629 年）就分离出去了”。

④ 详见《卡尔梅克诸汗简史》。1885 年，波兹德涅耶夫将托忒文本发表于《阿斯特拉罕卡尔梅克人的古代文献》一书中。本文参阅诺尔布同志译稿。

哈台出发，经伊犁和塔里木盆地、阿斯腾塔格之河流及大沼泽地，翌年初，抵达青海境内，打败却图汗。1640 年，灭康区白利土司。越二年，以维护黄教为名，兴兵入藏，从而控制了青藏高原①。当时，留踞天山南北的主要是准噶尔、杜尔伯特、辉特以及和硕特、土尔扈特的一些支系。

这个时期，瓦剌势力进一步向原属亦力把里的领地发展。此时，吐鲁番和叶尔羌的察合台宗王后裔已无力抵制瓦剌的南进。巴图尔珲台吉曾多次出兵巴尔喀什湖以东以南的哈萨克、乞儿吉思地区，致使哈萨克等部首领“在所有事情上都仰望着巴图尔珲台吉，并服从他”②。其辖地抵达楚河、塔拉斯河一带③。噶尔丹称汗后，并叶尔羌汗国，占据天山南北，其势远及塔什干、费尔干纳、撒马尔罕等地，伊犁成为准噶尔政治中心和各部会宗地。策旺阿拉布坦、噶尔丹策凌时期也是如此。④

综上所述，15 世纪至 17 世纪初，瓦剌的地域分布，随着政治形势起落、各部力量兴衰、社会经济发展，转徙变迁很大。概括起来共分为三个时期。第一个时期，从猛可帖木儿至也先，为向东向西大发展时期。瓦剌从叶尼塞河上游向东南、西南发展，继而统一蒙古，占据漠北，其势东及兀良哈三卫和女真诸部，西至沙州三卫、哈密及别失八里。第二个时期，从阿失帖木儿、克舍，阿沙太师至 16 世纪前期，瓦剌向西迁徙，但仍占有和林以西漠北地区。第三个时期，从 16 世纪中期至 17 世纪初，瓦剌由于受到俺答汗和喀尔喀诸部的攻袭，陆续舍弃了和林、杭爱山、札布汗河流域等地区。然而，瓦剌正是在与东蒙古的不断斗争中，再度雄视西北。其地域以天山北路为中心，西北方面向额尔齐斯河中游、鄂毕河以及哈萨克草原移动，西南向伊犁河、楚河、塔拉斯河流域推进，东南向青海迁徙。明末清初，瓦剌西北面大致从今克拉斯诺雅尔斯克，沿托木斯克、鄂

---

① 松巴堪布：《青海史》；东嘎·洛桑赤列著，陈庆英译：《论西藏政教合一制度》，载《西藏民族学院学报》1981 年第 4 期。

② 巴德雷：《俄国·蒙古·中国》第 2 卷，伦敦 1919 年版，第 38 页。

③ 格鲁姆·格尔济麦洛：《西蒙古与乌梁海地区》，第 637、第 651 页。据《咱雅班第达传》所载，1647 年，准噶尔巴图尔珲台吉之子僧格驻牧在吹河（楚河）。翌年，咱雅班第达与和硕特阿巴赖一起在吹河过冬。1660 年，和硕特车臣汗之子噶勒达玛在吹河、塔拉斯河一带游牧。

④ 关于清代准噶尔境域的变迁，请详见杜荣坤《试论准噶尔分布地域的变迁》，载《新疆历史论文续集》；钮仲勋：《准噶尔西北疆域考》，载《中俄关系史论文集》。

木河口，溯额尔齐斯河而上至亚梅舍沃斯克，然后向南，西经巴尔喀什湖，穿楚河中游至塔拉斯，其南边与叶尔羌汗国相邻，东部至乌鲁木齐、巴里坤一带，东北越阿尔泰山，与札萨克图汗部毗连。

（原载《蒙古史研究》第1辑，内蒙古人民出版社1985年版）

# 卫拉特蒙古官制演变考述

**摘　要**　近些年，蒙古史研究者虽然逐渐将视线移向卫拉特蒙古，取得引人注目的成果，但对其社会结构及典章制度的研究尚系薄弱环节。特别是瓦剌及和硕特、土尔扈特的官制，由于资料匮乏，极少有人问津。本文主要对脱欢、也先时期瓦剌的官制；策旺阿拉布坦、噶尔丹策凌父子时期准噶尔汗国的官制；和硕特、土尔扈特汗廷之官制，以及清朝在卫拉特蒙古地区设置盟旗制度后的变化，进行了探索，以蠡测卫拉特蒙古官制演变概貌。笔者认为：由于游牧经济逐水草无常居的特点，从瓦剌至准噶尔等，其统治机构都是比较简单，不似中原地区那样庞杂。无论是兀鲁思或鄂拓克的官吏，往往具有双重身份，既是世袭领地封建主，又是大小台吉下面之臣僚。他们在汗的统率下，组成封建政权的统治机构，形成了富有草原游牧民族特色的官制，以适应社会发展需要。建立盟旗制度后，虽受满族官制很大影响，但在相当长时期内尚保留一些旧官制，与盟旗制度并存。

**关键词**　卫拉特蒙古　官制　演变　考述

卫拉特，为蒙古族的一支，漠西蒙古诸部总称。蒙古语 oria（复数为 oriad 或 oyirad）的汉译。蒙元时期译为斡亦剌、斡亦剌惕、外剌、外剌歹、猥剌，明代译为瓦剌，清代译为卫拉特、厄鲁特、额鲁特等，意为亲近，或谓其名来自森林民一词。元、明、清以来，随着卫拉特各部落势力的消长，先后以辉特、绰罗斯（后分为准噶尔和杜尔伯特）、土尔扈特、和硕特为核心，吸收其他蒙古及突厥语族部落，组成联盟。其联盟由毗邻、亲近部落组成，故称为卫拉特联盟。国外学者则往往沿袭突厥语族的习惯，称之为卡尔梅克。

从15世纪至18世纪，卫拉特蒙古诸部跃马挥戈，驰骋疆场，先后建立瓦剌、准噶尔、和硕特、土尔扈特等政权（或称汗国），在我国乃至中亚历史舞台上扮演了不可忽视的角色。

近些年，蒙古史研究者虽然逐渐将视线移向卫拉特蒙古，取得引人注目的成果，但对其社会结构及典章制度的研究尚系薄弱环节。特别是瓦剌及和硕特、土尔扈特的官制，由于资料匮乏，极少有人问津。本文主要对脱欢、也先时期瓦剌的官制，策旺阿拉布坦父子时期准噶尔汗国的官制，和硕特、土尔扈特汗廷之官制以及清朝在卫拉特蒙古地区设置盟旗制度后之变化，略作探索，以蠡测卫拉特蒙古官制演变概貌。

## 一　瓦剌官制

13世纪初，斡亦剌贵族忽都合别乞等在成吉思汗统一林木百姓过程中，首先迎降担任向导，建立了功勋。成吉思汗及其后继者，一方面通过联姻，与斡亦剌结成军事同盟；另一方面，保留其领地属民，封为四千户长，斡亦剌贵族又常在元廷供职，拥有官爵。

至明代，瓦剌贵族仍在北元汗廷任太尉等官。15世纪前叶，瓦剌经马哈木、太平、把秃孛罗时期的发展，至脱欢时，内并土尔扈特、辉特之众，又吸收和硕特、巴尔浑、不里牙惕等加入卫拉特联盟[①]，并立黄金氏族脱脱不花为可汗，统一蒙古。在我国北疆形成以瓦剌统治者为主，联合东蒙古封建主及邻近部落首领的强大政权。

关于瓦剌的官制，无论是蒙文史籍抑或汉文史籍，皆无详细记载。但我们从《明实录》等所载的对瓦剌各封建主之称谓及封爵中，可略见端倪。

瓦剌的统治机构，基本上沿袭元制。因为明初故元势力虽退居塞北，但“整复故都，不失旧物”[②]，史称北元，保留了不少元朝的典章制度和官号。脱欢既然奉立成吉思汗后裔为汗，承袭北元官制，也在情理之中。蒙古汗之下，设有中书省、枢密院、御史台等重要行政机构，总理蒙古政

① 参见托忒文资料《和鄂尔勒克史》、《蒙古溯源史》，载于《汗腾格里》（1983年3月1日）。
② 谷应泰：《明史纪事本末·北元遗兵》后论。

治、军事、监察等事宜。中书省，典领百官，会决庶务，设有中书令、左右丞相、平章政事、左右丞、参议中书省事等。枢密院，掌天下兵甲机密之务。凡宫禁宿卫，边庭军翼，征讨戍守，检阅差遣，举功转官，节制调度，无不由之，置有知院、同知、副枢、佥院、同佥、院判、参议、经历都事、断事官等。御史台，掌引察臣官善恶，政治得失，设有大夫、中丞、侍御史、都事等①。瓦剌政权中还设有属于三公的太师、太傅、太保、太尉、司徒等官。这些官职大多能从《明实录》中得到反映。比较有代表性的是《明英宗实录》正统四年（1439）正月癸卯条所提到蒙古大臣名字及职称。其中有：达达可汗脱脱不花、丞相把把的②、右丞相脱欢、左丞相昂克③、知院孛的打力麻、海答孙；大夫阿都剌、忽秃不花；平章撒都剌、伯颜帖木儿、卯失剌、阿剌、别力的王、奄不剌王、亦勤贴木儿王、小失的王、脱谷思太子、淮王也先；太尉帖木儿撒哈台；头目猛哥帖木儿王、阿鲁秃同知。还有未提其具体姓名的院判、院使、佥院、右丞、左丞、断事官打剌罕、都事官打剌罕、都事、国公、参议、千户掌判人等。他们分属中书省、枢密院、御史台等，为掌管中书省机要事务、枢密院军事大权、御史台监察重任的长官。事隔数年，其中有一些人官职有所升陟降黜。

脱欢去世后，其子也先继太师位。正统八年（1443 年），明廷给脱脱不花的敕书中，提到丞相把把只、平章伯颜帖木儿、小的失王（即小失的王）、丞相也里不花、王子也先猛哥、同知把答木儿、佥院哈儿蛮阿秃儿打剌罕、尚书鬼林帖木儿、佥院喃剌儿、尚书八里等。给也先的敕书中称其为“太师淮王中书右丞相”。还提到国公察占、太尉哈三火等。④《明英宗实录》正统十年（1445 年）正月己亥条又提及一批蒙古使臣，并把他们分为脱脱不花汗所属和也先太师所属。其中可汗所属的有王子也先（即也先猛哥）、丞相把把只、平章伯颜帖木儿、小失的王、别里哥秃王、知院孛的打里麻、忽都不花、兀答帖木儿、忽秃不花、右丞相脱勿脱、院

①　详见《元史》卷 85、86，《百官志》一、二。

②　把把的，又译为把把只。有的学者认为即是脱欢子、也先弟大同王阿把巴乞儿，由于一直在其姐夫脱脱不花处，得以统辖乞儿吉思万户，位于其父脱欢之上。有的学者认为他是乞儿吉思首领别别儿的，当时乞儿吉思成为卫拉特联盟成员，故在其中任职。

③　昂克为瓦剌安乐王把秃孛罗之弟。初任知院，后升左相。

④　《明英宗实录》卷 100，正统八年正月壬午。

判把秃儿、太尉弩尔答、参政那哈出；也先所属为头知院阿剌、大夫撒都剌、平章那哈台、太尉帖木思哈、知院沙的海答孙等。《明英宗实录》景泰五年十月甲午条，还提到阿麻火者学士。《明实录》中所列的蒙古诸大臣，仅是脱欢至也先时期整个蒙古统治集团中的一小部分。但由此也可看出瓦剌政权承袭元官制的基本情况。另外，其官员分属东西蒙古，乃至畏兀儿、回回、乞儿吉思等各个部落，显示了瓦剌统治集团民族涵盖面。

同时，瓦剌的首领和贡使还接受明廷的封爵。如永乐七年（1409年），封马哈木为特进金紫光禄大夫顺宁王、太平为贤义王、把秃孛罗为安乐王，并“赐印诰”[①]。脱欢时，明廷对瓦剌的一百多名官员、贡使或宗教人士授予官称教职，如百户、千户、卫镇抚、指挥、指挥佥事、指挥使、都指挥同知、都指挥使、都督同知、右都督、都督等。也先任太师后，受到明廷封爵的瓦剌官员更多，据《明实录》所载统计，约三百五十余人次[②]。屡次往返的贡使，并不断得以晋升，如皮儿阿黑麻从指挥佥事，逐步升至左都督。而且，父死子可袭职，如正统十一年，明廷“命故瓦剌使臣都指挥同知速檀子哈力速鲁檀袭为指挥使”[③]。

瓦剌大多信仰藏传佛教，大喇嘛不仅在瓦剌主持宗教仪式，而且作为使臣来往于瓦剌与明廷之间。如正统二年（1437年），喇嘛哈马剌失力“自陈屡来朝贡，厚蒙恩赉，乞赐名分，以便往来”。明廷应之请，“命瓦剌顺宁王脱欢使哈马剌失力为慈善弘化国师，大藏为僧录觉义”[④]。三年（1438年），明廷又封瓦剌僧人也克出脱里为都纲。

至于明廷授予瓦剌贡使官职与这些人原来地位之间的关系，史无详载。不过，我们也能从《明实录》等记载中，搜寻到蛛丝马迹。如《明英宗实录》正统十一年（1446年）正月丁丑条提到：“升迤北瓦剌使臣指挥佥事纽锁等为指挥同知，断事落干歹为指挥佥事，同知田玉、朵罗歹、大使汤勃罗、司徒约里把、参政脱脱木儿为正千户，同知格干帖木儿、参政迷儿火者为副千户。”[⑤] 时隔不久，明廷又命也先太师续遣正使

① 《明太宗实录》卷63，永乐七年五月乙未。

② 参见白翠琴《瓦剌史》，吉林教育出版社1991年版，第86页。

③ 《明英宗实录》卷148，正统十一年十二月癸丑。

④ 《明英宗实录》卷37，正统二年十二月甲子。

⑤ 《明英宗实录》卷137，正统十一年正月丁丑。

海塔孙为指挥佥事，副使把秃火者为正千户，带牌人哈散为副千户。①

前面所探索的是瓦剌汗廷的统治机构和官制。至于瓦剌基层社会组织和官制，无论是汉文资料或蒙文史籍均未明确记载，我们只能从零星记载中管窥梗概。

随着中央集权制的元朝崩溃，蒙古社会处于封建割据状态。由于经济发展的需要，瓦剌社会组织结构也发生变化。至15世纪，成吉思汗所设置的万户逐渐为兀鲁思所代替，千户为鄂拓克所代替，而开始行使政治、经济、军事职能。

在明代，土绵（万户）和兀鲁思是同时用来称呼大领地的。土绵（tümen）原指提供一万名士兵的军民合一组织，至明代，土绵所拥有的士兵不限于一万之数，有的土绵有数万名军士，有的土绵只有几千军士。因此，土绵成了与其拥有军队人数无关的大领地称谓，常与兀鲁思一词互相代用。兀鲁思（ulus），蒙语原意为百姓，后引申为领民、领地，一般指大领地而言。由大的部落集团构成，如16—17世纪的和硕特、准噶尔、杜尔伯特、土尔扈特、辉特等。

每一个兀鲁思又分为若干鄂拓克。鄂拓克（otoɤ），蒙语为“部落、氏族、屯营地”之意，汉文史籍中往往称之为营、枝、部、部落等，是游牧领地、地缘结合体。这是自15世纪以来逐渐形成和发展的，表明蒙古社会封建化的加深和血缘关系之削弱。它既是构成蒙古社会的基本经济单位，又是土绵的基本军事单位。每个鄂拓克要根据人口多寡，提供数百至一千名士兵，故又名和硕。鄂拓克是由近亲关系的家庭集团构成。这种家族集团是大部族的大小宗支，又叫爱马克（ayimaɤ）②。鄂拓克与爱马克的区别，主要在于爱马克一般为同姓的联合体，而鄂拓克则吸收不同姓氏的阿寅勒群参加。不过两者都是以地域单位为基础，都必须有一个共同牧地，即努图克（nutuq或作nutuh、nutuɤ，又译作嫩秃黑，营盘、牧地之意）。后来，在准噶尔地区又有按一定专业组成的鄂拓克。

① 《明英宗实录》卷137，正统十一年正月庚寅。

② 爱马克，原译为“爱马”、“爱麻”或“阿亦黑麻”。蒙古语含有部落分支、胞族之意，即彼此有亲族关系的氏族集团、家庭或氏族联盟。“爱马克”一词，曾见于《高丽史》之《兵志》和《百官志》、《元典章》吏部二、《大元马政记》、《明太宗实录》卷18、《正统临戎录》等史籍。含义各异，或指部队，或指部落、部曲，等等。

根据《正统临戎录》和《蒙古源流》卷六等记载，瓦剌在15世纪时内部已有爱马克和鄂拓克的组织。每个鄂拓克或爱马克由若干阿寅勒牧户组成。在瓦剌诸部中又分别组成得沁（四十户）、和林（二十户）、阿尔班（十户）等单位，由德木齐、收楞额等官员进行管理。他们负责向鄂拓克领主提供赋税、兵役，并处理内部纠纷、互济等事务。简而言之，由同姓或近亲的蒙古包组成阿寅勒，由阿寅勒组成爱马克[①]，由爱马克组成鄂拓克，由鄂拓克组成兀鲁思。

15、16世纪，瓦剌分为数个大小不等的部，诸部“各有份地”[②]，“部自为长”[③]。明末清初，瓦剌各部经过长期发展、变化、战争、迁徙、兴衰起落，并融合和吸收了周围突厥语族和蒙古语族的成分，最后归并为准噶尔、杜尔伯特、和硕特、土尔扈特四大部，以及附牧于杜尔伯特的辉特部等。每个部相当于一个兀鲁思——大领地。统治兀鲁思的是汗、洪台吉、太师等[④]，管理鄂拓克的是宰桑，一般都是世袭领主。兀鲁思和鄂拓克下又分设官员，掌管战争、防御、行政、司法、征税，等等。各部“分牧而居”[⑤]，“各统所部，不相属”[⑥]。但自16世纪以后，为了适应频繁战争和内政外交的需要，诸部之间逐渐形成一个松散的联盟。遇有重大问题，即召开领主代表会议，蒙古语称为楚固拉干（čuɣulɣan，又译为丘尔干，会盟之意）[⑦]，作为调整各部关系，处理共同事务的临时机构，盟主是由最有势力的封建主担任。从16世纪40年代至17世纪初，其盟主为和硕特部博贝密尔咱、哈尼诺颜洪果尔、拜巴噶斯、固始汗、鄂齐尔图车臣汗等。后准噶尔部崛起，逐渐取代盟主地位，盟主遂为绰罗斯家族所担任。这种联盟在共同抵御强敌和处理内部事务中发

---

① 在徙居伏尔加河下游的土尔扈特部中，爱马克则是由若干“霍顿”（xoton，又译作“和屯”）组成。“霍顿”，即是由相近血缘关系联结在一起，共同进行游牧和管理事务的家庭集团。参见符拉基米尔索夫《蒙古社会制度史》，列宁格勒1934年版，第170页。

② 何秋涛：《朔方备乘》卷4，《准噶尔荡平述略》。

③ 祁韵士：《皇朝藩部要略》卷9，《厄鲁特要略一》。

④ 瓦剌不是成吉思汗的嫡系，其首领原不能称汗。然而，自从也先自称可汗以来，上层统治阶级使用了汗、大台吉、洪台吉、王等称号，地位稍低些的则使用台吉、太保、宰桑等。台吉，出自汉语太子、珲台吉，即皇太子。

⑤ 图理琛：《异域录》。

⑥ 祁韵士：《皇朝藩部要略》卷13，《厄鲁特要略五》。

⑦ 雷特金：《卫拉特历史资料》，转引自兹拉特金《准噶尔汗国史》，莫斯科1964年版，第111、第112、第121页。

挥了一定作用。

## 二 准噶尔官制

17世纪中期，土尔扈特及和硕特大部分属众先后往伏尔加河上游及青藏高原迁徙。当时留在天山南北的主要是准噶尔、杜尔伯特、辉特及和硕特、土尔扈特的一部分属众。经过哈喇忽剌和巴图尔珲台吉等的努力，我国西北地区逐渐形成了以准噶尔贵族为统治核心，包括卫拉特诸部和其他一些突厥语族部落、蒙古部落在内的强大政权，有的史籍称其为准噶尔汗国。清朝前期，准噶尔在噶尔丹、策旺阿拉布坦、噶尔丹策凌统辖下，雄长西北。其官制由简至繁，日臻完善。

18世纪，构成准噶尔汗国的社会集团主要有三：鄂拓克、昂吉、集赛。据《西域图志》所载："鄂拓克为汗属，昂吉为各台吉之户属。鄂拓克游牧之地环于伊犁，昂吉之地又环鄂拓克之外。"[①] 如果把鄂拓克比作皇家领地的话，那么，昂吉就相当于旁系诸侯领地。《御制准噶尔全部纪略》指出："统计其汗之二十四鄂拓克、九集赛及各台吉之二十一昂吉，得二十余万户，六十余万口。成一部落者，百十余年。"[②] 这里所说的准噶尔，是泛指居住在巴尔喀什湖以东以南天山北路的卫拉特诸部。

策旺阿拉布坦初期，准噶尔只有十二鄂拓克，后随着经济的发展，军事实力加强，人口繁衍，又增设了十二新鄂拓克[③]。共有新旧鄂拓克二十四个，八万八千三百户，每一鄂拓克平均约有三千六百八十户，是直属于汗的社会集团。鄂拓克下尚有爱马克、二百户、四十户、二十户、阿寅勒等基层组织。

昂吉（angi），蒙古语分支、部分、队伍之意。为台吉所属领地组织。因为作战时，这些台吉须率领部属跟随大汗出征，故又含有军事组织性质。噶尔丹策凌时共有二十一昂吉[④]，约十万户，每一昂吉近五千户。由

---

① 傅恒：《西域图志》卷29，《官制一》，附《准噶尔部旧官制》。

② 《御制准噶尔全部纪略》、《东华录》、《清实录》、《西域图志》均有收辑，内容相同，专用名词稍异。

③ 有的学者认为新鄂拓克是噶尔丹策凌为了削弱大台吉、大宰桑之势力而增设的，以达到分而治之的目的。

④ 参见《西域图志》卷首一，天章一，《西师》。田山茂在《清代蒙古社会制度》一书中认为，昂吉的起源可追溯到很早。二十一昂吉大概不是同时形成的。

卫拉特各部有权势的台吉分领之。平时准噶尔一切贡赋及重大差务由鄂拓克承输，昂吉只承担零星供给，但“凡出师执役无不听其汗之令”①。从《卫拉特法典》也可看出，在颁发战书、组织军队和执行军纪等方面，汗具有军事上最高的权威，如不服从调遣，就要受到惩处②。为了加强控制，据《西域图志·官制》所载，在“二十一昂吉境内别设台吉居住，以统领游牧，谓之六游牧台吉”。

集赛（jisiya），蒙古语“班组、轮值、值勤、当番”之意。为准噶尔掌管喇嘛事务之机构，相当于清代的喇嘛旗。18世纪前期，噶尔丹策凌为了兴黄教、安众生，在伊犁河两岸建造了规模宏伟的固尔札庙和海努克庙。集喇嘛数千，在此两庙更番诵经，并调拨属民，设置集赛，专门供养喇嘛。更番、轮值，蒙古语为集赛，遂用以指准噶尔寺庙领地的社会集团。初为五集赛（塔本集赛），后增设四集赛，成为九集赛，共统辖六千余喇嘛和一万零六百户属民。

根据《卫拉特法典》、《准噶尔全部纪略》、《准噶尔部旧官制》等记载，准噶尔的官吏可分为兀鲁思一级和鄂拓克一级，或分做政府职能部门的官员，如图什墨尔、札尔扈齐、德墨齐、宰桑、德木齐、收楞额等；主管各种专业部门的官员，如库图齐纳尔、札哈沁、乌鲁特、阿尔塔沁、包齐那尔、包沁等。

汗或大台吉（珲台吉）是准噶尔最高统帅。据《西域图志》所载：“准噶尔全境，分四卫拉特，各有首领以雄据之，尊其名曰大台吉，犹前诸蕃郎主之号也。四卫拉特皆有大台吉，而绰罗斯尤为之长。其大台吉也称汗，余小台吉皆汗之宗属为之。大台吉官属自图什墨尔以下，小台吉官属自宰桑以下。”③

### （一）兀鲁思统治机构所设置官吏

1. 图什墨尔（tusimel），蒙古语为“官员、官吏”之意。为准噶尔参预最高政务之臣，相当于枢密大臣和宰相，处理一切有关鄂拓克和昂吉的重大事件。据《西域图志·准噶尔部旧官制》所载：“图什墨尔系准噶

---

① 《清高宗实录》卷695，乾隆二十八年九月壬午。

② 戈尔通斯基：《1640年蒙古卫拉特法典》第四条、第十一条、第十四条等。

③ 《西域图志》卷29，《官制一》。

尔参决政事之臣，枢筦机务之要职。凡六游牧、二十一昂吉大小政务经宰桑办理，以告图什墨尔，详悉定上告台吉，然后施行。"《西域图志·风俗》中也提到："凡政事以图什墨尔主之，宰桑经理后，以告图什墨尔定议，仍上告台吉施行。"[①] 定员为四名。

2. 札尔扈齐。(jatɣu či)，蒙古语意为"掌管诉讼之人"，系准噶尔兀鲁思负责司法的官员，辅佐图什墨尔治理政事，兼办一切刑名贼盗案件。定员为六名。

3. 德墨齐（deme či），蒙古语，意为"灵巧"、"助手"。主管王府事务的官员。"内则佐台吉以理家务，外则抽收牧场税务，差派、征收山南回部徭赋，接待布鲁特使人。"[②] 定员为二名。也就是对内作为台吉的管家，对外主管牧场的税务、回部的徭赋以及接待布鲁特（柯尔克孜先民）使者等。关于南疆赋税的征收，主要是由德墨齐遣其属下依据派驻在南疆各城之哈喇罕及当地和卓所造之户口赋役表册，按户索取。各项赋税，皆有定额，赋繁役重，维吾尔人往往倾家荡产也难以完纳[③]。魏源在《圣武记》中还提到噶尔丹策凌时，"回部各城分隶诸昂吉，征租税，应徭役"。各昂吉分别派遣一名哈喇罕诺延（监督官），与当地阿齐木一起，为各昂吉服务。

4. 阿尔巴齐宰桑（alba či jaisan），"阿尔巴齐"，蒙古语"当差人"之意[④]。阿尔巴齐宰桑"系承办二十四鄂拓克、二十一昂吉差贡事务，其员缺有四"。下有阿尔巴齐约百员，系"随阿尔巴齐宰桑各处催差者"[⑤]。阿尔巴齐主要是通过鄂拓克的德木齐和收楞额向属民征税的。如噶尔丹洪台吉第一项补充敕令就明确提出："每一鄂拓克管理人必须教导四十户的德木齐，及时向人民征收租税。如德木齐不征收则被罚九，丧失德木齐的称号。"[⑥]

5. 库图齐纳尔（kötö činar），蒙古语意为"支马差之人"，或建造邸宅、城市之人。系准噶尔承办汗或大台吉"一切蒙古包及搭支帐房之

---

① 《西域图志》卷39，《风俗·政刑》。
② 《西域图志》卷29，《官制一》。
③ 苏尔德：《新疆回部志》卷4，《赋税》。
④ 《元史语解》卷2，《官卫》。
⑤ 《西域图志》卷29，《官制一》。
⑥ 戈尔通斯基：《1640年蒙古卫拉特法典》附噶尔丹洪台吉第一项补充敕令。

属”。后形成库图齐纳尔鄂拓克，共四千户。

6. 札哈沁（jaha čin），蒙古语“边守人”之意，为准噶尔主管防守边界、坐镇卡伦和巡查访察的人，后形成札哈沁、包沁鄂拓克，共三千户。

7. 乌鲁特（urad），蒙古语“手艺人、匠人”之意，系准噶尔主管铁匠、负责铸造兵器及各种器具的人。后形成乌鲁克鄂拓克，共五千户。

8. 阿尔塔沁（alta čin），蒙古语“金匠”之意，系准噶尔管理绘塑佛像事务的人。后形成阿尔塔沁鄂拓克，共五千户。

9. 包齐那尔（pou činar），蒙古语“火枪手”之意，系准噶尔管理军营、枪炮等事务的人。其下设有专管炮的包沁（pou čin）。后形成包沁、札哈沁鄂拓克。

此外，根据《卫拉特法典》等记载，还有使者、侍卫、侍从武官等职衔①。总之，汗或大台吉为了统治兀鲁思，设置了图什墨尔、札尔扈齐、德墨尔、阿尔巴齐宰桑等负责行政、司法、税收方面的官员，使其有效地管理鄂拓克、昂吉、集赛的重大事务。并依靠札哈沁、包沁、乌鲁特、阿尔塔沁、库图齐纳尔等直接办理兀鲁思的边防、兵械、佛器、帐房等事务，以确保汗之权威。

### （二）鄂拓克之官员

管理鄂拓克的是宰桑（jaisan），汉语“宰相”之音译。或一宰桑管理一鄂拓克，或三四宰桑管理一鄂拓克。宰桑一般是世袭的②，统属于汗。凡鄂拓克和集赛大小政务由宰桑办理后需上告图什墨尔，经汗批准后才能施行。故宰桑具有封建领主和臣僚的双重性质。宰桑下设达鲁噶、德木齐、和硕齐等，分别承担军事、民政、监察、司法、征税等职务。

1. 达鲁噶（daruɣa）从达鲁花赤演变而来，“首长”或“首领”之意。管理军务民政的官员。有时也用来称呼构成鄂拓克的下属单位头目，

---

① 《1640年蒙古卫拉特法典》第11条提到临阵逃亡要受到惩罚的人就有大诺颜、岱青、楚库尔、小诺颜、塔布囊、四达官（执政四官）、鄂拓克之职官、旗手、号手、前卫（先行官）、亲卫、侍从、普通军士（兵士）、甲士（盔士）、甲骑兵（短甲士）等。

② 《清高宗实录》卷486，乾隆二十年四月戊申条曰：“第因准噶尔旧例，凡管鄂拓克之宰桑，俱世袭罔替。”

如十户长或族长等[1]。

2. 札萨固尔（J̌asaɣul），意为“政治、法令之执行者”，即民政官。

3. 德木齐（dem či），意为“监察官”、“保管人”等，管理户数四十户至一二百户不等。《卫拉特法典》多次提到，德木齐是四十户的管理者[2]。《西域图志·官制》指出：“系管理鄂拓克内自一百户以上至二百户事务。”佐达鲁噶管理鄂拓克事务，有下达命令、征收租税、保护民生、介绍婚姻等责任[3]。

4. 收楞额（shulengge），一般译作“征税官”。《准噶尔部旧官制》曰：“系佐德木齐管理鄂拓克事务者。”主要负责征税，但又有受理债权及讨索牲畜、充当审判时的证人等职责[4]。《卫拉特法典》曾明确指出是二十户长[5]。收楞额下又有“阿尔班尼阿哈”（alban - ni - aha），即十户长，是辅佐收楞额办理鄂拓克事务的最下层官员。

5. 和硕齐（hošo či），军队的指挥官，由于卫拉特是军政合一，有时也指鄂拓克的首领。准噶尔的军制，基本上是承袭古代漠北游牧民族的十进制军政合一组织。这在《卫拉特法典》中也有所反映。如规定“不把十户中所发生的犯罪之事向十户长报告者，则切断其两手（一说为两指）”[6]。举行结婚仪式宴会时“德木齐（四十户长），可屠宰大牲畜四头及羊五头；收楞额（二十户长）可宰大牲畜三头及羊四头”[7]。故和硕齐不仅是军事指挥官，而且也用来称鄂拓克之长。18 世纪后，和硕齐逐渐为宰桑之称所代替。

集赛之制略如鄂拓克，也由宰桑统辖，下设若干官员对寺庙属民进行统治，并由上层喇嘛呼图克图、绰尔济等管辖寺庙事务。但无论是鄂拓克或集赛，上述官员不一定设置齐全，往往因时因地而异，有的鄂拓克可

---

① 梁赞诺夫斯基：《蒙古法的基本原理》，第 134、第 140、第 144 页；《喀尔喀法典》。

② 戈尔通斯基：《1640 年蒙古卫拉特法典》第 19、第 36、第 37 条等。

③ 帕拉斯：《蒙古民族历史资料集》第 302 页提到：“四十户的管理者——德木齐一年须努力使每十户中的一对男女结为新夫妇。”《噶尔丹洪台吉第一项补充敕令》说：“要命令德木齐保护并照管贫苦及窘困的人们。”

④ 《1640 年蒙古卫拉特法典》第 31、第 40 条。

⑤ 《1640 年蒙古卫拉特法典》第 36 条。

⑥ 梁赞诺夫斯基：《蒙古法之研究》1931 年日文版第 72 页。列昂托维奇：《论俄国异族法律史·古代蒙古卡尔梅克人或卫拉特人惩罚条例（察津·必扯克）》，敖德萨，1879 年，第 155 页认为是“切断其两指”。

⑦ 《1640 年蒙古卫拉特法典》第 36 条。

能只设置其中的一部分。至于昂吉的统治机构，史书尚无明载。根据《清实录》等零星记载分析，台吉下也设宰桑等进行统治，犹似鄂拓克之制。

### （三）盟旗制度下准噶尔旧官制的残存及变化

18世纪中期，清朝统一西北地区后，在卫拉特蒙古地区先后设置盟旗制度。杜尔伯特共设置十四旗，又分左翼盟和右翼盟，辉特共有四旗，准噶尔共有十二旗，另有三十二佐领。并对青海地区的和硕特及东归的土尔扈特等部也实行盟旗制度。

清廷对于卫拉特蒙古，基本上是以旧的封建秩序为基础，采取“众建以分其势”的“分而治之”策略，尽量将其分散安置，以避免血缘联系的增强。正如乾隆二十年（1755年）正月，军机大臣之《平定准噶尔善后事宜》奏章上所说：“其四卫拉特之人原系散处，应安置原驻附近地方，不必将一姓聚处。”[①] 而对其官制，一方面参照喀尔喀和内札萨克之例，设置盟旗官员，史称“准噶尔四卫拉特台吉等，俱照内札萨克一体分封汗、贝勒、公、札萨克等爵秩，令各管辖所属。诸事俱应照内札萨克一体办理”[②]。除旗长札萨克或总管外，管理旗的官员有协理台吉、管旗章京、副都统、参领、佐领等。另一方面，对于无碍清朝统治的一些旧官制，也准予保留，以资怀柔。平定伊犁后，规定札萨克以下至骁骑校各级职衔时，汗仍称汗，有的被任为盟长，台吉被任命为札萨克，宰桑授以散秩大臣或都统职衔，德木齐为佐领，收楞额为骁骑校等。正如《清高宗实录》乾隆二十年四月癸亥条记载乾隆帝对此方针评价时所说：“朕令尔各部落等编立旗分，设官授爵，其制即与尔部设立宰桑、得木齐、收楞额之旨，大略相同。”与多数札萨克一样，凡从前鄂拓克的宰桑授为散秩大臣、都统的，也都按照旧例，世袭罔替[③]，而且规定了相应的俸禄[④]。详见下表：

---

① 《清高宗实录》卷480，乾隆二十年正月辛巳。

② 《清高宗实录》卷495，乾隆二十年八月辛酉。

③ 《清高宗实录》卷486，乾隆二十年四月戊申。

④ 《清高宗实录》卷523，乾隆二十一年闰九月己未；萧一山：《清代通史》卷中，第585—855页。

| 准噶尔官名 | 清廷官职名 | 年俸 | 备注 |
|---|---|---|---|
| 图什墨尔 | 内大臣 | 300 两 | |
| 札尔固齐 | 散秩大臣 | 240 两 | |
| 宰桑 | 都统 | 120 两 | 有时亦授以散秩大臣之职 |
| 德木齐 | 佐领 | 60 两 | |
| 收楞额 | 骁骑校 | 60 两 | |

清廷为了监视这些由卫拉特诸部自己组成的盟旗，在科布多、塔尔巴哈台、伊犁等要地，设置中央派驻机构，通过驿站与内地连接，还驻扎以察哈尔、索伦、喀喇沁等组成的军队担任警备。如清廷于乾隆二十七年（1762 年）十月正式设置“总统伊犁等处将军”，作为中央政府派驻新疆地区的最高长官，并设参赞大臣、领队大臣协同办事。又在伊犁地区分设满营、察哈尔营、厄鲁特营。厄鲁特营的设置，使流散各地的准噶尔等部众纷纷返归伊犁地区。

## 三 青藏和硕特及远徙伏尔加河下游后又东返的土尔扈特之官制

17 世纪前期，由于卫拉特蒙古各部统治集团之间的矛盾、寻求新牧地和宗教信仰的需要以及沙俄南侵的威逼，一些有势力的封建主逐渐离开原游牧地。1628 年左右，土尔扈特和鄂尔勒克经卫拉特联盟同意[①]，率领所属及部分和硕特、杜尔伯特部众，约五万帐，于 1630 年远迁至里海沿岸的额济勒河（伏尔加河）下游。1636 年，和硕特部图鲁拜琥（固始汗、顾实汗）应西藏黄教首领之请[②]，率领以和硕特为主的卫拉特诸部联军一万余人[③]，在巴图尔珲台吉协助下，从塔尔巴哈台出发，于翌年抵达青

① 根据噶班沙喇布《四卫拉特史》记载，和鄂尔勒克于“土龙年（1628 年）通知都尔本·卫拉特诸颜有关他们要分离出去的打算”。

② 固始、顾实，皆“国师”之音译，1606 年图鲁拜琥被东科尔呼图克图授以“大国师”之称号。1636 年（一说 1638 年），五世达赖赠其“固始·丹增曲结”（“国师·持教法王”，或作“丹津却吉甲波”，意为“佛教护法王”）尊号。蒙语又称为“顾实·诺门汗”（“国师·护法汗”）。

③ 据《青海史》、《水晶鉴》、《蒙古溯源史》等记载，联军中有和硕特、绰罗斯、土尔扈特王公。《和鄂尔勒克史》还提到杜尔伯特和辉特部众，并列了十二位台吉之名单。

海，打败却图汗（喀尔喀绰克图台吉）[①]。随后，据有的史籍记载，固始汗在西藏大昭寺中，接受了“众王之冠，能使众生得以安息的大法王称号与职位”。同时，他也赠予达赖属下官员以封号[②]。1640年，率军灭康区白利土司顿月多吉。翌年，固始汗从康区领兵进入拉萨，1642年，攻克日喀则，打败第悉藏巴，统治卫、藏、阿里、康区、青海等地，成为“三域之王”[③]，于三月十五日“登上了西藏的至高王位”[④]。

**（一）和硕特汗廷官制**

固始汗控制青藏后，建立了以和硕特汗为首的蒙藏僧俗贵族联合统治的封建政权。从固始汗至拉藏汗，前后经四代五汗[⑤]，统治西藏达75年（1642—1717年）之久。

固始汗击灭藏巴汗，摧毁后藏噶玛噶举派所支持的政权，声誉极隆[⑥]。初命长子达延鄂齐尔汗为全土伯特之诺颜，驻守拉萨，以第六子多尔济佐之。本人率兵驻后藏日喀则[⑦]，未几，亦移驻拉萨，达赖喇嘛居于哲蚌寺噶丹颇章。蒙古骑兵驻牧于拉萨北部达木草原（今当雄一带），由达延鄂齐尔汗率领，以控制卫藏各地，清廷称其为当雄蒙古八旗。固始汗为了借助达赖喇嘛声望，以巩固在青藏的统治及号令蒙古，大力扶持黄教，将前后藏之税收奉献五世达赖作为寺院费用[⑧]。并在清顺治二年（1645年），授予罗桑却吉坚赞（1567—1662年，即四世班禅）以“班禅博克多”之尊号[⑨]，将日喀则周围的土地划归其管理，后形成班禅活佛转

① 五世达赖喇嘛《西藏王臣记》第26篇第177页对此有神话般的描述。

② 《西藏王臣记》，第193页。据杜齐《西藏中世纪史》（李有义、邓锐龄译本，第110页）所载，1638年左右，固始汗以朝觐者名义至拉萨会见达赖等，被授以持教法王之称，固始汗给予达赖属下官员以达赖强佐、宰桑第巴、乌尔沁第巴、鄂托齐、卓里克图达尔汉等封号。

③ 《蒙古喇嘛教史》，东京，生活社1940年版，第262页。

④ 松巴堪布：《青海史》，青海民族出版社1982年版，第15页。

⑤ 即固始汗（1642—1655年）、达延鄂齐汗（固始汗长子，1658或1660—1668年，1668—1671年，由其弟多尔济代行汗权）、达赖汗（达延汗长子，1671—1701年）、旺札勒（达赖汗长子，1701—1703年）、拉藏汗（旺札勒弟，1703—1717年）。

⑥ 参见札奇斯钦《蒙古与西藏历史关系之研究》，正中书局1978年版，第590—591页。

⑦ 参见智观巴·贡却乎丹巴饶吉《安多政教史》，甘肃民族出版社1989年版，第33页。

⑧ 《安多政教史》第34页提到：“将藏区十三万户辖地悉数献上了达赖喇嘛。”

⑨ 班禅，即大班智达，对精通佛学五明大师的尊称；博克多，蒙古语“圣者”之意，对睿智英武人物的尊称。后藏地区原对佛学知识渊博、受人尊敬的高僧，习惯上皆可泛称为“班禅”，此后，成为一个专门的尊号。

世系统，以与达赖喇嘛分庭抗礼。

汗廷中，达赖和班禅掌握宗教与寺院经济实力，格鲁派在藏传佛教中占据统治地位。汗廷的首脑固始汗以持教法王的名义，身居布达拉宫的狮子宝座上，掌握全藏和青海的行政、军事大权。这从顺治十年（1653年），清廷对五世达赖和固始汗的封号中也可得到证实。清朝封五世达赖为“西天大善自在佛所领天下释教普通瓦赤喇怛喇达赖喇嘛”，册文中提到“兴隆佛化”，“利济群生”[①]，正式确认达赖喇嘛在蒙藏地区的宗教领袖地位。而封固始汗为“遵行文义敏慧顾实汗”[②]，并在册文中写道“作朕屏辅，辑乃封圻”，将其作为领有封地的汗王及“庶邦君长”来对待。汗具有建立外交关系、对外宣战、封赏和剥夺领主庄园、征免赋税、审理重大案件等方面的最高权力。

固始汗以拉萨为政治中心，建立了一系列的统治机构。并将一批对其有功的蒙藏人员封为贵族，赐给庄园和农奴，任命他们为各级官员。其中最重要的职位是“第巴”[③]，固始汗任命五世达赖的大管家索南饶丹（索南群培）为第巴[④]，即西藏的政务总管，具体料理行政事务。卫藏地区的政令均由固始汗盖印发布，而第巴只是“副署盖印”而已[⑤]。关于第巴到底是以达赖为首的宗教势力代表，抑或以固始汗地方政权的高级官员身份出现，目前史学界看法尚不一致。主张这个时期是五世达赖“噶丹颇章王朝”政教合一体制者认为，第巴是代表达赖喇嘛掌握政权的，反之，则认为是固始汗任命的高级官员[⑥]，代表固始汗执掌西藏地方政权。实际上，在固始汗时期，第巴不管是代表达赖喇嘛参加联合政权，抑或蒙古汗任命的高级官员，乃至两者兼之，皆受固始汗的控制。但在固始汗卒后，随着蒙古汗王对西藏控制的减弱，有的第巴就由达赖喇嘛直接委任，如第

---

① 《清世宗实录》卷74，顺治十年四月丁巳。其中“所”，藏语意为“在很大范围”，实指蒙藏地区。“普通”意为“普遍通晓”，是藏传佛教对在显宗方面取得最高成就的僧人之称呼。“瓦赤喇怛喇”，意为“执金刚”，是对在密宗方面取得最高成就的僧人之称呼。

② 此据《清世宗实录》卷74。《皇朝藩部要略》卷9，《圣武记》卷3皆作“遵文行义”。

③ 第巴，又译“牒巴”、“第悉”，藏语音译，原意为“部落长”。后一指藏族社会中某些部落组织的头人及地方实力集团领袖人物的称谓；一指清初西藏地方官名，意为“政务总管”。

④ 索南饶丹，初任四世达赖喇嘛侍从官，后任哲蚌寺强佐。曾与四世班禅寻迎五世达赖坐床。1635年，与四世班禅密遣哲蚌寺僧人向固始汗求援。1642年率藏军与固始汗军推翻藏巴汗政权。

⑤ 王森：《西藏佛教发展史略》，中国社会科学出版社1987年版，第184页。

⑥ 参见王辅仁《西藏佛教史略》，青海人民出版社1982年版，第221页。

三任第巴罗桑图托、第五任第巴桑结嘉措等[①]。桑结嘉措为了扩大第巴政府的权力，委任卫藏封建领主为第巴政府官员，领主管辖下的庄园由第巴封授，在各地推行宗本流官制度。又规定政府属下官员必须一律信奉黄教，并修缮扩建布达拉宫。直至康熙四十四年（1705年），拉藏汗处死桑结嘉措，次年，废除其子第六任第巴阿旺仁钦之职，西藏实权才又掌握在和硕特汗王手中。

固始汗时期，除日常政务由其控制的第巴索南饶丹料理外，西藏高级官员均由他委任。固始汗在保留元代萨迦派掌权时期的十三种官职基础上[②]，又增设了噶伦（主管官员，一说1751年才设置）、代本（又译达本，藏军军职，原意为“箭官”，后每一代本统辖兵士五百名）[③]、称本（管司法之官员）、涅仓（负责管理仓库者）、杂涅（负责管理草料的官员）、新涅（负责管理柴薪的官员）、冲本（负责管理商务的官员）、佣堆巴（收粮官，为官家收租之人）、豁堆（庄园头人，常住在庄园为领主办事的主要人员）等官职[④]，进一步健全西藏地方行政机构。而和硕特汗王下，又有由数名蒙古宰桑组成的贵族会议，决定汗廷大事，发布命令等。据说在1701—1711年间，就曾存在过一个蒙古贵族议事机构，它“由四名蒙古宰桑组成，藏族在外”，汗不在拉萨时，由他们“治理国家”[⑤]。同时，固始汗、达赖喇嘛还通过庄园领主贵族对西藏各地进行控制。有的学者认为，汗廷往往也给予这些贵族以“第巴”的头衔（此作为地方实力

① 和硕特汗廷六任第巴为索南饶丹（1642—1658年）、陈列嘉措（1658或1660—1668或1669年）、罗桑图托（1669—1675年）、罗桑金巴（1675或1676—1679年）、桑结嘉措（1679—1703年）、阿旺仁钦（1703—1706年）。

② 据东嘎·洛桑赤列《论西藏政教合一制度》（本文参照陈庆英、郭冠中等汉译文）所载：八思巴是当时西藏地方三大领主的总首领。在此之下设有代表三大领主利益的行政总管本钦（大多由元廷直接委派）、万户长、千户长、宗本（相当于县官）、庄园管家（或庄主）等级别不同的官员和行政机构。并且首次设立了以前的宗教上层人士未曾有过的森本（管理衣服、起居和侍从官员）、苏本（管理饮食的官员）、却本（管理诵经、祭祀供品的官员）、卓尼（接待宾客传达命令的官员）、强佐（管理财物的官员）、仲益（缮写和管理文件档案的官员）、玛钦（厨师或司茶侍从）、噶本（营寨头人或商队首领）、殿尼（管理座位和坐垫的官员）、康尼（管理房屋的官员）、奇本（管理骡马的官员）、噶巴（门警）、阿仲（信差或公差）等十三种为私人役使的办事官员。王森《西藏佛教发展史略》第230页据《萨迦世系》所记略异。

③ 《卫藏通志》卷8，《兵制》。

④ 东嘎·洛桑赤列：《论西藏政教合一制度》，民族出版社1983年版，第57—58页。

⑤ 《旅居西藏、尼泊尔的意大利传教士文献》第3卷，转引自伯戴克《十八世纪前期的中原和西藏》。

集团领袖人物之称呼）。第巴以自己庄园为基地来行使管理权，“有管理地方，教养百姓之责”，是所辖地方的总管①。地方上的第巴大部分是西藏原来有势力的世袭领主贵族，但也有一部分是蒙古汗王以赏赐、提拔、免税和给予封地等方式扶持起来的新显贵。从而，形成以拉萨为中心的统治机构网。

为了巩固和硕特蒙古贵族与黄教僧侣集团上层势力的既得利益，固始汗（一说五世达赖）又令索南饶丹，将藏巴第悉噶玛丹迥旺布时期制定的《十六法典》进行综合调整，删去第一条“英雄猛虎律”、第二条“懦夫狐狸律”和第十六条“异族边区律”，并对前言和个别条目作了修订、补充，对一些名词重新作了解释，最后编成《十三法典》。不涉及死罪的案件往往由八名宰桑组成的法庭进行审理，死刑，则由“王”判决。

和硕特汗廷正是这样，以蒙古军队为后盾，在确保汗权的前提下，大力扶持黄教，联合宗教上层，改革旧官制，增添新机构，来实现对西藏的统治。

对青海地区，固始汗则是采取分封诸子，按照卫拉特传统方式进行管辖。他命第六子多尔济统领青海台吉，管辖汗廷的根据地，号达赖巴图尔②，或达赖巴图尔珲台吉③。并征收喀木地区（康区）赋税供应青海部众④。在青海地区逐渐形成了固始汗八位儿子（青海八台吉）为首的世袭封地，分布在青海湖四周的牧场上。随着其子孙世袭分封，分成许多小兀鲁思，至雍正年间（1723—1735 年），拥有兀鲁思的台吉还剩下二十一家。青海和硕特袭用了卫拉特会盟制度，以春初“祭海”（祭祀青海湖神的一种传统活动）时间为固定会盟日期，会盟固定场所为察罕托罗海（意为白山头，在西宁边外西南）。青海诸台吉中如有必要共同商讨大事，则临时举行会盟。

据藏文史籍所载，康熙四年（1665 年）左右，五世达赖派果芒堪布丕棱列伦珠布至青海，聚集诸头目，划分立帐之地（牧场），分成左右两

① 《卫拉特蒙古简史》上册，新疆人民出版社 1992 年版，第 183 页。

② 祁韵士:《皇朝藩部要略》卷 17,《西藏部要略一》。

③ 参见噶班沙喇布《四卫拉特史》；策棱旺札勒:《颇罗鼐传》，四川民族出版社 1981 年版，第 16、第 22 页。

④ 《清世宗实录》卷 20，雍正二年五月戊辰提到，固始汗占领青海地区后，“以青海地面宽大，可以牧养牲畜；喀木地众粮多，遂将伊子孙，分居此二处，伊则在青海游牧居住，喀木地方，为伊等纳贡”。

翼，使之安居[①]。固始汗子达延、鄂木布、阿玉什、达兰泰系属于左翼，伊勒都齐、多尔济、瑚鲁木什、衮布察珲、桑噶尔札、札什巴图尔属于右翼，并产生左翼长和右翼长，管理境内诸部的牧场及其他日常事务。康熙二十九年（1690年），多尔济卒后，札什巴图尔继领青海诸台吉，五世达赖封他为“青海总管王”[②]。康熙三十八年（1699年），清廷封其为亲王。由于达赖巴图尔珲台吉多尔济的分封和牧地划分，和硕特汗廷通过以游牧封地为基础的社会组织及会盟为基本特点的行政管理，达到统辖青海之目的。青海八台吉下又设宰桑、达鲁噶、札萨固尔、德木齐、收楞额等官职，以对属众进行统治。现列表如下：

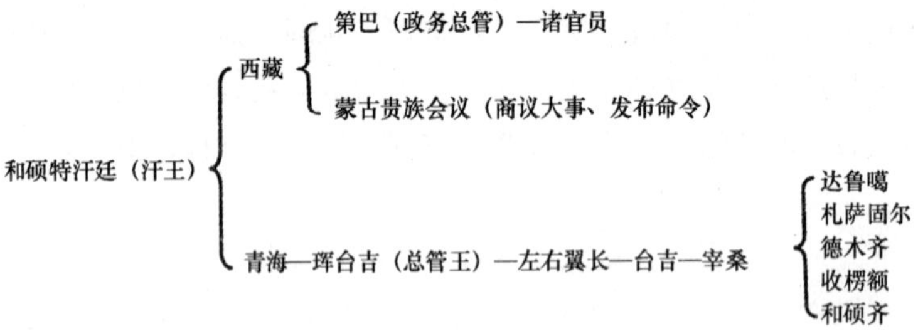


雍正三年（1725年），清廷平定罗卜藏丹津起事后，采用陕甘总督年羹尧所提出的《青海善后事宜十三条》和《禁约青海十二事》，对青海蒙古各部，仿内札萨克蒙古，划定各游牧界限，将青海蒙古各部编为二十九旗。“按人口之多寡，以百五十户为一佐领，共佐领一百（十）四个半。”[③] 人数大致一万七千户，以每户五口计，大约八万六千余人，其中和硕特约六万五千人。每百户编一佐领，不满百户编为半佐领，几个佐领合编为一旗，由札萨克一人统之。每札萨克俱设协领、副协领、参领一员。在青海二十九旗中，除了和硕特二十一旗外[④]，另设有绰罗斯二旗，土尔扈特四旗，辉特一旗，喀尔喀一旗。各旗每年会盟一次，盟长由“老成恭顺之人”担任，受西宁办事大臣的监督，“各旗不准妄自私推”。

---

① 《安多政教史》，第41页。

② 同上书，第45页。

③ 杨应琚：《西宁府新志》卷20，《武备》。

④ 此外还有和硕特珠勒都斯中路左、中、右三旗，科布多地区哈弼察克新和硕特旗，内蒙古阿拉善和硕特旗。

各旗王公台吉，自雍正年起“派定人数，令其自备马驼”[①]，由边外赴京请安，分为三班，三年一次，九年一周。至此，青海和硕特完全纳入清朝统治的轨道。

### （二）土尔扈特官制

迁徙至伏尔加河下游的土尔扈特等部，刚开始时，“共有五名大台吉和四十五名台吉。小台吉和宰桑是较小的封建领地的统治者，隶属于大台吉”[②]。至和鄂尔勒克之子书库尔岱青时，“战胜其他土尔扈特领主……得到大领主的职位和统治权”[③]。逐渐形成了以土尔扈特部为主体，包括部分和硕特、杜尔伯特在内的封建汗国。西方著作中则将其称为卡尔梅克汗国。

在汗下面设置了相应的行政机构，由书库尔岱青汗的近亲和当地兀鲁思行政长官及少数官吏组成。机构的成员在俄国档案文献中常称之为“杜马台吉”[④]，也即汗国最高司法机关。据曾任俄国管理土尔扈特事务机构翻译的巴库宁说：“用他们（指土尔扈特）的说法叫‘札尔固’，而我们（指俄国）的说法是法院。它通常设在汗住所附近，在一个单独的帐篷里，由汗最依赖的重要宰桑参加，其中往往有一两名信得过的教士（指喇嘛）。照他们古老的习惯，其人数不超过八人。”[⑤] 这八人“实际上是汗手下的辅助大臣和助手”[⑥]。土尔扈特称之为“乃曼札尔固”，即八札尔固。其成员，蒙语称之为“札尔固齐”或“札尔扈齐”，意为“掌管诉讼之人”，自成吉思汗时代以来即为执掌重要职务的审判官。是汗王权力的执行机关。因为“对所有卡尔梅克人的统治都取决于这个札尔固，在那里起草汗给卡尔梅克各领主的有关公众事务的命令，草稿传给汗批准，然后誊写清楚，盖上汗印”。同时，“札尔固的一切决定只有经过汗的批准才能在法律上生效”[⑦]。

土尔扈特的地方统治机构，则由兀鲁思和爱马克的长官通过收楞额

---

① 《清世宗实录》卷 20，雍正二年五月戊辰。

② 《卡尔梅克苏维埃社会主义自治共和国史纲》，第 95 页。

③ 巴库宁：《卡尔梅克各民族及其诸汗和领主的事迹记》，《红档》1939 年第 3、第 5 期。

④ 《卡尔梅克苏维埃社会主义自治共和国史纲》，第 132 页。

⑤ 俄国对外档案馆藏，卡尔梅克专宗 1630—1736 年第 119/1 号，第 139—140 张，转引自兹拉特金《准噶尔汗国史》，第 421 页。

⑥ 德昆西：《鞑靼人的反叛》，第 7 页。

⑦ 《卡尔梅克苏维埃社会主义自治共和国史纲》，第 1181 页。

(赋税官)、杰米奇（村长)、埃尔奇（信使）来实施。当时约有八万名士兵和二十万其他居民[1]。

关于札尔固机构的性质，至18世纪中期时发生了变化。沙俄政府为了限制汗的权力，进一步控制土尔扈特，1760年8月12日正式承认渥巴锡为土尔扈特汗之同时，颁布了改组札尔固的条例。根据条例规定，“札尔固由代表全体卡尔梅克兀鲁思的诺颜组成，而不是只是一个汗的札尔固。札尔固的组成必须经过俄国政府批准。札尔固内的一切事务应该按照多数来表决，并且当汗自己不同意，也不能用自己的权力独自取消已经作出的决议，而应请沙皇撤销或改变它”[2]。更有甚者，俄国政府还在帮助土尔扈特人处理案件的名义下，“指派一名俄国军官参加札尔固”[3]，并任命当时怀有夺取汗位企图的策伯克多尔济为新的札尔固首脑，遂使原作为汗统治工具的札尔固，变成与汗权相抗衡的机构。而且受到俄国政府的操纵和监视。正如托忒文《卡尔梅克诸汗简史》所说：“汗权遭到削弱，高贵的称号（指汗号）受到藐视。”这也是渥巴锡率族东返故土祖邦的因素之一。

清乾隆三十六年（1771年）冬，清廷对来归的土尔扈特蒙古大小首领均予以封爵。渥巴锡被封为乌讷恩素珠克图旧土尔扈特部卓里克图汗，其他首领也分别受爵。封策伯克多尔济为乌讷恩素珠克图旧土尔扈特部布延图亲王、舍楞为青色奇勒图新土尔扈特弼哩克图郡王，巴木巴尔为毕锡呼勒图郡王。其他分别授以贝勒、贝子、辅国公，一、二、三、四等台吉或闲散台吉。

乾隆三十八年（1773年），渥巴锡移牧珠勒都斯草原，所领之地称旧土尔扈特。后又划分为南、北、东、西四路，分设四盟，各立盟长，颁发官印。具体划分如下：南路，在哈喇沙尔（今焉耆）北裕勒都斯草原，置四旗，渥巴锡为盟长（后封其长子策凌纳木札勒为盟长）；北路，在和布克赛里，置三旗，策伯克多尔济为盟长；西路，在精河一带，置一旗，默们图贝勒为盟长；东路，在库尔喀喇乌苏（乌苏县）一带，置二旗，巴木巴尔为盟长。郡王舍楞所领之地称新土尔扈特部，划牧于科布多、阿勒泰

---

① 鲍戈尔亚夫连斯基：《17世纪前半期卡尔梅克人历史资料》，《历史札记》1939年第5卷，第87页。

② 《卡尔梅克苏维埃社会主义自治共和国史纲》，第182页。

③ 帕里莫夫：《留居俄国境内时期卡尔梅克民族史纲》，第66页。

地区，置二旗，舍楞任盟长。和硕特恭格部，游牧于博斯腾湖（今和硕县一带），置四旗，恭格任盟长。此外，还有三旗在青海、额济纳等地。

关于东归土尔扈特及和硕特等部，除了据盟旗制度设有盟长、札萨克、佐领等外，内部的官制，从渥巴锡汗于乾隆三十九年正月颁行的“防盗法纪六条”及和硕特部贝子布彦楚克制定的“法纪十条”中也可了解一些情况①。如“防盗法纪六条”中的第一条提到：“宰桑管辖之人中，十户设一大甲长、一小甲长来管辖之，十户统一行动，若以水草为据另住时，由甲长管辖之。”第二条说：“宰桑之身居于昂吉之中，村俗悉听从宰桑而行，不许与其他昂吉之亲属杂居。”第六条又提及：“凡报偷盗之情后，若有肆意抢掠、伤人之事，召集五昂吉之宰桑，均宜立赏。”布彦楚克的“法纪十条”之第一条提到：“游牧之事，由贝子布彦楚克、札萨克一等台吉诺海、承办贝勒德勒克乌巴什事之宰桑诺尔布、沙拉布等共同商议办理。统辖约束属下种地等事宜。”第二条提到：“该管宰桑、昂吉之人中，十户设大甲长一员，小甲长一员。择其贤者管理之。此十户人众，逐水草而游牧时，悉有甲长随行并居一处，不可任意居住其他村庄。”从上述可看出，虽然设立盟旗制度，土尔扈特、和硕特内部事务仍由台吉、宰桑、大小甲长进行管理。这里的昂吉为分支之意，指台吉所属领地和属下，规模要比准噶尔汗国时小得多②。

## 余　论

第一，由于游牧经济逐水草无常居的特点③，从瓦剌到准噶尔等，其统治机构都是比较简单，不似中原地区那样庞杂。无论是兀鲁思或鄂拓克的官吏，往往具有双重身份，既是世袭领地封建主，又是大小台吉下面之臣僚。他们在汗统率下，组成封建政权的统治机构，形成了富有草原游牧民族特色的官制，以适应社会发展需要。

第二，元室北迁后，失去对中原地区的统治。瓦剌既沿袭了一些元朝

---

① 中国第一历史档案馆藏，《满文月折档》乾隆三十九年正月初四、二十七日伊勒图奏折。又见笔者参与编撰之《满文土尔扈特档案译编》，民族出版社1988年版，第232、第236页。

② 昂吉作为行政单位，残留至清末，如据《清高宗实录》乾隆二十八年六月癸巳条记载，将驻扎伊犁新疆的索伦、察哈尔、额鲁特兵丁分别编成昂吉，每昂吉置总管，下分六佐领。

③ 《西域图志》卷1，《图考一》；椿园：《西域总志》卷5。

的官制，又在与明廷交往中，接受封爵。并随着汗权式微，政治、军事形势变迁及社会经济发展的需要，兀鲁思和鄂拓克的官制逐渐形成，至准噶尔汗国时期进一步完备，出现了政府职能部门和各种专业机构的不同类型官员。17世纪中期至18世纪，漠南蒙古、喀尔喀及漠西蒙古陆续归附清朝。清设理藩院进行管理，为了达到“众建而分其力”之目的，取消蒙古各部传统体制及领属关系，建立盟旗制度，受满族官制影响较大。但卫拉特地区，在相当长时期内尚保留一些旧官制，与盟旗制度并存。

第三，远徙青藏及伏尔加河下游的和硕特、土尔扈特，虽然所处人文地理环境不同，深受藏传佛教影响或留有沙俄干涉的痕迹，但由于同一民族源远流长的关系，使其官制大同小异。这种既相互吸收融汇，又保留自己民族富有特色典章制度的文化现象，正是一个民族内部及各民族间凝聚力经久不衰之渊源所在。因此，深入探讨卫拉特蒙古官制及其演变，将有助于对卫拉特社会组织结构及政治、经济、文化生活的了解，促进蒙古史研究。

（原载《海峡两岸中国少数民族研究与教学研讨会论文集》，台北，“中国边政协会”1996年刊印出版）

# 瓦剌王猛可帖木儿杂考

## ——瓦剌兴衰史探究之一

有关 14 世纪末 15 世纪初的瓦剌历史，不仅史籍记载简略，而且汉蒙文资料抵牾处甚多。本文试图从研究猛可帖木儿着手，对瓦剌兴起史略加探索。

## 一　猛可帖木儿与乌格齐哈什哈、鬼力赤

猛可帖木儿为明初瓦剌首领。关于他的生平，无论是汉文或蒙文资料都没有详细记载。

清代修纂的《明史·瓦剌传》只是简单地提到："瓦剌，蒙古部落也。在鞑靼西。元亡，其强臣猛可帖木儿据之。死，众分为三。其渠曰马哈木，曰太平，曰把秃孛罗。"然从这寥寥数语中，似乎可得出以下的推断：猛可帖木儿是元廷的强臣（这与很多斡亦剌贵族在元廷供职，并受册封的史实相符），明初据有瓦剌诸部；他掌权是于马哈木、太平、把秃孛罗以前，当时瓦剌是统一的，继他之后，瓦剌才分属三位领主管辖。

《明史》所依何据，不得而详，大概是由《明实录》有关记载得出的结论。《明实录》直接提到猛可帖木儿的材料只有一条，即建文二年（1400 年）二月癸巳所载，其云："谍报胡寇将侵边，上遣书谕鞑靼可汗坤帖木儿，并谕瓦剌王猛哥（可）帖木儿等，晓以祸福。"① 这条史料表

① 《明太宗实录》卷 5，建文二年二月癸丑。"上"是指燕王朱棣。

明猛可帖木儿是和坤帖木儿同时分别掌管东西蒙古。至永乐元年（1403年），明成祖朱棣继位，遣镇抚答哈帖木儿等赍敕往瓦剌，诏告马哈木、太平、把秃孛罗[①]。这时，以瓦剌执政者名义与明廷联系的已是马哈木等。《明史》作者主要是依据上述《明实录》两条材料而得出："死，众分为三"的结论。故其中尚有亟待解决的问题：一是马哈木等与猛可帖木儿到底是什么关系？二是猛可帖木儿是死了，抑或被篡位？乃至另有他任？这就给后世治史者留下了种种疑难，也提供了进一步探讨的余地。

近年来，国内外学者对此问题虽有所涉及，但尚有不少疑惑之点，需继续加以研究。

日本学者和田清在论证了明代汉文史料所称鞑靼可汗鬼力赤就是《蒙古源流》的克呼古特（kergüd）乌格齐哈什哈（Ügečikhašgha）之后，指出："猛可帖木儿或者是管领四卫喇特的乌格齐哈什哈的先人。"[②] 我国学者吴其玉先生进而认为猛可帖木儿与鬼力赤、乌格齐哈什哈、玛哈齐蒙克是同一人[③]。

关于鬼力赤，前人曾作过种种考证，众说纷纭。沈曾植在《蒙古源流笺证》中认为即坤帖木儿弟额勒锥特穆尔，其云："额勒锥即《明史》之鬼力赤，译改郭勒齐者也。"[④] 别特罗夫在其著作中认为是柯尔克孜首领乌盖赤[⑤]。冈田英弘在《四卫拉特起源》一文中，则说鬼力赤就是窝阔台系乌鲁克帖木儿。而和田清及霍渥斯等认为鬼力赤即是《蒙古源流》和《蒙古黄金史》中所提到的乌格齐哈什哈[⑥]。特别是和田清考证得尤为详细。其主要论据，笔者归纳起来，有以下四点。

第一，根据《蒙古源流》卷五所载，1399年，额勒伯克汗因受卫喇特札哈明安（札哈千户）之浩海达裕（浩海太尉）唆使，对其弟哈尔古

---

① 《明史》卷328；《明太宗实录》卷18，永乐元年四月壬子。

② 和田清：《东亚史研究·蒙古篇》，第259页。克呼古特又译作奇喇古特，一说即土尔扈特旧称。

③ 吴其玉：《从猛可帖木儿说到玛哈齐蒙克》，《福建师范大学学报》1979年第4期。

④ 《蒙古源流笺证》孱守斋校补本下，第7页。

⑤ 别特罗夫：《15—18世纪柯尔克孜封建关系概要》，1961年伏龙芝版，第28页注。或参阅《柯尔克孜人向天山的迁徙和十三世纪至十五世纪他们与卫拉特人的关系史》第四章。

⑥ 和田清：《东亚史研究·蒙古篇》，第206—213页；霍渥斯：《蒙古史》第1卷，第357页，他在第十章《克列特人和土尔扈特人》中又提出：由于乌格齐与玛哈齐音相近，故将乌格齐哈什哈和玛哈齐蒙克视为一人。

楚克之妻鄂勒哲依图鸿郭斡拜济起歹心，杀哈尔古楚克，并霸占弟媳为小福晋[①]。鸿郭斡怀恨设谋，诬浩海辱己，使汗误杀之。待汗觉察浩海冤情后，为了弥补过失，把大福晋之女萨穆尔公主下嫁给浩海太尉之子巴图拉[②]，授丞相职，令管四卫喇特。因此，引起当时已在管理四卫喇特的克呼古特乌格齐哈什哈的不满，数月后举兵杀额勒伯克汗。而从永乐元年（1403 年）二月己未明成祖给鬼力赤的诏谕提到“比闻北地推奉可汗正位”看来[③]，鬼力赤当汗与乌格齐哈什哈杀额勒伯克汗的时间相去不远。

第二，各种史籍证明鬼力赤并非元裔，王世贞《北虏始末志》有颇为详细的叙述：“永乐初，鬼力赤立，非元裔也。众不附，复杀之。太师阿鲁台统有部落，乃迎顺帝后本雅失里为王，称可汗。”[④]《明史·鞑靼传》也说：“有鬼力赤者篡立，称可汗，去国号，遂称鞑靼。”[⑤] 这些都说明鬼力赤并非元裔。而乌格齐哈什哈是卫喇特克呼古特的酋长，也不是元裔。

第三，鬼力赤的根据地是在甘肃、宁夏边外，而不在东方。关于这点，从《明太宗实录》卷四八永乐五年（1407 年）三月甲戌条所载的遣回鬼力赤使臣之事可得到证明。其云：“敕宁夏总兵官左都督何福及诸边将曰：耳亦赤、也儿吉、你儿灰等还，道经边域，宜厚待而遣之，令人护送出境。又密谕福及宋晟曰：耳亦赤乃鬼力赤之师，或言此必鬼力赤所遣。盖鬼力赤欲西向与瓦剌战，将徙其家属近南，而畏备边官军袭之，故遣来，以缓官军之出。……”从上可见，宋晟是甘肃总兵官，鬼力赤的使者回去要经过宁夏边城，其根据地必定在甘、宁边外。另外，《明史·哈密传》称鬼力赤为迤北可汗，相对哈密的地理位置而言，其迤北就是瓦剌的游牧地。同时，《哈密传》两次提到鬼力赤，一次是永乐二三年间，鬼力赤为了控制哈密，毒死与明廷通好的忠顺王安克帖木儿[⑥]。另一

---

① 另见莎斯季娜译《萨拉图吉》第 71—73、第 166—167 页。《蒙古黄金史》所述雷同，但认为哈尔古楚克是额勒伯克之子。

② 一般认为巴图拉即是汉文史籍《明实录》等所载之马哈木，系脱欢之父。

③ 《明太宗实录》卷 16，永乐元年二月己未。

④ 王世贞：《北虏始末志》，《弇州史料集》，万历刊本，前集卷 18。

⑤ “称可汗，去国号，遂称鞑靼”，这是通说。刘定之在《否泰录》中云：“此称为可汗，而彼自称不可知，计必仍僭其先世大号也。”这说明“鞑靼可汗”是明廷给定的，并非自称。从后来也先自称“大元天圣大可汗”也可加以佐证。

⑥ 《明史》卷 329，《西域一·哈密传》；《明太宗实录》卷 34，永乐三年三月己亥。

次是永乐五年安克帖木儿妻往依鬼力赤[①]。《明太宗实录》卷五十永乐五年（1407年）六月戊子条，还记载了鬼力赤“数遣人至哈密市马”的消息。迤北的鬼力赤与迤南的哈密来往密切，这也是符合瓦剌统治者一贯的策略：争夺哈密，控制东西交通要道。

第四，鬼力赤时常与瓦剌马哈木等仇杀，《明太宗实录》永乐元年十月戊午、二年七月辛酉、八月丙申、三年七月丙申、五年三月甲戌等条都有所涉及，这与《蒙古源流》中关于乌格齐哈什哈因与巴图拉争夺卫喇特领导权互相厮杀的记载完全吻合。

另外，笔者认为鬼力赤与乌格齐这两个名字词义上有某些相通之处，这也是证明同为一人不可忽视之点。乌格齐（ügečі），蒙语意为“乞讨”、“讨吃”；鬼力赤（ɣuirinči），意为“无”、“赤贫”，均含有贫穷、低贱之义，都是贬称，可能为绰号。不过，根据《蒙古源流》的叙述，额勒伯克汗（1393—1399年）卒后[②]，坤帖木儿继位（1400—1402年），[③] 随之，额勒锥特穆尔任汗（1403—1410年）[④]，紧接着是德勒伯克汗上台（1411—1415年），汗位都是元裔一脉相承，根本没有涉及明人记载中所说的鬼力赤篡位之事。然据《明实录》等所载，自坤帖木儿被杀之后至额勒锥特穆尔（即本雅失里）登位前，其间有几年空隙，也即刚好是鬼力赤在位时期。为什么蒙汉文材料所记出现如此矛盾呢？这可能是《蒙古源流》作者萨囊彻辰为了维护成吉思汗黄金氏族的正统观念，扬美隐丑，采用讳笔的结果。

欲证鬼力赤与乌格齐哈什哈为同一人，这里面尚有一个问题需要解决。据《明太宗实录》卷四十九永乐五年（1407年）五月丙寅条记载：“时，虏中来降者言，鬼力赤为部下所废，其众欲立本雅失里。”《明太宗实录》卷六十永乐六年（1408年）十二月癸巳条又提到：“时，鬼力赤为众所戕。北虏迎立本雅失里，有不相附而奔溃者。”这说明鬼力赤在永乐五年或六年间被废或被杀。而据《蒙古源流》卷五所载，乌格齐哈什

---

① 《明太宗实录》卷51，永乐五年七月壬子；《明史》卷329，《西域一·哈密传》。

② 此据萨囊彻辰《蒙古源流》卷5。《蒙古黄金史》认为是1394—1401年在位，《黄册》认为是1392—1399年在位。

③ 《黄册》认为是1399—1407年。

④ 即明人记载中的本雅失里、完者秃王，1408—1410年在位。《黄册》认为是1407—1415年。

哈死于1415年。如果两者同系一人的话，其生卒年代又有矛盾。笔者认为是否正像《明太宗实录》永乐五年五月丙寅条所记的那样，鬼力赤只是被部下所废，本雅失里取而代之，并未被杀，而是作为克呼古特的首领仍然活跃在蒙古高原上。

吴其玉先生进而提出猛可帖木儿就是鬼力赤、乌格齐哈什哈，其主要论据：一是三者同生活在洪武、建文到永乐初年，其地位和事迹有雷同之处。二是猛可帖木儿和鬼力赤的名字交替使用，互为先后出现在蒙古的政治舞台上。先是猛可帖木儿作为故元强臣据有瓦剌，后是鬼力赤或乌格齐哈什哈篡杀了额勒伯克汗。继之与坤帖木儿一起出现在明廷诏谕中的是猛可，接着猛可复不见了，又出现了鬼力赤。因此，明初的瓦剌王猛可，即是乌格齐哈什哈或鬼力赤。至于如何解释异名现象，笔者认为，正如前述，乌格齐、鬼力赤之名，在蒙语中皆含有低贱、不开化之意，均系贬称。这可能是由于猛可帖木儿弑额勒伯克汗后而得到的绰号。在汉蒙文史籍中正名与绰号交替使用，三者可能实系一人。

## 二 猛可帖木儿与玛哈齐蒙克不是同时代的人

吴其玉先生在《从猛可帖木儿说到玛哈齐蒙克》一文中，又从研究土尔扈特世谱及猛可帖木儿名字的组成和对音着手，说明猛可、乌格齐、鬼力赤就是清代官书及私人著述中的翁罕六世孙（一说为七世孙）玛哈齐蒙克。这不仅从名字的对音（即鬼力赤、乌格齐是玛哈齐的变音，猛可与蒙克是同音异译）进行分析，而且根据帕拉斯的《蒙古民族历史资料集》所载，玛哈齐蒙克不只是土尔扈特的酋长，而且是该部最著名的人物，这与猛可、鬼力赤、乌格齐的情况相符。

将玛哈齐蒙克与猛可帖木儿、乌格齐哈什哈、鬼力赤同证为一人，这是个大胆尝试，开阔了明初瓦剌史研究的视野。不过，笔者认为，这里有个问题尚需进一步探讨：若玛哈齐蒙克果真是和上述三者同为一人的话，那他必然至迟在15世纪初就去世。而根据土尔扈特世系表，从玛哈齐蒙克四传至和鄂尔勒克，中经贝果鄂尔勒克和珠勒札斡鄂尔勒克。和鄂尔勒克死于1643年，也即从贝果鄂尔勒克到和鄂尔勒克中间经历了二百三十来年，这恐怕是罕见的。参见准噶尔世系表，与乌格齐哈什哈同时代的巴图拉（马哈木），至与和鄂尔勒克同时代的巴图尔珲台吉间却经历了十世。

关于玛哈齐蒙克所处时代问题，沈曾植在《蒙古源流笺证》中的一段话倒是应该引起注意的。《蒙古源流》卷六提到：1562 年，俺答汗派族孙鄂尔多斯的库图克图彻辰洪台吉等西征，至额尔齐斯河，“征剿土尔扈特，击杀喀喇博郭罗”。关于喀喇博郭罗，沈曾植清译本笺证云：“此博郭罗疑即明史之卜六王。又案喀喇博郭罗名字，土尔扈特世系无之。揆诸情事，似贝果鄂尔勒克以上之旁支，或当为与野乜克力同处之满可王部落，而满可王即土尔扈特世系之孟克，未可知也。”喀喇博郭罗是否即满可王或孟克（玛哈齐蒙克），别无所据，难以断定。但其提出玛哈齐蒙克活动于 16 世纪中期还是可取的。这从土尔扈特历史及其系谱形成状况也可得到佐证。我们知道，土尔扈特经数百年繁衍生息，支系众多，分布各异，自新疆、青海、内蒙古远至伏尔加河流域都有他们踪迹。其系谱辗转流传，头绪纷杂。目前见于史载的主要是渥巴锡之先世贝果鄂尔勒克一支的系谱。自翁罕至玛哈齐蒙克这一段①，因时代久远，史焉不详，并且都是单传，这恐怕不符合事实，其中必有省略或遗漏。而自玛哈齐蒙克之后，则留下比较详细的世谱，可信程度也更大些。若玛哈齐蒙克是活动于 16 世纪中期，为和鄂尔勒克高祖，中隔一百余年，似更近乎情理。

从土尔扈特世系推之，玛哈齐蒙克应是 16 世纪中期之人。而猛可帖木儿系明初瓦剌首领，其所处年代相隔太远，这可能是试图将两者视为一人的极难逾越之障碍。至于未能在土尔扈特世谱上找到猛可帖木儿的名字，是否就可怀疑猛可帖木儿的存在，或者认为其不属于土尔扈特呢？回答是否定的。正如前述，现存的系谱详于玛哈齐蒙克以下之世系，蒙克以前的过于简略。因此，猛可帖木儿很可能是玛哈齐蒙克以上的旁支，或者属于土尔扈特另一支系，后因政治风云变幻，势力衰微，不见于史载，也未可知。

不过，根据国内外学者的研究，猛可帖木儿与鬼力赤、乌格齐哈什哈同属一人的论据还是比较充分，这就为研究明初瓦剌迷朦的历史提供了重

① 顺便提一下，若翁罕果真像有些学者认为那样，即是克烈首领王罕。王罕死于 13 世纪初，那么由王罕十传至和鄂尔勒克，到 17 世纪中叶，中经四百四十来年，平均每世相隔五十来年，也未免长了些，这可能是有所遗漏，或者翁罕并不是王罕，暂且阙疑。

要线索，拉开了一道帷幕。

## 三　猛可帖木儿史事钩沉

元末明初，瓦剌部众在“元朝强臣”猛可帖木儿，或《蒙古源流》中所载的乌格齐哈什哈（一说即明人所说的鬼力赤）管辖下，崛起于西北，形成一股强大的政治力量。据《华夷译语》记载，1388年，北元脱古思帖木儿汗遭到明军致命打击后，就是被受瓦剌支持的阿里不哥后裔也速迭儿所杀[①]。从此，可汗权势衰微，东西蒙古封建主自相雄长，掀起了激烈的内讧。

当时，蒙古政治局势的特点是“赛特”专政[②]，可汗只是他们争权夺利的工具和牺牲品。如前所述，建文元年（1399年），卫喇特克呼古特之乌格齐哈什哈举兵弑额勒伯克汗，并娶鄂勒哲依图为妻，“蒙古人众大半降之”，其中包括阿速特部大封建主阿鲁台势力。从表面上看，额勒伯克汗的被弑，似是乌格齐哈什哈所说的：“汗政治不端，杀弟哈尔古楚克洪台吉，以弟妇洪拜济为福晋，淫虐乱法，复被洪拜济所欺，杀臣浩海，以有此耻。乃既有我在，而令我属人巴图拉管辖四卫喇特耶!”[③] 但探其根源，还是由于可汗权势削弱，“赛特”专政，瓦剌兴起，这就势必与东蒙古封建主分庭抗礼，乃至争夺汗权。同时，这个事件的背后，也许还隐藏着额勒伯克兄弟之间以及卫喇特内部权力之争[④]。因此，《蒙古黄金史》的作者认为，额勒伯克汗被杀，是“蒙古之政统为卫喇特所篡夺”[⑤]。这种看法不是没有道理的。

根据汉蒙文资料综合分析，乌格齐哈什哈杀了额勒伯克汗后，并没有立即取而代之，而是继续积蓄力量，伺机行事。继承蒙古汗位的是额勒伯克之子坤帖木儿。故建文二年（1400年），明燕王同时致书鞑靼可汗坤帖

---

① 火源洁：《华夷译语》之《捏怯来书》（涵芬楼秘笈本）。

② “赛特”（sayid蒙语sayin的复数），“善人”、“贵人”、“大官”之意，明代蒙古对非成吉思汗家族出身的首领之通称。原属隶臣，即从前万户、千户后裔，一般具有太师、丞相等头衔。

③ 《蒙古源流》卷6。

④ 身居元廷要职的札哈千户绰罗斯家族的浩海太尉，可能觊觎卫喇特统治权，这就必然与克呼古特乌格齐发生冲突。

⑤ 《蒙古黄金史纲》（即《蒙古黄金史》），贾敬颜、朱风译稿，第55页。

木儿和瓦剌王猛可帖木儿。后来鬼力赤（一说即猛可帖木儿、乌格齐哈什哈）与东蒙古封建主阿鲁台等联合，废坤帖木儿，即汗位。据明人记载，从永乐元年至六年（1403—1408 年）在位。

笔者认为，自从额勒伯克汗被杀后，瓦剌的势力分成两大部分。一部分是以乌格齐哈什哈（一说即鬼力赤或猛可帖木儿）为代表，联合阿鲁台、也孙台、马儿哈咱等东蒙古封建主①；另一部分是以马哈木（一说即巴图拉）、太平、把秃孛罗为代表的瓦剌封建主。这从《蒙古黄金史》的记载中也可得到证实。其在叙述了额勒伯克汗误杀浩海太尉后，指出："可汗虽知中了妣吉（即拜济，王妃之意）的计，但意识到自己的不是，也便无可奈何于妣吉，只好让太尉的儿子巴图拉丞相，与乌格齐哈什哈二人掌管四万卫喇特。"② 当时，为了争夺瓦剌乃至全蒙古的统治权，双方曾经发生多次战争，从永乐元年至五年，仅据《明太宗实录》所载就有五次，各有胜负。如卷三十永乐二年（1404 年）七月辛酉记道："近兀良哈有人来，言虏酋也孙台、阿鲁台、马儿哈咱各怀异见。去年大败瓦剌，今春瓦剌亦败鬼力赤。"八月丙申又曰："使臣自哈密还，言鬼力赤率众各赍三月粮、挤乳马二匹、骟马二匹，持斧锯为开山伐木之用，言与瓦剌战罢即旋兵南来。"

但是，鬼力赤与东蒙古封建主的联合是短暂的，东蒙古的封建主绝不会甘心于非成吉思汗后裔作为自己的领袖，所以一有机会就要推翻之，鬼力赤与阿鲁台联盟的破灭，正说明此点。鬼力赤即位不久，明边就传来"也孙台、阿鲁台、马儿哈咱各怀异见"的消息。鬼力赤与也孙台"久结肺腑之亲，相倚为固"③，阿鲁台等与也孙台的矛盾，实际上就是对鬼力赤的离心。果然，到了永乐四年（1406 年），"百户赵贤等自兀良哈察罕达鲁花处还，言虏酋也孙台为部下所杀，马儿哈咱往归瓦剌，阿鲁台往居海剌儿河之地"④。永乐五年（1407 年）五月，根据蒙古归附明廷的人报告："鬼力赤为部下所废，其众欲立本雅失里。"⑤ 这里所说的"废"与

---

① 据《明太宗实录》卷 16，永乐元年二月己未载：明成祖在遣使鞑靼可汗鬼力赤的同时，"并遣敕谕虏太师右丞相马儿哈咱、太傅左丞相也孙台、太保枢密知院阿鲁台等，以遣使往来之意"。

② 《蒙古黄金史纲》，贾敬颜、朱风译稿，第 54—55 页。

③ 《明太宗实录》卷 55，永乐六年三月辛酉。

④ 《明太宗实录》卷 46，永乐四年十月乙卯。

⑤ 《明太宗实录》卷 49，永乐五年五月丙寅。

“立”，根据《明实录》后来记载的分析，很可能还在酝酿之中，尚未成为事实。明人所称的本雅失里（或完者秃王）[①]，一说即《蒙古源流》和《蒙古黄金史》中所载的额勒伯克之子、坤帖木儿之弟，在战乱中逃奔撒马尔罕，后移居别失八里。鬼力赤以非元裔而驾驭蒙古，这必然会引起东蒙古封建主的强烈不满。鬼力赤既要对付与其争夺瓦剌统治权的马哈木等，又要想方设法维持内部摇摇欲坠的联盟，因而不得不顺从部众意愿，与本雅失里的使者交涉迎立之事。[②] 永乐六年（1408 年）正月，明廷鸿胪寺丞刘帖木儿不花等使西域还，奏言：“本雅失里初居撒马儿罕，后奔别失八里，今虏遣人迎立之。”[③] 至十二月，明边即传来“鬼力赤为众所戕，北虏迎立本雅失里，有不相附而奔溃者”的谍报[④]。也就是明人郑晓在《皇明北虏考》中所说的：“是冬，鬼力赤残破，虏迎立本雅失里，叛负不相统。”关于这段历史，一般学者往往沿袭《明史·鞑靼传》之说，认为是阿鲁台杀（或废）鬼力赤，而迎元之后本雅失里于别失八里，立为可汗。但是，《明太宗实录》的一段记载，却提供了新线索，也许会导致不同结论的产生。永乐六年（1408 年）当明成祖传闻蒙古欲迎本雅失里为汗的消息后，为了劝阻本雅失里返回漠北，曾于三月派遣使臣赍书谕本雅失里，其曰：“鸿胪寺丞刘帖木儿不花等回，知尔自撒马尔罕脱身，居别失八里。今鬼力赤等迎尔北行，以朕计之，鬼力赤与也孙台久结肺腑之亲，相倚为固。今未必能弃亲就疏矣。况手握重兵，虽或其下有附尔者，亦安敢与之异志。今尔与鬼力赤，势不两立矣。”[⑤] 因而，笔者认为，鬼力赤因迫于当时情势，不得不考虑迎立元后裔本雅失里的问题，本雅失里为了返回漠北，也遣人与鬼力赤交涉，并派部属到“哈密窥探边事”[⑥]。故明成祖在敕谕中关于“今鬼力赤等迎尔北行”的提法并非无稽之谈。待本雅失里抵达漠北后，则与阿鲁台等东蒙古封建主结成联盟，鬼力赤（一说即乌格齐哈什哈或猛可帖木儿）便丧失汗位，而与一部分属众仍退

---

① 据《明太宗实录》卷 53，永乐五年十月壬辰条所载：“完者秃，元之遗裔，名本雅失里者。比指挥丑驴至撒马儿罕，见其部属，不过百人。”

② 《明太宗实录》卷 50，永乐五年六月戊子条载道：“近回回沈安名帖木儿等来言，鬼力赤数遣人至哈密市马，本雅失里亦遣人与鬼力赤往来。”

③ 《明太宗实录》卷 55，永乐六年正月甲子。

④ 《明太宗实录》卷 60，永乐六年十二月癸巳。

⑤ 《明太宗实录》卷 55，永乐六年三月辛酉。

⑥ 《明太宗实录》卷 50，永乐五年六月戊子。

居活动于甘肃、宁夏边外，哈密以北阿尔泰山、札布汗河一带。明人郑晓在分析了当时官方、私家之记事后，只是说“鬼力赤残破”，而没有肯定其被杀，可谓史家之慎笔。

鬼力赤避匿西北后，并没有立即加入以马哈木为首的瓦剌联盟，而是伺机再起。当时活跃在蒙古历史舞台上的是以本雅失里、阿鲁台为代表的东蒙古势力，以马哈木、太平、把秃孛罗为代表的瓦剌势力，双方封建主时有冲突。永乐十四年（1416 午），明边传来马哈木已死的消息。

关于马哈木之死，汉文史籍记载均极为简单。《明太宗实录》永乐十四年（1416 年）六月丁卯条云：“瓦剌归附人言，马哈木已死，其众溃散，故停北征。”叶向高《四夷考·北虏考》只是提到：“明年春，阿鲁台与瓦剌战，破之。……未几，顺宁王马哈木死。”《明史·瓦剌传》等记载雷同。在这方面，蒙文资料倒提供了较为具体的线索。《蒙古源流》卷五在叙述德勒伯克汗“岁次乙未（1415 年）年二十一崩”后，接着说：“是年，乌格齐哈什哈心怀前仇，杀浩海达裕之子巴图拉丞相。”又说：“维时，乌格齐哈什哈已死，乌格齐之子额色库丁卯年生，岁次乙未年二十九岁即位，娶巴图拉丞相之妻萨穆尔，称为额色库汗。”巴图拉即马哈木，由此可见，马哈木是死于祸起萧墙，为乌格齐哈什哈所杀。但《蒙古黄金史》所载却迥然不同，认为是阿岱可汗在蛇年（1425 年）上台后，为了报复先前的仇恨，率领蒙古去征伐卫喇特，“攻入卫喇特，杀死太尉之子巴图拉丞相，其妻为可汗所纳，其子脱欢被赐与阿鲁台太师牧羊”①。不过，根据蒙汉文史料综合分析，马哈木死于 1415—1416 年间是毫无疑问的。因为永乐期间，迤北诸豪来往不绝，《明实录》根据当时所述书之，固当较为确实。而《蒙古黄金史》所记恐误。至于死在何人之手，上述蒙文资料记载差异很大，纪年也甚混乱。以笔者管见，为乌格齐哈什哈所害的可能性更大些。

这样，明初瓦剌史上的两位著名首领猛可帖木儿（一说即乌格齐哈什哈，或鬼力赤）和马哈木（一说即巴图拉）从此销声匿迹。继之而起的是脱欢和也先，瓦剌逐渐进入了全盛时期。

（笔者按：近年来，有的学者进一步论证了鬼力赤即是波斯文《突厥世系》、《传记之友》中所提到的窝阔台系后裔乌鲁克特穆尔。若果真如

---

① 《蒙古黄金史纲》，贾敬颜、朱风译稿，第 57 页。

此，本文的某些论点也需要有所改变。笔者在《瓦剌王猛可帖木儿续考》中已作了必要的修正和说明。)

(原载《民族研究》1985 年第 6 期)

# 论脱欢、也先与脱脱不花的联盟

## ——瓦剌兴衰史探究之二

明前期，东西蒙古封建主曾两度结成联盟，一是永乐年间，鬼力赤（一说即乌格齐哈什哈、猛可帖木儿）与阿鲁台等短暂的联盟①；二是宣德末至景泰初，脱欢、也先父子与脱脱不花的联盟。这种联盟既是蒙古政治局势发展的产物，又对蒙古历史进程产生颇大影响，是研究明前期蒙古史不可忽视的一个重要问题。关于第一次联盟的形成与破裂，笔者在《瓦剌王猛可帖木儿杂考》中已加以探讨②。本文着重对第二次联盟形成的历史背景和作用、联盟内部的矛盾与斗争及破裂的原因、经过等问题，略作论述。

## 一 联盟形成的历史背景和作用

故元势力退居塞北后，随着汗权式微，大漠东西蒙古族主要分为互不统属的三个集团，即鞑靼、瓦剌、兀良哈三卫。各个集团封建主为了争夺蒙古地区的统治权，时而兵戎相见，时而联姻结盟。在蒙古高原上，既出现一幕幕战马嘶鸣、刀光剑影的场面，也展示了一幅幅饮血誓盟、迎亲交好的景象。

在上述三大集团中，居于首位的是鞑靼部。鞑靼，即明人对东部蒙古的称谓，由大汗直接统治的各部和拥护大汗的属部组成，其首领为元室后

---

① 若正如有些学者所考证，鬼力赤，则是窝阔台系后裔乌鲁克特穆尔，那么，东西蒙古封建主第一次联盟就子虚乌有了。

② 详见《民族研究》1985 年第 6 期。

裔，拥有蒙古大汗称号，被蒙古人视为正统。其次是瓦剌，又称西蒙古，分布于札布汗河、科布多河流域以及额尔齐斯河、叶尼塞河上游一带。北与乞儿吉思为邻，西南及南边与别失八里（后称亦力把里）、哈密毗连，东与鞑靼相接，东南渐向陕甘边外发展。再次为兀良哈三卫。洪武二十二年（1389 年），明廷于潢水（西喇木伦河、西辽河）以北，自潢山（兴安岭东支脉）至东金山（今怀德县附近）之地，设置朵颜、泰宁、福余三卫。正统年间，三卫逐渐南下，耕牧于辽河、老哈河之间。

从 14 世纪末至 15 世纪初，东西蒙古封建主自相雄长，掀起了激烈的内讧。其原因概括起来有以下几点：第一，元亡后，北方草原经济急剧衰退，经营粗放畜牧业的诸部之间经济联系纽带更为薄弱，各封建主在政治上也呈现分离倾向。再加上明军屡次远征，蒙古可汗的政治、军事、经济力量大为削弱，已无力对其藩臣进行有效控制。而有些大封建主由于没有参加战争，势力坐大。他们在经济上既然无须仰仗可汗，在政治上也就不愿依附之，力图称雄割据，独霸一方。第二，瓦剌乘机摆脱蒙古可汗的羁绊，征服邻近诸小部落，崛起于西北，并渐向东南发展，与东蒙古封建主的矛盾日趋尖锐。双方为了扩大自己的权势，往往挟可汗而令诸王，进行兼并活动。第三，蒙古各部较为单一的游牧经济，需要与周围诸族进行交换，而哈密是东西交通要道，若东蒙古强大，进而控制哈密，瓦剌与中原地区的贸易就要受到影响。为了控制贸易通道，必然要遏制对方势力的扩张。第四，明廷对蒙古诸部扶此抑彼、“分而治之”的政策，也加剧了东西蒙古之间的冲突。

当时，蒙古政治局势的特点是“赛特”专政①。但鉴于黄金氏族在蒙古的威望，异姓王欲夺取统治大权，就必须以可汗为旗号，充当其争权夺利的工具。因而，可汗废立频繁，社会动荡不安。永乐六年（1408 年），明成祖在敕谕中谈道：“自顺帝之后，传爱由识里达腊，至坤帖木儿，凡六辈，相代瞬息之间，且未闻一人遂善终者。”② 坤帖木儿之后，汗位为鬼力赤所篡夺。

永乐六年（1408 年），鬼力赤被阿鲁台所废后，避匿于西北。此后，

---

① “赛特”，善人、贵人、大官之意。明代蒙古对非成吉思汗家族出身的首领之统称。

② 《明太宗实录》卷 55，永乐六年三月辛酉。此据江苏国学图书馆传钞影印本。1962 年台湾影印出版的国立北平图书馆红格钞本为卷 77。

活跃在蒙古历史舞台上，并与明廷经常保持联系的是以本雅失里、阿鲁台为代表的鞑靼势力；以马哈木、太平、把秃孛罗为首的瓦剌势力。前者欲乘废除鬼力赤之机，复振东蒙古，击败瓦剌，控制兀良哈三卫，号令全蒙古。而马哈木等也不甘于臣属东蒙古，并力图东进，称雄漠北。因此，双方争战不休。永乐七年（1409 年）夏，马哈木等击败阿鲁台、本雅失里的进攻，并占领和林一带。翌年，明成祖亲统五十万大军，在斡难河畔击败本雅失里，复东向袭破阿鲁台于兴安岭地区。于是本雅失里仅以七骑渡鄂嫩河，西奔瓦剌，一说卒于永乐十年（1412 年）。越岁，明边传来马哈木立答里巴为汗的消息[①]。而据《蒙古源流》卷五记载，阿鲁台自本雅失里西奔瓦剌后，也立阿岱台吉为可汗（有的学者认为可能是阿寨台吉）[②]，与德勒伯克（答里巴）并称为东西两汗。

永乐十六年（1418 年），马哈木子脱欢袭父爵为顺宁王。宣德年间，他内并太平、把秃孛罗之众，统一瓦剌，外则继续与阿鲁台作战。永乐二十一年（1423 年）夏，脱欢乘阿鲁台新败于明军之机，率军攻袭，“掠其人口马驼牛羊殆尽，部落溃散无所属”[③]。宣德六年（1431 年）春，又使“阿鲁台败北，部曲离散，多于近边假息”[④]。此后，“阿鲁台日益蹙，乃率其属东走兀良哈，驻牧辽塞”[⑤]。

脱欢在军事上挫败阿鲁台的同时，在政治上也采取了一定的措施。他设法收纳曾经归附明廷的脱脱不花兄弟，借成吉思汗黄金氏族后裔为号召，共同对付东部蒙古的阿鲁台和阿岱汗。而脱脱不花为了报阿鲁台杀父之仇及恢复祖辈汗权[⑥]，也欣然接受脱欢之邀。

脱脱不花，明人又称其为脱脱、普花可汗、脱脱卜花王，蒙文史籍称

---

① 详见《明太宗实录》卷 88，永乐十一年五月庚子；高岱：《鸿猷录》卷 8 等。一说答里巴即《蒙古源流》卷 5 中提到的额勒锥特穆尔之子德勒伯克。

② 关于阿岱台吉即汗位年代，《蒙古源流》卷 5 所载前后有矛盾，前曰：“岁次庚寅（1410 年）”，后又说：“岁次丙午（1426 年）。”《蒙古黄金史纲》则云：“该蛇年（1425 年），阿岱可汗即了汗位。”根据《蒙古源流》所叙述的情节判断，阿岱台吉是在额色库故后即位，因而 1425 年前后称汗的可能性较大。和田清在《东亚史研究·蒙古篇》第 240 页（东洋文库 1959 年版）中曾推测：1410 年左右，阿鲁台拥立的可能是阿寨台吉，笔者基本上同意此说。

③ 《明太宗实录》卷 127，永乐二十一年九月癸巳。

④ 《明宣宗实录》卷 76，宣德六年二月丙申。

⑤ 《明史》卷 327，《鞑靼传》。

⑥ 永乐二十二年归附明廷的也先土干曾说：“阿鲁台弑主虐人，违天逆命。”此主可能是指阿寨台吉。

其为岱总台吉、岱总可汗，即太宗之谐音。其祖为额勒伯克汗之弟（一说其子）哈尔古楚克。据《蒙古源流》卷五所载：他是阿寨台吉长子，生于壬寅（1422 年），岁次己未（1439 年），十八岁，自即合罕位。在位十四年，岁次壬申（1452 年），年三十一岁而亡。

然汉文史籍中，早在永乐初年，就出现有关脱脱不花王子的记载。若此人即是岱总台吉，其生卒年代又与蒙文史籍所记发生矛盾。据《明太宗实录》卷六十五永乐七年七月丁亥条所载，甘肃总兵官都督何福奏报："鞑靼脱脱卜花王、把秃王、都督伯克帖木儿、都指挥哈朝你敦、国公赛音帖木儿、司徒撒儿挑赛罕、知院都秃阿鲁把撒儿等各率所部来归，今止于亦集乃。"马哈木等对脱脱不花的动向极为注意。永乐十年（1412 年）五月，"瓦剌顺宁王马哈木等遣其知院海答儿等随指挥孙观保来朝，且言既灭本雅失里，得其传国玺，虑为阿鲁台所要，请天兵除之，又言脱脱不花王子今在中国，请还之"①。这也许是马哈木在本雅失里死后，原想迎立脱脱不花为汗，因明廷并未放回，而将其安置在甘肃边外，故马哈木只好另外拥立本雅失里遗子答里巴为可汗。

宣德年间，阿鲁台虽屡败于脱欢，住牧辽东，但由于其拥立含有黄金氏族血统的成吉思汗季弟斡赤斤诺颜后裔阿岱台吉为可汗，在政治上占优势，具有号召力。因而，脱欢在当时形势下，为继其父未竟之志，企图推戴比阿岱具有更尊贵血统的脱脱不花为汗，以此号令蒙古。宣德七年（1432）四月，据甘肃总兵官都督刘广奏报："初，鞑靼脱脱不花等二十余户既降复叛，今在铁门关西，请发兵掩捕。"② 奏报中没有说明脱脱不花既降复叛的原因，但从后来事态发展看，可能是受脱欢之邀，从铁门关西投奔瓦剌③，后被立为可汗。

关于脱脱不花即可汗位的年代，各说不一。《明史·鞑靼传》笼统地说在正统初。《蒙古源流》卷五认为是正统四年。《蒙古黄金史纲》则云："马年（戊午，正统三年，1438 年），岱总可汗继承了大位。"《明英宗实录》卷五十，正统四年正月癸卯条首次提到："瓦剌使回，遣使赍敕赐达

---

① 《明太宗实录》卷 83，永乐十年五月乙酉。

② 《明宣宗实录》卷 89，宣德七年四月癸卯。

③ 铁门关，一在今新疆焉耆和库尔勒之间。根据当时情况分析，脱脱不花归附明廷，可能被安置在亦集乃一带。投奔瓦剌是否需要绕道而行，值得考虑。此铁门关抑或另有所指，大概是在贺兰山与亦集乃之间。

达可汗。”瓦剌使臣于正统三年冬来京，那么，脱脱不花必定在正统四年前称汗。再者，从景泰三年（1450年）春，也先“遣使赍奏来言，其故父夺治阿鲁台部落，以可汗虚位，乃扶脱脱不花王立之”这段话①，也可看出脱脱不花称汗是在击败阿鲁台和阿岱可汗之后。而和田清根据《李朝实录》的记载，提出不同看法。依世宗二十四年（正统七年，1442年）五月戊辰条所载，当时蒙古皇帝（即脱脱不花）曾派遣使臣招谕朝鲜，其敕书中谈道：“今我承祖宗之运即位，今已十年。”敕书末尾为十年二月初五日②。因此，推断脱脱不花即位是在宣德八年（1433年）③。

笔者认为，脱欢在挫败阿鲁台主力后，基于当时浓厚的正统观念及内部局势不够稳固的情况④，迎立脱脱不花，并以女妻之，然后以黄金氏族的名义，进一步征讨阿岱可汗及阿鲁台，这也是有可能的。所以，正统七年（1442年），脱脱不花声称即位已十年，往上溯，恰好是宣德七年或八年间。然而，当时由于阿岱可汗尚在人世，脱脱不花充其量只能算瓦剌拥立的君主。唯有在正统三年（1438年），消灭阿岱可汗后，清除东西两汗并立的现象，才成为全蒙古的可汗。故明廷的谕书中，直至正统四年初，才称脱脱不花为“达达可汗”，也在情理之中。

脱欢拥立脱脱不花后，便集中力量攻袭阿鲁台及阿岱可汗。宣德九年（1434年）二月，甘肃总兵官都督佥事刘广奏：“获到虏寇言，今年二月，瓦剌脱脱不花王子率众至哈海兀良之地（兀良哈境内），袭杀阿鲁台妻子部属及掠其孳畜。阿鲁台与失捏干止余人马一万三千，徙居母纳山、察罕脑剌（今内蒙古五原县东）等处。七月，脱欢复率众袭杀阿鲁台、失捏干，其部属溃散。阿鲁台所立阿台王子，止余百人遁往阿察秃之地（亦集乃一带）。”⑤ 此后，阿岱可汗等又屡遭明军袭击。脱欢和脱脱不花也不断举兵攻袭阿岱可汗和朵儿只伯等，并欲与明廷合兵夹击之。正统三年（1438年），明边传来阿岱、朵儿只伯为脱脱不花所杀的消息⑥。关于阿岱可汗之死，《蒙古源流》卷五认为是在行猎时，被脱欢太师率兵围捕遇

---

① 《明英宗实录》卷213，景泰三年二月壬午。

② 《李朝世宗实录》卷96，世宗二十四年（正统七年）五月戊辰。

③ 和田清：《东亚史研究·蒙古篇》，第270—271页。

④ 如据《明英宗实录》卷8，宣德十年八月乙卯条所载：“近者开平送至所获达子言，瓦剌脱欢部落不和，多有背叛。”

⑤ 《明宣宗实录》卷113，宣德九年十月乙卯。

⑥ 《明英宗实录》卷46，正统三年九月丁未；卷47，十月丙子。

害的。《蒙古黄金史纲》也云："马年（戊午，1438 年），死于卫喇特太师之手。所谓蒙古一国之政被卫喇特所篡夺，即指此事而言。"①

脱欢在击败阿岱可汗及阿鲁台，悉收其众之后，乃奉脱脱不花为蒙古可汗，使其率领原阿鲁台部众，居于今克鲁伦河下游、呼伦贝尔草原一带。而自为太师（丞相），居住在漠北，并征服开平以北的哈喇嗔等部②，掌握蒙古的政治、军事实权。其人马逐渐深入漠南北部哈喇莽来（即广武镇，今二连浩特北）和沙净州（沙井和净州，今呼和浩特北）一带③。

在此期间，脱欢、脱脱不花与明廷贡使表文往来不绝。如正统三年（1438 年）十月，"瓦剌顺宁王脱欢遣使臣阿都赤等来朝，贡马一千五百八十三匹、驼三头、貂鼠等皮二千九百三十二张"④。翌年，"瓦剌等处脱脱不花王等遣都督阿都赤等千余人来朝，贡马三千七百二十五匹、驼一十三只、貂鼠皮三千四百、银鼠皮三百"⑤。这说明击败阿岱可汗后，瓦剌加强了与中原地区的贡市。与此同时，还注意联结哈密与兀良哈三卫。脱欢曾把其女弩温答失里嫁给忠顺王卜答失里（1426—1438 年在位），以便控制西域要道。在东边，加强与兀良哈三卫的联系。宣德十年（1435 年），脱欢就和三卫人马一起寻击阿台王子（阿岱可汗）⑥。正统二年（1437 年），脱欢聚兵饮马河，"又遣人交通兀良哈、女直诸部"⑦。但脱欢在击败阿岱可汗后不久即身亡。

综上所述，脱欢与脱脱不花的联盟，是当时蒙古社会特定历史条件下的产物。脱欢欲统一蒙古，就必然要拥立黄金氏族为号召，脱脱不花也需要借助脱欢势力对付自己的政敌。两者的结合，摧垮了东蒙古阿岱可汗与阿鲁台势力，使东西蒙古暂归统一。

正统四年（1439 年），也先袭其父太师位后⑧，与脱脱不花继续保持

① 贾敬颜、朱风油印译本：《蒙古黄金史纲》，60 页；札奇斯钦：《蒙古黄金史译注》，1979 年台北版，196 页。

② 参见《明史》卷 328，《瓦剌传》；叶向高：《四夷考》卷 6，《北虏考》。

③ 《明英宗实录》卷 60，正统四年十月甲申；卷 61，正统四年十一月辛酉。

④ 《明英宗实录》卷 47，正统三年十月丙寅。

⑤ 《明英宗实录》卷 60，正统四年十月丁亥。

⑥ 《明英宗实录》卷 7，宣德十年七月庚辰。

⑦ 《明英宗实录》卷 35，正统二年十月壬午。

⑧ 据《明英宗实录》卷 100，正统八年正月壬午所载，明廷在致书中称也先为"太师淮王中书右丞相"。

君臣及联盟关系。这种联盟，使蒙古内部避免了重大武装冲突，赢来十余年的相对和平稳定，并加强了与中原地区政治、经济联系，有利于蒙古社会的发展。也先与脱脱不花还利用军事征伐、封官设治、联姻结盟等手段，北服乞儿吉思，西征中亚诸族；南破哈密，慑服忠顺王倒瓦答失里，控制西域要道；并联结沙州、罕东、赤斤蒙古诸卫，封官授职，置甘肃行省，以撤除明廷的“西陲屏蔽”；东攻兀良哈，席卷女真诸部，远交朝鲜，以拆除明廷的“辽海藩篱”。并欲以兀良哈三卫和沙州等卫为左右翼，重建“大元一统天下”。在对明战争中，也先举兵进攻中原，脱脱不花率众攻袭辽东，取得节节胜利。

但是，东西封建主原有的矛盾冲突，也先与脱脱不花各自的政治抱负，在一系列问题上的分歧，必然使这种联盟不能长期维持，逐渐产生裂痕。

## 二　联盟内部的矛盾和斗争

也先在统一蒙古及与周围诸族的争战中，进一步巩固了政治、经济地位，扩充了军权。史称也先“兵最多，普花虽为可汗，兵稍少，知院阿剌兵又少”[①]。随着实力增强，也先与脱脱不花的矛盾日趋尖锐。他一方面利用脱脱不花的声望以令蒙古，另一方面又竭力削弱其权势。而脱脱不花也不是一个庸君，其为人“聪智”[②]、“多奇策”[③]。为恢复汗权，与也先明争暗斗，乘机扩充自己的实力。两者之间的矛盾和斗争集中表现在下列三个问题上。

第一，对明廷态度方面的分歧。脱脱不花虽为蒙古君主，而实权却从脱欢时，就落入瓦剌太师手中，可汗不过徒具虚名而已。正统七年(1442年)，明廷在敕谕朝鲜国王李裪时提到：“盖迤北达达名脱脱不花者，权臣脱欢立之为主，虽假以虚名，实专其权。前夕，脱欢已死，其子也先继领其众，擅权如故。”[④]《明史·鞑靼传》也曰：“脱欢死，子也先嗣，益桀骜自雄，诸部皆下之，脱脱不花具可汗名而已。”但脱脱不花是

① 刘定之：《否泰录》。

② 萨囊彻辰：《蒙古源流》卷5。

③ 《李朝文宗实录》卷5，文宗元年正月壬戌。

④ 《明英宗实录》卷93，正统七年六月丁巳。

不甘于傀儡地位的。为了振兴东蒙古，恢复汗权，他从正统二年开始就正式遣使朝贡，单独与明廷联系，欲借助明廷之力节制也先而保全自己。明廷也利用他们之间的矛盾，故意加重对脱脱不花的回赐，对其所进马匹，常厚酬其值①，以使彼此互相猜忌。因而，在对明战争问题上，双方就产生了一定的分歧。早在正统十二年（1447 年），据曾在也先帐下的阿儿脱台归附明廷时反映，当也先策划大举进攻中原时，脱脱不花就制止说："吾侪服用多资大明，彼何负于汝，而忍为此。"也先不听，并说："王不为，我将自为，纵不得其城池，使其田不得耕，民不得息，多所剽掠，亦足以逞。"② 因此，"土木之役"前后，脱脱不花虽然也根据统一部署，率领东路军骚扰辽东，后又往西南准备与阿剌知院、也先进围京师③，但始终设法与明廷保持联系，并尽量避免与明廷正面交锋。例如，正统十四年（1449 年）十月初，也先与脱脱不花率领主力军，挟持明英宗，"假以送驾为名"，掠过大同城东门外，声称"今送上皇回京，若不得正位，虽五年十年务要仇杀"④，并扬言要夺取大都，逼使明廷南迁⑤。攻破紫荆关后，也先率军分两路从紫荆关和白羊口进围京师，与明军鏖战。而脱脱不花却留在紫荆关外，获悉也先败走居庸关，也就北撤⑥。未几，遣使兀良哈等至明廷。明廷为离间其与也先之关系，依例赏赐遣回，企图使也先"知彼潜求和好，不无怀疑"⑦。

第二，在东北地区的角逐。脱脱不花自率领阿鲁台遗众，驻牧于克鲁伦河下游呼伦贝尔草原一带，经过十几年经营，其实力大大扩充。"土木之役"后，脱脱不花根据统一部署，联合兀良哈，带领东路军三万余入

① 详见《明英宗实录》卷 75，正统六年正月甲子；卷 88，正统七年正月癸未；卷 100，正统八年正月壬午；卷 174，正统十四年正月己酉；卷 204，景泰二年五月壬子等。

② 《明英宗实录》卷 160，正统十二年十一月丁未。而《明史·鞑靼传》误为"十四年秋"。

③ 《明英宗实录》卷 183，正统十四年九月辛丑条云："锦衣卫小旗陈喜同自瓦剌走回，言脱脱不花领一万达子去劫广宁，既回野猪口旧营，又往西南，欲与也先及阿剌知院约，来攻北京。"

④ 《明英宗实录》卷 184，正统十四年十月戊申。

⑤ 《明英宗实录》卷 184，正统十四年十月庚戌。

⑥ 谷应泰：《明史纪事本末》卷 33。

⑦ 《明英宗实录》卷 184，正统十四年十月丁卯。

犯辽东，[①] 围攻广宁城，攻破驿站、土堡、村庄八十处，掳去官员、军丁、男女一万三千二百八十余口，马六千余匹，牛羊二万余只，盔甲二千余副[②]。同时，将势力进一步伸展到女真诸部。

明前期，女真诸部东南与朝鲜相连，西接兀良哈及阿鲁台故地，南与辽东毗邻。明廷素视兀良哈为东北屏障，女真为辽海藩篱，并往往借“女直制北‘虏’”。蒙古势力向东发展，势必影响明廷在辽东的地位，并波及女真。也先为了重“求大元一统天下”，从东西两翼包围明廷，曾出兵兀良哈和女真。脱脱不花欲扩充实力，更是重视对女真的经略。朝鲜也密切注视其西北邻的动向。因此，女真地区呈现错综纷杂的局面，成为各种势力窥伺和争取的目标。

脱脱不花为了扩大在东北的影响，采用封官授职、遣使联姻以及军事征伐等手段，对女真进行控制。因此，脱脱不花对女真的经略，既是也先整个战略的一部分，又是扩充自己势力、巩固后方的重要措施。脱脱不花首先联结兀良哈，娶沙不丹之女为妻，建立联姻关系，然后逐步将势力伸展到女真诸部，乃至朝鲜。如据《李朝世宗实录》所载，正统五年(1440年)，脱脱不花就遣高吐照王携带给海西女真首领及朝鲜的敕书，至忽剌温地面（海西女真之地）。因不知赴朝鲜的道路，返回照兀足所地面，忽剌温的波伊叱间、伐于节等人也随同使臣去脱脱不花处。翌年十二月，脱脱不花接见了他们，并在帐幕中设宴赐马，加以款待。正统七年(1442年）二月，封朵颜卫笃吐兀为王、波伊叱间为豆麻豆、伐于节为达鲁花赤。随后，令其十六人赍敕于四月至朝鲜咸镜道[③]。后虽受阻，未能达到预期目的，但可说明脱脱不花在东北的策略是：以黄金氏族后裔的身份，展开政治、军事攻势，联合兀良哈，折服女真，远交朝鲜。

然而，也先不会允许脱脱不花的势力在东北坐大。正统十二年(1447年)，乘三卫新败于明廷边将之机，也先弟赛刊王复率兵击杀朵颜卫指挥乃儿不花，大掠而去。也先继至，朵颜、泰宁皆不支，归附也先，福余卫避走脑温江（嫩江）。也先东进的余威还波及女真诸部。

据《李朝世宗实录》记载，世宗二十九年（正统十二年），通事崔伦

---

① 据前注，陈喜同言“脱脱不花领一万达子去劫广宁”。此为三万，是否因包含兀良哈而增加，抑或王翱为推卸责任而虚报。总之，无论是陈喜同或王翱的奏报，都是估计之数。

② 《明英宗实录》卷183，正统十四年九月丁酉。

③ 《李朝世宗实录》卷96，世宗二十四年（正统七年）五月癸亥、戊辰。

奏称："深处达达瓦剌也先将兵亿万，几歼三卫达子。又于夏秋间，谋袭海西野人。野人畏惧，挈家登山。"① 同年六月，传闻也先的军队已到西喇木伦河一带，欲攻海西女真。同时，也先又利用朵颜卫速可台与兀者卫都督剌塔姻亲关系，"令速可台来迫剌塔馈送粮食，且言违命即肆抢掠，因来侵扰广宁、开原"②。也先的势力并逐渐伸展到建州诸卫，乃至黑龙江③。正统十三年（1448 年）秋，也先还以成吉思汗、薛禅汗（世祖）名义，诱结女真。"遣头目把秃不花等，同兀良哈达子赍文书到各卫。其书言，前元成吉思汗及薛禅可汗授彼父祖职事，要令彼想念旧恩，及要彼整备脚力粮饭。"④ 从上可见，也先对脱脱不花是采取防范态度，因而不时过问东北事务，只是由于挥戈南下而中止。继之是脱脱不花对女真的征伐。

正统十四年（1449 年）秋，也先举兵中原时，脱脱不花于九月初攻袭辽东后，虽率兵配合也先攻袭紫荆关一带，后又往来于开平、猫儿庄之间⑤。但其主要精力是放在东北方面，而也先则率人马往掠宁夏、陕西。⑥ 景泰元年（1450 年）夏，建州、海西女真首领李满住、凡察、董山、剌塔等率一万五千余人，从开原、沈阳等处抢掠人畜及围攻抚顺千户所城池。明廷在给朝鲜国王李珦的谕书中，认为他们是受"北虏迫胁"⑦，也即指脱脱不花。该年冬，明边不断传来脱脱不花与也先将率兵征伐女真的消息。也先曾对明廷使臣工部右侍郎赵荣声称："海西等处野人女真与高丽后门（即咸镜道外）诸种野人等横逆不服，予将领军七万，征讨剿杀。"⑧ 翌年初，辽东发出警报："指挥王武到海西颁敕，闻诸野人，也先及脱脱不花领兵马无算，到弗剌出（塔山左卫都指挥）寨里，也先兵马

① 《李朝世宗实录》卷 116，世宗二十九年（正统十二年）闰四月戊子。

② 《明英宗实录》卷 153，正统十二年闰四月戊寅。

③ 《李朝世宗实录》卷 120，世宗三十年（正统十三年）四月庚辰。

④ 《明英宗实录》卷 174，正统十四年正月己酉。叶向高《四夷考》所记略同，只是将女真误为兀良哈。

⑤ 《明英宗实录》卷 185，正统十四年十一月庚辰；卷 186，正统十四年十二月辛未。

⑥ 《明英宗实录》卷 187，景泰元年正月庚子条载，军人王贵自蒙古处返回，言阿剌知院等人马往辽东抢掠，也先人马往陕西抢掠。在此前后，《明实录》出现不少蒙古军队剽掠宁夏、陕西的记载。

⑦ 《明英宗实录》卷 192，景泰元年五月癸丑。

⑧ 《李朝文宗实录》卷 5，文宗庚午（景泰元年）十二月戊戌。赵荣于景泰元年八月至也先处。

不知指向。”[①] 也先是否亲率人马攻伐女真，别无所据，难以判定。但至少说明也先于“景泰和议后”，已有余力亲自过问其东翼之战争。同时，他与脱脱不花“外亲内忌”，矛盾日益尖锐，唯恐对方势力发展，对己不利，故欲插手其间，屡造声势，以振军威。

自景泰元年冬至二年春（1450—1451 年），脱脱不花率兵三万从松花江直抵脑温江（嫩江），攻打海西女真诸部。杀死其头目，收降大小人口约四五万，内有精壮两万左右[②]。这样，脱脱不花的势力就联结兀良哈，延伸至女真各部，波及朝鲜。随着征伐女真的胜利，东北据点进一步得以巩固，这也是促使脱脱不花决心与也先进行较量的因素之一。

第三，太子拥立问题上的矛盾。脱脱不花曾娶也先姐为正室。也先欲立其外甥为太子，以“舅上皇”自居，而脱脱不花为了摆脱也先的控制，当然不希望立也先外甥做太子，成为自己的继承人。景泰三年（1452 年）春，也先遣使赍奏有所提及：“其故父夺治阿鲁台部落，以可汗虚位，乃扶脱脱不花立之。也先姊为其正室，有子，不立为太子，而欲以别妻之子为之，也先言之，不从。”[③]

关于脱脱不花之子，根据汉蒙文史籍记载综合分析，有脱谷思太子[④]、也先猛可王子[⑤]、马可古儿吉思王子等。脱谷思太子，即帖骨思太子[⑥]、脱思[⑦]，一说即《蒙古源流》、《蒙古黄金史纲》中的摩伦台吉、《蒙古世系谱》中的摩伦汗，他生于 1437 年，其母为彻卜登（沙不丹）之女阿勒塔噶勒沁。马可古儿吉思王子即乌珂克图汗，又译称蒙古勒克呼

---

① 《李朝文宗实录》卷 5，文宗元年（景泰二年）正月甲辰。

② 详见《李朝文宗实录》卷 5，文宗元年（景泰二年）正月壬戌；《少保于公奏议》卷 8，《兵部为关隘事》。

③ 《明英宗实录》卷 213，景泰三年二月壬午。《吾学编·皇明北虏考》、《名山藏·王享记·鞑靼传》、《明史·瓦剌传》所记略同。

④ 见《明英宗实录》卷 50，正统四年正月癸卯。

⑤ 《明英宗实录》卷 199，景泰元年十二月辛卯，礼部奏报中曾明确地提到：“脱脱不花王男也先猛可的正使苦秃不花等告要游看寺宇。”卷 100，正统八年正月壬午，明廷赏赐的名单中就提到王子也先猛哥（可）。卷 125，正统十年正月己亥，也提到王子也先，即也先猛可。卷 200，景泰二年正月乙酉：“又敕谕瓦剌王子也先猛可。”

⑥ 见《少保于公奏议》卷 10，《兵部为边情事》。

⑦ 叶向高：《四夷考》提到：“小王子殁，或云孛来弑也，虏共立其兄脱思为主。”郑晓《皇明北虏考》也有所记。

青吉思、麻儿可儿、小王子等，为萨睦尔福晋之子，生于1446年。故也先所欲立其姐之子很可能就是屡次在《明实录》中出现的也先猛可王子。由于舅父也先的关系，其地位颇高。根据汉蒙文史料所提供的线索，似乎可做这样的推测：初，脱脱不花立脱谷思为太子，后其母离异，脱谷思太子的地位也受到影响。也先乘机欲立也先猛可为太子，而脱脱不花不从。故以太子拥立问题为导火线，引起了武装冲突。而也先猛可则被迫自尽①。

## 三　联盟破裂及也先败亡

历史上，任何统治阶级的联盟，都是以各自的利害关系为前提的。当利益一致时，可暂时联合，一旦彼此利害发生冲突，就会反戈相向，分崩离析，故联姻结盟与军事征伐往往是交替进行的。也先与脱脱不花联盟的形成与破裂也充分说明这一问题。

由上述可知，脱欢父子和脱脱不花各怀着不同目的，而暂时结合在一起。彼此之间存在种种矛盾和分歧，其联盟从一开始就暴露出脆弱性。当时，从东西蒙古力量对比来看，瓦剌虽暂居优势，但东蒙古的部众占多数。成吉思汗后裔或拥护他们的封建主无时无刻不想恢复黄金氏族统治。脱脱不花更欲竭力摆脱也先控制，成为名实相符的可汗。而对早就觊觎汗位的也先来说，脱脱不花可汗之存在，是他成为名符其实蒙古统治者的重要障碍，取而代之，以继其父未竟之业，是他孜孜追求的目标。故随着双方势力的发展，矛盾必然日益公开化。

素视黄金氏族为正统的东蒙古封建主，对异姓封建主也先在蒙古地区的大权独揽，早就耿耿于怀。再加，也先为进一步削弱汗权，执意要立外甥为太子，这就更引起东蒙古封建主的反感，纷纷从也先麾下投奔脱脱不花。如据景泰二年十一月从也先弟赛罕王处逃回的宁夏中护卫余丁韩成反映："有阿哈喇忽知院不忿，领部下一支人马，又有哈喇嗔三千人马，都投顺脱脱不花王去了。有脱脱不花王整点人马，要与也先厮

---

① 《蒙古黄金史纲》在叙述脱脱不花兵败投奔沙不丹时谈道："岱总可汗原有三子，长子蒙郭赉台吉先已自尽；此时可汗并其二子伊利、托利，另有郭尔罗特的阿嘎博罗特、巴克博罗特二仆，计五人被擒拿，猴年（壬申），在鄂尔沁的齐克尔地方，岱总可汗死于彻卜登之手。"蒙郭赉可能就是也先猛可。

杀。有赛罕王得知，收什人马，报与也先，一同前去慌忽儿孩地面躲避。”①

于是，脱脱不花偕同其弟阿噶巴尔济济农首先发兵攻打也先。战争初期，也先猝不及防，一度失利②。景泰三年（1452 年），从也先处走回的赤斤蒙古卫千户革骨儿加描述当时双方作战的情景说：“去年十一月里，有也先同纳哈台调领人马，和脱脱不花王厮杀去了。后听得人来说，也先着阿剌知院做前哨，遇脱脱不花王人马厮杀。把阿剌的人杀了一千多，阿剌也着伤了，回到营里。又著赛罕领三千人马前去厮杀，一个也不曾回来。也先把头目俺克（即昂克）平章杀了。”③ 当然，这其中可能有夸大之处，但的确证实，初战时也先失利，脱脱不花获胜。后来，也先转败为胜。根据《蒙古源流》、《蒙古黄金史纲》等记载，也先用计离间岱总汗与其弟阿噶巴尔济济农之关系，允诺立济农为汗，致使济农与也先合兵攻袭岱总汗。景泰二年（1451 年）十二月底，脱脱不花势孤而败④，直奔肯特山，渡克鲁伦河，逃往兀良哈（郭尔罗斯），投靠其妻之父沙不丹（彻卜登）。沙不丹畏惧也先怪罪，并欲报休女之恨，便杀死脱脱不花⑤。也先尽掳其妻子、部众、牲畜，分配给诸部首领⑥。脱脱不花死后，根据原先协约，也先不得不立阿噶巴尔济为可汗，自为济农。但其并不满足于济农之位，接着，又以邀赴宴会为名，设陷阱杀害姻亲⑦、同盟者阿噶巴尔济可汗⑧，“凡故元头目苗裔无不见杀”⑨。至此，明前期东西蒙古封建

① 《少保于公奏议》卷 2，《兵部为被虏走回人口事》。慌忽儿孩，即杭爱山东南的推河和塔楚河之间的洼地一带。

② 《李朝端宗实录》卷 2，壬申（景泰八年）八月庚午。明使尹风提到：“脱脱王与也先相恶，王先击也先，也先败。”《蒙古源流》、《蒙古黄金史纲》对此也作了绘声绘色的描述。

③ 《少保于公奏议》卷 10，《兵部为盘诘事》。

④ 《明英宗实录》卷 220，景泰三年九月庚子条云：“辽东军人徐胜自虏中脱回言，景泰二年十二月二十八日，虏酋也先弑其主脱脱不花王，执其妻，以其人马给赏诸部属。”这里所说的“弑”，实为击败。

⑤ 详见《蒙古源流》卷 5；《蒙古黄金史纲》；《明英宗实录》卷 232，景泰四年八月甲午。

⑥ 《明英宗实录》卷 213，景泰八年二月壬午条云：“脱脱不花领其下十人遁。也先尽收其妻妾、太子、人民。”

⑦ 据《蒙古源流》及《蒙古黄金史纲》等所载，也先女齐齐克适阿噶巴尔济之子哈尔固楚克为妻，系达延汗祖母。

⑧ 《蒙古黄金史纲》认为，蒙古流传的“诺颜们死在盟会，狗儿死在围场”之谚语，就是由此而来的。札奇斯钦《蒙古黄金史译注》第 222 页所译略异。

⑨ 《明英宗实录》卷 232，景泰四年八月甲午。

主联盟彻底破裂。

继而，也先为了进一步削弱东蒙古封建主的势力、控制兀良哈三卫和女真诸部，曾亲自驻扎在脱脱不花故地：阿剌忽马乞（乌珠穆沁境内）、可兰海子（呼伦池）、卜鱼儿海子（贝尔池）①。而其老营驻扎在哈剌莽来（广武镇，今二连浩特以北），“精壮屯于沙窝”②。景泰四年（1453年）夏秋间，也先自立为可汗，称“大元田盛（天圣）大可汗”，并封其次子为太师，建年号为“添元”（天元）。③ 其势东及兀良哈、女真，西及赤斤、哈密。④

也先继承其父脱欢既成之势，施展政治谋略和军事威力。先是利用与脱脱不花的联盟，撤除明廷为钳制蒙古而设置的东、西三卫，使蒙古势力重返漠南，以致明廷藩篱破碎，边守日蹙，从攻势转入防御。并在“土木之役”中，大获其胜，威震中原。继而，又击败脱脱不花兄弟，夺取汗位，成为蒙古地区名符其实的统治者。同时，还致力于发展与中原及西域的通贡、互市贸易关系，以弥补游牧经济的不足，使瓦剌进入鼎盛时期。

但是，也先统一蒙古的局面并没有维持多久，其原因是多方面的。首先，也先连年征伐，掠夺来的大量财富，只是增添了封建贵族的私产，给蒙古广大牧民带来的却是沉重的负担及临阵遭受杀掳的厄运。再加“也先恃强，日益骄，荒于酒色”⑤，对辅助他统一蒙古和对明战争的属下，未能论功行赏，加以安抚。如他任汗后，将太师之位授给其子，而拒绝了阿剌知院和特穆尔丞相的请求，以致引起属下的不满⑥。并恣意杀人，如据《蒙古源流》卷五记载，也先在大举进攻明廷前，杀死蒙郭勒津部之蒙克拜。俘获英宗归来时，又擅将只是把胜利的消息提前告诉也先母亲的永谢布之布库索尔逊处死。引起部下极度反感，“纷纷背叛，离散大半”。即使对瓦剌本部的首领也横加杀害。例如，遭到脱脱不花攻击时，也先迁

① 《少保于公奏议》卷10，《兵部为边情事》。

② 《明英宗实录》卷223，景泰三年十一月丙戌条云：“前军右都督杨俊言：……尔闻其妻孥辎重俱在哈喇莽来，去宣府才数百里，其精壮屯于沙窝，尤为至近。”另见，《国朝献征录》卷10，《昌平伯赠颖国公杨公洪传》。

③ 《明英宗实录》卷234，景泰四年十月戊戌。

④ 叶向高：《四夷考》卷6，《北虏考》；《明史》卷328，《瓦剌传》。

⑤ 《明史》卷323，《瓦剌传》。

⑥ 《蒙古源流》卷5。

怒于俺克平章，将其杀死[①]。西征“诸番”过程中又毒死阿剌知院两个儿子[②]。以致使内部逐渐离心，终至酿成激变。

其次，也先在通贡和战争中不断扩充自己的政治、经济实力。而蒙古各部连年在也先诱胁下骚扰中原，遭到以于谦为首的广大军民坚决抗击，人马死伤很多，经济破坏甚为严重，“利独占，害均受”，引起一般封建主不满。也先要求蒙古封建主绝对服从自己，而封建主从本身利益计，加以反对。东蒙古封建主怨愤也先潜夺汗位，瓦剌封建主欲与也先分享权力。因此，也先一方面受到蒙古正统势力的抵抗，另一方面也受到瓦剌封建主的牵制。加之，也先称汗后，愈益骄横，傲视诸部，兀良哈三卫不堪忍受其压迫，相继归附明廷。赤斤等卫也纷纷摆脱其控制，使也先失去左右两翼的辅助。

最后，也先虽然用恩威并施的手段迫使东西蒙古封建主不得不降服，但并不能改变蒙古社会游牧经济所赋予的独立分散状态。其统一蒙古诸部没有坚实的经济基础和政治支柱，仅是一个军事联合体。戎马倥偬的生涯，使也先未能制定一整套政治、经济制度，以稳固地控制蒙古局势，消除正统观念的不利因素，争取蒙古诸部封建主的大力支持。更谈不上像元世祖那样得到中原地区汉族士人的辅助。与此相反，也先在某些方面还人为地加剧了东西蒙古封建主的矛盾。当东西蒙古封建主联盟尚存时，这些矛盾暂时被掩盖起来。但一旦联盟破裂，东蒙古封建主就会站在黄金氏族一边，与异姓封建主进行斗争。因此，也先与脱脱不花发生冲突时，东蒙古封建主即纷纷逃离也先，而投奔脱脱不花兄弟。战争发生前，阿哈喇忽知院和哈喇嗔人马投奔了脱脱不花[③]。在战争过程中，“有也先的娘营里三万人都反着，脱脱不花王跟前去了”[④]。这可说是导致也先初战失利的重要因素之一。而阿噶巴尔济及其子哈尔固楚克被杀后，又有“帖骨思太子、脱赤知院、纳哈帖木儿左丞等两起前后反出走了”[⑤]。再加之也先对故元宗室苗裔采取残杀手段，更是引起原东蒙古部众极度反感，纷纷叛离。因此，也先与脱脱不花联盟的破裂，不仅预示东西蒙古暂归统一局面

① 《少保于公奏议》卷10，《兵部为盘诘事》。

② 《明英宗实录》卷246，景泰五年十月甲午。

③ 《少保于公奏议》卷2，《兵部为被虏走回人口事》。

④ 《少保于公奏议》卷10，《兵部为盘诘事》。

⑤ 《少保于公奏议》卷10，《兵部为边情事》。

的结束，而且也动摇了也先的统治基础。不久，瓦剌封建主发生内讧。景泰五年（1454 年），阿剌知院起兵击败也先，结束其跃马挥刀、叱咤风云的一生，而蒙古地区重新陷于四分五裂之中。

综观明前期东西蒙古联盟的形成与破裂，说明从 13 世纪至 15 世纪，二百余年以来，成吉思汗家族在蒙古地区的统治，逐渐形成了根深蒂固的正统观念。任何非黄金氏族的人称汗，都将被视为僭越、篡位。异姓贵族欲在蒙古地区建立自己的统治，必须假借“黄金氏族”的声望，挟可汗而令诸王。阿鲁台立本雅失里、阿寨台吉、阿岱王子；马哈木立答里巴，脱欢父子立脱脱不花，都是这种特定历史条件之产物。而脱欢之死、也先败亡，都说明在东蒙古部众占多数、正统观念浓厚的情势下，异姓王欲君临蒙古，保持长期统治是极其困难的。因而，从某种意义上讲，脱欢、也先父子与脱脱不花联盟的形成，是瓦剌势力得以发展、东西蒙古暂归统一的重要因素。而其联盟的破裂，则潜伏着东西蒙古新的纷争危机。也先称汗不久即被杀、阿剌知院与孛来之厮战、阿失帖木儿与小王子相攻等，皆雄辩地证明这一点。

（原载《中国民族史研究》，中国社会科学出版社 1987 年版）

# 也先之后瓦剌探微

## ——瓦剌兴衰史探究之三

15世纪前期，我国西部蒙古族瓦剌①经过马哈木、脱欢两代的发展，至也先时期，势力达到全盛。不仅统一了东西蒙古，而且北服乞儿吉思，西征中亚诸族，兵锋曾抵楚河、塔拉斯河一带；南破哈密，联结沙州、罕东、赤斤蒙古诸卫，控制西域要道；东攻兀良哈，席卷女真诸部，远交朝鲜，致使“漠北东西万里，无敢与之抗者”②。并挥戈南下，直指京师，在著名的“土木之役”中，以两万轻骑大败号称五十万的明军，俘获英宗，威震中原。接着也先又击败脱脱不花可汗，自立为大元田盛（天圣）大可汗，建元添元（天元），欲重“求大元一统天下”③。但其雄心并未能实现，称汗不久，统治集团内部就发生权力之争。景泰五年（1454年），阿剌知院起兵击败也先，翌年，东蒙古喀喇沁领主孛来太师复败阿剌知院，东西蒙古又处于四分五裂的状态。

关于也先之后的瓦剌，往昔中外论著极少涉及。有的学者认为，随着也先的死，不仅结束了瓦剌光辉灿烂的英雄时期，而且本身也不再有其历

---

① 元称斡亦剌，明称瓦剌，清称厄鲁特（或额鲁特，有的学者则认为其仅是卫拉特诸部中的一支，专指准噶尔），皆系蒙语卫拉特（Oirad）之异译或音转。过去新疆操突厥语的民族及国外学者又往往称之为卡尔梅克。

② 《明英宗实录》卷149，正统十二年正月庚辰（主要依据江苏国学图书馆传钞本并参照台湾出版的《明实录》）。

③ 杨铭：《正统临戎录》（《纪录汇编》本）；谷应泰：《明史纪事本末》卷32（中华书局标点本）。

史生涯，无声无息地消失了，将近两个世纪不见于史书记载①。笔者认为，这种看法是值得商榷的。诚然，随着东蒙古复兴，瓦剌主力逐渐向西迁徙，与中原地区联系减少，关于瓦剌的汉文资料稀如凤毛麟角，蒙文、突厥文史书也仅有零星记载，似乎给这段历史蒙上了一层霭障。但只要认真搜检，仍能从中寻觅到蛛丝马迹，拨开迷雾，投以一束曙光。本文试图在前人研究的基础上，以瓦剌与周围诸族关系为主要线索，对15世纪中期至17世纪初瓦剌社会的一个侧面略作探讨，也许对勾画其后期历史轮廓有所裨益。

## 一 东西蒙古纷争及瓦剌西迁

历史证明，也先之后，瓦剌并不是像有些史学家所描绘的那样，顿趋衰颓，立即西迁，“把自己的活动仅局限于原有领地的范围内”②，“不参与其余蒙古地区的事务”③。而在相当长时期内，势力还颇为强盛，后来由于内讧，才使东蒙古再度称雄塞北。

综观这个时期瓦剌与东蒙古关系的特点是：一方面，为了争夺贸易通道，扩大牧场以及政治复仇等等，双方曾发生过多次武装冲突，迫使瓦剌势力逐渐移向西北；另一方面，东西蒙古间，仍然保持通婚、贸易及各种形式的交往。探索它们之间的关系，可初步了解瓦剌西迁概貌及各部游牧地分布和势力消长的基本情况。现分四个阶段进行论述。

第一阶段，瓦剌在阿失帖木儿和克舍率领下，仍雄踞漠北，与东蒙古势均力敌。

也先死后，其妻者密失哈屯和长子火儿忽答孙楚王④等率人马一万牧

---

① 参见雅金夫《从十五世纪迄今的卫拉特或卡尔梅克人的历史概述》，圣彼得堡1834年版，第21—23页（转引自兹拉特金《准噶尔汗国史》，莫斯科1964年版，第56页）；《巴托尔德文集》第2卷第1分册，1963年版，第87页；霍渥斯：《蒙古史》第1卷，伦敦1876年版，第607页。近年，国内一些著作也沿袭了此说。

② 雅金夫：《从十五世纪迄今的卫拉特或卡尔梅克人的历史概述》，第21—22页。

③ 格里戈里耶夫：《巴图尔珲台吉》，载《百科辞典》第5卷，圣彼得堡1836年版，第76页。

④ 按准噶尔部世系，此长子火儿忽答孙应即是杜尔伯特部始祖博罗纳哈勒，但两者读音相差甚远。

居干赶河（即今札布汗河）附近[①]。其弟伯都王、侄兀忽纳等投奔哈密忠顺王之母弩温答失里（也先姐）[②]。而大多数瓦剌部众在也先次子阿失帖木儿[③]的率领下，尚游牧于大漠以北辽阔地区。东西蒙古封建主间不时发生武装冲突。

阿剌攻败也先后不久，原也先手下重臣东蒙古哈喇沁领主孛来（又译写为“孛罗”）就率兵攻打阿剌知院，[④] 明边不断传来有关情报。景泰六年（1455年）春正月，宣府总兵官奏言：“迤北走回人云：阿剌知院杀败也先，而孛罗平章又与阿剌知院仇杀，只今瞭见烟火密迩边墙。”[⑤] 同年夏四月，东蒙古使臣奏报：“孛罗以阿剌知院杀死也先，率兵攻之，杀败阿剌，夺得玉宝并也先母妻。”[⑥] 八月，“卯里孩立脱脱不花王幼子为王”[⑦]，明人称其为“小王子”。十月，又传来朵颜卫的奏报：“北‘虏’脱脱不花王子马儿可儿吉思并毛那孩、孛罗等领四万骑欲攻阿剌知院，阿剌屯坎坎地面，亦聚众三万待之。”[⑧] 结果，阿剌兵败，被部属所杀。[⑨] 坎坎地面到底是何处，笔者认为可能就是瓦剌经常活动的札布汗河附近。这不仅是由于“坎坎”与“干赶”即“札布汗”之急读音相似，而且可从

---

① 据《明英宗实录》卷253，景泰六年五月己酉条所载，居于干赶河的还有伯颜帖木儿迭知院。但据《明英宗实录》卷246，景泰五年十月甲午条所载，已被杀。《明英宗天顺实录》卷275，天顺元年二月辛四条也提到：“赐故伯颜帖木儿妻……”故己酉条所传恐有误。

② 《明英宗天顺实录》卷327，天顺五年四月甲申提到：“因也先乱后，俱依哈密住居。”

③ 关于阿失帖木儿（又译写为“斡失帖木儿”），《明史·瓦剌传》认为是也先之孙，郑晓《皇明北虏考》认为是也先弟，叶向高《四夷考》、何乔远《名山藏·鞑靼传》认为是也先子。笔者同意和田清在《东亚史研究·蒙古篇》中的分析，即是也先称汗后被封为太师之次子，也就是帕拉斯《蒙古民族历史资料集》和傅恒《西域同文志》所载的也先次子额斯墨特达尔汉诺颜——准噶尔部始祖。

④ 《李朝实录》世祖元年（景泰六年）八月辛亥记道：“也先去年八月，被阿剌知院杀死，车马玉帛，尽为知院抢去。其年十一月，知院亦被也先部下孛罗平章杀害。自相杀害，无有统属。”这里“杀害”应作“杀败”更确切。孛来为也先部下，也可从《李朝实录》端宗癸酉（景泰四年）二月壬寅所载得以佐证。其云：“福余卫都指挥等官安出等番字奏文：见有也先王差孛来平章人马七万前来，到羊肠河下营。”

⑤ 《明英宗实录》卷249，景泰六年正月辛亥。

⑥ 《明英宗实录》卷252，景泰六年四月戊戌。卷253，五月己酉条也载道：“其母并一妻赛因失里又在达达处。”

⑦ 《明英宗实录》卷257，景泰六年八月己酉。卯里孩又译为毛那孩、毛里孩。

⑧ 《明英宗实录》卷259，景泰六年十月乙卯。

⑨ 《明英宗实录》卷269，景泰七年八月丁未条载道：“军人曹广自虏中回，言虏酋阿剌知院今年为部下所杀。”

阿剌攻败也先的地点得以佐证。据《明英宗实录》所载，当时也先是在经略西番途中，被阿剌攻袭的，[①]《蒙古源流》卷五明确地指出也先最后被杀于库克山。日本学者和田清认为，库克即库奎扎巴哈，此山即在坤桂、札布汗两河流域间[②]。再者上述消息又是从居住在札布汗河东南方朵颜卫处传来[③]。因而，把“坎坎”理解为“札布汗”，大概不会有牵强之嫌。这样，与《蒙古源流》卷五所载也就基本吻合。该蒙文史籍讲述了也先死后，脱脱不花遗孀萨睦尔太后为了复仇，曾于景泰三年（1452 年）携其七岁的幼子蒙古勒克哷青吉斯（即汉文史籍中的马古可儿吉思），率军征伐四卫拉特[④]，战于库奎札巴哈（坤桂、札布汗河）一带，大有俘获，遂撤兵而还，奉蒙古勒克哷青吉斯为乌珂克图汗[⑤]。这里只谈其母，未提卯里孩拥立之事，大概是作者萨囊彻辰出于正统观念的讳笔。

阿剌知院死后，面对东蒙古封建主的威胁，其子和也先弟联合起来，共同对付孛来等。天顺元年（1457 年），明使马政从孛来处附奏：“今访得也先弟阿孛伯、阿剌的儿子昂克秃等欲与孛来仇杀。”[⑥] 天顺八年（1464 年），孛来领兵六万，往征瓦剌，瓦剌擠只八也拥众七万欲与孛来仇杀[⑦]。成化元年（1465 年），孛来杀小王子，后毛里孩（即卯里孩）复攻杀孛来，拥立马古可儿吉思之异母兄摩伦为可汗，旋杀之。成化十一年（1475 年），乩加思兰太师又立脱脱不花异母弟满都固勒为可汗[⑧]，可汗

---

① 《明英宗实录》卷 246，景泰五年冬十月甲午。《明英宗实录》卷 232，景泰四年八月甲午条所载也可得以旁证。其云：“又有被虏走回军言，也先宰白马九、黑牛五祭天，八月间往西南回回地面并甘州掳掠。”

② 和田清：《东亚史研究·蒙古篇》，第 351 页，《兀良哈三卫的研究》下。

③ 据《明史》卷 328，《朵颜等卫》所载，景泰初，朵颜卫为也先所逼，徙牧于黄河母纳地（今内蒙古五原县以东一带）。

④ 四卫拉特：此处是四万卫拉特之泛指，不一定是卫拉特四部，当时小王子所征伐的也仅是卫拉特的某一部分，达延汗和俺答汗时期亦然。

⑤ 本文主要依据《蒙古源流笺证》孱守斋本，也参照道润梯步之新译校注《蒙古源流》本。据《明英宗实录》所载，出征应在 1455 年，拥立小王子是在出征前，而不是出征后。

⑥ 《明英宗天顺实录》卷 278，天顺元年五月壬午。《明英宗实录》卷 223，景泰三年十一月辛酉条，记有大同王阿巴把乞儿，疑即阿孛伯。另据《明英宗实录》卷 246，景泰五年十月甲午提到，也先被杀后，“歹都王领其人马西走”。歹都王似是大同王异译。因此，阿孛伯很可能就是歹都王即大同王。

⑦ 《明宪宗实录》卷 9 天顺八年十九月壬子、壬戌。

⑧ 乩加思兰，即《蒙古源流》、《蒙古黄金史》所称之斡亦喇特或斡亦古特之伯格哷森太师。原为乜克力首领，天顺间移牧巴儿思渴（巴里坤），成化初率部入据河套。成化十五年被同族亦思马因所杀。

成为权臣角逐的工具。而当时瓦剌在阿失帖木儿率领下，其势颇盛。成化六年（1470 年）五月，福余卫平章遣赤荣温等至大喜峰口报道："白革谠（即乩加思兰）太师、孛罗乃王（一说即博勒呼济农、巴延蒙克）、孛罗丞相三人率万骑东行。又斡失帖木儿率四万骑驻牧西北，阿罗出、小石王率万骑同朵颜卫都督朵罗干男脱脱火赤二百骑在西。"事下兵部，尚书白圭指出："参酌累次传报夷情，则孛罗乃王往年为斡失帖木儿所败……矧斡失帖木儿率众四万驻牧西北，其势亦盛，不可不虑。"[①] 这里所指的方位，是从福余卫的角度而言。兀良哈三卫中，福余卫居东，也先强盛时避走嫩江，后在辽东境内水草便利处驻扎，朵颜卫被逼徙黄河母纳之地（今内蒙古五原县以东一带）。故奏报中指瓦剌为西北（实为漠北），朵颜在西。成化年间，阿失帖木儿屡败东蒙古孛罗乃王等，使毛里孩王久居河套，不敢渡河而北[②]。成化十四年（1478 年），阿失帖木儿死[③]，克舍继位。《明史·瓦剌传》称，克舍时"颇强，数纠鞑靼小王子入寇"。边关不断传来东西蒙古连和，欲大举进攻明廷[④]，与"迤北虏酋克失遣人招降诸夷及朵颜三卫"的消息[⑤]。明廷也认为瓦剌拥有"精兵数万"，若与小王子"合而为一"，将成其大患，故欲联合小王子以对瓦剌[⑥]。明人郑晓在分析当时蒙古地区形势时说："大抵瓦剌为强，小王子次之，二种反复相残，并阴结朵颜，伺我塞下。即贡马，二种也相继往来，恐中国左右，以故虽深入，彼自相猜忌，不能久留内地。"[⑦] 直到成化二十二年（1486 年）克舍太师死后，内讧继起，才改变这种状况。

第二阶段，瓦剌受到达延汗攻袭，主力逐渐迁往漠西。

克舍死后，其弟阿沙嗣为太师，与末弟阿力古多兀互相混战。阿力古多兀率众西走哈密，并欲与哈密总督罕慎联姻及同瓦剌小列秃王往袭甘

① 《明宪宗实录》卷 79，成化六年五月乙酉。

② 《明宪宗实录》卷 34，成化二年九月辛巳；卷 37，成化二年十二月壬戌。

③ 《明宪宗实录》卷 180，成化十四年七月辛酉条指出："斡失帖木儿已死。"

④ 《明宪宗实录》卷 250，成化二十年三月己酉；卷 251，成化二十年四月辛酉；卷 275，成化二十二年二月己卯；《明孝宗实录》卷 42，弘治三年九月乙卯。

⑤ 《明宪宗实录》卷 251，成化二十年四月辛酉。克失即克舍，从明廷称其为"迤北虏酋"，也可看出瓦剌主力尚在漠北。

⑥ 《明孝宗实录》卷 97，弘治八年二月甲戌。

⑦ 郑晓：《皇明北虏考》（《吾学编》卷 69，隆庆海盐刊本）；严从简：《殊域周咨录》卷 18，《鞑靼》沿郑说。

肃，移驻瓜、沙两州①。瓦剌势分遂衰，东蒙古达延汗乘机攻袭，迫使其舍弃漠北东部，主力移向漠西。

达延汗，名巴图蒙克，也先曾外孙②。其生卒、即位年代各说不一③。15世纪末，达延汗统一东蒙古，遂将领地分为左右两翼，共六万户，分封予其子弟。政治中心移到漠南，可汗驻营于察哈尔万户境内（今锡林郭勒盟）。据《蒙古源流》卷五所载，达延汗曾偕同其妻满都海彻辰福晋，两次出兵征伐瓦剌。一次是达延汗即位之初，“加兵于四卫喇特，大战于塔斯博尔图，④ 胜之，掳获无算”。《蒙古世系谱》对这次战争经过与结果都有记载，其中提到对瓦剌将领曾下禁令：“嗣后房屋不得称殿称宅，冠缨不得过四指，居常许跪，不得坐，食肉许啮，不得割，改乌克苏（酸奶）之名为扯格。其部众以食肉用刀跪请，许之，余悉如令。威勒忒至今犹奉行焉。”⑤《蒙古黄金史纲》所载稍异，结尾为：“斯杀于塔斯博尔图，战斗在德格都纳，紧急征发了无数的财物，以六万户之众而兼并了卫喇特一国。”⑥ 上述记载未免有些夸张，但把瓦剌战败慑伏的状况形象地表达出来。⑦ 经这次征伐，哈密都督罕慎译报成化末年瓦剌部众分布情况大致为：“瓦剌养罕王率众七千，在把思阔屯驻，大瓦剌阿沙太师与平章把秃撒及阿力古多王、兀麻拾王等分驻察罕阿剌帖儿等境，欲入边剽

① 《明宪宗实录》卷280，成化二十二年七月壬申。郑晓《皇明北虏考》所载稍异：“瓦剌有克舍太师、革舍太师，革舍死，其弟阿沙赤为太师。革舍弟阿力古多兀与阿沙赤相仇杀，遂西据哈密。”

② 据《蒙古源流》卷5记载，也先之女齐齐克嫁给脱脱不花弟阿噶巴尔济济农之子哈尔固楚克，达延汗是哈尔固楚克之孙，故为也先曾外孙。

③ 据《蒙古源流》卷5所记是1464年生，1470年即位，1543年卒。按蒙文本《俺答汗传》所载推之，是1474年生，1480年即位，1518年卒。和田清在《东亚史研究·蒙古篇·论达延汗》中认为1481年或1482年即位，1532年或1533年卒。萩原淳平在《明代蒙古史研究·达延汗的生涯与事业》中认为是1488年即位，1519年卒，在位三十二年。因此，第一次与瓦剌作战时间，如按《蒙古源流》记载，未免过早些，《俺答汗传》所载则与汉文史料基本吻合。

④ 《蒙古源流笺证》卷5云：“塔斯者，特斯河也。”乌布苏诺尔东有特斯河，北有博尔河，塔斯博尔图可能在特斯河与博尔河之间。

⑤ 《蒙古世系谱》卷4，民国二十八年北京排印本，第19页；莎斯季娜译：《萨拉图吉——十七世纪蒙古编年史》，莫斯科—列宁格勒1957年版，第72页。和田清在《东亚史研究·蒙古篇》第775页中认为这段描写若是指俺答汗对瓦剌的胜利更为合适。

⑥ 《蒙古黄金史》又译为《蒙古黄金史纲》，见贾敬颜、朱风译本，第86页（油印本）。

⑦ 瞿九思：《万历武功录》卷7，《俺答列传上》提到：“（弘治二年）春，可汗部及瓦剌部入贡。时瓦剌种之留故地者，仍号瓦剌，在可汗诸部最强。”

掠。"[①] 把思阔即哈密以北巴里坤一带，察罕阿剌帖儿可能是察罕泊和阿拉克泊之间的广阔地区，也即札布汗河流域及其附近。达延汗与瓦剌的另一次战争大概发生在弘治初年。1490 年左右[②]，达延汗又兴师往征瓦剌，因满都海彻辰福晋坠马而撤兵[③]。

此后，瓦剌与东蒙古封建主之间还发生过战争，互有胜负，从《明实录》和《明史》的记载中也能窥知一二。例如，《明史·马文升传》提到弘治初，"小王子以数万骑牧大同塞下，势汹汹。文升以疾在告，帝使中官挟医视，因就问计。文升谓彼方败于他部，无能为，请密为备，而扬声逼之，必徙去。已而果然"。此处所说他部，即是瓦剌。弘治六年（1493 年）六月戊子，兵部为甘肃镇抚等官太监傅悳奏报复议时也指出："况今北'虏'部落被瓦剌杀散，住牧宁夏贺兰山后。"[④] 数年之后，瓦剌统治集团又发生内讧，达延汗乘机攻击。据《明宪宗实录》所载，弘治九年（1496 年），达延汗原准备遣三千人入京朝贡。未几，"复言，瓦剌兄弟相攻，欲回兵袭之，至秋乃来贡"[⑤]。斗争的结果，迫使瓦剌舍弃了漠北东半部。《武备志》引《职方考》记述达延汗势力发展的情况时说："弘治间，有小王子，因瓦剌西徙，与吐鲁番相仇杀，势渐强。"[⑥]

这个时期，东西蒙古之间，武装冲突、结盟联姻以及各种形式的合作，往往交替进行。例如，达延汗的古实福晋即是瓦剌巴图特巴噶尔观鄂拓克之阿拉克丞相子孟克类阿克勒呼之女[⑦]。瓦剌首领除了与东蒙古封建主一起向明廷朝贡或采取联合行动对付明廷外，还常帮助达延汗征伐蒙古诸部。如《蒙古黄金史纲》谈到达延汗率军征伐土默特（蒙郭勒津）时，卫拉特的实古锡向达延汗献策，用牤牛利角来破土默特带经咒的阵法，对战争获胜起了很大作用，受到达延汗嘉赏[⑧]。16 世纪初，东西蒙古军事冲

---

① 《明宪宗实录》卷 290，成化二十三年五月丙寅。

② 《蒙古黄金史》，小林高四郎译本，第 162 页说："赛音哈屯于身怀斡齐尔博罗特及阿勒楚博罗特妊九月时，往征卫拉特"。坠马归来，经一月分娩，此二子系庚戌年生，即 1490 年。

③ 道润梯步新译校注《蒙古源流》此句译为"卫喇特四部来袭，满都海·彻辰夫人逃去时落马"。施密特译本第 183 页作"四卫拉特前来袭击"。《蒙古黄金史》亦然。

④ 《明孝宗实录》卷 77，弘治六年六月戊子。

⑤ 《明孝宗实录》卷 113，弘治九年五月乙未。

⑥ 茅元仪：《武备志》卷 206（活字本）。

⑦ 《蒙古源流笺证》卷 6。一说阿拉克即阿剌知院。

⑧ 《蒙古黄金史纲》，贾敬颜、朱风译本，第 100 页。

突减少，瓦剌首领为了集中精力对付吐鲁番等，有时表面上也承认达延汗的宗主权，双方保持了相对和平的局面。

15世纪末至16世纪前期，瓦剌的主要活动地区是以坤桂河、札布汗河流域为中心，东连杭爱山，西达额尔齐斯河，北越唐努山至叶尼塞河上游。明人郑晓在《皇明北虏考》中，分析正德年间，明北边的形势时说："又西为瓦剌，可五万人，世与吐鲁番为仇。诸'虏'虽逐水草，迁徙不定，然营部皆有分地，不相乱。"① 《拉什德史》（成书于1541—1546年间），记述正德四年（1509年）前亦力把里本部的四至范围时指出："其东界（应是东北界）与卡尔梅克（即瓦剌）连接，卡尔梅克即巴儿思渴（今巴里坤）、叶密立（今额敏）和也儿的石（今额尔齐斯）。"② 这说明，额尔齐斯河、额敏河及巴里坤是瓦剌与亦力把里的分界处。随着瓦剌的西迁，其势力逐渐向南，往天山北路发展。嘉靖初，明大臣桂萼在奏疏中提到吐鲁番的疆土"东至哈密界六百里，西至曲先有七百里，南北相去约有百里。北山后为瓦剌达子，南山后为番子"③。魏焕的《皇明九边考》（成书于嘉靖二十年，1541年）载："甘肃之边，北'虏'止二种，亦不剌盘据西海，瓦剌环绕北山。"④ 西海即青海，北山指哈密北山，即天山山脉的东段⑤。

第三阶段，瓦剌封建主与俺答汗之抗衡与和亲。

16世纪中期后，为了寻找水甘草美的牧场以及逃避战乱和满足封建贵族分封领土，礼佛熬茶的需要等，东蒙古诸部一方面加紧向南部及西南部鄂尔多斯和青海迁徙；另一方面逐渐向西北和林、色楞格河、阿尔泰山一带发展，形成外蒙喀尔喀部，他们极力将瓦剌势力向西排挤。而瓦剌为哈萨克和吐鲁番所逼，也开始往东南甘、青一带寻求新牧地⑥。这就与已驻牧在松山（今甘肃永登县北部，天祝藏族自治县东部）一带的东蒙古封建主发生矛盾，因而双方又不断引起新的局部武装冲突。

① 郑晓：《皇明北虏考》（《吾学编》卷69）。

② 米尔咱·穆罕默德·海答儿：《拉什德史》，英译本，1972年重印本，第365页。

③ 桂萼：《进哈密事宜疏》（见《皇明经世文编》卷181）。

④ 魏焕：《皇明九边考》卷9，《甘肃镇·边夷考》，国立北平图书馆善本丛书第一集。

⑤ 关于瓦剌境域变迁情况，可参见杜荣坤《试论准噶尔分布地域的变迁》，《新疆历史论文续集》，新疆人民出版社1982年版。

⑥ 参见《明世宗实录》卷238，嘉靖十九年六月辛巳。

当时东蒙古封建主中，以达延汗之孙土默特部俺答汗的势力为最强[①]。他把右翼蒙古各部置于自己控制之下，与鄂尔多斯济农合力进攻瓦剌，袭取西海，征服撒里畏吾儿，并遣兵进入喀木及西图伯特诸地。

《蒙古源流》提到，嘉靖三十一年（1552 年），俺答汗率兵进攻瓦剌。于坤桂、札布汗河附近击败柰曼明安辉特（八千辉特）之诸颜玛尼明阿图，将其表兄并甥妇以及二子所属人众，全部收服，占据四卫拉特[②]。这里所说的占据四卫拉特，实际上仅是占据了瓦剌某部的游牧区，使其臣属之，并未长期驻兵管辖。

据成书于万历年间的蒙文本《俺答汗传》[③] 所载，俺答汗曾两次亲自率兵征瓦剌，并和瓦剌贵族结成姻亲。嘉靖三十七年（1558 年），俺答西征，[④]“其后，又行兵济勒满山（哈密东北，今图作雅勒玛山）之卫拉特‘土绵’”[⑤]。“驻济勒满山时，圣明汗（俺答）念及昔日故事，以达里札、伯勒格二人为使，遣往哲恒阿哈、札勒满图类二人处，先以圣明俺答汗欲依昔日故事和亲之旨，（哲恒阿哈）使奇喇古特[⑥]之脱顺乌尔鲁克、脱格拉尔阿哈拉呼二人还报，献亲女钟金结为姻亲。”[⑦] 隆庆二年（1568 年），俺答汗携钟金哈屯复征卫拉特。把钟金哈屯安置在赛汉之地后，直趋阿尔泰山。“至名为奥达托图木之地时，奇喇古特‘兀鲁思’的哲恒阿哈等诺延住牧于此，圣明汗带队进入其间，经交涉知是前已和亲者后，哲恒阿哈等率子女属众归附于汗。”这次战役后，俺答汗没有立即撤兵，而是驻扎

---

① 俺答汗，即阿勒坦汗（1507—1582 年），达延汗子巴尔斯博罗特济农（明人所称阿著）的次子。焦竑《通贡传》（见《口北三厅志》）曰：“俺答，故酋也先裔也。”《皇明世法录》卷 57，《蓟门考·西虏考》云：“西虏巨酋安摊所部，本瓦剌遗种。”大概是由于也先为达延汗曾外祖父，而达延汗又是俺答之祖父，故称其为“也先裔”或“瓦剌遗种”。

② 此据《蒙古源流笺证》卷 6，道润梯步之译本略有不同。而施密特的德译本《鄂尔多斯萨囊彻辰鸿台吉的东蒙古人及其王家史》结尾为“掳其妻吉格根阿哈并其二子脱海、库库脱儿，所属人众全部收服。遂占据四卫喇特，并将其众迁离首府和宁（和林）”。“吉格根”又译为“哲恒”。

③ 原名 *Erdeni Tonumel Neretu Sodur*（《宝贝汇集》），俗称《俺答汗传》。本文所引参照珠荣嘎同志公开发表之文章。

④ 瞿九思《万历武功录·俺答列传中》和冯时可《俺答前志》两书在嘉靖三十六年条下均云：“遂西往，收捕瓦剌，甘肃镇臣大勒兵败之。”

⑤ “土绵”，“万”之意，汉译为万户。土绵常和兀鲁思（国家、领地、人民）一词通用。

⑥ 奇喇古特，原文为 Kergud，疑是克烈的复数形式，一说即土尔扈特。

⑦ 《俺答汗传》，第 11、第 12 页。钟金，珠荣嘎同志在《从〈俺答汗传〉看三娘子的名字和母家》一文中认为即是汉文史籍中的三娘子克兔哈屯。

在巴克之地。这时“贵门之女钟金哈屯生一子，汗等举众欢腾，大摆‘米喇兀’喜筵[①]，名其子曰 Bodasiri（不他失礼），命为卫拉特庶众之主”。诚然，这种任命，往往仅是名义上的并无实际行政管辖权。凯旋后，俺答汗又对瓦剌首领进行册封和重结联姻。据《俺答汗传》第十三页所载：“赐封卫拉特‘兀鲁思’之哲恒阿哈等诸延，仿圣祖成吉思汗以忽都合别乞为太师例，赐其长子乌巴岱以太师名号。仿圣祖成吉思汗以豁雷干、赤赤干二女妻伊纳勒赤、脱劣勒赤兄弟，使成为古列坚（女婿）例，仸门之子俺答以亲生满珠锡里，松布尔二女妻伯古岱、额格依丞相二人，使他们成为自己的古列坚。”

从以上记载可看出，这个时期与以往一样，东西蒙古间，除了局部武装冲突外，还有各种形式的往来。1571 年隆庆封贡后，大同、宣府等十余处马市陆续开设，东蒙古封建主在征收一定比例的贸易税（即按市场马价抽分）后，就允许瓦剌封建主在这些马市进行贸易。俺答汗的营帐地库库和屯（今呼和浩特旧域）逐渐成为蒙古商业和手工业中心，瓦剌封建主有时赶着成千上万匹马远道赴此贸易。

由于当时东西蒙古诸部各自为政，互不统辖，因此，和亲结盟与军事征伐常是互相交替的。据《蒙古源流》卷六所载，嘉靖四十一年（1562年），俺答汗族孙鄂尔多斯的库图克图彻辰洪台吉（即明人史籍所称之切尽黄台吉）等西征，至额尔齐斯河，“征剿土尔扈特，击杀喀喇博郭罗[②]，竖立黑纛于灶君之前，将锡木必斯、土尔扈特，存留一半，安置其地，遂撤兵”[③]。万历二年（1574 年），俺答汗的族孙布延巴图尔洪台吉兄弟又进攻瓦剌于哈尔该前（杭爱山南），尽降额色勒贝侍卫率领的八千辉特（即奈曼明安辉特）。[④] 而库图克图彻辰洪台吉在击败哈萨克阿克萨尔汗的

---

① 萧大亨《夷俗记》曰：“夷人产育男女，不似我中国护持。产时即裹以皮，或以毡，越三日方洗，洗毕仍裹之如前。是日，椎牛置酒，召亲戚邻里会饮，名曰‘米喇兀’。”

② 喀喇博郭罗，沈曾植清译本笺证云：“此博郭罗疑即明史之卜六王。又案喀喇博郭罗名字，土尔扈特世系无之。揆诸情事，似贝果尔勒克以上之旁支，或当为与野乜克力同处之满可王部落，而满可王即土尔扈特世系之孟克，未可知也。”若果真是卜六王，那么这时起码是八十余岁的老人了。

③ 道润梯步新译校注《蒙古源流》最后一段为“收服辛必斯、土尔扈特二部之半而班师还营”。

④ 额色勒贝侍卫，霍渥斯在《蒙古史》第 1 卷第 11 章中认为是玛尼明阿图之子。也即莎斯季娜译《萨拉图吉——十七世纪编年史》第 101 页中所提到的索岱明阿图之子。

凯旋途中[①]，闻知布延巴图尔兄弟正在征伐瓦剌，于是就把辎重留于巴里坤，在济拉玛汗山（即济拉满山），击败以喀木苏和都哩图为首的巴图特部（巴噶图特）。其子鄂勒哲伊勒都齐经过三个月的追赶，于图巴罕山（唐努乌梁海地区的都播山）之阴，掳掠了以绰罗斯必齐呼锡格沁为首的四鄂拓克而回。在各自起营徙归时，库图克图曾派使臣警告巴图尔洪台吉：额色勒贝侍卫非安分之人，必须将八千辉特分而治之，以孤其势。巴图尔不听劝告，反以额色勒贝侍卫擅请使臣吃八条马肋之事而发怒。额色勒贝侍卫不堪忍受侮辱，率众击杀巴图尔洪台吉于克尔齐逊河，乃叛去[②]。萧大亨所著《北虏世系》在巴都尔黄台吉名下笺释曰："为西瓦剌所杀。"[③] 说明这个时期的辉特在瓦剌诸部中尚为强大，与其后附牧于杜尔伯特的处境迥然不同。

由上述可略知，16 世纪七八十年代瓦剌各部分布的大概情况。瓦剌牧区的东侧杭爱山阳，紧挨着东蒙古领地的是辉特，辉特之西则是土尔扈特，再往西是绰罗斯、和硕特等。各部牧区变动也非常频繁。如土尔扈特，1558 年在济勒满山，1562 年在额尔齐斯河沿岸，1588 年又出现在阿尔泰山奥达托图木之地。

此后，从汉文史籍中还能隐约看到俺答汗西征瓦剌的痕迹。《明史·吴兑传》记道："（万历）五年（1577 年）夏，（吴兑）代方逢时总督宣、大、山西军务。俺答西掠瓦剌，声言迎佛，寄帑于兑，留旗箭为信。尚书王崇古奏上方略，使兑谕俺答绕贺兰山后行，勿道甘肃，又阴泄其谋于瓦剌。俺答兵遂挫，留青海未归。"《明史·西域二》更明确指出："俺答雅欲侵瓦剌，乃假迎活佛名，拥众西行……俺答既抵瓦剌，战败而还。"[④] 这件事在《明神宗实录》中也有所追述："套虏仇杀瓦剌，蓄谋已久。然瓦剌极称骁悍，势力尚不相当。如往岁，虏王西行，观望数月，竟未得

---

① 据《蒙古源流》卷 6 所载，1572 年彻辰洪台吉之弟古拉齐巴图尔等行兵托克摩克，在实喇摩楞河畔（一说即伊犁西境之锡尔河）击败阿克萨尔汗。班师途中，被阿克萨尔汗领兵十万追击之，兵败身亡。1573 年彻辰洪台吉又领兵打败阿克萨尔汗，获胜而归。

② 详见《蒙古源流》卷 6。八千辉特，道润梯步译本为"奈曼明安辉特万户"。

③ 萧大亨：《北虏风俗》附《北虏世系》，万历二十二年自刻本。关于这次被打败之事，《全边纪略》也有所载，《甘肃略》中万历五年条下说道："先是河套酋略瓦剌，戮其长，死者千数，诸酋皆惭愧。"

④ 《续文献通考》四裔十一，《西番诸卫》曰："既抵威喇特，战败而还。"《明史·西域传三》也有所载。

志。而抄胡诸酋大遭挫衄，几至覆没全军，则不敢为报复之举明矣。”[①] 1582 年初（万历九年十二月十九日）俺答汗死后，其继位者和三娘子等还不断声称仇杀瓦剌，拥兵西行。[②]

俺答汗及其后嗣者之所以不断西征瓦剌，一方面固然是为了向西扩展牧地，另一方面也是与瓦剌势力逐渐向东南发展，和驻牧甘、青一带的东蒙古势力发生矛盾所致。冯时可在《俺答后志》中指出：“万历五年七月，宾兔仇瓦剌，要虏王往，虏王以迎佛为词，上请西行。”[③] 驻扎兰州北松山一带的宾兔感到瓦剌逐渐进入甘、青地区，对其是极大威胁，故要求俺答出兵攻打瓦剌，从东南面迫使瓦剌向西北迁徙。而当时喀尔喀诸部却从瓦剌的东北方面对其步步紧逼。

第四阶段，瓦剌在与喀尔喀诸部斗争中，再度雄视西北。

据蒙古编年史《宝贝念珠》记载，16 世纪 70 年代末，喀尔喀土谢图汗先祖阿巴岱赛因汗，在库勃凯尔格林（科布多）地区打败和硕特，杀其首领哈尼诺颜洪果尔。并命自己的儿子苏巴哈台管辖瓦剌，直至 1586 年阿巴岱赛因汗去世，瓦剌才乘机推翻其统治[④]。在此期间，喀尔喀赉湖尔汗（札萨克图汗部奠基人）曾与瓦剌赛音诺颜等于额敏河口发生战争，后双方达成协议，保证不再互相伤害[⑤]。但这种协议并没有什么约束力，往往墨迹未干，战祸又起，致使生民横罹荼毒。

面临喀尔喀等的威胁，瓦剌诸部逐渐形成新的联盟，并在共同抵御强敌和处理内部事务中发挥了作用。1587 年，瓦剌联军击败喀尔喀硕累乌巴什的进犯，即是明证。该年，硕累乌巴什洪台吉同乌梁海执政者赛音马楚克联合，率兵八万，从杭爱山脉一带出发，进攻瓦剌。他们在额敏河口抓到了一个属和硕特拜巴噶斯（哈尼诺额洪果尔之长子）部下的七岁牧

① 《明神宗实录》卷 178，万历十四年九月甲午。

② 详见《明神宗实录》卷 120，万历十年正月甲申；卷 180，万历十四年十一月庚子；卷 211，万历十七年五月己巳，卷 225，万历十八年十月己巳。

③ 冯时可：《俺答后志》。

④ 噶尔丹台吉：《编年史“宝贝念珠”》，1960 年乌兰巴托蒙文本。本文参见兹拉特金《准噶尔汗国史》第 107 页和冈田英弘《四卫拉特起源》（《史学杂志》1974 年第 83 编第 6 号）所载。

⑤ 见《乌巴什洪台吉的故事》，其原是民间史诗，布里雅特人嘎拉桑贡布耶夫用托忒文加以整理，发表于 1858 年圣彼得堡出版的《俄罗斯考古学会东方部丛刊》第 4 卷，本文根据策·达木丁苏荣编《蒙古古代文学一百篇》所载。

童。从审问中，了解到离硕累军队最近的是土尔扈特王公赛音舍尔登黑的牧地，沿着额尔齐斯河发源地游牧的则是辉特王公赛音黑雅，再远一些的是绰罗斯哈喇忽剌的领地，以及游牧在纳林河发源处的杜尔伯特赛音达玛那巴托（似即达赖台吉）。而和硕特的牧区在塔尔巴哈台西部额敏河和伊犁河沿岸。当时，瓦剌各部在盟主拜巴噶斯的率领下，为保卫自己的牧地不受侵犯，召集了三万六千联军进行了反击，其中和硕特一万六千[①]、杜尔伯特八千、绰罗斯六千、辉特四千及土尔扈特两千人。他们齐心协力挫败了硕累乌巴什的联军[②]。

17世纪初，瓦剌与喀尔喀发生过多次冲突，如1606年，双方构兵，“民受荼毒，二部行道几为阻滞”[③]，经图鲁拜琥（顾实汗）从中调解，才得以平息。当时，瓦剌诸部屡败于喀尔喀赉湖尔汗，被迫舍弃了杭爱山阳坤桂、札布汗河流域，并不得不承认赉湖尔汗的宗主权和向其纳些贡[④]。这里与其说赉湖尔汗本人与瓦剌作战，毋宁谓其堂弟硕累乌巴什（外文史籍称为阿勒坦汗，其子俄木布额尔德尼、孙额沁罗卜藏袭称之）与瓦剌作战更合适。据俄文档案材料所载，阿勒坦汗曾打败卫拉特人[⑤]，而逐渐西占瓦剌的牧地，据有吉尔吉斯湖，乌布苏诺尔，贝古木河及萨彦岭一带，包括唐努乌梁海地区，建立和托辉特部（即阿勒坦汗部）。史称：“盖和托辉特为喀尔喀极边，西近厄鲁特，北近俄罗斯，俗喜斗。乌梁海复错其间，捕貂射猎，依木而居，纳赋和托辉特，有事则籍之为兵。故和托辉特虽隶札萨克图汗，实自为一部。”[⑥] 硕累乌巴什经常与瓦剌准噶尔部首领哈喇忽剌等发生战争，双方互有胜负。当时哈喇忽剌的住牧地，大抵南面和东面从额尔齐斯河水源直接与和托辉特的领地相接，西面到额尔齐斯河东岸，北面到鄂毕河支流球梅什河。西北方面顺着额尔齐斯

---

① 据《乌巴什洪台吉的故事》所载，拜巴噶斯所率军队为一万六千人，而兹拉特金《准噶尔汗国史》第112页认为和硕特军队为三万人，卫拉特联队为五万人。柯津：《关于1587年击溃喀尔喀的硕累乌巴什洪台吉的卫拉特史诗》也提到：“拥有五万军队——只是一些王公卫队——的强大卫拉特联盟，其对手却是互不配合、彼此敌视的喀尔喀王公们。”

② 据《乌巴什洪台吉的故事》及巴图尔乌巴什丘缅《关于杜尔本—卫拉特人的故事》所载，硕累乌巴什战败被杀。

③ 刘立千译：《续藏史鉴》，华西边疆研究社1945年版，第74页。

④ 帕拉斯：《蒙古民族历史资料集》，法兰克福、莱比锡1779年版，第54页。

⑤ 参见《1607—1636年俄蒙关系史资料》第7号和第10号文献，莫斯科1959年版。

⑥ 《钦定外藩蒙古回部王公表传》卷63，传47。

河而下，以亚梅什湖周围为中心，由其子管辖。

哈喇忽剌掌权时，正是硕累乌巴什向西扩充势力之际，再加沙俄不断派使者到和托辉特部进行挑拨煽动，两部之间屡次兵戎相见，干戈不息。1620 年，哈喇忽剌联合土尔扈特和杜尔伯特的台吉，率领四千骑兵进攻和托辉特大本营乌布苏诺尔一带，曾一度获胜，后受到和托辉特部主力的夹击，招致惨败。翌年，哈喇忽剌逃到球梅什河口筑堡避难，另一部分瓦剌台吉和部众则迁往伊施姆河和托波尔河之间游牧①。1623 年，集结在伊施姆河、额尔齐斯河之间卡梅什罗夫地方的巴图尔台吉、楚琥尔乌巴什及土尔扈特和鄂尔勒克的西路军，和占据球梅什河口的哈喇忽剌所率领的东路军会合，远征和托辉特部，企图收复额尔齐斯河上游流域，但又一次被阿勒坦汗打败②。1628—1629 年间，双方战争再起，瓦剌得胜，重返天山以北广大地区游牧③。哈喇忽剌对阿勒坦汗斗争的胜利，这在瓦剌历史上是个转折点。自此之后，准噶尔部在哈喇忽剌及其子巴图尔珲台吉④的领导下，外御强敌，内趋统一，为瓦剌社会发展创造了有利条件。

综上所述，也先死后，瓦剌并未立即西迁，退出蒙古历史舞台，而是仍保持着相当实力，并在与东蒙古交锋中屡占优势，是一支为明廷和东蒙古所不敢忽视的力量。最后，瓦剌正是在与东蒙古封建主的不断斗争中强大起来，再度称雄西北。

## 二　瓦剌与明廷的联系

15 世纪前半期，瓦剌与中原地区政治、经济联系甚为密切。永乐六年（1409 年），明廷分别封马哈木、太平、把秃孛罗为顺宁王、贤义王、安乐王，表文贡使往来不绝。脱欢时，其部属有一百多名受明册封，也先统治期间，受明廷封爵的达三百五十八人次。并通过朝贡和互市与中原地区进行贸易。瓦剌每次入贡人数多至二三千，贡马和皮张数以万计。往往

① 《1607—1636 年俄蒙关系史资料集》第 56 号文献。

② 帕拉斯：《蒙古民族历史资料集》，第 55 页。若松宽在《阿勒坦传考证》中认为俄木布额尔德尼是在 1623 年其父死后袭汗位的，与卫拉特继续了七年战争，1629 年双方才媾和。

③ 关于哈喇忽剌与阿勒坦汗斗争详情，见若松宽《哈喇忽剌的一生》（《东洋史研究》1964 年第 22 卷第 4 期）。

④ 巴图尔珲台吉，名和多和沁。1635 年继其父哈喇忽剌为准噶尔首领，达赖喇嘛授予“额尔德尼巴图尔珲台吉”之称。

是前使未归，后使踵至，形成了贡使“络绎乎道，驼马迭贡于廷”①，而“金帛器服络绎载道”的局面②。尤其是正统三年（1438 年）大同马市设立，更促进了双方的经济交流③。

有的史学家断言，随着也先之死及与东蒙古斗争的失利，瓦剌“在整整一百五十年到二百年期间内，他们与中国的联系完全中断。这就是中国明朝时期的史料对卫拉特的历史只考察到十五世纪七十年代的原因。有关十六世纪和 1600—1675 年的历史事件，我们在明朝的史料中，以及在清朝初期的史料中，都没有发现任何记载”④。

史实本身却否定了上述看法。据《明实录》等汉文史籍记载，也先以后，瓦剌与明廷之间虽有东蒙古封建主阻隔，但在相当长时期内还是通过各种途径保持着联系。

天顺、成化期间（1457—1487 年），瓦剌大部分属众仍居住漠北，东蒙古尚无力阻塞其通贡之道，因而，瓦剌与明廷互派使臣，朝贡敕封，来往较为频繁。

天顺元年（1457 年），明英宗复位后，即派遣都督同知马政等出使瓦剌，赍敕及綵币，赏赐故伯颜帖木儿妻阿塔塔来阿哈，以报往昔身陷瓦剌，伯颜帖木儿对其之“奉护”⑤。寓居哈密及其附近的瓦剌首领也经常遣使与哈密使臣一起向明廷朝贡⑥。天顺三年（1457 年），明廷升也先弟伯都王使臣指挥佥事失剌力为指挥同知，命克失秃王使臣故都督佥事把伯子把秃孛罗为指挥佥事，并赐伯都王彩缎表里。天顺五年（1461 年），应哈密王母弩温答失里之请，明廷“命瓦剌也先弟伯都王为都督佥事，侄兀忽纳为指挥佥事”⑦。成化初，因阿失帖木儿部下暴动，率众避居哈密的拜亦撒哈平章“也常偕哈密来朝”⑧。居住漠北的阿失帖木儿更是不断

① 《明英宗实录》卷 204，景泰二年五月癸丑；胡赍：《论虏情疏》（《皇明经世文编》卷 19）。

② 谷应泰：《明史纪事本末》卷 33。

③ 详见白翠琴《从经济交流看瓦剌与中原地区的关系》，载《新疆历史论文续集》。

④ 兹拉特金：《准噶尔汗国史》，第 63 页。

⑤ 《明英宗天顺实录》卷 275，天顺元年二月辛酉。

⑥ 详见附表，下同。

⑦ 《明英宗天顺实录》卷 306，天顺三年八月庚戌。

⑧ 《明史》卷 328《瓦剌传》。《明宪宗实录》卷 72，成化五年十月己卯；卷 85，成化六年十一月己卯；卷 90，成化七年四月辛未均有记载。

派使臣贡马及貂皮等方物，明廷按例赐宴及衣服、彩缎等物，授其使臣兀纳哈等五十五人官职[①]。同时，对蒙古贡使人数也一一作了规定：东蒙古许一千一百名入关，四百名至京；瓦剌许四百名入关，一百五十名至京。[②]

1476年，阿失帖木儿死后，瓦剌太师克舍因东蒙古小王子"常为边患，且阻其入贡之道"，于成化末，派人与明廷进行联系[③]。

1486年，克舍死，其弟阿沙继为太师，达延汗乘机攻袭，绰罗斯家族的势力遂衰。据《明史·瓦剌传》所载：当时，瓦剌诸部中，"养罕王称雄，拥精兵数万"，屯驻在把思阔（巴里坤）境[④]，他一方面与哈密都督罕慎（弩温答失里曾外孙，1488年被封为忠顺王）缔亲，另一方面又遣部属随哈密使臣奏欲入贡[⑤]。弘治初，瓦剌中称太师者火儿忽力等与东蒙古小王子的使臣同时至京入贡，明廷升授其贡使官职有差："一等正使者授指挥使，副使授指挥同知，二等者授副千户，三等者授百户，各给冠带，其原有职者各升一级。"[⑥]

同时，寄居苦峪城的哈密卫哈剌灰（瓦剌别支）也不断派人朝贡[⑦]，从弘治四年至十八年（1491—1505年），哈剌灰首领拜迭力迷失等也随哈密首领一起遣人入贡。弘治七年（1494年）应哈密卫都督奄克孛剌之请，明廷封哈剌灰千户拜迭力迷失、平章革失帖木儿为指挥佥事，舍人迭力迷失虎力为世袭正千户，脱脱忽为指挥同知，同管哈剌灰[⑧]。

这个时期，瓦剌与明廷通过朝贡封赏保持着联系。《明实录》中虽偶

---

① 《明宪宗实录》卷34，成化二年九月丙戌、乙未；卷37，十二月丁未。

② 《明宪宗实录》卷35，弘治三年二月癸巳。

③ 《明宪宗实录》卷281，成化二十二年八月辛巳。

④ 《明宪宗实录》卷289，成化二十三年五月丙寅。

⑤ 《明孝宗实录》卷6，成化二十三年十一月戊戌。养罕王与下文提到的小列秃王和卜六王可能是属于土尔扈特部的一支。

⑥ 《明孝宗实录》卷48，弘治四年二月丁丑；卷49，弘治四年三月辛巳、丁亥。《明史·瓦剌传》云："瓦剌中称太师者一曰火儿忽力，一曰火儿古倒温，皆遣使朝贡。"火儿忽力与火儿古倒温很可能是同名异译，属一人。

⑦ 《明孝宗实录》卷131，弘治十年十一月庚子："内哈剌灰头目拜迭力迷失等家口一百九十人，乃瓦剌种类。"有的学者认为是回回化的蒙古人。

⑧ 《明孝宗实录》卷55，弘治四年十一月丙申；卷93，弘治七年十月甲申；卷193，弘治十五年十一月丙戌；卷223，弘治十八年四月戊辰。

有瓦剌养罕王等“欲犯甘肃”的记载①，但双方并无重大军事冲突。而且，明廷往往借助瓦剌兵力，共同对付吐鲁番。如弘治六年（1493 年），吐鲁番速檀（苏丹、王之意）阿黑麻率兵攻哈密城，将忠顺王陕巴带走，命其将牙兰留下守城。翌年，明廷派右佥都御史许进巡抚甘肃，厚结居住在哈密北山的瓦剌小列秃王，使其率众与吐鲁番战。小列秃王中流矢死后，又厚结其子卜六阿歹，让他断吐鲁番东进之道，孤立牙兰。然后，许进偕大将刘宁等潜师夜袭哈密城，牙兰兵败遁去②。正德十三年（1518 年）吐鲁番攻肃州，甘肃守臣陈九畴以满速儿速檀勇悍，遣通事马胜等赍綵币，约居住在北山把思阔（巴里坤）一带瓦剌卜六王，乘虚攻其城。卜六王袭破吐鲁番三城，“杀掳以万计”。卜六王为答报明廷赏赉，“乃以驼马入贡称谢”③。但明廷对瓦剌也只是站在统治阶级立场，“以夷治夷”，“抚而用之”而已。嘉靖十九年（1540 年），卜六王等数被吐鲁番击败，陷于困境，要求迁往我来川（莽来川或茫剌川，今青海贵德西南，西北部邻近青海湖和河西地区），与已牧居此地的另一瓦剌首领奄克同住。明廷竟以“疑其诈”为名，不许入关④。

此后，瓦剌与明廷仍然保持一定的联系。从前述 16 世纪 70 年代末，俺答西征瓦剌，总督宣大军务的吴兑“阴泄其谋于瓦剌”，也可略见端倪。据万历四十四年（1616 年）沙俄派遣到瓦剌地区刺探情报的托米尔科·彼得罗夫报告说，中国皇帝和阿勒坦汗都向卡尔梅克人征收贡赋，每个台吉每年缴纳二百峰骆驼及一千匹马和羊（只向主要人物收贡，小台吉则免于缴纳）。中国皇帝叫太平可汗。又说，他们在巴图尔台吉处曾接触了中国皇帝和阿勒坦汗派来征集毛皮贡的⑤。这里所说的太平可汗，显

---

① 据《明孝宗实录》卷 6，成化二十三年十一月戊戌记载，镇守甘肃都督周玉等奏称：“瓦剌养罕卫屡至赤斤、罕东窃掠，云欲犯甘肃。”

② 《明史》卷 186，《许进传》。

③ 《明武宗实录》卷 148，正德十二年四月丙辰；卷 164，正德十三年七月丙午；《明史》卷 328，《瓦剌传》。卜六王似即小列秃王之子卜六阿歹。

④ 《明世宗实录》卷 238，嘉靖十九年六月辛巳。据《明史·瓦剌传》所载，“卜六王不支，亦求内附。朝廷不许，遣出关，不知所终”。沈曾植在《蒙古源流笺证》中指出：卜六王可能即是土尔扈特之哈喇博郭罗。

⑤ 《1607—1636 年俄蒙关系史资料集》文献第 18 号；巴德雷：《俄国·蒙古·中国》第 2 卷，第 37—39 页。

然是大明可汗的讹音①，卡尔梅克则是瓦剌的别称。

同时，与中原地区的贸易也通过各种途径继续进行着。1571 年，“隆庆封贡”后，瓦剌曾以东蒙古为中介，利用为俺答汗等开辟的互市场所，进行交换。据万历四十六年（1618 年）俄国使臣报道，当时，“大明皇帝将载来中国城（按即北京）之货物分给各城，复由中国各城市运往蒙古地区，阿勒坦汗国、黑额尔特部（即指瓦剌）以及其他各国和兀鲁思，而后还运往铁王国（即撒马尔罕）和布哈拉附近的沙尔城”②。

明末清初，瓦剌各部与新兴的清朝之间也取得了联系，奉表通贡，络绎不绝，汉文及蒙文史籍均有不少关于瓦剌动向之记载，因不属本文探讨范围，故从略。

从上可见，瓦剌与中原地区的联系并未由于西迁而中断，瓦剌部众的内向力也没有因此有所减弱。例如，土尔扈特部远徙伏尔加河流域后，仍然珍藏着永乐八年（1410 年）明廷赐给其先祖的汉篆敕封玉印一颗，直至 1771 年，历尽艰险，万里返归祖国时，呈献给清朝③，以表达他们对祖邦故土的深情厚意。

**15 世纪后半期至 16 世纪前半期瓦剌与明廷往来一览表**

| 年月 | 主要内容 | 资料来源 |
|---|---|---|
| 1457 年 2 月（天顺元年） | 明英宗遣都督同知马政等出使瓦剌，赍敕及綵币赏赐故伯颜帖木儿妻阿塔塔来阿哈。 | 《明英宗天顺实录》卷 275 |
| 1459 年 8 月（天顺三年） | 明廷升寓居哈密的伯都王使臣指挥佥事失剌力为指挥同知，命克失秃王使臣把秃孛罗为指挥佥事。陛辞时，赐宴如例，并赏给伯都王敕书及彩缎表里。 | 《明英宗天顺实录》卷 306 |
| 1461 年 4 月（天顺五年） | 明廷封也先弟伯都王为都督佥事，侄兀忽纳为指挥佥事。 | 《明英宗天顺实录》卷 327 |

① 若松宽在《哈喇忽剌的一生》一文中认为此处所指的中国人，“把他们看作札萨克图汗部的人们，也许更妥当些”。

② 转引自 B. Г. 谢班科夫《十七世纪前半期的中俄关系》，《历史研究》1958 年第 5 期。

③ 何秋涛：《朔方备乘》卷 38，《土尔扈特归附始末叙》。

续表

| 年月 | 主要内容 | 资料来源 |
| --- | --- | --- |
| 1466年9月（成化二年） | 瓦剌太师阿失帖木儿遣平章兀纳哈等贡马及貂皮等物，明廷设宴款待，并给衣服、彩缎等物有差。又授兀纳哈等五十五人官职，俱赐冠带。 | 《明宪宗实录》卷34 |
| 1466年12月（成化二年） | 阿失帖木儿遣平章哈三帖木儿等贡马及银鼠皮等物。明廷设宴及给衣服、彩缎等物有差。 | 《明宪宗实录》卷37 |
| 1469年10月（成化五年） | 瓦剌平章拜亦撒哈与哈密王母及吐鲁番速檀阿力共遣使二百余人入贡，至甘肃，明廷规定“每物入十之一”，余“听其自鬻”。 | 《明宪宗实录》卷72 |
| 1471年4月（成化七年） | 拜亦撒哈之使哈喇忽思与哈密所差头目马黑麻等至京朝贡。 | 《明宪宗实录》卷90 |
| 1484年左右（成化二十年） | 瓦剌克舍（克失）太师因东蒙古小王子常为边患，且阻其入贡之道，遣人与明廷进行联系。 | 《明宪宗实录》卷281 |
| 1487年11月（成化二十三年） | 屯驻在巴里坤附近的养罕王一方面率众抄略赤斤、罕东，欲犯甘肃，另一方面遣使随哈密使臣，奏欲入贡。 | 《明孝宗实录》卷6 |
| 1490年3月（弘治三年） | 瓦剌太师使臣恰恰及东蒙古小王子使臣奄克卜花等四十八人至京贡方物、马匹。明廷赐宴及织金綵币等物有差。并升授使臣以指挥使、指挥同知、百户等官职及冠带。又给瓦剌太师等蟒龙红缨、琵琶、帐房等物。 | 《明孝宗实录》卷36 |
| 1490年11月（弘治三年） | 瓦剌太师遣使入贡，明廷许其二百人至京，余留边关，以俟给赏。 | 《明孝宗实录》卷45 |
| 1491年2月（弘治四年） | 瓦剌太师火儿忽力及东蒙古伯颜猛可王遣使臣努力等至京朝贡。明廷赐宴并彩缎、衣服等物有差。仍回赐其太师及王以下彩缎、衣服等物如例，并派官吏至大同，赏赐居留彼处之贡使。 | 《明孝宗实录》卷48 |
| 1491年3月（弘治四年） | 瓦剌太师火儿古倒温（疑是火儿忽力之异译）等使臣要明廷别赐蟒龙衣服、金银酒器及诸用物。明廷除应禁之物外，随等第量给之，并升授瓦剌及东蒙古贡使官职有差。 | 《明孝宗实录》卷49 |

**续表**

| 年月 | 主要内容 | 资料来源 |
|---|---|---|
| 1491年11月（弘治四年） | 寓居苦峪城的哈剌灰首领遣人随哈密卫都指挥阿木郎使臣入贡。明廷按哈密例给赏。 | 《明孝宗实录》卷57 |
| 1494年10月（弘治七年） | 明廷封哈剌灰千户拜迭力迷失、平章革失帖木儿为指挥佥事，舍人迭力迷失虎力为世袭正千户，脱脱忽为指挥同知，同管哈剌灰。 | 《明孝宗实录》卷93 |
| 1494年（弘治七年） | 明廷甘肃巡抚许进因吐鲁番攻陷哈密，欲围甘肃，故厚结瓦剌小列秃王，使其率众与吐鲁番阿黑麻战。小列秃死，又厚结其子卜六阿歹断吐鲁番东援驻哈密守将牙兰之道，牙兰败遁，明廷得以收复哈密。 | 《明史》卷186《许进传》 |
| 1499年（弘治十二年） | 瓦剌遣人贡马，有余马官为市之。 | 郑晓《皇明北虏考》 |
| 1502年11月（弘治十五年） | 哈剌灰使臣脱云虎力等至京朝贡，明廷赐彩缎、钞锭等物如例。 | 《明孝宗实录》卷193 |
| 1505年4月（弘治十八年） | 哈剌灰拜迭力迷失等遣人朝贡，明廷赐宴并彩缎、衣服等物有差。 | 《明孝宗实录》卷223 |
| 1518年（正德十三年） | 吐鲁番攻肃州，甘肃守臣陈九畴遣通事赍綵币，约居住在巴里坤一带的瓦剌卜六王，乘虚攻其城。卜六王袭破吐鲁番三城，“杀掳以万计”。事后，“乃以驼马入贡称谢”。 | 《明武宗实录》卷164；《明史》卷328 |
| 1540年6月（嘉靖十九年） | 卜六王因数困于吐鲁番，要求迁到青海莽来川与瓦剌奄克同住，明廷以“疑其诈”为名，不许入关。 | 《明世宗实录》卷238 |

## 三 瓦剌与西域

有的学者认为，也先死后，瓦剌人“是在声威远震后，休养生息中度过的”，“重新分裂成许多独立的部，又变得无所作为”①。笔者对此未敢苟同。不可否认，由于与东蒙古斗争失利及吐鲁番崛起，瓦剌势力曾一

① 雅金夫：《从十五世纪迄今的卫拉特或卡尔梅克人的历史概述》，第21—22页；波兹德涅耶夫：《阿斯特拉罕卡尔梅克人的古代文献》，圣彼得堡1885年版，第142页。均转引自兹拉特金《准噶尔汗国史》，第56—57页。

度衰落，不能像也先时期那样雄心勃勃，挥戈东西，征战南北，企“求大元一统天下”。但也不是毫无政治远谋，只为各自生存而争斗。随着瓦剌活动重心渐向西移，与西域诸族发生了更密切联系，对该地区错综复杂的历史进程产生过不可低估的影响，为17世纪准噶尔政权兴起和发展奠定了坚实基础。

瓦剌东南与哈密、吐鲁番相邻。哈密，元时称哈密力，后属察合台汗国管辖，居民以维吾尔为主，次为回回与蒙古人。《明史·西域一》称："其地，北瓦剌，西吐鲁番，东沙州、罕东、赤斤诸卫。"[①] 永乐四年(1406年)，明建哈密卫，“以哈密为西域要道，欲其迎护朝使，统领诸番，为西陲屏蔽”[②]。“凡夷使入贡者，悉令哈密译语以闻。”[③] 哈密既是西域诸族与明廷通贡的要道，又是瓦剌与西域诸族及中原地区进行贸易的中继站和奴隶买卖的转运站[④]。因此，自瓦剌从叶尼塞河上游向南发展以来，就非常重视与哈密的关系[⑤]。瓦剌历代统治者以强大军事力量为后盾，充分利用哈密等地回回商人善贾的特点，经常与其一起朝贡和经商。如正统十三年（1448年），就有回回商人阿里锁鲁檀等七百五十二名随同也先贡使至京朝贡和沿途进行买卖[⑥]。瓦剌统治者出于政治上的需要，还与哈密贵族结成姻亲，脱欢曾把其女弩温答失里嫁给哈密忠顺王卜答失里。1460年弩温答失里子卜列革死后，她主政达二十三年之久。故瓦剌统治者与哈密后王以舅甥相称[⑦]。

也先死后，其弟、侄率领人马投奔弩温答失里，在哈密居住。哈剌灰逐渐成为哈密三大部族之一。史称：“回回、畏吾儿。哈剌灰三种番夷，同居一城”[⑧]，“礼俗各异”[⑨]。哈剌灰“乃瓦剌种类”[⑩]，“以射猎为生”[⑪]。

---

① 张天复《皇舆考》卷12云：“南沙州，西火州，北瓦剌，东南肃州。”

② 《明史》卷329，《西域一》。

③ 许进：《平番始末》（《记录汇编》本）。

④ 《荒徼通考》（玄览堂丛书续编本）；《明英宗实录》卷253，景泰六年五月壬申。

⑤ 关于明前期瓦剌与西域的关系，见白翠琴《明代蒙古与西域关系述略》。

⑥ 《明英宗实录》卷173，正统十三年十二月庚申。

⑦ 如《明宪宗实录》卷289，成化二十三年四月甲戌条记载了明廷给罕慎的敕谕中称：“尔于养罕王有甥舅之分。”

⑧ 马文升：《兴复哈密国王记》（《纪录汇编》本）。

⑨ 陈诚：《使西域记》（北平图书馆善本丛书第一辑）。

⑩ 《明孝宗实录》卷131，弘治十年十一月庚子。

⑪ 马文升：《兴复哈密国王记》（《纪录汇编》本）。

除了哈密城中住有瓦剌部众以外，其周围也驻扎多支瓦剌部属。如成化五年（1469 年），平章拜亦撒哈率众近哈密住牧[①]，后又率四百名披甲之众至哈密城中屯聚[②]。住牧哈密、巴里坤附近一带的还有克失秃王、小列秃王、卜六王、奄檀王、养罕王等。养罕王并与罕慎结成姻亲。他们不仅经常与哈密一起至京向明廷朝贡，而且往往联合起来，共同对付吐鲁番。

吐鲁番，14 世纪末，处于于阗与别失八里（后改称为亦力把里）之间，势力微弱。后来逐渐吞并火州和柳城，到 15 世纪中期，吐鲁番兴起。当时，亦力把里分裂成以吐鲁番为中心的东部和喀什噶尔为中心的西部，统治者仍为察合台宗王后裔[③]。为了垄断贡市之利，实行经济掠夺和土地扩张，自成化九年（1473 年），阿力速檀（一说即羽奴思）[④] 首次攻占哈密，至嘉靖二十四年（1545 年）满速儿速檀死，七十余年间，不断向东发展，先后占有哈密、瓜州、沙州等地。弘治四年（1491 年）时，吐鲁番已经把明在嘉峪关以外之十一个城池占为己有。至于嘉峪关以内的肃州、甘州等地也成为吐鲁番攻占的对象。

吐鲁番北邻瓦剌，东连哈密，其势力扩展必然波及瓦剌，而哈密成为他们争夺东西要道的目标。成化九年（1473 年）春，阿力速檀乘哈密无主，罕慎新继都督位之机，袭哈密城，执王母，夺金印，分兵守之。罕慎被迫率领哈密民众迁往苦峪（今甘肃安西东南、玉门之西）居住，后来在此地建筑城池，将哈密卫移至苦峪。巴托尔德根据波斯文史籍《拉什德史》指出：1472 年，瓦剌阿玛三吉台吉在伊犁河畔击溃羽努思的军队，一直追击到锡尔河岸[⑤]。过了两年，吐鲁番的军队又进攻哈密和袭击了瓦剌牧区。1475 年初，吐鲁番贡使向明廷奏报，

---

① 《明宪宗实录》卷 65，成化五年三月辛卯。

② 《明宪宗实录》卷 67，成化五年五月辛丑。

③ 别失八里即是 14 世纪中叶察合台汗国分裂后，其东部的蒙古人（自称为蒙兀儿）居住地区。《拉什德史》称其为蒙兀儿斯坦。早在 14 世纪末就发生瓦剌进攻别失八里的事件。1418 年歪思汗继位后西迁至伊犁河流域，遂改称亦力把里。歪思汗与瓦剌进行多次战争，屡被打败。1429 年其次子也先卜花继位，也数败于瓦剌。一说吐鲁番阿力速檀，即其长子羽努思。

④ 据《明史·西域一》所载：阿力速檀，1469—1478 年在位。

⑤ 详见米尔咱·穆罕默德·海答儿《拉什德史》，英译本，1972 年重印本，第 79、第 91—95 页；巴托尔德《谢米列契历史概要》，见《巴托尔德文集》第 2 卷第 1 分册，1963 年版，第 89 页。阿玛三吉台吉，巴托尔德认为是也先之子，又说："此人是由本国内讧中赶出来的。"似是汉文史籍所说拜亦撒哈平章。

已得哈密城池和瓦剌奄檀王人马一万[①]。成化十八年（1482 年），罕慎率畏兀儿、回回、哈剌灰之众，联合赤斤、罕东二卫，夜袭哈密，乘势连复八城，遂还居故土。弘治元年（1488 年），阿黑麻速檀执杀罕慎[②]，攻占哈密。明廷采取限制贸易和削减赏赐的办法来打击吐鲁番。阿黑麻被迫于弘治四年（1491 年）将城池十一座及哈密卫金印归还明廷。明廷派脱脱从孙陕巴当忠顺王。阿黑麻又于弘治六年（1493 年）遣兵夜袭哈密。陕巴和阿木郎急调乜克力和瓦剌两部兵马支援，俱被打败，陕巴被俘[③]。弘治七年（1494 年）明奏派许进收复哈密，瓦剌小列秃王父子配合明军断吐鲁番东进之道，翌年，收复哈密城。

弘治十七年（1504 年），阿黑麻死，其长子满速儿继位。瓦剌与吐鲁番时战时和。正德十二年（1517 年）瓦剌乘吐鲁番于瓜州被明军击败之机，加以攻袭。翌年，又乘虚袭破吐鲁番三城，迫使其暂时讲和。这个时期，在亦力把里西部，瓦剌与满速儿的弟、侄们也曾发生武装冲突。满速儿弟赛以德之子拉什德曾在 1523 年至 1524 年冬带兵出征瓦剌，博得“噶济”（征服异教徒的勇士）之称号。赛以德本人在 1525 年夏，获悉瓦剌进军亦力把里的消息，也从其住牧处伊塞克湖附近出发，行至中途，突然接到塔什干汗的噩耗，才班师回营[④]。西边的战火未息，东边吐鲁番又和瓦剌采取联合军事行动。嘉靖七年（1528 年），满速儿速檀令其部下虎力纳咱儿引瓦剌兵二千余共同攻打肃州，被明军打败。嘉靖九年（1530 年），双方又因议婚事[⑤]，相仇杀，瓦剌数困败。嘉靖二十四年（1545 年），满速儿死，长子沙嗣为速檀[⑥]，其弟马黑麻亦称速檀，分据哈密，并与瓦剌联姻，以抗其兄。总之，当时斗争各方，无论是哈密、吐鲁番或

① 《明史》卷 329，《西域一》；《明宪宗实录》卷 137，成化十一年正月癸酉。

② 阿黑麻，阿力子，据《明史 · 西域一》所载，1478—1504 年在位。由于多次与瓦剌作战，其绰号叫阿拉吉，意谓“歼灭者”、“杀人魔王”。

③ 《明史》卷 329，《西域一》；《明孝宗实录》卷 74，弘治六年四月乙亥。

④ 巴托尔德：《谢米列契历史概要》，见《巴托尔德文集》第 2 卷第 1 分册，第 93 页。

⑤ 卢问之疏（见杨一清《关中奏议》卷 12 附录）也谈到满速儿时，吐鲁番“势驱沙、瓜，姻连瓦剌”。

⑥ “沙”又译为“沙赫”，1545—1565 年（或 1566 年）在位。据巴托尔德《出使土耳其斯坦的报告》第 240 页所载，他死于与瓦剌的一次战斗中。《明世宗实录》卷 556 也记载了嘉靖四十四年或四十五年初，“沙速檀潜掠北虏（指瓦剌）部落，中流矢死，马速其弟也，拥众嗣立”。马速实是沙之堂弟。

各封建集团之间[1]，都力争与瓦剌通好，以为声援。而瓦剌封建主，从自身利益出发，为了扩大牧地和财富，也尽量满足斗争双方请援的要求。

至于瓦剌与乌兹别克和哈萨克的关系也是如此。15 世纪后半期至 16 世纪中期，乌兹别克和哈萨克双方为了占有锡尔河沿岸城市——中亚游牧民族与定居农业及手工业者进行贸易的中心，不断发生武装冲突。在争夺中，哈萨克往往与瓦剌保持友好关系，以便集中精力对付乌兹别克。但随着哈萨克势力的扩大，与瓦剌矛盾日益尖锐。到 16 世纪后半期，双方为争夺塔什干等贸易城市，以及扩大牧地，发生多次争斗，哈萨克贵族曾一度占上风。

16 世纪末至 17 世纪初，随着格鲁派喇嘛教（黄教）在瓦剌地区的传播，与西藏联系也逐渐加强。和硕特拜巴噶斯是首先在瓦剌提倡信仰喇嘛教的首领之一。他不仅自己虔信喇嘛教，而且还说服其他诺颜成为喇嘛教信徒，并派子弟去西藏学经习教。于是，准噶尔巴图尔珲台吉及其弟楚琥尔乌巴什及杜尔伯特部达赖台吉、土尔扈特部和鄂尔勒克，和硕特部昆都仑乌巴什等都献出一子当朵内（贵族喇嘛）。拜巴噶斯也派义子咱雅班第达去西藏，后成为著名喇嘛教活动家[2]。黄教的传播，不仅促进了瓦剌与西藏的联系，并且也为顾实汗占据青海，进兵西藏，成为黄教护法王创造了前提。而控制青藏后，又使瓦剌封建主熬茶礼佛，只要径取青海，直入西藏即可[3]，无须再跋涉从阿克苏和巴里坤，翻越昆仑山的崎岖艰险道路。这样，既便于双方人员来往，也为喇嘛教在瓦剌各部更广泛传播提供了有利条件。因此，顾实汗进据青藏，除为了缓和统治集团内部矛盾，寻求新牧地外，宗教信仰也是个不可忽视的因素。

由上可见，15 世纪后半期至 16 世纪的瓦剌，并不是像有些史学家所说的那样，随着也先之死便销声匿迹，而是在西域事务中发挥了积极作用。其牧地西北方面不断向额尔齐斯河中游、鄂毕河以及哈萨克草原移动，西南向伊犁河、楚河和塔拉斯河流域推进，东南向青海迁徙。

明末清初，瓦剌各部经过长期发展、变化、战争和迁徙，并融合和吸

① 如巴托尔德《出使土耳其斯坦的报告》，第 239 页，曾记述瓦剌台吉帮助喀什噶尔统治者攻打吐鲁番城的事件。米尔咱·沙·马合木·米拉斯《拉什德史续编》也有所记载。

② 参见噶班沙喇布《四卫拉特史》，第 11、第 12 页；拉特纳巴达拉《咱雅班第达传》，1959 年乌兰巴托蒙文版，第 1—5 页。

③ 郑洛《敬陈备御海虏事宜以弭后患疏》指出："而海上之途则入藏捷径。"

收了周围突厥语族及东蒙古诸族的成分，最后归并为准噶尔、杜尔伯特、和硕特、土尔扈特四大部，以及附牧于杜尔伯特的辉特部。其游牧区大致是：准噶尔初在额尔齐斯河至博克河、萨里山一带，后以伊犁河流域为中心；和硕特从额敏河两岸至乌鲁木齐地区；土尔扈特在塔尔巴哈台及其以北（西迁后，辉特部据之）；杜尔伯特游牧于额尔齐斯河沿岸。各部“分牧而居”[①]，“部自为长”[②]，“各统所部，不相属”[③]，但诸部之间有一个松散的议事机构丘尔干（楚固拉干），即定期的领主代表会议，作为协调各部关系，加强封建统治以及抵御外侮的临时组织[④]。其盟主初为和硕特部的博贝密尔咱、哈尼诺颜洪果尔等。[⑤] 17 世纪 20 年代后，准噶尔部哈喇忽剌及其子巴图尔珲台吉，在与和托辉特斗争中渐占优势，成为实际上的盟主。随着准噶尔势力的强大，诸部“皆以伊犁为会宗地”[⑥]。关于瓦剌各部的起源、形成以及发展，这是个相当复杂的问题，笔者准备另外撰文加以探究。至于这个时期瓦剌内部社会结构、阶级关系等，笔者与罗致平先生已有专文进行讨论，兹不赘述[⑦]。

由于沙俄节节南侵的威逼，各部统治集团之间的矛盾，以及寻求新牧地的需要和宗教信仰等原因，一些有势力的封建主逐渐率部离开原游牧地。土尔扈特和鄂尔勒克率其部，联合和硕特、杜尔伯特部分属众约五万帐，于1630 年左右徙牧里海沿岸的额济勒河（伏尔加河）下游。1637 年前后，和硕特顾实汗图鲁拜琥等在巴图尔珲台吉配合下，也率所部从塔尔巴哈台地区经伊犁，向东南转移到青海一带[⑧]。后又以维护黄教为名，兴兵入藏，占据了青藏高原。当时留居天山南北的主要是准噶尔、杜尔伯特、辉特部，以及和硕特、土尔扈特的一些支系，如顾实汗之兄弟拜巴噶

---

① 图理琛：《异域录》。

② 祁韵士：《皇朝藩部要略》卷 9，《厄鲁特要略一》。

③ 祁韵士：《皇朝藩部要略》卷 13，《厄鲁特要略五》。

④ 雷特金：《卫拉特历史资料》，转引自兹拉特金《准噶尔汗国史》，第 111—112 页、第 121 页。

⑤ 《钦定外藩蒙古回部王公表传》卷 81；伯希和：《卡尔梅克史评注》，1960 年美洲和东方书店版。

⑥ 何秋涛：《朔方备乘》卷 38，《土尔扈特归附始末叙》。

⑦ 参见罗致平、白翠琴《试论卫拉特法典》，《民族研究》1981 年第 2 期。

⑧ 据松巴堪布益西班觉《青海史》青海藏文铅印本第 13 页所载：在火鼠年（1636 年），顾实汗率军从塔尔巴哈台地区经伊犁、塔里木盆地和阿斯腾塔格之河流及大沼泽地，抵青海。翌年，击败却图汗，占领青海。

斯、昆都仑乌巴什、布雅鄂特欢及和鄂尔勒克之叔卫衮察布察齐的部属等。明末清初，我国西北地区逐渐形成了在准噶尔贵族统治下，包括瓦剌各部和其他一些蒙古、突厥部落在内的强大政权。汉文史籍中“瓦剌”之称也渐为“厄鲁特”所代替。

（原载《民族史论丛》第1辑，中华书局1987年版）

# 瓦剌王猛可帖木儿续考

## ——瓦剌兴衰史探究之四

明初，蒙古高原随着北元可汗权位衰微，各部势力起落，形成了纵横捭阖、错综复杂的局面。关于这段历史，由于史料缺乏，蒙、汉及波斯文等记载，又往往使用不同的名字和称号，纪年混乱，史实错讹，难以互相参证和补充，因而，给后世治史者留下了种种疑阙，但也提供了进一步探讨的余地。

六年前，笔者曾在拙作《瓦剌王猛可帖木儿杂考——瓦剌兴衰史探究之一》中[①]，认为猛可帖木儿与乌格齐哈什哈、鬼力赤可能为同一人，但不等同于玛哈齐蒙克，并试图对明初的瓦剌迷朦的历史进行一番探索。近年来，随着明代蒙古史研究的深入，有的学者在吸收本田实信、冈田英弘等研究成果的基础上[②]，进一步论证了鬼力赤即是波斯文《突厥世谱》、《传记之友》中所提到的窝阔台系后裔乌鲁克特穆尔（Üruktimüur）[③]。有的学者又提出了新看法，认为建都于撒马尔罕的帖木儿汗，就是托忒蒙古文献中所说的辉特部之雅布干墨尔根帖木儿兰汗，也可能是汉文史籍中所记载的瓦剌王猛可帖木儿，并认为鬼力赤和阿鲁台是一个人，真名为乌格德勒库[④]。上述这些探讨，无疑对开阔视野，促进卫拉特史研究

① 此文初稿写于1983年，1985年发表于《民族研究》第6期。瓦剌兴衰史探究之二、之三，题目分别为《论脱欢、也先与脱脱不花的联盟》、《也先之后瓦剌探微》。

② 本田实信：《早期北元世系》，载西德《乌拉尔—阿尔泰学年鉴》30，1958年；冈田英弘：《四卫拉特的起源》，载《史学杂志》83—86，1974年。

③ 薄音湖：《关于北元世系》，载《内蒙古大学学报》1987年第3期。

④ 巴岱、金峰、额尔德尼：《论四卫拉特联盟》，《卫拉特史论文集》1987年。

有所裨益。但汉文史籍中的瓦剌王猛可帖木儿是否与帖木儿汗为同一人，能否在蒙文史籍中找到相对应的人，这是需要很好地进行探索的问题。

## 一 瓦剌王猛可帖木儿与帖木儿汗

将两者视为一人的主要理由是：星宿幸会之主帖木儿与瓦剌王猛可帖木儿名称职能相似，更重要的是他们俩活动的时间、地点、过程均相吻合。而笔者认为这两人相去甚远，难以证实为同一人。

第一，从汉文和波斯文关于两人身世的记载来看相差悬殊。

汉文资料关于瓦剌王猛可帖木儿的记载寥若晨星。《明太宗实录》卷五，建文二年（1400 年）二月癸丑条只是简单提到："谍报胡寇将侵边，上遣书谕鞑靼可汗坤帖木儿，并谕瓦剌王猛哥帖木儿等，晓以祸福。"瞿九思在《万历武功录》卷七《俺答列传》上记载道："顷胡中立坤帖木儿，始去帝号，称可汗。而猛哥帖木儿最倔强，亦立为瓦剌王，然为鞑靼部酋，非其种也，而瓦剌地在甘凉外边北山。……而可汗及猛哥送款北平佐兵。"《明史·瓦剌传》也只能寥寥数语："瓦剌，蒙古部落也，在鞑靼西。元亡，其强臣猛可帖木儿据之。死，众分为三，其渠曰马哈木，曰太平，曰把秃孛罗。"[①] 从以上这些记载可看出，猛可帖木儿原是元廷强臣，北元时为瓦剌王。13 世纪末 14 世纪初，管辖瓦剌，其根据地在甘凉边外北山、坤桂、札布汗河流、阿尔泰山到巴里坤一带。

而帖木儿汗国创建者巴鲁剌部的帖木儿，波斯等史籍则有详尽的记载。他 1336 年出生于河中谒石城。相传其先世与成吉思汗同族，高祖哈剌察儿那颜为成吉思汗从兄弟。其世系如下：秃蔑乃——哈出来——亦儿占赤巴鲁剌——速忽赤臣——哈剌察儿——亦连吉儿——不儿赫勒——塔剌海——帖木儿——沙哈鲁，等等。他 1370 年统一西察哈台汗国，定都撒马尔罕，史称帖木儿汗国。由于腿受过伤，又有跛子帖木儿的绰号。历号异密、大异密、星宿幸会之主、莎勒坛等[②]。《明实录》、《明史》又称

---

① 《明史》大概是根据自 1400 年后，猛可帖木儿之名不见于《明实录》，代之而起的是马哈木等，故得出"死，众分为三"之结论。

② 参见伯罗洒《蒙古史导言》，第 57 页；舍里甫丁：《武功记》第 1 册，第 8—20 页。

其为驸马帖木儿。关于这点，屠寄在《蒙兀儿史记》中有所说明，认为他因娶了东察哈台汗国怯马鲁丁（札忽儿·哀丁）之女迪勒·沙的·阿珈公主为妻，故自诩为驸马（古儿干、古列坚）[①]。他曾屡次攻袭东察合台汗国，征服波斯、花剌子模，侵入伊拉克、俄罗斯，大败钦察汗国，并攻入印度，俘获土耳其苏丹巴耶塞特。1405年，率兵数十万，拟东侵中国，途中病死罢兵。其一生的活动主要在中亚，铁骑曾远抵俄罗斯，并未涉足大漠南北。

第二，明廷对撒马尔罕帖木儿驸马的情况是清楚的，绝不会将其与瓦剌王猛可帖木儿相混淆。从洪武二十年（1387年）起，《明太祖实录》就有撒马尔罕驸马帖木儿遣使入贡、表文往来的记载，明廷视其为撒马尔罕地区的首领（详见附表）。

**明廷与撒马尔罕遣使往来一览表**

（13世纪末14世纪初）

| 年月 | 主要内容 | 资料来源 |
|---|---|---|
| 洪武二十年（1387）九月 | 撒马尔罕驸马帖木儿遣回回满剌哈非思等来朝贡马15匹、驼2只。诏赐白金18锭。 | 《明太祖实录》卷185 |
| 洪武二十一年（1388年）九月 | 帖木儿遣回回答术丁等59人来朝，贡马300匹、驼2只，诏赐白金人60两及钞有差。 | 《明太祖实录》卷193 |
| 洪武二十二年（1389）九月 | 撒马尔罕驸马帖木儿遣回回满剌哈非思来朝贡马205匹。诏赐白金400两及文绮钞锭，从者俺都儿等8人，白金700两，文绮钞锭有差。 | 《明太祖实录》卷197 |
| 洪武二十三年（1390）正月 | 撒马尔罕回回舍怯儿阿里义等以马670匹抵凉州互市，守将以闻。诏送舍怯儿阿里义等至京，听自市鬻。 | 《明太祖实录》卷199 |
| 洪武二十三年（1390）十一月 | 遣鞑靼亲王67户往居撒马尔罕之地，给钞为道里费。 | 《明太祖实录》卷206 |
| 洪武二十四年（1391）八月 | 撒马尔罕驸马帖木儿遣回回舍哈厘等来朝，贡驼马文物。 | 《明太祖实录》卷211 |
| 洪武二十四年（1391）十一月 | 故元鞑靼王子伯颜忽都19人，自西域撒马尔罕来朝，贡马52匹。 | 《明太祖实录》卷214 |

① 屠寄：《蒙兀儿史记》卷141。

**续表**

| 年月 | 主要内容 | 资料来源 |
| --- | --- | --- |
| 洪武二十五年（1392）二月、十二月 | 撒马尔罕驸马帖木儿遣万户尼昝卜丁等来朝，贡马84匹、驼6只、绒6匹、青梭幅9匹、红绿撒哈剌2匹及镔铁刀剑、盔甲等物。诏赐使者白金、文绮有差。将寄居陕甘等回回军民9236人遣还撒马尔罕。 | 《明太祖实录》卷217、223 |
| 洪二十七年（1394）九月 | 撒马尔罕驸马帖木儿遣酋长迭力必失等奉表来朝贡马300匹。 | 《明太祖实录》卷234 |
| 洪武二十八年（1395）七月 | 撒马尔罕遣回回迭力必失等贡马212匹。诏赐钞有差。命给事中傅安等赍玺书、币帛回报之。 | 《明太祖实录》卷239；《明史》卷332 |
| 洪武二十九年（1396）正月 | 撒马尔罕遣回回阿剌马丹等20人来贡马240余匹。赐钞5900余锭。 | 《明太祖实录》卷244 |
| 洪武二十九年（1396）三月 | 撒马尔罕遣回回札鲁剌等191人来朝贡马1095匹。诏赐钞25190锭。 | 《明太祖实录》卷245 |
| 洪武三十五年（1402）十二月 | 遣使赍诏谕哈烈、撒马尔罕等地，并赐其酋长金织文绮。 | 《明太宗实录》卷15 |
| 永乐三年（1405）二月 | 明太宗在给甘肃总兵官左都督宋晟的敕书中提到：回回倒兀言，撒马尔罕回回与别失八里沙迷查干王假道率兵东向。 | 《明太宗实录》卷39 |
| 永乐五年（1407）六月 | 撒马尔罕哈里遣使虎歹达送兵部给事中傅安、郭骥等还。傅安等言，帖木儿驸马已死，其孙哈里嗣位。明廷遣指挥白阿儿忻台等往祭帖木儿，而赐哈里玺书、银币，并赐其部属有差。 | 《明太宗实录》卷68 |

而瓦剌首次出现在《明实录》记载中是建文二年（1400年）。当时，正是镇守北平防御蒙古贵族的燕王朱棣举兵反建文帝，所谓“靖难”时期。他一方面挟持宁王朱权携兵弃大宁南下，用以抵挡建文帝的北伐大军；另一方面，尽力招抚鞑靼、瓦剌和兀良哈三卫，以解除后顾之忧。蒙古贵族也乘明廷内讧之机大肆侵扰。《李朝实录》曾提到：“燕兵势强，乘胜远斗，帝兵虽多，势弱，战则必败。又有鞑靼兵，乘间侵掠燕辽之间，中国骚然。”① 对于朱棣来讲首先要避免腹背受敌，巩固东西两翼。

① 《李朝太宗实录》卷3，壬午二年（建文四年）三月己丑。

因此，在建文二年，遣书招谕鞑靼可汗坤帖木儿和瓦剌王猛可帖木儿，以收到“鞑靼可汗遣使来输款”的效果[①]。四年（1402年）六月，内患平定后，即于八月丁丑，“遣使赍诏谕和林、瓦剌等处诸部酋长”[②]。九月丁未，遣使赍诏抚谕兀良哈大小头目。十二月甲寅，遣使赍诏谕哈烈、撒马尔罕、别失八里等处。从派出使臣的分拨和时间先后，也可看出明廷与各部的亲疏远近及大致方向。鞑靼与瓦剌的向背去从，直接影响到明廷北境的安定与否，因此，朱棣非常注意蒙古高原、甘凉边外及辽东地区“藩篱”、“屏障”的稳固，即使在“靖难”期间，也遣使招抚。即位后，又首先派遣使臣至和林、瓦剌处。继而遣使至兀良哈三卫，最后才遣使到别失八里，哈烈和撒马尔罕等地。由此可见，将“靖难”时期，朱棣遣书谕瓦剌王猛可帖木儿之事误按在帖木儿汗身上，是不合情理的。

第三，两者活动范围迥然不同。如果瓦剌王猛可帖木儿就是帖木儿汗，那么瓦剌势力在14世纪末和15世纪初，不仅扩展到撒马尔罕，而且蔓延到波斯、花剌子模、伊拉克、印度、土耳其，威震中亚，势及俄罗斯。而实际上，瓦剌远未如此强盛。元末明初，虽然由于西征和战乱，一部分瓦剌已散居于额尔齐斯河、伊犁河流域，有的远徙至伊朗、阿拉伯诸国[③]，但其主力仍在漠西，驻牧于札布汗、科布多流域以及哈喇额尔齐斯河一带。

综上所述，从帖木儿汗生平、明廷与撒马尔罕通使关系以及帖木儿汗国和瓦剌的活动范围来看（当然，若用“大辉特”定义来概括，即应另作别论）[④]，是很难将帖木儿汗国的帖木儿汗与瓦剌王猛可帖木儿联系在一起而引证为同一人。

将民间传说中的辉特部雅布干墨尔根与帖木儿汗论证为同一人，恐也缺乏令人信服的依据。雅布干墨尔根，在蒙古文献中一般将其视为辉特部

---

① 《明太宗实录》卷7，建文二年十一月辛亥。

② 《明太宗实录》卷11，洪武三十五年八月丁丑。该年七月，朱棣改“建文四年”为“洪武三十五年”。

③ 据志费尼《世界征服者史》下册，第725页记载：宪宗元年（1251年），旭烈兀西征时，嫁给斡亦剌贵族脱劣勒赤的成吉思汗女扯扯干别吉，曾派其子不花帖木儿率领一支斡亦剌士兵随征。

④ 金峰等《论四卫拉特联盟》，根据《执掌圣祖成吉思汗政权，扶持汗廷史》所载“将北方的卫拉特命名为辉特”的说法，认为“辉特是原游牧于察合台汗国及钦察草原的察合台汗、窝阔台汗后裔及其所属部落的泛称”。

的先祖。依《黄册》载:“辉特原为雅布干墨尔根之后裔。成吉思汗将女儿扯扯干嫁与辉特之忽都合别乞之子亦纳勒赤,将术赤女豁雷罕嫁给亦纳勒赤之兄脱劣勒赤。其后裔为斡齐赉千户,其子素岱千户,其子额色勒拜侍卫,其子诺木达赖,其子苏勒登太师,其子绰思吉,其子阿尤台吉。”另一处又提到:“辉特之诺颜素兰为亦纳勒赤与脱劣勒赤后裔。”巴图尔乌巴什图们《四卫拉特史》也说:“雅布干墨尔根之源是名叫巴塔的诺颜。其子是辉特之伊克明安部诺颜。名叫德济特。”从上分析,雅布干墨尔根为辉特部先祖,这点恐怕是没有疑问的。《汗廷史》曾提到:“派遣汉兵八百官一人,将雅布干墨尔根遗体送往故土,到济木萨遗体停止不前,埋葬于额林哈毕尔噶之地,让八百名汉人在当地守墓。”[1] 而帖木儿汗却是1405年病故于锡尔河流域讹答剌,然后将棺运回撒马尔罕。因此,虽然在巴图尔乌巴什图们《四卫拉特史》中曾有“圣祖成吉思汗六世孙帖木儿力克汗,准噶尔地方尊称为雅布干墨尔根”等记载[2],但欲将撒马尔罕的帖木儿汗与辉特部的雅布干墨尔根乃至瓦剌王猛可帖木儿等同起来,确实还存在种种疑窦和难以逾越的鸿沟,需要深入探讨和有待于新资料的发现。

## 二　猛可帖木儿与乌格齐哈什哈

笔者在《瓦剌王猛可帖木儿杂考》中,曾力图将猛可帖木儿与鬼力赤、乌格齐哈什哈论证为一个人。如果鬼力赤果真像有些学者所说的那样,是窝阔台后裔乌鲁克帖木儿,那么,我的结论也需作相应的改变。但是,猛可帖木儿与乌格齐哈什哈同为一人的可能性还是比较大。下面拟在前文论证的基础上作些补充。第一,乌格齐哈什哈是14世纪末、15世纪初统辖卫拉特的首领,这与猛可帖木儿活动时间和职衔相似。据《蒙古源流》等记载,额勒伯克汗继位(1393—1399年)后,贪恋酒色。建文元年(1399年)的一天,在雪地行猎,射死一兔,见其血滴雪上,乃降旨说:“安得有面色洁白似此雪,颧额红艳似此血之妇人?”卫拉特札哈明安浩海太尉进言

① 《执掌圣祖成吉思汗政权,扶持汗廷史》,《汗腾格里》杂志1983年第3期。

② 巴图尔乌巴什图们:《四卫拉特史》(金峰等编《卫拉特历史文献》,内蒙古文化出版社1985年版,第181、第185页)。在卫拉特民间传说中“雅布干墨尔根”是对远离故土南征北战的英雄人物之尊称。

道：汗弟哈尔古楚克都古楞洪台吉之妻鄂勒哲依图洪郭斡王妃的容貌较此尤为艳丽。于是，汗命太尉去劝说王妃，并答应事后封他为丞相，俾领四卫拉特。遭王妃拒绝后，汗恼羞成怒，杀弟纳怀孕三月之弟妇。王妃为报夫仇，设计诬告太尉对己施以非礼，使汗误杀之。待汗觉察浩海冤情后，为了弥补过失，把大福晋（夫人）之女萨穆尔公主下嫁给浩海太尉之子巴图拉[①]，授以丞相职，令管四卫拉特。这就引起当时已在统辖四卫拉特的克呼古特乌格齐哈什哈的不满，愤懑地说："汗政治不端，杀弟哈尔古楚克洪台吉，以弟妇洪拜济为福晋，淫虐乱法，复被洪拜济所欺，杀臣浩海，以有此耻。乃既有我在，而令我属人巴图拉管辖四卫喇特耶！"额勒伯克汗闻后，就与其婿巴图拉商量，准备谋杀乌格齐哈什哈，而额勒伯克的大夫人库伯滚岱将消息透露给乌格齐哈什哈，于是他举兵弑额勒伯克汗，并娶鄂勒哲依图为妻，"蒙古人众大半降之"[②]。回鹘式蒙古文文献有关乌格齐哈什哈的记载虽然互有歧异（详见附表），但有一点是相同的，即乌格齐哈什哈曾于1399年左右率兵袭杀额勒伯克汗，掌握了蒙古实权。

根据汉蒙文资料综合分析，乌格齐哈什哈杀了额勒伯克汗后，并没有立即取而代之，而是继续积蓄力量，伺机行事，扶持阿里不哥后裔坤帖木儿继承汗位。故建文二年，明燕王同时致书鞑靼可汗坤帖木儿和瓦剌王猛可帖木儿，也即乌格齐哈什哈，这是合乎情理的。

**蒙文史籍中关于乌格齐哈什哈的记载**

| 书名 | 属部 | 主要史迹 | 备注 |
| --- | --- | --- | --- |
| 《蒙古源流》 | 克呼古特或奇喇古特 | 管辖四卫拉特的首领。1399年杀额勒伯克汗，纳鄂勒哲依图为妻。1415年杀巴图拉。该年卒（暗示其死与阿鲁台有关）。 | 其子额色库（亦涉胡）于1415—1425年即汗位。 |
| 《蒙古黄金史纲》 |  | 与巴图拉丞相共管四万卫拉特，一起杀死额勒伯克汗，叛离而去。 | 卫斡岱于1425年即汗拉，但未说明是乌格齐之子。阿岱汗杀巴图拉，纳其妻。 |

① 以往一般学者认为巴图拉即汉文史籍中的马哈木。金峰等《论四卫拉特联盟》一文认为萨穆尔公主先是嫁马哈木，马哈木卒后，巴图拉（把秃孛罗）才续娶萨穆尔公主。

② 萨囊彻辰：《蒙古源流》卷5。据《蒙古黄金史纲》所载，哈尔古楚克是汗子；汗下令巴图拉与乌格齐哈什哈二人掌管四万卫拉特；1401年二人共同举兵杀汗。

**续表**

| 书名 | 属部 | 主要史迹 | 备注 |
| --- | --- | --- | --- |
| 《蒙古黄金史》 | | 与巴图拉丞相共管卫拉特，一起举兵弑额勒伯克汗。 | 斡亦剌岱于1415—1425年在位。 |
| 《黄册》 | 卫拉特 | 杀额勒伯克汗，纳鄂勒哲依图。后杀巴图拉丞相，同年卒。 | 其子额色库纳巴图拉妻萨穆尔公主。后阿岱纳鄂勒哲依图为妻。 |
| 《恒河之流》 | 泰亦兀惕·卫拉特 | 与巴图拉丞相举兵杀额勒伯克汗。 | 认为额色库（亦涉胡）与斡亦剌岱汗（卫拉台汗）为同一人。 |

第二，乌格齐哈什哈（Ügečikhašgha）为猛可帖木儿的诨号，猛可帖木儿是正名。乌格齐（ügečі），蒙古语意为“乞讨、讨吃”之意。而有的学者认为乌格齐在当时应读作“忽格赤”（Hügeečі），即“牧牛人”之意。“哈什哈”，有的学者将其比作满语“戈什哈”，亲兵之意[①]。但有的学者认为是怯薛之意，这里指的是管理三部落的怯薛长[②]。“乌格齐哈什哈”为诨号，这也可从蒙文史籍中得到证实。如据《蒙古黄金史纲》记载，脱欢太师从东蒙古归来后，谈到“蒙古的阿鲁台太师上了年纪，各项事务似乎都存在差误”，最后说：“如果不信这话，就当成‘乌格齐哈什哈’吧！”[③] 正名与绰号交替使用，这在蒙古史籍中是经常出现的。

第三，乌格齐哈什哈出身于地位显赫克哷古特（奇喇古特，一说即克烈，后称土尔扈特）部，为翁罕（亦译作旺罕、王汗）后裔。有的学者则认为他出身于古儿列兀惕部，是元朝丞相脱儿塔台之后裔[④]。不管那种说法，都说明他出身高贵，不是属于原来斡亦剌惕部落，因此，这与《万历武功录》所说的“为鞑靼部酋，非其种”的说法似也吻合。

一般学者认为克烈亦惕翁罕是土尔扈特部之始祖。噶班沙喇布之《四卫拉特史》在谈到土尔扈持诺颜的源流时指出：土尔扈特系出自王

① 和田清：《明代蒙古史论集》潘世宪汉译本，第184页。

② 赛熙亚乐：《重析十六世纪以来蒙古卫拉特文献中几个名词》。

③ 《蒙古黄金史纲》，朱风、贾敬颜汉译本，第57页。

④ 金峰等：《论四卫拉特联盟》。

罕。《黄册》也指出："土尔扈特源于克烈亦惕部王罕之后裔苏古逊"，土尔扈特的"吉墨尔根墨纳乃克烈亦惕氏"。清代汉文史籍如《钦定外藩蒙古回部王公表传》则记载了从翁罕至和鄂尔勒克及其后裔的世系[①]。

至于克烈亦惕遗众何时加入卫拉特，称为土尔扈特，基本上有两种看法。有的学者认为土尔扈特是在15世纪前期脱欢太师时投靠卫拉特，并由克烈亦惕更命为土尔扈特。噶班沙喇布《四卫拉特史》曾明确记载："最早投靠卫拉特的土尔扈特人奇旺（贤能之意）。"据说克烈亦惕余众在阿尔泰山北科布多河支流布昆河流域游牧，至第四代奇旺时，派六名使臣去卫拉特脱欢太师处。卫拉特人看到六名使臣长得高大英俊，就叫他们为"土尔扈特"（庞大）。脱欢曾赞赏地说"离开故乡的诺颜，离开窝巢的鸟儿……像马鹿一样高大俊俏"[②]，故以土尔扈特命名之。使臣见到卫拉特地方好，回去禀报奇旺，奇旺就率领部众投奔四卫拉特。脱欢很高兴，将自己的女儿嫁与奇旺，并赐其250户属民。因而土尔扈特部是由克烈亦惕余众及一些蒙古其他部落成员组成。

另一种看法，认为土尔扈特（torgud）是护卫军的名称。当时克烈贵族为了保卫自己及家产安全，组织了一种叫做"torgon"或"torgud"的护卫军。王汗失败后，克烈亦惕就以土尔扈特自称，后来逐渐变成部落名称固定下来。王汗弟、托雷妻唆儿忽黑塔尼父札阿绀孛（札合·敢不）的后裔及其臣民，构成了土尔扈特的主要部分[③]。尽管上述两种意见有所区别，但都说明土尔扈特部的首领是克烈贵族之后裔，游牧于阿尔泰山科布多上游一带，15世纪初已成为卫拉特也即瓦剌的成员。

既然乌格齐哈什哈是土尔扈特部首领，为什么不见于世系表呢？前面已经说过，翁罕三传至奇旺。如果翁罕果真是王罕，那么，即卒于1203年，而奇旺则是生活在脱欢时期，即15世纪，中隔二百多年，平均每代六七十年，这未免太长了，或者翁罕并不是王罕，或者其中有遗漏[④]。因此，不能由于世系表无乌格齐哈什哈，就说明他不是土尔扈特的首领。

---

① 祁韵士：《钦定外藩蒙古回部王公表传》卷101，《土尔扈特部总传》其世系为翁罕——阿尔萨兰——阿穆瑚郎——克依那（奇旺）——素赛——巴雅尔——玛哈齐蒙克……托忒文资料《虔诚的旧土尔扈特北部王公札萨克台吉源流名册》也有相似的记载。

② 《执掌圣祖成吉思汗政权，扶持汗廷史》，《汗腾格里》1983年第3期。

③ 参见诺尔博《试论土尔扈特的起源》（载《中国蒙古史学会论文选集》，内蒙古人民出版社1985年版）。

④ 很明显，王罕的两个儿子鲜昆、畏忽，就不见于世系表。

从以上几点分析，猛可帖木儿和乌格齐哈什哈同为一人的可能性还是较大。据《蒙古源流》等书所载，乌格齐哈什哈子额色库，曾于1415—1425年间，登上蒙古汗位。有的学者论证贤义王太平即额色库[①]。如果这种观点成立的话，那么乌格齐哈什哈就是汉文史籍中的贤义王太平之父。有的学者进而论证了太平即是《新旧土尔扈特汗诺颜世谱》、巴图尔乌巴什图们《四卫拉特史》、噶班沙剌布《四卫拉特史》中的阿木古朗凯王、卡义王、赫义王（奇旺）。卡义王、赫义王均属汉语“贤义王”的音译，“阿木古朗”意为太平，故三者同为一人，即汉文史籍中的贤义王太平[②]。太平为土尔扈特的首领这点，也可从1771年土尔扈特渥巴锡曾向清廷“献其先世受明永乐八年汉篆封爵玉印一颗”之事上得到佐证[③]。

因此，是否可作这样的推想，猛可帖木儿即乌格齐哈什哈，也就是太平之父。猛可帖木儿（乌格齐哈什哈）杀了额勒伯克汗后，退居幕后，让太平与马哈木、把秃孛罗一起统辖卫拉特。1415年，猛可帖木儿父子乘机杀了马哈木，额色库（太平）称汗。但有的学者认为1415年称汗的是安乐王把秃孛罗（即巴图拉），也就是卫拉台（斡亦剌岱）汗[④]。有的学者则认为《蒙古源流》的额色库（Esekü）、《蒙古黄金史纲》的卫雅剌岱（Oyaradai）、《蒙古黄金史》的斡亦剌岱（Oyiradai）、《传记之友》的乌尔岱（Ürdāy）为同一人，不是乌格齐哈什哈之子，而是阿里不哥后裔[⑤]。众说纷纭，迷雾重重，有待于新资料的发掘和进一步探索。

总之，笔者认为汉文史籍中的瓦剌王猛可帖木儿，很有可能是回鹘式蒙文史籍中的乌格齐哈什哈，而与称雄中亚的帖木儿汗或辉特部雅布干墨尔根相差甚远。由此可见，将辉特的含义定为“原游牧察合台汗国及钦察草原的察合台汗、窝阔台汗后裔及其所属部落的泛称”，未免有悖于当时中亚及天山南北的历史实际。如从当时地理概念出发[⑥]，辉特是指西部蒙古宗王诸地尚可，但这与卫拉特具体部落的范畴，却大相径庭。由于西

① 杨绍猷：《太平卒年考》（《民族史论丛》第1辑）。

② 金峰等：《论四卫拉特联盟》。

③ 何秋涛：《朔方备乘》卷38。此处永乐八年应为七年。

④ 金峰等：《论四卫拉特联盟》。

⑤ 薄音湖：《关于北元世系》，《内蒙古大学学报》1987年第3期。

⑥ “辉特”，意为“北”，过去蒙古人所指的方向，与现今不同，应向左转90°，即日出方向东为南，南为西，北为东，西为北。这里指的北方，实际上是指蒙古本土的西方，即察合台汗国等。

征、战乱、迁徙、联姻等方面原因，当时察合台、钦察汗国中确有不少辉特部人。然而，如果笼统地将察合台、窝阔台后裔及其所属部落都纳入卫拉特联盟中的辉特部恐怕是不合适的。历史地理方位上的泛称与具体部落的内涵毕竟有质的差别。

笔者认为自猛可帖木儿（乌格齐哈什哈）袭杀额勒伯克汗后，瓦剌开始在蒙古汗廷中展开争夺最高统治权的斗争，并作为一股强大的政治势力，独立地与明廷及周围诸族交往，崛起于大漠东西，进而挥戈南下，威震中原。

（原载《卫拉特史论文集》，《内蒙古师范大学学报》1990 年第 3 期专号）

# 土尔扈特东归精神形成历程新论

**摘　要**　土尔扈特东归精神形成的历程大致可分为四个阶段，即彼此联系，铺设东归路；反抗压迫，坚定东归心；浴血奋战，铸就东归魂；顾全大局，升华东归情。作者认为清廷迎接渥巴锡等东归的不仅仅是封爵赏赐，鲜花美酒，伴随而来的还有猜疑和“分而治之”政策。面对清廷“顺则招安”、“逆则镇压”的统治两手，疾病流行、生计维艰的困境，对渥巴锡等首领及土尔扈特部众的考验尤为严峻，心灵的冲击则更加强烈。因此，东归精神的最终形成应是在踏上故土之后。土尔扈特首领和部众如何在新的环境中克服各种困难，从逆境中重获新生，充满自信，坚持不懈地追求新的生活，这才是至关重要的。渥巴锡等从数万土尔扈特人命运的大局出发，忍辱负重，尽力维护诸部稳定，发展生产，加强与周边兄弟民族的团结，为建设和捍卫祖国西北边疆贡献自己的力量，使东归精神进一步升华。

**关键词**　土尔扈特　东归精神　形成　历程

一个民族的发展，离不开与其相依文化的支撑。而一种文化的勃兴，又是一个民族旺盛生命力的体现和延续。这种支撑和延续，需要有一股特有精神为载体，才能更好地诠释其全部内涵。对于卫拉特蒙古土尔扈特等人民来讲，就是富含草原文化特色的东归精神及与之相应的东归文化。其核心是热爱祖邦故土的赤子之心，坚贞不渝的爱国主义精神；勤劳勇敢，追求自由，不畏强暴，威武不屈的英雄气概；顾全大局，顽强拼搏，不忘传统，勇于创新的时代风貌。东归精神及文化的形成，并非朝夕蹴就，而是日积月累的结果，有其历史的必然性和特点。

公元1628年左右，土尔扈特等部约五万帐西迁伏尔加河下游，于1771年历经艰难险阻回归祖邦故土。这是18世纪我国民族史上可歌可泣的重大事件，也是震撼世界的悲壮义举。东归精神所产生的历史过程大致分为四个阶段，显示其长期性和曲折性等特点。

## 一　彼此联系，铺设东归路

卫拉特蒙古土尔扈特人，是长期驰骋在辽阔草原上的游牧民族，勤劳勇敢，酷爱自由，富有反抗斗争精神。当我们沿着历史长河，追寻土尔扈特人的足迹时，蓦然回首，其西迁东归的情景历历在目。

17世纪初期，由于卫拉特蒙古各部统治集团之间的矛盾，寻求新牧地的需要以及沙俄骎骎南侵的威逼，一些有势力的封建主逐渐率部离开原游牧地，向东或向西发展。1628年左右，土尔扈特和鄂尔勒克经卫拉特联盟同意[①]，率领所属及部分和硕特、杜尔伯特部众，约5万帐，击败诺盖人，越过哈萨克草原，于1630年迁到当时俄国尚未控制，人烟稀少的里海沿岸额济勒河（伏尔加河）下游。

西迁后，他们虽然生活在遥远的伏尔加河各支流沿岸，但始终没有忘怀自己的祖邦故土，并保持着密切的政治、经济、文化、宗教等方面的联系。1640年，和鄂尔勒克从万里之外赶赴蒙古地区参加会盟，共同制定《卫拉特法典》。尤其是阿玉奇执政时期，将这种祖辈建立起来的多渠道沟通推向新的发展阶段。

首先，是加强与卫拉特蒙古诸部的联系，继续奉行与卫拉特、喀尔喀诸部联姻的方针。如将其妹多尔济喇布坦嫁给和硕特首领鄂齐尔图车臣汗，还将两个女儿分别嫁给准噶尔首领策旺阿拉布坦和喀尔喀墨根汗额列克，以加强各部之间的政治联系[②]。

其次，赴西藏熬茶礼佛，与黄教上层保持联系。阿玉奇执政后，深知

---

① 根据噶班沙喇布《四卫拉特史》记载，和鄂尔勒克于“土龙年（1628年），通知都尔本·卫拉特诸颜有关他们要分离出去的打算。次年（土蛇年，1629年）就分离出去了”。其西迁原因，佚名氏《卡尔梅克诸汗简史》、渥巴锡回归与清廷大臣的谈话中均有所提及，详见笔者参与编选之《满文土尔扈特档案译编》，民族出版社1988年版，第163页。

② 西迁后，巴图尔珲台吉娶和鄂尔勒克之女为妻，并将己女嫁给和鄂尔勒克孙朋楚克，朋楚克之子阿玉奇自幼留在外祖父珲台吉处抚养。

藏传佛教神权对土尔扈特汗国支持的重要性，为此，与达赖喇嘛交往甚密。康熙二十九年（1690 年），达赖喇嘛授予其汗之封号。

最后，与清廷建立联系，不仅遣军至阿尔泰一带与清军配合，支持征讨噶尔丹[①]，而且与清廷互派使团加强交往。1709 年，派以萨穆坦为首的使团，取道北路由俄国西伯利亚，经库伦、张家口等地，历时三年抵达北京，以“请安、朝觐、进贡”。后又有图理琛使团远访土尔扈特。1712—1715 年，往返三载，引发了我国民族关系史上的一段佳话。图理琛一行在会见阿玉奇时，转达了康熙帝对他的问候，阿玉奇则对康熙的赏赐表示感谢。并向使团详细询问了祖邦故土的政治、经济、山川、物产等情况，表现了土尔扈特人对故乡的怀念。阿玉奇向使团说：“满洲、蒙古，大率相类，想起初必系同源。”[②] 明确表示土尔扈特蒙古是多民族祖国成员。他公开声称厌恶俄国[③]，并指出“蒙古衣服帽式，略与中国同；其俄罗斯乃衣服，语言不同之国，难以相比”[④]。不时流露出与俄国格格不入，与祖国息息相关的文化认同感。图理琛使团的到访，不仅给远在伏尔加河的土尔扈特部带去故乡亲人的慰问和关怀，同时也更加激起阿玉奇及其部众思乡之情。正是这种持续的互访，为半个世纪后东归，从思想精神上埋下了伏笔。

18 世纪 30 年代后，土尔扈特仍然冲破重重阻挠，千方百计与卫拉特诸部及清廷保持联系。清廷雍正帝于 1729 年派满泰使团由北京起程，历二年至土尔扈特。1730 年车凌端多布也派使团至北京。1756 年，阿玉奇之孙敦多布达什派遣吹札布使团，借道俄罗斯，历时三年，抵达北京，在热河行宫觐见乾隆帝，献贡品、方物、弓箭袋，并获准去西藏礼佛。次年，吹札布返回北京，乾隆再次召见，并询问土尔扈特与俄国的关系及处境。吹札布陈述了土尔扈特等部人民在沙俄压迫下的悲惨情景。申明他们虽然远离故土，在沙俄威逼下，只是“附之，非降之也”，“安肯为人臣仆”[⑤]。充分表现其对祖邦故土的向往之情。

① 《清圣祖实录》卷 178，康熙三十五年十一月戊午。

② 图理琛：《异域录》卷下，雍正元年九耐堂刻本。

③ 内达金著，马汝衍译：《土尔扈特蒙古西迁及其重返祖国》，《新疆大学学报》1981 年第 2 期。

④ 图理琛：《异域录》卷下。

⑤ 祁韵士：《皇朝藩部要略》卷 13，《厄鲁特要略》五，道光二十八年刻本。

正是由于有这种血肉相连、休戚与共的关系，渥巴锡及其先祖在异乡身处逆境时，便自然产生重返故土意愿。早在和鄂尔勒克时期，就制订过重返准噶尔的计划，其子孙书库尔岱青、朋楚克也准备实施这个计划。阿玉奇曾两次欲图东归，东凌端多布、敦多克粤木巴、敦多布达什等皆有东返意图。在伏尔加河长达 140 年期间他们始终不渝地坚持与祖国保持联系，坚持自己是“东方之子”，坚持信仰黄教，拒绝加入俄籍。维护了本民族的尊严和文化传统，并由此导致震撼世界的东归壮举，铸就东归精神。

## 二　反抗压迫，坚定东归心

1630 年，和鄂尔勒克率众至伏尔加河下游。当时这片茫茫大草原，“本为俄国瓯脱地”[①]。也即俄国尚未能控制的地区，而是诺盖人迁徙后留下之弃地。13—15 世纪，成吉思汗子术赤、孙拔都曾在此建立金帐汗国（钦察汗国）的都城萨莱，其统治范围西到多瑙河下游，东至今额尔齐斯河，北抵今保加尔，南达高加索。居民主要有钦察人、不里阿耳人、斡罗思人、蒙古人、诺盖人等。金帐汗国衰落后，诺盖人从中分离出来，就游牧在伏尔加河与厄姆巴河之间的广阔地带。但到 16 世纪末 17 世纪初，由于内讧和自然灾害，诺盖人常迁往亚速夫草原、希瓦草原。故当 1618 年，和鄂尔勒克派出“忠实可靠的人去里海沿岸”实地考察，“确实弄清那里的领土未被任何人占领之后”[②]，才率部向西迁徙。在那里“放牧牲畜，逐水草围猎之利”[③]，“置鄂拓克，设宰桑”[④]。经过几代人的努力，逐渐形成土尔扈特汗国。但这里并不是土尔扈特人的理想“乐园”。随着沙俄势力向东向南扩张，游牧于伏尔加河下游的土尔扈特蒙古便成为其觊觎和侵略的对象，从而产生各种矛盾和斗争。沙俄从政治、经济、宗教等方面逐步加剧对土尔扈特的控制。政治上通过改组“札尔固”（部落议会），

---

① 诺伏列托夫：《卡尔梅克人历史概要》，圣彼得堡 1884 年版，第 5 页注 3。“瓯脱”，一般有三种解释：A. 指边境上候望的土室；B. 指双方中间缓冲地带；C. 指边界。

② 帕里莫夫：《留居俄国境内时期的卡尔梅克人史纲》，阿斯特拉罕 1922 年版，第 7 页。另见佚名氏《卡尔梅克诸汗简史》（托忒文），载《汗腾格里》1982 年第 2 期。

③ 椿园：《西域总志》卷 2，《土尔扈特投诚纪略》。

④ 祁韵士：《西陲要略》卷 4，《土尔扈特源流》。

以限制汗权，使原来作为汗王统治工具的札尔固，变成了与汗权相抗衡的机构。并要求交出显贵名门子弟作为人质[①]。经济上，向土尔扈特游牧区域大量迁入哥萨克，以抢夺牧地，给土尔扈特经济带来严重后果，而且沉重的捐税负担也压得土尔扈特人难以喘息。宗教上，扶植东正教化的土尔扈特贵族，利用宗教进行文化渗透。以期达到迫使土尔扈特臣服之目的。由于沙俄的政治诱降和经济文化渗透，将土尔扈特分割为小群体。而更为严重的是，在对外战争中，又大量征调土尔扈特人充当炮灰去送死，以削弱土尔扈特的有生力量。至公元1761年，敦多布达什汗卒，渥巴锡继位后更是变本加厉。

渥巴锡执政时，正是沙皇叶卡捷琳娜二世统治时期，连年不断的对外战争，给俄国人民带来严重的灾难，居住在伏尔加河下游的土尔扈特更是处在民不聊生水深火热之中。1768—1769年，俄国又发动对土耳其的大规模战争。战争初期，土尔扈特被强征入伍的士兵，已死伤七八万人，“归来者十之一二”[②]。沙俄为扭转战局，又强迫土尔扈特部“十六岁以上者尽行出兵”[③]。并阴谋将他们“暗行歼灭”[④]，整个民族大难临头。惊惶不安的情绪笼罩在每个人心中，渥巴锡更是忧心如焚。

为了反抗沙俄的高压控制及无休止征兵，反对沙俄强迫其由藏传佛教改信东正教，维护民族生存权利和尊严，以及对祖邦故土眷恋之情，毅然决定率部东归。

## 三　浴血奋战，铸就东归魂

为了反抗沙俄压迫，争取民族生存和发展的权利，渥巴锡等坚定了东归的决心。但面对沙俄的高压和防范。东归之路荆棘丛生，困难重重。沙俄为了随时镇压土尔扈特人的反抗，沿伏尔加、乌拉尔、萨马拉等河流域派驻军队，加强布防，修筑工事，包围汗国，并派基申斯科夫为大使，以

① 巴古曼：《土尔扈特自俄返华记》，见《东方文化》1955年第2卷，第96页；德昆赛：《鞑靼人的反叛》，波士顿1898年版，第7页。

② 何秋涛：《朔方备乘》卷38，《土尔扈特归附始末》；椿园：《西域总志》卷2，《土尔扈特投诚纪略》。

③ 椿园：《西城总志》卷2，《土尔扈特投诚纪略》。

④ 同上。

监视土尔扈特人，了解其动向。

渥巴锡等为了举义成功，从1767年起就反复酝酿着东归的计划，首先，建立了组织领导核心，确定由渥巴锡、策伯克多尔济、舍楞、巴木巴尔、书库尔洛桑丹增大喇嘛、达什郭多克等6人组成，秘密召开会议制订详细计划，分工负责，进行东归动员和各种物资上的准备。其次，利用矛盾，战胜告密者，制造假象，1771年1月6日（一说1770年12月26日），渥巴锡从与土耳其作战的前线归来后，就借口要还击哈萨克人的进犯，以集结军队，准备武装起义。

1771年1月15日（一说1月4日），渥巴锡又在雷恩沙漠附近别尔图地区，集结了汗国属民，向他们宣布东返起义的决定。土尔扈特部众对沙俄的压迫早已忍无可忍，经过渥巴锡等的动员和号召，更坚定了他们东归的决心。他们高呼："我们的子孙永远不当奴隶，让我们到太阳升起的地方去。"[①]

经过各种准备后，1771年1月16日（一说1月5日）[②]，土尔扈特人民竖起了反抗沙皇俄国政府武装起义旗帜。清晨，首先由宰桑桑杰策凌率领的一支精锐部队以迅雷不及掩耳之势，袭击了俄国派驻渥巴锡牙帐的杜丁大尉兵营。宰桑马尔哈什哈在离雷恩沙漠20俄里处，又歼灭了基申斯科夫派出增援杜丁大尉的军队。后又分兵袭击了阻碍他们东归的俄国一些村镇。并把所有不能带走的锅灶、粮食、铜钱等全部遗弃，渥巴锡也亲手点燃了自己木制的宫殿，以示破釜沉舟，义无反顾的决心。

1771年1月17日（一说1月6日），土尔扈特人民在渥巴锡率领下，踏上了东归之路。渥巴锡将33000多户近17万人的东返队伍，组成三路大军，一支以巴木巴尔和舍楞率领的精锐部队为开路先锋，以扫清障碍，赶走拦截的哥萨克军；一路以达什敦多克和书库尔洛桑丹增大喇嘛率领的其余领主队伍为两侧翼行走，妇女、老弱、车辆辎重在当中；另一路是渥巴锡和策伯克多尔济率领的两万铁骑殿后，用以阻击敌人的追杀[③]。

土尔扈特人武装起义的消息传到圣彼得堡后，宫廷充满惊恐，女皇愤怒下令，要尽一切努力使土尔扈特回到伏尔加河地区。奥伦堡总督莱英斯

① 斯文·赫定：《热河·皇帝城》，第31页。

② 关于武装起义的日子各说不一，有1月5日、1月11日、1月16日、1月17日之说，今用16日宣布其事，17日踏上东归之路的说法。

③ 诺伏列托夫：《卡尔梅克人历史概要》，第48页。

多尔普立即派哥萨克和巴什基尔人组成的骑兵团等追击和拦截土尔扈特人东返队伍。

渥巴锡根据“敌强我弱”的情势，采取乘敌不备，先发制人的方针，给敌人以闪电般袭击。然后以最快速度抢渡雅依克河（乌拉尔河），摆脱敌人追击，冒着隆冬寒冷，进入了大雪覆盖的哈萨克草原，向恩巴河挺进。

然而，就在此时北侧外翼一支土尔扈特部队，遭到哥萨克骑兵的突袭。由于土尔扈特部队是以分散的队形，保护中间的妇孺和大批牛羊前进的，在受到袭击时，因战线太长，未及集中力量就进行白刃战，虽打退了敌人的进攻，但有9000多名战士壮烈牺牲。他们用鲜血和生命保卫了大部队的安全①。

2月，土尔扈特大队人马挺进奥琴峡谷。这是东进必须经过的一个重要的险隘。但追击的哥萨克军早已抢占了这个山口。如不击退哥萨克骑兵，整个队伍无法前进。在紧要关头，显示了渥巴锡的“大智大勇”②。他亲自组织了五队骆驼兵，从正面发起进攻，策伯克多尔济则率领一支训练有素的部队包抄后路。这支哥萨克骑兵在土尔扈特勇士的前后夹击下，几乎被全歼，为牺牲的同胞报了仇，大大鼓舞了士气。

但是，更为严峻的考验在等待着前进的队伍。3月，土尔扈特大队人马到了恩巴河东岸后，由于天气寒冷及饲料缺乏，不得不停下来稍事休整。狂暴的风雪和令人难以忍受的冬寒夺去无数土尔扈特人的生命。“往往早晨醒来的时候，几百个围在火堆旁的男人、女人和儿童已经全部冻僵而死去。”③ 土尔扈特人以坚韧不拔的意志，熬过严冬，迎来生机盎然的春天，准备起程向吐尔盖河前进。而此时，俄国奥伦堡总督特鲁本堡却率领五千俄军从奥尔斯克要塞出发，并唆使哈萨克小帐首领努尔阿里汗联合巴什基尔人共两万余军队，追赶土尔扈特东进队伍④，但遭到土尔扈特的有力抵抗。

土尔扈特由于屡经战斗的伤亡，饥饿的煎熬，疾病的困扰，人口锐

---

① 瓦尔特·海希西：《伏尔加河畔的蒙古人》，第5页；斯文·赫定：《热河·皇帝城》，伦敦1932年版，第42页。

② 斯文·赫定：《热河·皇帝城》，伦敦1932年版，第45页。

③ 德昆赛：《鞑靼人的反叛》，第76页。

④ 霍渥斯：《蒙古史》第1卷，伦敦1876年版，第577页。

减，大量牲畜死在荒滩上，疲惫不堪的队伍在困境中挣扎。面对天灾人祸，有少部分人出现了畏难情绪，对能否返回祖邦故土丧失了信心。在这生死存亡关键时刻，为了统一意志，鼓舞士气，渥巴锡和策伯克多尔济召开了一次“札尔固”（会议）。策伯克多尔济在会上慷慨陈词，指出：如果留在俄国，“我们将忍受耻辱，要塞会把我们的土地团团围住，我们将永世为奴，永远失去自由”。“如果再走回头路，每一步都会碰到亲人和同伴的尸骨。”“俄罗斯是奴隶的国度，而中国是我佛万民的理想之邦。让我们奋勇前进，向着东方！向着东方！”[①] 于是土尔扈特人一致宣誓决定：同仇敌忾，继续东进，回归祖国，绝不回头。并毅然拒绝俄国总督特鲁本堡劝诱其留在俄国的企图[②]。

在继续东进的道路上，渥巴锡一方面遣军击败哈萨克军的袭击，另一方面又写信给努尔阿里汗，说明东归原委，争取和平解决。但努尔阿里汗自恃有沙俄支持，仍然遣军继续向早已疲惫不堪的东归队伍穷追不舍，不时发动小股袭击，抢走了无数人畜和财物。

6月中旬，盛夏酷热，人员伤亡，疾病困扰，牲畜倒毙，再加上缺乏食物和饮水，更造成难以忍受的煎熬。当土尔扈特抵达莫文泰河，停下稍事休整时，又陷入努尔阿里汗和中帐阿布赉汗5万哈萨克联军的包围中，切断了他们通往准噶尔的道路。在此危难时刻，渥巴锡分析了当时形势，采取机智灵活的战略战术，当机立断派出使者与对手谈判，同意送还在押的1000名俘虏，从而得到了停战三天休整机会。渥巴锡利用这一有利时机，积极部署，调整兵力，在第3天傍晚，率军猛攻哈萨克联军，成功突围[③]，继续向巴尔喀什湖西南方向挺进。为了避免再遭袭击，选择了“一条通过沙石地区的道路”，绕巴尔喀什湖西南，走戈壁逾吹河、塔拉斯河，沿沙喇伯勒抵达伊犁河流域。此时，他们大多风尘满面，形体枯槁，衣不蔽体，鞋靴全无，疲惫不堪。

1771年7月8日（乾隆三十六年五月二十六日），策伯克多尔济率领的前锋部队在伊犁河流域的察林河畔与前来接应的清军相遇。7月16日

① 斯文·赫定：《热河·皇帝城》，第52页。

② 霍渥斯：《蒙古史》第1卷，第577页；须佐嘉橘：《西蒙古部族考》，东京克鲁伦研究室1934年版，第93页。

③ 苏联科学院编：《卡尔梅克苏维埃社会主义自治共和国史纲》，莫斯科1967年版，第217页。

（六月初五）清军总管伊昌阿、硕通在伊犁河畔会见了刚刚抵达的渥巴锡、舍楞，以及土尔扈特的主力部队和家属。至此，土尔扈特在西迁140余年后，经历了艰苦卓绝的伟大征程，终于回到了祖邦故土。他们离开伏尔加河时，“户凡三万三千有奇，口十六万九千有奇，其至伊犁者，仅以半数”①。土尔扈特人为了反抗沙俄压迫，实现回归祖国的宿愿，付出了惊人的代价。

土尔扈特万里返归祖国，这是18世纪我国民族史上可歌可泣的重大事件，也是震撼世界的悲壮义举。它不仅谱写了土尔扈特蒙古族人民不畏强暴、不惮艰辛、渴望自由、英勇斗争、热爱故土的壮丽诗篇，而且体现了伟大中华民族坚韧不拔、威武不屈的英雄气概。万里征途，艰难险阻，铸就了土尔扈特人民的东归魂。

## 四　顾全大局，升华东归情

土尔扈特东归，深受清朝政府的重视和各族的欢迎。乾隆命参赞大臣舒赫德（后任伊犁将军）等“分拨善地安置，乃购运牛羊粮食，以资养赡，置办衣裘庐帐，俾得御寒，并为筹其久远资生之计，令皆全活安居，咸获得所”②。由陕西银库中拨银300万两，从新疆、甘肃、陕西、宁夏、内蒙古等调集物资支援土尔扈特人民。其中计有马牛羊20余万头，米麦4.1万石，茶2万余封，羊裘5.1万件，棉布6.1万匹，棉花5.9万斤，以及大量庐帐等③。这些物资及时帮助土尔扈特人渡过难关。该年10月中旬（乾隆三十六年九月上旬），乾隆在木兰围场伊绵峪接见了渥巴锡等，并在避暑山庄册封渥巴锡为乌纳恩素珠尔图旧土尔扈特卓里克图汗，其他首领也被分别予以封爵。

但是，清廷迎接渥巴锡等东归的不仅仅是封爵赏赐，鲜花美酒，伴随而来的还有猜疑和“分而治之”政策。

---

① 弘历：《优恤土尔扈特部众记》（碑文）。据《满文土尔扈特档案译编》及《清高宗实录》所载统计，东归实抵人口是15793户，66673人。另有居于西岸的4700帐左右（一说11198帐）杜尔伯特、土尔扈特、和硕特部众，因伏尔加河水流未结冰及政见不同等缘由，而留在伏尔加河畔。

② 弘历：《优恤土尔扈特部众记》（碑文）。

③ 弘历：《优恤土尔扈特部众记》。另见《满文土尔扈特档案译编》，第200—202页。

清廷早在1771年4月，就从俄国政府函告中得悉，大批土尔扈特蒙古部众正在东返途中。并且，在东归开始不久，渥巴锡则派格桑大喇嘛一行五人，快马加鞭用了3个多月时间已赶到伊犁，向清政府说明土尔扈特弃沙俄而来之原委。哈萨克中帐阿布赉汗也就此向伊犁将军报告。而当时清政府对土尔扈特东归的态度是："若靠近边界，允许入界，并抚慰安置之，倘未至我边界，而中途被俄罗斯追缉，发生冲突，则不可睬。"[①] 并派伊犁将军伊勒图处理此事，后又命舒赫德返回伊犁协办，令其"此去伊犁，不必声张，务必谨慎，伊到彼处，真有其事，可细心办事"[②]。乾隆在得到舒赫德来自各个渠道的密报，又认真听取大臣廷议后，认为"土尔扈特部归顺，是因为俄罗斯征调师旅不息，并征其子入质，且俄罗斯又属别教，非黄教，故与全族台吉密谋，挈全部投中国兴黄教之地"[③]。还针对有些廷臣之疑虑指出："彼已弃俄罗斯，岂敢与我为难，是其归顺十有八九，诡计之伏十之一耳。"[④] 并进而制定收抚安置土尔扈特的方针和具体措施，其中最主要的是对土尔扈特部众的赈济和对其上层的封赏。

清廷的优待上层，安置部众，其根本目的是控制土尔扈特。清朝作为统一多民族的封建国家，在对边疆少数民族的统治上，主要采取"柔服伐叛"、"恩威兼施"、"剿抚并用"的方针。即一方面对少数民族反清力量实行武力镇压与军事统治；另一方面，对归顺的上层人物则施以怀柔拉拢、分而治之的手段。正如乾隆所说的："天朝至于外藩，恭顺则爱育之，鸱张则剿灭之。"[⑤] 而清廷对远道而来的土尔扈特王公所实行的措施，也正是其民族统治政策中恩威兼施手段的体现。清廷为了控制土尔扈特，不时采用"众封以分其势"、"指地安置间隔而居"的策略。乾隆多次命舒赫德对土尔扈特各部"指地安置伊等，务以间隔而住之"。且指令："务使渥巴锡、策伯克多尔济、巴木巴尔、舍楞、默门图、恭格等人，予以分别远隔，指地而牧"，断不能使他们"共处一地，务必另择较远之所分开住之，方裨益于事"[⑥]。并要把上述六人"俱委任为盟长"，以分其

① 《满文土尔扈特档案译编》，第1页。

② 中国第一历史档案馆藏，满文土尔扈特档，乾隆三十六年三月二十四日折，第24件。

③ 弘历：《土尔扈特全部归顺记》。

④ 何秋涛：《土尔扈特归附始末》，《朔方备乘》卷38。

⑤ 《清高宗实录》卷123，乾隆四十一年十二月。

⑥ 中国第一历史档案馆藏，满文土尔扈特档，乾隆三十六年九月十日、二十五日折。《满文土尔扈特档案译编》，第134、第164页。

势，尤其是对渥巴锡、策伯克多尔济、舍楞三人，清廷更感到必须把他们分隔开来，“在放盟长，协理将军时，伊等三人，朕亦个别放之”[①]。防范之心，溢于言表。

渥巴锡身为土尔扈特首领，深谙统治之道，对清廷“分而治之”政策，是不会没有觉察的。他也曾对分封六位盟长，削弱汗权之举提出异议。但在强权面前不得不妥协。他清醒地看到，若坚持统辖回归之全部土尔扈特蒙古，必将激化与清廷的矛盾，这对刚摆脱沙俄魔掌，元气大伤的土尔扈特部众而言，意味着动荡不安新灾难又将降临。为了数万部众的根本利益，在承德之行中，他审时度势，忍辱负重，接受了清廷“众封以分其势”的做法。

在安置部众方面，乾隆认为“倘使伊等聚居一处，则于事不利”，故采取分别远隔指地而居，也即“令各自间隔而居，不得互通音信”的措施[②]。早在渥巴锡动身赴承德觐见前，乾隆就提出：“土尔扈特、绰罗斯等，现宜指地令居，若指与伊犁之沙喇伯勒等处附近西边，易于逃窜，乌鲁木齐一带又距哈密、巴里坤卡路甚近。朕意令居塔尔巴哈台东、科布多西之额尔齐斯、博罗塔拉、额密勒、斋尔等处地方。”[③] 甚至认为“倘使伊等只从事于繁衍牲只，并行狩猎，则其力量未免逐渐强大，一旦强大，绝非好事”。因而提出“导其多加务农，尚裨益于事”[④]。由于土尔扈特世代以游牧为主，不谙农事，清政府虽发放种子、耕畜，传授技术，仍收获甚微，生计维艰。

渥巴锡所属部众有 8251 户，35909 人，再加附牧的部众，总共不少于 4 万余人，斋尔地区窄小，再加疾病流行[⑤]，不善务农，所遇困难可想而知。为摆脱困境，渥巴锡多次向清政府要求移地放牧，终获允准，选定了气候适宜、水草丰美的裕勒都斯草原作为新的游牧地，于乾隆三十八年（1773 年）七月底八月初向裕勒都斯草原移牧。至此，土尔扈特诸部的游牧地基本确定。

---

① 中国第一历史档案馆藏，满文土尔扈特档，乾隆三十六年九月十日第二件。《满文土尔扈特档案译编》，第 134 页。

② 《满文土尔扈特档案译编》，第 163 页。

③ 《清高宗实录》卷 887，乾隆三十六年六月丁亥。

④ 中国第一历史档案馆藏，满文土尔扈特档，乾隆三十六年九月十日折，第 1 件。

⑤ 据满文土尔扈特档记载，渥巴锡属部中，天花流行，出痘而亡者 3390 余人，渥巴锡妻子、女儿、母亲及幼子相继出痘病殁。

渥巴锡所领之地称旧土尔扈特，划分为南、北、东、西四路，分设四盟。各立盟长，颁发官印。南路，在喀喇沙尔（今焉耆）北裕勒都斯草原，置四旗，渥巴锡为盟长；东路在和布克赛里，置三旗，策伯克多尔济为盟长；西路在精河县一带，置一旗，默门图为盟长；东路在库尔喀喇乌苏（今乌苏县）一带，置二旗，巴木巴尔为盟长。舍楞所领之地称新土尔扈特，划牧于科布多、阿勒泰地区，置二旗，舍楞为盟长。和硕特恭格部，游牧于博斯腾湖畔（和硕县一带），置四旗，恭格为盟长。各盟分置后，清廷为了加强监督和控制，又将分牧新疆各处的土尔扈特诸盟，由哈拉沙尔办事大臣、塔尔巴哈台领队大臣、库尔喀喇乌苏领队大臣分别管理，并由伊犁将军总理其事。驻牧于阿勒泰的舍楞，则归乌里雅苏台定边左副将军节制，科布多大臣管辖。清廷正是通过分配牧地、委任官职，使各部相互牵制，彼此制约，以分化、削弱土尔扈特的整体实力，从而达到分而治之，便于控制的目的。

渥巴锡为了加强内部管理，生产自救，一方面派部众至附近地区学习耕种，另一方面制定六条“防盗法纪”以健全管理制度，惩罚偷盗、分赃、渎职，奖励检举者，来稳定牧区社会秩序。游牧在博斯腾湖畔的和硕特布彦楚克也制定了“十条法纪”，以防止盗窃和逃亡，加强甲长权力，维护牧区的稳定，恢复和发展生产①。渥巴锡以其炽热的爱国心及突出的才智领导反抗沙俄压迫的东归斗争，回归后又以大局为重，为了民族的生存和发展，不计荣辱得失，直至病危，弥留之际，还对其部众留下了“严加约束村俗，安分度日，勤奋耕田，繁衍牲畜，勿生事端，致盼致祷”的遗言②。

总而言之，土尔扈特首领和部众，面对沙俄压迫，奋起反抗，毅然东归，在东归征途中历尽艰难险阻，浴血奋战，作出了巨大牺牲，彰显了英勇不屈，百折不挠的大无畏精神和英雄气概。而满怀希望回归故土后，面临清廷恩威兼施的两手政策和“分而治之”的种种措施，以及部众损失过半，物力消耗殆尽，疾病流行，作物歉收的窘境，对渥巴锡等首领及土尔扈特部众的考验尤为严峻，心灵的冲击可能会更加强烈。因此，东归精

① 详见《满文土尔扈特档案译编》，第231—236页。

② 中国第一历史博物馆藏，满文月折档，乾隆四十年二月十一日折；《满文土尔扈特档案译编》，第237—238页。

神的最终形成应是在踏上故土之后。土尔扈特首领和部众如何在新的环境中克服各种困难，从逆境中重获新生，充满自信，坚持不懈地追求新的生活，与兄弟民族一起，为共同建设及捍卫祖国边疆而努力奋斗，这才是至关重要的。

从上述可知，东归精神所产生的历史过程大致分为四个阶段，显示其长期性和曲折性的特点。

第一，举族西迁，游牧异地，心系故土，同源、同教、同俗，文化认同感极为强烈。不顾关山阻隔，万里迢迢，与准噶尔、清廷、西藏保持千丝万缕联系，表文使节、熬茶礼佛不绝于途。正是这种切不断的向心力和凝聚力，为回归故土创造了条件，并为东归精神的形成奠定了思想基础。况且，逐水草而迁徙，这是游牧民族固有的生产、生活方式，土尔扈特不管是西迁或东归，都是为了民族生存和发展，皆系世界历史上游牧民族大迁徙的壮举。

第二，土尔扈特漂泊异城一个多世纪的历史，也是一代又一代反抗沙俄压迫，东归精神逐渐形成的历史。彻底摆脱俄国控制，重返祖邦故土，这是几代土尔扈特首领和人民的意愿。如果说思念民族发祥地，眷恋民族文化和祖邦故土，是土尔扈特东归之内因的话，那么反抗沙俄的民族压迫，则为其东归的外因。渥巴锡等在反抗沙俄的惨烈斗争中，既不畏强暴，英勇奋战，又运筹帷幄，讲究策略。出发前有组织有计划地做好思想动员和物资上的准备工作；征途中根据“敌强我弱”的特点，采取速战速决、战和结合的方针，灵活机动，百折不挠，顽强拼搏，夺取胜利，这也是东归精神的重要组成部分。

第三，血染东归之路，千锤百炼铸就东归魂。东归途中，后有追兵，前有拦截，再加寒冬酷暑，越戈壁，跨草滩，缺粮少水，疾病流行，牲畜倒毙，几万土尔扈特健儿魂飞征程。在这艰险困苦的逆境中，有人动摇，有人畏惧退却。东归之路险象环生，乌云密布，是继续前进，还是退缩，考验着每一个东归成员。在生死存亡关键时刻，渥巴锡、策伯克多尔济等及时召开会议，讲明情况，鼓励士气，终于使大家进一步坚定东归决心，历尽千辛万苦，回归魂牵梦绕的祖邦故土。由此可见，东归精神的形成并非一帆风顺，而是充满艰难和曲折的。正是这种严酷的环境，悲壮的征途，才锤炼了土尔扈特人坚贞不渝的爱国主义精神。

第四，回归故土后，面对清廷“顺则招安”、“逆则镇压”的统治两手，疾病流行、生计维艰的困境。渥巴锡等从数万土尔扈特人命运的大局出发，忍辱负重，尽力维护诸部稳定，发展生产，加强与周边兄弟民族的团结，为建设和捍卫祖国西北边疆贡献自己的力量。使东归精神进一步升华。

而由东归精神逐步形成的东归文化，不仅表现在新疆巴音郭楞蒙古自治州等地的东归广场、东归英雄浮雕、渥巴锡汗骑马铜像、渥巴锡王酒及与东归有关的文物、长调、诗歌、文学、史学、影视作品等方面，而且更是深深地渗透在卫拉特蒙古人民的血脉中。其核心就是热爱祖国，热爱家乡，顾全大局，坚强不屈，充满自信，勇于拼搏，不断创新，继承和弘扬优秀民族传统文化。东归文化是中华民族多元文化宝库中一朵奇葩。随着时代的前进，土尔扈特人民精神文明的提升，东归精神和东归文化必将愈益发扬光大，激励着人们为建设美好家园及和谐社会而奋发图强，创造更大的辉煌。

（原载《西部蒙古论坛》2009 年第 1 期等）

# 从经济交流看瓦剌与中原地区的关系

明代瓦剌是我国蒙古族的一支，其先祖为元之斡亦剌，后发展为清代的厄鲁特或卫拉特[①]，西方学者又称之为卡尔梅克[②]。从很早的古代起，他们就生息繁衍在我国北方，活跃在中国历史舞台上。

过去，封建史学家曾把瓦剌称为“外国”，将所谓“北虏”与“南倭”相提并论。新中国成立以来，有些著作仍把明廷对瓦剌的战争视为“中国与蒙古帝国之战”，“中国人民反抗外来侵略者的战争”，完全把瓦剌当作中国的外患来处理，这是不妥当的。因为它违背了我国多民族国家历史发展的客观规律，歪曲了瓦剌和中原地区关系的实质。

本文试以经济交流为主要线索，谈谈瓦剌与中原地区关系问题的一些看法。

## 一

伟大导师列宁早在1920年就精辟地指出：“政治是经济的最集中表现。”[③] 瓦剌与周围诸族，特别是与中原地区的关系，主要也是由其内部

---

① 《元朝秘史》及拉施特哀丁《史集》称“斡亦剌惕”，陶宗仪《辍耕录》称“外剌歹”，《圣武亲征录》、《元史·太祖本纪》称“猥剌”或“斡亦剌”，《明实录》及《明史》称“瓦剌”，《蒙古源流》称“卫拉特”，清朝官方文书及史籍一般称之为“厄鲁特”或“额鲁特”等等，均为“Oirad”之同音异译或音转。

② 关于“卡尔梅克”本身的含意，众说纷纭，兹不赘述。巴托尔德在《卡尔梅克人》一文中指出“卡尔梅克人是蒙古一个部族的突厥语称呼，自称卫拉特”。（见《巴托尔德文集》第5卷，第538页）。“卡尔梅克”有广义、狭义之分。广义之“卡尔梅克”一般是泛指西蒙古卫拉特部众，狭义之“卡尔梅克”专指17世纪徙牧于伏尔加河下游之土尔扈特部众。

③ 列宁：《论工会、目前局势及托洛茨基的错误》（1920年12月30日），《列宁全集》第32卷，第15页。

社会经济发展及对贸易的需求所决定的。

12 世纪，成吉思汗统一蒙古各部以前，瓦剌的前身——斡亦剌尚是过着半游牧半狩猎的生活，草原上的牧民称其为“林木中百姓”。13 世纪初，以忽都合别乞为首的一支斡亦剌人经常活动在今色楞格河支流木伦河至叶尼塞河上源锡什锡德河流域一带（后来逐渐扩展到唐努山麓以北以西地区）。1207 年（一说 1208 年）成吉思汗派长子术赤去统一北部的“林木中百姓”，忽都合别乞率斡亦剌部首先迎降，并自愿担任向导，帮助术赤统一了万斡亦剌愓等其他十余个部落，得到了成吉思汗的赏识和嘉奖，将自己的女儿扯扯干嫁给忽都合别乞的儿子脱劣勒赤。由此逐渐成为元朝的勋臣世戚。元朝政府除了让斡亦剌部领主管辖自己的部众和领地外，还在谦河流域（今叶尼塞河上游）的谦州设置行政机构，进行直接统治，后谦河流域成为岭北行省的一部分，斡亦剌即属岭北行省管辖。

元末农民大起义的浪涛，摧毁了元朝的统治。1368 年，朱元璋建立了明朝，元顺帝妥欢帖木儿逃离北京，继续统治塞北的蒙古高原。随着蒙古封建贵族集团的不断内讧，可汗势力衰微，瓦剌乘机崛起，摆脱蒙古傀儡可汗的羁绊，成为雄踞在我国北方的一支强大力量。

元末明初，瓦剌在猛可帖木儿统率下，部众繁衍，势力渐强，人数增至四万户以上，领地也大有扩充，到了 15 世纪初期，瓦剌除了占有原来的谦河流域的谦州等地外，逐步从叶尼塞河上游一带，向南方草原地区移动。有的向东南发展，进入札布汗、科布多流域；有的向西南迁徙，越过阿尔泰山脉，进入天山北麓的今准噶尔盆地。明代史籍称这一部分蒙古人为瓦剌，而称居住在今鄂嫩河、克鲁伦河上游以西，贝加尔湖以南，色楞格河流域一带的东蒙古部众为鞑靼。住在今西辽河、老哈河一带的则是兀良哈各部。

瓦剌境内山脉纵横、河湖交错、土地肥沃、资源丰富，有可供畜牧的广阔牧场。随着自然环境的变迁，瓦剌的畜牧业也大有发展。到了 14、15 世纪，已由半狩猎半游牧逐渐向以畜牧业为主的草原游牧经济过渡。其游牧业主要是经营马、牛、骆驼、绵羊、山羊等五种牲畜的牧养，其中尤以马、羊为大宗，骆驼和牛较少。牲畜是瓦剌部众的主要财富，史称“问富强者，数牲畜多寡以对”①。衣食住行，无一不取给于牲畜。

---

① 傅恒：《西域图志》卷 39。

明代，瓦剌已处于早期封建制阶段，社会分成两大阶级，一方面是各级封建领主，他们掌握着水草丰美的牧场，并支配着附于牧地上的大量牲畜和牧民，进行残酷剥削和压迫。另一方面，则是处于被支配、被剥削和奴役地位，但有一定财产和人身自由的广大牧民，以及没有任何私有财产和人身自由的奴隶。随着经济的发展，贫富差别越来越大，富者拥有许多马驼及数以万计的牛羊（显然，这些畜群远远超出封建领主本身对畜产品的需求量），而贫苦牧民，则往往只有少量牛羊。我们从瓦剌每次朝贡马驼动辄万计，判处财产刑时，往往科以驼百只、马千匹，以及封建主赐给高级喇嘛的牲畜一次可达五千头乃至一万头，进藏熬茶一次就以一万匹马作为开支之用①，均可看出瓦剌的畜牧业已有相当发展。

同时，狩猎业在瓦剌经济中仍占一定的地位。瓦剌所处地区群峰起伏，森林茂密，生长着大量野生动物，常见的有豹、狐、鹿、猞猁、水獭、貂鼠、灰鼠、银鼠、青鼠等。因而，围捞兽物，以弥补游牧生活的不足和获取大量珍贵皮货，是瓦剌人重要副业之一。从《明实录》的记载中可看到，瓦剌的贵族及部众往往以此作为朝贡和互市的重要物资。如正统十年（1446 年），一次就朝贡“青鼠皮十三万、银鼠皮一万六千、貂鼠皮二百”②。

随着畜牧业和狩猎业的发展，扩大对中原地区的经济交流就成为当务之急。众所周知，自元世祖进据中原后，随着政治上的统一，蒙汉两族间经济上的联系更为密切。蒙古每年都有相当数量的牲畜、皮毛等畜产品运销中原地区；同时，从中原地区输入大批农产品和手工业品。和林成为商贾云集的贸易中心。

元朝灭亡后，许多蒙古封建贵族割据塞北，仍然与中原地区保持传统的经济联系。

明初，瓦剌虽然在畜牧业和狩猎业方面有一定发展，但由于蒙古封建主间无休止的割据战争以及自然灾害的侵袭，再加上封建主的残酷压榨，生产力还是很低，单一的游牧经济向多种经济的过渡进程是非常缓慢的。因而就迫切需要加强和发展与中原地区的贸易关系，以换取他们自己不能

① 详见《明英宗实录》卷 221，第 11、第 12 页；戈尔通斯基：《1640 年蒙古卫拉特法典》第 2 条、第 11 条；《咱雅班第达传》，第 9、第 12、第 13 页（蒙文本）。

② 《明英宗实录》卷 136，第 6 页（江苏国学图书馆传钞本，下同）。

生产的各种必需品。史称“锅釜针线之具，缯絮米蘖之用，咸仰给汉”[①]。占人口百分之八十以上的贫苦牧民一向以牛羊易菽粟、布帛、锅釜等物，以补充其生活需用之不足[②]。而达官贵人大小封建主通过贸易，牟取暴利，获得大量奢侈品，过着“华服锦绣、金珠杂饰、逸乐无所事事”的腐朽生活。因而，当也先谋举进犯中原时，脱脱不花即以“吾侪服食，多资大明，何忍为此”[③]，作为加以反对的理由之一。由此可见，较为单一的游牧经济对多种发展的农业经济的依赖性，以及与中原地区贸易对瓦剌的重要性。故从某种意义上讲，贸易可谓是瓦剌的生命线。对广大汉族地区人民来说，蒙古良种马、牛、羊、骡等的传入，有利于内地育畜业的发展，毡裘等物的交换，丰富了中原地区人民的生活。同时，明廷通过互市交换及朝贡物品，换取边防所需之马，对蒙古各部起羁縻作用，以加强中原王朝与国内各少数民族政权之间的联系和控制。

因此，瓦剌与鞑靼及周围诸族，特别是中原汉族地区的关系主要是以经济问题——控制贸易通道，争夺畜产品销售市场及农产品、手工业品供应市场为转移的。

15 世纪初，瓦剌与中原地区的贸易，主要是通过哈密，经沙州、赤斤等卫往甘、凉地区，或经宁夏至大同入京师进行的。哈密在当时是东西交通的要道，《明史·西域一》记载：“以哈密为西域要道，欲其迎护朝使，统领诸番，为西陲屏蔽。”贡使到达哈密后，即把贡表译成汉文，办理各种去内地的手续[④]。哈密既是西域诸族与明廷通贡的要道，又是瓦剌与西域诸族及中原地区进行贸易的中继站及奴隶买卖的转运站，被瓦剌封建主抢劫和俘虏的汉人往往从这里转卖到撒马尔罕等地[⑤]。若东蒙古强大，进而控制哈密，则西北诸部之使“不敢南向”[⑥]，瓦剌与中原地区的贸易就要受到阻挡。因此，为了争夺经济利益和政治霸权，瓦剌与东蒙古封建主之间的冲突势在必发。而当时明廷采取的“使之人自为雄，各相为战”的策略，也加剧了矛盾的激化。

---

① 瞿九思：《万历武功录》卷 8，《俺答列传》下。

② 详见《明世宗实录》卷 376，第 2、第 3 页及《万历武功录》卷 7，《俺答列传》上。

③ 《明史》卷 327，《鞑靼》。《明英宗实录》卷 160，第 7 页所记略异。

④ 许进《平番始末》卷上：“凡夷使入贡者，悉令哈密译语以闻。”

⑤ 详见《明英宗实录》，卷 253，第 11 页；《荒徼通考》（玄览堂丛书续编）。

⑥ 《明太宗实录》卷 74，第 8 页。

明初，针对故元势力退居塞北，对中原地区“犹有觊觎之志”[①]，明太祖为了加强北方防御，便沿长城诸险要地带建立“九边”、“三卫”[②]，令其九子亲自领兵坐镇，各边镇卫所都驻扎着大量军队，开垦屯田，守防操练或不时出击，以制止蒙古军队的南扰，稳定明廷的统治。其继位者明成祖等一方面凭“散则易制，得并为一，则势专难图”的统治经验[③]，尽力维持蒙古各部分裂局面，采取扶此抑彼的手法，使之在内讧中自相翦除；另一方面利用封官授印、开放贡市或军事征伐、限制贸易办法，以达到控制蒙古和巩固自己统治的目的。自马哈木时期起，东西蒙古封建主之间的战争就连续不断。永乐初，明成祖看到东蒙古的阿鲁台太师日益强盛，形成对明廷统治的直接威胁，就大力支持瓦剌。而瓦剌封建主为了在东西蒙古中提高自己的威望和实力，也希望得到明廷的册封和支援，以借助明廷的力量击败自己的竞争者和对手，统一蒙古，控制贸易通道，获取更大的经济利益。1400 年至 1403 年间猛可帖木儿消失后[④]，瓦剌分属马哈木、太平、把秃孛罗率领，与明廷直接交往渐密。瓦剌各封建主一道或分别派遣部属向明廷朝贡通好，明廷也不断派官吏带着敕谕及赏赐去瓦剌各部。1408 年十月马哈木等派暖答失数人到明廷贡马，并请印信封爵。1409 年五月，明廷册封马哈木为特进金紫光禄大夫顺宁王、太平为特进金紫光禄大夫贤义王、把秃孛罗为特进金紫光禄大夫安乐王，并“赐印诰”[⑤]。此后，瓦剌每岁遣使向明廷朝贡，并被准许在甘州、凉州等市场进行贸易。与此同时，明廷还积极配合瓦剌，对阿鲁台直接进行军事征伐，沉重地打击和削弱了东蒙古的势力。1409 年，马哈木击败了蒙古可

① 徐祯卿：《翦胜野闻》（《说郛》本）。

② 九边：明沿长城险要地带设置辽东、宣府、大同、榆林、甘肃、宁夏、蓟州、太原、固原九个重镇，合称“九边”。

三卫：明在长城以北建立了大宁卫、开平卫、东胜卫，合称“三卫”。

③ 瞿九思：《万历武功录》卷 7，《俺答列传》上。

④ 关于猛可帖木儿的生平，无论是汉文、蒙文史料都没有详细记载。唯《明史·瓦剌传》简单提及：“瓦剌，蒙古部落也，在鞑靼西。元亡，其强臣猛可帖木儿据之，死，众分为三，其渠曰马哈木、曰太平、曰把秃孛罗。”据《明实录》记载，1400 年明燕王接到蒙古军队扰边的谍报后，曾致书鞑靼可汗与瓦剌王猛可帖木儿等。1402 年八月，明成祖继位后不久，即派人诏告瓦剌各部，并赐马哈木等文绮表里。此后，猛可帖木儿不见于史载。日本学者和田清在《东亚史研究·蒙古篇·兀良哈三卫的研究上》中指出猛可帖木儿或许是《蒙古源流》卷五中提到的克呼古特之乌格齐哈什哈的先人。有的学者则认为两者可能为同一人。

⑤ 《明太宗实录》卷 63，第 16 页。

汗本雅失里和太师阿鲁台，占领和林。1412 年杀死本雅失里[①]。1413 年，阿鲁台在瓦剌步步紧逼下，遣部属至北京，向明廷表示“愿输诚内附”[②]。明廷恐马哈木等势力渐大于己不利，遂转而支持以阿鲁台为首的东蒙古封建主，封阿鲁台为和宁王，并允许其在“边境市易”[③]。翌年，明廷就以瓦剌“朝贡不至”为由[④]，出兵于忽兰忽失温（今蒙古国乌兰巴托东），借火铳之力击败瓦剌。虽然如此，但明廷总认为，东蒙古地临明边，对其直接威胁更大。因而，还是偏重于扶持瓦剌。

1418 年，明廷批准马哈木之子脱欢袭顺宁王爵，接着又连续三次北征阿鲁台。而脱欢在采用各种手段统一瓦剌内部后，就集中力量打击东蒙古势力。1434 年，袭杀阿鲁台于母纳山察罕脑剌（白湖之意，今内蒙古五原县以东一带）间，悉收其众。脱欢本欲自立为可汗，但迫于当时根深蒂固的正统观念，只好拥立所谓“黄金氏族”成吉思汗后裔脱脱不花为可汗[⑤]，使其率领原阿鲁台部众，居住在今克鲁伦河下游，呼伦贝尔草原一带。同时，以其女嫁之，结为姻亲。而脱欢自为太师，居住在漠北，并征服开平以北的哈喇嗔等部，牢牢掌握了蒙古的政治、经济实权。随后又于 1438 年，攻杀阿鲁台所立之阿台可汗及其丞相朵儿伯于甘肃、陕西境外西套、河西，占领亦集乃路（今内蒙古额济纳旗一带），成为我国北疆的强大少数民族政权。

1438 年，脱欢死[⑥]，其子也先继为太师。在蒙古暂归统一之后，为了确保东西要道的畅通，控制与中原地区的贸易市场。也先一方面，在西

① 本雅失里，一说为额勒伯克汗之子、坤帖木儿汗之弟，在战乱中逃奔撒马儿罕。1408 年经别失八里回漠北，被阿鲁台等拥戴为可汗。详见《明太宗实录》卷 53，第 2 页；王世贞：《北虏始末志》（弇州史料前集本）；严从简：《殊域周咨录》卷 17，《鞑靼》。而霍渥斯《蒙古史》第 1 卷，第 352—353 页，认为完者秃王本雅失里即是萨囊彻辰《蒙古源流》卷 5 所说的额勒锥特穆尔。

② 《明史》卷 327，《鞑靼》。

③ 《明太宗实录》卷 115，第 1 页。

④ 谷应泰：《明史纪事本末》卷 21。

⑤ 脱脱不花即《蒙古源流》卷五所载的额勒伯克汗之弟哈尔古楚克遗腹子阿寨台吉之子岱总汗。其即位年代各书记载相抵牾，宣德九年（1434 年）即位说较确。哈尔古楚克，《蒙古黄金史》认为是额勒伯克汗之子。

⑥ 脱欢死于何年，各书记载不一，《明史·瓦剌传》、何乔远《王享记·鞑靼传》（《名山藏》本）写在正统四年。据《明实录》记载正统四年二月以前，瓦剌入贡是用脱欢名义，五年十一月入贡者已是也先使臣。故四年较确。而叶向高《四夷考》卷 2、陈建《皇明资治通纪》卷 6、谷应泰《明史纪事本末》卷 32，等等，写在正统八年恐误。

边，以军事实力为后盾，采取联姻及封官授职、设置“甘肃行省”的办法，控制哈密，联结沙州、罕东、赤斤蒙古等卫；在东边，屡攻兀良哈三卫，威胁女真，以确保宣府、大同贡道的安全。另一方面，继续加强与明廷的联系。据《明实录》所载统计，脱欢时期，明廷曾授瓦剌一百多名部属官称乃至宗教职称，如百户、千户、所镇抚、指挥使、都指挥使、都督同知以及都纲、慈善弘化国师大藏等。也先时期受明廷封爵的更多，共有三百五十八人次。明廷在敕书中明确地称也先为“朝廷臣属”①。1446年，也先由于丢失了明朝赐给他祖父马哈木的驼纽金印，请求明廷补发，明廷“仍给之”②。即使在也先发动侵扰中原战争，拘留英宗期间，也先、脱脱不花及阿剌知院仍不断派部属到北京向明廷奏事、入贡，明廷也赐大量金银珠宝、织金文绮等③。

综上所述，随着瓦剌社会经济的发展，需要加强对中原地区的贸易。瓦剌封建主为了战胜东蒙古，确保与中原地区的经济交流，同明廷保持了政治上的从属关系。明廷为巩固自身统治计，也加以“抚驭羁縻”。这在客观上符合广大蒙汉人民渴望政治统一和经济交往的迫切要求。

## 二

政治是一定的经济制度的产物和表现，同时它也给经济以巨大的影响。历史实践证明，瓦剌与明廷建立的密切政治关系，有利于促进蒙、汉等族之间的经济、文化交流和发展。

瓦剌与中原地区的经济交往，主要是通过“通贡”和“互市”进行的。

通贡，这是瓦剌与明廷间保持经济联系的一种特殊形式，在瓦剌是被大小封建主作为特权而把持着。他们经常派遣大批使臣，带着数量众多的马、驼、牛、羊及皮货等土特产品，去明廷朝贡。明朝统治者则用赏赐的

---

① 《明英宗实录》卷109，第6页。

② 《明英宗实录》卷147，第8页。

③ 郑晓：《皇明北虏考》；《明英宗实录》卷181，第9页；卷182，第3、第4页等。以正统十四年九月戊寅，《明英宗实录》所载为例：明廷除对瓦剌贡使厚赐升官外，还赏给脱脱不花金百两、银二百两、珠十托、珍珠百颗、织金九龙纻丝五匹。织金胸背纻丝五匹、浑金织花纻丝五匹、素花纻丝二十匹并琵琶筝器等物。送给也先之物雷同。

名义予以钞币、彩绢、衣帽、靴袜，等等。瓦剌封建主从赏赐中获得大量奢侈品。以正统四年（1449 年）正月送给脱脱不花汗及妃的礼物为例，就有：织金蟒龙文绮彩绢一百八十匹、金银各五锭、塔纳珠五千六百颗、金银镶木碗各二、织金九龙蟒龙浑金文绮三十八匹、纻丝衣一袭、绣金衣五件，靴袜、乐器、帐房、药材、针线、脂粉、丝绒等，样样俱全①。

明初，瓦剌使臣去京都，必须严格遵守所规定的贡道和贡期，即谓“朝贡有常时，道路有定处”②。

据《明实录》记载，瓦剌的贡使大体上是每年十月入大同③，十一月间到北京，参加贺正旦节活动后，次年正月由北京出发，二月离大同边，踏上归途（景泰年间，贡使也有从甘肃、宣府入京者④）。同时，明廷也随着派出答使，明年再伴随瓦剌贡使回京。当遇到非明廷所需或贡物低劣者，亦许就所在馆舍，与民间进行贸易，为期三五日，称为贡市。如 1436 年八月，“瓦剌顺宁王脱欢使臣阿都赤以私马求市，从之”⑤。1438 年正月，命脱欢使臣除三五人进京外，余留大同，“听其与民交易”⑥。总之，开设马市前的朝贡中包括市马，而且贡使中就往往包括很多从事贸易之人⑦。瓦剌封建主以朝贡为名组织的特殊商队，携带一定数量贡马的同时，还赶着许多“贡外马匹”，或在沿边重镇或进京途中，最后到北京会同馆进行贸易。明廷为了“羁縻四方”巩固自己的统治，给贡使们特别优厚的待遇。贡使离京以前，又设宴欢送，按贡马等级以高于市价发给银钞，或折合实物给付贡马代价，并按贡使官等大小颁赐各种赏品，有的还晋升官职。同时，通过贡使赠给瓦剌封建主大量贵重物品。

马哈木时期，朝贡贸易规模还不是很大。脱欢继位后，随着其政治与军事实力的增强，朝贡贸易也逐年扩大（脱欢统一蒙古后，瓦剌与中原地区的贸易额中应包括东蒙古在内）。如 1437 年，一次贡使多至二百六十

---

① 详见《明英宗实录》卷 174，第 8—10 页。《明英宗实录》卷 50，第 7 页；卷 75，第 12—14 页；卷 223，第 3 页，等等均有详尽的记载。

② 严从简：《殊域周咨录》卷 18，《鞑靼》。

③ 陆容《菽园杂记》（《说郛》本）也有所记载。

④ 《明英宗实录》卷 234，第 9 页。

⑤ 《明英宗实录》卷 21，第 8 页。

⑥ 《明英宗实录》卷 38，第 1 页。

⑦ 《明英宗实录》卷 96 第 7 页提到瓦剌“使臣及贸易人众”。《明英宗实录》卷 173 第 4 页提到瓦剌二千五百多名贡使中就包括买卖回回阿里锁鲁檀等七百五十二名。

七名[①]，1438 年贡马增至一千五百多匹，皮货达二千九百多张[②]。也先时期，朝贡贸易剧增，每次贡使往往数百乃至数千人，所带马驼达万匹，各种皮货多达十几万张。如 1441 年十月，脱脱不花遣贡使阿都赤等二千余人，贡马二千五百三十七匹，貂鼠、银鼠等皮二万一千二百张。[③] 1452 年，也先差使臣纳哈出等三千余名，带马驼等畜四万余匹进贡[④]。在如此大规模的通贡交易中，明朝所付出的物品数量也是十分惊人的。当时贡马价值一般是"上等马每匹给彩缎四表里，绢八匹；中等马每匹彩缎二表里，折钞绢二匹；下等马每匹纻丝一匹、绢八匹，折钞绢一匹；下下等马每匹绢六匹，折钞绢一匹"。有的贡使仍嫌礼薄而不受。[⑤] 1453 年正月明廷对也先所遣使臣三千余人，所贡马与貂鼠皮等，"通赏各色织金彩素纻丝二万六千四百三十二匹，本色并各色阔绢九万一百二十七匹，衣服三千八十八袭"，此外，还有为数颇多的靴袜、毡帽等物[⑥]。史称"金帛器服络绎载道"[⑦]。据《明实录》所载统计，正统、景泰二十年间，瓦剌向明廷派出贡使四十三次。其中，十三次的贡使人数是二万四千一百一十四人：十一次贡马驼六万八千三百九十六匹；五次贡貂鼠、银鼠等各种皮货达十八万六千三百三十二张。往往是前使未归，后使踵至，达到了贡使"络绎乎道，驼马迭贡于廷"的局面[⑧]。

互市或称马市，是明廷和蒙古等族在指定地点所进行的一般贸易。这种互市，是在明朝官方的控制下进行的，明朝委任官吏专门负责组织、监督、管理市场事务，调剂市场货物和市场流动资金，筹备马价银、颁发抚赏金等。开市期间，蒙古封建主赶来大批马匹上市（其中也包括中上等牧民的马匹）。而具体进行交易的大多是与官府有联系的汉族商民，他们利用官方或自己的资金和商品进行交易，以交换得来的马匹供应明廷边防

① 《明英宗实录》卷 33，第 3 页。

② 《明英宗实录》卷 47，第 7 页。

③ 《明英宗实录》卷 84，第 7 页及卷 87，第 4、第 5 页。

④ 《明英宗实录》卷 221，第 11 页。原文为："迤北差来使臣纳哈赤等三千余名，所带马驼等畜四万余匹，除进贡之外，余存养于宣府，日支草料。"可见此四万匹中当包括贡外贸易之马。

⑤ 《明英宗实录》卷 221，第 6、第 7 页。

⑥ 《明英宗实录》卷 225，第 19 页。查继佐《罪惟录》列传卷 35《瓦剌也先》中提到"衣靴帽一万份"。

⑦ 《明史纪事本末》卷 33。

⑧ 《明英宗实录》卷 204，第 9 页；胡赟：《论虏情疏》（《明经世文编》卷 19）。

所需要外，大部分经商人转卖给内地汉民。待官市完毕，民间可以买卖其余，则称之为民市。这种互市通常每年开市一二次，每次进行三天到十五天的交易。市罢，蒙古人等须立即远离互市场所。中原地区以棉布、丝织品、锅釜、谷类产品和茶叶等换取蒙古的牲畜和皮毛。

明初，没有为瓦剌专设的马市，但永乐年间，甘州、凉州等地是瓦剌和内地进行贸易的重要场所。史称“明初，东有马市，西有茶市”[①]。1371 年“设茶马司于秦、洮、河、雅诸州，自碉门、黎、雅抵朵甘、乌思藏，行茶之地五千余里。山后为归德诸州，西方诸部落，无不以马售者”[②]。15 世纪初，明廷又在甘州、凉州、兰州、宁夏等处开设了随来随市的不定期马市。瓦剌部众往往与哈密回回商贾一起经商，一方面通过这些茶市与西番（青海等地藏族）和西域诸族进行交易；另一方面主要是途经哈密或亦集乃至甘、凉地区，与汉族等进行贸易。据《明实录》记载，永乐六年（1408 年）三月壬戌，明成祖敕谕甘肃总兵都督何福曰：“凡回回、鞑靼来鬻马者，若三五百匹，止令鬻于甘州、凉州。如及千匹，则听于黄河迤西兰州、宁夏等处交易，勿令过河。”[③] 这里所指的鞑靼根据当时情况应是蒙族的泛指，当包括瓦剌。永乐、宣德年间，瓦剌的贡使一般是经过宁夏、肃州来回[④]。而正统二年（1437 年）顺宁王脱欢贡使四十八人至甘州，明朝官吏只遣送正副使十一人至京师，“其余留甘州，皆馆馈之”[⑤]。这些都说明，在专为瓦剌开设马市前，瓦剌除了采取朝贡的方式与中原地区进行贸易外，甘、凉等地是其贸易的重要场所。

正统初，随着瓦剌势力的强大，派来的贡使越来越多，所索剧增，明朝感到难以应付，再加边防逐渐废弛，用武力限制已不可能。并且，加强蒙汉之间的经济交流，这也是广大人民迫切的要求。因而，明廷只能允许开马市，以缓和矛盾，1436 年，刑部尚书魏源等曾建议在大同镇开马市，未能实行，1438 年四月，大同巡抚卢睿又请求开设马市，允许军民用公平的价格购买蒙古的马、骡、驼、羊等。明廷批准之，并派指挥李源

---

① 《明史》卷 81，《食货志》五。

② 《明史》卷 81，《食货志》五。《明史》卷 330《西域传二》记载略有不同：“山后归德等州西番诸部落皆以马来市。”

③ 《明太宗实录》卷 55，第 11 页。

④ 《明英宗实录》卷 8，第 9 页。

⑤ 《明英宗实录》卷 32，第 8 页。

（鞑靼人）等到大同做通译官，经理互市事务。当时马市分官、民两市，在官市里，瓦剌送来的马匹，由明朝官方发给马价，每匹马值金、银、绢、布各若干都是有规定的；在民市里，瓦剌用马、骡、驴、牛、羊、骆驼、毛皮、马尾等物与汉族商人交换缎、绢、细、布、针、线、食品等物，但“禁货兵器铜铁”①。另由官府发给“抚赏”金银若干。大同马市的设立，标志瓦剌与中原地区的经济贸易进一步得到发展。一直到1449年也先率众骚扰中原，大同马市才中断。

贸易形式的发展，马市的开设，这都说明汉蒙人民为了反对明廷的贸易限制政策，促进经济文化交流而进行的不断斗争。同时，随着蒙汉人民的日趋接近，就出现了“私市”（不受明廷限制政策所束缚的民间自由贸易）交易，有时“私市”发展到“远近商贾多以铁货与虏交易，村市居民亦相率犯禁”②。如“以斧得裘、铁得羊肘、钿耳坠得马尾、火石得羔皮”等③。东自辽东、西至山西、陕西、宁夏、甘肃的边境地带都出现了“私市”。明廷虽颁发了一系列命令，企图禁绝私市④，但遭到蒙汉人民的坚决反对。在“私市”贸易的基础上，蒙汉族之间建立了深厚的情谊。往往出现蒙古军民替汉族军民站岗瞭望，汉族军民替蒙族军民牧马放牛的动人景象⑤。并在长期的经济文化交流中，互相学习、取长补短，促进了彼此间经济文化的发展。

## 三

瓦剌封建主为了与中原地区进行贸易，以满足其各方面的需要，在政治上接受明廷的封爵，保持密切联系。但是，后来为什么关系逐步紧张，甚而发生著名的土木之役呢？

---

①《明英宗实录》卷41，第10页：“巡抚大同右佥都御史卢睿言：‘大同宜立马市，庶远人驼马，军民得以平价交易，且遣达官指挥李源等通其译语，禁货兵器铜铁。’从之。”

②《明孝宗实录》，卷150，第8页。《明英宗实录》卷137，第6页；卷174，第10页，均有记载。

③ 岷峨山人：《译语》（《记录汇编》本）。

④《续文献通考》卷26，《市籴考》；《明英宗实录》卷111，第7、第9页；卷162，第3、第4页；卷223，第13、第14页。

⑤ 萧大亨《夷俗记》贡市条、岷峨山人《译语》、王士琦《三云筹俎考》卷2、《明世宗实录》卷364，第5页等均有记载。

“战争是政治的继续”①，而“政治是经济的最集中表现”。引起土木堡之战的原因是错综复杂的，但归根结蒂应从经济上进行分析。它既是瓦剌封建主向明廷攘夺对中原地区人民统治与剥削权力的战争，又是蒙古族人民为谋生存，要求冲破汉族统治阶级经济限制政策的斗争，后又发展为中原地区人民反抗瓦剌封建上层侵扰掠夺的斗争。

通贡和互市，是明代瓦剌与中原地区保持经济联系的两种主要形式，通过这种贸易关系，使瓦剌封建主获得了大量的奢侈品，但更主要的是使蒙古输出了大批畜产品和从中原换回相当数量的生产、生活必需品，这对繁荣蒙古的游牧经济，丰富蒙古族人民的生活，无疑是有积极意义的。因而不断加强与中原地区的经济联系，便成为整个蒙古族的共同要求。

但是，明廷将此种“通贡”和“互市”，只是作为维护边防，控驭瓦剌的一种手段。所谓“国家初与虏为市，本为羁縻之术”②，并非从经济发展需要考虑，而主要是为了加强对边境各少数民族的统治。同时，明廷对蒙汉族人民间密切往来也是怀着恐惧心理。诏令不得与瓦剌贡使私语，不得货与兵器，违者谪边或处死③。因此，这种通贡和互市，从一开始便有很大局限性。通贡必须严格遵守贡道和贡期，贡使人数也三令五申加以限制，不顾瓦剌对通贡要求不断扩大的事实，敕令边将“只遵定数，容其入关”④。明初规定，岁一入贡，贡使不得超过三四十人⑤。嗣后又要求“使臣往来，只可一二岁一次，所遣止百十人”⑥。并重申贡使往来必须携带铁牌及印信文书从大同路入⑦。

互市也是限制颇多，即谓“开市有日，货物有禁”⑧。每年开市次数少，时间短，根本不能满足蒙族人民经济交流的要求。而且互市中不仅军器严禁交易，有时连布帛、米麦、锅釜、茶叶等生活必需品也在禁例之

① 列宁：《跟着〈俄罗斯意志报〉的脚印走》（1917年4月13日），《列宁全集》第24卷，第92页。

② 《明世宗实录》卷383，第1页。

③ 《明英宗实录》卷59，第7页；卷162，第3、第4页。

④ 《明英宗实录》卷88，第4页。

⑤ 《明英宗实录》卷194，第22页。

⑥ 《明英宗实录》卷200，第14页。

⑦ 《明英宗实录》卷146，第8、第9页。

⑧ 《秦边纪略》卷5。

中。即使准许买卖，价格也是极不合理。如一只广东产的铁锅需用两匹绢去换[①]。因而，往往使蒙族人民陷入“爨无釜”、“衣无帛”、“无茶则病”的困境[②]。但是，这种限制并不妨碍瓦剌封建主得到各种奢侈品和军需品。尤其是明英宗时期，宦官专政、政治腐败，王振及其私党大同镇守郭敬等，每年私造大量钢铁箭镞，以王振名义偷运塞外，送给瓦剌。瓦剌贡使也沿途私买盔甲、刀、箭、铜铳等大量武器出塞[③]。

瓦剌经过马哈木、脱欢二代的发展，至也先时期，势力达到全盛，他北服乞儿吉思，西征中亚细亚诸族，西南攻破哈密，控制西域要道，联结沙州、罕东、赤斤蒙古三卫，置甘肃行省；东攻兀良哈三卫，席卷女真诸部，威胁朝鲜，并屡次进扰辽东、蓟州、宣府、大同各边镇。

随着也先势力的迅速发展，其与明廷间原有的关系，已不能满足瓦剌封建主不断扩大的经济和政治的欲望。他们在加强对蒙族人民剥削压迫的基础上，不仅在经济上要向中原掠取更多的财物，而且在政治上积极向中原地区扩张势力，企图重“求大元一统天下”[④]。这与广大蒙古族人民希望加强与中原地区的经济交流，打破明廷对互市贸易限制的正当要求是风马牛不相及的。

明廷严禁蒙古族人民就边进行贸易，而大批贡使麇集北京，这既不能满足蒙古族人民日益增长的贸易要求，而且加重了中原地区人民的负担，使明廷也疲于应付，同时瓦剌封建主的贪欲却越来越大。贡市，不仅是瓦剌封建主向中原地区攫取财物的重要手段，也是榨取蒙古族人民劳动成果的一种办法，和明廷建立贸易关系的封建领主们，从阿拉特牧民那里征调马匹等，转向明廷进行贸易，再把换来的货物卖给阿拉特牧民或交换牲畜、皮货，如此往返流转，从中牟取暴利，进行盘剥。因此，随着瓦剌封建主势力日炽，每岁遣使多至三千余人，贡使带着马匹、牲畜及各种毛皮来到北京，除换给缎绢、布匹、衣服、鞋帽等日常用品及贵重奢侈品外，

---

① 李贤《古穰杂录》（《记录汇编》卷23）记载，当也先问到买锅之事，杨善答道：“铁锅出在广东，到京师万余里，一锅卖绢二匹，使臣去买，止与一匹，以此争闹，卖锅者闭门不卖。”

② 详见《万历武功录》卷8，《俺答列传》下；魏焕《皇明九边考》卷1。

③ 《明英宗实录》卷97，第12页；卷111，第7页；卷135，第7页。

④ 谷应泰：《明史纪事本末》卷32；《正统北狩事迹》（《记录汇编》卷20）。也先千方百计重“求大元一统天下”，把恢复元朝统治作为己任，这也说明瓦剌是中国境内的一个少数民族政权，有力地驳斥了“外国论”者。

又须供应车辆、秣料及使臣的顿宿廪给，北京专门设有会同馆，供贡使居住。此外，在使臣经过的地方，也得供应廪给。单是大同一地，“往来接送及延住弥月，供牛羊三千余只，酒三千余坛，米麦一百余石，鸡鹅花果诸物，莫计其数。取给官粮不敷，每卫助银完办。其桌、凳、釜、瓮之类，皆（向）军民〔征取〕，应用毕日，所存无几”①。1442 年，大同供馈瓦剌使臣的费用上升到三十多万两银子②。京师也是疲于应付，为弥补供馈牲酒不足，只好下令减免明廷内外官员、国师、禅师、僧官、医士等的酒肉，以供光禄寺招待瓦剌贡使之用③。而且瓦剌“所进马多瘦小不堪”④，但要求按上等马之例给值。也先每次入贡，都向明廷索求各种奢侈品及人参等贵重药品。并虚报贡使人数，冒领廪饩。这不仅使明廷帑藏大量耗费，而且瓦剌使臣沿途“纵酒越分”⑤，“迫狎妇女”⑥，稍不随意，往往“搅扰官府，打伤军民”⑦。使中原地区人民不得安生。

驿役的摊派，贡使的招待，优厚的赏赐，又转嫁到劳动人民身上，害得民众怨声载道。明廷在帑藏耗竭，人民不满的情况下，虽然也再三对贡使人数加以限制，重新规定：瓦剌每次遣使不得过三百人，除正副使五十人入京外，凡从人及贸易之人悉留大同城北的猫儿庄就地进行贸易；其所贡驼马随水草放牧前来，沿途不支刍料，亦不必拨人控御，如无草处，酌量支用⑧。但这些规定对瓦剌封建主根本不起约束作用，瓦剌的贡使有增无减。而明廷限制互市，禁止“私市”的做法却激起了广大蒙古族人民的极端不满。

正统十三年（1448 年）十二月，瓦剌也先等上层统治集团进一步向明廷挑衅，为大规模军事进犯制造口实。派使臣二千五百多人到北京贡马：却号称三千五百人，企图冒领赏品。明廷按贡使实数给予赏品，其虚报者，皆不支，所请又仅得五分之一。于是也先愧怒，就借口明朝使臣到

---

① 《明英宗实录》卷 136，第 11、第 12 页。

② 《明英宗实录》卷 89，第 12 页。

③ 《明英宗实录》卷 221，第 14 页。

④ 《明英宗实录》卷 109，第 3 页。

⑤ 《明英宗实录》卷 96，第 7、第 8 页。

⑥ 《明英宗实录》卷 88，第 7 页。

⑦ 《明英宗实录》卷 132，第 10 页。

⑧ 详见《明英宗实录》卷 88，第 4、第 17、第 18 页；卷 96，第 7、第 8 页。

瓦剌时曾许嫁公主于其子①，这次所进马匹乃定亲的礼物，而明朝失信。旋于1449年七月兵分四路，进扰中原：也先亲率所部进攻大同，阿剌知院率所部进犯宣府，围攻赤城——这是瓦剌的两路主力军；脱脱不花率所部及兀良哈部进攻辽东，另一支向甘肃一带进掠，以便牵制明朝的兵力。

为了抵御也先的进攻，制止其势力向南扩张。七月十六日，明英宗在宦官王振的怂恿下，率明军五十余万，仓促从北京出发，师至大同，得到各地明军惨败的消息，惊恐万状，决定退兵东归。八月中旬，行至土木堡，遭到瓦剌两万轻骑之追击，五十万明军却被打得大败，明英宗被俘，将士死伤过半，骡马损失二十多万头，盔甲、器械、辎重，被瓦剌缴获无数。这就是历史上有名的"土木之变"。

也先在取得土木堡之战的胜利后，此年十月，更挟持明英宗进围北京。在进军过程中，也先"纵兵四出杀掠"②，其所获盔甲、器械、金、银、锦、缎、牛、羊、骡、马等物，动数十万③，杀掳人口也颇多。遭罹兵祸的各地，陷于"田土不得耕种，道路不得转输，山野不得樵牧"的局面④，普遍激起了中原地区人民对瓦剌封建主的愤恨，从而积极支持以于谦为代表的明廷抗战派对也先的防御斗争。许多人应募参军，奋勇杀敌。当也先率军围攻北京时，城乡居民自动配合明军作战，"升屋号呼，投砖石击寇，哗声动地"⑤。使也先军队连战连败，遭到沉重打击。史称也先"见城池之固，人心之愤，始大丧气。自是，见上皇者皆行君臣之礼"⑥。由于军事进攻的失败，其重"求大元一统天下"的企图也随之破灭。

综上所述，也先之所以发动进扰中原的战争，一方面固然由于瓦剌经过马哈木、脱欢时期的发展，势力增强，在蒙古各部暂归统一之后，能集

① 《明英宗实录》卷192第11页："兵部言，通事达官千户马云、马青等，先是，奉使迤北，许也先细乐妓女，又许与中国结亲。"刘定之《否泰录》："也先求以其子结姻于帝室，通使皆私许，也先进马为聘仪，朝廷不知也。答诏无许婚意，也先愧怒。"郑晓《皇明北虏考》、严从简《殊域周咨录》、叶向高《四夷考》、何乔远《名山藏》、谷应泰《明史纪事本末》均有类似记载。

② 郑晓：《皇明北虏考》（《吾学编》本）。

③ 《明英宗实录》卷182，第5页。

④ 《明英宗实录》卷191，第18页。

⑤ 《明史》卷14，《英宗本纪》。

⑥ 《明英宗实录》卷185，第17页。

中力量把矛头指向中原地区，企图重“求大元一统天下”。另一方面更重要的是随着瓦剌畜牧业的发展，需要寻找畜产品市场和交换生活必需品。而当时中原地区，由于明廷对贡市贸易采取限制政策，狭小的官方控制的互市贸易已容纳不下源源而来的畜产品和满足蒙族人民对经济交流的迫切需要[①]。又恰逢明廷宦官专政，阶级矛盾日益尖锐之际，明廷既不能采取适当措施，开辟边塞互市，来满足蒙汉人民间经济交流的要求，又不能对也先上层贵族的无理挑衅，给以应有的回击。这就给也先的野心以可乘之机。他正是利用蒙古族人民对限制互市不满情绪，以及明英宗时期政治腐败、军事衰落的弱点发动战争的。土木堡之战，是当时中国国内尖锐复杂的阶级矛盾、民族矛盾的一种反映。它以民族战争的形式，表现了蒙汉统治阶级间攘夺统治与剥削权力的矛盾，以及蒙汉族统治阶级与蒙汉族人民间限制与反限制、掠夺与反掠夺的矛盾。因此，我们在分析土木堡之战的起因及性质时，如果片面强调也先的残暴和贪婪性，而忽视了其他重要因素，就不能深刻揭示这次战争的实质，也不利于对也先其人作出符合历史实际的评价。

那么，战争为什么能很快结束，昏庸无能的明英宗又被送回呢？这既不是像有的史籍所说，因为也先之母原是苏州人，被掳后嫁其父，故他要求释放英宗，以尽君臣之道。也不是伯颜帖木儿再三求情的结果[②]。其关键仍在于政治、经济、军事各方面的原因。

由于以于谦为首的抗战派率领中原地区军民奋起抗击，也先的劝诱、要挟等政治手腕，攻城焚关等军事压力，都没有收到预期的效果。欲以英宗为奇货，攻取城池及攫取大量财富的企图，在明廷于谦等提出的“社稷为重，君为轻”口号下[③]，也落了空。而瓦剌军屡遭挫败，死伤颇多。再加，当时瓦剌内部，也先掌握大权，兵最多，脱脱不花虽名为可汗，兵较少，阿剌知院兵更少，三人“外亲内忌”[④]，在联兵南扰时，利多归也先，害则

---

① 《明史》卷171《杨善传》和李贤《古穰杂录》所载景泰元年（1450年）八月杨善到瓦剌处奉迎英宗时，与也先的一席对话，是非常令人寻味的。当杨善问也先为什么“背盟相攻”时，也先就提出“奈何削我马价，予帛多剪裂，前后使人往多不归，又减岁赐”为遁词。杨善辩解道：“非削也，太师马岁增，价难继，而不忍拒，故微损之，太师自度价比前孰多？……”这场对话在一定程度上揭示了土木堡之战的真实内幕和经济原因。

② 皇甫庸《近峰记略》以及杨铭《正统临戎录》（均见《纪录汇编》本）。

③ 《明史纪事本末》卷33。

④ 刘定之：《否泰录》。

均受，因而矛盾重重，脱脱不花和阿剌对这场战争带来的后果和也先长期拘留明英宗也逐渐持异议。以致纷纷撤兵，使也先处于孤军作战的境地。

更主要的是也先为了实现其政治和经济上的野心，曾利用蒙古族人民对明朝统治者限制互市贸易的不满情绪，发动对中原地区的战争。但在战争过程中并没有给蒙古族人民带来任何补益，所得到只有沉重的战争负担和临阵遭受杀虏的厄运。并且因为战争的影响，使蒙古族人民失去了原来和中原地区仅有的互市关系，因而厌战情绪日益增涨。正如也先重臣阿剌知院的一个部属所说的“凡我下人，皆欲讲和”[①]。后来当明廷使臣李实往也先处商洽和议时，瓦剌等部人民“闻为议和使臣，皆举手加额，欣幸其来”[②]。并“夹道讴歌”相迎，“沿途乳酪”劝饮，又向李实等诉说："离家年久"、"咸愿和好"[③]。这充分反映了蒙古族人民和中原地区人民一样，都一致反对统治阶级的掠夺战争，而殷切期望和平友好往来。

也先既遭受中原地区军民的坚决反击，又迫于蒙汉人民共同愿望的压力，并为瓦剌封建主内部矛盾所掣肘。在这样的情势下，为了恢复通贡和互市关系，不得不同意议和及送回明英宗。但从蒙古族人民来说，这次斗争仍然取得了一定的成果，它迫使明统治阶级在贸易问题上作了一些让步。1450 年秋，送回英宗后，随即恢复通贡关系。瓦剌每次派到北京的贡使又多达二三千人，驼马数万匹。据《明实录》记载，1451 年，也先为了加强与中原地区的贸易，在黑松林一带制造牛车三千余辆[④]。无论是贡市次数，贡使人数及所贡驼马数，都超过土木堡之役前最高水平。明廷照例盛宴招待，厚礼相赠，并派医士至瓦剌进行治疗等[⑤]。天顺期间，大同马市又逐渐恢复，允许蒙古封建主在大同市马[⑥]。边禁也日趋松弛，私市有所增加。后在蒙古族人民不断斗争下，又陆续开设“马市”、“月市”和“小市”。从蒙汉统治集团间的贸易关系逐步向蒙汉人民间的贸易关系发展。这样既方便了蒙汉人民间的经济交流，又可减少贡使聚集京师，加重中原地区人民负担的弊病。

---

① 《明英宗实录》卷 192，第 25 页。

② 《明英宗实录》卷 194，第 14、第 15 页。

③ 详见李实《北使录》。

④ 《明英宗实录》卷 207，第 8 页。

⑤ 《明英宗实录》卷 199，第 2 页。

⑥ 《明会典》卷 107，《朝贡》三。

也先之后，瓦剌与明廷之间，虽有东蒙古阻隔，但在相当长时间内还是通过各种途径保持着密切联系，表文贡使，往来不绝。明廷仍是按例封官授职，赐宴馈物。16 世纪中期以后，瓦剌各部，通过漠南蒙古各部为中介，与内地保持经济联系。

1571 年，明廷对俺答汗封贡开市，陆续在宣府、大同、山西、宁夏、甘肃开设马市十余处①。随着瓦剌与土默特部及鄂尔多斯部军事冲突逐渐减少，瓦剌各封建主也派遣大批商队以漠南各地领主的名义到马市、民市、月市进行贸易，而俺答汗所属各封建主向瓦剌商队征收一定比例的贸易税（按市场马价抽分）。法国古朗在他的著作中也明确指出：各个部落在缴纳一种赋税之后，就可以在为俺答汗开放的贸易点上用牲畜交换中原地区的商品②。俺答汗的营帐地库库和屯（蒙语，意谓“青色之城”，今呼和浩特旧城），逐渐成为蒙古商业、手工业的中心，瓦剌封建主有时赶着上万匹马远道赴库库和屯进行贸易。总之，也先之后瓦剌通过各种直接或间接的办法，继续与中原地区保持传统的经济贸易。至明末清初，瓦剌和中原地区的关系又进入了新阶段。

通观有明一代，虽然由于明廷和瓦剌统治阶级为了各自的利益，曾发生过忽兰忽失温及土木堡之战，使蒙汉人民遭受了很大的痛苦和损失。但和平相处、友好往来，仍是瓦剌与中原地区关系的主流。蒙汉等族互相依存，相互促进的经济交流是维系两者关系的基础。历史证明：瓦剌与中原地区密切的政治联系，是蒙汉人民长期经济、文化交流的结果，反过来又促进了各族间经济、文化的交流和发展。正是这种源远流长的关系，犹如强有力的纽带，把瓦剌与中原地区紧紧地联结成一体，促进我国统一多民族国家的巩固和发展。在历史长河中，蒙古族人民和祖国其他各族人民一起，用自己的无穷智慧和辛勤劳动，共同缔造着祖国的光辉历史和灿烂文化。

（原载《中国蒙古史学会成立大会纪念集》，1979 年；《新疆历史论文续集》，新疆人民出版社 1982 年版）

---

① 《万历武功录》卷 8，《俺答列传》下。

② 详见［法］莫理斯·古朗《十七和十八世纪的中亚细亚——喀尔木克帝国还是满洲帝国?》，第 9 页。

# 明代大同马市与蒙汉关系刍议

大同在我国山西的北部，介于内外长城之间，三面倚山，群水汇流，川原平衍，地势险厄。在历史上曾为北魏的京城、辽的陪都，既是北方军事重镇，兵家必争之地，又是各族经济文化交流的中心。明代时，大同不仅被列为九边之一，视作京师的藩屏，曾是南北交锋，战马嘶鸣的沙场；同时，由于大同地处交通枢纽，也是蒙古封建主入贡必经之道，蒙汉人民贸易的重要场所。贡使络绎，商队接踵，从正统至隆庆，明廷曾在此三设马市。明蒙之间的和战，直接影响到大同马市的开设与废置，反之亦然，从某种意义上讲，大同马市是明蒙关系的一个缩影。因此，研究大同马市的兴衰，这对明代蒙汉关系的探讨，无疑是有裨益的。

## 一

大同马市第一次设立于明正统三年（1438 年），这是明蒙政治经济联系日益发展的必然结果。

明初，蒙古贵族退居塞外，仍称大元。随着可汗势力的衰微，各部封建主崛起。当时，蒙古高原基本上由瓦剌（又称为漠西蒙古）、鞑靼（又称为漠北蒙古或东蒙古）及兀良哈三卫分别占据。由于蒙古封建主之间无休止的战争、对贫苦牧民的残酷压榨、自然灾害的严重侵袭，再加上明廷所谓亲征、犁庭的影响等，蒙古高原的社会经济发生了急剧的变化，人口锐减，元时所开垦的农田大多业已荒芜，城廓也逐渐变为废墟，较为单一的游牧经济向多种经济过渡进程非常缓慢。因而，在当时形势下，蒙古族迫切需要加强、发展与中原地区的贸易关系，以换取各种生产生活必需品。史称“锅釜针线之具，缯絮米蘖之用，咸仰给汉”[①]。占人口百分之八十以上的贫苦牧民一向以牛羊易菽粟、布帛、锅釜等物，以补充其生活需用之不足[②]。而达官贵人大小封建主则通过贸易，牟取暴利，获得大量奢侈品。对广大中原地区人民来说，蒙古良种马、羊等的传入，有利于内地育畜业发展，毡裘等物的交换，丰富了汉族人民物质生活。而布帛等畅销塞外，又大大刺激和促进江南纺织业的兴盛和繁荣。同时，明廷通过朝贡和互市，换取大量边防所需之马，加强了对边疆少数民族的“抚驭羁縻”。所以，蒙古与周围诸族，特别是与中原地区汉族的关系，往往是以经济问题——控制贸易通道，争夺畜产品销售市场及农产品、手工业品供应市场为转移的。而明廷一方面根据“散则易制，得并为一，则势专难图”的统治经验[③]，采取“使之人自为雄，各相为战”的策略[④]，在蒙古各部中，扶此抑彼，让其在内讧中自相削弱。另一方面，则交替使用封官授职、开放贡市或军事征伐、闭关绝市等手法，以达到控驭蒙古的目的。如明永乐七年（1409 年），明廷册封瓦剌封建主马哈木、太平、把秃孛罗分别为顺宁王、贤义王、安乐王，并规定每岁入贡一次，准许在甘州、凉州进行贸易。接着明廷就配合瓦剌攻袭东蒙古。永乐十一年（1413 年），当阿鲁台“愿输诚内附”时[⑤]，明廷随即封他为和宁王，并允许“在边境市易”[⑥]。永乐十二年（1414 年），明廷又借瓦剌骄横，“朝贡不至”为由[⑦]，出兵忽兰忽失温，击败瓦剌。除此，明廷认为，东蒙古地处明边，对其统治直接威胁更大。因而，从永乐十四年至二十二年（1416—1424 年）间，明成祖三次亲征阿鲁台，使其一蹶不振。

蒙古封建主对明廷的态度也十分微妙。为了提高自己的威望和实力，并保持与中原地区的贸易关系，他们希望得到明廷的册封和支持。但是，当其力量强大或某种欲望不能得到满足时，又不惜诉诸武力。因此，明蒙之间围绕着经济问题，呈现出时战时和的局面。

蒙古与中原地区的经济交往，主要是以“通贡”和“互市”两种形

---

① 瞿九思：《万历武功录》卷 8，《俺答列传》下。
② 《明世宗实录》卷 376，嘉靖三十年八月壬戌；《万历武功录》卷 7，《俺答列传》中。
③ 《万历武功录》卷 7，《俺答列传》上。
④ 《皇明经济文录》卷 33。
⑤ 《明史》卷 327，《鞑靼传》。
⑥ 《明太宗实录》卷 115，永乐十七年十一月辛丑。
⑦ 谷应泰：《明史纪事本末》卷 21。

式进行。通贡，既是蒙古与明廷某种松散的政治隶属关系的表现，又是经济联系的一种特殊形式。蒙古封建主把通贡作为特权把持着，他们经常派遣大批使臣，带着马驼、皮货等方物，去明廷朝贡。明廷则利用赏赐的名义予以钞币、彩绢、衣帽、靴袜，乃至金银首饰、乐器珍玩、书籍纸张、贵重药品，等等。并且还得供应车辆、秣料及贡使的顿宿廪给。除京城专门设有会同馆，供贡使居住外，沿途也须供应廪给。正统期间，单是大同一地，“往来接送及延住弥月，供牛羊三千余只、酒三千余坛、米麦一百余石、鸡鹅花果诸物，莫计其数”①。供馈费用一年达三十余万两银子②。蒙古每次入贡人数多至二三千，贡马及皮张数以万计。据《明实录》所载之不完全统计，1403 年（永乐元年）至 1570 年（隆庆四年）的一百六十余年间，蒙古封建主向明廷入贡达八百多次。而正统、景泰二十年间，瓦剌向明廷派出贡使四十三次。其中，十三次的贡使人数是两万四千一百十四人；十一次贡马驼六万八千三百九十六匹；五次贡貂鼠、银鼠等各种皮货达十八万六千三百三十二张。往往是前使未归，后使踵至，达到了贡使“络绎乎道，驼马迭贡于廷”③，而“金帛器服络绎载道”的局面④。

互市亦称马市，是在明廷官方控制下，汉族和蒙古等族于指定地点所进行的一般贸易。明廷专门委任官吏负责组织、监督、管理市场事务，调剂市场货物和流动资金，筹备马价银，颁发抚赏金，等等。开市期间，蒙古封建主带来大批马匹（其中也包括中上等牧民的马匹）和皮货等，以换取中原地区的棉布、丝织品、锅釜、谷类产品等物。马市通常每年开一二次，每次为期三至十五天。闭市后，蒙古人等须立即远离互市场所。

关于开放马市的情况，《明史·食货志》称：“明初，东有马市，西有茶市，皆以驭边省戍守费。”永乐间，东边“设马市三，一在开原南关，以待海西，一在开原城东五里，一在广宁，皆以待朵颜三卫”。东蒙古则往往通过兀良哈间接与中原地区进行互市贸易。对于瓦剌及赤斤、罕

① 《明英宗实录》卷 136，正统十年十二月丙寅。

② 《明英宗实录》卷 89，正统七年二月乙卯。

③ 《明英宗实录》卷 204，景泰二年五月癸丑；胡赍：《论虏情疏》（《明经世文编》卷 19）。

④ 谷应泰：《明史纪事本末》卷 33。

东、沙州、哈密等卫所，明廷在甘州、凉州、兰州、宁夏等处开设了随来随市的不定期马市。①

但在正式开设马市前，瓦剌与中原地区的交换主要是通过朝贡的方式进行的。明正统初年，随着瓦剌势力的强大，派来的贡使越来越多，所索剧增。明廷感到难以应付，又鉴于边防逐渐废弛，其在漠南所设的军事基地全部内徙或撤废，用武力限制已不可能。明廷为缓和日益紧张的矛盾，被迫允准开设马市。正统三年（1438 年）四月，大同巡抚卢睿请求在大同开设马市，允许军民用公平的价格购买蒙古的马、骡、驼、羊等。明廷批准之，并派达官指挥李源等到大同做通译官，经理互市事务。当时马市分官、民两市，在官市里，蒙古送来的马匹，由明廷发给马价，每匹马值金、银、绢、布各若干都有定数。官市完毕后，才允许将剩余物品进行民间交易，称之为民市。在民市里，蒙古用马、骡、驴、牛、羊、骆驼、毛皮、马尾等物与汉族商人交换缎、绢、紬、布、针、线、食品等，但“禁货兵器、铜铁”②。另由官府发给抚赏金银若干。大同马市的设立，加强了蒙汉人民之间的经济联系，标志着蒙古与中原地区贸易的进一步发展。直到正统十四年（1449 年）瓦剌和明廷间土木堡之战爆发后，大同马市才中断。

引起土木之役的原因是错综复杂的。一方面，瓦剌经过马哈木、脱欢两代的发展，至也先时期，其势力达到全盛。它不仅统一了东西蒙古，而且北服乞儿吉思、西征中亚细亚诸族，西南攻破哈密，联结沙州、罕东、赤斤蒙古诸卫，置甘肃行省，控制西域要道；东攻兀良哈三卫，席卷女真诸部，波及朝鲜。致使“漠北东西万里，无敢与之抗者”③。并屡次进扰辽东、蓟州、宣府、大同各边镇。故随着也先势力的迅速发展，其与明廷原有的关系，已远远不能满足瓦剌封建主日益膨胀的政治、经济欲望。他们在加强对蒙族人民压迫剥削的基础上，非但在经济上欲向中原地区获取更多财物，而且在政治上企图重“求大元一统天下”④。这样，必然导致用武力与明廷攘夺对中原地区的统治权。另一方面，明廷政治腐败和对贸

① 参见《明太宗实录》卷 55，永乐六年三月壬戌；《明英宗实录》卷 8，宣德十年八月辛酉；卷 32，正统二年七月丁巳。

② 《明英宗实录》卷 41 正统三年四月癸未。

③ 《明英宗实录》卷 149，正统十二年正月庚辰。

④ 谷应泰：《明史纪事本末》卷 32；《正统北狩事迹》（《纪录汇编》卷 20）。

易采取的限制政策，则是酿成这场战争的又一原因。

如上所述，通过朝贡和互市，使蒙古封建主获得大量奢侈品。但更为重要的是使广大蒙古族人民从中原地区换回相当数量的生产生活必需品，这对繁荣蒙古地区的游牧经济，丰富蒙古族人民生活，已经产生了很大影响。因而，不断加强与中原地区的经济联系，便成为整个蒙古族的共同要求。

可是，明廷将此种“通贡”和“互市”，仅仅作为维护边防、控制蒙古的一种手段。正如《明世宗实录》所载的：“国家初与‘虏’为市，本为羁縻之术”①，并非从经济交流需要考虑。同时，明廷对蒙汉族人民间密切往来也是怀着恐惧心理，屡下诏令，不准中原地区人民与瓦剌贡使私语及货与兵器，违者谪边或处死②。并且严禁私市③。因此，这种交换从一开始便有很大局限性。规定通贡必须严格遵守贡道和贡期，即谓“朝贡有常时，道路有定处”④。明初规定，岁一入贡，贡使不得超过三四十人⑤。嗣后又提出“使臣往来，只可一二岁一次，所遣止百十人”⑥，并重申“贡使往来必须携带铁牌及印信文书从大同路入”⑦。互市也是限制颇多，所谓“开市有日，货物有禁”⑧。每年开市的次数少，时间短，根本不能满足蒙族人民经济交流的要求。而且互市中不仅军器严禁交易，有时连锅釜、茶叶等生活必需品也在禁例之中。但是这种限制并不妨碍瓦剌封建主得到各种奢侈品和军需品。尤其是明英宗时期，宦官专政，王振及其私党大同镇守郭敬等，每年私造大量钢铁箭镞，以王振名义偷运塞外。瓦剌贡使也沿途私买盔甲、刀、箭、铜铳等大量武器出塞⑨。而明廷限制互市的种种规定和禁止“私市”的做法，却激起了广大蒙古族人民的极端不满。也先正是利用蒙古族人民这种情绪发动战争的。

正统十三年（1448年），也先派使臣二千多人到北京贡马，却号称三

① 《明世宗实录》卷383，嘉靖三十一年三月丁亥。

② 《明英宗实录》卷59，正统四年九月乙丑；卷162，正统十三年正月庚子。

③ 《续文献通考》卷26，市籴考；《明英宗实录》卷111，正统八年十二月己亥、丙午；卷223，景泰三年十一月庚辰。

④ 严从简：《殊域周咨录》卷18，《鞑靼》。

⑤ 《明英宗实录》卷194，景泰元年七月己巳。

⑥ 《明英宗实录》卷200，景泰元年正月乙丑。

⑦ 《明英宗实录》卷146，正统十一年十月己未。

⑧ 《秦边纪略》卷5。

⑨ 《明英宗实录》卷97，正统七年十月乙卯；卷111，正统八年十二月己亥；卷135，正统十年十一月庚寅。

千五百人，企图冒领赏品，明廷按实给之，所请又仅得五分之一①。于是，也先就以明使曾许嫁公主于其子，这次所进马匹乃定亲之礼物，明廷失信，“又减岁赐”为借口②，旋于1449年七月兵分四路进扰中原。明英宗率军仓促出征，师行至大同，得到各地明军惨败的消息，遂退兵东归。八月中旬，明军至土木堡，遭到瓦剌两万轻骑追击，明英宗被俘，将士死伤过半，这就是历史上有名的“土木之役”，明人称为“己巳之变”。接着也先又在十月，挟持明英宗进围北京，使京师危在旦夕。

但是，京师随即转危为安。战争很快结束，明英宗又被送回，并迅速地恢复贡市关系，其原因何在呢？这一方面固然是也先在进军过程中“纵兵四出杀掠”③，致使广大生灵涂炭，横罹兵祸的各地，陷于“田土不得耕种，道路不得转输，山野不得樵牧”的局面④，普遍激起了中原地区人民对瓦剌封建主的愤恨和反抗。以于谦为代表的明廷抗战派军队，在对也先的防御斗争中，不断地取得胜利，使瓦剌军连战连败，遭到沉重打击。另一方面更重要的是，也先在对明战争过程中并没有给蒙族人民带来任何补益，所得到的只有沉重战争负担和临阵遭受杀掳的厄运。并且，蒙族人民在战争期间，失去了和中原地区仅有的互市关系。因而厌战情绪日益增涨，正如也先重臣阿剌知院的一个部属所说：“凡我下人，皆欲讲和。”⑤后来当明廷使臣李实往也先处商洽和议时，蒙族人民“闻为议和使臣，皆举手加额，欣幸其来”⑥，并“夹道讴歌”相迎，“沿途乳酪”劝饮，又向李实等诉说“离家年久”，“咸愿和好”⑦。这充分反映了蒙古族人民和中原地区人民一样，都反对统治阶级所进行的掠夺战争，而殷切期望和平友好往来。同时，瓦剌统治集团内部矛盾重重，脱脱不花和阿剌对这场战争带来的后果及也先长期拘留英宗也逐渐持异议。以致纷纷撤

① 此据《明史·瓦剌传》，《明英宗实录》卷180，正统十四年七月己卯条为“所得仅十之四五”。

② 《明英宗实录》卷192，景泰元年五月壬子。刘定之《否泰录》、郑晓《皇明北虏考》、严从简《殊域周咨录》、叶向高《四夷考》、何乔远《名山藏》、谷应泰《明史纪事本末》均有记载。

③ 郑晓：《皇明北虏考》。

④ 《明英宗实录》卷191，景泰元年四月辛卯。

⑤ 《明英宗实录》卷192，景泰元年五月辛未。

⑥ 《明英宗实录》卷194，景泰元年七月癸亥。

⑦ 李实：《北使录》。

兵，使也先处于孤军作战的境地。

景泰元年（1450 年）秋，瓦剌与明廷议和，送回明英宗，并恢复通贡关系。翌年，也先为了加强与中原地区贸易，还在黑松林一带制造牛车三千余辆[①]。明廷照例盛宴招待，厚礼相送。天顺期间，明廷又允许蒙古封建主在大同市马[②]，大同马市逐渐恢复。至 16 世纪初，由于达延汗与明廷关系再度紧张，遂中止。

## 二

大同马市第二、第三次设立于嘉靖三十年（1551 年）和隆庆五年（1571 年），这是蒙汉人民长期以来反对明廷经济封锁的结果。

1454 年，也先死后，结束了东西蒙古暂归统一的局面。明廷的军队全部撤回长城以内，漠北封建主的势力逐渐南移，与内地更为接近。明廷在军事上采取消极防御态度，在经济上仍然对各部蒙古封建主采取授官开市或闭关绝市的办法。蒙古封建主围绕着贡市问题，和明廷保持或战或和的关系。他们一有机会，就向明廷遣使入贡，请求开市或增加通贡次数和人数，并以战争相威胁[③]。明廷也以授官开市作为缓和蒙古封建主发动战争的手段。

在这个时期，东蒙古封建主每次入贡多达数千人。1488 年达延汗遣使至明通好，此后“三年三贡，每贡多至三千人，少不下二千”[④]，并在长城边沿地带进行互市贸易[⑤]。这种贡市关系维持了十余年，直至 1501 年，明廷与达延汗发生大规模军事冲突才中断。瓦剌各部也与明廷仍然保持通贡关系。天顺、成化年间，瓦剌伯都王、平章拜亦撒哈等常偕哈密首领一起入贡。居住在漠北的瓦剌首领阿失帖木儿也不断派使臣贡马及貂皮等物。弘治初，瓦剌太师火儿忽力等经常派使臣贡方物马匹。与此同时，寄居苦峪城（甘肃安西东南）的哈剌灰（瓦剌别部）头目拜迭力迷失等

① 《明英宗实录》卷 207，景泰二年八月己卯。

② 《明英宗天顺实录》卷 340，天顺六年五月壬戌；《明孝宗实录》卷 150，弘治十二年六月壬午。

③ 详见芷沅箬陂《治世余闻录》记载（《纪录汇编》卷 83）。

④ 严从简：《殊域周咨录》卷 18，《鞑靼》。又见郑晓《皇明北虏考》；《明孝宗实录》卷 139，弘治十一年七月己亥。

⑤ 详见萧大亨《北虏世系》等。

也随哈密都督遣人入贡。直至 1518 年，屯驻在北山把思阔（巴里坤附近）地区瓦剌首领卜六王还以驼马入贡。明廷按例赐宴及衣服、彩缎等，并根据其要求，授以官职。

16 世纪中期，蒙古封建主形成三大集团：漠南蒙古、漠北喀尔喀蒙古、漠西瓦剌蒙古。漠南蒙古又分为以东部察哈尔大汗为中心的势力（包括兀良哈三卫和科尔沁部），及以西部土默特为中心的势力（包括鄂尔多斯部）。

漠南蒙古各部由于接近长城，和中原地区的联系较漠西、漠北更为密切。在此期间，漠南东部察哈尔蒙古大汗虽然没有直接向明廷“称臣纳贡”，但通过兀良哈三卫和明廷间的贡市关系[①]，与内地进行贸易[②]。漠南西部封建主以俺答汗（阿勒坦汗）为强。其势力东自古北口，西至嘉峪关，在地理位置上有利于与内地建立经济联系。可是在 1570 年以前，俺答汗和明廷不时兵戎相见，谈不上建立正常通贡互市关系，致使广大蒙古牧民常常陷于“爨无釜，衣无帛”，“无茶则病”的困境[③]。毗连地区的汉族军民也往往因互市的中断，而缺乏军马和农耕、运输所需要的畜力，以及皮货、衣裘等生活用品。故为了反对明廷的经济封锁，蒙汉人民曾进行各种形式的斗争，其中主要的就是不受官府控制的私市贸易。有时私市发展到“远近商贾多以铁货与‘虏’交易，村市居民亦相率犯禁”的局面[④]。明边上自总兵官，下至墩兵戍卒都参与了私市交易，如“以铁器易马”[⑤]，“以斧得裘，铁得羊肘，钿耳坠得马尾，火石得羔皮”等[⑥]。明廷虽屡下禁令，但私市范围和规模却不断发展，东自辽东，西至山西、陕西、宁夏、甘肃的边境地带都出现了私市。私市的发展，使蒙汉人民接触日频，出现了牧民“代墩军瞭望”，边卒替蒙民牧马的现象[⑦]。这不仅使明廷惊恐地感到万里长城失去了阻隔作用，必须采取相应措施，把私市纳

① 明廷对兀良哈三卫，除了在成化十四年恢复开原、广宁马市外，16 世纪中期，还开辟蓟州、喜峰口市场，万历二十三年又开木市于辽东义州。

② 明末，明廷为了抑制后金，除了发给察哈尔林丹汗等巨额赏金外，并对其所属封建主指定许多镇堡定期开市行赏，还特开木市于辽阳长安堡，以待内喀尔喀五部。

③ 《万历武功录》卷 8，《俺答列传》下；魏焕：《皇明九边考》。

④ 《明孝宗实录》卷 150，弘治十二年六月壬午。

⑤ 《明孝宗实录》卷 142，弘治十一年十月丁亥。

⑥ 岷峨山人：《译语》（《纪录汇编》卷 161）。

⑦ 《明世宗实录》卷 364，嘉靖二十九年八月丁丑。

入官方控制的范围；也使俺答汗意识到必须与明廷建立正常的通贡互市，才能获得更大的经济利益和加强对本族人民的统治。

从嘉靖二十年（1541 年）至嘉靖二十九年（1550 年），俺答汗“无岁不求贡市”[①]。1541 年俺答汗主动派使臣石天爵等到大同要求通贡，并保证“令边民垦田塞中，夷众牧马塞外，永不相犯”[②]。明廷认为其“请贡不可信”，加以拒绝。翌年，复求贡，明廷反而磔杀求贡使臣，传首九边示众。嘉靖二十五年（1546 年）夏，“俺答复遣使诣大同塞，求贡，边卒杀之。秋复来请，（翁）万达再疏以闻，帝不许”[③]。尽管如此，俺答一方面为了报复，经常诉诸武力，侵袭明边诸郡，进行抄掠，以此迫使明廷允准通贡。另一方面，“犹屡请不已”[④]，仍然多次派使臣向明廷“求贡”，“请为外臣”[⑤]。俺答求贡之恳切，连当时宣大总督侍郎翁万达也为之所动，嘉靖二十六年（1547 年）夏在上疏中说：“自去冬及春，游‘虏’零骑，至墩讲说，年年求贡，奚啻数十余次，意亦勤恳。”[⑥] 但明世宗一意孤行，拒绝贡市，结果酿成“庚戌之变”。

嘉靖二十九年（1550 年），俺答汗“传箭诸部大举”，率兵围攻京城，并“纵所掳马房内官杨增持书入城求贡”[⑦]。明廷以退兵为通贡的先决条件，俺答汗旋即引兵而去。并派其子脱脱至上谷宁虏堡[⑧]，缚献叛人蒙古的明兵，又以部落长虎喇记为人质，钻刀为誓，表示求贡之诚意。明廷不得已答应通贡互市。

嘉靖三十年（1551 年）春，明廷拨白金十万两，在大同镇羌堡、宣府新开口堡以及延绥、宁夏开马市，准以马易布帛。“五月云中马市成，俺答出塞喜甚”[⑨]，亲临大同，向明廷献九马，并告诫诸部首领“毋饮酒失事，毋予驽马，马必身腰长大，毛齿相应，然后入”[⑩]。这次互市，宣、

① 《明世宗实录》卷 364，嘉靖二十九年八月甲申。
② 《明世宗实录》卷 251，嘉靖二十年七月丁酉。
③ 《明史》卷 327，《鞑靼传》。
④ 方孔炤：《全边略记》卷 2，《大同略》。
⑤ 冯时可：《俺答前志》。
⑥ 翁万达：《北虏求贡疏》，《翁东涯文集》卷 2。
⑦ 《明史》卷 327，《鞑靼传》。
⑧ 脱脱，一说即是恰台吉，为俺答之义子。
⑨ 冯时可：《俺答前志》。
⑩ 《万历武功录》卷 7，《俺答列传》中。

大、延、宁共易马一万余匹①。但明世宗以天朝自居，对俺答求贡，怀有戒心。视俺答等要求“以牛马易粟豆，求职役诰敕”为“乞请无厌”，又借口俺答“潜约河西诸郡内犯，堕诸边垣”②，旋于第二年诏罢各边马市。自此，刚刚复建的互市又遭到了破坏。

从嘉靖三十一年（1552年）至隆庆四年（1570年）近二十年间，蒙古和明廷之间延绵不断的战争使双方都损兵折将，疲惫不堪。一方面，明廷每年派兵出塞“捣巢”、“烧荒”、“赶马”，造成牧区人畜的大量死亡。另一方面，这个时期，俺答汗虽然在丰州川一带招募汉人，发展农业和手工业，使漠南地区农产品供给情况有所好转，但由于明廷的经济封锁、斩使绝贡，蒙古族人民仍是少衣缺用。俺答汗借此不断兴师攻掠内地诸郡，“或在宣大，或在山西，或在蓟昌，甚或直抵京畿。三十余年，迄无宁日。遂使边境之民肝脑涂地，父子夫妻不能相保，膏腴之地弃而不耕，屯田荒芜，盐法阻坏，不止边方之臣重苦莫支，而帑储竭于供亿，士马罢于调遣，中原亦且敝矣”③。总之，蒙汉人民长期遭受兵燹洗劫，生计维艰，迫切要求弭干戈，换玉帛。明廷官员王崇古等清醒地看到：蒙古军队“东西岁扰，我远近戒防，士马疲于奔命，财力匮于征输，非计之得也。……庶贡议不阻，而边事可无患矣”④。俺答也感到“纵能入寇，得不偿失”⑤，而且“入犯则利在部落，获贡则利归其长”⑥。不如向明廷“纳款”通贡，得到优厚、稳定的“赏赐”对自己更为有利，同时可缓和内部的各种矛盾。于是，明穆宗即位后，通贡开市呼声再度高涨，时机也逐渐成熟。

隆庆四年（1570年），俺答的爱孙把汉那吉因小忿投奔明廷，首辅高拱、阁臣张居正和宣大总督侍郎王崇古等人极力主张以此事为契机，改变对俺答汗的态度。于是，明廷对把汉那吉等盛情款待，优厚封赏，并提出要俺答交出逃入漠南的白莲教首赵全、李自馨等人，以作为送回其孙的条

① 《明世宗实录》卷372，嘉靖三十四年四月丙戌；卷373，五月庚戌；卷380，十二月甲寅。

② 《明史》卷327，《鞑靼传》；《明世宗实录》卷376，嘉靖三十年八月壬戌；金志章：《口北三厅志》附录。

③ 高拱：《伏戎纪事》；《明穆宗实录》卷59，隆庆五年七月戊寅。

④ 《万历武功录》卷8，《俺答列传》下。

⑤ 严从简：《殊域周咨录》卷21，《鞑靼》。

⑥ 《明史》卷198，《翁万达传》。

件。俺答闻讯大喜，随即派使臣要求封贡互市，明廷也一一允准。

于是，隆庆五年（1571 年）三月，明廷封俺答汗为顺义王（万历元年授镀金银印），俺答诸弟侄、子孙、属下各部支七十余封建主均得到封赏[①]。五月，俺答诸封建主在大同得胜堡举行接受封王诏书大典，七月，明廷受俺答谢表及献马[②]。明廷规定每岁贡马一次，每次不得过五百匹、使臣不得过一百五十人，准许使者六十人进京，其余留驻境上。并陆续开设马市达十余处，有大同之得胜堡、新平堡、守口堡，宣府之张家口，山西之水泉营，宁夏之清水营、中卫、平鲁卫，甘肃之洪水扁都口、高沟寨等[③]。这些市场主要是对漠南土默特、鄂尔多斯部诸封建主开设。其中大同之得胜堡为东哨顺义王俺答汗、西哨大成台吉等互市，守口堡为兀慎台吉等互市，新平堡为黄台吉等互市。开市期间，蒙古和明廷双方各派文武官员带领兵丁，总理监督市场事务，蒙古派三百人驻边外，明廷派五百人驻市场。市毕，明廷给守市人员一定赏赐。俺答汗并订立有关互市“规矩条约”十三条，明廷也制定“市法五款”[④]。为活跃互市，王崇古等还“广召商贩，听令贸易。布帛、菽粟、皮革远自江、淮、湖广辐辏塞下，因收其税以充犒赏”[⑤]。当时，宣府的互市集上“贾店鳞比，各有名称”，“南京罗缎铺、苏杭绸缎铺、潞州绸铺、泽州帕铺、临清布帛铺、绒线铺、杂货铺，各行交易铺，沿长四五里许”[⑥]。

自此，俺答汗钤束部属，严遵盟约，每岁贡市，“交易不绝”[⑦]。贸易额不断增加，以宣府、大同、山西三镇马市为例，1571 年初开市时官易马共七千多匹，加上偏裨商民所易马骡牛羊，共两万八千多头[⑧]。以后逐年增加，1582 年后宣大三镇市马总数每年在五万匹以上[⑨]。三镇的“马价银”（包括市本和抚赏金），也由隆庆五年六万两增加到万历四十年

① 关于俺答封贡之事，萨囊彻辰在《蒙古源流》卷 6 中也有所记载。

② 俺答谢表写于隆庆五年五月，明廷七月才收到。详见《北狄顺义王俺答谢表》及《明穆宗实录》卷 59，隆庆五年七月己巳。

③ 《明会典》卷 107，朝贡三；《万历武功录》卷 8，《俺答列传》下。

④ 王士琦：《三云筹俎考》卷 2。

⑤ 《明史》卷 222，《王崇古传》。

⑥ （万历时纂修）《宣府镇志》卷 20。

⑦ 方孔炤：《全边略记》卷 2，《大同略》。

⑧ 《万历武功录》卷 8，《俺答列传》下；《明穆宗实录》卷 60，隆庆五年九月癸未。

⑨ 王鸣鹤：《登坛必究》卷 38，总督宣大尚书郑洛《备陈贡市事宜》。

(1612年) 的四十一万三百两①。大同三堡隆庆五年官易马二千零九十六匹，六年四千五百六十五匹，万历元年即达七千五百零五匹②。同时交易的品种也有所增加，蒙古人以马、牛、羊、骡、驴及马尾、羊皮、皮袄诸物，换取中原地区的缎、䌷、布、绢、棉花、针线索、改机、梳篦、米、盐、糖果、梭布、水獭皮等物，但禁止出售硝磺、钢铁、盔甲、弓箭、兵刃、蟒缎等，后逐渐弛禁，允许交换铁锅和农具等。在这个时期，喀尔喀蒙古及瓦剌封建主也往往以漠南蒙古为中介，与中原地区发生经济联系。

为了缓和矛盾，明廷于开放官市的同时，还允许在马市完竣后，于同一地点开辟蒙汉人民间交易的民市。民市的交易额往往超过官市几倍。后来在蒙古族人民的迫切要求下，还在土默特和鄂尔多斯沿边地带，根据需要开设月市和小市。蒙古牧民以牛、羊、皮张、马尾、毡裘、盐碱、柴草、木材等，换取粮米、布匹、锅釜、耕具、绒线及其他日用杂货。从朝贡发展到马市、民市、月市、小市，即从蒙汉统治集团间的贸易关系逐步向蒙汉人民间的贸易关系发展，这样，既方便了蒙汉间经济交流，又可减少以往贡使聚集京师，加重中原地区人民负担的弊病。

## 三

从上可知，由于蒙古游牧经济的相对单一性、游动性、脆弱性以及东、西、北三面毗连的是经济模式相似的民族，这就决定了与中原地区进行交换的重要性，这种经济上的要求，仿佛是强大的磁场，有力地吸引着蒙古族，使其对中原地区产生无比的向心力。但明廷却把通贡和互市作为羁縻控驭蒙古的一种手段，往往加以限制，对私市甚至严加禁绝。有限的官方市场当然无法满足广泛交换的要求，暴力掠夺就往往被蒙古封建主用来作为贡市的补充和继续，或求得贡市的一种手段。明廷官吏仇鸾所说的"若或缺用，则必需求，需求不得，则必抢掠"③，这固然是带有侮辱性的，但在一定程度上揭示了战争的经济根源。蒙古封建主则利用蒙古族人

---

① 《万历武功录》卷8，《俺答列传》下；《明神宗实录》卷500，万历四十年十月壬午。据《全边略记》卷2所载，当时马价："上马十二金、中十金、下八金。"

② 方逢时：《为恳乞议处疏通市马疏》（《明经世文编》卷320）；王崇古：《议收胡马利害疏》，《王鉴川文集》三。

③ 《明世宗实录》卷364，嘉靖二十九年八月丁丑。

民对明廷限制互市的不满情绪，逐鹿中原，掳掠财物，经常出现贡市与抢掠同时或交替进行的现象。交换的不足和中断往往引起战争，战争的客观效果又常常使交换得到新的开展。从己巳之变至俺答封贡，大同马市的几起几落均可说明此点。

通观15世纪中期至16世纪后期，蒙明战争产生的原因或是由于明廷的民族歧视和经济封锁政策，或是由蒙古封建主的贪婪性所引起。因而，“己巳之变”与“庚戌之变”其具体历史条件虽然不同，战争的性质也有所区别。前者战争挑起的主要责任在于瓦剌封建主，而后者则在于明廷的腐败和失策。但也有其共同的规律，即战争的起缘都涉及通贡和互市等经济问题。

也先之所以发动进扰中原的战争，除了其政治、军事原因外，双方对经济贸易问题所持的截然不同态度，是使矛盾激化的一个重要因素。随着瓦剌畜牧业的发展，需要扩大畜产品市场和交换生活必需品，而当时中原地区，由于明廷对贡市贸易采取限制政策，狭小的官方控制的互市贸易，已容纳不下源源而来的畜产品和满足蒙族人民对经济交流的迫切需要①。明廷既不能采取适当措施，开辟边塞互市，来满足蒙汉人民间经济交流的要求，又不能对也先等上层贵族的无理挑衅，给以应有回击。这就给也先以可乘之机，使之能利用蒙族人民对限制互市的不满情绪，以及明英宗时期政治腐败、军事衰落的弱点发动战争。土木堡之战，正是当时我国尖锐复杂的阶级矛盾、民族矛盾的一种反映，它以民族战争的形式，表现了蒙汉统治阶级间攘夺统治剥削权力的斗争，以及蒙汉族统治阶级与蒙汉族人民间限制与反限制、掠夺与反掠夺的斗争。因此，我们在分析土木堡之战的起因及性质时，如果片面强调也先的残暴和贪婪性，而忽视了经济方面的重要因素，就不能深刻揭示这次战争的实质，也不利于对也先其人作出符合历史实际的评价。

至于俺答汗时期，引起庚戌之变等一系列战争的主要责任则在于明廷。不可否认，俺答汗在隆庆封贡前，曾经多次大举袭击中原，危及京师，使长城沿线的人民惨遭杀掠，生产受到严重破坏，同时也使蒙族人民长期陷于战乱之中，从这一点上说是应该加以否定的。但“要弄清战争的性质，首先必须确定这次战争的客观条件和具体环境是怎样的。必须把

① 参见李贤《古穰杂录》和《明史》卷171《杨善传》所载。

这次战争和产生它的历史环境联系起来”[①]。要看“这个战争是哪一种政治的继续”[②]。史实证明，俺答汗诉诸武力除了掠夺财物外，也是他迫使明廷准许通贡互市的一种手段。

明中期后，北部防务日益薄弱，蒙古骑兵“动辄长驱深入”[③]。明廷企图以闭关绝市的经济封锁政策，作为制服蒙古的有力措施。但这不仅未能制止蒙古封建主的扰边，给北方带来安宁，反而引起蒙古族上下的强烈反对。故停止战争，恢复、发展与中原地区经济交流，即成为当时蒙古社会迫切需要解决的问题。俺答汗就是在这样形势下，不断地向明廷提出通贡互市要求，但一再遭到明世宗的无理拒绝。我们从《明世宗实录》及《明史·鞑靼传》的记载中可以看出，俺答在政治上并不想入主中原，而是欲“长北方诸部”，取得与明廷通贡互市之利，集中力量征服北方各部及向其西北、西南发展。在求贡市不获的情况下，才往往继以大兵压境。每当明廷边将有允其通贡之意时，即约束部众，不准犯边[④]。据嘉靖二十六年（1547 年）春派遣到大同的使臣反映，俺答为了争取与明廷建立贡市关系，还特意召开蒙古封建主会议，制定互市盟约。《明世宗实录》载道：“俺答会集保只王子、吉囊台吉、把都台吉四大头目，商议求贡。若准，彼进黑头白马一匹、白骆驼七只、骟马三千匹，求朝廷白缎一匹，与大神褂袍，麒麟蟒缎等件，各头目穿用。边内种田，边外牧马，夷汉不相害。东起辽东，西至甘凉，俱不入犯。……”[⑤] 即使在举兵之前或进军过程中仍一再派使臣求贡市。如庚戌之变前，嘉靖二十八年（1549 年）春，俺答攻宣府，“束书矢端，射入军营中，及遣被掠人还，皆言以求贡不得，故屡抢。许贡，当约束部落不犯边，否则秋且复入过关抢京辅”。明廷又加以拒绝，结果“明年，遂犯京师，一如其言”[⑥]。即使在围攻京师过程中，还是继续提出通贡要求[⑦]。因此，当时比较明达之士也感到俺答

---

① 列宁：《无产阶级和战争》，《列宁全集》第 36 卷，人民出版社 1957 年版，第 29 页。

② 列宁：《无产阶级革命和叛徒考茨基》，《列宁选集》第 3 卷，人民出版社 1972 年版，第 672 页。

③ 《明宪宗实录》卷 40，成化三年三月丙寅。

④ 谈迁：《国榷》卷 59。

⑤ 《明世宗实录》卷 322，嘉靖二十六年四月己酉。《全边略记》卷 2《大同略》所载稍异。

⑥ 《明世宗实录》卷 347，嘉靖二十八年四月丁巳。

⑦ 郑晓：《今言》卷 4（《纪录汇编》卷 147）。

入犯“亡大志，求贡而已”①，“其欲罢兵休民，意颇诚恳”②。俺答求贡市“一念耿耿不息”，而明廷“不以时应也，故边患甚焉”③。正如高拱在给明穆宗的奏文中所指出的那样：俺答“自三十年前遣使求贡，则求封之心已久，但彼时当事者无人，处之不善”，“直却其请，斩使绝之”，引起“怨愤”，“致有三十余年之患”，“此则往岁失计之明验也”④。

在探索这个时期明蒙冲突的因果关系时，俺答汗有两段话颇引人深思。1541 年，俺答遣使向明廷求贡时指出：“其父谡阿郎在先朝，常入贡，蒙赏赉，且许市易，汉达两利。近以贡道不通，每岁入掠，因人畜多灾疾，卜之神官，谓入贡吉。”⑤ 1571 年，他在《答谢表》中写道：“臣等生齿日多，衣服缺少。……各边不许开市，衣用全无，毡裘不奈夏热，段布难得，每次因奸人赵全等诱引，入边作歹，虽尝抢掠些须，人马常被杀伤。近年各边常调兵出捣，杀虏家口，赶夺马匹，边外野草尽烧，冬春人畜难过。”⑥

经过三十余年的波折，双方都得到了沉痛的教训，认识到欲使“汉达两利”，必须恢复蒙汉传统的经济交流。于是才有隆庆封贡，以及马市、民市、月市、小市等多种贸易形式的发展。1571 年，封贡开市后，在我国北方出现了明初以来从未有过的和平富庶局面。史称“九边生齿日繁，守备日固，田野日辟，商贾日通”⑦。“东自海冶，西尽甘州，延袤五千余里，无烽火警。”⑧ “东起延、永，西抵嘉峪七镇，数千里军民乐业，不用兵革，岁省费什七。”⑨ “三陲晏然，一尘不扰，边氓释戈而荷锄，关城熄烽而安枕。”⑩ 从而，使长城内外社会生产力都有所恢复和发展。广大汉族人民避免了战争灾难，得以休养生息，同时减轻了巨额军费负担，输入了大批农耕畜力，为发展生产提供了有利条件。不仅“边疆

① 谈迁：《国榷》卷 67。
② 《明世宗实录》卷 364，嘉靖二十九年八月甲申。
③ 《明世宗实录》卷 376，嘉靖三十年八月壬戌。
④ 高拱：《伏戎纪事》；《明穆宗实录》卷 59，隆庆五年七月戊寅。
⑤ 《明世宗实录》卷 251，嘉靖二十年七月丁酉。
⑥ 《北狄顺义王俺答谢表》，玄览堂丛书，卷 1，第 1 册。
⑦ 《明史》卷 222，《方逢时传》。
⑧ 方孔炤：《全边略记》卷 2，《大同略》。
⑨ 《明史》卷 222，《王崇古传》。
⑩ 高拱：《伏戎纪事》；《明穆宗实录》卷 57，隆庆五年七月戊寅。

水陆屯田，悉垦治如内地”[①]，而且“开垦屯田，远至边外”[②]，出现了“官民城堡次第兴修，客饷日积于仓廒，禾稼岁登于田野”的繁荣景象[③]。这与庚午（1570年）前“三军暴骨，万姓流离，城郭丘墟，刍粮耗竭”的悲惨局面形成鲜明对照[④]。而漠南地区由于和明廷建立和平贡市关系，既无捣巢、烧荒、赶马之忧，又能从明廷得到优厚赏赐，从互市中得到各种生产、生活必需品。这不仅促进了畜牧业和狩猎业的发展，而且也使农业和手工业得到迅速的恢复和发展。尤其是丰州川（今呼和浩特地区），在蒙汉族人民的共同努力下，“筑城架屋，东西相望”[⑤]，良田万顷，“连村数百”[⑥]，成为“耕种市廛，花柳蔬圃”的塞外江南[⑦]。莫怪乎，时人发出“人言塞上苦，侬言塞上乐”的感慨[⑧]。

万历九年十二月十九日（1582年），俺答汗去世，其妻三娘子——忠顺夫人，主持政务三十年，一直与明廷保持通贡互市关系，使长城内外，“四十余年无用兵之患，沿边旷土皆得耕牧”，“民老死不识兵革”[⑨]。这不能不谓是俺答汗及蒙汉族人民长期以来，为反对明廷的经济封锁政策，迫使其通贡和重开大同等马市，而坚持不懈地进行斗争的结果。

我们从大同马市的兴衰，可以看出，有明一代，虽然由于明廷和蒙古统治阶级间曾发生各种各样的战争，长城内外出现过刀光剑影、硝烟弥漫的局面，使蒙汉人民遭受了巨大的痛苦和损失。但是，和平相处，友好往来，仍是蒙汉关系的主流。无论是东、西蒙古封建主都接受过明廷封王赐爵，并在各个历史阶段建立通贡互市关系。而且，蒙汉族人民冲破重重阻挠，发展了私市贸易，满足各自需要，增进彼此间的情谊。历史实践证明，蒙汉等族互相依存、相互促进的经济交流是维系两者关系的基础。它犹如强有力的纽带，把蒙古与中原地区更紧密地联结成一体，从而，促进

① 焦竑：《通贡传》；方孔炤：《全边略记》卷2，《大同略》。

② 《明神宗实录》卷67，万历五年九月庚午。

③ 《明神宗实录》卷79，万历六年九月甲戌。

④ 《明史》卷222，《方逢时传》。

⑤ 霍冀：《大同镇图说》（《明经世文编》卷323）。

⑥ 《万历武功录》卷8，《俺答列传》下。

⑦ 顾祖禹：《读史方舆纪要》卷44，《大同府》。

⑧ 方逢时：《大隐楼集》卷3，《塞上谣》。

⑨ 《明神宗实录》卷500，万历四十年十月庚辰、壬午。

了我国统一多民族国家的巩固和发展。在漫长、崎岖的历史征途上，蒙汉等族人民辛勤劳动，顽强斗争，共同缔造着祖国的光辉历史和灿烂文化，谱写了许多激昂慷慨、可歌可泣的壮丽诗篇。

（原载《中国民族关系史研究》，中国社会科学出版社1984年版）

# 明代蒙古与西域关系考述

有关明代蒙古与西域的关系，往昔论著极少涉及。由于史料缺乏，笔者只能勾画一个粗略的轮廓。至于深入探讨，恐还有待各种民族文字资料的发掘和整理。本文拟就大漠东西蒙古（主要是瓦剌）与西域的关系以及回回人在蒙古统治机构中之作用等问题试加论述[①]，也许对西域史的研究有所裨益。

## 一　蒙古与哈密、沙州三卫

13 世纪初，成吉思汗统一蒙古后，即挥戈西向，征服了天山南北和中亚各地，并置达鲁花赤进行统治，又命回回人牙剌瓦赤总督一切军政事宜。后西域诸地或直属元廷管辖，成为行省，或属察合台、窝阔台等宗王封地。其间，畏兀儿人对蒙古的政治、经济、文化产生了极大影响。

明洪武三年（1370 年），察合台汗国西部河中地区撒马尔罕一带为帖木儿汗国所占，东部也陷于“各自割据，不相统属”，“地大者称国，小者止称地面”的状态[②]。在这些封建政权中，以于阗与别失八里的疆域为最大，而哈密、吐鲁番次之，至于喀什噶尔、火州与柳城等只能称得上“地面”。其统治者大多是察合台宗王的后裔，居民以畏兀儿人为主，次为回回和蒙古人。元亡后，西域诸族与明廷保持密切的政治、经济联系外，和大漠东西蒙古族尤其是瓦剌诸部也往来不绝。

明初，随着蒙古可汗势力的衰微，分布在大漠东西的蒙古族基本上分

---

① 明代汉文史籍中所说的回回，不仅专指回族，在很多场合，用以泛称信仰伊斯兰教的畏兀儿等族。

② 《明史》卷 332，《西域传》四。

为互不统属的三大部分，即鞑靼（又称为漠北蒙古，东蒙古）、瓦剌（又称漠西蒙古、卫拉特，清称厄鲁特）及兀良哈诸卫。

瓦剌，其先祖为蒙元时期的斡亦剌惕，分布在叶尼塞河上游一带。后逐渐伸展到札布汗河、科布多河以及哈喇额尔齐斯河流域。北与乞儿吉思为邻，西南与别失八里、哈密毗连，东与鞑靼相接。经济以畜牧业为主，兼营狩猎。15世纪初，继猛可帖木儿之后，其众分属马哈木、太平、把秃孛罗管辖。脱欢时统一蒙古，也先继位后，其势力曾达到全盛。

瓦剌在向西发展的过程中，与哈密交往日频。哈密，元时称哈密力，14世纪前半期属察合台汗国管辖。其位置，据《皇舆考》所载："南沙州，西火州，北瓦剌，东南肃州。"[①] 自洪武以来，明在嘉峪关先后设立八个卫。永乐二年（1404年），明成祖封哈密安克帖木儿为忠顺王，并赐金印。翌年，其兄子脱脱袭忠顺王爵。永乐四年（1406年），明廷设立哈密卫，以其头目马哈麻火者等为指挥、千百户等官，又派周安为忠顺王之长史，刘行为纪善，协助理政。忠顺王为元宗室后裔，《四夷广记》称："至元朝，封族子忽纳失里者为武威王，居哈密。已而改封肃王，卒，弟安克帖木儿嗣"[②]，居民以畏兀儿为土著，"回回、畏兀儿、哈剌灰三种番夷，同居一城"[③]，"礼俗各异"[④]。畏兀儿人主要从事农业，畜牧、园艺、纺织与矿冶也占有相当重要地位[⑤]。哈剌灰"乃瓦剌种类"[⑥]，"以射猎为生"[⑦]。

哈密卫的建立，对加强西域与中原地区之联系，有很重要意义。明廷"以哈密为西域要道，欲其迎护朝使，统领诸番，为西陲屏蔽"[⑧]。"凡夷使入贡者，悉令哈密译语以闻。"[⑨] 哈密既是西域诸族与明廷通贡的要道，又是瓦剌与西域诸族及中原地区贸易的中继站和奴隶买卖的转运站，被蒙

① 张天复：《皇舆考》卷12。

② 慎懋赏：《四夷广记》。

③ 马文升：《兴复哈密国王记》。

④ 陈诚：《使西域记》（又名《西域番国志》）。

⑤ 慎懋赏《四夷广记》、杨一葵《裔乘》卷8《哈密》、陈诚《西域番国志》等对哈密物产均有记载。

⑥ 《明孝宗实录》卷131，弘治十年十一月庚子。

⑦ 马文升：《兴复哈密国王记》。

⑧ 《明史》卷329，《西域传》一。

⑨ 许进：《平番始末》卷上。"译语以闻"，即把公文译成汉文，办理各种去内地的手续。

古封建主抢劫和俘虏的汉人往往从这里转卖到撒马尔罕等地。

因此，哈密成为东西蒙古封建主及明廷争夺的要地。永乐初[①]，鞑靼可汗鬼力赤为了控制哈密[②]，毒杀与明廷通好的忠顺王安克帖木儿，继而，其妻子往依之[③]。永乐三年（1405 年）春，别失八里沙迷查干王恐哈密落入鬼力赤之手，欲率师讨伐，明成祖对此举大为赞赏[④]。永乐五年（1407 年），鬼力赤“数遣人至哈密市马，本雅失里也遣人与鬼力赤往来”[⑤]，并在“哈密窥探边事”[⑥]。永乐十九年（1421 年），瓦剌贤义王太平遣兵侵掠哈密，受到明廷的谴责，别失八里统治者也和瓦剌厮战。总之，明初，无论是鞑靼、瓦剌、察合台宗王后裔及明廷都想把哈密控制在手中，以扼西陲要道。

瓦剌历代统治者都非常重视与哈密的关系。一方面利用联姻和军事征伐相结合、恩威并施的手段，控御哈密上层；另一方面又利用哈密等处回回商人善贾的特点，经常与其一起朝贡和经商，西达撒马儿罕，东至甘凉、京师都遍布他们的足迹。

瓦剌太师脱欢曾把其女弩温答失里嫁给哈密忠顺王卜答失里（1426—1438 年在位）。天顺四年（1460 年），弩温答失里在其次子卜列革死后，主政达二十三年之久。故瓦剌统治者与哈密后王往往以舅甥相称[⑦]。也先等正是利用这种特殊关系，慑服哈密。正统四年（1439 年），卜答失里长子倒瓦答失里继位后，哈密都督皮剌纳即潜通瓦剌猛哥卜花等欲谋杀王，未逞[⑧]。正统八年（1443 年），也先乘罕东、沙州、赤斤诸卫先后侵掠哈密之机，也遣兵围哈密城[⑨]。《明史·西域一》称：“杀头目，俘男妇，掠牛、马、驼不可胜计，取王母及妻北还，胁王往见，王惧不敢往，数遣使告难，敕令诸部修好，迄不从，惟王母妻获还。”忠顺王倒瓦

① 关于毒死安克帖木儿之时间，史书无确切记载，永乐三年三月，明廷遣官赐祭，故很可能是在永乐二年底或三年初。详见《明太宗实录》卷 34，永乐三年三月己亥。

② 鬼力赤，有的学者考证为瓦剌土尔扈特之乌格齐哈什哈。

③ 《明太宗实录》卷 51，永乐五年七月壬子；《明史》卷 329，《西域传》一。

④ 《明太宗实录》卷 34，永乐三年四月庚辰。《明史》卷 332，《西域传》四。

⑤ 《明太宗实录》卷 50，永乐五年六月戊子。

⑥ 《明太宗实录》卷 56，永乐六年六月己亥。

⑦ 《明宪宗实录》卷 289，成化二十三年四月甲戌。

⑧ 《明史》卷 329，《西域传》一。

⑨ 也先部下正式出兵哈密，见于《明英宗实录》卷 108、109，正统八年九月乙卯条与十月庚子条。《荒徼通考》载于正统四年恐误。

答失里之母即也先姐弩温答失里。正统十年（1445年），也先又将王母妻及弟接往瓦剌，并屡催忠顺王去见也先。正统十三年（1448年），忠顺王亲自到瓦剌，居数月才还，也先待之甚厚。也先之所以要忠顺王去瓦剌，可能与他欲大举进攻明廷，使东犯无西顾之忧的打算有关。

也先时期，瓦剌与哈密虽偶有武装冲突，但和平相处，友好往来仍占主流。《明实录》关于瓦剌贡使和哈密等处回回商人一起贸易、朝贡的记载屡见不鲜。例如：正统六年（1441年），也先差使臣朝贡，并诉说彼处贡使及买卖回回道经哈密来甘肃，多被沙州卫劫杀①。正统十一年（1446年），明廷“赐瓦剌正副使孛端等，买卖回回阿里锁鲁檀等綵币表里、钞绢有差”②。翌年正月，“赐迤北瓦剌等处脱脱不花王朝贡使臣孛端、也先使臣把伯、回回阿里锁鲁檀等男妇一千一百六十五人宴于礼部”③。同年，也先还动员麻亦哈等处地面头目阿剌答瓦米尔咱遣使赛亦打力等至京朝贡玉石五百四十斤④。正统十三年（1448年），就有回回商人阿里锁鲁檀等七百五十二名随也先、脱脱不花贡使至京朝贡和沿途进行买卖⑤。

也先死后，东蒙古崛起，瓦剌主力逐渐西迁，与哈密关系更为密切。也先弟伯都王、侄兀忽纳率领人马投奔弩温答失里，哈剌灰成为哈密三大部族之一。哈密周围也驻扎着多支瓦剌部属。如成化五年（1469年），平章拜亦撒哈率众近哈密住牧，后又率四百名披甲之众至哈密城中屯聚。活动于哈密、巴里坤附近的还有克失秃王、小列秃王、卜六王、奄檀王、养罕王等。养罕王并与哈密都督罕慎（畏兀儿人，弩温答失里曾外孙，1488年袭忠顺王位）缔亲。他们不仅经常与哈密一起至京向明廷朝贡，而且往往联合起来，共同对付吐鲁番。

瓦剌在控制哈密的同时，对哈密之东的沙州、罕东、赤斤蒙古诸卫也加以联结。明廷为了加强对西域诸族“羁縻抚驭”，曾先后设立罕东卫（敦煌县东南，一说在青海湖东侧）、沙州卫（安西县西，敦煌县及其附

① 《明英宗实录》卷79，正统六年五月壬子。
② 《明英宗实录》卷147，正统十一年十一月癸酉。
③ 《明英宗实录》卷149，正统十二年正月己卯。
④ 《明英宗实录》卷149，正统十二年正月壬午。
⑤ 《明英宗实录》卷173，正统十三年十二月庚午。

近）、赤斤蒙古卫（玉门附近），企图以此“屏蔽西陲”[①]。

由于三卫地处要道，是瓦剌与哈密等往甘凉地区及京师朝贡贸易必经之路[②]。因此，也先时期，为了达到军事上以兀良哈三卫及沙州三卫为左右翼包围明廷，经济上控制西域贸易通道的目的，瓦剌封建主一方面力求与沙州、赤斤、罕东诸卫首领联姻。例如：正统八年（1443 年），也先遣使送马及酒，欲娶赤斤卫且旺失加之女为儿媳，娶沙州卫困即来之女为弟妇，受到拒绝。翌年，复遣使求婚，且请其亲人往受聘礼。直到景泰二年（1451 年），还遣使持书求婚。对罕东卫亦然，与都指挥班麻思结约为婚姻，交往甚密[③]。另一方面，于正统九年（1444 年），派使授予沙州、罕东、赤斤蒙古卫都督喃哥诸人以平章等官，封锁南奔为祁王，设置甘肃行省[④]。直到也先死后，三卫与瓦剌关系才逐渐疏远。

## 二　蒙古与别失八里、吐鲁番

瓦剌的先人斡亦剌在阿里不哥、海都叛乱时期，就逐渐南迁到科布多、阿尔泰山及哈密以北一带，与别失八里为邻。《明史·西域传》四称，别失八里“南接于阗，北连瓦剌，西抵撒马儿罕，东抵火州，东西距嘉峪关三千七百里”。有的学者认为别失八里即是 14 世纪中叶察合台汗国分裂后，居住在其东部的蒙古人（自称为蒙兀儿人）所管辖的区域。也就是米尔咱·海答儿《拉什德史》所指的蒙兀儿斯坦，其地域范围，南面包括焉耆以西的整个南疆直到费尔干纳盆地，北面从额尔齐斯河与额敏河到天山，再往西包括巴尔喀什湖及其以东以南的广大地区在内[⑤]。瓦剌在向西发展过程中，通往各定居农业民族市场之路为蒙兀儿斯坦的领地

① 《明史》卷 330，《西域传》二。

② 如据《明仁宗实录》卷 5 下，永乐二十二年十二月己巳所载，瓦剌贤义王太平部下朝贡，中道为人所阻，沙州卫都指挥使困即来遣人护送至京。

③ 《明英宗实录》卷 109，正统八年十月庚子；卷 134，正统十年十月庚申；卷 144，正统十一年五月庚辰；卷 204，景泰二年五月癸卯。

④ 《明英宗实录》卷 124，正统九年十二月甲寅；卷 145，正统十一年九壬午。卷 124，正统九年十二月癸亥所载较详，其中提到，著喃哥做平章，锁南奔为王，撒力做三平章，别立哥做右参政，锁可帖木儿做大使等情。

⑤ 参见《巴托尔德文集》第 2 卷第 1 分册，第 80 页；米尔咱·穆罕默德·海答儿：《拉什德史》，英译本，1972 年重印本，第 365 页。下同。

所阻隔。为了争夺贸易通道，以及双方封建主力求扩充领地和增加属民数量，以扩大剥削范围。远在14世纪末就发生了瓦剌进攻蒙兀儿斯坦的事件，永乐六年（1408年）还一度占领别失八里。而这个时期东蒙古封建主和别失八里统治者也曾采取共同行动对付瓦剌等。永乐初，本雅失里自撒马尔罕经别失八里回漠北后，明边即传来“完者秃王（即本雅失里）将率众，合别失八里之众南掠，而先掠东北诸部落。兀良哈之人闻之，惊惧。有来朝者，具言其故”[①]。永乐九年（1411年），瓦剌使者也向明廷奏报，别失八里王马哈麻将袭其部落。明廷遣使赍勅给马哈麻，加以劝阻[②]。永乐十六年（1418年），歪思汗（也译为维术汗，1418—1428年在位）率部落西迁到伊犁河流域，更名亦力把里。瓦剌人开始进入“蒙兀儿斯坦”境域。围绕着争夺东西贸易要道哈密问题，发生了一系列冲突。永乐十九年（1421年）六月，哈密忠义王兔力帖木儿遣使奏报：“瓦剌遣人侵掠其境”[③]。八月，明使太监海童、指挥白忠等自瓦剌返京奏报，歪思汗与贤义王太平构兵，互有胜负[④]。翌年，歪思汗占领了瓦剌牧地迤南的吐鲁番绿洲。史籍虽未载明冲突的原因，但从当时形势分析，不难看出是与争夺哈密有关。瓦剌统治者与歪思汗进行了六十一次战争，歪思汗只胜过一次[⑤]，曾两次为瓦剌所俘，并被迫将其妹嫁给也先为妻[⑥]。

也先时期，瓦剌继续与察合台后王作战，往往将其打败。歪思汗之次子也先卜花（1429—1462年在位）的一个名叫密尔·哈克·巴尔第·别启切克的“异密”[⑦] 为了避开瓦剌人的袭击，迁到伊塞克湖地区，把家属安置在名叫阔伊苏的小岛上，筑堡自卫。而佳拉斯部和巴林部的蒙兀“异密”，则投靠瓦剌[⑧]。瓦剌曾多次对伊塞克湖一带发动进袭，说明其势力已逐步向天山西部扩展。

---

① 《明太宗实录》卷53，永乐五年十月壬辰。

② 《明太宗实录》卷80，永乐九年闰十二月己卯。

③ 《明太宗实录》卷120，永乐十九年六月庚戌。

④ 《明太宗实录》卷121，永乐十九年八月壬辰。

⑤ 米尔咱·穆罕默德·海答儿：《拉什德史》，第65—67页。

⑥ 《巴托尔德文集》第5卷，第538—540页。

⑦ “异密”为阿拉伯语，与蒙古语“诺颜”、突厥语“伯克”相似，官吏、贵族、领主的通称，亦为大臣之意。

⑧ 米尔咱·穆罕默德·海答儿：《拉什德史》，第78—79页。

15世纪中期后，亦力把里逐渐分成以吐鲁番为中心的东部和以喀什噶尔为中心的西部，统治者仍为察合台宗王后裔。为了垄断贡市之利，实行经济掠夺和土地扩张，吐鲁番封建主不断向东伸展，先后占有哈密、瓜州、沙州等地。至弘治八年（1491年）时，已把明在嘉峪关外之十一个城池占为自己的地盘。至于嘉峪关内的肃州、甘州等地也成为吐鲁番攻占的对象。

吐鲁番北邻瓦剌，东连哈密，其势力发展必然波及瓦剌，而哈密成为他们争夺的焦点之一。成化九年（1473年）春，阿力速檀乘哈密无主[①]，罕慎新继都督之机[②]，袭哈密城，执王母，夺金印，分兵守之。罕慎被迫率领哈密民众迁往苦峪（今甘肃安西东南、玉门之西）居住。巴托尔德根据波斯文史籍指出，成化八年（1472年），瓦剌阿玛三吉台吉在伊犁河畔击溃羽努思军队，一直追击到锡尔河岸[③]。两年后，吐鲁番的军队又进攻哈密和袭击了瓦剌牧区。《明实录》对此事有所反映。成化十一年（1475年）初，吐鲁番贡使向明廷奏报，已得哈密城池和瓦剌奄檀王人马一万[④]。成化十八年（1482年），罕慎率畏兀儿、回回、哈剌灰之众，联合赤斤、罕东二卫，夜袭哈密，乘势连复八城，遂还居故土。弘治元年（1488年），阿黑麻速檀伪与罕慎结亲[⑤]，诱而杀之，重占哈密。明廷采取限制贸易和削减赏赐的办法来打击吐鲁番。阿黑麻被迫于弘治四年（1491年）将城池十一座及哈密卫金印归还明廷。明廷派脱脱从孙陕巴当忠顺王。阿黑麻又于弘治六年（1493年）遣兵夜袭哈密。陕巴和阿木郎急调乜克力和瓦剌两部兵马支援，俱为所败，陕巴被俘[⑥]。翌年，明廷派甘肃巡抚许进收复哈密，瓦剌小列秃王及其子卜六阿歹配合明军断吐鲁番东援其驻哈密守将牙兰之道，致使牙兰困守孤城，

① 阿力速檀，据《明史·西域传》一所载，1469—1478年在位。一说即歪思汗之长子羽努思。“速檀”又译为“算端”、“苏丹”，意为“君主”、“统治者”。

② 1460年哈密忠顺王卜列革卒，近族中无适当继承人，由王母弩温答失里主政。1467年明以卜列革女之子把塔木儿为右都督，摄行国王事。1472年把塔木儿殁，其子罕慎继都督位。

③ 《巴托尔德文集》第2卷第1分册，第89页。详见米尔咱·穆罕默德·海答儿《拉什德史》，第79、第91—95页。

④ 《明史》卷329，《西域传》一；《明宪宗实录》卷137，成化十一年正月癸酉。

⑤ 阿黑麻，阿力子。据《明史·西域传》一所载，1478—1504年在位。由于多次与瓦剌作战，其绰号叫“阿拉吉”，意谓“歼灭者”、“杀人魔王”。

⑥ 《明史》卷329，《西域传》一；《明孝宗实录》卷74，弘治六年四月己亥。

兵败宵遁[①]。

弘治十七年（1504年）阿黑麻死，其长子满速儿继位。瓦剌与吐鲁番时战时和。正德十二年（1517年），瓦剌乘吐鲁番于瓜州被明军击败之机，加以进攻。翌年，又乘虚破吐鲁番三城，迫使其议和。这个时期，在亦力把里西部，瓦剌与满速儿弟、侄们也曾发生过武装冲突。满速儿弟赛以德之子拉什德曾在1523—1524年冬带兵出征瓦剌，博得“噶济”（征服异教徒的勇士）的称号。赛以德本人在1525年夏，获悉瓦剌进军亦力把里的消息，也从其住牧处伊塞克湖附近出发，行至中途，突然接到塔什干汗死亡的噩耗，才班师回营[②]。西边的战火未熄，瓦剌又在东边与吐鲁番采取联合行动。嘉靖七年（1528年），满速儿速檀令其部下虎力纳咱儿引瓦剌兵二千余共同攻袭肃州，被明军打败。嘉靖二十四年（1530年），满速儿死，长子沙嗣为速檀[③]，其弟马黑麻亦称速檀，分据哈密，并与瓦剌联姻，以抗其兄。总之，当时斗争各方，无论是哈密、吐鲁番各封建集团之间，都力争与瓦剌通好，以为声援。而瓦剌封建主，从自身利益出发，为了扩大牧地和财富，也尽量满足斗争双方请援的要求[④]。

## 三　蒙古与撒马尔罕、哈萨克、乞儿吉思

明初，故元势力虽退居塞北，与西边的撒马尔罕（即帖木儿汗国）仍保持着联系[⑤]。撒马尔罕商人常往漠北经商，蒙古贵族也迁往撒马儿罕居住。如洪武二十一年（1388年），明军在捕鱼儿海战役中俘获的撒马儿罕商人就有数百名，后遣官护归撒马儿罕[⑥]。洪武二十三年（1390年），“遣鞑靼亲王六十七户，往居撒马尔罕之地，给钞为道里费，五口以上五

① 《明史》卷186，《许进传》。

② 《巴托尔德文集》第2卷第1分册，第9页。

③ “沙”又译为“沙赫”，1545—1570年在位。据巴托尔德的《出使土耳其斯坦的报告》第240页所载，他是死于和瓦剌的一次战斗中。

④ 参见巴托尔德《出使土耳其斯坦的报告》，第239、第244—248页。

⑤ 由于帖木儿汗国兴起于撒马儿罕，故撒马尔罕在这个时期又用来泛指帖木儿汗国（或帖木儿帝国）。

⑥ 《明太祖实录》卷210，洪武二十四年七月癸丑。

十锭，三口、四口三十锭，一口、二口二十锭”[①]。翌年，又有“故元鞑靼王子伯颜忽都十九人，自西域撒马尔罕来朝，贡马五十二匹”[②]，建文初，额勒伯克汗被杀后，坤帖木儿继汗位，其弟本雅失里投奔撒马尔罕处。据《明实录》所载：“完者秃，元之遗裔，名本雅失里者。比指挥丑驴至撒马尔罕，见其部属，不过百人。”[③]

撒马尔罕，地域辽阔，土壤膏腴。汗所居城，广十余里，人口稠密。据陈诚的《西域番国志》所载：“城中人烟俱多，街巷纵横，店肆稠密，西南番客多聚于此。货物虽众，皆非本地所产，多有诸番至者。交易亦用银钱，皆本国自造。”《明史·西域传》四也称：“西南诸蕃之货皆聚于此，号为富饶”，常与中原地区及蒙古诸部保持商业贸易关系。从撒马尔罕属邦八答黑商到葛忒郎、喀什噶尔是一条大通道，明廷也采取“凡遣使往来，行旅经商，一从所便”的政策[④]。撒马尔罕成为沟通东方与中亚的中枢站。

被蒙古封建主（这里应包括瓦剌贵族及察合台宗王后裔）抢掠去的汉族人往往通过哈密转卖到撒马尔罕。如据景泰六年五月的《明实录》所载，被蒙古封建主抢去，然后转卖或潜往哈密等处居住的汉族男女约有三千余人，其中由哈密转卖到撒马尔罕的就有一千余人[⑤]。

同时，也发生瓦剌封建主劫邀撒马尔罕贡使的现象。如正统十一年（1446年），也先派头目塔剌赤等至哈密，邀忠顺王母、妻及弟去瓦剌，“适有撒马尔罕兀鲁伯曲烈遣使臣满剌麻等一百余人进贡方物，路经哈密，被塔剌赤逼诱瓦剌”[⑥]。

此外，有的史籍还提到，瓦剌首领乌斯·帖木儿台吉[⑦]，于1452—1455年间，曾统领军队进入谢米列契（七河流域），在锡尔河岸打败了原

---

① 《明太祖实录》卷206，洪武二十三年十一月癸丑。

② 《明太祖实录》卷214，洪武二十四年十一月己亥。

③ 《明太宗实录》卷53，永乐五年十月壬辰。

④ 《明太宗实录》卷57，永乐六年七月丁未。据载：“遣内官把泰、李达等赍敕往谕八答黑商、葛忒郎、哈实哈儿等处开通道路，凡遣使往来，行旅经商，一从所便，仍赐其王子、头目綵币有差。”

⑤ 《明英宗实录》卷253，景泰六年五月壬申；《荒徼通考·哈密》也提到：“……哈密自是与瓦剌亲，稍贰于我……益通虏，拘留汉人，因而转卖者甚众。”

⑥ 《明英宗实录》卷141，正统十一年五月庚辰。

⑦ 霍渥斯《蒙古史》卷2第688页认为此人即《蒙古源流》卷5中提到的卫拉特右翼丞相特穆尔。

术赤领地白帐的统治者阿布勒海尔汗（1413—1489年）。兵锋远抵玛维兰纳赫尔边境（汉文史籍指位于阿姆河与锡尔河之间的河中地区），并攻打了塔什干及其他绿洲①。1459年，瓦剌使节还曾去赫拉特拜见阿布塞伊德苏丹②。

瓦剌与其北邻乞儿吉思关系也由来已久。早在蒙元时期，斡亦剌和乞儿吉思部众就为共同开发叶尼塞河上游谦州等地作出了贡献。明初，瓦剌在向西北发展过程中不断与乞儿吉思发生冲突。15世纪30年代，乞儿思吉已是瓦剌的属部。如《明实录》宣德五年五月乙卯条明确地提到："瓦剌乞儿吉思之地万户别别儿的，差副千户巴巴力等奏事至京，赐綵币表里。"③也先时期，一部分乞儿吉思人被迫从叶尼塞河上游逐渐向西南移动，分布于楚河及塔拉斯河。有的学者认为，著名史诗《玛纳斯》中的"伟大进军"就是描写乞儿吉思人被也先从阿尔泰山驱赶到楚河、塔拉斯河流域的情景④。也先之后，乞儿吉思视东西蒙古势力的起落，而决定向背⑤。

15世纪后半叶至16世纪中期，瓦剌与其西南邻哈萨克的关系基本上是和睦相处的。当时，乌兹别克和哈萨克双方为了攫取和占有锡尔河沿岸城市——中亚游牧民族与定居农业民族和手工业者进行贸易的中心，不断发生武装冲突。在争夺中，哈萨克往往与瓦剌结好，以便集中精力对付乌兹别克。但随着哈萨克势力的扩大，与瓦剌矛盾日益尖锐。16世纪后半期至17世纪初，双方为争夺塔什干等贸易城市，以及扩大牧地，屡次兵戎相见，哈萨克贵族曾一度占优势。另据《蒙古源流》所载，东蒙古俺答汗（又称阿勒坦汗，达延汗之孙）的同族，在西征过程中也曾和哈萨克汗发生激烈火并。隆庆六年（1572年），俺答汗族孙鄂尔多斯的布延达喇等行兵托克摩克（即伊塞克湖西之托克玛克），至实喇摩伦（锡尔河）畔，击败哈萨克阿克萨尔汗，掠其人畜及妃子。班师途中，被阿克萨尔汗领兵十万追击之，兵败身亡。翌年，其兄库图克图彻辰洪台吉为报杀弟之仇，又统师西征哈萨克，阿克萨尔汗率兵十

① 《巴托尔德文集》第2卷第1分册，第87页。

② 《巴托尔德文集》第5卷，第538—540页。赫拉特，即《明史》的哈烈、黑鲁，今阿富汗西北部的城市。

③ 《明宣宗实录》卷66，宣德五年五月乙卯。

④ 别特罗夫：《从15—18世纪柯尔克孜封建关系概要》，伏龙芝1961年版，第37页。

⑤ 巴德雷：《俄国·蒙古·中国》第2卷，第37—39页。

万迎战于额锡勒塔卜（一说在伊塞克湖附近）。彻辰洪台吉击败之，然后振旅而还[①]。

## 四　回回人在蒙古统治机构中的作用

蒙元时期，西域人大量内迁，经营各种生计。“大贾擅水陆利，天下名城巨邑，必居其津要，专其膏腴。”[②] 并贩卖粮食等物于蒙古地区，如“面出阴山之后二千余里。西域人贾胡以橐驼负至”[③]。有些西域人出仕元廷，官位显赫者也为数不少。明初，仍有一部分西域人留在蒙古地区。同时，瓦剌在向西发展中也不断吸收一部分回回商贾及其他人才参与政事和互市贸易。回回人在蒙古统治机构中供职，担任贡使，往返于明廷与蒙古之间。从《明实录》的记载中可看出，受明廷册封的瓦剌贡使中，有一些带有伊斯兰教色彩的姓名，如皮儿马黑麻、哈只阿力、舍黑咱答、舍黑马黑麻、木速儿蛮、阿老丁等[④]。如景泰四年正月，明廷“升瓦剌使臣都督同知察占、哈只阿力俱为右都督，都督佥事兀马儿、阿老丁俱为都督同知，都指挥佥事锁鲁丹、赛伏剌、兀马儿、铁古迭儿、木撒法儿、虎剌哈赤俱为都指挥同知，指挥使舍黑阿黑麻、不剌金、哈三、可可、完者土干、舍黑、马黑麻、阿黑麻俱为都指挥佥事，指挥同知沙班为指挥使，正千户哈儿失、失剌力、虎秃不丁俱为指挥佥事”[⑤]。其中，固然不排斥瓦剌与西域诸族接触中逐渐皈依伊斯兰教的可能性。但更主要的还是有些回回人参与了瓦剌乃至东蒙古的政事。《明实录》曾明确地指出蒙古的贡使和来归人中包含着回回人。如永乐五年(1407年)，“阿鲁台因母病，遣回回哈费思向明廷求药”[⑥]。正统十三年(1448年) 记道：“瓦剌也先手下回回哈只马黑麻等三人来归。”[⑦] “迤北

---

① 萨囊彻辰：《蒙古源流》卷6。

② 许有壬：《至正集》卷53，《碑志》十，《西域使者哈出哈心传》。“名城巨邑”，一作“名域巨邑”。

③ 李志常：《长春真人西游记》上。

④ 《明英宗实录》卷148，正统十一年十二月癸亥；卷161，正统十二年十二月庚辰、辛巳；卷174，正统十四年正月辛卯。

⑤ 《明英宗实录》卷225，景泰四年正月庚辰。

⑥ 《明太宗实录》卷53，永乐五年十二月丙申。

⑦ 《明英宗实录》卷164，正统十三年三月丁未。

回回马黑木、马黑麻、答俚等男妇六人，随也先使臣进贡。”[①] 景泰四年（1453 年），“达子回回脱哈赤等七人来归”[②]。而瓦剌贡使中皮儿马黑麻尤为突出，其任职甚长，官位也颇高，对瓦剌政事发生较大影响。自正统六年（1436 年）随同脱欢使臣阿都赤至京，一直到景泰六年（1456 年）又以迤北王子麻儿可儿正使的身份朝贡[③]。天顺元年（1457 年），作为阿哈剌忽知院、孛来等使臣抵京，与同来之人表示愿“留京自效”，仍任左都督之职，于后军都督府带俸。二月又随马政、哈铭作为明廷使者往“迤北，赍敕并彩缎表里等物，赐孛来、阿哈剌忽知院等”[④]。五月，复以迤北使臣身份至京欲献宝玺，明廷命其“赍领彩缎表里回赐”[⑤]。直至七月从迤北公干归来，率其族属七十余人在京居住[⑥]。后明廷赐其汉名为马克顺。皮儿马黑麻之所以能历经数任，周旋于明廷、瓦剌、鞑靼之间，与其回回人特殊身份不是毫无关系的（见附表：“《明实录》有关皮儿马黑麻的记载”）。

综上所述，通观明代蒙古与西域的关系，主要有以下几个特点：第一，由于当时统治西域的大多是察合台宗王后裔，追根溯源，与蒙古统治者是所谓“同宗骨肉”、“本同族类”[⑦]。双方统治者虽然为了争夺贸易通道和牧地等也曾发生过武装冲突，但还是保持了联姻、结盟及各种形式往来，两者常是交替进行。第二，蒙古尤其是瓦剌与西域诸族建立了密切的贸易联系。哈密成为沟通东西的要道，瓦剌等通过哈密西抵撒马儿罕，东至中原地区进行贸易。瓦剌贡使和回回商人经常成群结伙一起朝贡和沿途买卖。第三，不少回回人在蒙古统治机构中供职，对蒙古尤其是瓦剌的兴衰产生很大影响。第四，由于长期相处，许多突厥和蒙古部落逐渐融合，形成了哈萨克等族。察合台蒙兀人也逐渐被当地维吾尔族所同化。而随着瓦剌主力的西迁，与西域诸族接触日益频繁，有些封建主受伊斯兰教的影响也越来越深，甚至命以经名。

---

① 《明英宗实录》卷 173，正统十三年十二月丙寅。

② 《明英宗实录》卷 227，景泰四年三月癸亥。

③ 见附表。

④ 《明英宗天顺实录》卷 275，天顺元年二月庚申。

⑤ 《明英宗天顺实录》卷 278，天顺元年五月丙寅。

⑥ 《明英宗天顺实录》卷 280，天顺元年七月甲子。

⑦ 《明孝宗实录》第 74，弘治六年四月己亥；张天复：《皇舆考》卷 12。

**附表：**

**《明实录》有关皮儿马黑麻的记载**

| 年月 | 内容 | 卷数 |
| --- | --- | --- |
| 正统元年九月乙巳 | 随脱欢使臣阿都赤朝贡。被明廷封为指挥佥事，赐冠带。 | 《明英宗实录》卷22 |
| 正统二年九月戊申 | 以瓦剌使臣身份至京朝贡。 | 《明英宗实录》卷34 |
| 正统三年十月丙寅 | 随阿都赤朝贡，贡马1583匹、驼3头、貂鼠等皮2932张。 | 《明英宗实录》卷47 |
| 正统三年十二月癸酉 | 被明廷升为指挥使。（何时升为指挥同知不明） | 《明英宗实录》卷49 |
| 正统六年十月甲申 | 随阿都赤率2190人至京，贡马2537匹，貂鼠、银鼠等皮21200张。 | 《明英宗实录》卷84 |
| 正统六年十二月庚子 | 被明廷升为都指挥佥事。 | 《明英宗实录》卷87 |
| 正统八年九月丙寅 | 与瓦剌使臣朵脱儿等朝贡，明廷敕谕彼等从大同入京。十一月至京。 | 《明英宗实录》卷108，卷110 |
| 正统十年十二月丁未、丙辰 | 以瓦剌正使身份至京贡马800匹、青鼠皮130000张、银鼠皮16000张、貂鼠皮200张。被明廷升为都指挥同知。 | 《明英宗实录》卷136 |
| 正统十一年正月戊子 | 明廷设宴款待瓦剌等处使臣皮儿马黑麻等1900人。 | 《明英宗实录》卷137 |
| 正统十二年十一月甲辰 | 率瓦剌使臣2472人至京，贡马4192匹，貂鼠、银鼠、青鼠皮12300张。 | 《明英宗实录》卷160 |
| 正统十二年十二月乙丑 | 续进马204匹、驼7只。 | 《明英宗实录》卷161 |
| 正统十二年十二月庚辰 | 被明廷升为都指挥使。 | 《明英宗实录》卷161 |
| 正统十三年正月庚子 | 被明廷升为都督佥事。 | 《明英宗实录》卷162 |
| 景泰元年九月壬子、甲寅、己未 | 以瓦剌脱脱不花使臣身份至京贡马。被明廷升为都督同知，授银花金带。伊等125人受宴于奉天门。 | 《明英宗实录》卷196 |

续表

| 年月 | 内容 | 卷数 |
| --- | --- | --- |
| 景泰二年十月丙戌 | 以瓦剌使臣身份率 1652 人至京，贡马 3363 匹。 | 《明英宗实录》卷 209 |
| 景泰二年十二月丙戌 | 由右都督升为左都督。（何时升为右都督不明） | 《明英宗实录》卷 211 |
| 景泰六年四月戊戌 | 以迤北王子麻儿可儿正使名义至京朝贡。 | 《明英宗实录》卷 252 |
| 天顺元年二月己酉 | 以迤北阿哈喇忽知院、孛来等使臣身份至京朝贡，愿“留京自效”。明廷命其仍旧职，于后军都督府带俸。 | 《明英宗天顺实录》卷 275 |
| 天顺元年二月庚申 | 与都督同知马政等赍敕及綵币使迤北。 | 《明英宗天顺实录》卷 275 |
| 天顺元年五月丙寅 | 孛来等复遣其至京奏报欲献宝玺。 | 《明英宗天顺实录》卷 278 |
| 天顺元年七月甲子 | 往迤北孛来处公干，因率其族属七十余人至京，明廷于锦衣卫安插，给房屋器物。 | 《明英宗天顺实录》卷 280 |
| 天顺元年七月丙子 | 明廷赐名为马克顺。 | 《明英宗天顺实录》卷 280 |
| 天顺二年二月癸卯 | 其亲家那来泰参政下家人阿力、猛该、马木三人因迤北艰难至京，求留京同住。 | 《明英宗天顺实录》卷 287 |

16 世纪后半期，随着格鲁派喇嘛教（俗称黄教）在蒙古地区的传播，与西藏关系也日趋密切。

总之，有明一代，不仅中原地区与蒙古、西域保持着千丝万缕的联系，而且蒙古与西域之间也往来不绝。正是这种错综复杂、源远流长的关系。犹如坚韧的纽带，把各民族更紧密地联结在一起，使中华民族在漫长崎岖的历史征途中，能冲破一切险阻，屹立在世界民族之林。我们伟大的祖国多民族大家庭才能克服各种艰难曲折，更加团结兴旺。

（原载《新疆社会科学》1983 年第 3 期）

# 明代前期蒙古与女真关系述略

近年来，史学界对明后期女真与蒙古关系的研究颇为活跃，但对明前期两者之间关系却往往语焉不详。本文试从蒙古与女真的渊源关系、也先和脱脱不花对女真的经略及其产生的影响诸问题，略作探讨。

## 一

蒙古和女真的关系，据史籍所载，可追溯到金代乃至更早。到元朝，居住在中原地区的女真人逐渐与蒙、汉等族融合。东北地区的女真人即成为元辽阳行省所属各路下之居民。开元和合兰府水达达路专管女真地面事务。合兰府水达达路下又设桃温、胡里改、斡朵怜[①]、脱斡怜、孛苦江五个万户府，管理特林地区和库页岛。元廷对女真采取“设官牧民，随俗而治”的办法[②]。元世祖在对宋及其他战争中曾多次征调女真人从征，“不出征者，令隶民输赋”[③]。同时，在东北地区大力推行屯田。从至元二十一年到三十年间，元世祖四次调派蒙古、女真和汉族军民在东北忻都察、茶剌罕、剌怜、金复州、哈思罕、瑞州、咸平府等处，利用荒闲地屯田。并在黑龙江流域水达达地区设置屯田总管府，发放牛畜、田器，组织汉、女真等族军民进行屯守。到至顺年间，合兰府水达达路缴纳钱粮的户数达二万九百六。元廷还在女真地区开辟驿站，据统计辽阳行省有驿站一百二十多处。

---

① 努尔哈赤七世祖挥厚是元朝万户，六世祖猛哥帖木儿袭父职为斡朵里万户，斡朵里即斡朵怜。

② 《元史》卷59，《地理志》二。

③ 《元史》卷10，《世祖纪》七。

明初，盘踞东北的“故元遗兵”仍有相当实力。纳哈出在金山（吉林农安）一带，与辽东高家奴、哈剌张、也速之等彼此相依，互为声援，女真地区也有部分在其控制范围内。直至洪武二十年（1387年），明廷遣军进攻金山，纳哈出兵败投降，明廷才加强了对女真地区的管辖。后来，散处于黑龙江、松花江流域的女真部落也逐渐南迁。其中，建州女真分布在抚顺以东，以浑河流域为中心，东达长白山麓，南抵鸭绿江边。海西女真分布于明开原边外，辉发河流域，北至松花江中游大曲折处。东海女真分布在松花江中游迄黑龙江流域，东达海岸。明廷采取“使其各自雄长，不相归一”①，分而治之，互相牵制的办法，在女真地区建立了大量“羁縻卫所”，并设置奴儿干都司，以加强管辖②。除对女真上层给印授官职、准予通贡外，还开设广宁、开原马市以待海西女真和朵颜三卫。

随着朵颜三卫的东进，瓦剌也先及脱脱不花势力发展，蒙古和其东邻女真驻牧交错，接触日频。其中，既有在辽东马市上共同与明廷贸易和交往，又有联姻结盟之举。同时，双方统治阶级为了各自利益，也曾经发生各种摩擦。

由于自元以来，蒙古人在东北女真地区设官治守，屯田镇防，彼此杂居共处，故女真族的部分酋领，溯其渊源，与蒙古族多有血缘关系。尤其是海西女真更为显著。其中叶赫、乌拉、哈达三部首领原先率多非女真种，而是与蒙古族相互融合、通婚而成的女真部落。如乌拉部满泰、布占泰其祖纳齐卜禄等系蒙古族属。《清太宗实录》明确地指出：“布占泰来自蒙古，乃蒙古后裔。”③ 而哈达部首领王台等又与乌拉部有亲缘关系。《清太祖实录》云：“初，哈达国万汗（王台），姓纳喇……乃乌喇贝勒始祖纳齐卜禄七世孙也。”④ 北关叶赫首领的“始祖蒙古人，姓土墨忒（土默特）”⑤，名星根达尔汉。由北南迁时，因居璋纳喇氏地，故改称纳喇姓。清祁韵士在谈到天聪六年（1632年），清军平察哈尔，归化土默特博

① 杨宗伯：《海建夷贡补至南北部落未明谨遵例奏请，乞赐诘问以折狂谋事》（《明经世文编》卷453）。

② 明永乐七年始置，据陈循《寰宇通志》卷116所载：“东频海，西接兀良哈，南邻朝鲜，北至奴儿干北海”。下属卫所数各史籍记载不一，据《明实录》记载统计约有370卫，20所。通常简称384卫。

③ 《清太宗实录》卷15，天聪七年九月癸卯。

④ 《清太祖实录》卷3，己亥（1599年）九月丁未。

⑤ 《清太祖武皇帝实录》卷1。

硕克图汗子俄木布与其头目托博克、古禄格、杭高等降时，指出：“古禄格，姓纳喇，其先本姓土默特，因灭扈伦国之纳喇，遂以为姓。世隶叶赫部，叶赫亡，仍依归土默特。”[①] 即使是比较“纯”的建州女真，由于长期与海西诸部及兀良哈等通婚，也含有蒙古血缘。如建州卫首领李满住，其“三妻，一则斡朵里，一则兀良哈，一则火剌温（即忽剌温，指海西女真），其子酋长甫加大者，火剌温女所出也”[②]。其后，努尔哈赤也娶叶赫首领仰加奴之女、乌拉首领布占泰之妹、满泰之女为妻。其弟舒尔哈赤先后以二女嫁布占泰，又娶布占泰之女为妻。建州女真与朵颜三卫也“俱有亲戚往还”[③]。至于海西女真与蒙古结亲的也不乏其例。如正统、景泰年间，朵颜卫速可台娶兀者卫都督剌塔妹为妻[④]，而考郎兀卫都指挥加哈、成讨温卫指挥娄得（剌塔弟）之女皆嫁予脱脱不花为儿媳[⑤]。

同时，由于地域相连，交往密切，又促进了文化上的沟通。许多女真人习蒙古语，书文往来用蒙古字译写。后虽在蒙文字母基础上创制了满文，但相当长时期内在女真地区蒙、满两种文字还是并行使用。语言文字的相通，又反过来促进彼此的交往。明代前期，既有兀良哈人附居于女真诸部[⑥]，又有女真人因生计维艰到蒙古人家中充当佣工，战争中被俘沦为奴婢的也为数不少。这在客观上有利于生产技术的交流，而辽东马市更是促进蒙、汉、女真等族经济文化交流的重要场所。

## 二

女真诸部东南与朝鲜相连，西接兀良哈及阿鲁台故地，南与辽东毗邻。明廷素视兀良哈为东北屏障，女真为辽海藩篱，并往往借女真制蒙古。蒙古势力向东发展，势必影响明廷在辽东之地位，并波及女真。也先为了重“求大元一统天下”，企图以女真与沙州三卫为东西两翼包围明廷，屡次出兵女真。脱脱不花欲扩充实力，更是重视对女真的经略。朝鲜

---

① 祁韵士：《皇朝藩部要略》卷1，《内蒙古要略》。

② 《李朝成宗实录》卷1，1953年日本学习院东洋研究所影印本。

③ 《熊经略集》卷1。

④ 《明英宗实录》卷153，正统十二年闰四月戊寅。

⑤ 《少保于公奏议》卷8，《兵部为关隘事》（嘉惠堂重刊武林往哲遗著后编本）。

⑥ 参见《李朝世祖实录》卷27，世祖八年（天顺六年）二月辛酉、戊寅。

也密切注视其西北部女真的动向，一旦女真沉沦，便有“唇亡齿寒”之忧。当女真受到蒙古冲击时，明廷和朝鲜基本上是采取支持、抚慰女真的态度。因而，女真地区出现了群雄角逐、错综复杂的局面。

### （一）兀良哈与女真的联合和冲突

永乐后期，阿鲁台经明成祖三次亲征，其势渐衰，“驻牧辽塞”，合兀良哈三卫之力，对女真诸部形成颇大威胁。据《李朝世宗实录》所载，当时凤州或奉州（即今辉发河桦甸县北山城子）附近常出现鞑靼军队[①]。永乐二十一年（1423年），建州卫李满住因受东海女真和东蒙古军队的攘扰，率千余户自祖居奉州古城，南迁婆猪江（佟佳江，今浑江）。翌年，建州左卫猛哥帖木儿也从奉州古城迁回朝鲜近地阿木河会宁一带居住。宣德八年（1433年），兀者、肥河等卫奏：“和宁王阿鲁台部众，数经其地，恐其侵扰，欲以兵拒之。”[②] 嘉河卫指挥乃剌秃又向明廷奏报：“和宁王阿鲁台部属徙于忽喇温之地，迫近本境，恐其为患。”[③] 兀良哈三卫也因为阿鲁台所败，“奔往海西”[④]。可见，阿鲁台和兀良哈的势力已进入了海西女真之辖地。在此期间，兀良哈与女真诸部首领时而合兵攻袭明边，时而又兵戎相见。

正统七年（1442年）十月，兀良哈三卫与建州女真合兵入犯广宁前屯。《明史·三卫传》指出：三卫“东合建州兵，入广宁前屯”。《明英宗实录》载辽东总兵官曹义奏报：本年十月初五，兀良哈“纠合野人女真，共千余人，自毡帽山入犯广宁前屯卫界，杀虏男妇一百八十人”[⑤]。《李朝世宗实录》也记录了曹义的话，认为这是“凡察诱之”的结果[⑥]。

三卫仰仗瓦剌之势，联合女真，加紧向东发展，致使朝鲜不断告急。世宗二十二年（正统五年）五月己未，风闻“李满住请蒙古兵三万，又欲入寇”。世宗二十五年（正统八年）冬十月，咸吉道都制节使报告说：

① 《李朝世宗实录》卷24，世宗六年（永乐二十二年）四月辛未；卷39，世宗十年（宣德三年）三月丁未条均有记载。

② 《明宣宗实录》卷99，宣德八年二月辛亥。

③ 《明宣宗实录》卷100，宣德八年三月戊寅。

④ 《明宣宗实录》卷94，宣德七年九月己未。

⑤ 《明英宗实录》卷97，正统七年十月癸丑。

⑥ 《李朝世宗实录》卷98，世宗二十四年（正统七年）十二月己亥。凡察，掌建州右卫事，明廷封其为都督同知。

“有野人来告，达子衔昔日不纳之嫌，将于今冬明春来侵。”[①] 翌年，传来“达达将欲于四五月间入寇”的消息[②]。后又“闻朵颜卫韃靼与海西野人谋欲寇边”[③]。朝鲜边境上虽是风声鹤唳，但这种传闻由于三卫和女真的冲突，毕竟未成为现实。

兀良哈三卫和女真的纠纷，是因海西女真不堪三卫仰仗瓦剌威势而对其扰害引起的。也可以说这是在明廷许诺下进行的。因此，于兀良哈和女真冲突背后，往往隐藏着瓦剌和明廷的矛盾及斗争。正统九年（1444 年）七月，发生了格鲁坤迭连之战。《明英宗实录》记述其经过说：“初，肥河卫都指挥别里格奏：兀良哈拘杀其使人，朝廷许其报复。别里格遂同呕罕河卫都督你哈答等率众至格鲁坤迭连地，与兀良哈头目拙赤、安出等战，大败之。遣指挥咬失以状闻，上赐綵币奖谕之。”[④] 接着，兀者卫指挥莽剌及塔山等十七卫都指挥弗剌出、亦儿古里等卫指挥佥事斡罗等均欲率领人马前去兀良哈复仇，明廷对此采取支持的态度。翌年，海西女真又聚兵进讨兀良哈。辽东总兵官都督同知曹义奏报：“海西肥河等卫女真都督剌塔、宁哈答（即你哈答）、别里格遣其徒咬束（即咬失）来报，欲于今秋，率众往福余等卫，报复私仇。已聚兵辰州。”[⑤] 战争发生不久[⑥]，明廷即以宗主身份出面调停，劝说双方偃旗息鼓。正统十一年（1446 年）初，兀良哈三卫向明廷奏报：“欲遣人往女真与都督剌塔等议和。”[⑦]

### （二）也先势力的东进

兀良哈与女真的冲突由于瓦剌的东进而降于次要地位。正统十二年（1447 年）乘三卫新败于明廷边将，也先弟赛刊王复带兵击杀朵颜卫指挥乃儿不花，大掠而去。也先继至，朵颜、泰宁皆不支，归附也先，福余卫避走脑温江（嫩江）。也先东进的余威还波及女真诸部。

据《李朝世宗实录》所载，世宗二十九年（正统十二年），通事崔伦

---

① 《李朝世宗实录》卷 102，世宗二十五年（正统八年）十月丁未。

② 《李朝世宗实录》卷 103，世宗二十六年（正统九年）三月甲寅。

③ 《李朝世宗实录》卷 115，世宗二十九年（正统十二年）正月戊辰。

④ 《明英宗实录》卷 121，正统九年九月壬寅。据《明史·朵颜三卫》所载：“瓦剌复分道截杀，建州亦出兵攻之，三卫大困。”建州是否出兵，别无旁据，待考。

⑤ 《明英宗实录》卷 133，正统十年九月甲申。

⑥ 战争简况见《明英宗实录》卷 134、135，正统十年十月庚申、十一月己丑。

⑦ 《明英宗实录》卷 137，正统十一年正月壬申。

奏启："深处达达瓦剌也先将兵亿万，几歼三卫达子。又于夏秋间，谋袭海西野人。野人畏惧，挈家登山。"[①] 同年六月，传闻也先的军队已到西喇木伦河一带。这从世宗给平安道监司的谕旨里可得到证实。其曰："今通事金辛回自辽东启：'达达大师（应为"太师"）也先屯兵黄河（应是潢河，今辽河上游西喇木伦河），冬月欲攻海西野人，辽东阅兵防备。'"[②]

此事在《明英宗实录》中也有所反映。正统十一年（1446 年）冬，明廷得到女真吉河卫的奏报后，谕之曰："闻迤北鞑靼来抢各卫，尔野人女真欲收拾人马堤备。"[③] 翌年闰四月，也先又利用朵颜卫速可台与兀者卫都督剌塔姻亲关系，"令速可台来迫剌塔馈送粮食，且言违命即肆抢掠，因来侵扰广宁、开原"[④]。八月，兀者卫剌塔奏报："迤北鞑靼遣人来其卫，追寻兀鲁歹等。"[⑤] 兀鲁歹，可能是阿鲁台之孙。借寻仇敌，开启兵端，这是也先常用手法。十一月，明廷给王翱等的敕书中提到："瓦剌平章领人马于北山驻扎。此必也先所遣，欲胁野人女真，使之归己。"并且，也先的势力逐渐伸展到建州诸卫，乃至黑龙江流域[⑥]。正统十三年（1448 年）秋，也先还以成吉思汗、薛禅汗（世祖）名义，联结女真。"遣头目把秃不花等，同兀良哈达子赍文书到各卫。其书言，前元成吉思汗及薛禅可汗授彼父祖职事，要令彼想念旧恩，及要彼整备脚力粮饭"[⑦]。可见，瓦剌威势之盛。明廷恐女真受制于瓦剌，失去所谓辽海藩篱，故除敕谕辽东将领严阵以待外，还分头遣使赍敕安抚女真诸卫，劝他们不要受也先"怵诱"[⑧]。也先的东进，由于挥戈南下而中止，继之是脱脱不花对女真的经略。

---

① 《李朝世宗实录》卷 116，世宗二十九年（正统十二年）闰四月戊子。

② 《李朝世宗实录》卷 116，世宗二十九年（正统十二年）六月戊子。

③ 《明英宗实录》卷 147，正统十一年十一月己卯。

④ 《明英宗实录》卷 153，正统十二年闰四月戊寅。

⑤ 《明英宗实录》卷 157，正统十二年八月壬午。

⑥ 《明英宗实录》卷 160，正统十二年十一月乙巳。

⑦ 《李朝世宗实录》卷 120 世宗三十年（正统十三年）四月庚辰提到："也先军击三卫鞑靼，又击老温江（嫩江）、其里未（吉勒迷、乞里迷）等处野人，野人力拒战，不利还，退。"

⑧ 《明英宗实录》卷 174，正统十四年正月己酉。叶向高在《四夷考·北虏考》中曰："也先益纠结诸胡，使谋我。贻书兀良哈，谓尔祖父官，皆元成吉思可汗、薛禅可汗所授，尔慎勿忘。且责命供顿过军。兀良哈以闻，诏问也先，不报。"兀良哈，当是女真之讹。

### （三）脱脱不花对女真地区的经略

脱脱不花系元宗室后裔，宣德末，被瓦剌太师拥立为汗，统辖故阿鲁台属部，驻牧于乌珠穆沁到呼伦贝尔一带，名为可汗，实受瓦剌太师挟制。为了摆脱傀儡地位，增强实力，扩大影响，脱脱不花采用封官授职、遣使联姻以及军事征伐等手段，对女真进行控制。因此，脱脱不花对女真的经略，既是也先整个战略的一部分，又是扩充自己势力，巩固后方的重要措施。

脱脱不花首先联结兀良哈三卫，然后逐步把势力伸展到女真诸部并波及朝鲜。如据《李朝世宗实录》所载，正统五年（1440 年），脱脱不花就遣高吐照王带着给海西女真首领及朝鲜的敕书，至忽剌温地面（即海西女真之地），因不知赴朝鲜的道路，返回照兀足所地面。忽剌温的波伊叱间、伐于节等人也随同使臣去脱脱不花处。正统六年（1441 年）十二月，脱脱不花接见了他们，并在帐幕中设宴赐马，加以款待。翌年二月，封朵颜卫笃吐兀为王、女真的波伊叱间为豆麻豆、伐于节为达鲁花赤。随后，令其十六人赍敕于四月至朝鲜咸镜道①。敕书大意为：“太祖成吉思汗皇帝统驭八方，祖薛禅皇帝即位时分，天下莫不顺命，内中高丽国交好倍于他国，亲若兄弟。世衰遭乱，弃城依北，已累年矣。今我承祖宗之运即位，今已十年，若不使人交通，是忘祖宗之信意也。今后若送海青及贺表，则朕厚赏厚待。”② 后虽受阻，未能达到预期目的，但说明脱脱不花在东北的策略是：以黄金氏族后裔的身份，展开政治、军事攻势，联合兀良哈，折服女真，远交朝鲜。正统十四年（1449 年），也先举兵中原时，脱脱不花率兀良哈诸卫进攻辽东，以配合也先的军事行动。严从简在《殊域周咨录》中叙述此事说：“脱脱不花犯辽东……而辽东被杀掠尤盛。

① 《明英宗实录》卷 172，正统十三年十一月庚寅；卷 173，正统十三年十二月癸丑、乙丑。

② 《李朝世宗实录》卷 96 世宗二十四年（正统七年）五月癸亥条载：“笃吐兀王言：我是海西西北朵颜卫达达人。波伊叱间、伐于节等言，俺每俱系忽剌温人。仍言：我蒙古皇帝见住照兀足所地面，前年时分，皇帝哲（招）谕忽剌温头目六人等敕书及谕高丽敕书，授高吐照王，出送忽剌温地面，缘未知高丽道路，回还。俺每随同本人，去年十二月内，进见皇帝于帐幕里，设宴赐马。至今年二月初五日，封笃吐兀为王，授波伊叱间豆麻豆，授伐于节达鲁花赤，仍命赍敕，不分黑夜出送来了。”

故海西、建州夷人，所在皆起为乱，辽东为弗靖者数年。”① 景泰元年（1450 年），明边就传来“脱脱不花欲整人马，征女真野人”②，“脱脱不花王亲领人马，收捕野人女真，欲先到开原空城”的消息③。这从也先对明廷使臣工部右侍郎赵荣的一段话中可得到佐证，其云：“海西等处女真与高丽后门（即咸镜道外）诸种野人等横逆不服，予将领军七万，征讨剿杀。”④ 翌年初，辽东发出警报：“指挥王武到海西颁敕，闻诸野人，也先及脱脱不花王领兵马无算，到弗剌出（塔山左卫都指挥）寨里，也先兵马不知所向。”⑤ 也先是否亲率人马攻伐女真，别无所据，难以判定。但这说明也先于“景泰和议”后，已有余力亲自过问其东翼之战争。同时他与脱脱不花“外亲内忌”，矛盾日益尖锐，唯恐对方势力坐大，对己不利，故欲插手其间，屡造声势，以振军威。

对脱脱不花出兵女真之事，据史籍所载，叙述得最为详细的是三万卫舍人高能。当时，他奉辽东总兵官曹义之命，带着敕书到海西女真处，加以绥抚，敦促其归顺。恰为脱脱不花军队所俘，次年五月才被送回。高能在塔山左卫，目睹脱脱不花率人马经略女真的状况。其云：“有脱脱不花人马到来，将弗剌出等捉去，问说朝廷有使臣在此，弗剌（出）等不肯承认，脱脱将弗剌出等剥去衣服，用皮条捆缚。弗剌出方才说出高能等在寨，至被拘去，将各人所赍敕书开看，就将各人交与皮儿马黑麻等收领，令在营内。说我如今替朝廷收捕野人女真，你每就眼看，收了时着人送你每去。”⑥ 接着高能又叙述了脱脱不花征伐的经过。景泰元年冬到二年春（1450—1451 年），脱脱不花率军三万⑦，征伐海西女真，自松花江直至

① 严从简：《殊域周咨录》卷 24（故宫博物院图书馆本）。

② 《明英宗实录》卷 199，景泰元年十二月乙亥。

③ 《明英宗实录》卷 200，景泰二年正月丙午。

④ 《李朝文宗实录》卷 5，文宗庚午（景泰元年）十二月戊戌。赵荣是景泰元年八月至瓦剌也先处的。

⑤ 《李朝文宗实录》卷 5，文宗元年（景泰二年）正月甲辰。

⑥ 《少保于公奏议》卷 8，景泰二年五月十二日，《兵部为关隘事》。《李朝文宗实录》卷 5 文宗元年正月壬戌条记载了辽东都御史王翱之话说：“脱贼凡南朝被虏者，皆不杀，遣还。”但高能等一行共二十人，送回六人，尚有郎福等十四人未还。据《明英宗实录》卷 207 景泰二年八年己巳条所载：“为贼所杀，暴骸原野”。

⑦ 《李朝文宗实录》卷 5 文宗元年正月壬戌条记载王翱的话云：“脱脱兵三万于腊月二十三四日间到海西，执不剌吹（弗剌出）杀之。其部落降者不杀，不顺者皆杀之。指挥（应是都督）剌塔以下一二百逃奔黑龙江松林等处。”剌塔实被杀。

嫩江，传箭各寨，令海西诸部投顺。投顺者用车辆装走，不肯投顺者杀之，并放火烧毁空寨子。在白马儿大泊（扶余西，拜布尔察罕大泊）处，将兀者卫都督剌塔、肥河卫都督别里格、双城卫都指挥三角兀以及其他头目约三四百人杀害。而对于投顺者复加抚慰结成姻亲，如考郎兀卫都指挥加哈、成讨温卫指挥娄得（剌塔弟）之女皆嫁与脱脱不花子为妻。由于脱脱不花身患浮肿病和脚气病，不能骑马，只得坐车返回克鲁伦河下游，进至兀鲁骨河一带驻牧。而留下五千人马，在木里火落等处喂马①。并准备收捕建州诸卫都督李满住、董山等，建州人心惶惶。这点，辽东都御史王翱在答朝鲜使臣询问时曾有所描述："建州卫李满住闻脱脱王杀掠海西人，奔窜山林，脱脱不穷追，还于海西。今海西、建州等处一空。"② 明廷派去建州诸卫之招谕使指挥王武等也说："（四月）十五日，来报脱脱不花人马见在罕里名河等处下营，相离一日路程，各人俱自收拾家小躲藏。"③ 后来，只是因为也先与脱脱不花发生内讧，两者俱亡，蒙古无暇东顾，建州女真才得以幸免。于谦在奏议中指出："脱脱不花今次收了野人女真等处大小人口，约有四五万，内精壮约有二万。"④ 当然，这种数目仅是估计，不一定准确，所谓"收了"，恐怕也只是指投顺而言。但从中则可看出脱脱不花在海西女真地区威势之强，以及海西女真遭受兵祸的严重程度。

## 三

明前期，女真地区成为各种势力窥视和争取的目标。而其中也先和脱脱不花在女真地区的经略，对女真族历史及蒙古与女真关系产生深远影响。

首先，原来在女真诸部中较强的海西女真经过也先、脱脱不花的收捕征伐，其势渐衰。《殊域周咨录》作者指出："而海西野人之有名者，率

① 木里火落，在何处，史籍无明确记载，但据《少保于公奏议》卷8，景泰二年五月六日《兵部为军务事》中所载，从迤北走回的杨伴叔等说："脱脱不花人马见在海西灰扒江等地，寻杀野人女真。但见汉儿，指引放回。"故木里火落，可能是在建州女真北边的灰扒河（辉发河）一带。

② 《李朝文宗实录》卷5，文宗元年（景泰二年）正月壬戌。

③ 《少保于公奏议》卷8，《兵部为军务事》。

④ 《少保于公奏议》卷8，《兵部为关隘事》。

死于也先之乱，朝廷所赐玺书，尽为也先所取，其子孙以无祖父授官玺书，不复承袭，岁遣使入贡，第名曰舍人，以后在道不得乘驿传，赐宴不得上席，赏赉视昔有薄，皆忿怨思乱。”[①] 而建州女真却未受多大损害，反而“乘间窃掠边境”[②]。女真精锐逐渐移向建州等卫。明中期后，海西女真虽一度中兴，但毕竟是强弩之末了。因此，建州女真之所以能崛起于东北，统一女真诸部，进而统一全国，除了其自身的有利条件外，明前期蒙古的东进使海西女真大伤元气，并且促使建州诸卫纷纷南迁，与经济、文化比较发达的中原地区日益接近，客观上促进了女真社会的发展，这些也是不可忽视的因素。

其次，由于明前期蒙古对女真的影响和冲击较大，给女真诸首领的教训颇为深刻，亡金之鉴，也记忆犹新，使其认识到：骁勇善战的蒙古族，尤其它的上层之向背、进退，是关系到自身兴衰的重大问题。因而，努尔哈赤及其继承者都非常重视与蒙古的关系，并以强大的政治、军事力量为后盾，通过遣使往来、赐名封爵、重赏金帛、联姻结盟等办法，笼络蒙古封建主，满蒙联盟遂成为清代重要国策之一，贯彻始终。

（原载《中国蒙古史学会论文选集》，内蒙古人民出版社 1987 年版）

① 严从简：《殊域周咨录》卷 240；马文升《抚安东夷记》所载略同。

② 《明英宗实录》卷 209，景泰二年十月乙酉。《明英宗实录》卷 192，景泰元年五月癸丑条记载了建州、海西女真头目李满住、凡察、董山、剌塔也乘机从开原、沈阳等处抢掠人畜及围攻抚顺千户所城池。

# 四

## 民族法制史研究及其他

# 试论卫拉特法典

1640年9月初，在巴图尔珲台吉和札萨克图汗的共同努力下，厄鲁特、喀尔喀各部封建主会盟于塔尔巴哈台（一说在札萨克图汗处）[①]。据统计，共有三个胡图克图（一说四个）和二十七位首领（一说二十六位）出席。远徙伏尔加河流域的土尔扈特部首领和鄂尔勒克也率其子书库尔岱青等，风尘仆仆地从万里之外赶来参加。会上，组成了更广泛的同盟，并制定了著名的新“察津·必扯克”[②]，即通常所称的“1640年蒙古卫拉特法典”（更准确地说应是“1640年喀尔喀厄鲁特法典”）。由于其基本准则在厄鲁特各部直到18世纪中期尚被遵循着，对厄鲁特社会生活各个方面产生极为深远的影响，再加上最早的抄本又是在伏尔加河下游土尔扈特部余众处发现，因此，一般又称为“卫拉特法典”或“厄鲁特法典”（下

---

① 中外史籍未明确记载大会于何处召开。据拉特纳巴达拉《咱雅班第达传》，1959年乌兰巴托蒙文版，第5页载，兔年（1639年）秋，咱雅班第达回到故乡塔尔巴哈台，在和硕特部鄂齐尔图台吉处过冬。第6、第7页简括地提到，札萨克图汗派使者乌拉布尚津前去邀请咱雅班第达。他们于龙年（1640年）岁末出发，蛇年（1641年）正月到达札萨克图汗处。厄鲁特、喀尔喀封建主集会在1640年9月，可见咱雅是于集会之后，由塔尔巴哈台动身到札萨克图汗处。另据雅金夫（比丘林）《从十五世纪迄今的卫拉特人或卡尔梅克人历史概述》，1834年彼得堡版，第60—63页所载，和鄂尔勒克和其子书库尔岱青，1640年是从伏尔加河前往准噶尔参加大会的（转引自梁赞诺夫斯基《蒙古习惯法之研究》，1935年东京版，第50、第52页）。由上述分析，笔者认为大会是在塔尔巴哈台召开。而符拉基米尔索夫根据《咱雅班第达传》及《法典》前文，认为是在札萨克图汗处召开，也是一说（详见《蒙古社会制度史》，1934年列宁格勒版，第177页注2）。有的学者还认为咱雅班第达并未参加大会。

② 察津·必扯克，蒙古语“法典”、“法律文献”或“法规”之意。

文简称《法典》)。与会者隆重宣誓，严守《法典》，违者重罚[①]。

《法典》内容相当丰富，涉及政治、经济、军事、文化、宗教、社会习俗等各个领域，是研究蒙古族特别是厄鲁特历史极为珍贵的史料。它与《喀尔喀三旗法典》、《理藩院则例》被誉为蒙古法三大文献。本文试从《法典》产生的时代背景、主要内容及其历史意义诸方面作初步的探讨。

## 一　《法典》制定的历史背景

《卫拉特法典》的制定，既不是巴图尔珲台吉等人的主观臆造，也不是成吉思汗大札撒的简单翻版，而是当时形势下蒙古族社会发展的产物。

16世纪末，蒙古族以大漠为中心分为漠南、漠北、漠西三部分，每部分又由若干小部所组成。漠南蒙古以东部的察哈尔汗和西部俺答汗的一支为强。漠北喀尔喀分车臣汗、札萨克图汗、土谢图汗部，以及名义上附属于札萨克图汗，实自立为一部的和托辉特。漠西厄鲁特蒙古由准噶尔、杜尔伯特、土尔扈特、和硕特、辉特等部组成。当时各部封建领主之间，往往由于争夺牧地、人畜及财产继承权等而产生各种矛盾乃至互相厮杀。从16世纪后半期开始，漠南的俺答汗、喀尔喀的阿巴岱赛因汗、赉瑚尔汗以及和托辉特部的硕垒乌巴什等都曾陆续出兵攻打厄鲁特地区。厄鲁特封建主与哈萨克、柯尔克孜、诺盖等族也兵戎相见。在内乱外患、生灵涂炭的情况下，广大部众纷纷逃亡，离开原属封建主，自谋生计。而一些有势力的封建主为了摆脱沙俄南侵的威胁，避免内部冲突和寻求新牧场，也率部属离开原来的游牧地。17世纪30年代，土尔扈特部西徙到里海沿岸额济勒河（伏尔加河）下游游牧，不久，和硕特部顾实汗等也率众从乌鲁木齐地区向东南迁移到青海，后又举兵进入西藏。

---

① 戈尔通斯基《1640年蒙古卫拉特法典》第十条规定："谁也不许违反本法典。如大王公违反，科驼十只、马百匹，中王公驼五只、马五匹（对照其他版本，应为'五十匹'——笔者注）；塔布囊四达官（管理人）驼一只，及罚二九；王公的地方官吏驼一只及罚一九。"罚九，是由牛、羊等九头一组家畜而形成的科罚单位。最早见于札撒，也屡见于1640年法典和布里亚特人的习惯法中。

此外，17世纪前半期，正是中国国内外形势发生大变动时期。

一方面，满族统治者建立的后金政权于1632年进攻漠南蒙古察哈尔部，林丹汗不敌西走，两年后病死于青海。1635年，后金部队继续追击察哈尔余众，俘林丹汗之子额哲等，察哈尔部归附后金，喀喇沁、土默特和鄂尔多斯诸部也为后金所并。1636年，漠南蒙古十六部四十九个封建领主，承认皇太极为可汗，并奉上“博克达·彻辰汗”的尊号。同年，皇太极在盛京（今辽宁省沈阳市）即帝位，改国号为“清”，并逐渐与喀尔喀、厄鲁特各部建立联系。1635年，喀尔喀车臣汗要求与后金通贡，翌年，皇太极便派官员嘉赏车臣汗。1637年以后，车臣汗、札萨克图汗和土谢图汗都不断向清廷进贡驼马、貂皮和土产。清崇德三年（1638年）清朝规定喀尔喀各部每年进“九白之贡”①。1637年厄鲁特和硕特部顾实汗也遣部属向清朝通贡②。第二年，准噶尔部巴图尔珲台吉之弟墨尔根岱青向清廷进贡马匹③。自此，表文贡使络绎不绝。

另一方面，这时沙皇俄国的侵略魔爪已开始伸入我国北部和西北边疆。他们采用软硬兼施的策略，在威逼诱骗、妄图拉拢蒙古各部首领臣服俄国的同时，还采取武装蚕食、建立军事据点，掳掠或驱逐当地居民、煽动内战等手段，节节南下，侵占了我国喀尔喀和厄鲁特的不少辖地。面对沙俄的骎骎南侵，厄鲁特、喀尔喀各部首领和人民，虽也进行了各种形式的斗争，毅然拒绝沙俄侵略者在政治、经济上的无理要求，揭露他们的种种阴谋，直至组织武装反抗等，但由于各部尚处于四分五裂的状态，这就削弱了抵御外侮的力量，并给了沙俄侵略者以可乘之机。

在外部势力步步紧逼，各封建主之间纷争不已，人民不满，以逃亡形式以示反抗的严重局势下，喀尔喀和厄鲁特各部首领必须迅速作出抉择。他们鉴于林丹汗败走之教训，一方面陆续向清廷遣使通好，另一方面更迫切地感到加强各部之间团结，巩固内部封建秩序，共同抵御外侮的重要性，而《卫拉特法典》就是在这样的形势下产生的。

---

① 张穆《蒙古游牧记》卷7：“三汗各贡白马八、白驼一，谓九白之贡。岁以为常。”

② 祁韵士：《皇朝藩部要略》卷9。

③ 《清太宗实录》卷44。

## 二 《法典》的主要内容

《法典》是用回鹘式蒙文书写的[①]，共有121条[②]。法典原文本至今尚未发现。和鄂尔勒克父子曾把《法典》副本带到了伏尔加河下游，供放在土尔扈特首领的牙帐里[③]，18世纪初由于内讧被毁，但保存下来一些托忒文抄本。《法典》的各种译本繁多[④]，择其要者，有1776年出版的巴库宁之《蒙古卡尔梅克各民族法典或法律的译文》[⑤]，帕拉斯的《蒙古民族历史资料集》之德文译本《蒙古各族法规》[⑥]。1879年列昂托维奇发表了宾特科夫斯基俄译抄本，即《古代卡尔梅克决议集》[⑦]。1880年戈尔通斯基的译本问世，他第一次发表了该法典、噶尔丹两项敕令的托忒文副本、顿杜克达什法规最完整的抄本，并同时发表了俄译文和有价值的注释[⑧]。本文主要依据该版本进行分析研究。

《法典》的内容极为广泛，有关于对待僧侣和宗教的规定；关于调整厄鲁特与喀尔喀之间关系、共同对敌的规定；关于驿传、运输赋役等封建义务的规定；关于氏族生活、婚姻嫁娶的规定；关于畜牧和狩猎的规定；关于私有财产及继承权的规定；关于刑法和审判制度的规定；等等。其主要目的在于巩固封建主对劳动人民的统治，调整厄鲁特与喀尔喀各部之间

---

① 昔日学者往往认为《法典》原本是用托忒文书写，恐误。1648年才创制托忒文，何以八年前已经应用？参阅《咱雅班第达传》，第11页。

② 此据戈尔通斯基的版本。

③ 详见戈利曼《1640年蒙古卫拉特法规的俄文译本和抄本》（《蒙古文集》，莫斯科1959年版，第142—153页）。

④ 同上。

⑤ 1727—1740年间由当时俄国外交委员会秘书（后任顾问）瓦西里·巴库宁根据别克列米舍夫团长提供的托忒文抄本翻成第一个俄译本，包括长达49页的法规本身和噶尔丹洪台吉第一项敕令的译文。1776年由舍列麦捷夫提交莫斯科大学俄罗斯自由协会发表。1828年《北方文库》及《祖国之子》又以《蒙古及卡尔梅克法规》为题，再次发表了舍列麦捷夫的抄本。

⑥ 帕拉斯：《蒙古民族历史资料集》第1卷，彼得堡1776年版，第194—218页（1779年法兰克福—莱比锡版，第293—317页，本文主要采用此版本）。

⑦ 列昂托维奇：《论俄国异族人法律史·古代卡尔梅克人或卫拉特人惩罚条例（察津·必扯克）》，敖德萨1879年版。

⑧ 戈尔通斯基：《1640年蒙古卫拉特法典，附噶尔丹洪台吉的补充敕令和在卡尔梅克汗顿杜克达什时代为伏尔加河的卡尔梅克族编订的法规》，圣彼得堡1880年版。下简称“戈本”（其有两种版本，一是法典条文分条写出，一是不分条的，各有特色。笔者手头只有不分条之版本，其条文次序是参照梁赞诺夫斯基《蒙古习惯法之研究》等排列的）。

的关系，建立共同抵御外侮的同盟。现就以下五个方面，对《法典》的主要内容进行剖析。

**（一）《法典》规定，喇嘛教为蒙古各部共同信仰的宗教，严禁用言语和行动侮辱僧侣**

16 世纪后半期，俺答汗占据青海，并遣军进入西藏，宗喀巴所创建的黄帽派喇嘛教开始传入蒙古。喇嘛教（也称藏传佛教）反对使用流血的牺牲（杀畜作祭品），反对战争残杀，倡说诺颜由前世善行转生为正主，而劳动人民之所以受苦受难，是因为前世恶行今生得到恶报。因此，诺颜一方面感到新喇嘛教的伦理性与萨满教的原始性比较起来更符合于封建统治阶级的利益；另一方面也认为今生礼佛积"善"，来世即可修正果。于是封建主就成为喇嘛的自然同盟者。广大阿拉特牧民在封建主的沉重压迫和剥削下感到苦闷和绝望，为了摆脱目前的痛苦，而把希望寄托于虚无缥缈的来世，也崇奉了喇嘛教。由于封建主的布施及授予种种特权，大喇嘛成为僧侣封建主，寺产则成了他们的封建领地。之后，有的蒙古封建主自身及其儿子也出家当喇嘛，他们常成为寺庙的住持，而上层喇嘛为了提高宗教威望，也将若干封建主宣布为"呼毕勒罕"（化身），僧俗封建主合为一体。

《法典》的前文对喇嘛教充满着赞美之词、敬虔之念。为了进一步使喇嘛教成为唯一的信仰以及更好地表达统治者意志的工具，《法典》命令取消翁干（也译为"翁衮"偶像），违反者科财产刑（第二百十一条）。邀请萨满教的男女巫师来家者，科邀请者以马一匹的财产刑以及科来家的巫师马一匹（第一百十一条）。宰杀海番鸭、麻雀和犬用来祭祀者则科马一匹（第一百十二条）。萨满咒诅高贵者科马五匹，咒诅下层阶级者科马两匹（第一百十二条）。为了保证僧侣的来源，《法典》还规定，十人中必有一人献身于佛，但此人的亲戚可用牲畜赎回献身者，是王公则出牲畜五头，是平民则出牲畜三头（第九条）[①]。僧侣破戒律或擅自还俗者，科牲畜及财产之半（第十八条）。并赋予僧侣种种特权，如《法典》规定，为了宗教事务或行政公差而出发的使者，在运输赋役的征用方面，比别的使者优先（第十六条）。向喇嘛及班第征用大车者，处以母牛一头的财产

① 此据梁赞诺夫斯基《蒙古法之基本原理》英文版，第 92—93 页。戈本第九条稍异。

刑，将献佛之马用于运输赋役者，处以马一匹的财产刑（第十九条）。同时还规定，以言词及行动侮辱僧侣者，处以重的财产刑（第十七条）[①]。掠夺僧侣所属爱马克者处以铠甲百领、驼百只、牛千头之财产刑（第五条）。

蒙古封建主之所以极力提倡喇嘛教，并从法律上加以确认和保护，就是因为喇嘛教给阿拉特牧民注射安于贫困，放弃斗争的毒素，成为封建主手中最得力的思想统治工具，有利于维护封建秩序和加强各部之间的联系。

**（二）《法典》规定土地、牧场归领主占有和支配，严禁阿拉特牧民离开所属封建领主而自由迁徙，重惩逃亡和盗窃，极力保护封建领主所有制**

马列主义经典著作认为，在封建制度下，生产关系的基础是封建主占有生产资料和不完全占有生产者。厄鲁特和喀尔喀游牧社会封建生产关系的基础同样是封建主占有主要生产资料——牧地和狩猎场所，以及对牲畜的支配权，并控制着附于土地（牧场）上的牧民。从《法典》中，虽然也反映出当时还保留着很多氏族制的残余，如义务婚姻（第三十七条）、族外婚（第一百十六条）、“遇客婚”（第二十四条）[②]、甥舅间之特殊关系（第一百十八条）等。同时，封建领主对牧地的占有也往往是以“部落公有”形式出现，但这并不能掩盖封建领主拥有支配权的实质。封建主掌握着支配牧场和重新分配游牧区的大权，正是封建土地所有制的具体表现。

从13世纪后，蒙古族已经在严格限定的地区（即嫩秃黑——nuntuh或nutuɤ，厄鲁特方言为nutuq，意为“营盘”，即牧地）以内放牧，随季节逐水草，按照一定的路线转移牧场，汗（或珲台吉）及其继承人是土地、牧场的最高所有者，他们把土地分给自己的亲近和勋臣，作为份

① 戈本第十七条规定：“以言词侮辱高级僧侣者科罚九九（牲畜）；侮辱喇嘛、王公教师者罚五九；侮辱格隆者罚三九，殴打者罚五九。侮辱班第或齐巴罕察者罚（牲畜）五头，殴打者罚九。侮辱乌巴什和乌巴桑察者罚马一匹，殴打者按情节轻重处理。”而梁赞诺夫斯基《蒙古习惯法之研究》第57、第64页却认为是科以重的体刑。

② 戈本第二十四条规定：“无子妇人拒绝他人投宿，科以无袖短衣一件的财产刑，但如欲辨明其无罪时，则使设誓。”列昂托维奇《惩罚条例》将此译为“遇客婚”，可看作群婚制残余的一种表现。有的学者则不同意此看法，认为仅是对“不让住宿过夜者”的一种处罚之规定。

地——忽必（qubi），即终身的有条件的领地（由一定数量的游牧家族和足资维持他们生活的牧地和猎场所构成）。后又发展为世袭封地“乌木齐”（ömči）。因而《法典》明确地指出“游牧区之主或游牧地的领主”及“王公禁猎区”等①。由于土地、牧场均属于牧主占有或管理，所以，他们就有权把牧民固定在土地上，并控制其迁徙，擅自逃亡的应追回送交原主。《法典》第六条规定：“接纳逃人者科（其财产）的一半，并将人送回；同时又杀人者（指杀害逃亡者——笔者注）加重处罚。”② 第九十九条规定：“杀害被收容的从其他地方来的逃人者，罚五九，把逃人扭送王公处者，受到箭筒多少个即给马多少匹的褒赏。捕获企图越境到（别的国家）的逃人者，则除逃人（本人外），可得他的其他财产之一半。”③这一点，噶尔丹洪台吉第一项补充敕令作了更明确的规定：鄂拓克内部无论是爱马克整体或个人都不能变更其游牧地，逃亡者应带回其所属爱马克，若爱马克长变更全爱马克的游牧地时则被科以财产刑④。

此外，游牧经济的另一重要生产资料——牲畜，虽然有一部分归牧民所有，但这种所有权也是相对的。牧民除了缴纳通常实物税外，还有种种额外负担，例如，封建领主受财产刑时，阿勒巴图就得代缴牲畜，阿拉特在其主人向君主送礼、召集会议、转移牧地、举办婚事的场合，还得提供牲畜等⑤。

由于封建领主们掌握了游牧经济主要生产资料——牧场的垄断和牲畜的支配权。因而阿拉特牧民对于封建领主具有严格的人身依附关系。《法典》规定，封建主有权干涉所属阿拉特的婚姻嫁娶、财产继承、债务关

① 详见戈本第九十三条。戈本第二十五条规定：“在王公禁猎区灭绝野山羊者科罚一九、驼一只之财产刑，不知（是禁区）而犯之者则不坐罪。”

② 梁赞诺夫斯基《蒙古习惯法之研究》第59页此条译文为：“禁止接纳从一部落逃亡到另一部落的人以及杀害逃亡者。”

③ “捕获企图越境到（别的国家）的逃人者”，帕拉斯《蒙古民族历史资料集》第315页译文为“上面的逃人再度逃走时，将其捕获送回者”。

④ 此据梁赞诺夫斯基《蒙古习惯法之研究》，第63、第66、第75页，戈本译为：“如有人从自己所属的鄂拓克迁往别处者，管理他的爱马克长则代表整个爱马克人应罚其一九。”

⑤ 参见戈本第二十四、第二十六条等。关于这一方面，《喀尔喀三旗法典》规定得更详尽，例如，《喀尔喀三旗法典》关于呼图克图格根之使者，第二条规定：“诺颜本人拒给大车、饩羊者，从其私人畜群中罚牲畜三百。若诺颜贫乏，其牲畜不足两百头，则从其属民处补足百头，其中马五十，牛五十，均需为四岁者。”又据符拉基米尔索夫《蒙古社会制度史》第162页注④中转引《喀尔喀三旗法典》（6）云：“来征税时，召集会议时，移牧时，娶妻时，如百户以上，每一户征马一匹、牛车一辆……”

系、入寺为僧以及迁移、居住等自由。阿拉特无权离开领主另行游牧，离开额毡（eǰen，主人），就要被看作逃亡，逃亡者应立即被追回交其主人处置[①]。封建主还可以把阿拉特当作赠品送给他人及充当自己女儿的陪嫁户[②]。或与财产一样作为科罚品，如《法典》第十一条规定："无论以任何借口，临阵后逃者，大王公科铠甲百领、驼百只、（属下）人民五十户、马千匹……"等等。

为了保护封建主的牲畜和财物，《法典》对盗窃罪的规定是极为严酷的。《法典》第六十条规定："偷窃骆驼者，罚十五个九，骟马及种马者罚九九，[③]母马罚八九，母牛、二岁小马及羊罚六九。"第六十七条规定："捕获迷路的牲畜，而转交给远处之人者，则科同（盗窃）一样的刑罚，转交给近邻者，则罚三九。"[④]《法典》第三十八条规定对盗窃战具者科以重罚，如盗窃头盔及铠甲者罚十个九，盗窃头盔、胸甲、良弓及装箭十支的箭筒者各罚三九……第七十八条规定了对盗窃衣物、日常用品的处罚，如盗窃绸裹大皮袍，黑貂皮袄，虎、豹、水獭皮的地毯，入棉的绸制短大衣，银鼠皮袄者，则罚五九。这相当于杀死一个男奴隶或丈夫杀其遗弃之妻的科罚。噶尔丹珲台吉第一项补充敕令并明确地指出："犯窃之罪两次被处罚后，第三次又犯相同之罪者，没收其妻子、全部财产，且沦为奴隶。"[⑤]

总之，《法典》从限制阿拉特自由迁徙、不准擅自离开封建领主、严惩逃亡等方面，把牧民固定在封建领主所控制的牧场上，受其奴役和剥削。并用严惩盗窃等规定来保护封建经济另一重要生产资料——牲畜及其他财富归领主所有，使封建生产关系得以巩固和发展。

---

① 详见戈本第三十五条、第三十六条、第三十七条（有关婚姻嫁娶）；第三十四条（财产继承），第六十三条（债务关系）；第三条、第六条、第八条、第九十九条（限制迁居逃亡）以及噶尔丹珲台吉第一项补充敕令。

② 戈本第56页规定："作为王公女儿陪嫁的姑娘，如经父母同意嫁人者，则罚其父母，如非（父母）同意而嫁人者按上述法律办理（作诱拐少女论）。"（此条款不明）

③ 梁赞诺夫斯基《蒙古习惯法之研究》第60、第75、第179页及帕拉斯《蒙古民族历史资料集》第307页作罚十个九。

④ 梁赞诺夫斯基《蒙古习惯法之研究》第61、第79页作"在近邻处隐藏所有主不明的家畜则罚一九"。

⑤ 梁赞诺夫斯基《蒙古习惯法之研究》，第73、第79页列为《法典》第一百二十四条："如果是三度盗窃，则追放和阙所。"所谓阙所，有人认为是流放，与家庭断绝关系之意，有人认为是单纯的财产没收。由于游牧社会的特殊性，一般是指没收财产。

**（三）为了巩固封建社会秩序，加强内部的统治，《法典》规定王公和高级僧侣的各种特权，贵族与平民及平民间上、中、下三个阶层的严格区分**

当时蒙古族社会主要分成两大阶级，统治的封建主阶级及被压迫的阿拉特牧民。在我国厄鲁特蒙古族聚居区之一，内蒙古阿拉善旗曾流传着这样的谚语："没有无诺颜的阿勒巴图，也没有无阿勒巴图的诺颜。"[①]

诺颜（noyan），蒙古语为官人、老爷之意，原指贵族血统的人，后来"诺颜"渐成为封建领主的通称[②]。诺颜有大诺颜、执政诺颜、小诺颜之分，又称为大、中、小王公[③]，包括汗、济农、洪台吉、台吉、王、塔布囊等[④]。就封建主阶级而言，还应包括属于臣僚系统的太师、宰桑，等等。

各级封建领主构成封建统治阶级，他们是兀鲁思和鄂拓克的领主。封建领主有权独自处理领地内的军事、行政、司法等一切事务，并拥有向属众课税、征役的权力。但小领主对大领主，大领主对可汗，则保持层层隶属关系，并通过阿勒巴（alba，蒙古语为差役、贡赋之意）进行束缚，即包括参加军事行政及司法会议，参加出征和提供一定数量的武装战士，向宗主献纳贡物。因此，阿勒巴图（albatu，即负担赋役义务的人、纳贡者。承担赋役基于隶属关系，故又称为属民）与诺颜之关系，不仅是指属下牧民对其封建领主的关系，而且也泛指下一级封建主对上一级封建主，甚至大封建主对可汗的关系。但两者有质的差别，前者是封建主与牧民剥削与被剥削之关系，后者是封建统治阶级内部上下隶属或宗主关系。

一般所指的阿勒巴图阶级是属于平民阶级。根据其政治、经济地位差异，可分为三个阶层。

上等户，赛音库蒙（sayin kümün，上等人、贵人、善人之意），这个阶层实际上是属于小封建主阶级，其家道殷富，拥有奴仆和大量牲畜。他们必须向所属封建领主承担赋税，但在经济上剥削贫苦的阿勒巴图。其中一些人成为诺颜的僚属，厄鲁特方言为"雅木图"（yamutu），如图什墨

---

① 《阿拉善旗情况》（阿拉善调查资料之一），第 50 页。萨囊彻辰《蒙古源流》卷 6 第 3 页提到："众庶无主，难以行事。"

② 杨铭：《正统临戎录》曾多次提到瓦剌部众称也先为诺颜。

③ 参见戈本第十条、第十一条，第二十条、第二十六条等。

④ 有的史学家将塔布囊划入平民的上层，据其地位属于小王公，较为合适。

尔、德木齐、收楞额等，有的成为达尔罕（darqan，复数是 darqad，为领主效力有功，被免除额定赋税的人，可世袭）[①]。

中等户，敦达库蒙（dumda kümün，中等地位的人、普通人、无职务的人之意），并非官吏，拥有一定财产，平时是封建领主征用实物的主要对象，战时充当骠骑兵、装兜兵及铠甲兵等[②]。

下等户，哈剌库蒙（qara kümün，黑民、贱民、身份低下的人），厄鲁特方言又称为阿达克（adaɣ，下等人）。他们一般只有少数牲畜，生活贫困，无力摊纳财物，是封建领主征用劳役的主要对象，有些人甚至还沦为上等户的奴仆。此阶层人数最多，是蒙古社会生产的主要担当者。战时他们也被武装起来，主要是携带弓矢和刀剑的一般士兵。即《法典》第十一条所提到的征收弓、箭筒及乘马的最下级者[③]。我们通常所说的阿拉特牧民，主要就是指的这个阶层，其次包括中等户。

地位更低下的是勃斡勒（boɣol，家仆和奴隶）。奴隶的主要来源是俘虏，有的则是下等户因欠债或犯罪沦为奴仆。主要是家庭的仆役，从事牧孳畜、拾粪草等[④]，或跟随商队进行贸易[⑤]。奴隶也能拥有一定数量的财产，但他们的财产不受法律保护。奴隶常被作为商品进行买卖[⑥]。

明末清初，在蒙古地区还形成了一种特殊的阶层，上层喇嘛——僧侣封建主，下层喇嘛——披着袈裟的阿拉特牧民。

随着黄帽派喇嘛教在蒙古地区广泛传播，封建领主们为了表示自己对喇嘛教的虔诚，常把土地、牲畜、属民奉献给寺庙[⑦]。贫困的阿勒巴图为了摆脱世俗封建主的压榨，也被迫投到庙里当喇嘛。寺庙逐渐形成一种特

---

① 戈本第十至十二条、第二十、第二十一、第三十五条中提到有图什墨尔、德木齐、收楞额、旗手、喇叭手、鄂拓克之长、爱马克之长、侍卫、内侍官及达尔罕等。

② 戈本第十一条所提到的甲骑兵、甲士等就属于这一阶层。

③ 此据帕拉斯《蒙古民族历史资料集》第295页，戈本为临阵后逃者“平民（罚）箭筒一个、马一匹”。下等户，即是《法典》第三十五、第三十六、第三十九、第四十一、第四十四、第四十六、第四十九、第五十九条中所提到的下层阶级。

④ 岷峨山人《译语》记载：“‘虏’逢……少者与妇女皆携去为奴婢，牧孳畜、拾粪草。”

⑤ 《明英宗实录》卷210，第7页，景泰二年十一月庚戌条，记载当时有很多被俘汉人随瓦剌商队到北京贸易。

⑥ 详见《明英宗实录》卷253，景泰六年五月壬申条；巴德雷：《俄国·蒙古·中国》第2卷，第249页。

⑦ 《咱雅班第达传》第25页记载，厄鲁特的希日布森格、洛布桑乌巴什，奉献给咱雅等四十个班第、四十座毡房（四十户平民）、五百匹黑马等财物牲畜，大作功德。

殊的封建领地[①]，到 17 世纪末 18 世纪初，厄鲁特准噶尔地区有九个集赛，专理喇嘛事务[②]。那些上层喇嘛呼图克图等，就形成了僧侣封建主。他们与世俗封建领主互相勾结，欺骗、剥削和压迫人民，是封建统治阶级的一个组成部分。而喇嘛中的下层与沙比那尔[③]，按其财产和法律地位来讲，都是属于阿勒巴图阶级的下层，与普通牧民一样。

为了维护封建领主的各种特权，《法典》用重罚来保证王公贵族的不可侵犯性。阿拉特牧民如不听从王公和官员的命令或侮辱他们，以及不按时完成规定的赋税和劳役，都要受到严惩。如第二十条规定："以（言词）侮辱大王公者没收其财产，侮辱中王公或其塔布囊者罚一九，殴打者罚五九；侮辱小王公或其塔布囊者罚五（牲畜），重打者罚三九，系轻打者罚二九。以言词侮辱内侍官或收楞额者，罚马羊各一头，重打者罚一九，轻打者罚五。"[④] 甚至当着高贵者之面吐痰、投土者都要受到科马一匹的惩罚[⑤]。而《法典》二十一条却规定："为了执行公务，（汗之）敕令和法律，大小王公、官吏、得木齐、收楞额殴打人不坐罪；因而致死者，亦不坐罪。"也就是说王公、大小官吏可借口执行公务，对阿拉特牧民进行体罚，打死人也不算犯罪。《法典》并规定了杀死不同社会地位的人，其犯罪受罚的程度也不同。如第五十九条指出："（纵火）杀害高贵者阙所；杀害中层阶级者处以牲畜三百头及贵重品三十个；杀害下层阶级者处以罚十五个九及贵重品一个的财产刑。"第三十三条规定："杀男奴隶者处罚五九，杀女奴隶者处罚三九的财产刑。"此外，第四十四规定狂犬咬人致死者，对犬主的处罚，第四十六条、第四十八条规定牲畜在放牧人看管的场合伤人致死者，对牲畜所有主的处罚，均因死者社会地位不同而有区别，死者社会地位越高，处分越重，反之亦然。

---

① 戈本第五条就提到"属于僧侣的爱马克"。

② 《钦定皇舆西域图志》卷 29《官制》记有："集赛专理喇嘛事务。初为五集赛，后增其四，成九集赛，亦领以宰桑，略如鄂拓克制。"而卷首《天章》一《准噶尔全部纪略》提到："此集赛办理有关喇嘛一切事务，喇嘛六千余。"

③ 沙比那尔，蒙古语"徒弟们"之意。沙比（šabi）一词，从 17 世纪起有两种含义，一是指僧侣的徒弟。二是指隶属于寺庙、大喇嘛的属下人，即僧官管辖下的属民。

④ 梁赞诺夫斯基《蒙古习惯法之研究》第 73、第 77—78 页译为"以言词侮辱大王公者阙所"。

⑤ 戈本第七七二条规定："……当着高贵者之面吐痰，投土者、殴打其乘马之头、从马上拉其下地者，各科马一匹……"

为了保证封建领主的运输赋役和食物供应正常进行，《法典》第二十六条规定："断绝大王公之食物者，科以罚九九的财产刑，属于中王公者则罚一九，小王公者则罚马一匹的财产刑。不正当地（非法地）骗取（吃掉）王公的食物者，则科马一匹。"第十六条规定："必须提供三种法定的大车。必须区别使者的任务，有的为宗教上及行政上而出发（的使）者，有的为王公及其配偶生病而出发（的使）者，或者在大敌袭来的场合而出发者，均须提供大车；如不肯提供者则科罚九九。"①

为了奖励替封建主效劳的人及惩罚违背封建领主意旨办事的人，《法典》还规定了一系列奖惩制度。如第十二条规定："（战时）（从危境）中救出王公者，受免税（达尔罕）的褒赏。在危险时遗弃王公者处死刑及没收财产"等等。

显然，《法典》的上述规定，都是为了维护封建等级制度，加强对劳动人民的统治，从法律上保障封建领主的一切特权。

### （四）《法典》在社会生活的其他方面（婚姻、继承等）的立法规定也是为进一步巩固封建制度服务的

列宁曾经指出："哪里有地主、资本家和商人，那里甚至在法律上也不可能有男女平等。"②《法典》规定血统是由男系来定的，家族在父权制的严格控制下，盛行一夫多妻制的族外婚及买卖婚姻。

众所周知，买卖婚姻是阶级社会的产物。在氏族阶段，盛行掠夺婚姻，这往往引起部落及氏族间的纷争和械斗，随着时代的推移，私有制的发展，掠夺者付出赎金来代替，它的遗风变成了作为新娘的身价支付聘礼等，这就导致赋予婚姻以买卖形式，妇女成为商品。《法典》明确地规定了嫁女时，其两亲或养育者有接受聘金的权利及给女儿以嫁妆的义务，并且聘金及嫁妆乃至婚礼宴席宰牲的多寡，均依社会地位而异。如《法典》第三十五条规定：位高的王公同塔布囊之间的婚约，其聘礼为贵重（品）三十、马一百五十四、羊四百头，小王公同塔布囊之间的婚约为贵重品十五、牛五十头、羊百头。嫁妆依牲畜（聘礼）的头数而定……中层阶级

---

① 梁赞诺夫斯基《蒙古习惯法之研究》第57、第62页译为"人民负担提供法定的三种运输赋役的义务。……"

② 列宁：《致女工》（1920年2月21日），《列宁全集》第30卷，人民出版社1957年版，第339页。

之间的（聘礼）牲畜的数量如下：驼三只、牛十五头、羊二十头；嫁妆为成衣四件、衣料十件、驼及马各一头，（女婿）须回赠同嫁妆相当的礼物。下层阶级之间的（聘礼）牲畜的（数量）如下：驼二只、牛十头、羊十五头，嫁妆为马及驼各一头、外套、无袖短衣、鞍子、笼头各一件。

《法典》为了维持氏族的血统关系，在第三十七条中规定了义务婚姻："四十户中有四户每年必使其儿子结婚，十人必为一人的婚姻给与援助……结婚之际不予帮助者科驼两只、马五匹及羊十头的财产刑。"[①] 这固然是保留了氏族制的残余，另一方面也说明在当时蒙古社会中买卖婚姻的盛行，聘礼的昂贵，致使一般贫穷的牧民很难独自完婚。

由于在游牧封建社会中最大财富——畜群是属于男子的，男女婚姻为金钱关系所代替，女子成了丈夫的附属物，因此，在家庭中地位甚低，而丈夫或父亲的权力却很大。例如《法典》规定："为了保卫生命在战斗中杀夫（主要人物）者作为褒赏得其妻"（第五十条）。丈夫可以自由地遗弃其妻甚至杀害之，杀了所遗弃的妻，丈夫只要罚五九牲畜就可免罪（第三十三条）。欲得为夫所遗弃之妻，高贵者之妻支付罚一九的相当额及贵重品一个，中等阶级之妻付牲畜五头，下层阶级之妻则付马及驼各一头，即可娶之（第一百条）[②]。《法典》还允许家族内部的惩戒，父亲为了训诫其儿子，婆婆为了训诫其媳，即使责打也不坐罪，但是错误的（无辜的）责打，则要科财产刑（第二十九条）。年少者对年长者犯罪的场合，刑罚则明显地加重（第二十七、二十八、三十条）。

而《法典》关于财产继承问题也是说明妇女处于无权的地位。《法典》第三十四条规定："父亲应按照惯例分给儿子以遗产，父亲贫困时，可从家畜五头中取一头。"这就是说继承人只限于儿子，女儿无权继承父亲的财产，其目的也是为了把财产集中在父系氏族手中。

总之，《法典》关于婚姻、继承等方面的规定，实质上是为维护封建伦常服务的。

---

① 帕拉斯《蒙古民族历史资料集》第302—303页译文为："四十户的管理者罚驼两只、马五匹及羊十头。"而列昂托维奇《惩罚条例》第四十七条作：以无援助为理由而不能结婚者，则其十户被处以财产刑。

② 帕拉斯《蒙古民族历史资料集》第316页此条译文与戈本迥然不同："娶被离异的女人者，女是美人时，须给前夫贵重品一个及家畜八头，是普通女人时须给家畜五头，是丑女时须给马一匹。"

**（五）《法典》规定各部必须联合起来共同抵御外敌，宣扬对敌勇敢战斗的精神，并进一步调整厄鲁特和喀尔喀之间，以及各鄂拓克、爱马克内部之关系**

《法典》开宗第一、二条就明确指出，如果部落之间发生战争，所有喀尔喀和厄鲁特各部都要联合起来，严惩发动战争、破坏团结的败类，禁止王公掠夺加入同盟者的地域。《法典》第一条规定："对违反法典规定（即所规定的行政秩序），杀（人）和掠夺大爱马克人民者，全蒙古和卫拉特应团结起来（攻击打倒之）。犯人阙所，没收其全部财产，一半交给受害者，一半（剩下的）平均分配。"第二条规定："掠夺边境地方小爱马克人民者，科铠甲百领、驼百只、马千匹的财产刑，凡被掠夺之物必须偿还。（此外）官吏科贵重品五件，非官吏科贵重（品）一件。"第七条还规定对偷盗加入同盟者之牲畜的人罚八九，罚一九归证人[①]。

《法典》又规定对于在外敌入侵时知情不报、不服调遣、畏缩退却、临阵脱逃以及不援救处境危急的王公者，严加惩处乃至死刑，并对英勇善战者给以褒赏。《法典》第四条规定："敌人来袭蒙古及卫拉特时应即报告，得报告而不出动（反对敌人）者，大王公（邻境）科铠甲百领、驼百只、马千匹，小王公科铠甲十领、驼十头、马百匹之财产刑。"第十四条规定："遇有动乱时，必须集合到王公左右，听到动乱而不报告者，科同前者一样的刑罚（按即死刑、犯人阙所、子孙的追放），而当时游牧地方远近和平是贵族必需的。"[②] 第十一条规定，无论以任何借口，临阵后逃者，上至大王公，下至一般平民都要科以重财产刑，并科穿上妇人无袖衣的耻辱刑。为了保证武器的来源，第三十五条还规定："四十户每年必须造胸甲两件，否则科马驼各一头。"此外，《法典》第十二、十五、五十、五十一条，对从危境中救出王公者、从敌人手中夺回被掠去马匹者、战时击毙敌人、援救同伴者，都规定了一系列褒赏制度。

《法典》还从各方面调整了喀尔喀与厄鲁特以及各部落间的关系，一

---

① 戈本此条未明确系指偷盗加入同盟者的牲畜，但根据《法典》前后条款的含义，以及《法典》第六十条、第一百〇二条专门有关偷窃牲畜的规定，因此理解为偷盗加入同盟者之牲畜，恐不会有牵强之嫌。梁赞诺夫斯基《蒙古习惯法之研究》第60页，也明确指出："对加入同盟的部落间驱逐家畜的人……罚八九及给见证人一头。"

② "子孙追放"，帕拉斯《蒙古民族历史资料集》第296页译为"家属也变为奴隶"。

方面规定不准掠夺加入同盟者的地域和牲畜，另一方面对交换俘虏、接纳逃亡者等容易引起部落争端的问题作了明确的规定。如《法典》第三条提出："从火蛇年（1617 年）到地龙年（1628 年）间巴尔虎族、巴杜特族、辉特族之俘虏，在蒙古者归蒙古，在卫拉特者归卫拉特，双方家族的（投降者）全部应不拖延地互相送还，不交出者科羊二十头、驼两只的财产刑，并交出投降者。卫拉特之逃亡者引渡给卫拉特。"第八条又规定："给众多逃人提供避难所的王公不将其引渡者，科铠甲百领、驼百只、马千匹，（此外），这些人的所有主得领取半数。"严惩逃亡，这固然是为了把牧民束缚在封建领主控制的牧场上，保证封建主拥有剥削对象，同时也是为了避免各部封建主之间因争夺属民而发生冲突。为了加强团结，与会者曾发出庄严的誓言："（我们）不在蒙古人内部引起争纷，不像对待奴隶一样对待与我们血缘相同的人们，即使他们因贫困投奔我们当下人，不把他们的女儿作陪嫁，不把他们转送给另一血统的属民，不杀害他们。"①

恩格斯在谈到《拿破仑法典》时曾指出："民法准则只是以法律形式表现了社会的经济生活条件。"②《法典》集中地反映了 17 世纪初期厄鲁特、喀尔喀封建社会的阶级实质。它的某些条款虽然也保留了氏族制的外壳，但其主要内容是从社会生活各个方面维护封建所有制，巩固封建等级制度，稳定封建统治秩序，从法律上促进了封建制的发展，对蒙古社会的历史进程产生了深远的影响。

## 三　《法典》的历史意义

《法典》实施的范围，包括准噶尔、喀尔喀以及青海、伏尔加河下游广大地区，生效的时间因区域而异，有的长达百余年。其历史意义，简而言之，就是调整了各部之间的关系，建立了联合抵御外侮的同盟，稳定了

① 巴图尔乌巴什·丘缅：《都尔本·卫拉特传说史》，登于《阿斯特拉罕省报》1861 年第 53 期，第 3 页（转引自戈利曼《1640 年蒙古卫拉特法规的俄文译本和抄本》，《蒙古文集》，莫斯科 1959 年版，第 139 页）。格鲁木·格鲁季迈洛《西蒙古及乌梁海地区》第 2 卷第 640 页所记载的宣誓大意略有不同。

② 恩格斯：《路德维希·费尔巴哈和德国古典哲学的总结》，《马克思恩格斯选集》第 4 卷，人民出版社 1972 年版，第 249 页。

封建统治秩序，为厄鲁特、喀尔喀封建社会经济的发展创造了条件。下面着重以厄鲁特各部为例进行分析。

首先，《法典》对于加强蒙古各部团结及与中原地区联系，共同抗击外来侵略，具有重大意义。也是给沙俄企图挑拨各部关系，煽动内战，从中渔利的阴谋以有力的打击。

1640年会盟后，厄鲁特各部首领之间进一步取得谅解，加强了联系。巴图尔珲台吉把女儿嫁给了鄂齐尔图车臣汗[①]，与和硕特部结成姻亲，使鄂齐尔图与他一起管辖厄鲁特“丘尔干”之事，成为他的忠实朋友和同盟者。同时，巴图尔珲台吉也调整了与和鄂尔勒克的关系，他娶和鄂尔勒克之女为妻，并把女儿嫁给和鄂尔勒克之孙朋楚克（即阿玉奇汗之父）。1644年，当沙俄想借巴图尔珲台吉之手，去攻打土尔扈特部时，他就坚决加以抵制，并说明他和别的台吉都不会去攻打自己的亲人[②]。

在1635—1653年巴图尔珲台吉在位期间，据不完全统计，沙俄派到准噶尔地区活动的使团和个人达十七次之多，极尽威胁利诱之能事。但巴图尔珲台吉等首领在准噶尔人民的支持下，进行了各种形式的抵制和斗争，使其阴谋未能得逞。巴图尔珲台吉去世后，其弟楚琥尔乌巴什及子僧格面对沙俄日益嚣张的侵略活动，也毫不畏惧地进行了斗争。

同时，由于《法典》调整了厄鲁特与喀尔喀之间的关系，使他们在大敌当前的情况下有可能联合起来共同作战。1667年，准噶尔部僧格和土谢图汗察珲多尔济联合出兵攻打罗卜藏额林沁就是一个突出的例子。罗卜藏额林沁是札萨克图汗的属部和托辉特的首领。他为了篡夺札萨克图汗位，称霸喀尔喀各部，一变过去曾经坚持过的民族自主立场，转而乞求沙俄的军援。在沙俄的煽动下，1662年，他杀死了札萨克图汗旺舒克，并于1666年前后出兵攻打土谢图汗部。1667年，土谢图汗察珲多尔济与准噶尔首领僧格联合出兵讨伐额林沁，使其全军覆没。额林沁也被僧格在吉尔吉斯地区生擒，带到准噶尔部，当着沙俄“使臣”库尔文斯基面受到严惩。在《法典》签订后的数十年间，不管是在厄鲁特或是喀尔喀各部，抗击沙俄侵略的斗争此起彼伏，连续不断，使沙俄企图吞并我国西北地区

---

① 即上文提及的鄂齐尔图台吉，为拜巴噶斯之长子，1657年被达赖喇嘛梵封为车臣汗，因而一般史籍上又称他为鄂齐尔图车臣汗。

② 参见兹拉特金《准噶尔汗国史》，莫斯科1964年版，第170页。

和蒙古地区的阴谋受到了阻遏，为维护祖国统一和民族独立作出了贡献。

另一方面，在《法典》制定后相当长时间内，厄鲁特、喀尔喀各部与新兴的清朝之间保持着友好关系，奉表通贡，往来不绝，这无疑是有利于促进各族之间的经济交流。顺治三年（1646 年），以顾实汗为首的厄鲁特各部首领二十二人，联名向清朝奉表贡，清廷对顾实汗“赐甲胄弓矢，俾辖诸厄鲁特”①。顺治十年（1653 年）清廷诏封他为“遵文行义敏慧顾实汗”②。厄鲁特各部与中原地区的经济交流，也以青海和西套为中心进行着，他们除至北京贡市贸易外，和硕特等部的商队也到张家口、古北口一带贸易，在贡使和商队赶着大批驼马入口的途中，口内军民往往迎着商队沿路购买，形成了一种流动民市。通过贸易，互通有无，丰富了蒙汉人民的生活，促进了彼此经济的发展。

其次，《法典》进一步调整内部各方面关系，稳定了封建统治秩序，各部之间的暂时团结和安定，使巴图尔珲台吉等能致力于发展社会经济。

准噶尔部主要生计是畜牧业和狩猎。巴图尔时期由于采取若干经济措施，促进了农业、手工业生产及具有城市雏形的居民点的形成和发展。

1643 年，被派到巴图尔珲台吉那里去的俄国使臣伊林报道了在塔尔巴哈台附近有一座作为居民点的和博克萨里（和布克赛尔），在那里修建了喇嘛寺庙，并把布哈拉农民迁移到和博克萨里从事耕种③。各地商人也纷纷前往，设立货栈，进行贸易④。同时，巴图尔珲台吉为了饲养家畜、家禽，不断从其他地方引进品种较好的猪、鸡等，以便繁殖。他还十分注意换进优质种子，栽植各种庄稼，如黍、小麦、大麦、豌豆等⑤。因而，巴图尔珲台吉曾以“羊倌王子”而闻名⑥。

手工业方面，除了继续发展传统的家庭手工业外，巴图尔珲台吉还从

① 祁韵士：《皇朝藩部要略》卷 9。当时“附名以达”的有和硕特部的鄂尔齐汗、鄂齐尔图汗、阿巴赖诺颜，准噶尔部的巴图尔珲台吉及其弟墨尔根岱青、楚琥尔乌巴什，土尔扈特部书库尔岱青、罗卜藏诺颜等。

② 祁韵士：《皇朝藩部要略》卷 9。

③ 详见巴德雷《俄国·蒙古·中国》第 2 卷，第 123 页。这里所说的布哈拉人，主要是指定居在塔里木盆地及周围，信仰伊斯兰教的突厥语族——清朝所称的缠回，今维吾尔族。

④ 兹拉特金：《准噶尔汗国史》，第 180 页。

⑤ 巴德雷：《俄国·蒙古·中国》第 2 卷，第 137 页。

⑥ 帕拉斯：《蒙古民族历史资料集》，第 59 页。

外地请来木匠、石匠、铁匠、铠匠等手工业者，进行各种制作，这对于传授较为先进的技术，促进准噶尔手工业的发展是有一定作用的。

各部牧地的相对稳定，有利于促进畜牧业的发展。《咱雅班第达传》有关一些封建牧主对喇嘛施舍的记载，从一个侧面反映了当时牧主占有牲畜的情况。如：1643 年，咱雅得到和硕特部昆都仑乌巴什的赠品为五千头牲畜。1645 年，咱雅和其他喇嘛为土尔扈特部台吉做法事收到王公们两万匹马的布施。1647 年，额尔德尼洪台吉赠给咱雅六千只绵羊。同年，鄂齐尔图汗准备了一万匹骟马作为进藏熬茶开支之用，其母的畜群有大小牲口两万多头①。封建主拥有的牲畜量往往数以万计，当时畜牧业的规模已很可观。各部之间团结的加强，社会经济的发展，为新文字的使用创造了条件。1648 年在巴图尔珲台吉的支持下，咱雅班第达根据厄鲁特方言的特点，在回鹘式蒙文的基础上创造了托忒文（“托忒”，明了、清楚之意）。托忒文在厄鲁特各部，包括远徙伏尔加河流域土尔扈特部的广泛使用，有利于厄鲁特文化发展和历史遗产的保存，也有利于各部之间的联系。史称：“四部虽各有牧地，而皆以伊犁为会宗地。”② 在我国西北边疆逐渐形成了以准噶尔部封建领主为核心，联合厄鲁特其他各部首领的强大政权。

最后，《法典》是研究 17 世纪前后蒙古族社会制度、风俗习惯、宗教信仰、文化艺术等的重要文献。正如雅金夫（比丘林）所指出的那样：该文献“是一面镜子，透过它，十分鲜明地勾画出蒙古人民”在 17 世纪的“风俗习惯、思想方法、生活方式和开化程度”③。

《法典》所规定的关于喀尔喀和厄鲁特之间政治协定的条款虽然由于各方面原因，在 17 世纪末即失效。可是《法典》关于旨在维护封建领主一切特权，巩固封建社会统治秩序，以及调整内部关系条款的基本准则，从喀尔喀各部来看，在 1709 年的《喀尔喀三旗法典》制定前，一直有效。在厄鲁特各部，虽然有 1677—1678 年噶尔丹洪台吉的两项补充敕令，

---

① 《咱雅班第达传》，第 7—12、第 21—22 页。和硕特部昆都仑乌巴什，该书误为杜尔伯特部。

② 何秋涛：《朔方备乘》卷 38，《土尔扈特归附始末叙》。

③ 雅金夫（比丘林）：《从十五世纪迄今的卫拉特人或卡尔梅克人的历史概述》，第 50 页，转引自戈利曼《1640 年蒙古卫拉特法规的俄文译本和抄本》，《蒙古文集》，莫斯科 1959 年版，第 142 页。

以及顿杜克达什执政时（汉文史料又称为敦罗布喇什，1741—1761年在位），编订的补充法规①，但这些条款的基本准则在18世纪中期前仍然发生作用②。并对《喀尔喀三旗法典》、《理藩院则例》的制定产生重大影响，《法典》的很多条款是制定《喀尔喀法典》和《理藩院则例》的重要依据。因此说，《卫拉特法典》是蒙古游牧民族一部较早且较为完备的法典。

综上所述，《法典》虽然在当时的历史条件下，对加强喀尔喀、厄鲁特各部之间的团结，共同抵御外侮，以及发展社会经济方面起过一定作用，但它毕竟是蒙古封建社会发展的产物，是为巩固封建统治服务的，其阶级属性极为明显。我们从《法典》关于严惩辱骂、殴打领主、盗窃领主牲畜财物、擅自越离领主指定牧场、从所属领地逃亡的阿拉特牧民和奴隶的规定，可以看出《法典》是封建领主残酷剥削和压迫牧民的工具，是套在广大劳动人民身上的桎梏。随着岁月的流逝，《法典》也就日益失去其积极意义。不过，这并不能抹杀《法典》的历史作用和贬低它的学术价值。（文中所引蒙文资料承道布同志校核，谨致谢意）

（原载《民族研究》1981年第2期，与罗致年先生合著，后被收入《中国法制史考证》，中国社会科学出版社2003年版）

① 帕拉斯在《蒙古民族历史资料集》中称此法规为“在六名高僧参与下对法规一书所作的新补则”。

② 在顿杜克达什汗统治时期编订的补充法规中，曾多次提到按古法典处理。如：戈本第61页提到，侮辱僧侣者则按古法典第44条规定处理。第63页提到，参照古法典，战斗中立功与失职者均酌情奖赏和惩办。第69页提到，关于其他足迹案，应根据古法典规定判决之。第70—71页提到，在这部法典中，没有记载之各种案件，可参照古书（古法典）裁决，或根据习惯以口头审理办法裁决。

一直到19世纪上半叶，伏尔加河下游的卡尔梅克法院还保留着《法典》的抄本，并经常加以查阅，成为“法院的唯一指南”（参见戈利曼《1940年蒙古卫拉特法规的俄文译本和抄本》）。

# 《卫拉特法典》与噶尔丹洪台吉敕令之比较研究

"噶尔丹洪台吉敕令"，从某种意义上讲是《卫拉特法典》的补充法规。都是属于蒙古游牧社会法律文化的组成部分。本文拟从两者制定的历史背景及调整关系重点之差异，有关政事、偷盗、诉讼、征税、债务等规定的不同，进行比较研究。从而通过一个侧面来揭示清代噶尔丹时期准噶尔汗国社会结构、经济生活、法律制度及与周边关系的一些特点。

## 一　历史背景不同

16 世纪末，蒙古族以大漠为中心，主要分为漠南、漠北、漠西三部分，每部分又由若干小部组成。漠南蒙古以东部的察哈尔汗和西部俺答汗的一支为强。漠北喀尔喀分成车臣汗、札萨克图汗、土谢图汗部，以及名义上附属于札萨克图汗，实自立为一部的和托辉特。漠西蒙古由准噶尔、杜尔伯特、土尔扈特、和硕特、辉特等部所组成。

当时各部封建领主之间，往往由于争夺牧地、人畜及财产继承权等而产生各种矛盾乃至互相厮杀。例如，1625 年，哈喇忽剌之一子秦台吉去世，其另两位儿子楚琥尔乌巴什和拜巴珠台吉为了争夺秦台吉的遗产而产生不睦。楚琥尔欲独吞遗产，曾联合其他台吉进攻拜巴珠，经哈喇忽剌带 1 万军队去加以制止，才未酿成大战[①]。从 16 世纪后半期开始，漠南的俺答汗、喀尔喀的阿巴岱赛因汗（土谢图汗部始祖）、赉瑚尔汗（札萨克图

---

① 帕拉斯：《蒙古民族历史资料集》之《准噶尔世系表Ⅱ》；缪勒：《俄罗斯史集》第 8 卷，彼得堡 1763 年版，第 369 页。

汗部奠基者）以及和托辉特部的硕垒乌巴什等都曾陆续出兵攻打卫拉特地区。卫拉特封建主和西南面的哈萨克、柯尔克孜、诺盖等族也兵戎相见。在内乱外患、生灵涂炭的情况下，广大部众纷纷逃亡，离开原属封建主，自谋生计。而一些有势力的封建主为了摆脱沙俄南侵的威胁，避免内部冲突，寻求新牧场的需要，也率部属离开原来的游牧地。1628 年左右，土尔扈特部和鄂尔勒克经卫拉特联盟同意，率领所属及部分和硕特、杜尔伯特部众约五万帐，西徙到里海沿岸额济勒河（伏尔加河）下游地区游牧①。1636 年，和硕特顾实汗等在准噶尔巴图尔珲台吉的配合下，从塔尔巴哈台地区向东南迁移到青海，后又举兵进入西藏，统治了卫、藏、阿里、康区、青海等地②。

此外，17 世纪前半叶，正是中国国内外形势发生大变动时期。一方面，满族统治者建立的后金政权于 1632 年进攻漠南蒙古察哈尔部，林丹汗不敌西走，两年后病死于青海。1635 年，后金部队继续追击察哈尔余众，俘林丹汗之子额哲等。察哈尔部归附后金，喀喇沁、土默特和鄂尔多斯诸部也为后金所并。1636 年，漠南蒙古 16 部 49 个封建领主，承认皇太极为可汗，并奉上“博克达・彻辰汗”之尊号。同年，皇太极在盛京（今辽宁沈阳）即帝位，改国号为“清”，并逐渐与喀尔喀、卫拉特各部建立联系。1635 年，喀尔喀车臣汗要求与后金通贡，“嗣是贡献不绝”③。翌年，皇太极便派官员嘉赏车臣汗。1637 年以后，车臣汗、札萨克图汗和土谢图汗都不断向清廷进贡驼马、貂皮和土产。1638 年（清崇德三年），清朝规定喀尔喀各部每年进“九白之贡”，即“三汗贡白马八、白驼一”④。1637 年，卫拉特和硕特部顾实汗也遣部属向清朝通贡⑤。翌年，准噶尔部巴图尔珲台吉之弟墨尔根岱青向清廷进贡马匹⑥。自此，表文贡使络绎不绝。但是，清廷所求的不仅仅奉表进贡，而是要蒙古诸部稽颡称臣，绝对服从。因而，清朝又不断地对喀尔喀等施加政治压力，并在 1638 年，借口札萨克图汗素巴第率众至呼和浩特，欲与明朝交市，发兵

① 噶班沙喇布：《四卫拉特史》。

② 《蒙古喇嘛史》，东京生活社 1940 年版，第 262 页；松巴堪布：《青海史》，青海民族出版社 1982 年版，第 115 页。

③ 张穆：《蒙古游牧记》卷 9。

④ 同上。

⑤ 祁韵士：《皇朝藩部要略》卷 9。

⑥ 《清太宗实录》卷 44，崇德三年十月庚戌条。

攻击之，让他“速悔罪来归顺”①。漠南地区的巨大变化及清廷的咄咄逼人，极大地震撼了喀尔喀贵族，深感局势之严峻。

另一方面，这时沙皇俄国的侵略魔爪已开始伸入我国北部和西部边疆。他们采用软硬兼施的策略，在威逼诱骗、拉拢蒙古各部首领臣服俄国的同时，还采取武装蚕食、建立军事据点、掳夺或驱逐当地居民、煽动内战等手段，步步为营，节节南下，侵占了我国喀尔喀和卫拉特的不少辖地。面对沙俄的频频南侵，卫拉特、喀尔喀各部首领和人民，虽进行了各种形式的斗争，毅然拒绝沙俄侵略者在政治、经济上的无理要求，揭露他们的种种阴谋，直至组织武装反抗等。但由于各部尚处于四分五裂的状态，这就削弱了抵御外侮的力量，并给了沙俄侵略者以可乘之机。

在外部势力步步紧逼，各封建主之间纷争不已，人民用逃亡形式以示反抗的严重局势下，以巴图尔珲台吉、札萨克图汗素巴第等为首的卫拉特和喀尔喀封建主②，痛感加强各部之间团结，巩固内部封建秩序，共同抵御外侮的重要性。再加当时顾实汗进兵青藏，扶持黄教，也需要全蒙古的大力支持。于是，在章嘉胡图克图等的积极促成下，1640 年（明崇祯十三年，清崇德五年）9 月初，卫拉特和喀尔喀封建主会盟于塔尔巴哈台的乌兰伯勒奇尔之地（和硕特鄂齐尔图车臣台吉领地，一说在札萨克图汗处）③ 共商挽救民族危亡大计。据统计，共有 3 位胡图克图（一说 4 位）和 27 位首领（一说 26 位）出席。远徙伏尔加河流域的土尔扈特首领和鄂尔勒克也率其子书库尔岱青等，风尘仆仆地从万里之外赶来参加。会上组成了更广泛的同盟，并制定著名的新《察律—必扯克》，即通常所称的《1640 年蒙古卫拉特法典》、《喀尔喀卫拉特法典》或《卫拉特法典》，以稳定封建统治秩序，维护领主的特权，大力支持黄教，调整诸部关系，建立共同抵御外侮的联盟④。

噶尔丹洪台吉第一、第二号敕令（也称补充敕令），颁布于 1677—1678 年间。这时离《卫拉特法典》的制定，已经过去了将近 40 年，此期

① 王先谦：《东华录》，崇德三年七月丁卯条。素巴第为赉瑚尔汗之子。时与土谢图汗衮布、车臣汗硕垒并称喀尔喀三汗。

② 札萨克图汗部西面与卫拉特的驻牧地相连，共同的利害关系，促使他们结成联盟。

③ 鄂齐尔图，拜巴噶斯长子，1640 年嗣位。与巴图尔珲台吉同为四卫拉特盟主。1666 年，被五世达赖授予“鄂齐尔图车臣汗”尊号。

④ 关于卫拉特法典的总体评价，请见笔者与罗致平先生合著的《试论卫拉特法典》一文，载《民族研究》1981 年第 2 期。

间，卫拉特及周边的局势都发生了很大变化。

噶尔丹（1644—1697年）是准噶尔巴图尔珲台吉第六子。初于西藏当喇嘛，“投达赖喇嘛，习沙门法”①。达赖五世授予“呼图克图”尊号。噶尔丹虽在西藏入了僧籍，但仍往来于西藏与准噶尔部之间，参与政治活动。康熙九年（1670年）底，准噶尔内乱，兄僧格为异母兄车臣、卓特巴巴图尔杀害。为替兄复仇，经五世达赖喇嘛同意，返归准噶尔，杀车臣，逐卓特巴巴图尔，自立为“大台吉”。十五年（1676年），噶尔丹进攻其叔父楚琥尔乌巴什，执楚琥尔乌巴什及其第五子罗卜藏额琳沁，杀其长子巴噶班第，尽有其众。1677年左右，噶尔丹袭破和硕特鄂齐尔图车臣汗（其岳祖父，一说岳父）。康熙十七年（1678年），谋取青海，见清军戒备森严，中途回师。但让“驻屯在甘州（今甘肃张掖）附近的撒里畏兀儿（即今裕固族先民）地方的军队征收硫黄、倭铝等贡赋”②。次年，又领兵3万，占领了哈密、吐鲁番。旋认为“西域既定，诸国咸赖奉为汗……乃请命达赖喇嘛，始行博硕克图汗事，额鲁特雄长于西”③。十九年（1680年），噶尔丹奉达赖喇嘛之命，率兵12万助天山南路伊斯兰教“白山派”首领和卓伊达雅图勒拉与“黑山派”争权。经阿克苏、乌什等地，向喀什噶尔、叶尔羌进军。俘伊斯玛伊勒汗，扶植和卓伊达雅图勒拉为王，称阿帕克和卓（意为“世界之王”）。将南疆政权交给阿帕克和卓及叶尔羌汗国汗室成员代为管理④。通过扶植代理人，每年收取大量贡赋。南疆地区在长达80年中，处于准噶尔贵族控制之下。

而此时，噶尔丹的游牧地曾扩至：北面自鄂木河，沿额尔齐斯河两岸溯流而上，抵阿尔泰山，往西至巴尔喀什湖以南，东至鄂毕河，并逐步控制天山南路，后势及撒马尔罕、布哈拉、乌尔根齐一带。准噶尔的政治中心逐渐向伊犁河谷转移。为了更好地统治辖区及处理与信仰伊斯兰教的维吾尔等族之关系，噶尔丹于1677—1678年间，颁布了噶尔丹洪台古第一号及第二号敕令（记述体裁）。根据局势发展的需要，除了继续遵循卫拉特法典的基本原则外，对《卫拉特法典》的某些内容加以修正或作必要

① 《亲征平定朔漠方略》卷1，第10页。

② 佐口透：《俄罗斯与亚细亚草原》，1966年吉川弘文馆版，第111页。

③ 梁玢：《西陲今略》卷7，《嘎尔旦传》。

④ 详见魏良弢《叶尔羌汗国史稿》，黑龙江教育出版社1994年版，第146—147页。认为主要交给叶尔羌汗国汗室成员代为管理。至17世纪末，白山派和卓的统治实际上仅有二年余。

的补充，乃至增加一些新条文。

17世纪70年代，卫拉特地区由于不断内讧，噶尔丹即位后又连年征战，游牧经济招致损害。同时，卫拉特联盟失去控制，发生诸多掠夺、偷盗、逃散等现象。为了稳定卫拉特的社会秩序，增加税收，解决财政困难，加强内部统治，噶尔丹颁布了第一号补充敕令。关于其颁布时间，一般认为是在袭破鄂齐尔图车臣汗，控制卫拉特全境之后。由于打败鄂齐尔图的时间及其卒年各说不一，有卒于1676年、1677年[①]、1678年或1680年[②]之说，故第一项敕令签发年月难以确定，可能是1677年左右颁布[③]。其主要内容包括四个方面：增加税收，严惩偷盗，防止逃亡，强调审判公正，以安定人心，进一步加强对卫拉特地区的统治。

关于第二号敕令颁布的时间，主要有两种说法，一是1678年，二是1680年。戈尔通斯基《1640年蒙古卫拉特法典》附录、梁赞诺夫斯基的《蒙古法，主要是习惯法》、道润梯步校注《卫拉特法典》等都认为是1678年。其中有两处提到“土马年”，即1678年。噶尔丹洪台吉第二号敕令开始就提到：“因过去诉讼没有统一的法律规范，审判中错判者很多，特制定此法。土马年之后按此法执行。”最后又提到：“写完于土马年白月新月古日（1678年正月初一）。”[④] 因而，大多学者认为是颁布于1678年正月。但有的学者则认为第二号敕令主要是调整准噶尔与南疆维吾尔族的关系，故颁布时间应在1680年出兵天山南路，占领喀什噶尔、叶尔羌之后。不过，随着噶尔丹对卫拉特诸部控制的加强，与邻近地区的维吾尔等族联系越来越密切，相互之间的矛盾也时有发生，噶尔丹在出兵天山南路之前颁布调整与维吾尔等族关系之法令，也是有可能的。

---

① 祁韵士：《皇朝藩部要略》卷9，《厄鲁特要略》提到，康熙十六年：“戕鄂齐尔图，破其部。”

② 《蒙古族通史》第2卷第652页据托忒文《准噶尔史概要》所载，鄂齐尔图车臣汗1676年10月在赛里木湖以南的乌力吉图布木一带归降噶尔丹，1680年冬于博尔塔拉病死。

③ 梁赞诺夫斯基：《蒙古法，主要是习惯法》，哈尔滨1931年俄文版（《蒙古习惯法之研究》东京1935年日文版）认为是在1677—1678年前后。

④ 道润梯步校注：《卫拉特法典》，内蒙古人民出版社1985年蒙文版所附噶尔丹洪台吉第一号及第二号敕令。笔者参考了奇格《古代蒙古法制史》（辽宁民族出版社1999年版）相关汉译文。

## 二 调整关系之重点迥异

面临沙俄南侵之威胁及清朝西进北上的咄咄气势，《卫拉特法典》的宗旨，是稳定封建统治秩序，调整卫拉特与喀尔喀诸部之间关系，建立共同抵御外侮的同盟。而噶尔丹在统一卫拉特诸部后，一方面整顿内部，增加税收，加强实力迫在眉睫；另一方面随着管辖地域的扩大，与维吾尔等族的接触日益频繁，如何减少彼此之间的矛盾，也是噶尔丹刻不容缓要解决的问题。如果说卫拉特法典主要是调整卫拉特与喀尔喀诸部之间关系的话，那么，噶尔丹洪台吉第二号敕令主要是调整与维吾尔等族之关系。

因而，卫拉特法典开宗第1、第2条就明确指出，如果部落之间发生战争，所有喀尔喀和卫拉特各部要联合起来，严惩发动战争、破坏团结的败类，禁止王公掠夺加入同盟者的地域。第1条规定："对违反法典规定（即所规定的行政秩序），杀（人）掠夺大爱马克人民者，蒙古（此指喀尔喀）和卫拉特应团结起来［，攻击打倒之］。犯人阙所，没收其全部财产，一半交给受害者（有的认为指擒杀者），一半双方（一说指喀尔喀与卫拉特）平均分配。"① 第2条规定："掠夺边境地方小爱马克人民者，科铠甲百领、驼百只、马千匹的财产刑，凡被掠夺之物必须偿还。［此外］官吏科别尔克五件②，非官吏科别尔克一件。［这些赔偿品归处理纠纷的各部王公所得。］"第7条并规定对偷盗加入同盟者之牲畜的人罚八九，罚一九归证人③。法典还具体地规定对于在外敌入侵时知情不报，不服调遣，畏缩退却，临阵脱逃以及不援救处境危急的王公者，严加惩处，乃至死刑，并对英勇善战者给以褒赏。如法典第4条规定："敌人来袭蒙古及

① 戈尔通斯基：《1640年蒙古卫拉特法典》第1条，圣彼得堡1880年版，第36页。帕拉斯：《蒙古民族历史资料集》第1卷，圣彼得堡1776年版，第195页"犯人阙所"，译为"保存犯人之性命，剥下他衣服，赤身加以驱逐"；有的认为是流放，与家庭断绝关系；有的认为是单纯的财产没收；有的则认为是"擒斩其身，没收全部财产"。

② 关于"别尔克"之含义各说不一，有的说贵重品、珍品、财宝，有的则认为是把驼、马、羊、山羊四者各一，配成一套，就叫别尔克，有的还认为是甲胄及武器。

③ 戈尔通斯基：《1640年蒙古卫拉特法典》，圣彼得堡1880年版，第37页第7条；梁赞诺夫斯基：《蒙古习惯法之研究》日文版，第60页。"罚九"，是由牛、羊等九头一组家畜而形成的科罚单位。屡见于"札撒"、《1640年蒙古卫拉特法典》及布里雅特、哈萨克等习惯法中。另据《大清会典》第222卷记载：蒙古人罚则，凡以"九"论者，马二匹、犍牛二头、乳牛二头、犋牛二头、牛一头。罚九的内容因部落及时间不同而有差异。

卫拉特时应即报告，得报告而不出动［反对敌人］者，大王公（指邻境的），科铠甲百领、驼百只、马千匹，小王公科铠甲十领、驼十头、马百匹之财产刑。"第13条规定："看见或听到大敌来袭而不报告者，处死刑，没收犯人财产，子孙流放。"第14条规定："遇有动乱时，必须集合到王公左右：听到动乱而不报告，科同前者一样的刑罚，而当时游牧地方远近的和平是贵族所必需的。"

法典还从各方面调整了喀尔喀与卫拉特以及各部落间的关系，一方面规定不准掠夺加入同盟者的地域和牲畜，另一方面对交换俘虏、接纳逃亡者等容易引起部落争端的问题作了明确的规定。这样，既便于解决历史上遗留问题，又避免产生新的摩擦。如法典第3条提出："从火蛇年（1617年）到地龙年（1628年）间巴尔浑（巴尔虎）、巴图特、辉特之俘虏（一说为投降者），［由于年久已融合，］在蒙古者归蒙古，在卫拉特者归卫拉特。除此以外，其余之人，须各归原属者，双方的亲属也应及时互相送还。不交出者科羊二十头、驼二只的财产刑，并交出投降者。与朝克图一同归降卫拉特的人如逃回［喀尔喀］，要归还给卫拉特。"① 第5条还规定：［喀尔喀、卫拉特双方］如杀掠、抢夺寺庙喇嘛所属爱马克，罚铠甲百领、驼百峰、马千匹，并按大法处理。对违法的各级诺颜的重罚，主要是为了阻止相互侵犯，共同对敌。

为了诸部间团结，参加会盟者曾发出庄严誓言："［我们］不以出身蒙古人为家奴，同一血统的人即使没落为属民，也不要使他们临于涂炭：不以他们的女儿为陪嫁、丫鬟，也不以她们为家奴；不把她们送给异族之人，不让他们流血。"② 并隆重宣誓严守法典，违者重罚。如法典第10条规定：任何人不得违犯此法典。如违犯，大诺颜罚驼十峰、马百匹。墨尔根、岱青、舒库尔等诺颜罚驼五峰、马五十匹。小诺颜，以驼为首罚三九。塔布囊和四图什墨得（tusimed，图什墨尔之复数），以驼为首罚二九。鄂拓克之管理官员，以驼为首罚一九。

---

① 朝克图，又译为却图汗，为喀尔喀台吉，是阿巴岱汗弟阿巴赉之子。后率部迁居青海。1636年冬，被卫拉特顾实汗和巴图尔珲台吉的远征军打败，次年亡，其部属归降卫拉特。关于第3条的内容，各版本差别较大．学术界理解也不尽相同。

② 巴图尔乌巴什图们：《四卫拉特史》，见金峰等编《卫拉特历史文献》。格鲁木·格鲁季迈洛：《西蒙古及乌梁海地区》第2卷，列宁格勒1926年版，第640页所记宣誓大意为："我等在蒙古人间不带来不和，凡与我等同血者，纵然我等成为佣人，也不当作奴隶使用，不作为女儿的嫁妆；不作异种下属，又不为之流自己的血。"

《卫拉特法典》规定藏传佛教格鲁派（黄教）为唯一信仰的宗教，以政教合典的形式来维护僧俗上层的利益。同时，从行政方面强调喀尔喀与卫拉特的团结和协作，竭力消除历史上沉积的各种矛盾，调整了各部之间的关系，建立共同抵御外侮的同盟，稳定了封建统治秩序，为卫拉特、喀尔喀社会经济的发展创造了条件。

噶尔丹洪台吉第一号补充敕令，主要目的是加强对准噶尔内部的统治，防止逃亡，严惩偷盗，扶助贫困，维持鄂拓克的秩序，以增加财政收入和增强政治、军事实力。即所谓“招徕归附，礼谋臣，相土宜，课耕牧。修明法令，信赏罚，治战攻器械”，以达到“资用极备，不取给远方”之目的①。

而噶尔丹洪台吉的第二号补充敕令，无论是从有关诉讼审判的规定，还是禁止奴隶买卖方面，其目的都是为了调整与维吾尔等信仰伊斯兰教诸族的关系，依俗而治，既尊重维吾尔等族原有的风俗习惯，允许其拥有一定程度的独立司法权，又将对重大案件的审判权掌握在大法庭的高等断事官手中。这也与随后噶尔丹通过扶持阿帕克和卓及叶尔羌汗国汗室成员来控制南疆的策略，是相辅相成的。

由于帕拉斯《蒙古民族历史资料集》（第1卷，1776年圣彼得堡版或1779年法兰克福－莱比锡德文版）、列昂托维奇《论俄国异族人法律史·卡尔梅克人或卫拉特人惩罚条例》（敖德萨，1879年俄文版）、戈尔通斯基《1640年蒙古卫拉特法典》（彼得堡1880年版，附噶尔丹洪台吉补充敕令，俄文译注）②、道润梯步校注《卫拉特法典》（呼和浩特，内蒙古人民出版社1985年蒙文版）等各种文本所载的噶尔丹洪台吉敕令颁布时间及内容不尽相同。本文只能参照各文本所载内容加以综合分析。第二号敕令主要内容分三部分。

第一部分是安抚被统治的霍屯人（也译为和顿，主要是指维吾尔人，也包括其他一些信仰伊斯兰教的民族。有的统译为回族或回人，其中应包括维吾尔、回等族），敕令规定：“卫拉特人与霍屯人之间的诉讼，也应严正地加以审理。如今与我们有亲密关系的霍屯人，应像同族人一样公正

① 梁份：《秦边纪略》，青海人民出版社1987年版，第421页。

② 戈尔通斯基：《1640年蒙古卫拉特法典》第一次发表了该法典、噶尔丹两项敕令的托忒文副本、顿杜克达什法规最完整的抄本，并同时发表俄译文和有价值的注释。

地对待，决不应该将不正义和正义混淆起来，稍微差别对待，折磨他们。对于霍顿人，应按旧的法规，普遍履行手续，进行公正的审判。”①

第二部分是关于如何对待奴隶和禁止奴隶买卖的条文。敕令规定：“我国人民中间，不得贩卖别国人做奴隶。如有发现［这种］买卖情况的人，就应逮捕买主或卖主，并有权没收这种买卖的款项。秘密进行人身买卖者，一经发觉，应征收其代价的二倍，作为罚款，并解放那个奴隶。从前已经有奴隶的人，承认其所有［权］，但决不能不公正地对待奴隶；作为战利品之奴隶的主人，与奴隶不融洽时，也不能卖，应该不给任何东西逐出家门。”② 这些禁止奴隶买卖规定，在客观上对解放社会生产力有一定意义。有的学者进而认为这主要是指掠夺南疆地区之人为奴隶或在南疆地区进行奴隶买卖。

第三部分是允许被统治的维吾尔人有一定程度的司法自主权。敕令规定：“全布哈拉的霍屯人也可设立自己的法庭，但主要诉讼案件，应由我们来裁判。”③ 也就是说维吾尔人虽可设立自己的法庭，但主要或重大诉讼案件必须由准噶尔统治者来裁判，以保证准噶尔在天山南北的统治。关于此条内容各版本记载不尽相同。戈尔通斯基《蒙古卫拉特法典》第60页（圣彼得堡1880年版）此条内容为：“［霍屯人］的村落应由霍屯人自己的法庭来裁决，共同的［人民的］诉讼，应由这里的高等法庭来处理。”道润梯步校注的蒙文本则说：“回人之间的案件由回人札儿忽赤（即札尔扈齐，掌管诉讼之人，断事官）审断。尼伦札儿忽（大诉讼，或指大法庭，中央法庭）由这里的大札儿忽赤（大断事官）审断。”④ 也就是说回人之间的案件由回人断事官审断，大的诉讼案件由准噶尔人断事官审断。此处之“大诉讼”，有的认为是指维吾尔人与准噶尔人之间的诉讼案件。总之，不管如何解释，重要司法权还是掌握在准噶尔统治者手中。

---

① 此据田山茂《清代蒙古社会制度》，潘世宪汉译本，商务印书馆1987年版，第251页。参见帕拉斯《蒙古民族历史资料集》第1卷，第213页。而道润梯步校注《卫拉特法典》此段内容为“对于卫拉特蒙古和回族之间的案件，谁对谁错要通过审断”。

② 戈尔通斯基：《蒙古卫拉特法典》附《噶尔丹洪台吉第二号补充敕令》。并参考田山茂《清代蒙古社会制度》汉译本，第251页，日文本第324页；帕拉斯：《蒙古民族历史资料集》第1卷，第241页。

③ 田山茂：《清代蒙古社会制度》汉译本，第251页。

④ 道润梯步校注：《卫拉特法典》，内蒙古人民出版社1985年版。“尼伦”蒙古语音译，原为腰、中脊之意，此引申为中央。

## 三 关于加强内部统治规定之比较

为了加强对内部人民的统治，无论是卫拉特法典或是噶尔丹洪台吉敕令，都有关于不准鄂拓克部众自由迁徙，严惩盗窃，扶助贫困者，保证税赋征收之规定，但具体内容有所不同。

### （一）防止逃亡，禁止自由迁徙

在封建制度下，生产关系的基础是封建主占有生产资料和不完全占有生产者，游牧封建生产关系的基础，同样是封建主占有主要生产资料——牧地和狩猎场所，以及对牲畜的支配权，并控制着附于牧场上的牧民。由于土地、牧场均属于牧主占有或管理，所以他们就有权将牧民固定在土地上，并控制其迁徙，擅自逃亡应追回送交原主，并加以重罚。《卫拉特法典》关于逃亡及收容之规定就有 5 条。例如法典第 6 条规定："接纳逃人者科（其则产）的一半，并须将人送回；同时又杀人者加重处罚。" 第 8 条又规定："给众多逃人提供避难所的王公不将其引渡者，科铠甲百领，驼百只，马千匹。［此外］，这些人的所有主得领其半数。"① 第 99 条规定："杀害被收容的从其他地方来的逃人者，罚五九。把逃人扭送王公处者，受到箭筒多少个即给马多少匹的褒赏。捕获企图越境到［别的国家］的逃人者，则除逃亡者［本人外］，可得他的其余财产的一半。"② 法典还规定："若与歪心人（指逃亡者或犯罪者）勾结，给其提供骑乘、肉食，罚七九。其逃亡前，在别人家存放物品、牲畜，［被存放者］藏匿不交

---

① 此据戈尔通斯基《蒙古卫拉特法典》附录。梁赞诺夫斯基《蒙古习惯法之研究》第 59 页此条译为"禁止接纳从一部落逃亡到另一部落的人及杀害逃亡者"。而道润梯步校注《卫拉特法典》则作如下表述："不论谁那里来了逃亡者，罚其财产、牲畜之一半。［然后］送交其主人，如［逃亡者］杀了人，以大法罚畜八九，给证人一九。如［收容之］诸颜作梗阻拦，不听处罚，不给牲畜，罚此（诸颜）铠甲百领、驼百峰、马千匹，［卫拉特、喀尔喀］平分。"一说应是在逃亡者之诸颜与接纳逃亡者而受科罚诸颜的上司之间平分。

② 此据戈尔通斯基《蒙古卫拉特法典》。帕拉斯《蒙古民族历史资料集》第 1 卷，第 210 页此段内容为："杀死已收容的从别的部落逃来者的人，罚牲畜九的五倍。把逃亡者带到王公跟前去的人，每人赏马一匹。逃亡者如再逃亡时，逮住他并送交［王公］的人，可以得到该逃亡者的马、武器、马具、衣服及其他所有物品的一半［奴隶及其生命除外］。"

［公］，罚三九。”[①]

而噶尔丹洪台吉第一号敕令则更明确地规定：鄂拓克内部无论是爱马克整体或个人都不能变更其游牧地，逃亡者应带回其所属爱马克，若爱马克长变更全爱马克的游牧地的则被科以财产刑。[②] 并规定具体科罚：“逃出自己的爱马克而请求别的爱马克保护的人，应作为叛逆送回，并罚交爱马克长老牲畜九头。将逃亡者送回其爱马克的人，可以受到爱马克长老给的马一匹及每个居民给的羊一只的奖赏。”[③] 同时，敕令还要求鄂拓克的各级管理者要负责将失散的部众收集起来，否则将受到惩罚。其中规定：“各鄂拓克的首领要说给自己各得沁（四十户）的得木齐。得木齐要收集［已失散部众］。如不收集罚一九，撤其得木齐之职。鄂拓克首领不下令［收集］，错在鄂拓克首领，已下令而不收集，错在得木齐。”[④] 并要求鄂拓克官员将杂居在别的和硕的人，收集起来组成鄂拓克和爱马克。其中提到：“要收集走出自己和硕，在别的和硕杂居的人们。［收集后］没有鄂拓克者，要成为鄂拓克，没有爱马克者，［要］成为爱马克而行。认为这种做法是错误的人是不对的，但［可以］说自己的意见，认为是对的人也在这里说自己的意见。在这里不说，如以后说三道四，是对正确的尼伦［大政］不满，我将生气。”[⑤]

之所以有如此详尽的规定，是由于 17 世纪 70 年代，经过频繁的内战，各鄂拓克的游牧地屡经变更，爱马克牧民也因战乱逃亡，不少人离开了原来的封建主领地。因此，噶尔丹在击败鄂齐尔图车臣汗，统一四卫拉特后，迫不及待地要恢复封建秩序，安定人心，巩固鄂拓克和爱马克之行政组织机构，维持封建生产关系，以补充兵源和征收赋税。《卫拉特法

---

① 此据道润梯步校注《卫拉特法典》第 79 条。帕拉斯《蒙古民族历史资料集》第 1 卷第 207 页此条为：“犯罪人乘马逃亡者，罚牲畜七九。窝藏重大盗窃犯人者，罚三九。纵使［窝藏的］是最轻微的罪犯，窝藏者也应罚羊一只。”

② 此据梁赞诺夫斯基《蒙古习惯法之研究》，第 63、第 66、第 75 页。戈尔通斯基《蒙古卫拉特法典》则为：“如有人从自己所属的鄂拓克迁往别处者，管理他的爱马克长则代表整个爱马克人应罚其一九。”

③ 帕拉斯：《蒙古民族历史资料集》第 1 卷，第 213 页。

④ 道润梯步校注《卫拉特法典》附载之噶尔丹洪台吉第一号敕令。得木齐，监察官之意，管理户数 40 户至一二百户不等，鄂拓克官员，有时也指爱马克长。

⑤ 道润梯步校注《卫拉特法典》附噶尔丹洪台吉敕令。戈尔通斯基《卫拉特法典》附录则译为：“去到别的和硕的普通牧民，同当地居民杂居者应收税；如果他们没加入鄂拓克，则把他们安置到鄂拓克，如没加入爱马克则安置到爱马克中去”。

典》对逃亡的严厉规定，着重是放在卫拉特和喀尔喀之间，而噶尔丹洪台吉敕令主要是保持各鄂拓克间的安定。

### （二）严惩偷盗之规定

为了保护封建主的牲畜和财产，维持封建社会秩序，《卫拉特法典》对盗窃罪的规定是极其严厉的，禁止偷盗事的规定共有13条。例如，第60条规定："偷窃骆驼者，罚十五个九，骟马及种马者罚九九，母马者罚八九，偷母牛、二岁小马及羊者罚六九。"第67条规定："捕获迷路的牲畜，而转交给远处之人者，则科同［盗窃］一样的刑罚，转交给近邻者，则罚三九。"第38条规定对盗窃战具者科以重罚，如盗窃头盔及铠甲者罚十个九，盗窃头盔、胸甲、良弓及装箭十支之箭筒者各罚三九……第78条规定了对盗窃衣物及日常用品的处罚，等等。第65条还详细规定了对偷盗者觅踪三审断，第一步找好证人觅踪追查。第二步如见偷盗者进了阿寅勒，找阿寅勒长（即牧户长）处理，如牧户长不处理，找到盗窃者之家以法惩处。然后牧户长报告给鄂拓克长官，鄂拓克官员报告给诺颜。第三步，牧户长虽清白，但管理不善而失职，要罚一别尔克加一九①。

噶尔丹洪台吉第一号敕令对禁止盗窃也有详细规定："为了防止发生盗窃案，每十户置一长，该长对于管下居民负有正确［向上级］报告的义务。如果发现该管区内有犯盗窃的形迹时，应如实报告。不提出这种报告者解除其职务。盗者应监禁起来。两次重犯盗窃罪被处罚后，第三次再犯同样罪行时，其妻子、财产一律没收，并判为奴隶。"② 这里提出了十户长要对辖区内的盗窃者严加管教，否则要受到处罚。并奖励与盗贼英勇搏斗，抢回牲畜者，或送回迷失牲畜之人。例如规定："与盗贼搏斗抢回牲畜者，则得到如下的报酬：牲畜五头，得马一匹，四头或三头（牲畜），得三岁母马一匹，两头牲畜，得两岁马驹一匹，一头牲畜得母绵羊一只。不经过格斗而夺回牲畜者则得到如下报酬：九头（牲畜）得马一匹，五头牲畜得两岁马驹一匹，其余（五头以下）得羊一只。"而有的版本认为不经过格斗而夺回牲口者，是指在部众内部，把跑失之畜抓住送回

---

① 此据道润梯步校注《卫拉特法典》。戈本则为第62条。

② 此据帕拉斯《蒙古民族历史资料集》第1卷，第213页。而道润梯步校注《卫拉特法典》附录的第一号敕令有关的条文，则说"如不管教，要钳首领之手，其他人要烫铁烙"。戈尔通斯基版本稍异："如不宣布，则砍掉其手，其他人等则上镣铐。"

其主人者[①]。

同时，敕令对禁止鄂拓克集体偷盗也有规定："一个鄂拓克全体居民合谋进行盗窃时，应按别的爱马克的章程（习惯法）严加监视该鄂拓克。那些为非作歹之人，要当众受叱责、侮辱，并应公布他们的恶劣行为，任何人都有权嘲弄他们，决不怜惜，并可公开说，这是应得的报应。以上种种规定都是我（噶尔丹）跟你们的长老商量的。"[②]

与《卫拉特法典》相比，噶尔丹洪台吉第一号敕令，加重了对屡教不改的盗窃者之处罚，并提出对与盗贼进行搏斗者之具体奖励，同时对集体偷盗者也严加斥责和处罚，反对罪不罚众或法不责众的陋习。

### （三）有关氏族互助、救济贫困的规定

为了维持氏族血缘关系和人口繁衍，《卫拉特法典》第 37 条规定："四十户中有四户每年必使其儿子结婚，十人必为一人的婚姻给予援助。若给人畜一头，可从新娘嫁妆中得长袍一件，如给绵羊，可得短袍一件，但不应取未婚妻的衣裳。结婚之际不予帮助者科驼两只、马五匹及羊十头的财产刑。"[③] 这固然是保留了氏族互助的残余，另一方面也说明在当时蒙古社会中买卖婚姻的盛行，聘礼的昂贵，致使一般贫穷牧民难以独自完婚。必须通过法律形式、政府行为使牧民互助完婚。

而噶尔丹洪台吉敕令中，有多处涉及救济贫困之人的规定。第一号敕令明确地指出：所有得木齐要扶助贫困者。若资财不足，扶助不了，应报告鄂拓克的长老宰桑，请示办法。不管贫困者属于谁的部众，宰桑都应加以保护。万一宰桑也拿不出救济办法，应通过上级审判官报告王公。王公指示的救济办法对贫困者没有忠诚执行时，贫困者可以上告，该负责人对此必须加以解释说明。如果有因贫困而致死者，该管理首领应对此负责，依照已证实的不忠诚程度，加以处罚[④]。也就是说："能扶持而不扶持，有错；死了人，有错，要以杀人罪惩处。死人之事与之无关，还是有错，

---

① 戈尔通斯基：《1640 年蒙古卫拉特法典》附录。另见道润梯步校注《卫拉特法典》附录有关条文。

② 帕拉斯：《蒙古民族历史资料集》第 1 卷，第 213 页。

③ 帕拉斯《蒙古民族历史资料集》第 1 卷第 201 页为："四十户的得木齐管理者罚驼两只、马五匹及羊十头。"

④ 帕拉斯：《蒙古民族历史资料集》第 1 卷，第 213 页。

要通过审断弄明白。”[①] 这说明经过连年的战乱，有不少蒙古牧民陷于生计维艰的状态，亟须要社会救济。同时，也反映了噶尔丹为稳定内部，责令官员照料救济贫困者，增强各部凝聚力，而采取相关举措之决心。

**（四）诉讼审判之规定**

《卫拉特法典》对杀人、纵火、盗窃、斗殴、强奸、通奸、诱拐等刑事犯罪，以及破坏联盟、侮辱王公贵族及上层僧侣等行为，都规定了相应的惩罚。其刑罚有死罪、连坐、财产刑、体刑等。

死刑：与大札撒等相比，法典对死刑的使用颇为慎重，只是在他们认为危及整个联盟安全和统治者生命的三种情况下（破协联盟，抢劫大兀鲁思；听到大敌来临不报告；危境中丢弃诺颜等）施行。例如，第 12 条规定：“在危险时遗弃王公者处死刑及没收财产。”第 13 条：“看见或听到大敌来袭而不报告者”处死刑。第 14 条：“听到动乱而不报告者，科前者一样的刑罚。”第 1 条规定，对破坏联盟，杀掠大爱马克者，蒙古卫拉特应联合起来（攻击打倒之），犯人阙所，没收其全部财产[②]。

连坐：在特殊情况下，法典也规定了子孙连坐。如第 13 条规定：看见或听到大敌来袭而不报告者，处子孙追放、杀死、阙所之刑。第 14 条规定：遇有动乱，必须集合到王公左右；听到动乱而不报告者，科同前者一样的刑罚（按：即死刑、犯人阙所、子孙追放）。

财产刑：法典中大量的刑罚是财产刑，除了没收全部财产外，根据游牧经济的特点，主要是罚畜，其量刑单位主要是“九”、“五”。还有名为“别尔克”之刑罚。有时也出现以畜赎人或以人代财产刑的现象[③]。

体刑：法典及敕令偶尔提到体刑，主要是钳手、击颊、鞭打、笞杖、

---

① 道润梯步校注《卫拉特法典》附录。戈尔通斯基《卫拉特法典》附录噶尔丹洪台吉第 1 号敕令则云：“得木齐应关心照料不幸者（贫困者）；若无能力照料，应把情况向鄂拓克的管理人申述，鄂拓克的管理人应照料所有的人同自己的人民一样；如无资财照料，应把处理情况向上级政权反映。如有能力照料而不照料以致人亡者则按杀人法律处治；但必须通过审讯查明。死亡是否真的是由于没有照料所致。”

② 道润梯步校注《卫拉特法典》附录，将“犯人阙所”译为“擒斩其身，没收其全部财产”。

③ 《法典》第 86 条规定：“一个属于普通阶层的单身汉自己［证明是贫困的］没有牲畜，在盗窃牲畜的场合，应向收楞额设誓，而收楞额则交出［小偷］。”即交出小偷本人以代替罚畜。收楞额，为鄂拓克官员或二十户之长。

烙印、割双耳、断手指等。有时也出现监禁的条款。

还有当众羞辱，撤除行政及宗教职务名称，卖给商人或沦为奴隶，握斧设誓等处罚。

关于诉讼制度，《法典》规定原告和被告必须自己出庭才能审判，否则法庭不予裁决。例如，第 109 条规定：双方诉讼人如不同时到达［法庭］，不予以审理。诉讼人要带好证人去［法庭］说三次要求审断。如［被告人］不来，要与使者前去，罚其乘马。在审理过程中重视证人的作用。除了上述之外，《法典》第 85、第 63、第 62 条都提到需有人作证。并对证人的资格作了规定，身份高的贵人之证词才被认为有效，而女奴隶则不能作证人，除非其证据确凿，能拿出被盗之畜骨和肉，才会被重视。法典还严惩诬告者而奖励检举人①。

关于诉讼方面，噶尔丹洪台吉作了较为详细的补充。第一号敕令规定："一切诉讼，除正规的审判官外，别人所作的判决都无效。做过三次不公正判决的审判官应予免职。由于审理迟延，给嫌疑犯以逃亡机会，或帮助他逃亡的审判官，应没收其牲畜的一半。但与己无关的事件，为别人告状的人，可以得到其赔偿额一半的奖赏。"② 第二号敕令，除了前面提到如何妥善处理与维吾尔等族之关系，允许维吾尔人成立自己的法庭，但大案要由中央法庭审理等规定外，还有其他一些规定。例如，其中规定："平时，谁承担了诉讼案件，就要自己做主审断。如不能明断，吃贿赂，出大错，没收其所收财物，抓其人，撤其职。［对于］卫拉特和回人［之间的案件］谁对谁错要通过审断弄明白。"又规定："诉讼时不要以钱行贿，如有人以钱行贿，见者罚要其人及其财物。若有人暗地行贿，罚双份。"③

在诉讼裁判程序方面，噶尔丹洪台古敕令在《卫拉特法典》相关规定的基础上加以补充完善。例如，三次上诉不予审理，断事官要受处罚；

① 如《法典》第 93 条规定：诬告别人盗窃，夺其牲畜。经查实被诬告者可从诬告者处取回由于其诬告而得的牲畜。第 95 条规定："若有一伙人参与盗窃，其中有人检举此事，则检举者不治罪，其他人则被没收什物。"

② 帕拉斯：《蒙古民族历史资料集》第 1 卷，第 213 页。道润梯步校注《卫拉特法典》此段为"不论何种诉讼，如带证人告三次而不予审理，不论对错，对断事官都要进行处罚"。"平常断事官断案不能在［法庭］外进行。""断事官不上交法庭的费用，罚其双份费用。断事官三次断错案，要撤其职。"

③ 道润梯步校注：《卫拉特法典》附录。

三次不公正判决，断事官要被撤职；受贿、行贿都要受到处罚，等等。这与卫拉特法典及以前的蒙古法相比都有一定的进步性。

### （五）有关债务和征税方面之规定

《卫拉特法典》虽未明确提出征税问题，但条款中涉及运输赋役及实物地租供应的问题。《法典》第16条规定："必须提供三种法定的大车（或作法定的三种运输赋役）。必须区别使者的任务，有的为宗教上及行政上而出发的使者；有的为王公及其配偶生命而出发的使者；或者在大敌袭来的场合而出发者，均须提供；如不肯提供者则科罚九九。"① 也就是要无偿提供三种使者的驿马或大车，否则要受到重罚。第24条则规定："派往远方的急使，在夜间住宿之土地上，可免费得到宿所和羊一头的接待。拒绝替换疲劳之马及投宿者，科以三岁母马一匹的财产刑。"② 关于食物供应方面，《法典》第26条规定："断绝大王公之食物者，科以罚九九的财产刑，属于中王公者罚一九，小王公者则罚马一匹的财产刑。[欺诈] 非法地骗取王公的食物者，则科马一匹。"

由上可见，法典在牧民提供运输赋役和实物地租方面都有详细的规定。而随着准噶尔汗国的建立及对战争的需要，噶尔丹对税收方面也越来越重视。其第1号敕令中就提到："每一鄂拓克的管理人必须教导四十户的得木齐，及时向人民征收税。如得木齐不征收则被罚九，丧失得木齐的称号。如鄂拓克的管理人不这样处理，则处分鄂拓克的管理人；如果宣告了，而得木齐不向人民征税，则处分得木齐。"另一处又提到："不在限期内向王公缴纳租税的人，其后必须自动交纳两倍的数额。"③ 并且在兀鲁思和鄂拓克还设置了德墨齐、阿尔巴齐宰桑、收楞额等官负责税收。兀鲁思一级有德墨齐，主管王府事务的官员，"内则佐台吉以理家务，外则抽收牧场税务，差派、征收山南回部徭赋，接待布鲁特人"④。阿尔巴齐宰桑，"系承办二十四鄂拓克、二十一昂吉差贡事务，其员缺有四"。下

① 戈尔通斯基之版本。梁赞诺夫斯基《蒙古习惯法之研究》第57页、第62页则称：人民负担提供法定三种运输赋役的义务。宗教上和行政上的使者在运输赋役及食粮的征用方面比别的优先。在大王公及其配偶生病场合，使者有权征用运输赋役。大敌袭来的场合，如不提供则处以罚九九的重罚。

② 戈尔通斯基之版本及帕拉斯《蒙古民族历史资料集》第1卷，第197—199页。

③ 帕拉斯：《蒙古民族历史资料集》第1卷，第213页。

④ 傅恒等：《西域图志》卷29，《官制一》。

有阿尔巴齐约百人，系“随阿尔巴齐宰桑各处催差者”[①]。鄂拓克一级有收楞额（shulengge），征税官，系佐得木齐管理四十户至一二百户事务之官，但也负有下达命令、征收租税、保护民生、介绍婚姻等责任。准噶尔赋税的来源主要有二：一是向本族人民征收；二是向天山南路维吾尔等族敛取。据《西域图志》所载：“准部一切供赋及重大差务，则鄂拓克传输，若零星供给，合二十四鄂拓克二十一昂吉输焉。”[②]“其外复取乌梁海及叶尔羌、喀什噶尔、阿克苏、和阗四城回人租人。”[③]逐渐形成比较完整的征收赋税之机构和制度。

债务方面，法典涉及的共有三条。例如第63条规定：“债权人应在见证人前宣告三次，然后得到偿还；在宣告时应通知收楞额：若不通知收楞额则对债权人处马一匹的财产刑，如不预告，日间（从债务人处）回收债权时，则债务被取消，夜间回收时，（除剥夺债权外）还要处以罚一九的财产刑。”[④]第64条规定：“涉及布拉台吉时期的债务不偿还。”布拉台吉为巴图尔珲台吉（？—1653年）之祖父，哈喇忽剌（？—1634年）之父。布拉台吉当是16世纪后期17世纪初之人。也就是废除哈喇忽剌掌权前之债务。第118条规定：“外甥对舅父家无债务关系，偷舅家之物不受科罚，只需支付赔还而已。”这说明在17世纪时虽然父权制已占支配地位，但在蒙古社会还保留着母权制的残余。

噶尔丹洪台吉第一号敕令则提到：巴图尔珲台吉时期马年（即1654年）前的债务予以废除。如马年以后的债务有证人的话，可以讨要，若无证人，予以废除。

《卫拉特法典》与噶尔丹洪台吉第一号敕令分别取消布拉台吉及巴图尔珲台吉时期的债务，这无疑有利于减轻债务人的负担，避免因旧债务纠纷引起社会的动荡，对稳定封建秩序起一定作用。

---

① 《西域图志》卷29，《官制一》。

② 同上。

③ 《西域图志》卷首一，天章一《准噶尔全部纪略》。

④ 此据戈尔通斯基之版本。帕拉斯《蒙古民族历史资料集》第1卷第205页则说：“债务人虽有上司的命令而还不支付时，则其人须失马一匹。”被罚的应是债务人，而有学者认为“如收楞额不给，罚其乘马”。关于白天和夜间收债之事，帕拉斯版本则说：“对债务人擅施暴行的人，丧失其请求（还债）之权，夜间袭击债务的人，除丧失其请求权外，还应罚牲畜九头。”

## 四　敕令所折射的社会状况及法律制度

从噶尔丹洪台吉敕令颁布与《卫拉特法典》制定的历史背景、相关条文内容的分析和比较过程中，我们可以看到准噶尔汗国在噶尔丹统治时期的社会概貌及所发生的变化，下面仅从三个方面进行论述。

### （一）社会组织统治机构日益完善

17 世纪 70 年代，噶尔丹击败政敌，逐步统一卫拉特诸部后，当时游牧于天山南北的主要是准噶尔、杜尔伯特、辉特部以及和硕特、土尔扈特的一些支系，在我国西北地区形成了以准噶尔贵族为统治核心，包括卫拉特诸部和其他一些蒙古及突厥语族部落在内的强大政权，有的史书称其为准噶尔汗国。社会组织结构包括兀鲁思、鄂拓克、爱马克等。即大多由同姓或近亲（有的也含有异姓）的蒙古包组成阿寅勒，由阿寅勒组成爱马克，由爱马克组成鄂拓克[①]，由鄂拓克组成兀鲁思。与鄂拓克平行的社会组织还有昂吉，为各台吉的治属；集赛，是寺庙领地的社会集团，办理有关喇嘛事务。汗是兀鲁思最高的统帅，“凡出师执役无不听其汗之令”[②]。兀鲁思统治机构：汗、大台吉下设有图什墨尔、札尔扈齐、德墨齐、阿尔巴齐宰桑等。管理鄂拓克的是宰桑，下设有达鲁噶、札萨固尔、得木齐、收楞额、和硕齐等，分别掌管战争、防卫、行政、司法、征税等。在卫拉特诸部还分别组成四十户、二十户和十户等单位，由得木齐，收楞额等官员管理。他们负责向鄂拓克领主提供赋税、兵役，并处理内部纠纷、互济等事务。从巴图尔珲台吉至噶尔丹汗时期，兀鲁思、鄂拓克、爱马克等社会结构和行政职能日益完善，并发挥更大作用，以加强对内部统治。

### （二）加强内部统治，协调与维吾尔等族关系

1653 年，作为《卫拉特法典》主要制定者之一的巴图尔珲台吉去世。其共有 12 个儿子，临终前，他把兀鲁思的一半分给僧格，另一半给其他

---

① 爱马克，蒙古语“氏族、部落、领地”之意。既有血缘关系又含地缘成分，有时爱马克与鄂拓克是并行的，一爱马克即组成一鄂拓克。

② 《西域图志》卷首一，天章一《准噶尔全部纪略》。

儿子分取。这样，就为绰罗斯家族矛盾冲突埋下了隐患。1657年夏，车臣台吉与卓特巴巴图尔得到了和硕特部阿巴赖台吉的支持，形成了与僧格相对立的集团。僧格则得到其叔父楚琥尔乌巴什、和硕特鄂齐尔图车臣汗的支持。双方争斗延续十余年。至1671年初僧格被杀，噶尔丹上台，采取先近后远、先弱后强的战略，在内部加紧集权统治的同时，对卫拉特诸部和邻近部族发动一系列掠夺兼并战争。这就要求其有一个稳定坚实的后方。首先要加强对其属下鄂拓克的统治，把封建剥削的对象附着在牧场上，限制其自由迁徙。并对贫困者加以救济，以维持其基本生活，适应再生产的需要，增加赋税收入和加强兵牧合一军事制度。

针对连年战争，牧民逃亡，生产遭受破坏，局势混乱的现实。噶尔丹在第一号敕令中就强调要防止逃亡及自由迁徙，巩固和健全鄂拓克的组织，要求把所有牧民编入爱马克和鄂拓克。提出："我管辖下的全体鄂拓克的得木齐应严格监督人民，及时征税。不忠实执行职务的得木齐应交付审判，视情况，得没收其全部财产。鄂拓克的最年长的宰桑应严格监督其所属得木齐，传达各项命令，必须做到不能以不知道命令为借口。"① 噶尔丹为适应连年战争对兵源和军用的需要，规定："出师则三分其国人以更番。"② 并"令其属下兵丁殷实者，各备马十匹，骆驼三头，羊十只，窘乏者马三匹，骆驼一头，羊五只，自其地起兵"③。除了一般兵器由士兵自备外，兀鲁思还有专门负责铸造铁器和军械的官员及工匠，后逐渐形成乌鲁克鄂拓克和包沁、札哈沁鄂拓克。同时，制定了一系列奖惩制度，军纪颇为严密。

为了维护内部统治秩序，噶尔丹还在防止误判、错判、行贿、受贿等方面作了一些规定，加强司法制度，以免引起部众不满，从而稳定人心。

噶尔丹统治初期，另一个重要问题，是如何处理好与天山南北分散或聚居信仰伊斯兰教诸族之关系。因为从政治、军事抑或经济上看，噶尔丹要向外扩展势力，稳定天山南路之后方是十分重要的。从经济方面考虑，富庶的南疆绿洲是准噶尔的大粮库和赋税供给地。后来，噶尔丹正是通过

---

① 帕拉斯：《蒙古民族历史资料集》第1卷，第213页。

② 梁玢：《西陲今略》卷7，《嘎尔旦传》。

③ 《清圣祖实录》卷76，康熙十七年八月庚午。卫拉特军队多骑兵，马匹是控弦者的战争工具，士兵上马即行，下马便止，往往是一人数马，轮换骑坐，称为"副马"，故令其一人准备3—10匹马。

其代理人，从南疆征收大量贡赋，一部分送往拉萨，以求得西藏上层集团在政治上、宗教上的支持。大部分用来作为发动对喀尔喀等战争的需要。因而，噶尔丹首先从法律上，注意协调与维吾尔等族的关系，颁布第2号敕令，给维吾尔人等一定司法自主权，妥善解决彼此间纠纷。尽量减少不必要的矛盾冲突，为日后其出兵南疆，统一天山南北创造条件。

### （三）草原审判制度日渐健全

卫拉特的诉讼审判体系主要分为两级。第一级法庭，是兀鲁思级的，专门审理大案、要案（即所谓尼伦札儿忽、伊克札儿忽），在汗诺颜的乌日吉格（指“大帐”、“殿帐”）中，即最高法庭上进行。裁判的执行官员是“札尔忽赤”（断事官）。也即《西域图志》所说的札尔扈齐，蒙古语意为“掌管诉讼之人”，系兀鲁思负责司法的官员。辅佐图什墨尔治理政事，兼办一切刑名贼盗事件[①]。札尔忽赤之下，办案的公务人员有“雅尔古赤”、“西哈赤”（审讯员或逼审员），还有出去下达法庭命令的使者。

第二级法庭，属鄂拓克一级的，主要是审判一般的案件，通常在宰桑的牙帐中进行。裁判的执行官员是札萨固尔，意为“政治、法令之执行者”，即民政官。其他辅佐人员及审讯员、使者等配备与大法庭相同。得沁（40户）、和林（20户）、阿尔班（10户）组织的首领分别为得木齐、收楞额和阿寅勒因阿合（阿尔班呢阿合，即十户长）。他们将本地的案件交鄂拓克法庭审断，大案件则交汗的大法庭审断。同时，无论是卫拉特法典或噶尔丹洪台吉敕令，对审判官提出了公正判案，不徇私拒受贿的具体要求。并且对一些专门的案件，制定一些具体的“约孙”，即法。例如，为了甄别溃散在外与敌国相邻的人们返回鄂拓克故居之事真伪，防止丢失财物和牲畜，规定“夜宿法”。关于追踪查找马匹的有“足迹法”。还有专门约束札儿忽赤之法令，如不准受贿；三次上诉不予审理，要受罚；三次不公正审判要被撤职；法庭费用，根据不同情况向原告、被告、宰桑或其他包庇者收取；断事官若不上交审判费，要罚双份，等等。在刑罚上，《卫拉特法典》为了维护联盟共同抵御外侮及保护贵族特权，对重犯有斩刑。财产刑的处罚上，除了没收全部财产和牲畜，还有“别尔克”刑（一说是贵重品，一说是很重的罚畜法）。噶尔丹洪台吉敕令中未见到斩

---

① 《西域图志》卷首一，天章一《准噶尔全部纪略》。

刑的规定，处罚牲畜数目也大为减少。同时，这个时期的法典和法令，在很多方面还继承了古代蒙古的习惯法，尤其在保护草场、防止草原荒火、救助牲畜、保护妇女儿童、严禁抢劫偷盗、外甥与舅家的特殊关系、氏族互助救济贫困等方面，反映了在草原游牧社会经济影响下，与之相适应的法律文化突出特色。

总之，从噶尔丹洪台吉敕令与《卫拉特法典》的比较研究中，可看出准噶尔汗国初期烽火连年、百废待兴之情景。噶尔丹通过“相土宜，课耕牧，修法令，信赏罚，治战攻器械”等一系列措施[①]，使准噶尔汗国的社会组织结构日益完备，法律制度逐步加强，游牧经济逐渐恢复，财政收入不断增加，人民生活有所提高，出现勃勃生机。但是，噶尔丹却未能珍惜这种既成之势，北联蒙古诸部，东倚清廷支持，共同抗击沙俄侵略。而是忙于对周围用兵，扩展势力，最终从“不可一世的草原汗王”滑到“孤家寡人”，落得身败名裂的下场。这个历史教训，是值得后人深思的。

（原载《卫拉特研究》2004 年第 1 期；另见《东归历史文化论文集》，新疆大学出版社 2004 年版）

① 梁玢：《西陲今略》卷 7，《嘎尔旦传》。

# 哈萨克法初探

哈萨克是我国古代西北游牧民族的后裔。其族源可追溯至西汉时期的塞种、月氏、乌孙、康居、匈奴及以后的突厥、葛逻禄、哈喇契丹、克烈、乃蛮、钦察等。在悠久的历史发展进程中，他们形成了世代相传的习惯法。哈萨克汗国建立后，又制定了一系列法典、条例。因此，对16世纪至20世纪初的哈萨克法进行探讨，将有助于其社会历史及物质文化、精神文化的深入研究。

## 一　哈萨克法概况

15世纪中期，白帐汗国最后一位可汗巴拉克之子克拉依汗及贾尼别克汗率领一部分哈萨克部落，迁移至楚河、塔拉斯河一带，建立了哈萨克汗国。

哈萨克汗国期间，曾制定三个法典，即《哈斯木汗法典》（《Kasemhanneng kaska jole》、《额什木汗习惯法》（《Êsimhanneng êski jole》）及头克汗制定的《七项法典》（《Jêti jarolese》）。

16世纪初，哈萨克汗国在贾尼别克汗之子哈斯木汗统治时期（1511—1523年或1508—1518年），社会政治、经济、文化得到很大发展，达到了空前繁荣。哈斯木汗联合蒙兀儿斯坦（别失八里）统治者，与乌兹别克昔班尼汗进行了长期战争。对内统一了哈萨克诸部，其领地南部包括锡尔河流域及其城市，东南包括七河流域，东北达巴尔喀什湖以东以南，西部至雅克河流域①。首府从锡晏那克城迁至土耳克斯坦城。1513

① 《苏联哈萨克加盟共和国通史》第2卷，1979年版，第270页。

年，与赛德汗缔结反对塔什干统治者的联盟，和邻近地区特别是中亚农业区及城市的商业贸易也甚为频繁，并采取措施促进哈萨克社会经济、文化的发展，使汗国人口增至一百余万，士兵达三十万①。为了稳定社会秩序，巩固自己的统治，他根据当时的实际情况，在自古相传的习惯法基础上进行整理研究，召集著名的比②，共同制定了哈萨克汗国第一部法典(kaskajol)，即《哈斯木汗国名鉴》，世称《哈斯木汗法典》或《明显法律》。

《哈斯木汗法典》的主要条款为：1. 财产法，包含关于解决牲畜、牧场、土地诉讼的规定。2. 刑事法，即有关杀人、抢掠人口和牲畜、盗窃等刑事犯罪的处罚规定。3. 兵役法，关于组建军队、兵役义务的规定。4. 使臣法，主要规定挑选使臣的条件，指出使臣必须具有丰富的知识，熟悉各国情况，能言善辩，精通外交礼节，等等。5. 民事法，关于婚丧嫁娶、节庆礼俗等具体规定③。

《哈斯木汗法典》实行一百年后，至额什木汗统治时期（1598—1628年或1645年）④，又制定了新的法典。额什木汗在哈萨克历史上以“魁梧的额什木好汉”而闻名。即位后，与布哈拉及撒马尔罕统治者签订和约，规定塔什干城及其周围地区在二百四十年内归哈萨克汗国管辖。并与中亚各国建立贸易关系，还用武力讨平塔什干统治者吐尔逊·穆罕默德的叛离，使哈萨克汗国重归统一。为了维护社会秩序，处理汗国内各种事件和刑事犯罪案件，他对《哈斯木汗法典》进行了补充，形成《额什木汗习惯法》，也称《古用法律》。其补充的内容包括以下几点：1. 可汗有权制定适合于自己汗国的法律；2. 巴图尔应当进行合法的出征并战必取胜⑤；3. 尊敬有学问的人；4. 比应当有专门办事的机构⑥。

这是哈萨克汗国政治、军事、文化、司法等方面带有根本法性质的四项原则。因为规定可汗有制定适合国情的法律之权力，就可用法律形式来

① 《苏联哈萨克加盟共和国通史》第1卷，1957年版，第188页。

② 比（Biy），为执法人员，负责处理民刑案件。其人必须能言善辩，娴于辞令，熟悉哈萨克习惯法，善于处理各种诉讼案件。是部落头目统治牧民的助手，有的直接成为部落头目。

③ 《苏联哈萨克加盟共和国百科全书》第6卷，1974年版，第542页。

④ 《苏联哈萨克加盟共和国百科全书》第4卷，201页。

⑤ 巴图尔，是指作战勇敢、为人们所公认的功绩卓著的英雄。负有捍卫国土、抵御外敌入侵、保卫本部落人们生命财产安全等职责。

⑥ 《苏联哈萨克加盟共和国百科全书》第4卷，第201页。

维护社会秩序，巩固统治地位；规定巴图尔的职责，就可保证在军事上的胜利，以维护汗国的统一；尊重有学问的人，对于提高民族素质、文化水平是极为重要的措施；给履行司法职责的比以固定的办事机构，这有利于处理汗国内各种诉讼案件和民事纠纷，以便稳定封建统治秩序。

继《额斯木汗习惯法》之后，至头克（Tawke）汗统治时期（1680—1718 年），对原有法典又进行了修订。头克汗，亦译为泰吾坎汗或塔夫卡汗，为江格尔（扬吉儿）汗之子。继位后，即着手消除汗国内分裂状态，加强汗权和地位，维护诸部落间的团结，采取各种措施控制三个玉兹①，限制各兀鲁思的独立活动。经常召集大、中、小玉兹的汗和比在塔什干开会，商讨国内外重大事务，使哈萨克汗国又出现安定统一的局面。

但在其统治时期，由于准噶尔贵族侵占了哈萨克东部地区，哈萨克人拥有的牧场大为缩小，内部争夺牧场的纠纷时有发生，人命案子也日益增多。因此，头克汗审时度势，将土地法从财产法中分离出来，从刑事法中析出偿命法，并对寡妇转房作了具体规定，以法律形式来解决当时遇到的新问题。他专门组织一批哈萨克民间阿肯、系谱家、弹唱者及知识丰富的老人，搜集整理哈萨克系谱、谚语、格言、神话传说、历史故事、诗歌和各种题材的史诗。特别注重搜集了哈萨克古代的风俗习惯、判例和法律，与此同时，还专门全面记录了哈萨克各部落的印记口号。然后召集国内有名望的比：托列比、哈孜别克比、阿依铁克比等，商讨重新制定法典。经过充分协商，在《哈斯木汗法典》及《额什木汗习惯法》的基础上制定出新法典。即将《哈斯木汗法典》的五项条款修改并补充为七项，增添了土地法和偿命法，称为《七项法典》，史称《头克汗法典》②。

哈萨克汗国所制定的上述几个成文法典后来都失传了。唯有一种简单的《哈萨克汗国法典》的手抄本，现藏于土耳其伊斯坦布尔市苏来满·哈努尼图书馆。我们目前只能从一些史籍的记载中了解这三个法典的大致内容，并从列夫申《吉尔吉斯·哈萨克诸帐和各草原志》一书中掌握了《头克汗法典》的片断三十三条③。好在这个遗憾由 1822 年搜集整理的

① 玉兹（Jüz），哈语“部分、方面”之意。是古代部落联盟形式同当时行政地区相结合的一种管理制度。由若干兀鲁思组成，其统治者为小汗。哈萨克共分为大、中、小三个玉兹。

② 吉利季列耶夫：《哈萨克刑事习惯法》，1955 年版，第 87 页。

③ 列夫申：《吉尔吉斯·哈萨克诸帐和各草原志》第 8 卷，1832 年版，第 170—178 页。

《西西伯利亚吉尔吉斯（哈萨克）人法规》之详尽内容作了某些弥补[①]。

头克汗逝世后，哈萨克汗国逐渐衰落，各玉兹的小汗不服从大可汗统治，独据一方，各自为政。清朝统一西北后，阿布赉等向清廷称臣纳贡。此后，沙俄进一步向亚洲扩张，吞并了哈萨克大部分地区。为了加强对西伯利亚土著诸部落的统治，俄国政府于19世纪20年代，搜集各部落习惯法，准备编制西西伯利亚和东西伯利亚土著部落的习惯法法典。当时，西伯利亚总督斯佩兰斯基秉承沙皇旨意，搜集哈萨克的法习惯、判例，并根据沙俄统治的需要，作了某些补充。于1822年召集熟悉哈萨克汗国法典和习惯法的巴依哈任拜等参加会议，制定了《西西伯利亚吉尔吉斯人法规》（或译为习惯、条例，以下简称《法规》），并于1824年付诸实施。《法规》共有九章二百零八条。九章内容包括：1. 关于宗教崇拜；2. 关于法院和法官；3. 关于证据；4. 关于杀人、伤残、战斗和侮辱；5. 关于窝藏罪犯和纵容其逃跑；6. 关于鸡奸（兽奸）、强奸和淫荡；7. 关于勒索；8. 关于窃盗；9. 关于诉讼[②]。

沙俄根据《法规》，将中玉兹领地分为八个区，归西西伯利亚所属的鄂木斯克州管辖。小玉兹则被分成西、中、东三个区，并强迫小玉兹五万哈萨克人迁到乌拉尔和伏尔加河下游一带居住。规定由五十至七十帐（户）组成一个阿吾勒，由十至十二阿吾勒联合成一个伏勒斯特（小区），由十五至二十伏勒斯特构成一个奥克鲁克（大区）。由长老治理阿吾勒，苏丹管辖伏勒斯特。治理奥克鲁克的则是公职人员，由大苏丹和四个助手（两个俄国人、两个哈萨克人）组成[③]。哈萨克人每年必须向沙俄缴纳赋税和服各种劳役。哈萨克汗国至此彻底解体。

《法规》虽是在沙俄统辖下制定颁行的，但它主要是哈萨克习惯法的汇集，故又称为《吉尔吉斯人的习惯》。其中包含很多哈萨克族的习惯法和汗国法典的内容，是研究哈萨克法的重要文献资料。

而居住在巴尔喀什湖以东以南的哈萨克人归属清朝后，清廷根据

---

① 当时所谓吉尔吉斯人包含两部分：一是卡拉·吉尔吉斯（指柯尔克孜），一是吉尔吉斯·哈萨克（专指哈萨克）。

② 萨摩克瓦梭夫：《西伯利亚土著居民习惯法资料集》，1876年版，第245—282页。参见梁赞诺夫斯基《西伯利亚各部的习惯》，1938年版，第13—20页。

③ 公职人员不仅有行政权，而且有司法权力，掌握高级法院的审判权，而初级法院则由长老比来掌握。

《理藩院则例》及《钦定回疆则例》的有关规定对其进行统治。19 世纪后半期，清廷在哈萨克地区建立了一整套王公制度，其头目任郡王、贝子、毕、台吉、乌库尔台、扎兰、藏根、百户长、五十户等官职。乌库尔台以上均世袭，以下虽非世袭，在习惯上却也多变为世袭。同时，规定和承认其俸禄、差役及对属民进行惩罚的办法。并规定哈萨克人需向清政府缴纳赋税，初是缴纳牲畜头数百分之一，后改为定额税。哈萨克族的统治者残酷地剥削和压迫牧民，掠夺他们的财产，对敢于反抗的牧民加以严刑拷打和武力镇压。清朝于哈萨克地区设置的这套官制和剥削制度，在新中国成立前各个统治时期大多继承下来。部落头人和千百户长利用固有的封建特权，对牧民进行经济剥削。牧民要缴纳草头税（牲畜税）、田赋、商业税、屠宰税、统税及宗教税等，还有临时摊派和劳役，名目层出不穷。并且，动辄以犯罪、反叛之名，横加敲诈勒索，判以服役坐牢乃至处以极刑。不过，在哈萨克民间，很多习惯法仍被奉为金科玉律，继续得以施行。

除了上面提及的汗国三个法典及 19 世纪 20 年代的吉尔吉斯人法规外，还有新中国成立后新发现的司牙孜法律条文。19 世纪末，在塔城、伊犁、喀什噶尔附近中俄边界地区，沙俄、清朝官员和哈萨克部落头人每三五年开会一次，讨论双方纠纷问题，依哈萨克习惯法清理两属边民互控积案，即司牙孜制度。1958 年，新疆社会历史调查组在托里发现：为 1899 年于奇巴拉嘎什召开的司牙孜会议所起草的法律条文。共四十六条，二千六百余字。内容包括对偷盗牲畜的处罚、财产纠纷、人命案件、婚姻嫁娶、财产继承、审判程序等。是研究 19 世纪末、20 世纪初哈萨克社会的宝贵资料。

## 二 哈萨克法内容实质

法是统治阶级意志的表现，古代哈萨克法尽管包含着很多自古沿袭下来的习惯，残存着氏族制的痕迹，但同样是奴隶主、封建主阶级意志的反映，具有明显的阶级性。下面主要依据《头克汗法典》、《西西伯利亚吉尔吉斯人法规》、司牙孜法律条文以及有关的调查资料，从财产法、债权法、家庭婚姻继承法、刑事处罚等方面略加剖析。

### （一）规定牧场为氏族共同体所有，侵占他人牧场或土地要受到惩处

哈萨克族以经营游牧畜牧业经济为主，辅以狩猎业、农业、手工业和商业等。15 世纪后，哈萨克社会虽已进入早期封建制阶段，但仍保留着以血缘关系为纽带的部落氏族制残余。牧民们大多以部落氏族为单位，过着逐水草而居的游牧生活。部落氏族组织的基本单位称为“阿吾勒”。其经济基础是牧场公有，牲畜私有。每个部落都有自己的春夏秋冬牧场，一年四季按一定路线搬迁，别的部落不得侵占。《西西伯利亚吉尔吉斯人法规》第 168 条规定：土地是氏族共同体所有，用以游牧业。“谁带着帐篷和牲畜占有别人的土地，谁就要从该地被驱逐出去，而看管之人要受责打。”第 188 条规定：“谁占用他人的土地，即使十五年后也得从其手中取走。”第 170 条又进而规定：“如有人的家畜践踏他人田地或割他人土地上的草者，必须赔偿因此而引起损失的一半，并取回所刈之草。”对附着于土地上的建筑物也用法律形式加以保护。如《法规》第 169 条规定：“凡毁坏蒙古包或其他建筑物的，必须赔偿因此而引起的损失和罚金——马一匹和长外衣一件。”

虽然哈萨克法典规定土地为氏族公有，但由于部落头目及巴依（牧主）对于牧场有支配权，能优先占有水草丰美之牧场。因而，这些规定固然有避免或解决各部落为争夺牧场而引起纠纷之作用，不过从实质来讲，是维护了封建主对牧场的占有权。这种现象愈演愈烈，有些地区牧草场被牧主霸占后，牧民放牧牲畜要缴纳租金，如在冬牧场放牧，每一百只羊要缴纳租羊一至二只，甚至高达十分之一或二十分之一。

### （二）法典维护私有财产权，严惩盗窃

哈萨克法承认动产所有权①。《法规》第 156、157 条规定：“有人见到失物或牲口，必须向其亲属或伏洛斯特当局报告，并将得到失物的四分之一或牲口的八分之一或任物主赠予。如果他隐瞒自己的发现，将为他人所耻笑和为社会所不容。”第 131 条规定：“取走他人之物者，罪犯须赔相同或相类之物和八头牲畜。”为了维护私有财产，哈萨克法对偷窃的处

---

① 《吉尔吉斯人法规》第 166、181、189 条。司牙孜法律条文第 37 条规定：“若指定他人牲畜为自己所有者，则由千百户长判断；若双方均无证明者，则各有二分之一。”

罚是严厉的。《头克汗法典》第 13 片断规定：有人窃盗被发现，须偿还偷物的三个九倍，即“埃班纳”。如果把盗窃犯在当场捉捕搏斗时杀死，不偿还命价。偿命法还规定：抓获盗窃犯可以不经过审判抽打二十至六十鞭；如果在抽打六十鞭内即死去，也不偿命价。《法规》对谋财抢劫及初次、第二次和第三次偷窃的处分都有详细的规定。如第 135 条规定：初次窃盗的罪犯须退还所偷之物，另外罚小偷以九头牲畜的罚金（直至一匹马）；按照所偷之数，罚大偷以包括一匹或多匹马（直至七匹）在内的二十七头牲畜①。第 137 条规定：对第二次窃盗罚半个昆②，对第三次窃盗者罚全昆或处死。第 132 条规定：“持武装抢劫他人物品的，须退还一马和一袭外长衣，如果强盗殴打和伤害受害者，则受害者有权进行同罪的报复或要求九头牲畜。有谁夜间闯进屋内并抢劫者，则大抢须罚二十七头牲口，小抢须罚九头牲口；如抢劫进行中杀害人者，须赔一个半昆罚金；如有人沿途杀人并将尸体留在草原上，则他须赔两个半昆罚金。”司牙孜法律条文也有关于对偷窃抢劫罪惩处的规定，如第 33 条：“往冬窝子偷窃或沿途打劫者须还清窃物，并缴纳罚款。抢女人东西须罚一驼一马，抢男人之物须罚一马一袷袢；至阿吾勒内偷窃者罚一驼。抢劫冬窝子财物或抢劫买粮食或做买卖的贼罚一驼一马（实际上没有抢走东西，若抢走东西，则按其他规定处罚）。”这种习惯法一直沿袭至新中国成立前。在阿勒泰地区哈萨克族中，对偷盗者罚九。所谓罚九有三种：一为罚九马，至少交一匹马，其他八匹马可折羊代替；一为罚九驼，至少交一峰驼，其他八峰可以羊折替；一为罚九个元宝。如偷盗者无力交付，则抄没家产，或代以劳役，或处以酷刑③。

同时，为了识别自己氏族部落或个人的牲畜，特别是马、牛、骆驼等大牲畜，各氏族部落便创造出本氏族部落或个人特有的印记。他们在牲畜身上打下各种印记，加以区分，实际上是财产所有权的一种标志。《头克

---

① 即罚“三九”。“九罚”是游牧民族常见的赔偿和处罚单位。哈萨克汗国时“罚九”分三种。“大九”，罚以骆驼为首的九头牲畜，即一峰骆驼，怀驹的母马二匹，三四岁马四匹；“中九”，罚以马为首的九头牲畜，即五岁马一匹，三岁马二匹，二岁牛两头，羊四只；小九，罚以牛为首的九头牲畜，即牛一头，两岁牛两头，羊三只，羊羔三只。

② 昆，为哈萨克民间财产刑基本习惯单位，即一百匹马、两个仆人、两只骆驼、两套甲胄为一昆。也有以羊一千只或马二百匹（一说三百匹）或骆驼一百峰为一昆。而罚九则是作为附加的刑罚。

③ 杜荣坤编：《哈萨克族社会历史调查》，新疆人民出版社 1987 年版，第 81、第 88 页。

汗法典》明确规定："每一部落、氏族、支族须有自己的'塔木加'（作为标志用）。这些'塔木加'是分配下来的。在一切牲口和财产上必须盖印子，以便谁都能分辨属谁所有。"[①] 印记常由各部落头目或联盟首领选定，俾各遵守使用。随着私有制的发展，各家，特别是富有人家，都创制了各自印记，以维护私有财产。

维护私有财产所有权，严惩偷窃、抢劫，这固然为稳定社会秩序所必需。但拥有大批牲畜和财物的是巴依及部落头目，因此，这些规定归根结蒂主要是维护封建主阶级的财产和利益。

**（三）法典关于人命案子等条款，具有明显的阶级性，极力维护统治者的利益**

哈萨克汗国时，其社会基本上可划分为两个阶级，即统治阶级和被统治阶级。统治阶级包括可汗、苏丹、比、巴图尔、部落头目、千百户长、牧主及宗教上层等。管理阿吾勒（owel）的，为"阿吾勒巴斯"。阿塔（Ata，由七辈以下几个阿吾勒组成）的头目为"阿克萨卡力"；乌露（Ruw，氏族）的头目为"乌露巴斯"。管理阿洛斯（Ares，即部落）的头目为比。兀鲁思（Ules，领地）的统治者为苏丹。玉兹（Jüz）统治者为小汗。汗国的最高统治者为可汗。苏丹、汗、可汗出自铁烈部落，自命为成吉思汗后裔、"白骨头"，是贵族（托列），享有很大特权，平民（黑骨头）必须向其缴纳赋税和服役。《头克汗法典》第32片断就明确规定："凡有力量携带武器的人（除苏丹外）每年应将自己财产的二十分之一作为赋税交给汗和行政人员。"被统治受剥削的阶级是牧民和奴隶。牧民又可分成夏尔瓦（一般牧民）、克待依（贫苦牧民）、加力奇（牧工）三个阶层。奴隶，男的称为"苦尔"，女的叫做"昆"，一般是战争中被掳或被俘的。他们主要替部落头人或富牧从事家内劳动或放牧牲畜，地位最为低贱，可以在集市上任意买卖，或作为科罚品[②]、奖品、陪嫁品等[③]。虽然经过一定时期劳动后，能获得人身自由成为依附牧民，但绝不允许离开所属部落。

---

① 《头克汗法典》第33片断。司牙孜法律条文第43条规定："光绪十七年（1891）及光绪二十年（1894）司牙孜会议上发给有印记之证明，应在会议上换清。"

② 《头克汗法典》第8片断；《吉尔吉斯人法规》第116条。

③ 《吉尔吉斯人法规》第118条。

贵族与平民的地位有天壤之别，“白骨头”打死“黑骨头”就像打死一只狗，而“黑骨头”打死“白骨头”，要以七命偿一命。哈萨克法在刑罚体系方面依地位高低分成不同等级，具有明显的阶级性。如《头克汗法典》第3片断规定：“凡杀害苏丹或和卓者得交受害者的亲戚七男人的昆。”《法规》第67条规定：“凡杀和卓者，凶手及其地方（乡）赔杀七个平民一样多的罚金，如不赔罚金，则凶手和他的六个近亲，须受绞刑。”第28条规定：“凡杀法官的，须偿全昆，此外，还必须缴纳各色动物八头和男性卡尔梅克人一名。”对于侮辱罪，《法典》和《法规》的条文也是泾渭分明的。《法典》第8片断规定：“以言词侮辱苏丹或和卓者罚动物一九，殴打苏丹或和卓者罚牲畜二十七头。”《法规》第69条规定：“如有人用言词侮辱和卓、苏丹或举手打他者，须罚各色牲畜九头；如殴打和卓或苏丹者则须罚牲畜二十六头或斩掉其手指。”但第70条却规定：“苏丹或和卓侮辱或殴打平民不受处分，但如公开或不当的侮辱，则罚马一匹和长外衣一袭。”《法典》第15片断还规定：“所有主对其奴隶之生死予夺有无限的权力，而奴隶对主人的申诉任何地方也不受理。”并且第27片断规定：“女性如是劳动者、奴仆、奴隶等不得为证人。”《法规》第79条更明确指出：“主人杀死奴仆的不受刑。如奴仆杀死其主人，因其贫穷不收昆金，但若死者的亲属要求，则凶手被处绞刑。”《法典》第20片断规定：“对杀害猎犬或金鹰的人，所有主可要求其赔偿一个男奴隶或女奴隶。”《法规》第128条规定：“带走奴仆的，须付其主以牲畜计的价钱。”这说明奴隶身价只抵一只猎犬或金鹰，可用牲畜来买卖、抵偿，其地位低贱可想而知。

综上所述，哈萨克法有关杀人及伤害罪之规定，反映其社会的等级制度，极力维护封建上层生命财产安全及所谓尊严，而视广大牧民和奴隶为草芥，严刑峻法，横加残害。

**（四）法典保护宗教封建上层，严惩违教者**

哈萨克人是由古代很多民族、部落融合而成，因此在宗教信仰方面是多元的。曾经信奉原始宗教，即自然崇拜和祖先崇拜，后来又信仰过萨满教、佛教、景教，等等。至哈萨克汗国时期，已信奉伊斯兰教，但还保留着一些古代宗教习俗。依照《古兰经》的规定，每个穆斯林必须缴纳宗教税。每逢婚娶、丧葬、疾病和小孩行割礼等，请毛拉念经，都得给予一定财物。并往往设有宗教法庭，法庭可以任意处罚被认为违背宗教法规的人。

无论是《头克汗法典》，抑或 1822 年《法规》都极力维护宗教封建上层利益和威信。规定杀害和卓者，要赔偿七命，侮辱或殴打和卓者受重罚。而和卓侮辱或殴打平民者却不受任何处分。《法典》第 13 片断规定："有七种证据指控为渎神的人，须用石头砸死。"① 《法规》第 1 条规定："背教和渎神者用石头打死，若他们未被杀，则为共同体开除。"第 3 条规定："有人听闻渎神之事而不向上报告者应处财产刑——二十七头牲口，如彼不能支付罚金则被吊死。"《法典》第 4 片断又规定："若有改信基督教者，他的亲属可取得其一切财产。"《法规》第 8 条则进而指出："改信基督教者夺其财产，故意去受洗礼者，夺其生命。"这样，以法律的形式来维护宗教封建上层的利益。有的封建头目本身就是毛拉，在处理事务时，尽量从《古兰经》中寻章摘句以为法律根据。宗教被封建统治者利用来控制人民思想、加强自己统治的工具。

### （五）法典从家庭婚姻继承及家族惩罚等方面维护父系家长制及封建伦理

哈萨克族的家庭是父系家长制家庭。男性在家庭内享有绝对权力，妻子必须服从丈夫，子女必须遵从父亲②。但在家务方面一般尊重妇女的意见，外人侮辱妇女要受重罚③。

男女不平等的现象也充分反映在哈萨克汗国及以后的法律中。《头克汗法典》明确指出女人算半个男人。"杀死男人偿全价，罚一千只羊，杀死女人偿半价，罚五百只羊。"④ "如妻子杀害丈夫，她必须被处死刑，不能用交付昆来拯救她，除非其亲属宽恕她。怀孕的妇人免除执行这一规定，但永远受到藐视，被视为不受欢迎的人。如丈夫杀害妻子则可交半个

① 有的学者将此条译为：侮辱胡大者，如有七人作证，用石头砸死。

② 根据《头克汗法典》第 19 片断规定："妻子知道丈夫盗窃，儿子知道父亲窃盗，而不报告者不受任何刑罚，因为在家庭中是不允许密告年长的人。"

③ 《头克汗法典》第 11 片断；《吉尔吉斯人法规》第 74、第 76 条。

④ 《头克汗法典》第 2 片断。《法规》第 77 条规定："如有人因伤致死，则罪犯须对男人偿全昆，妇人偿半昆，此外，还要付医药费。"司牙孜法律条文第 21 条规定："命价，男子为 75 头骆驼，妇女为 38 头骆驼。"

昆免受刑罚。”①《法规》第86条、第98条规定：如妻子杀害丈夫，若是孕妇可不受刑罚，但被视为耻辱；如果不是孕妇，则她的亲属可将其带回而偿付半昆——否则被处死或根据被杀害丈夫亲戚的意愿予以赦免；如果丈夫杀害妻子，则他要偿付半昆与其亲戚。妇女地位的低下，还突出表现在姑娘往往被作为科罚品，随意予夺等方面。如《法典》第10片断提到诱拐他人妻子，如经妇人同意，则诱者付给其丈夫以聘礼，而保留妇人。若不付聘礼，则丈夫从诱者处取得女孩一人。《法规》第116条规定“有谁强奸许婚的姑娘，得赔未婚夫姑娘一、奴仆一……”第40条规定：“凶手行凶未伤人，则罪犯须赔半昆或从其同族得一最优的处女。”此外，《法规》第48条还明确规定：妇人不允许作证人和参加诉讼。可见在父系家长制下，妇女是处于极端无权的地位。

在哈萨克法中规定家族在父权制的严格控制下，实行族外婚②、收继婚及买卖婚姻，在统治集团和牧主中盛行一夫多妻。哈萨克人的婚姻大多由父母包办，一般含有买卖性质。男方必须给女方交付许多彩礼（卡利姆）。厚礼为七十七匹马，中等为四十七匹马，最少也要送十七匹马，有些达官贵人送一百峰骆驼或二百匹马。《法规》第118条指出：“普通彩礼由马三十二匹、骆驼二峰、奴仆二人组成。”此外，还要送吃奶礼、成婚礼，等等。贫穷人家无力送彩礼，只能采取换门亲（即两家互换姑娘为媳妇），或由同部落亲族资助凑齐礼物，使其完婚。

哈萨克人的婚姻是终身的，一经缔结婚姻，便不能随意解除婚约。婚后，一般是不允许离婚的，尤其是女方，更没有毁约和离婚的权利。因而《法规》第202条严厉规定：“订过婚的男孩和女孩，如不告诉父母、径自同别人结婚者处死。”司牙孜法律条文第42条规定：“有夫之妇不能离婚，不能逃走，若逃走则须还清彩礼。若丈夫死去，则须按哈族习惯与丈夫亲戚结婚。”

正由于娶亲要付很多彩礼，含有买卖性质，因而，从某种意义上讲，已婚妇女就成为部落家族的财产。为了不使人口和财产外流，哈族中盛行“安明格尔”制，即转房制或收继婚。认为女人的一条腿如果属于她丈夫

① 《头克汗法典》第4片断。第5片断规定：“母杀害自己的孩子可不受刑，但如妇人杀害私生子则被处死。”

② 后逐渐改为禁止在骨头内和亲属七代之内结婚。详见柯瓦列夫斯基《氏族生活》第2卷，第252页；《哈萨克社会历史调查》，第97页。

的话，那么另一条腿则属于丈夫的氏族，故流传着“哥哥死后，嫂子是遗产”的谚语。妇女丧夫后，必须嫁给亡夫兄弟，若无兄弟，则必须嫁给近亲或其他本氏族成员。哈萨克汗国时期的法典规定“兄死弟继嫂子”。《法规》第202条规定：“无子的未亡人归长兄所有，如有几个这样的寡妇，则兄弟每人娶一，但必须经他们的妻子同意，不施暴力。若寡妇拒绝为其丈夫兄长的妻子并选择其诸弟之一时，则后者须交大小牲畜九头。如寡妇不愿再婚，不可强迫她。如寡妇愿同外边的人结婚，此事是允许的，但财产和牲口则归亡夫男亲戚，而新夫按照习惯须交前夫的兄弟二十六头牲口。”① 收继婚是在父系大家族制确立后产生的。一方面在父系大家族内，为了保持财产与人丁的兴旺，尽量使每个人员不外流；另一方面，族外群婚时代的遗风，尚未完全从人们的文化传统中消失，此外，正如前面提到的婚姻具有买卖性质，妇女也就被作为家族的财物成为父权的一部分。因此，人们像继承父兄遗产那样，很自然地继承父兄之妻，并以此保持本家族的人口繁衍及财富的增加。

正因为已婚妇女及未婚姑娘被视为丈夫及父亲乃至全氏族财富的一部分，故在哈萨克人中，侮辱、诱拐、抢劫有夫之妇或姑娘，被认为是侮辱全氏族部落的重罚，犯者处死或以偿命价来代替。如《头克汗法典》第7、第9、第10片断，《法规》第74、第76、第116、第118、第121、第127条及司牙孜法律条文第26条等都有详细的规定。这些规定固然是对伤风败俗罪的惩罚，但另一方面也包含着视妇女为父母、夫家乃至全氏族财产而加以保护的因素。

男性家长享有主宰家庭的权力，还表现在执行家法、财产继承及子女可作为科罚物抵债品等方面。例如《头克汗法典》第12片断规定：“乱伦可处死刑，但此可用家族的裁决来代替，因为这种罪行是不能服从局外人的意见的。”②《法规》第201条规定：“如男孩或女孩抛弃父母并否认是他们所生，则父母可驱逐其出家门，取消其亲属关系和夺去其财产，永不再接纳他们。”第104条还规定：“咒诅或殴打自己的父母，男孩受不

① 另见司牙孜法律条文第27条：“寡妇因年岁已大或其他原因不能再生育者，允许自由选择去处，可带走家中财产八分之一。”《法规》第203条规定：“如男孩同父亲分居，死时无子，则其财产归父亲，妻子归兄长所有，如无兄弟则归异父母兄弟，如无异父母兄弟则归其堂兄弟，如无堂兄弟归其父亲之孙所有。”

② 《法规》第122条：“近亲的通奸，一般由家族成员处罚，不受外人的干涉。”

名誉处分：骑在黑母牛身上面向牛尾巴，旧毡挂在颈上，绕行阿吾勒并受到鞭打，而女孩则被捆绑交由其母处理。”此外还有对杀兄弟姐妹者、偷父母及丈夫东西者进行家族惩罚之规定①，不一一列举。

在财产继承方面，按照惯例，遗产只能分给儿子。哈萨克汗国的法典明确规定“父死子承家产”。“如果孩子和他的父亲分居，死时无子，则财产必归其父。”并规定立遗嘱要在亲属和毛拉的面前②。《法规》第207条规定：“父亲或母亲可遗赠给其儿子之一的份额大过其他的儿子，其他儿子没有权利抗议。”寡妇与儿子们分遗产时，可分得家产的六分之一或八分之一。至于女孩无继承遗产权，并往往被其父作为赔偿手段及科罚品。从前面所举的法律条文表明，父亲或亲族用女孩抵偿自己的罪行、债务是合法的，将女孩降低到与家长财产相似的地位。这也是父权制在哈萨克社会生活中的突出反映。总之，哈萨克法关于家庭、婚姻、继承等方面的种种规定，无一不是为维护父系家长制的尊严和封建道德伦理观念。

### （六）哈萨克法的刑罚体系实质上是维护封建统治阶级利益，套在穷苦牧民脖颈上的枷锁

从哈萨克法中可看到其刑罚有：近亲同处刑、死刑、断肢、冻死水中、抽打、鞭打、贬黜刑、没收财产、用人抵偿罚金、从共同体中开除、被迫服劳役、罚金，等等③。以上种种身体刑均可用罚金来代替，即以罚代刑、定额赔偿制④。如《头克汗法典》第2片断规定：“凡犯窃盗、抢劫、强奸、通奸之罪者处死刑。”杀人者偿命，伤残他人者，须被夺去其身体的相应部分。但刑罚往往“根据法官的宣判或原告的同意可以减轻，在这种情况下，犯人只依每种罪行所规定的罚金处分”。杀人者交昆，若无力赔偿，则被处死。而夺去他人一个拇指赔羊百只，一个小指赔羊二十只，否则就要受同害报复。《法规》条文中这方面的例子更多。

---

① 《法规》第95条、第150条、第151条。《头克汗法典》第16片断。

② 《头克汗法典》第21片断、第22片断。

③ 据调查，阿勒泰地区，新中国成立前哈萨克封建头目设立的刑罚有压壁石、剁手指、游街示众、畜生踏身、灌铅水、压杠子、打板子、吊梁、戴手铐、脚镣等。

④ 定额赔偿制由来已久，早在《后汉书·乌桓传》中就提到：“听出马牛羊以赎死。”《魏书·刑罚志》谈到拓跋鲜卑代国时，“当死者，听其家献金马以赎……民相杀者，听与死家马牛四十九头及送葬器物以平之”。

从表面上看，《法典》、《法规》所规定的种种刑罚，在一定条件下，无论何人均可用昆或罚九来代替死刑或其他肉刑，似乎是很公平的。但在哈萨克社会中，一般牧民是交不起如此之多的牲畜、财物乃至奴仆的。因此，死刑及其他肉刑则往往落在贫苦牧民身上，有的被绞死，有的身体受摧残，有的长期被监禁或被逼迫服劳役来“赎罪”。而统治者及牧主等却能以财产赎罪，逍遥法外。何况，其中还有政治权力和军事威慑等种种因素。法庭掌握在汗、巴依、比手中，他们常常用任意解释部落习惯法的手段来维护封建牧主阶级的利益和榨取牧民的财物。并且，为了更好地镇压和剥削牧民，则制造种种莫须有的罪名，加在穷苦牧民身上，使其家破人亡。而统治者和牧主往往可凭借财富及依靠统治机构、法庭的庇护，逃避法律的制裁。

我们知道，在有阶级的社会里，不同阶级有不同的公平概念，而法总是与统治阶级的公平概念相适应。因此，直至新中国成立前，哈萨克法虽然很多内容是古代习惯的沿袭，往往包裹着氏族外壳，似乎在刑律面前大家平等，但实质上仍是统治阶级意志的表现，欺压广大牧民的有力工具，套在他们身上的桎梏。其宗旨是为巩固剥削阶级的政权，维护封建社会秩序服务的。

## 三　哈萨克法源流

哈萨克是由古代很多民族、部落融合而成。从6世纪至12世纪，古代哈萨克部落先后经历了突厥汗国、突骑施汗国、葛逻禄汗国、克马克汗国、喀喇汗朝和西辽统治时期。从13世纪至15世纪，又经历了蒙古汗国、元朝以及金帐汗国、白帐汗国统治时期。从15世纪中期至19世纪初为哈萨克汗国时期，但也不断受准噶尔、清朝及沙俄等各种势力的影响。因而，哈萨克法是哈萨克民族在长期社会生活实践中形成的。它既是哈萨克统治阶级意志的体现、民间习惯的汇集，又受到政治形势发展及周围诸族法律的影响，因而其法源是多元的。哈萨克法的逐步形成过程，与其他游牧民族一样，也是经历了由习惯法向成文法过渡的发展阶段。尽管其阶级烙印相当鲜明，但其渊源于习惯的原貌，还是依稀可辨，这是与其社会基础紧密相连的。社会物质生活条件对法始终有制约和决定性作用。

1. 主要来源于长期社会生活中所形成的习惯。在哈萨克语中，法律一般称为贾尔厄（Jarqe），意即真理、公平。其最基本的含义是把一件物品平分成两部分，故哈萨克人称公正的比（Biy）为“把一根毛劈成两半的人”。并流传着“公正的判决——金天平”的谚语。这说明法律在哈萨克人心目中就意味着公正的判决。最初的法是由长期社会生活中逐渐形成和积累的。哈萨克法律最主要的来源是哈萨克人中世代相传的习惯法。如保留了父权制的氏族制度、族外婚、为新娘支付身价、允许一夫多妻、兄终弟及的收继婚、不动产的缺乏、私法生活的不发达，以及牲畜私有现象与牧地名义上公有的古老外壳同时并存，等等。

其习惯法也表现在刑罚系统中，最突出的是巴兰托惯例和罚昆。据《头克汗法典》第29片断规定：“如果被判人不执行法官的判决，或阿吾勒长老有意避开审议案件，因而保护犯罪的人，则原告取得这样的权利，在得到长老的许可后，执行巴兰托，即带着亲属或近邻去到被告的阿吾勒那里秘密将牲口带到自己家中。可是在回家时他必须将此事报告给自己的长老，并保证酬劳的总额与讼诉费的总额相称。”《法规》第142、143条规定：“如有人对无罪的人实行巴兰托，须赔全巴兰托。如有人为了赔偿，实行巴兰托赶走多于应得的牲口，则多余部分应退还。”这种惯例是氏族复仇的残余和继续。最初是根据法官或长老的判决，继而，只要犯罪人坚决拒绝满足原告就可实行巴兰托。发展到后来，凡是受到奇耻大辱的、被抢劫的或不满现状的都聚集一批骑手，前往仇敌那里，攻击其住所，并将其畜群赶走。而受攻击的人也尽量设法报复，如此往返，参加人数不断增加，规模越来越大，往往造成氏族部落间的械斗。至于罚昆，也是极富有特点的。此外，如用马践踏的处罚①、冻死水中等②，都含有习惯法的因素。

其他诸如阿吾勒和家族对成员的责任；父母杀其子女、怀孕的妇女杀其丈夫、主人杀其奴仆等免受刑罚，在乱伦、杀害兄弟或姐妹、盗窃父母或丈夫东西之场合，家族有权审判其成员；在某种情况下，即为了复仇，将凶手交给受害人亲戚等惯例，都是氏族部落习惯的性质。

---

① 将受刑者捆绑卧地，赶着马匹来回践踏受刑者肉体，不死则残。用牲畜践踏，也见于其他民族的刑法。如据《海语》卷上《风俗》所载，暹罗“罪重殊死者腰斩，或以象蹂之”。

② 《法规》第113条。也见于其他民族，如《西藏记》下卷《刑法》规定：二姓斗殴致命，凶手如“无银则缚弃水中，籍没其家”。

而这些习惯法，又是哈萨克各部落长期社会生活积累而成的，并且是融合了乌孙、突厥等各种古代民族习惯法的结果。如突厥刑法规定："反叛、杀人及奸人之妇、盗马绊者，皆死；淫者，割势而腰斩之；奸人女者，重责财物，即以其女妻之；斗伤人者，随轻重输物；伤目者，偿以女，无女则输妇财；折肢体者，输马；盗马及杂物者，各十余倍征之。"[①] 我们从哈萨克法中也可看到古代突厥法的某些影子。

2. 命令的（立法的）条文。在哈萨克法中也可看到有些条文是由命令所组成的。《头克汗法典》第30—33片断就是头克汗的几点指示。如第30片断命令："汗本人及所有苏丹、长老和行政人员每年秋天必须在草原中部某地集合讨论人民的事。"第31片断："吉尔吉斯人骑马赴人民的集会必须带自己的武器。没有武器的人无表决权，他们的下级也不会把位置给他们"等。以命令作为法律，这在北方游牧民族中是屡见不鲜之事。例如1677—1678年作为法律形式出现的卫拉特蒙古噶尔丹洪台吉两项补充敕令，就是典型的例子。

3. 蒙古法的影响。哈萨克诸部落曾有相当长时期是处于钦察兀鲁思或金帐汗国统治之下，成吉思汗的大札撒对其不是没有影响的[②]。例如死刑的适用范围是对凶杀、抢劫、窃盗、诱拐他人妻子、强奸、杂婚、通奸，等等[③]。

在古代蒙古人中间对盗马贼处以死刑，后改为用九倍罚金来代替。[④] 古代哈萨克法对窃贼也是处死或赔所盗财物值三九的罚金。然而对于小偷盗马一匹，则罚金为九马，对于所盗不及一匹马价值的窃贼则罚一九牲畜。这里共同点不仅是刑罚——死刑和代以赎金的支付，而且也在于赎金数九的计算法。16世纪后半期制定的《阿勒坦汗法典》、17世纪初制定的《白桦法典》、中期制定的《卫拉特法典》、18世纪制定的《喀尔喀法典》，也都是以九为科罚单位。

哈萨克财产刑的基本单位是昆，一个昆或半个昆是用作普通的基本刑

---

① 《北史》卷99，《突厥传》。

② 参见列昂托维奇《古代蒙古、卡尔梅克或卫拉特刑法典》，1879年版，第245页。

③ 列夫申：《吉尔吉斯·哈萨克诸帐和各草原志》第8卷，第170—178页。

④ 梁赞诺夫斯基：《蒙古法之基本原理》，1937年版，第83—86页；《蒙古部落之习惯法》，1929年版，第57—60页。关于罚九的规定由来已久，如《新唐书·南蛮传松外蕃》中提到："盗者倍九而偿赃。"

罚，而罚九则是作为附加刑罚，适用于刑罚不超过二十七头牲畜的时候[①]。在哈萨克人中，这种罚九的规定是晚于昆而被使用的，可能是受蒙古法的影响。

至于有关畜印的规定，溯其渊源，既是北方游牧民族的遗风，又可能受蒙古人的影响。据史书所载，5 世纪的高车人“其畜产自有记识，虽阑纵在野，终无妄取”[②]。6—8 世纪的突厥诸部也有畜印[③]。12—14 世纪的蒙古“各君主或他人之畜养牲畜，如马牛骆驼及其他大牲畜，在畜身上作一记号，任其放牧于野中，不用人看守。各主之畜混牧一处，都有记号，可以辨识，牧后各归其主”[④]。《喀尔喀法典》也提到：“除三大事外，不得将打有烙印之骆驼与马给予任何人。若使者与车夫有意取用，即按古法处置。”[⑤]

哈萨克法与古代蒙古法相似之处，还表现在双亲即使杀害自己子女也不受罚等方面。总之，它继承了大札撒的有效性和蒙古古代法的严酷性，但却未能受到 16—17 世纪蒙古法逐渐宽大化倾向的影响。

4. 伊斯兰法的影响。以《古兰经》为主要渊源的伊斯兰法，是把礼仪问题与民法、刑法和国家法结合起来的穆斯林法。其内容主要有两方面：第一，有关宗教仪式的规定；第二，法律方面的规定，涉及饮食禁忌、交易借贷、债务纠纷、婚姻程序、财产继承、释放奴婢、缴纳赋税等民事和刑事。《古兰经》刑法规定四种刑罚：以同样的方法实行报复（基萨斯）、对杀人罪处以罚金（的叶）、法律规定的不可改变的刑罚（哈德）、法官判处的刑罚（塔齐尔）。

早在 15 世纪中期哈萨克汗国建立前，伊斯兰教就已传入哈萨克诸部落。因而，伊斯兰宗教法必然对信奉其教的哈萨克之法律产生一定影响，其吸收了伊斯兰法中的一些内容。《古兰经》中血族复仇法规的同罪刑法（又称同害刑），也在哈萨克法中有所体现。如《古兰经》提到：“信道的人们啊！今以杀人抵罪为你们的定规，公民抵偿公民，奴隶抵偿奴隶，妇

---

① 例如《法规》第 23 条：“在法官面前给他人以致命伤，或杀害人者，则须缴纳全昆；而对法官来说，凡对自己失敬的，必须付包括骆驼在内的各色动物九头。”

② 《魏书》卷 103，《高车传》。

③ 《唐会要》卷 72，《诸蕃马印》。

④ 冯承钧译：《马可波罗行纪》上册，中华书局 1954 年版，第 284 页。

⑤ 《喀尔喀法典》1722 年条例。

女抵偿妇女。”[①] 并规定对凶手的赎金和残废场合的同罪刑律。例如，规定小偷的手将被砍掉，对于抢劫的刑罚则视罪行严重程度而定：坐牢、伤残、绞死或钉十字架等[②]。这种同害刑也见于《巴比伦王汉谟拉比法》[③]、《摩西法》[④] 及《舜典》之中。[⑤] 而在《头克汗法典》中表现得尤为突出，第1片断即提到“以血还血，以伤残还伤残”的同罪刑法。第2片断规定：“按照此等法律，被害者的亲属有权将凶手处死，而切断他人之臂、腿、耳等者须被夺去其身体的相应部分。有时，根据法官的宣判或原告的同意，刑罚可用赎金来代替。”无论是《头克汗法典》或《吉尔吉斯人法规》都严厉地规定对违教者的惩处。凡此种种，皆带有伊斯兰法的色彩。同时，伊斯兰法的影响也表现在婚姻上。如《头克汗法典》明确规定：“一个男人可娶四个妻子”等。

但总的说来，伊斯兰法对哈萨克法的影响要比定居的信仰伊斯兰教之民族小得多。在哈萨克人中间，《古兰经》不是完全当作宗教法律制度来运用，只有其中少数条文是对这一民族的习惯法有影响。在古代定居的信仰伊斯兰教民族中，可说似乎没有民事法官，大多是根据《古兰经》来判案。而哈萨克的审判，在头克汗时期是由各帐的汗和阿吾勒长老，通过仲裁人的帮助来处理案件的。后由巴依或比（有的发展为伯克）根据习惯法来审判。哈萨克的习惯法比伊斯兰教义容易理解，而且适合其游牧生活方式，也更符合哈萨克人民酷爱自由、豪放的性格。如伊斯兰教的哈孜不允许人们上诉，并常对不服判决的进行威胁：“不服胡大判决，死后将进地狱。”而根据哈萨克法，部落头目将一案件判定，如果此人不服，可向上一级申诉，直至可汗。故哈萨克中流传着：“不公正的判决，可上诉七个汗”的谚语。

由于政治和居住环境的原因，19世纪以后哈萨克的某些立法也受俄罗斯法及清朝对回疆制定的律例之影响。前面提到的《吉尔吉斯人法规》

---

① 马坚译《古兰经》第2章，第19页。这里仅指信徒而言，如果穆斯林奴隶杀死异教之自由民也不致处死。

② 罗伯特：《古兰经的社会法律》，第79页。

③ 伏尔柯夫：《巴比伦王汉谟拉比法》第196，第197，第200条，1914年俄文版。

④ 参见《出埃及记》第21、第22章，《申命记》第22、第24章。《摩西法》基本要求是：“以眼还眼、以牙还牙、以手还手、以足还足、以烧还烧、以伤还伤、以鞭打还鞭打。”

⑤ 《书传辑录纂注》卷1《虞书舜典》提到：“所犯合墨则加以墨刑，所犯合劓则加以劓刑，剕宫大辟皆然，犹夷虏之法，伤人者偿创，折人手者亦折其手，伤人目者亦伤其目之类。”

及司牙孜法律条文就是明显的例子。法的形成经历着漫长的过程，是随着私有制和阶级的出现而产生、发展的。在原始公社制度下，没有传统意义上的法，也没有权利和义务的划分，但却有公认的行为规则，这就是在长期生产和生活过程中形成的反映氏族全体成员共同意志的习惯。随着原始公社制解体，奴隶社会形成，便产生了体现统治阶级意志的法。最初的成文法大多是习惯的记载，稍后，立法活动逐步发展，才有比较完整的成文法典。我们从对哈萨克法渊源的探究中可看到，其最主要来源，是世代相传的习惯法。为什么古老习惯法，在历史长河中，还能保持其一定权威性呢？主要是因为它借以产生的社会基础，尚未遭到彻底破坏，如存在大量氏族制残余，不仅牲畜私有现象与牧地公有外壳同时并存，而且还保留着血族复仇、氏族巴兰托惯例、兄终弟及收继婚，甚至对劳动力的剥削也往往披着收养制等氏族互助的外衣，诸如此类，不胜枚举。既然社会生产还与前国家时期有着千丝万缕的联系，那么，法律观念当然不能与古朴的习俗绝缘。因此，尽管哈萨克法的阶级烙印甚为明显，但其主要渊源于习惯的事实，是无可辩驳的。从某种意义上说，哈萨克法是习惯法和特权法矛盾体的有机结合。

我们说哈萨克法主要来源为世代相传的习惯，但这并不排斥政治风云变幻及社会发展、文化素质提高、思想观念变化等，对立法的巨大推动作用，也不能忽视周围民族对其法律形成的影响。

因此，我们研究哈萨克法不仅是了解其产生发展的进程及内容实质，以助于对哈萨克政治制度、法制思想、阶级结构、经济状况等的探讨，而且也使我们对哈萨克社会风貌及与周围诸族关系，能从更深的文化层次中进行挖掘和探索。

（原载《民族研究》1988 年第 6 期，与罗致平先生合著，后被收入《中国法制史考证》，中国社会科学出版社 2003 年版）

# 略论元朝法律文化特色

**摘　要**　元朝是中国历史上第一个由少教民族建立的全国性统一封建政权。蒙古族统治者依据"各从本俗法"的原则，对蒙古法、回回法、金制唐律等兼容并蓄，其法源呈多元性，法律文化也色彩斑斓，富有时代特点。本文在全面研究元朝法制的基础上，通过纵横对比，从成文法溯源、形式、内容、监察司法机构、圆署约会制度、律书语言文字等方面，论述了这个时期法律文化的特点。并指出：元朝统治者将"祖述"和"变通"紧密结合，其法制主要受中原传统法系影响。但又留有浓郁草原游牧气息的蒙古习惯法遗痕，还吸收了回回法、吐蕃法等的某些内容。这种与他族交融而不失原有特色的文化现象，正是一个民族内部及中华民族凝聚力经久不衰之重要渊源所在。

**关键词**　元朝　蒙古　法律　文化　特色

公元13世纪，以成吉思汗家族为首的蒙古族统治集团崛起朔漠，建立大蒙古国。继而南下和西征，先后并西辽，降西夏，灭金朝，亡南宋，在广袤的疆域内，建立起统一多民族的元朝政权（1271—1368年）。

蒙古国创业之始，"诸事简明"，"以万户统军旅，以断事官治政刑"①，遵守《大札撒》。至太宗窝阔台伐灭金国，在中原地区仍循用金朝以唐律为基础创制的《泰和律》。世祖忽必烈即位，在中统建元诏书中提到："稽列圣之洪规，讲前代之定制。"② 其意就是既要考虑大蒙古国前几位大汗的"洪规"，又要采用中原历代相传的"汉法"，从而逐渐建立蒙、

① 《元史》卷85,《百官志》一，中华书局点校本。

② 《元史》卷4,《世祖纪》一；王鹗：《中统建元诏》,《国朝文类》卷9，四部丛刊初编本。

汉等多元混合的政治体制。他一方面采纳汉儒“附会汉法”的建议[1]，改元建号，在汉地建都城，吸收中原汉族传统的王朝统治形式定内外之官等。但另一方面，又坚持“祖述变通”，尽可能地保留蒙古旧制，如分封采邑制，设置达鲁花赤，坚持蒙古人为正官的原则、蓄奴制度、官商制度、科差制度、军事长官世袭制、朝庆会典的泛赐制度及一些民族歧视和压迫政策、法令等。因而，形成了以蒙汉统治阶级联合意志为核心，用民族压迫掩盖阶级压迫为实质的南北异制，以及蒙古“国俗”与金制唐律、回回法等相交融而以中原传统法系为主体的法律文化。

自元世祖于至元二十八年（1291年）颁布《至元新格》之后，其继承者又陆续制定编纂《风宪宏纲》（仁宗延祐年间）、《大元通制》（英宗至治三年颁行）、《元典章》（仁宗延祐及英宗至治年间刊行）、《经世大典》之《宪典》（文宗至顺二年完成）、《至正条格》（顺帝至正六年颁布），等等。这些皆属于中华法系的一部分，其编纂大多是从唐、宋、金诸朝的法典体系演变而来。但无论从法律制度、理论、观念，抑或律书形式、语言文字等方面来看，又有其独特之处。因而，元朝的法律文化上承唐、宋、金，下启明、清，呈现了兼容性、集成性、独创性的特点。

## 一　法源呈多元性，蒙古法、回回法、金制唐律等兼容并蓄

蒙古统治者于建立统一多民族国家之后，在确保其最高统治权益的前提下，基本按照“成吉思汗皇帝降生，日出至没，尽收诸国，各依风俗”的原则[2]，对各族进行统治。其法源既吸收了汉族传统法制，又夹杂着蒙古法、回回法、吐蕃法等成分，呈多元化的特点。

元廷为统治汉地居民的需要，在法律制度等方面逐渐汉化，但仍保留了浓厚的游牧民族特色，尤其在岭北行省（蒙古本土及以北地域）更为明显。岭北行省管内的地方行政区，《元史·地理志》仅载有和宁路与称

---

① 郝经：《立政议》，《陵川集》卷32，乾隆三年高邮王氏刻本。

② 《元典章》（《大元圣政国朝典章》）卷57，《刑部十九》，《禁回回抹杀羊做速纳》，海王邨古籍丛刊本（另见台湾影印元本）。

海宣慰司两处，其下不置州县。这是由于当时岭北蒙古人仍按千户、百户的组织作为地方行政单位。留于漠北的蒙古人除了在驿站系统当役的人户外，基本上还按万户、千户的编制在一定区域内屯聚牧养，有事时就从他们中间起军出征。至于进入内地的蒙古人，绝大部分都以军户著籍，即为蒙古军户。

对于仍居于蒙古本土的蒙古人，施用的是蒙古法，大体上是由部落时代沿袭下来的若干习惯法以及成吉思汗的《大札撒》（札撒中有一部分条文实际上是以法令形式对于习惯法的重新颁布）构成的。而对于进入汉地的蒙古人来说，随着其居住环境和生活方式的改变及由此引起的意识形态上的某些变化，《大札撒》中有些规定就不一定合适了。例如，札撒禁止蒙古人洗濯衣服，直至穿破为止，禁止说某物是不洁净的，等等。这一类习惯法的产生，显然与蒙古人游牧生产方式，以及生活在水源珍贵的草原地带有关。入居内地的蒙古人似乎就没有必要继续遵守类似规定。

尽管如此，元朝法律受蒙古因素影响仍然十分明显。一是受蒙古法的影响，例如军队编制十进位；对军官考核提出“治军有法，守镇无虞，甲仗完备，差役均平，军无逃窜”五个要求等①，都可从《大札撒》中见到相应的记载。二是受蒙古社会因素的影响，在《大元通制》等律书中，站赤、投下、驱口和民族等级的规定，都反映了蒙古族作为统治民族的优越感以及与其相关的新社会因素的影响。

在元代，蒙古传统刑法的适用范围虽受到一定限制，但某些方面对全国的刑法仍有不小影响。例如，蒙古习惯法和成吉思汗《大札撒》都规定：对偷盗牛、马、羊的蒙古人处以盗一赔九之罚。后来，汉人、南人盗牲口，也“依著蒙古体例教赔九个”；盗猪亦依偷盗牛、马、羊畜例处断②。又如蒙古人严禁抹喉放血的屠宰法，并将此禁令强加给汉人和回回居民。元朝和伊儿汗国曾有不少回回人因违反禁令而被处死③。再如元世

① 《通制条格》卷7，《军官课最》，《元代史料丛刊》，黄时鉴点校本，浙江古籍出版社1986年版，第112页。

② 《元典章》卷49，《刑部》一一，《汉儿人偷头口一个也赔九个》、《盗猪依例追赔》，等等。

③ 详见《元典章》卷57，《刑部》十九，《禁回回抹杀羊做速纳》。据拉施特《史集》第2卷，第346—347页所载，经丞相桑哥禀奏，忽必烈下旨允许以断喉法宰羊。这从《永乐大典》卷19416，《站赤》的记载中也得到证实，其云：大德九年“回回使臣到城。多称不食死肉，须要活羊”。

祖建元后，为了体现“用刑宽恕”的意旨。笞杖由沿袭金制自10下至100下，每等加10，凡10等，而改为根据蒙古旧例，各减免三下，即所谓“天饶他一下，地饶他一下，我饶他一下”,[①] 杖、笞皆以七为尾数。当然，汉族原有的一些规章制度，也对蒙古人起着潜移默化作用，这在元朝法律中屡见不鲜。因篇幅所限，不一一列举。

从元朝法律中也可寻找到回回法的痕迹。回回人之间的民事诉讼及轻罪往往由元政府任命的回回法官哈的大师依回回法归断。[②] “回回法”一词，见于《元史·世祖本纪》。其云：“（至元）二十七年秋七月，江淮省平章沙不丁，以仓库官盗欺钱粮，请以宋法黥而断其腕。帝曰：‘此回回法也。’不允。”此处所说的“回回法”，指的是回回人的办法或法规。由于伊斯兰教渗透到回回社会生活的各个方面，因而回回法也深深地打上伊斯兰教的烙印。

元朝境内的回回人，来源于蒙古西征时从中亚、波斯等地俘掠的工匠或平民、先后签调来的军队、入仕于元朝的官员和学者、赴中国经商而留居的商人、在前代即已寓居中土的波斯、大食人后裔等。回回构成了色目人中的很大部分，政治上颇受统治者信任，于中央衙门或地方官府中任要职者不少。在国内外贸易中势力颇大，其“大贾擅水陆利，天下名城巨邑，必居其津要，专其膏腴”[③]。中统年间中都（即后之大都）已有回回人约3000户，多为富商大贾、势要兼并之家。还有大量的回回下层（工匠、平民等）被括入官府或诸王贵族的匠局，从事纺织、建筑、造纸、金玉器等各种行业的劳作。这些东来的回回乐居中土，“皆以中原为家，江南尤多，不复回首故国也”[④]，造成“元时回回遍天下”的局面[⑤]。东迁南移的回回“居中土也，服食中土也，而惟其国俗是也泥也”[⑥]，“虽适殊域、传子孙，累世犹不敢易焉”[⑦]。也就是说绝大多数回回都固守伊斯

---

① 叶子奇：《草木子》卷3下，《杂制篇》，中华书局1959年版。

② 哈的，一作合的，又称哈的大师，阿拉伯语Gadi的音译。伊斯兰教法官称号，主要职责为依据宗教法律断决有关教徒的案件。

③ 许有壬：《至正集》卷53，《西域使者哈只哈心碑》，宣统刻本。

④ 周密：《癸辛杂识续集》上，《回回沙碛》，津逮秘书本。

⑤ 《明史》、卷332，《西域传》，中华书局点校本。

⑥ 许有壬：《至正集》卷53，《西域使者哈只哈心碑》。

⑦ 吴鉴：《重立清净寺碑》，《泉州伊斯兰教石刻》，宁夏人民出版社、福建人民出版社1984年版，第9页。

兰教规。元至正时，礼拜寺（清净寺）遍及全国各地，“近而京城，远而诸路，其寺万余，俱西向以行拜天之礼”[①]。

元政府按照“教诸色人户各依本俗行者”的方针[②]，允许诸色人户各依本俗行理本族事务。从中央到地方设立许多管理民族和宗教事务的机构。诸如在中央设宣政院，掌管全国佛教事务，兼理吐蕃地区事务；设崇福司，掌管基督教事务；道教隶集贤院；置回回哈的司，作为管理伊斯兰教教徒的机构。并在边疆地区设立宣慰司、安抚司、招讨司等，开创土司制度的先河。各种法规中有不少专门针对蒙古、色目人等的规定，与前代相比，其有关民族问题的条文在全部法规中所占比例是相当大的。元廷还确认宗教上层的各种特权，明文规定僧、道、也里可温、答失蛮等享有免役和司法特权。

回回哈的司由哈的大师领之，依回回法掌本教门的宗教活动、回回人的户婚钱粮等词讼及刑名之事。《元典章》、《通制条格》等屡载有按“回回体例”断处的案例[③]。譬如，《元典章》关于解决婚姻方面的财产纠葛时就提到：“回回大师不鲁溪等称：回回体例女孩儿不曾娶过死了的孩儿，若小叔接续，女孩儿底爹娘肯交收呵，收者；不肯交收呵，下与的财钱回与一半，这般体例。又照得，娶妻财毕未成者，男女丧不追财，欲便照依回回体例，不曾断过如此事理，诚恐违错，乞明降事。省部得此，仰更为审问无差，依理回付一半财钱施行。”[④] 至大四年（1311 年），仁宗即位后，“罢回回合的司属”[⑤]，并下令撤除各地设立的相应机构，即所谓“外头设立来的衙门，并委付来的人每，革罢了者”[⑥]。同时，哈的大师的职掌也被限制在“掌教念经”等纯属宗教活动的范围内[⑦]，元廷企图收回哈的大师处断回回人刑名等公事的权力。至致和元年（1328 年），文宗又有“罢回回掌教哈的所”的诏命[⑧]。但实际上回回人相互间的诉讼，大多

---

① 孙贯文：《重建礼拜寺记碑跋》，《文物》1961 年第 8 期。

② 《元典章新集·刑部》，《回回诸色户结绝不得的有司归断》。

③ 元代硬译公牍文体中的“体例”，即“法”、“道”、“理”之意。

④ 《元典章》卷 18，《户部》四，《过门夫死回与财钱一半》。《通制条格》卷 3，《婚姻礼制》等条中也提到“回回家体例”及“回回户体例”。

⑤ 《元史》卷 24，《仁宗纪》一。

⑥ 《元典章》卷 53，《刑部》十五，《哈的有司问》。

⑦ 《通制条格》卷 29，《僧道·词讼》提到：“哈的大师每只教他每掌教念经者。回回人应有的刑名、户婚、钱粮、词讼、大小公事，哈的每休问者，教有司官依体例问者。”

⑧ 《元史》卷 32，《文宗纪》一。

仍按旧制由哈的处理①。只有无法解决的案件才向官府陈告②。由上可见，元朝的法律文化也颇受回回法的影响，回回法成为其法源之一。

汉族是元朝统治中心地区人口最多的民族。元廷从这个前提及“依俗而治”的原则出发，“遵用汉法”、“援唐宋之典故”③，大量吸收汉族法律文化，并以此来统治汉族人民。因而，中原历代封建王朝传统法制成了元朝法律文化的主要渊源。元朝文书中经常出现“旧例”问题④。也可说明此点。仅从《元典章·刑部》及《刑统赋疏》载录的断例来看，至元八年（1271年）前由法司援引的“旧例”，其文字与《唐律》相似者，即达近百条⑤，但这些旧例在一般情况下显然指的不是《唐律》本身，而是基本沿袭《唐律》的《泰和律》。因为蒙古入据中原汉地后，大量利用金朝降官旧吏治理旧金臣民，故沿用《泰和律》处理当地刑名之事也在情理之中。至元八年（1271年）禁用《泰和律》后，大量运用“旧例”作为法司断狱量刑直接根据的情况不再出现，也从反面证明过去循用的旧例确系《泰和律》。另从《元典章》卷17《户部三·父母在许令支析》引“唐律：祖父母、父母不得令子孙分另别籍”，同时又说“旧例，女真人其祖父母、父母在日支析及令子孙别籍者听”，也可看出元人所谓以“旧例”断案，通常是特指金《泰和律》而言。不过，偶尔也泛指《唐律》、《泰和律》或蒙古、元廷颁定的其他有关成法⑥。

至元八年（1271年）十一月，元廷下令废《泰和律》，但在此后有

---

① 据摩洛哥旅行家伊本·白图泰游华（元至正六年，1346年）后的报道说：“中国每一城市都设有谢赫·伊斯兰（即主教或总教长，又译‘摄思廉’），总管穆斯林的事务。另有法官一人，处理他们之间诉讼案件。”元廷还任命“全国穆斯林的首领，并以刷·知汗（即鲍尔汗丁·刷额尔智）称呼他”。可见，当时仍然存在或很快恢复了回回哈的司及其下属机构（见《伊本·白图泰游记》，马金鹏译本，宁夏人民出版社1985年版，第546—557页）。

② 《元典章新集·刑部》，《回回诸色户结绝不得的有司归断》。

③ 《元史》卷125，《高智耀传》；郝经：《立政议》，《陵川集》卷32。

④ “旧例”作为一个公牍语词，在元代以前就已经常见于文献。元人沿用的“旧例”一词，相当于从蒙语“硬译”的公牍语词“在先体例”。

⑤ 例如，《元典章》卷22，《刑部》四，《船边作戏渰死》所引旧例，与《唐律疏议》卷23，《斗讼》文字相近等。参见小林高四郎《关于元代法制史上的旧例》（《江上波夫教授古稀纪念论集》历史篇）等。

⑥ 例如，上引《元典章·父母在许令支析》之内容，在《通制条格》卷3《亲在分居》条中则曰：至元八年六月，“送户部讲究得旧例，祖父母、父母不得令子孙别籍，其支析财产者听。……以此参详，拟合酌古准今，如祖父母父母在，许令支析者听，违者治罪。都省准拟”。此“旧例”拟指《唐律》和《泰和律》的有关规定。并将两者内容搓揉在一起。

关立法文书中，仍有援引“旧例”律文的现象。诚然，这已不是以“旧例”作为处理公事的直接法律依据，只不过是在制定新律令时参考“旧例”中所体现的传统法度而已。

## 二　大部分律书是法例汇编性质，断狱量刑基本上以断例为依据

通观有元一代，一方面有《大元通制》等与唐、宋法典类似的比较系统而完整之成文法典；另一方面，元代的立法、行政、断狱量刑，基本上是以陆续颁布的有关政令、文书及司法实践中的判例为依据，律书大多为条格和断例的汇编，因而内容庞杂，结构松散，奸吏易于从中舞弊。

《大元通制》承袭了唐、宋、金诸封建王朝法典的基本精神，但在内容上也有很多增删修订，集中体现了蒙古贵族的统治意识和蒙古游牧社会遗痕的重大影响，反映了元代社会现实生活的新因素。从中国法制编纂史角度看，它是从唐、宋、金诸朝的法典体系中演变而来的。唐代法典的体系是律、令、格、式，宋代是敕、令、格、式，同时基本沿用唐律，金代的《泰和律》，包括律义（律）、律令（令）、六部格式（格式）。而《大元通制》共 2539 条，内含断例 717 条、条格 1151 条、诏制（制诏、诏敕）94 条、令类（别类）577 条，其主体部分是条格和断例。

“断例”，有两层含义：一是“断案事例”，“因事立法，断一事而为一例”，就是各级政府对案件所作的判决（即判例）。二是“断案通例”，有些判例为中书省作出（或由中书省等认可）可供类似案件判决时作为依据的，便成为“断案通例”[①]。在《大元通制》中虽将“断案通例”按《唐律》的各篇分别编纂而成[②]，相似于律，但这和过去各朝的“律”或“律义”仍有所不同。因而此部分“断案通例”，在《大元通制》等律书中以“断例”的面貌出现，成为中国法制史上富有特色的景观。

《大元通制》的“条格”，相当于令并包括格、式。而条格中经过皇帝亲自裁定、作为圣旨或圣旨附件中的条文而公布的法令，叫做“圣旨

---

①　有的学者认为“断案通例”已属“划一之法”，相当于律。在元代，常将这两种断例混用。

②　沈仲纬在《刑统赋疏》中曰：“‘断例’即《唐律》十二篇，名例、卫禁、职别、户婚、厩库、擅兴、贼盗、斗讼、作伪、杂律、捕亡、断狱。”

条画”。“诏制”则相当于敕，即“不依格例而裁之自上者也”。名称虽不同，但编纂体系基本相同，故吴澄在《大元（通制）条例纲目后序》中说其一大特点是：“以古律合新书，文辞各异，意义多同。其于古律，暗用而明不用，名废而实不废。”此书所涉及的范围，显然包括了律、令、格、式的主要内容，可认为是元代第一部较为完整的法典①。其细目与《泰和律》基本一致，篇目设计也因袭《泰和律》。但其构成条格、断例的法律文书在格式、体裁上很不统一，缺乏一般法典所具有的系统而划一的形式。审判时作为依据的主要是“断例”，凡是经过中书省、大宗正府和皇帝批准的案例便具有法律的效力，可作为判决的依据，类推解释，比附定刑。这正如朱元璋在谈到元代立法时所指出的：“唐、宋皆有成律断狱，惟元不仿古制。取一时所行之事为条格，胥吏易为奸弊。”②

大致在编订《大元通制》的同时，还刊行有《大元圣政国朝典章》。一说为江西行省下属文书机构汇辑的一部仿照《唐六典》编纂的元朝制度法令的大全③，其中收集了许多“断例”。甚至民间亦“自以耳目所得之敕旨条令，杂采类编，刊行成帙，曰《断例条章》，曰《仕民要览》，家置一本，以为准绳”④。

自《大元通制》颁行至元顺帝《至正条格》的修成，中经二十余年间，虽有《经世大典》之《宪典》的编纂，但未曾刊行，当时实际通用的是《大元通制》。由于时过境迁，《大元通制》又有好多不合时宜、颇为不便之处，并且民间出现“私造格例”⑤，法律之紊乱可想而知。

《至正条格》主要是增删《至元新格》、《大元通制》诸书而成，其中制诏 150 条，条格 1700 条。断例 1059 条⑥。可见，元朝大部分律书是法例汇编性质，断狱量刑基本上以断例为依据，民事、行政等部类立法，也往往因时立制，临事制宜。这反映了元朝统治者在立法中奉行的“古

① 今仅存条格 22 卷，646 条，包括户令、学令、选举、军防、仪制、衣服、禄令、仓库、厩牧、田令、赋役、关市、捕亡、赏令、医药、假宁、杂令、僧道、营缮等 19 项。有北京图书馆明初墨格写本，书名题为《通制条格》。1986 年，浙江古籍出版社出版了黄时鉴点校本。

② 《明太祖实录》卷 26，吴元年九月甲寅条，江苏国学图书馆影印本。

③ 《元典章》与《唐六典》也有不同之处，《唐六典》是以职官为基础，按《周礼》分类，而《元典章》则按行政机构编目，开创纂修《会典》的新体例，为明、清所承袭。

④ 《历代名臣奏议》卷 67，《治道》引郑介夫奏议，崇祯八年张溥删正本。

⑤ 《元史》卷 39，《顺帝纪》至元二年（1336）四月云：“禁民间私造格例。”

⑥ 欧阳玄：《至正条格序》，《圭斋集》卷 7，四部丛刊初编本。

今异宜，不必相沿，但取宜于今者”之指导思想①。但广泛使用断例，也易产生“有例可援，无法可守”的弊端②。元廷先后颁降的格例繁杂重出，到至大二年（1309年）为止“自太祖以来所行政令九千余条”③。罪同罚异，就使各级官吏得以徇情挟私，轻重任意，“夤缘出入为奸，所以其害不胜”④。

## 三　元律公开宣称各族在法律上不平等，将人分为四等，罪同罚异

元朝法律的不少条文，毫不掩饰地肯定民族不平等现象，将人分为四等，官吏任免、科举制度、定荫叙格、断狱量刑等皆因族而异，并带有浓厚军事专制色彩。蒙古统治者为了牢固地保持其最高统治权力，维护他们的特殊利益，在推行阶级压迫的同时，又执行民族压迫分化政策。主要体现在任职上不平等、科举考试上不平等、刑罚处置上不平等。在法律制度中反映了其强烈的民族优越感与种族偏见。

蒙古统治者吸收了金朝女真统治者任用掌管兵权、钱谷的官吏，先女真、次渤海、次契丹、次汉儿四等级顺序的规定⑤，根据不同的民族和被征服的先后，把全国各族人分为蒙古、色目、汉人、南人四等。对四等人在任用官吏、法律地位、科举名额和子孙荫叙待遇以及其他权利、义务等方面都有种种不平等规定。这在元朝的法令中得到了充分的反映。

元朝的中央或地方官，“其长则蒙古人为之，而汉人、南人贰焉”⑥。汉人任右、左丞相的，只有忽必烈时的史天泽和妥懽帖睦尔（又译为“妥欢帖木儿”）即位后的贺惟一（特赐蒙古姓氏，改其名曰太平）。而掌实权的知枢密院事及同知枢密院事，终元之世，无一汉人担任。御史台的御史大夫也是“台端非国姓不以授”⑦。各道廉访司必择蒙古人为使，蒙

① 《元史》卷20，《成宗纪》三。

② 《历代名臣奏议》卷67，《治道》引郑介夫奏议。

③ 《元史》卷23，《武宗纪》二。

④ 《明太祖实录》卷27，吴元年十一月。

⑤ 徐梦莘：《三朝北盟会编》靖唐中帙73，海天书店1939年版，第2册第396页。

⑥ 《元史》卷85，《百官志》一。

⑦ 《元史》卷140，《太平传》。

古人缺，则以色目世臣子孙补充，其次才参以色目、汉人[①]。地方统治机构路、府、州、县，均设有唯蒙古人、色目人才能担任的达鲁花赤执掌实际权力[②]。元朝统治者曾三令五申严禁和革罢汉人、南人、女直（女真）、契丹人充任达鲁花赤。如大德八年（1304 年），成宗下诏："诸王、驸马所分郡邑，达鲁花赤唯用蒙古人，三年依例迁代，其汉人、女直、契丹名为蒙古者皆罢之。"[③]《元典章》汇集了不少这方面的实例。如至大二年（1309），元朝统治者重申："各投下多是汉儿、契丹、女真做蒙古人的名字充达鲁花赤。今后委付蒙古者，若无呵，于有根脚色目人内选用，钦此！"[④] 延祐三年（1316 年），元朝政府再次规定，"有姓汉儿达鲁花赤追夺宣敕，永不叙用"[⑤]。至于南人更是严禁充当达鲁花赤一职。如大德十一年（1307），江南行台发下福建廉访分司的一个文件说："近据江西道申察，知建昌路南城县达鲁花赤伯颜，系是南人，问得本人姓黄祖太，所招情词，即系违制，拟合革罢。"[⑥] 此外，即使同为统治阶级内部，但因所属民族不同，其子孙在荫叙上所受待遇也迥然不同。如大德四年（1300 年）八月，更定荫叙格，规定："蒙古、色目人特优一级。"[⑦] 也就是《通制条格》所说的"诸色目人比汉人优一等受荫"[⑧]。

元朝的法律条文除了反映各民族在任用官吏、科举制度及其他权利义务的不平等方面外，民族压迫更为突出。不仅军事、政治法令中明显地暴露了民族压迫的政策，而且在民事法令条文中也毫不掩饰其民族歧视的内容。汉人和南人的生命财产没有保障，而蒙古人、色目人在与汉人、南人的冲突中，即使犯了罪，也能得到法律的明文保护。

通观元朝法令，民族压迫的痕迹比比皆是。早在至元九年（1272

---

① 《元史》卷 19，《成宗纪》二。

② 《元史》卷 6《世祖纪》提到至元二年规定："以蒙古人充各路达鲁花赤，汉人充总管，回回人充同知，永为定制。"

③ 《元史》卷 21，《成宗纪》四。

④ 《元典章》卷 9，《吏部》三，《有姓达鲁花赤革去》。

⑤ 同上书，《有姓达鲁花赤追夺不叙》。

⑥ 《元典章》卷 9，《吏部》三，《革罢南人达鲁花赤》。

⑦ 《元史》卷 20，《成宗纪》三。

⑧ 《通制条格》卷 6，《荫例》。

年)，蒙古统治者就颁布了“禁汉人聚众与蒙古人斗殴”的禁令①。后又规定：“诸蒙古人与汉人争，殴汉人，汉人勿还报，许诉于有司”，违者严行断罚②。法律又规定：“诸蒙古人因争及乘醉殴死汉人者，断罚出征，并全征烧埋银。”“诸蒙古人砍伤他人奴，知罪愿休和者听。”③ 同时，法律明文规定，蒙古人打死汉人，只需杖57下，征烧埋银。但是“汉儿人殴死蒙古人”，不仅要被处死，并“断付正犯人家产，余人并征烧埋银”④。从上可看出，蒙古统治者往往以“因争及乘醉”为蒙古人开脱罪责，同是犯下命案，因民族不同所得惩处也截然而异。

此外，还规定：“诸蒙古人居官犯法，论罪既定，必择蒙古官断之，行杖亦如之。诸四怯薛及诸王、驸马、蒙古、色目之人，犯奸盗、诈伪，从大宗正府治之。”⑤ 这样，蒙古当官者犯了法，要选择蒙古官吏来断罪、行杖，必然造成官官相护，重罪轻判的结果。同时，按元律规定，凡盗窃犯（已得财者）均要刺字，而《元典章》规定：“其蒙古人有犯及妇人犯者不在刺字之例。”⑥ 《元史·刑法志》又规定：“诸正蒙古人，除犯死罪，监禁依常法，有司毋得拷掠，仍日给饮食。犯真奸盗者，解束带佩囊，散收。余犯轻重者，以理对证，有司勿执拘之，逃逸者监收。”⑦ 可见，元律明文规定同罪异判。因族而定。

元朝的法律虽然为蒙古、色目人规定了许多特权，但是真正利用法律到处横行不法的只是蒙古、色目贵族，而广大蒙古、色目劳动人民与汉族劳动人民一样，过着受压迫剥削的生活。贫苦的蒙古人甚至有被贩卖到异乡和海外当奴隶的，这在《通制条格》和《元典章》中也屡见不鲜。早在忽必烈至元年间，即有被当作商品，从泉州港贩卖到“回回田地里”

① 《元史》卷7，《世祖纪》。《通制条格》卷27《汉人殴蒙古人》提到：“至元九年五月十九日，中书省钦奉圣旨：听得汉儿人每多有聚集人众达达人每根底斗打有。这般体例那里有，您每严加禁约者。钦此。”

② 《元史》卷105，《刑法志》；《元典章》卷44，《刑部》六，《蒙古人打汉人不得还》。《高太史凫藻集》五《胡松墓志铭》也提到：“时有制：‘蒙古、色目人殴汉人、南人者不得复。’”

③ 《元史》卷105，《刑法志》四。

④ 《元典章》卷42，《刑部》四，《诸杀》。

⑤ 《元史》卷102，《刑法志》一。

⑥ 《元典章》卷490，《刑郎》一一，《强窃盗贼通例》。

⑦ 《元史》卷103，《刑法志》二。

和“忻都（今印度）田地里”去的[1]。大德七年（1303 年），元政府下令，对不畏公法将蒙古人口贩入番邦博易的人要严加治罪，并命市舶司官员，对出洋船只在开航之际，要留心检搜，发现“如有将带蒙古人口，随即拘留，发付所在官司解省”[2]。并且还发生过回回、汉人、南人典买蒙古子女为驱的现象[3]。

## 四　诉讼审判制度颇有独树异帜、开创新例之举

元朝的法制，虽然不少是沿袭唐、宋及金，但从司法机构及圆署约会、称冤、检尸、判决等诉讼审判制度来看，也有很多破惯例树异帜之处。现从以下几个方面加以分析。

1. 监察司法机构的发展和变化。唐代掌管诉讼或裁判事务的中央官厅是六部之一的刑部与九寺之一的大理寺。特别重大的事项，由刑部尚书、大理寺卿及御史大夫会审，称之为“三司使”。而元代却将其职制作了很大变更，废除大理寺，改革刑部，并使御史台、大宗正府及肃政廉访司参与刑讼事务。关于刑部的职掌，《元史·百官志》记道：“掌天下刑名法律之政令。凡大辟之按覆，系囚之详谳，孥收产没之籍，捕获功赏之式，冤讼疑罪之辨，狱具之制度，律令之拟议。悉以任之。”[4]

蒙古国时期置札鲁忽赤治天下刑政。随着元朝国家机器的完备，又设大宗正府为札鲁忽赤官署，但它与其他朝代以专掌皇族事务为基本职能的宗正机构不同，主要治理诸王、驸马投下的蒙古、色目人刑名词讼等事，时而兼理汉人刑名。关于大宗正府，《元史·百官志》则曰：“凡诸王驸马投下蒙古、色目人等，应犯一切公事，及汉人奸盗诈伪、蛊毒厌魅、诱掠逃驱、轻重罪囚，及边远出征官吏、每岁从驾分司上都存留住冬诸事，悉掌之。……皇庆元年，省二员。以汉人刑名归刑部。泰定元年，复命兼理，置札鲁忽赤四十二员，令史改为掾史。致和元年，以上都、大都所属蒙古人并怯薛军站色目与汉人相犯者，归宗正府处断，其余路府州县汉

① 《通制条格》卷 27，《蒙古男女过海》。
② 《元典章》卷 57，《刑部一九·杂禁》，《禁下番人口等物》。
③ 《元典章》卷 57，《刑部一九·禁典雇》，《禁典卖蒙古子女》。
④ 《元史》卷 85，《百官志》一。

人、蒙古、色目词讼，悉归有司刑部掌管。”[①] 而根据元后期《宪典》而修成的《元史·刑法志·职制》提到：“诸四怯薛及诸王、驸马、蒙古、色目之人，犯奸盗诈伪，从大宗正府治之。”[②] “诸大宗正府理断人命重事，必以汉字立案牍，以公文移宪台，然后监察御史审覆之。”[③] 从上述可见，一切刑讼事务，表面上统归刑部管辖，但关于诸王、驸马或蒙古、色目人的犯罪，以及居住在大都、上都方面直接与朝廷关系很深的汉人之某种诉讼和犯罪等，在元初都归大宗正府管辖。元中期以后虽所管事项已经部分削让给刑部，但与唐代等宗正府仅专管皇族的户籍相比，权限是很大的。

关于御史台，根据《元史·百官志》所载，乃是“掌纠察百官善恶、政治得失”的督察机构[④]，与前二者职掌有所不同。御史台建于至元五年(1268年)，最高长官为御史大夫，其下为中丞、侍御史、治书侍御史。御史台直属机构有殿中司、察院，还有内八道肃政廉访司。后又在浙江、陕西等地设置了行御史台，其下有提刑按察司，二十八年（1291年）改称肃政廉访司[⑤]，分驻各地，常与刑部差官共同审理案件。

地方上，处理诉讼关系的衙门是行御史台、肃政廉访司、各路府州县官衙等。行御史台设在江南及陕西，分别管辖各自诸道。其下另设察院，监察御史担任纠察事务。这类御史和廉访司的职责，大体上是纠察军民官吏的过失错误，特别是对官吏的赃罪进行现场调查；监察海运漕运方面官吏的徇情不正行为；调查漕事案牍；惩罚人民买卖田宅手续上的错误或不当行为等。简而言之，即纠察百官非违、政治得失，照刷案牍文卷，并负责复按各路已结案件。凡遇重刑，必须当面复审查实，方能移交本路总管府结案，申部待报；如有冤情，则须重新审理[⑥]。凡有诉讼，先从本管官司自下而上依理陈告，如不服判决，亦许赴廉访司陈诉[⑦]。对于违错、犯

① 《元史》卷87，《百官志》三。

② 《元史》卷102，《刑法志》一。“诸四怯薛”，怯薛即亲卫军，分四大班。

③ 《元史》卷103，《刑法志》二。当时朝廷公文书所用的是八思巴文字。

④ 《元史》卷86，《百官志》二。

⑤ 肃政廉访司分内道八，隶御史台；江南十道，隶江南行台；陕西四道，隶陕西行台。二十二道中每道置廉访使二人及下属各官。其与唐以来的观察使、按察使、提点刑狱公事等都不相同，在裁判事务外，还监督行政，或管理劝农等事务。

⑥ 《元典章》卷6，《台纲》二，《察司体察等例》。

⑦ 《元典章》卷4，《朝纲》一，《省部减繁格例》。

罪官员，轻者罚俸，重者断罪罢官。五品以上官员的处理须经御史台闻奏，六品至九品由御史台（或行台）断决，其余受省扎人员则由廉访司区处[①]。诸廉访官如怠于吏守，监察御史将提出弹劾。又有内外台官监察二者的成绩，施以黜罚。此外，路有总管，府、州、县有达鲁花赤管理刑狱及捕盗事务，路置推官，州设判官，县置尉直接执行刑狱及捕盗等事务。

同时，元朝还推行"圆署制度"。即各级地方政权机构处理一切公事，都必须有长官和正官集体与议，共同署押，称为"圆署制度"[②]。其中只有路、府所置推官，由于是专门董理刑名，可以不参加其余诸色事务的会议通署。凡有罪囚，先由推官鞫问，问明案情后，再由全体行政官员"通审圆署"。所隶州、县发生的刑案，如超出当地官府决断权限，也由路府推官负责审理[③]。一般案件，路及路以下衙门便可判决；重大案件，必须上报行省及中央。实行逐级审理、中央终审、皇帝批准的程序。

2. 民事与刑事诉讼程序法与实体法已出现初步分离的趋势。元代将诉讼明显地区别为民事与刑事。例如，规定民事诉讼当事人一般不许羁押，军官巡检、出使人不得接民词，推官专管刑狱，正官专理词讼等。对于民事上的诉讼则采取尽可能预防、调解、避免发生的方针。如《元典章》引《至元新格》一段话说："诸民讼之繁，婚、田为甚。其各处官司，凡媒人各使通晓不应成婚之例，牙人使知买卖田宅违法之例；写词状人使知应告、不应告言之例；仍取管不违〔犯〕甘结文状，以塞起讼之源（原）。""诸论诉婚姻、家财、田宅、债负，若不系违法重事，并听社长以理论（谕）解，免使妨废农务，烦紊官司。"[④] 这一方面说明占民事诉讼之大部分的婚姻、户籍、田宅、财产上的争议，尽可能地依靠媒人、牙人、写词状人等进行适当的周旋、指导，从而减少诉讼。另一方面，即使这类讼争发生了，也尽量让社长等公平地加以解决。当然，矛盾表面

---

① 《元典章》卷5，《台纲》一，《行台体察等例》；卷6，《台纲》二，《违错轻的罚俸重要罪过》。

② 《元典章》卷13《吏部》七《公规·圆坐署事》记载："京、府、州、县官员每日早聚，圆坐参议司讼，理会公事。""诸官府凡有保明官吏，推问刑狱，科征差税，应支钱谷，必须圆签文字。"

③ 《元典章》卷40，《刑部》二，《推官专管刑狱》。

④ 《元典章》卷53，《刑部》十五，《听讼》。"论解"，据陈垣先生校勘应为"谕解"（见《沈刻元典章校补》）。

化，不得已提起诉讼，那就只能靠判决了。《元典章》卷18《婚姻》及卷19《田宅》项都列举了不少审判婚姻及田宅等事项的裁判例[①]。这种将民事和刑事区分开，并尽量在当事人中间作适当斡旋的做法，与唐、宋、金相比，显然前进了一大步。

3．元代裁判中有一种前代所没有的“约会制”。由于诸色户计的隶属和管理系统互不相同，凡遇到不同户籍、不同民族及僧俗之间发生刑名词讼，就得采取“约会”制度，即由政府将有关户计的直属上司约到后共同归断。届时，文武官吏及各阶层、各职业的人，约定日期相会，施行所谓“立会裁判”。《元史·刑法志》指出有下列情况需约会（或不需约会）裁判：（1）“诸有司事关蒙古军者，与管军官约会问”。（2）“诸管军官、奥鲁官及盐运司、打捕鹰坊军匠、各投下管领诸色人等，但犯强窃盗贼、伪造宝钞、略卖人口、发冢放火、犯奸及诸死罪，并从有司归问。其斗讼、婚田、良贱、钱债、财产、宗从断绝及科差不公自相告言者，从本管理问。若事关民户者，从有司约会归问。并从有司追逮，三约不至者，有司就便归断”。（3）“诸州县邻境军民相关词讼，元告就被论官司归断，不在约会之例。断不当理，许赴上司陈诉，罪及元断官吏”。（4）“诸僧、道、儒人有争，有司勿问，止令三家所掌会问”。（5）“诸哈的大师，止令掌教念经，回回人应有刑名、户婚、钱粮、词讼并从有司问之”[②]。（6）“诸僧人但犯奸盗诈伪，致伤人命及诸重罪，有司归问。其自相争告，从各寺院住持本管头目归问。若僧俗相争田土，与有司约会；约会不至，有司就便归问”。而《元典章》卷53《刑部十五》，特设了“约会”一项，其中列举：“诸色户计词讼约会”，“儒、道、僧官约会”，“医户词讼约会”，“乐人词讼约会”，“投下词讼约会”，“畏吾儿等公事约会”，“军民词讼约会”，“都护府公事约会”（都护府官人及腹里、江南等地畏兀儿、哈迷里人头目的约会），“投下并探马赤词讼约会”，“灶户词讼约会”等。《元典章》卷39《刑名》项下，还有“蒙古人员相

① 例如《婚姻》项里有“官妻不娶改嫁”、“定婚女再嫁”、“女婿在逃”、“兄死嫂招后夫”、“舅姑不得嫁男妇”、“受财移嫁男妇”、“定婚不许悔亲”、“丁庆一争婚”、“受财将妻转嫁”、“离异买休妻例”、“叔收兄嫂”、“守志妇不收继”、“有妻许娶亲例”、“有妻许取次妻”，等等。《田宅》项里有“强占民田回付本主”、“户绝家产断例”、“权势买要产业”、“和尚与百姓争地”、“田宅不得私下成交”、“诸子均分财产”，等等。

② 至大四年（1311年），仁宗下令罢回回哈的司，命哈的大师只管掌教念经。因《元史·刑法志》是根据《宪典》编纂而成，故有此说。

犯重刑，有司约会”例①。这种所谓“约会制”，是在元代阶级矛盾和民族矛盾相当尖锐复杂的情况下产生的，其目的之一，是为了平息色目人及僧侣等各色诸人之不满而施行的裁判办法，在一定程度上有利于保护各民族、各阶级、各方面人们的权益。但从另一个角度看，由于有了这种“约会制”，致使词讼更为频繁，或使判决越益迁延，也是常有之事。

除了上述几点外，元代的告诉程序、告诉限制、讯问、称冤、检尸、控诉、上诉、判决等都有其特色②。尤其对审判权限进行了改革，将死刑最终判决权收归中央，掌握在皇帝手里。对死刑判决采取慎重态度，规定要经过反复审讯，才由皇帝审批。这不仅在司法方面加强了中央集权，同时也是中国法制史上一大改革。从元代诉讼裁判制度整体来看，比之以前唐、宋、辽、金各代稍有进步。诸种程序、方法等都有详细规定。而《元典章》等则搜集了许多当时典型的判例，传诸后世。这一方面固有粉饰政情之意，另一方面也有教育后人的企图。不过，由于元代中后期，吏治腐败，贪赃枉法，实际上诉讼裁判，往往是停滞拖延、曲直颠倒。元司法机关各领其事。“不相统摄”，这既是其法律制度的重要特点，也是异于汉族司法机构“各司其事，互相牵制”的定制之处。从中央到地方司法机构交错重叠，军政、宗教等各机关同时兼理司法，从而形成其独有的互不统摄的司法体系。因此，不仅导致元朝司法权的分散，也助长了审判的随意性和擅断性。从中央至地方负责刑事的官吏，往往“唯利是视，以曲为直”，“出入挑搅，狱讼万端，繁文伪案．动若牛腰”③，恶邪浊乱之风尤盛。致使各族人民经常蒙受不白之冤，不胜痛苦忧愤，几乎是只能饮泣而无投诉之门，充分暴露了元代诉讼裁判制度的两重性。

## 五　元代律书文体独特，多半为“硬译公牍文体”

元代法律文献中，有许多词语奇特，句法乖戾公牍，这种径从蒙古语

① 《元典章》卷39，《刑部》一，《刑名》中提到“蒙古人员相犯重刑，有司约会”例说：“蒙古军人，自行相犯婚姻、良贱、债负、斗殴、词讼、私奸、杂犯、不系官军捕捉者，合从本奥鲁就便归断。其余干碍人命重刑、利害公事、强窃盗贱、印造伪钞之类，即系钦奉圣旨，定立罪赏，管民官应捕事理，合令有司约会归问。”

② 参见有高岩《元代的诉讼裁判制度研究》，《蒙古学报》第1册（1940年）。

③ 胡祇遹：《折狱杂条》，《紫山大全集》卷23，三怡堂丛书本。

原文机械地翻译过来的文体，一般称之为“硬译公牍文体”，常见于《元典章》、《通制条格》、《永乐大典》所收《经世大典》残篇等之中[①]，其主要特征可归纳为以下几点。

第一，硬译文体公牍译自蒙古语，但其语汇采自元代汉语口语，而语法却是蒙古式的。一篇典型的硬译公牍，等于一份完全遵循蒙古语词法和句法，用汉语书写的记录文字。

第二，硬译文体虽然采用元代口语词汇，但并不等于元代汉语口语。其有许多滥用的俗字，甚至是错别字。例如，“们”写为“每”，“够”写成“勾”，“很”写作“哏”等。

第三，在词汇方面，硬译文体中常出现蒙古语和其他民族语借词。有些是直接的音译，如“别里哥”（蒙古语：证件）、“札萨”（蒙古语：法、法度）、“术忽”（蒙古语，借自波斯语，犹太教士、犹太人之意）。有的则是意译，如“肚皮”（蒙古语：贿赂。“吃肚皮”——受贿、贪赃，“要肚皮”——勒索、取受）、“根脚”（蒙古语：官员出身、源初），等等。

第四，在词法上，机械地翻译蒙古语复数、格介词和静动词、动词词尾，按蒙古语词法规则黏着于词后，不顾汉语规范。如“把你”写为“你行”、“你根底”，“对他们”写作“他每根底”，“有旨”写作“圣旨了也”，等等。

第五，硬译文体虽是蒙古语原文的机械翻译，但又不像明四夷馆《元朝秘史》、《韃靼馆来文》的旁译那样逐字翻译，标示词法属性，使人能按蒙古语语法规范读下去。元代硬译公牍，有很大任意性，这就需要蒙句蒙读，汉句汉读，凡硬译蒙古语的地方都按蒙古语法的规则断句，按原意去理解。其他还有词法上的硬译和句法上的硬译，不一一列举[②]。

元代法律文书中，这种硬译文体比比皆是。如《元典章》卷22《户部八》，《市舶则法二十三条》提到：“至元二十八年八月二十六日奏过事内一件：南人燕参政（浙江行省参知政事燕公楠）说有：‘市舶司的勾当哏是国家大得济的勾当有。在先亡宋时分，海里的百姓每船只做买卖来呵，他每根底客人一般敬重看呵，咱每这田地里无用的伞、摩合罗、磁

---

① 参见亦邻真《元代硬译公牍文体》，《元史论丛》第1辑，中华书局1982年版；田中谦二《元典章中的蒙文直译体文章》，《校定本元典章·刑部》第1册（京都1964年版）附《元典章的文体》，第47—161页。

② 详见亦邻真《元代硬译公牍文体》，《元史论丛》第1辑。

器、家事、帘子这般与了，博换他每中用的物件来。近来，忙兀台、沙不丁等自己根（底）寻利息上头，船每来呵，教军每看守着，将他每的船封了，好细财物选拣要了。为这般奈何上头，那壁的船只不出来有。咱每这里入去来的每些小来（指进口缩减）。为那上头，市舶司的勾当坏了有。如今亡宋时分理会的市舶司勾当的人每有也。委付着那的每市舶司勾当，教整治（呵），得济有。’留状元（指故宋状元留梦炎）也说来：‘市舶司的勾当，亡宋时分哏大得济来，如今坏了有。那时分，理会的市舶司勾当那个根底问着行呵，大得济有。’么道，说有。奏呵，‘是那般也者。那人每根底说话者。是呵，行者。’么道，圣旨了也。”

由上可见，元代硬译公牍有很大随意性，时而十分拘泥于原文的语法结构，时而省略其中某些部分，或夹杂穿插地道的汉语句子，用字也不统一。只有很好地认识这种硬译公牍文体，才能准确理解《元典章》、《通制条格》等法律文献中许多内涵。

法律文化是社会文化的有机部分。一般认为由法律制度、法律观念和法学理论等因素组成。中国传统法律文化发展史实际上是一部诸多法律文化的融合史。这种融合就地域和性质而言大体有两种，一种是中华民族内部法律文化的融合，主要指中原农耕法律文化与周边或入主中原的少数民族游牧法律文化的融合；另一种是中华民族法律文化与外部法律文化的融合。元代地域辽阔，民族众多，宗教繁杂，对外交流兴盛，其法律文化包含了上述两种交融。蒙古族统治者建立统一多民族的元王朝后，将“祖述”和“变通”结合起来，“以国朝之成法，援唐宋之故典，参辽金之遗制，设官分职，立政安民，成一代王法”①。其法制既受中原传统法系影响，又保留具有浓郁草原游牧文化气息的蒙古习惯法遗痕，并吸收回回法等某些内容，形成了富有时代特色的法律文化。这种与他族交融而不失原有特色的文化现象，正是一个民族内部及中华民族凝聚力经久不衰之重要渊源所在。因此，深入地探讨元代法律文化及其特点，无疑有助于推动有元一代政治制度及社会生活史的研究，以便进一步了解中国社会文化的承袭和发展，更好地弘扬中华民族传统文化的精髓，加强我国法制建设。

（原载《民族研究》1998 年第 1 期等）

① 郝经：《立政议》，《陵川集》卷 32。

# 游牧民族法律文化特点略论

**摘　要**　本文拟以游牧民族法制是草原文化重要组成部分为出发点，首先，对草原游牧文化的类型及特点等问题加以简单论述。进而，从探索草原游牧法律文化渊源、多元化法源着手，具体剖析了其主要特点：立法重视保护草原生态环境、马匹、毡房等，严禁偷盗牲畜，奖励救助牲畜行为；强调狩猎要注意季节、程序、猎物择取，违者重罚，以保护野生动物，并借此进行军事训练；注重保护妇女和胎儿，运用氏族互助等方式，帮贫困者完婚，以促进人口繁衍；等等。同时，通过对法源及各族间法律文化交流的追溯，进一步论证了我国草原游牧法律文化是中华法系不可分割的一部分。

**关键词**　游牧民族　法律文化　中华体系　特色

今载，是林幹先生学术生涯六十周年，又欣逢中华人民共和国六十华诞，盛世庆典，双喜临门。林先生长期从事中国北方民族历史研究，造诣精深，成绩卓著，为我国民族史学繁荣发展作出了杰出贡献。值此庆贺之际，作为后学，谨以此小文，表示对前辈的敬仰之情。

## 一

游牧民族法制是草原游牧文化重要组成部分。所谓游牧文化，是指游牧民族所创造的物质文化和精神文化。而对于游牧民族的概念，目前学术界尚无一个标准的定义。对我国而言，主要是指历史上北方草原地带所谓“逐水草而徙”、“居无定所”，以畜牧业为生的草原民族。但从广义的角度理解，则包括各种类型的主要从事或曾从事过畜牧业生产的古代和现代民族，以及与游牧民族起源有关的一些游猎民族、农牧兼营民族等。笔者在撰写本文过程中，则兼顾了此两种含义。综观中国历史，自春秋战国以来，逐步形成农耕与游牧两大经济文化区域。而这两大经济文化区域，既是一种基本上并立的格局，又是相互依存、互补共生、逐步融合的关系。并且，随着生态环境变迁及民族迁徙、战争等，区域范围也不断发生变化。

历史上，欧亚大陆有游牧民族三个主要发源地，东欧里海北岸的南俄草原、西亚阿拉伯半岛和东亚的蒙古高原。从游牧民族的语系族属方面来说，这三个地区又分别兴起了操三种语言的游牧民族集团，即上古时期印欧语系诸游牧民族、闪米特语系诸游牧民族和阿尔泰语系诸游牧民族。

就中国而言，游牧民族的发源地除了蒙古高原以外，还应该包括我国古代东北、黄河上游甘青、河西走廊、青藏高原、黄土高原、西域等部分地区。一般来说，在中国历史的早期，即在先秦时期，游牧民族的起源基本上以黄土高原和黄河上游地区为主，而当历史发展到秦汉以后，游牧民族的起源地点则逐步北移，使蒙古高原的北部和东北森林边缘地带成为历代许多游牧民族的发源地，并逐渐向南向西扩张、迁徙。

广袤的蒙古草原是最为理想的游牧民族生息繁衍之地。这个地区疆域辽阔，北界西伯利亚，西接阿尔泰山，东连大兴安岭，南逾阴山。一望无际的大戈壁横亘其间，将其分隔为大漠南北。漠北多山，从西向东，蜿蜒着阿尔泰山、唐努山、萨彦岭、杭爱山和肯特山。众山钟灵毓秀，气势雄伟。诸山之间，河流交错，湖泊纵横，水草肥美，宜于畜牧。成吉思汗时期，长春真人邱处机途经漠北，曾赋诗云："极目山川无尽头，风烟不断水长流，如何造物开天地，到处令人放马牛。"① 漠南地区，北接大戈壁，高原微波起伏，由东北向西南斜伸。草原无垠，夏季阳光明媚，碧草如茵，牧马奔驰，牛羊遍野。犹如《敕勒歌》所吟唱的："敕勒川，阴山下，天似穹庐，笼盖四野。天苍苍，野茫茫，风吹草低见牛羊。"② 一派独特壮丽的塞外风光。

① 李志常：《长春真人西游记》卷上。

② 郭茂倩编辑：《乐府诗集》卷86。洪迈《容斋随笔》卷1记"笼盖四野"为"笼罩四野"。

在先秦时期，生活在蒙古高原上的游牧民族基本上是互不统属的氏族和部落。甲骨文中记载的商朝时期北方的诸“方”或“邦方”，如土方，鬼方，在古史上又有獯鬻、猃狁、戎、狄（翟）等。这些称号的内涵并不一致，有的是许多共处某一地区之不同部落的统称或泛称，如戎、狄（翟）等，有的则是某一氏族或部落的称谓。其分布范围实际上也包括部分黄土高原在内。至战国时期，北方许多互不统属的氏族部落，就逐渐趋于相互融合，或与中原的农耕民族（华夏族）相融合，或进一步向北迁徙，最终在蒙古高原及其周围形成了两个较大的游牧民族集团：匈奴和东胡。两汉时，匈奴被打败，被迫向南向西迁徙。从此，开始了蒙古高原上一个连续不断的游牧民族兴衰融合的发展过程。

继匈奴之后，东胡系统的鲜卑开始兴盛，并进入了蒙古高原，发展成为一个有数十支系的庞大游牧民族集团。魏晋南北朝时，鲜卑族的一支拓跋鲜卑建立了北魏王朝，与汉族建立的南朝对峙。这是中国历史上第一个由北方游牧民族在中原地区建立的统一王朝，第一次真正把农耕民族和游牧民族统一于一个国家之内。尽管它尚是半壁江山，但其历史意义之重大是不言而喻的。

北魏之后，活跃在蒙古高原及其周边的游牧民族主要有柔然、敕勒、突厥、薛延陀、回纥、黠戛斯、契丹、女真（部分）、蒙古等。他们中的大部分仅仅在大漠南北或包括部分黄土高原的地区建立政权。契丹在中国北方建立辽王朝，将北方游牧民族文化与中原汉地文化并列作为国家的文化支撑，实现了政治、经济、文化生活上的双轨制。而蒙古族则建立了中国历史上空前统一的庞大帝国——元朝及四大汗国，使北方草原文化得到了空前的交流、传播和发展。

蒙古高原是历史上游牧民族牧战之舞台，不同历史时期有不同的游牧民族先后在此崛起，广阔的蒙古高原分别兴起了阿尔泰语系三个不同语族的游牧民族。大体来说，突厥语族主要兴起和分布于蒙古高原的西部，蒙古语族的民族则主要在高原中部，满—通古斯语族的民族则主要在高原东部和我国东北地区之森林地带。

蒙古高原及其周围，虽然先后兴起了许多不同的游牧民族，但就整条历史长河而言，又是一个前赴后继式绵延连续或一脉相承的过程，是一种由各个历史时期的不同游牧民族之历史共同组成的恢弘篇章。因此，运用科学史观来考察这种内在联系和变化，从而寻找其客观发展规律是非常必要的，也是研究游牧文化尤其是法律文化的前提。

根据语言文化、族源族属、经济类型、风俗习惯、活动地区之差异，我国北方游牧民族可分为匈奴、突厥、东胡系统：1. 匈奴系统——匈奴、北匈奴、南匈奴及屠各、卢水胡、铁弗等；2. 突厥系统——丁零、高车（敕勒）、铁勒、突厥、回纥（回鹘）、薛延陀、黠戛斯、哈萨克等；3. 东胡系统——东胡、乌桓、鲜卑、柔然、契丹、库莫奚、室韦、蒙古等。

此外，肃慎系统中部分女真、西域行国中的一些古族也曾从事游牧业或兼营游牧业。青藏高原的藏族也有相当部分是以游牧业为主。

而从游牧文化类型来看，大致可分为蒙古高原型游牧文化、青藏高原型游牧文化、黄河上游黄土高原型游牧文化、西域山地河谷型游牧文化、西域绿洲半农半牧型文化、东北地区满—通古斯语族游牧文化亚型。其中蒙古高原型游牧文化既是一种典型的草原游牧文化，又是一种多民族混合型文化。之所以这样说，其理由有三：第一，游牧民族“逐水草而居”，再加战乱飘忽不定，在不断迁徙中使许多民族之间的融合得到加强。第二，在蒙古高原及其周边取得统治地位的各个民族所建立的游牧汗国或行国，实际上是一个多民族的政权，只不过大多数民族皆处于被统治地位而已。第三，许多游牧民族曾先后统治过蒙古高原，一个民族衰落以后，并不是完全从蒙古高原上退出，而是一般会有大批人口继续留在草原，依附于另一个勃兴的民族。因此，这些因素都促进蒙古高原上各族文化积淀、融合，形成草原文化的共同性、多元性和延续性。

## 二

作为草原文化重要组成部分，诸游牧民族的法律文化也存在共同性、多元性、延续性的特点。

第一，游牧民族的法制渊源大多来自习惯法。法的渊源（sources of law），通常包含法的历史渊源和形式渊源，即形成某种特定的法规则或法律原则的历史来源及其外部表现形式。从历史渊源来讲，游牧民族的法源来自其所处的生态环境、社会传统观念、自然崇拜、宗教信仰、习俗禁忌及习惯法等。众所周知，习惯并不是法律，也不等于习惯法。“把单纯的习俗与习惯法区分开来的是后者背后的强制性力量。”① 习惯法是非成文法的一种，是指国家（或部落社会）认可并赋予法律效力的习惯②。习惯上升为“习惯法”是由于社会经济的发展、私有制的出现，国家（或部落社会）代表社会公共秩序以强制手段，要求那些已经达成社会共识的习惯，上升为调整人们社会关系、维护社会利益的行为规范。因此，对这些“行为规范”的故意触犯，便意味着对社会秩序（包括公共利益与私人利益）的破坏，也即“犯法”。

习惯法是行为规范的文化积淀，历史连续性很强。对于游牧民族来说，不仅一个民族的习惯法世代相传，而且别的民族之习惯法对其也有相当影响。例如哈萨克法最主要来源是哈萨克人世代相传的习惯法（当然也包括各时期首领所颁布的立法命令条文）。其中既保留了父权制的氏族部落制度，又存在母系制的残余；盛行族外婚、收继婚；牲畜私有现象与牧地名义上公有的古老外壳同时并存；刑罚系统中特殊的“巴兰托”惯例和罚“昆”，等等。哈萨克法还吸收融合了乌孙、突厥、蒙古某些习惯法成分，并受伊斯兰教的影响。19 世纪以后哈萨克的某些立法也受俄罗斯法及清朝对回疆制定的律例之影响。《1640 年蒙古卫拉特法典》既渊源于卫拉特、喀尔喀的习惯法，又受成吉思汗大札撒及明代草原法典时代地方性自治法，诸如《图们汗法典》、《阿勒坦汗法典》、《白桦法典》、旧《察津·必扯克》等的影响，这些法规关于政治结盟，共同御敌及刑罚体系内容，无疑成了《卫拉特法典》的渊源，同时也是该法典编纂时参照的范式。突厥法也是习惯法和特权法矛盾结合体，并受匈奴法的影响。

第二，进入中原地区建立地区性或全国性政权的游牧民族统治者所制定的法律，其法源也是多元的。既保留了本民族所固有的一些习惯法及法制传统，又吸收中原地区历代王朝法制的内容和形式，并对后世产生深远影响。例如，源于北方游牧民族的北魏统治者为适应统治中原广大地区的需要，除了保留一些部落习惯法对本部落成员进行管辖外，还大量吸收汉族较为先进的法律文化，制定了《北魏律》。《北魏律》主要是承用汉律，

---

① H. W. 埃尔曼：《比较法律文化》，贺卫方、高鸿钧译，三联书店 1990 年版，第 43 页。

② 关于习惯法的观念，有各种不同看法：有人认为它是国家制定法的部分；有人认为它只是传统道德习惯；有人认为它是具有强有力的民间的行为准则；等等。

并参酌魏晋南朝法律制定而成。从太祖拓跋珪开始，经过九次编纂，至世宗元恪时根据“循变协时，永作通制”的原则①，制定《北魏律》（《后魏律》）20篇，篇目可考者15篇：刑名、法例、宫卫、违制、户、厩牧、擅兴、贼、盗、斗、系讯、诈伪、杂、捕亡、断狱。北齐时鲜卑化汉人高氏在《北魏律》基础上所制定的《北齐律》12篇949条，首创“重罪十条”，后称“十恶”，为唐代封建法典最重要内容之一。此外，唐朝律、令、格、式等主要法律形式，深受北朝法影响；唐律继承《北魏律》，皇帝直接掌握生杀大权；唐朝沿袭北朝礼律并举之风，法律教育逐渐步入正轨。总之，北朝拓跋鲜卑及鲜卑化汉人统治者所制定的《北魏律》、《北齐律》，既保留了鲜卑人一些习惯法，又吸收历代中原王朝的法制内容，反过来还对隋唐法律的制定产生直接影响及存在渊源关系。由此可见，草原法律文化是中华法系重要组成部分。

再如，源于游牧社会的蒙古族统治者，吸收汉族等士人所制定之元朝法律的渊源也呈多元性，蒙古法、回回法、吐蕃法、金制唐律等兼容并蓄。对蒙、汉、藏、回等族实行“依俗而治”原则，在蒙古地区实行“祖训传国大典”，即成吉思汗《大札撒》和传统习惯法；吐蕃地区实行政教合一制度；中原地区以儒治国，实行汉法；回回人之间的民事诉讼及轻罪往往由元政府任命的回回法官哈的大师依回回法归断。而且元朝诉讼审判制度，例如司法机构、圆署约会、称冤、检尸、判决等方面，颇有独树异帜、开创新例之举。

第三，立法保护草原生态环境，严禁偷盗牲畜，奖励救助牲畜等行为。游牧民族“逐水草而居”，“各有分地”，牲畜是主要财产，畜印盛行，并大多兼营狩猎。因而反映在法律上，就表现为对不动产概念的相对薄弱，对盗窃牲畜惩处的严厉，并以牲畜为科罚单位，有关畜牧、狩猎的规定占据重要地位。

马之驯养与使用、车的独创与使用，帐房的发明与使用，可说是游牧文明的三大标志，而这一切的承载体是草原。因此，在游牧民族的法制中，对马、帐房、草原等保护的规定就显得极为突出。例如，吐谷浑的法律：“杀人及盗马者罪至死，他犯则征物以赎。”② 突厥法“反叛、杀人及

① 《魏书》卷111，《刑罚志》。

② 《晋书》卷94，《西戎·吐谷浑传》。

奸人之妇、盗马绊者，皆死”。“盗马及杂物者，各十余倍征之。”① 成吉思汗《大札撒》规定：“出师不以贵贱，可带妻奴而行，使其掌管行李、设立毡帐、装卸鞍马、辎重车驮等事。”还规定，对于偷马者，处以“罚九”，若无力交付罚马或无子代马时，则被杀死②。《黑鞑事略》则提到：“禁止草生而㓸地者，遗火而爇草者，诛其家；拾遗者、覆阈者、箠马之面目者，相与淫奔者，诛其身。”③ 可见对草原、高级将领帐房、马匹保护规定之严厉。随后的《阿勒坦汗法典》、《白桦法典》、《卫拉特法典》等也都有保护牧场、野生动物及牲畜繁殖的规定。

游牧民族虽以畜牧业为主，但狩猎业也处于重要地位。狩猎业，不仅是补充食物来源，获得某些特殊动物的珍贵皮毛，而且狩猎活动本身也是进行军事训练的重要手段，并可猎杀草原上的猛兽，有效保护畜群。因此，匈奴人“其俗，宽则随畜，因射猎禽兽为主业，急则人习战攻以侵伐，其天性也”，并将狩猎作为基本生存技能的训练：“儿能骑羊，引弓射鸟鼠：少长则射猎兔，用为食。”④ 突厥、回纥也是“以畜牧射猎为务”、“常以战阵射猎为务”⑤。蒙古人也非常重视狩猎，史称“当他们不打仗时，他们老那么热衷于狩猎，并且鼓励他们的军队从事这一活动：这不单为猎取野兽，也为的是习惯狩猎锻炼，熟悉弓马和吃苦耐劳”⑥。因此，无论在成吉思汗《大札撒》中，或是《卫拉特法典》等，皆有关于狩猎季节、程序、猎物择取及违者重罚的详细规定。

第四，游牧民族的法制注重保护妇女与胎儿，促进人口繁衍。草原天高地阔，人口密度小，而无论牲畜放牧、畜产品加工，或是征伐掠夺，都需要大量劳动力及跃马挥刀的战士，因此一般对人口生育是采取鼓励和保护的政策。例如《阿勒坦汗法典》就规定要保护孕妇和胎儿，防止人身伤害，尤其要防止在斗殴中伤人使之失去性功能而无法生育。《白桦法

① 《北史》卷99，《突厥传》。

② 详见梁赞诺夫斯基《蒙古法的基本原理》，青木富太郎译，东京生活社刊本，第102—111页。

③ 彭大雅撰，徐霆疏：《黑鞑事略》，第24页，《海宁王静安先生遗书本》。“覆阈者”，这里主要是指踩踏高级首领的帐房门槛（象征主人咽喉）。

④ 《史记》卷110，《匈奴列传》。

⑤ 《周书》卷50，《突厥传》；《旧唐书》卷195，《回纥传》。

⑥ ［伊朗］志费尼：《世界征服者史》上，何高济译，翁独健校，内蒙古人民出版社1981年版，第30页。

典》也有类似规定。《卫拉特法典》更是具体规定了使妇女流产，怀孕几个月，要罚几九。并规定在结婚问题上需施行氏族互助，每年每一得沁（四十户）要协助四户人家子女结婚，并严惩通奸和拐带妇女。

我国游牧民族无论是匈奴、鲜卑、突厥，或是契丹、蒙古、哈萨克，都已进入父权制社会，但母权制残余仍有相当影响，再加游牧社会妇女在生产劳动和家务中实际地位，与农区妇女相比，较受尊重。“北狄风俗，多由内政”之说[①]，未免有夸大之嫌，但妇女在社会事务中有一定发言权，也是不争之事实。这从其法制中也可寻觅到蛛丝马迹。例如旧《卫拉特法典》片断第7条规定：“妇人如果端坐在帐篷中特定的地方，即帐篷出口之右炉灶后面家庭主人床铺的脚端，那么她是神圣不可侵犯的，任何人不得碰她一根毫毛，她甚至可以随心所欲地谩骂陌生人，用木块或家什砸人。但是在争吵时她只要敢越雷池一步，或者跑出帐篷，那么她丧失了上述权利，他们就可以回敬她的谩骂和侮辱。”这条规定是与蒙古人尚右尚西、尊重坐在炉灶后面的妇女习俗有关。第8条规定：“如果妇女到王公跟前请求免除自己或其家族的刑罚时，从尊重妇女的原则出发，轻罚一般全免，重罚减半。”[②] 这说明卫拉特蒙古人在某种场合是尊重和保护妇女的，侮辱妇女的言行要受到严重惩处。当然，在游牧民族的法律中，男女不平等的规定比比皆是，对男女命案处罚差异更是明显，这也是毋庸置疑的事实。

此外，游牧民族在财产继承、家庭婚姻，审判制度、刑罚体系等方面都具有与农业民族不同的特点，兹不赘述。

总之，探索匈奴、乌孙、月氏、乌桓、鲜卑、柔然、敕勒、突厥、黠戛斯、回纥、契丹、蒙古、哈萨克、柯尔克孜、塔吉克等古今以游牧为主民族的习惯法、成文法形成、发展及演变的历史背景和具体进程；与游牧社会相适应的法制内容及特点；总结其内在联系和客观规律，并与农耕民族法制进行比较分析，这对深入开展我国游牧文化乃至中华法系的研究是大有裨益的。

（原载《北方民族》2009年第3期，与杜倩萍博士合著）

---

① 《贞观政要》卷9。

② 帕拉斯：《蒙古民族历史资料集》第1卷，第193—194页；田山茂：《清代蒙古社会制度》，潘世宪译，商务印书馆1987年版，第233—234页。

# 从“北魏律”至“唐律疏议”看汉夷间法律文化互动

**摘　要**　魏晋南北朝时期是中华民族在法律文化上的大融合时期。北魏律和北齐律是以汉律为宗，结合鲜卑等族的某些习惯法，并糅合南朝各律形成的。而唐朝的法律，无论体系结构和基本内容都与北朝律有渊源和承袭关系。这一方面表现了少数民族对中华法系作出的重大贡献；另一方面也说明高度发展及相对完备的唐律是南北或汉夷法律文化融合的结晶。

**关键词**　北魏律　唐律疏议　汉夷　文化互动

隋唐，尤其是唐代，是我国历史上诗歌、书法、绘画、雕塑、史学、法学、医学及科技发展的鼎盛时期，也是汉夷文化交融的黄金时代。由于隋唐的统一，是从鲜卑等族建立的北朝演进而来，无论是隋代的杨氏抑或唐代李氏家族及皇室，与北方民族又存在密切的渊源关系和千丝万缕的联系①，再加很多出身于少数民族的文臣武将参与朝政，对唐朝典章制度的修订也产生各种影响。因此，其典章制度呈现了“华戎兼采”的特点，在不少方面留有北朝的各种痕迹。而法律文化方面尤为明显。

① 从李唐而言，主要表现在三个方面：第一，李唐皇室长期生活在民族大融合的北方，世代在鲜卑统治者建立的政权中为官，成为西魏、北周的贵族和重臣；第二，连续数代与鲜卑贵族或和鲜卑有密切关系的匈奴独孤氏通婚，深受鲜卑化影响；第三，其兴起又与突厥等密切相关，李世民曾与东西突厥可汗分别结为兄弟。

## 二

唐朝是我国历史上著名的强盛朝代，也是在封建法制发展过程中，影响极为巨大的一个朝代。高祖李渊在建国第二年，即武德二年（619 年），就下诏制定 53 条新格。继之，又于武德七年（624 年）颁行《武德律》12 篇，500 条。对此，《唐会要》有简扼的论述，其云：“武德元年六月十一日诏刘文静与当朝通识之士因隋开皇律令而损益之，遂制为五十三条，务从宽简，取便于时。其年十一月四日颁下，仍令尚书令左仆射裴寂……等更撰定律令……至七年三月二十九日成，诏颁于天下。大略以开皇为准，正五十三条，凡律五百条，格入于新律，他无所改正。”① 此外，还编纂了武德令、格、式等。唐太宗李世民命长孙无忌（拓跋鲜卑拔拔氏）、房玄龄等修改《武德律》，历经十年，即自贞观元年至十一年（627—637 年），完成了《贞观律》12 篇，500 条。此外，“定令一千五百四十六条，以为令；又删武德以来敕三千余条为七百条，以为格；又取尚书省列曹及诸寺、监、十六卫计帐以为式”②，是为贞观令、格、式。高宗李治时，以武德、贞观两律为基础，由太尉长孙无忌等人，编纂《永徽律》12 篇，502 条，于永徽二年（651 年）颁行全国。后又对《永徽律》逐条逐句进行注解，称为“律疏”，律疏附于律文之后，是官修的法律解释，与律文具有同等效力。如《旧唐书·刑法志》所云：“参撰《律疏》，成三十卷，四年十月奏之，颁于天下。自是断狱者皆引疏分析之。”律文与疏议，统称《永徽律疏》，即元以后所称的《唐律疏议》。其照录《永徽律》原文，逐条进行注解。集中唐以前的法律思想，加以发挥，并大量引用《永徽律》以外的律典，剖析疑义，对律文规定不够完备之处加以补充。既是唐律的重要组成部分，又是中国古代杰出的法学著作。此外，唐玄宗李隆基时，曾三次修订法律，有开元律、令、格、式，并且制定了我国历史上最早的一部具有行政法典性质的《唐六典》30 卷。中唐以后，共有七次重大的立法活动，即德宗贞元元年（785 年），尚书

① （北宋）王溥：《唐会要》卷 39，《定格令门》。《旧唐书》卷 50，《刑法志》所记略同。

② 《新唐书》卷 56，《刑法志》。《旧唐书》卷 50《刑法志》为“定令一千五百九十条，为三十卷”。

省进《贞元定格后敕》；宪宗元和十年（815 年），刑部许孟容等奉敕删定的《开元格后敕》；元和十三年（818 年），郑余庆等详定《元和格后敕》；文宗太和七年（833 年），刑部进《太和格后敕》；开成四年（839 年），刑部狄兼谟等删定《开成详定格》；宣宗大中五年（851 年），刘瑑等奉敕编纂《大中刑法总要格后敕》；大中七年（853 年），张戣进《大中刑律统类》。这七次立法活动，并没有修订律、令、式本身，而是删修"格后敕"。敕是唐后期最具有权威的法律形式。唐朝的法律形式主要是律、令、格、式[①]。据《唐六典》解释，"凡律以正刑定罪，令以设范立制，格以禁违止邪，式以轨物程式"。也即律是统治阶级定罪科刑的尺度，刑事镇压方面的法律（其中包括有关民事诉讼法律的规范），令是国家组织制度方面的规定，格是皇帝临时颁布的国家机关必须遵行之各种单行敕令、指示的汇集，式是国家机关的公文程式和活动细则，具有行政法规性质。

## 二

以《唐律疏议》为代表的唐朝法律，在中国法律发展史上占有十分重要的地位。《唐律疏议》是我国迄今为止保存下来最早、最完整的封建法典。它产生于封建经济、政治、文化高度发展的唐代，又综合了唐以前各王朝法律建设的经验。尤其是北朝鲜卑及鲜卑化汉人统治者制定的法律，对唐朝影响颇大。

公元 386 年，鲜卑拓跋氏建立北魏，是为北朝之始。源于北方游牧民族的北魏统治者为适应统治中原广大地区的需要，除了保留一些部落习惯法对本部落成员进行管辖外，大量吸收汉族较为先进的法律文化。北魏律，主要是承用汉律，并参酌魏晋南朝法律而成，从太祖拓跋珪开始，历太宗、世祖、高宗、显祖、高祖，经过九次编纂。至世宗元恪时，于正始元年十二月己卯"诏群臣议定律令"。根据"循变协时，永作通制"的原

---

① 《新唐书》卷 56《刑法志》云："唐之刑书有四，曰：律、令、格、式。令者，尊卑贵贱之等数，国家之制度也；格者，百官有司之所常行之事也；式者，其所常守之法也。凡邦国之政，必从事于此三者。其有所违及人之为恶而入于罪戾者，一断以律。"《唐六典》卷 6《刑部郎中员外郎》条云："凡律以证刑定罪，令以设范立制，格以禁违止邪，式以轨物程事。"

则[①]，制定《北魏律》(《后魏律》) 20篇，规定了八议、官当等，刑名分死、流、徒、鞭、杖五种。其律文唐时已佚，现仅存篇目可考者15篇：刑名、法例、宫卫、违制、户、厩牧、擅兴、贼、盗、斗、系讯、诈伪、杂、捕亡、断狱。除律外，据《太平御览》所记，还有《太和职员令》21卷。北魏律集中原、河西、江左三大法律文化因素于一炉而冶炼之，并能综合比较，取精用宏，广收博取。正如陈寅恪先生所说：“元魏刑律实综汇中原士族仅传之汉学及永嘉乱后河西流寓儒者所保持或发展之汉魏晋文化，并加以江左所承西晋以来之律学，此诚可谓集当日之大成者。”[②]

公元534年北魏分裂为东魏、西魏。东魏于兴和三年（541年）颁行《麟趾格》[③]。以格代科[④]，是汉代以来法律形式的一大变化。西魏大统十年（544年），“魏帝以太祖（宇文泰）前后所上二十四条及十二条新制，方为中兴永式，乃命尚书苏绰更损益之，总为五卷，班于天下”[⑤]。也就是通常所称的“大统式”。以式为法典形式，是封建法制发展中又一变化。北周宇文氏制定《大律》25篇，1537条。

公元550年，东魏鲜卑化汉人高洋执政，自称为帝，改东魏为齐，史称北齐。武成帝河清三年（564年），始在北魏律的基础上制定《北齐律》12篇，949条[⑥]。北齐律由擅长律学的渤海封氏及儒生崔暹、李洋、魏收等人经过长达15年精心研讨，并在总结历代统治者经验的基础上完成。《北齐律》的篇目为名例、禁卫、户婚、擅兴、违制、诈伪、斗讼、贼盗、捕断、毁损、厩牧、杂律。是较成熟的律典，成为隋、唐律的蓝本。原文在南宋时已失传。由于《北齐律》“校正今古，所增损十有七八”[⑦]，吸收了这一时期立法和司法的成功经验，故以“法令明审，科条简要”为显著特点[⑧]，并首创“重罪十条”，后称“十恶”，为后世封建

① 《魏书》卷8，《世宗纪》；卷111，《刑罚志》。

② 陈寅恪：《隋唐制度渊源略论稿》，三联书店2001年版，第123页。

③ 《魏书·孝静帝纪》曰：“诏文襄王与群臣于麟趾阁议定新制，甲寅班于天下。”

④ 据《唐六典》注：“后魏以格代科，于麟趾殿删定，名为《麟趾格》。”

⑤ 《周书》卷2，《文帝纪》下。

⑥ 北齐除律外，据《唐六典》注：还有“令五十卷，取尚书二十八曹为篇名，又撰权令两卷，两令并行，大抵采魏晋故事也”。

⑦ 《北齐书》卷30，《崔昂传》。

⑧ 《隋书》卷25，《刑法志》。其中还提到：“河清三年，尚书令赵郡王叡等奏上齐律十二篇，又上新令四十卷，大抵采魏晋故事。”而隋朝则“多采后齐之制，而颇有损益”。

法典最重要内容之一。

## 三

北朝拓跋鲜卑及鲜卑化汉人统治者所制定北魏、北齐律等对隋唐法律的制定有直接的渊源关系，北魏、北齐、隋、唐律可谓为一系相承之嫡统。“唐律因于隋开皇旧本，隋开皇定律又多因北齐，而北齐更承北魏太和正始之旧。”[①] 近人程树德在《九朝律考》中曾指出：“南北朝诸律，北优于南，而北朝尤以齐律为最。”“隋唐二代之律，均以此为蓝本……盖唐律与齐律，篇目虽有分合，而沿其十二篇之旧；刑名虽有增损，而沿其五等之旧；十恶名称，虽有歧出，而沿其重罪十条之旧；故读唐律者，即可因之推见齐律。”[②] 综上所述，北朝法律对唐朝法制的影响，概其要者有以下几点。

第一，唐律“十恶”，源于北齐律“重罪十条”。始见于北齐律：“一曰反逆，二曰大逆，三曰叛，四曰降，五曰恶逆，六曰不道，七曰不敬，八曰不孝，九曰不义，十曰内乱。其犯此十者，不在八议论赎之限。”[③] 重罪十条是把危及封建国家根本利益的十条最严重的罪名，集中置于律首，以示国家打击的重点。这是与北朝时期阶级压迫及民族压迫惨重，社会矛盾相当尖锐，鲜卑及鲜卑化汉人统治者深感必须采用严刑峻法来维护中央集权统治，镇压各族反抗分不开的。重罪十条是后世封建法典十恶的前身，从隋唐直至明清封建法典所规定的十恶，即是在此基础上稍加损益而成。隋始以“十恶”名称，定入法典，采用北齐刑制，略有增删。《唐律疏议》称：“五刑之中，十恶尤切，亏损名教，毁裂冠冕，特称篇首，以为明诫。”唐朝规定不可赦免的十恶为：谋反、谋大逆、谋叛、恶逆、不道、大不敬、不孝、不睦、不义、内乱。十恶大罪之所以被列为最严重

---

① 陈寅恪：《隋唐制度渊源略论稿》，第125页。

② 程树德：《九朝律考》，1927年初版，20卷。书中曾将律系的发展进程列表如下：

《法经》—《秦律》—《汉律》—┬《魏律》—《晋律》—《梁律》—《陈律》
　　　　　　　　　　　　　　└《后魏律》—┬《后周律》
　　　　　　　　　　　　　　　　　　　　　└《北齐律》—┬《开皇律》—《唐律》—《宋刑统》—《明律》—《清律》
　　　　　　　　　　　　　　　　　　　　　　　　　　　　└《大业律》

③ 《隋书》卷25，《刑法志》。“八议”，源自周之“八辟”。至汉已盛行八议说，但至三国曹魏新律，始将“八议”载入律文，即议亲、议故、议贤、议能、议功、议贵、议勤、议宾。

的犯罪，就在于它直接危及了封建国家的统治基础和政治制度，触犯了被推崇为统治思想的纲常名教，颠倒了贵贱尊卑的关系。唐律沿袭北齐律重罪十条的原则，作出关于十恶的规定，说明唐朝统治者更注意运用法律的手段，从各个层面来维护封建专制国家的统治。

第二，唐朝律、令、格、式等主要法律形式，深受北朝法律的影响。魏晋南北朝时期法律形式，于律、令之外有科、比、故事、格、式等，隋唐以后，律令格式并行，即导源于此，这些法律形式互相补充，形成严密法网。例如，律令之间，“律以正罪名，令以存事制”①，凡不宜入律者，“悉以为令”，“违令有罪则入律”②。“格”源于汉代的科，东魏制定《麟趾格》，始为独立法典。北齐时重行判定，称为《北齐麟趾格》。“式”的名称，一说源于战国时期秦国的《封诊式》③。一说源于汉代的品式章程，西魏苏绰编订《大统式》，是最早以“式”为形式的法典。南北朝时期格、式与律、令并行，是秦汉以来封建法律的重要发展，并影响及于后世，唐宋法律均以律令格式为主要形式，至明清，格、式才失去了独立地位。

第三，唐律继承北魏律，皇帝直接掌握生杀大权。北朝皇帝为了加强最高审判权的控制，有时亲自审判大案。例如，北周武帝，“听治于正武殿，自旦及夜，继之以烛”④。北魏对于死刑的处决权，由皇帝亲自掌握。《魏书·刑罚志》提到：“论刑者，部主具状，公车鞫辞，而三都决之。当死者，部案奏闻。以死不可复生，惧监官不能平，狱成皆呈，帝亲临问，无异辞怨言乃绝之。”并规定：“诸州国之大辟，皆先谳报，乃施行。”⑤ 这不仅有助于加强专制主义集权制度的发展，而且对准确地进行司法镇压也有所裨益．因而为后世沿行。唐朝为了加强皇帝对于司法权的控制，法律规定：对于应该“言上”或“待报”的案件，擅自判决者，“各减故、失三等”论罪。遇有重大特殊案狱，皇帝经常以“制”、“敕”权断。唐朝大理寺是最高司法机关，负责审理朝廷百官犯罪及京师徒刑以

① 《太平御览》卷638，引杜预《律序》。

② 《晋书》卷30，《刑法志》。

③ 据1975年云梦出土的秦简得知，这种形式的法律早在战国时秦国就已出现，秦律有《封诊式》，其内容是关于治理狱案侦查勘验的具体规定。

④ 《太平御览》卷339，引《后周书》。

⑤ 《魏书》卷111，《刑罚志》。

上案件。对徒流刑罪的判决，须送刑部复核，死罪的判决须直接奏请皇帝批准。

第四，唐律沿袭北朝礼律并举之风，法律教育逐渐步入正轨。北朝修律除保留若干习惯法外①，皆以汉律为楷模，又兼取古文经《周官》与《尚书》，甚至在形式上也仿效周礼与大诰。参加主持修订法律的又是名儒和汉律学家，诸如崔浩、高允、熊安生等人，使北朝律礼法糅合，互相渗透，儒家思想法律化，刑律儒家化。例如，吸收“八议”、“不孝”、“不敬”等内容；严“不道”之诛，重“诬罔之辟”，疑狱依经义断决；废除轘、腰斩等酷刑，只用枭首、斩、绞；并罢门房之诛，凡谋反大逆、干纪外奔，罪止其身（但不时也有腰斩及夷族等现象）；等等。北朝统治者进入中原后，重视研习法律。北魏沿袭魏晋设立律博士的做法②，列律学博士于廷尉官属，北齐转属大理寺。其职责是参与司法，解答咨询，培训司法人员和教育官吏子弟。北齐“法令明审，科条简要，又敕仕门之子弟，常讲习之。齐人之晓法律盖由此也”③。

唐太宗李世民等推行以德礼为本，刑罚为用的政策，《贞观律》中，许多原属礼的规范，被赋予法的形式。高宗李治在其执政以后制定的《永徽律疏》中便明确宣布：“德礼为政教之本，刑罚为政教之用，犹昏晓阳秋相须而成者也。”

唐代法律教育逐渐步入正轨。贞观年间，朝廷在国子监管理之下，分设国子学、太学、四门学、书学、算学、律学六馆。律学馆设律学博士一人，助教一人，主掌教习④。学生名额是50名，学习内容为当时的律令和格式，学制不得超过6年。每年进行考试，及格的则参加尚书省礼部的考试，再合格的得以任官；不及格仍留律学馆学习，连续三年不及格的，以及不从师教、逾假不归者均免除学籍。唐代法律教育还与科举考试、官吏选拔结合起来。科举考试，由中央礼部主持，分秀才、明经、进士、明法、明书、明算六科。明法考试分10题，其中律7条，令3条。全答对

---

① 如据《魏书·刑罚志》所载：“昭成建国二年：当死者，听其家献金马以赎；犯大逆者，亲族男女无少长皆斩；男女不以礼交皆死；民相杀者，听与死家马牛四十九头，及送葬器物以平之；无系讯连逮之坐；盗官物，一备五，私则备十。”这些规定在鲜卑统治者所制定的北朝律中，或多或少能找到其影子。

② 据《三国志·魏志·卫凯传》所说，明帝即位，凯奏曰：“请置律博士，转相教授。”

③ 《隋书》卷25，《刑法志》。

④ 此据《唐六典》。按《新唐书·百官志》所载：律学博士三人，助教一人。

者为甲等，答对 8 题为乙等。另外吏部取人以身（体貌丰伟）、言（言词辩正）、书（楷法遒美）、判（文理优长、逻辑严谨）四项。唐代不仅沿袭魏晋南北朝之制，设置律博士，而且将法律教育与科举考试及官吏选拔相结合，这既有利于法律的普及，也有利于提升司法人员的执法水准。

总而言之，魏晋南北朝时期是中华民族在法律文化上的大融合时期。以汉律为代表的相对先进之法律文化，对于进入中原地区的少数民族统治者有着重要影响。北魏律和北齐律就是以汉律为宗、结合本民族的某些习惯法，并糅合南朝各律形成的。而唐朝的法律，无论体系结构和基本内容都与北朝律有渊源和承袭关系。这一方面表现了少数民族对中华法系作出的重大贡献，另一方面也说明高度发展及相对完备的唐律是南北法律文化融合的结晶。

（原载《汉民族与荆楚文化研究》，中国社会科学出版社 2014 年版，与杜荣坤研究员合著）

# 突厥法探究*

本文拟在前人研究的基础上，从突厥法产生的历史背景、有关突厥法的资料、突厥法的主要内容及特点等方面，钩沉剔微，据实考述，以冀使突厥法的研究更上一层楼。

## 一 突厥法产生的历史背景

突厥，为我国古代北方和西北方民族，亦为汗国名。有广、狭二义，广义之突厥泛指突厥汗国以前和以后所有操突厥语的部落或民族。狭义则专指突厥汗国，6世纪初崛起于金山（今阿尔泰山）西南麓，为一游牧部落之行国。大多学者认为突厥与丁零、敕勒（高车）等有渊源关系，为铁勒的一支。铁勒在隋代已发展为一个庞大的族系。它包含很多分支，分散驻牧于大漠南北，东起今贝加尔湖，西至中亚的辽阔地区。其中居于独洛河（今土拉河）以北的有韦纥（即回纥）等部，居于天山东北的有契苾部，居于金山（阿尔泰山）西南有薛延陀等部。此外，在中亚康国（今撒马尔罕）及远至得嶷水（今里海北的乌拉尔河）一带还有很多部。“虽姓氏各别，总谓为铁勒。”① 不过，铁勒虽为突厥的主源，但突厥由于迁徙、杂居通婚及征伐战争等，也与其他民族，诸如匈奴、柔然、鲜卑、羌、汉族等融合，杂有他族血统。混合了蒙古人种和欧罗巴人种的某些成分，而在人种学上自成一种，即突厥种，属大人种类型中的一个分支。他们所操的突厥语在阿尔泰语系中也自成一个语族，即突厥语族。其法律文化则深受周边诸族影响。

---

* 此文部分内容已载于2012年黑龙江人民出版社出版的《中国北方游牧民族源流考》第五章中。

① 《隋书》卷84，《铁勒传》。

突厥主要起源地在准噶尔盆地之北，今叶尼塞河上游一带，逐水草而迁徙。社会经济以游牧业为主，兼营狩猎。后迁移至高昌（今新疆吐鲁番境）的北山（今格达山）。此地自古以产铜、铁和煤炭驰名。“夜则火光，昼日但烟，人取此山石炭冶此山铁，恒充三十六国之用。”① 故突厥人也学会锻冶技术，“工于铁作”②，即善于锻铁。5 世纪中叶，柔然攻占高昌，一部分突厥人成为柔然的“锻奴”③，被迫居于金山之南。5 世纪末 6 世纪初，突厥趁柔然日益衰弱之机，逐步摆脱被奴役地位。中国史籍第一次提到突厥是在西魏大统八年（542 年）左右，说该年前后，突厥“每岁河水会合后”，即来寇掠西魏北边的连谷（今陕西神木北）等地④。十二年（546 年）突厥首领阿史那·土门，南并天山北之铁勒诸部，收其众五万余落。十七年（551 年），土门在向柔然阿那瓌求婚被拒绝后，转向西魏求婚，娶长乐公主为妻，与西魏往来不断。北齐天保三年（552 年），土门联合高车，发兵袭击柔然，阿那瓌大败自杀。土门遂以漠北为中心，建立突厥汗国，自称伊利可汗，树牙帐于都斤山（又作乌德鞬山、郁督军山，今杭爱山支脉北山）。木杆可汗时突厥势更盛，疆域最广时，东起辽水，西抵里海，北起贝加尔湖，南达阿姆河。

隋开皇三年（583 年），沙钵略（始波罗）可汗与达头可汗内讧，分裂为东突厥和西突厥⑤。东突厥又称北突厥，首任可汗为沙钵略（？—587 年），首府初在于都斤山，后移至土拉河畔。隋末唐初，势力强盛，控弦百余万，不断向南攻扰，抢劫财物，俘掠人口。贞观三年（629 年），唐太宗派李靖、李勣等率十余万大军分路出击，次年，俘颉利可汗，东突厥暂亡。唐太宗将突厥 10 万降众中的半数左右安置在西起灵武（今宁夏灵武西南），东至幽州（治今北京西南）的地区，并置羁縻府州进行管辖，仍以突厥贵族为都督、将军。其余约万家（或谓数千户）入居长安。其酋长皆拜将军、中郎将，五品以上者百余人。

---

① （北魏）郦道元：《水经注》卷 2《河水注》引《释氏西游记》（1937 年商务印书馆发行《四部丛刊》本）。

② 《隋书》卷 84，《突厥传》。

③ 《周书》卷 50，《突厥传》。

④ 《周书》卷 27，《宇文测传》。

⑤ 有的学者认为隋仁寿三年（603 年），达头奔吐谷浑，泥利、启民二可汗分疆而治，突厥汗国才正式分裂为二，西突厥汗国始诞生。详见薛宗正《突厥史》，中国社会科学出版社 1992 年版，第 394 页。

至唐高宗永淳元年（682 年），南迁至漠南的突厥贵族阿史那骨咄禄复兴，重新建立突厥政权，通称后突厥。玄宗天宝三年（744 年），因内乱及社会经济遭受破坏，为回纥所破。

西突厥的始祖为室点密（562—576 年在位），土门可汗之弟。北齐天统三年（567 年），统十大首领，灭嚈哒，败波斯，自立为西面可汗。583 年，其子达头可汗与东面沙钵略可汗不和，始分为东西突厥。隋唐之间，西突厥是今新疆、中亚一带的强大势力，天山以南诸城如高昌、焉耆、龟兹、于阗及疏勒等均受其控制。地处中亚交通要道上，在唐和印度、东罗马、伊朗等国的经济、文化沟通中起了很大作用。其时，中原大乱，西突厥统叶护可汗，北并疏勒，西拒波斯，控弦数十万，并与高昌麹氏政权结成反唐联盟。为了使丝绸之路畅通，唐太宗在灭东突厥，并使吐谷浑归附后，派侯君集率军出征，于贞观十四年（640 年）攻下高昌城（今新疆吐鲁番东南）。唐以其地置西昌州，不久改名西州，并于交河（今新疆吐鲁番西）设安西都护府。同时，于可汗浮图城（今新疆吉木萨尔北）置庭州。唐朝在平定焉耆王、龟兹王之乱后，遂迁安西都护府于龟兹，并于疏勒、焉耆、于阗同时设镇，合称“安西四镇”。西突厥失去属国，内部纷争不已。显庆二年（657 年），唐高宗派兵大破西突厥，以其地分置昆陵都护府统辖五咄陆部，濛池都护府统辖五弩失毕部。唐朝势力越葱岭，远达咸海东、南一带。为了控制西突厥广大地区，武则天又于长安二年（702 年），分安西都护府天山以北为北庭都护府，治所设在庭州。

当突厥活跃于北方之时，铁勒另外一些支系薛延陀和回纥等先后兴起。唐太宗贞观二年（628 年），薛延陀部众共推夷男为可汗，唐拜夷男为真珠毗伽可汗，赐以鼓纛。夷男建牙于郁督军山（即于都斤山，今杭爱山之北山），在漠北建立薛延陀政权。其辖境：“东室韦，西金山，南突厥，北瀚海，盖古匈奴地也。”① 当时回纥、拔野古、阿跌、同罗、仆骨、霫等部皆附属之。

贞观四年（630 年），东突厥亡后，北方空虚，真珠可汗夷男将牙帐从杭爱山迁至独逻水（今土拉河）南。时真珠可汗势力强盛，有胜兵二十万，以其二子拔灼、颉利苾分主南北二部。贞观十五年（641 年），真珠可汗派兵二十万南下，攻击驻牧于黄河以北原东突厥附唐旧部，唐发兵援救，真

① 《隋书》卷 84，《突厥传》。

珠可汗之军大败，伤亡惨重。贞观十九年（645 年），真珠可汗卒，其子拔灼为颉利俱利薛沙多弥可汗，发兵入犯河南（黄河河套以南），唐军反击，多弥可汗大败。翌年，回纥与仆骨、同罗共攻之，多弥被杀，宗族散亡。太宗乘机发兵分道进讨，大败薛延陀余部于郁督军山，薛延陀政权瓦解。

回纥初散居于今色楞格河一带，臣属于突厥汗国。贞观元年（627 年），其首领菩萨率军大败东突厥，声震北方。东突厥灭亡后，受薛延陀控制。回纥协同唐朝灭薛延陀后尽据其地。唐在铁勒诸部居地设置六府七州。其中以回纥部为瀚海都督府，任命其首领吐速度为怀化大将军兼瀚海都督。天宝三年（744 年），回纥联合后突厥统治下的其他各部灭后突厥，尽有其地。建都于乌德鞬山，其势东极室韦，西至金山，南控大漠。最盛时，抵达中亚费尔干纳盆地。居民仍以游牧为生，兼营狩猎。与唐关系密切，曾派兵助唐平定“安史之乱”，肃宗用宁国公主和亲，每岁增绢 10 万匹，约定绢马互市，加以回报。贞元四年（788 年）自请改称回鹘。开成五年（840 年），为黠戛斯所破。部众主要分三支西迁，一迁吐鲁番盆地，称高昌回鹘或西州回鹘；一迁葱岭西楚河一带，后人称之为葱岭回鹘；一迁河西走廊，称河西回鹘。

本文论述的法制内容，主要以突厥族及其建立的汗国为主，旁涉回纥及薛延陀等。突厥汗国等的法律是在部落习惯法的基础上形成的，体现了政治权力的统治意志，是维护政治权力系统正常运作和社会秩序协调发展的重要手段。习惯法是相互遵守的社会规则，虽不是正式的法律力量，但具有强制性的效力。其与部落机构相联系，外化为公共权力，通过权力的运作，制裁成员的反社会行为，以维护社会秩序和调节内部关系。其内容广泛，涉及民事、刑事和部落乃至国家的安全等。而突厥法则是习惯法与特权法矛盾的结合体，并受匈奴法等影响。

## 二　突厥法的资料概述

6 世纪中叶兴起的突厥汗国，是一个以阿史那氏为首的军事行政联合体，或谓奴隶制汗国及封建制汗国。在木杆可汗时期，“其地东自辽海以西，西至西海万里，南自沙漠以北，北至北海五六千里，皆属焉”[①]。这

① 《周书》卷 50，《突厥传》。

样一个庞大汗国，阿史那氏不仅依靠武力，而且借助法制进行统治。但是，突厥时代遗存的法律材料，并非完整的文档。而是散见于史书和碑刻的片断记载。故对突厥法律的研究，并无现成法律条文可循，只能通过对突厥汗国政治、经济、文化、社会生活等各个方面历史现象加以搜索剖析。不过，自19世纪以来，随着鄂尔浑叶尼塞河突厥碑铭的发现，及对阿尔泰和南西伯利亚突厥墓葬的发掘，有关突厥史的考古材料已大为增加，也为突厥法的深入探讨提供了有利条件。

**（一）有关突厥法的汉文资料及编纂**

有关突厥法的汉文资料，主要散见于《北史》卷九十九《突厥传》、《周书》卷五十《突厥传》、《隋书》卷八十四《北狄传·突厥》、《旧唐书》卷一百九十四《突厥传》、《新唐书》卷二百十五《突厥传》及《旧唐书》卷一百九十五《回纥传》、《新唐书》卷二百十七《回鹘传》、《旧五代史》卷一百三十八《回鹘传》等，同时相关史籍的本纪及其他列传也偶尔有所记载。此外，还有《资治通鉴》、《太平御览》、《册府元龟》、《通典》、《唐会要》、《唐大诏令集》、《文馆词林》以及僧纪佛典《高僧传》、《大唐西域记》、《大唐大慈恩寺三藏法师传》、《大唐内典录》等都能寻找到有关突厥法制内容的蛛丝马迹。

在突厥史料（其中也包括突厥法制史料）的编纂方面，1958年中华书局出版岑仲勉编撰的《突厥集史》，主要内容是关于东突厥的。至于西突厥的史料，早在1903年，法国人沙畹主要根据我国的文献资料，并参引西方人的记载，编成与出版了《西突厥史料》一书。1932年冯承钧将其译成汉文，由商务印书馆出版，1958年中华书局重版。后又有岑仲勉之《西突厥史料补阙及考证》之作（1958年中华书局出版），以补《西突厥史料》之阙及纠正沙畹考订之失。此外，张星烺1930年编注和出版的《中西交通史料汇编》（中华书局1977年加以重印），其中收集了不少西突厥的中外记载。

**（二）突厥文碑铭**

关于突厥法制资料方面，一个很重要的来源是突厥文的碑铭。突厥是我国古代北方少数民族中第一个有明确记载创造了自己的文字，并较早使用动物名称作符号以计算年份的民族。《周书》卷五十《突厥传》载：

“其书字类胡。”《北齐书》卷二十《斛律羌举传》也提到：后主命“通四夷语”的代人刘世清“作突厥语”翻译《涅盘经》以赠突厥可汗。突厥文大约是在公元5或6世纪时创制和开始使用的。因为突厥文字写成的碑铭大多在今鄂尔浑河流域发现，而在文字的外形上又近似古代日耳曼人使用的卢尼（Runic）文（或译儒尼、鲁尼文），故亦称为鄂尔浑卢尼文。又因突厥文碑铭也有在叶尼塞河流域发现，故又称为鄂尔浑—叶尼塞文。有时也称“蓝突厥文”。但当时在各个部落，特别是一般牧民中并未得到普及，故“其（统治者）征发兵马、科敛杂畜，辄刻木为数，并一金镞箭，蜡封印之，以为信契”①。无论是《北史》抑或《隋书》之《突厥传》的作者都断言其“无文字”或“无文字，刻木为契”。

突厥文，在6—10世纪，成为突厥、回鹘、黠戛斯、骨利干等族使用的一种音素音节混合型的文字。共约38—40个字母。这种文字自1898年起发现于今蒙古国、俄罗斯西伯利亚、中亚地区及我国新疆、甘肃等地。有《暾欲谷碑》、《阙特勤碑》（亦作《阙特勒碑》）等大小数十个碑铭，也有少数用这种文字写成的抄本。其中属于突厥的有《阙特勤碑》（732年）②、《毗伽可汗碑》（亦译作《苾伽可汗碑》，734年或735年）、《暾欲谷碑》（716年）、《翁金碑》（739年）、《阙利啜碑》（8世纪初）、《崔林碑》（686—687年）等③。碑文内容除了记述突厥一首领的生平事迹及武功外，还反映了突厥社会生活的某些侧面，其中也涉及法制状况。

突厥碑文中屡次提及“突厥法制”和“先人法制”④。torü一词即含有“习惯”、“法律”和“权利”之意思⑤。中国学者较早提及突厥文碑铭的是元代耶律铸。他在《双溪醉隐集》之《取和林》一诗自注中说：“和林城，苾伽可汗之故地也……城东北七十里有唐明皇开元壬申御制书《阙特勒碑》。”⑥ 所惜者，只是当时士人不知此类碑文重要学术价值，而未加以重视。直至近现代，在突厥学的研究中，才逐渐加以运用。苏联学者C. Г. 克利亚托尔内著的《古代突厥鲁尼文碑铭——中亚细亚史原始

① 《周书》卷50，《突厥传》；《北史》卷99，《突厥传》。

② 《阙特勒碑》、《苾伽可汗碑》，碑文分突厥文和汉文两部分。

③ 参见耿世民《古代突厥碑铭研究》，中央民族大学出版社2005年版。

④ 《阙特勒碑》东面第13行。参见岑仲勉《突厥集史》下册，中华书局1958年版，第881页。

⑤ B. B. Радлов：《Оиытсловбря тюрсках нареикй》，圣彼得堡1905年版。

⑥ （元）耶律铸：《双溪醉隐集》卷2，《取和林》。

文献》一书（1964年，莫斯科），详细介绍了学术界发现、解读、研究突厥鲁尼文碑铭的情况。我国学者韩儒林等从20世纪30年代起就对碑铭进行翻译、注释、研究。

**（三）有关波斯、阿拉伯文资料**

波斯、阿拉伯涉及突厥史的论著也有不少，主要有佚名作者的波斯文《世界境域志》，此书反映了公元9—10世纪中亚各异姓突厥部落的分布情况和社会习俗。马赫穆德·喀什噶尔的阿拉伯文《突厥语大辞典》成书于11世纪。对于新疆、中亚异姓突厥各部历史、文字、风俗习惯、社会情况等记述甚详，故对研究突厥法也有极为重要参考价值。

**（四）涉及突厥法之论著**

关于突厥史专著方面，有1957年，上海人民出版社出版的马长寿著《突厥人和突厥汗国》；1988年，内蒙古人民出版社出版的林幹著《突厥史》；1991年，新疆大学出版社出版的刘锡淦《突厥汗国史》；1992年，中国社会科学出版社出版的薛宗正著《突厥史》等。

苏联学者B. B. 巴托尔德在1935年出版的《中亚突厥史十二讲》、A. H. 伯恩什达姆在1946年出版的《6—8世纪鄂尔浑叶尼塞突厥社会经济制度（东突厥汗国和黠戛斯）》等论著中对突厥法也有所涉及。

至于有关突厥法制方面的论文，目前，见到的有1965年蔡鸿生在《历史研究》第5期发表的《突厥法初探》，文中对“地分”和“畜印”、“奴”和“臣”、“家庭与婚姻”及继承法、刑法等问题进行了探讨。其他涉及突厥汗国官僚制度、军事制度、权力组成方式等方面的论文也有一些①。因而，可见对突厥法制方面的研究尚属薄弱环节，有进一步深入探讨的必要。

## 三　突厥法的主要内容及特点

从目前掌握的资料归纳分析，突厥法的主要内容，大致可分为行政

① 例如：朱延年：《突厥职官名号考》，《女师学院期刊》第2卷第2期，1934年7月）韩儒林：《突厥官号研究》，《中国文化研究所集刊》第1卷第1号，1940年；林幹：《突厥社会制度初探》，《社会科学战线》1981年第3期；吴景山：《后突厥汗国“法度”更张辨》，《民族研究》2000年第3期；等等。

法、财产法、社会组织结构法、家庭婚姻法、继承法及刑法等，并显示了草原游牧社会法律的基本特征。

### （一）行政法

突厥的法制是建立在游牧经济基础上的，习惯法与法令并存，尚未形成一部完整的法典。无论是政权组织或官制皆处于草创阶段。

在古代突厥语中，如《阙特勤碑》所载，国家、民族写为对音兀鲁思（ulus）。草原上的游牧民族为了适应特殊的生存环境，不仅在国家起源上有别于农业定居民族，而且在汗国政治权力体系上也有其特征，即以可汗为中心的中央权力，以部落社会为基础的地方权力，以核心氏族、部落为主体的国人（此指贵族）权力。

#### 1. 以可汗为核心的多元统治形式

突厥汗国最高的统治者是"可汗"，也即"合罕"[①]。"汗"，在突厥语中有"血"、"血统"之含义，引申为"氏族长"，也指部落联盟最高统治者，后成为汗国统治者的专号。《周书·突厥传》说："可汗，犹古之单于也。"6世纪中期，突厥人在首领土门的统领下日益强大，最终取代柔然在北部草原的统治权，土门自称伊利可汗，并逐渐形成大小可汗采邑分国制度。其特点是阿史那氏凌居于异姓突厥之上，独揽汗国的军政大权和一切显爵高位，以巩固自己的统治地位。可汗常分封其子弟或近亲为小可汗。大可汗为国主，小可汗为储君。例如土门为大可汗时，其长子（一说为弟）科罗称乙息记可汗，意为第二可汗，亦即小可汗。及木杆盛世，随着疆域的拓展，小可汗数目也有所增加。木杆佐北周伐北齐之役，曾率东面地头可汗（佗钵可汗）、西面步离可汗（室点密、褥但），三军并出。胡三省在《资治通鉴》注中称："木杆分国为三部：木杆牙帐居（于）都斤山，地头可汗统东面，步离可汗统西方。"[②]

木杆去世后，其弟佗钵继任可汗。隋文帝开皇元年（581年），佗钵可汗死，经过"昆季争长、父叔相猜"[③]，内部争夺权位的斗争之后，佗

① 可汗之称，以往学者认为始于柔然。《通典·突厥》下注云："后魏太武帝时，蠕蠕主社仑已自号可汗，突厥又因之。"但自鲜卑嘎仙洞石室祝文发现后，有的学者认为"可汗""可贺敦"之称源于拓跋部，其后柔然、突厥、蒙古等沿之。

② 《周书》卷50，《突厥传》；司马光：《资治通鉴》卷169，陈文帝天嘉四年。

③ 《隋书》卷84，《突厥传》。

钵之子庵罗被迫让位于科罗子摄图（即沙钵略可汗），牙帐设在于都斤山（今鄂尔浑河上游杭爱山之北山），也称中面大可汗，总揽全局，兼理南面。庵罗被封于独洛山（今土拉河）流域，称第三可汗[①]，即北面可汗，督绥契骨、薛延陀、铁勒九姓。木杆之子大逻便虽因“其母贱”未能继承大可汗位，但被封于阿尔泰山之东（于都斤山之北，地接西突厥），称阿波可汗。西突厥始祖室点密之子玷厥原驻牧于乌孙故地（今伊犁河上游），称达头可汗，即西面可汗。统辖葱岭东西诸国，通罗马，以拒波斯。沙钵略之弟处罗侯则管辖东面的奚、霫、契丹、鞑靼诸族分布地区，称突利可汗，即东面可汗。所谓隋文帝诏书中提到的“且彼渠帅，其数凡五”的大小五位可汗[②]，其中沙钵略为掌握全局的最大可汗。

突厥的大小汗之分封制，是以汗为代表宗族贵族将汗国作为私有财产进行的内部分配。作为整个宗族的财产，汗国被划分成许多封地，由可汗宗族的贵族子弟出任小可汗，掌管封地内的行政、军事、经济等大权。分封的基础是嫡系子弟的血缘亲属关系和实力状况。通过分封，形成了以可汗为核心，以宗族内子侄为辅弼力量的政治、军事集团，构建了汗国的政治权力体系。大小汗之间存在尊卑、长幼等严格的班序。突厥敬天拜日，尚蓝，以蓝突厥为最尊，东面可汗的地位最高，实为副王或储君，乙息记、木杆、阿史那库头、摄图、处罗侯等皆以此职入继大统。若以中面大可汗为第一可汗，东面可汗应为第二可汗，北面为第三可汗。西处于日落之方，“兵强而位下”，班序最为低卑，实属第四可汗。这有利于巩固汗国的政治统一，维系大汗继承之兄终弟及制的执行。

继之而起的回鹘汗国，也分为三部分，可汗的直辖区域在鄂尔浑河和色楞格河流域，是以九姓回纥诸部落为主的国人部落，汗国的中心。汗国的其余部分划为左右两部，设置左、右设统治，左部包括汗庭以东部落，主要有仆固、浑、拔野古、契苾等，置左设治理。右部包括汗庭以西诸部落，主要有同罗、思结、拔悉密、葛逻禄等，置右设管辖。后来的黠戛斯汗国、哈萨克汗国也沿袭此遗风。

这种分封制度虽然有利于汗国的政治统一，但是由于汗一般不直接干

---

① 《隋书·突厥传》记为“第二可汗”，《北史·突厥传》记为“第三可汗”。

② 《隋书》卷51，《长孙览传炽弟晟传》提到：“晟先知摄图、玷厥、阿波、突利等叔侄兄弟各统强兵，分居四面。”而《隋书·突厥传》说“其数凡五”，应包括北面的庵罗。

涉封地事务，若缺乏有力的统驭措施，封地有可能脱离中央权力，弱化汗的统治，走向分裂割据或独立。西面可汗室点密原为土门一代兄弟之最幼者，其主政西方末期，经济实力增长，外交及武功业绩辉煌，疆域不断扩大，造成强藩震主的局势，日益构成对大可汗的严重威胁，为东西突厥的分裂埋下了隐患。

**2. 行政管理制度——等级森严的职官世袭制度**

突厥汗国职官制度是在部落制度基础上发展而来，采用分封制和职位世袭制。由于受分散之游牧经济的影响，故组织比较简单和松散。据《周书·突厥传》称："大官有叶护，次没（设），次特勒（勤），次俟利发、次吐屯发，及余小官，凡二十八等。皆世为之。"① 依唐人杜佑在《通典·突厥》中所记："其子弟谓之特勒（勤），别部领兵者谓之设。其大官屈律啜，次阿波，次颉利发吐屯，次俟斤。其初国贵贱官号凡有十等。或以形体，或以老少，或以颜色须发，或酒肉，或以兽名。""其后大官有叶护，次设，次特勤，次俟利发，次吐屯发，余小官，凡二十八等，皆代袭也。"② 其中叶护、特勤、设为最高官爵，皆须由阿史那氏汗胄宗亲充任。

见于史籍与碑铭的突厥职官，主要有叶护、设、特勤、屈律啜、阿波、俟利发、吐屯（发）、俟斤、颉利发、梅录官、阎洪达、达干等。此外，还有王、使者、侍卫、侍从官、谋臣、御史、史官等称呼。这些职官无员额限制，大多由阿史那贵族世袭。汗国职官分属中央贵族权力和部落权力两个体系。属于中央体系主要有特勤、叶护、设、达干等。

特勤，突厥鲁尼碑铭作 tigin 或 tikin，汉文史籍中常讹写为"特勒"。《通典》及《太平寰宇记》皆记："其子弟谓之特勒。"③ 一说原意为奴隶，可汗家族子弟在父辈面前的谦称，后来成为可汗宗族子弟的专称用语，地位很高。不少可汗近裔出任此职，如骨咄禄之子阙特勤，默啜之子墨特勤等。历代可汗出此者也为数不少，如肆叶护可汗原为咥力特勤，等等。特勤各有封地和部落，可领兵出战，内典机要，外理邦交，常奉使谈

① 《周书》卷 50，《突厥传》；《北史》卷 99，《突厥传》所记略同。

② 杜佑：《通典》卷 197，《边防十三·北狄四·突厥上》。

③ 《通典》卷 197，《突厥上》；（北宋）乐史：《太平寰宇记》卷 194。特勤之号非创自突厥。杨衒之：《洛阳伽蓝记》卷 5，引宋云《行记》（或作《宋云家纪》）说，5 世纪后半期，嚈哒即已有敕勤之号（即特勤之异译）。

判军国大事，如隋大业三年（607 年），染干率褥但特勤阿史那职御、特勤阿史那等奉使至隋，二人俱拜光禄大夫[①]。

设，突厥鲁尼碑铭作 šad 或 xad，为仅亚于小可汗或叶护的军事重职，有拥兵在外，专制一方之权，属典兵武官。《新唐书·突厥传》称“其别部典兵者曰设”[②]。一般是大可汗居中，东西二部，各置一设，东部设的牙帐在幽州（今北京市境）之北，西部设的牙帐在五原（今内蒙古五原县）之北。不少突厥可汗登位前曾任此职，如颉利可汗原为莫贺咄设，处罗可汗原为俟利费设，等等。由于位显权重，其人选抉择极严，非纯出阿史那氏血统者不得担任。有的学者认为设是可汗用来管理直属的地方组织即公社的长官，是公社和部落的代表[③]。实际上，设是战争爆发时汗国委任的军事统领，负责征发、调遣掌管隶属部落的军队，随同可汗出征，故西方史籍常将其翻译为“司令官”。由于掌握了部落的军事权力，设往往成为部落的真正首领。设，除了典兵外，有时也被派出，作为驻节于属国的监领之官。如“挹怛（即嚈哒国，都乌浒河，今中亚阿姆河一带）南二百余里……先时国乱，突厥遣通设字诘强领其国”[④]。

叶护（yabɣu），位显权重，相当于小可汗，只能由可汗子弟及宗室子弟担任。有自己土地，一般是汗位继承人。突厥汗国常将管辖西部之官称为叶护。如西突厥始祖室点密之父原为大叶护[⑤]，而室点密本人“在本蕃为莫贺咄叶护”[⑥]。其后西突厥可汗也常常有“叶护”之号，如统叶护可汗、肆叶护可汗、沙钵罗叶护可汗。东部也有称叶护者，如处罗侯称叶护可汗，而以沙钵略之子雍虞闾为叶护。

回纥还把叶护一职授予汗室的姻亲，如唐至德二载（757 年），“燉煌王承寀自回纥使还，拜宗正卿。纳回纥公主为妃，回纥封为叶护，持四节，与回纥叶护太子率四千助国讨贼”[⑦]。由此可见，叶护已成为一种爵位。

达干（tarqan），战争时负责军事，和平时充当使臣。如阿史德元珍

---

① 《隋书》卷 12，《礼仪志》。

② 《新唐书》卷 215 上，《突厥传》上。

③ A. H. 伯恩什达姆：《6—8 世纪鄂尔浑叶尼塞突厥社会经济制度》，杨讷译，新疆人民出版社 1997 年版。

④ 《隋书》卷 83，《西域传·挹怛国》。

⑤ 《旧唐书》卷 194 上，《突厥传》上。

⑥ 沙畹：《西突厥史料》，冯承钧译，中华书局 1958 年版，第 43、第 193 页。

⑦ 《旧唐书》卷 10，《肃宗纪》。

投奔骨咄禄，被“立为阿波达干，令专统兵马事”[①]。有的学者认为是“收税人”之意[②]。有的部落首领也拥有此爵位。至回鹘汗国时，许多职官后面都加封达干，如“宰相磨咄莫贺达干”、“宰相梅录大将军达干”。

部落中的官职常由部落酋长、君长担任，有颉斤、啜、吐屯、颉利发、俟利发、俟斤、梅录、匐等。

啜（čur），一作“咄”，或译为“都”，古代爵号，阿史那曾以此为王称。其地位高于异姓部落酋长之称号。如起初“西突厥分为十部，每部酋长各赐一箭，谓之十箭。又分左、右厢：左厢号五咄陆部，置五大啜；右厢号五弩失毕部，置五大俟斤，通谓之十姓部落”[③]。木杆所统咄陆诸部可称啜，而室点密所统之弩失毕诸部酋长只能称为俟斤。

颉斤（irkin），一说与“俟斤”同。是授予异姓部落酋长之称号。如《新唐书·回鹘传》提到：“东至木马突厥三部落，曰都播、弥列、哥饿支，其酋长皆为颉斤。”回鹘并授其君长阿热官为“毗伽顿颉斤”[④]。

颉利发（ältäbär），一说即“俟利发”。授予属国国王、臣属部落总长之称号。这类部落、属国在行政上受到宗主国的监督，往往被称为“别部”。例如，突厥时“西域诸国王悉授颉利发，并遣吐屯一人监统之，督其征赋”[⑤]。有的部落的颉利发是由宗主国派去的，负责监国摄政，这从后起的薛延陀之官制中也有所反映，例如，坚昆“始隶薛延陀，延陀以颉利发一人监国”[⑥]。

吐屯（tutuq），据汉文史籍记载，吐屯是汗国派往属国的监察官，监察异邦和属部，负责督征赋税[⑦]。有的吐屯则直接管理部落事务，充当部落首领。如《隋书·契丹室韦传》记道：契丹，“突厥沙钵略可汗遣吐屯潘垤统之”。室韦，“突厥常以三吐屯总领之”。此外，如上所引，西突厥统叶护可汗“霸有西域”之后，除了授其国王为颉利发外，并

① 《旧唐书》卷194上，《突厥传》上。

② A. H. 伯恩什达姆：《6—8世纪鄂尔浑叶尼塞突厥社会经济制度》。

③ （宋）王溥：《唐会要》卷94，贞观十二年十二月。

④ 《新唐书》卷217下，《回鹘传》下。

⑤ 《旧唐书》卷194下，《突厥传》下。

⑥ 《新唐书》卷217下，《回鹘传》下。

⑦ （北宋）李昉等编辑《太平广记》引《唐御史台记言》：“突厥谓御史为吐屯。”有的学者认为吐屯乃是古匈奴僮仆都尉制度的继承与发展，又类似秦朝派往郡国的御史，故又译为“监察御史”。

遣吐屯总领之。

俟斤（irkin），为古代北方游牧民族首领之称号，初始于柔然、鲜卑、铁勒等[①]，突厥人沿用之。木杆可汗曾是科罗可汗的一个俟斤。后专指外族部落的首领。如契丹“析八部，臣于突厥以为俟斤”[②]。

梅录（bujuruq，buiruq），新旧唐书载为“梅禄”，一般担任派外使者。例如“突厥毗伽可汗使其大臣梅录啜来朝”[③]。“北虏遣梅禄将军李畅以马万匹来市。”[④]

匐（Bäg），一般认为匐是 Bäg 的对音，音译为伯克或比、别乞、别吉等。突厥汗国时，匐是国人贵族之称。如阿史那骨咄禄“渐至强盛，乃自立为可汗，以其弟默啜为杀，咄悉匐为叶护”[⑤]。黠戛斯人称贵人为“辈”（即“匐”的异译）。《新唐书·回鹘传》下提到黠戛斯先民坚昆“本疆国也，地与突厥等，突厥以女妻其酋豪，东至骨利幹，南吐蕃，西南葛逻禄。始隶薛延陀，延陀以颉利发一人监国。其酋长三人，曰讫悉辈，曰居沙波辈，曰阿米辈，共治其国，未始与中国通”[⑥]。后在柯尔克孜、哈萨克族社会中，“比”是部落中的法官，能言善辩，娴于辞令，精通习惯法，主要职责是处理各类诉讼案件，有的成为部落头目或可汗的谋士。在高昌回鹘时代，匐则指级别较低的行政官吏。

西突厥的官制大致与东突厥相同。据《隋书·西突厥传》所载：“官有俟（利）发、阎洪达，以评议国事，自余与东国同。”俟利发为部落首领的称呼，其与阎洪达等经常参与政权首脑的决策和政务处理。

回鹘汗国在沿用突厥汗国职官制度的同时，又大量采用了中原王朝的一些官职和官衔，“署官吏，壹似突厥，有外宰相六、内宰相三，又有都督、将军、司马之号”[⑦]。汗庭中央机构，由署号叶护、宰相、啜、特勤、达干、将军、平章事官吏组成。权位最重者为大相，宰相有时也可典掌军事。都督官号也借自唐朝，回鹘汗国曾在每一部落任命一位都督或两位都

---

① 韩儒林：《穹庐集》，河北教育出版社 2000 年版，第 336—369 页。
② 《新唐书》卷 219，《北狄·契丹传》。
③ 《旧唐书》卷 8，《玄宗纪》上。
④ 《旧唐书》卷 165，《柳公绰传》。
⑤ 《旧唐书》卷 194 上，《突厥传》上。
⑥ 《新唐书》卷 217 下，《回鹘传》下。
⑦ 《新唐书》卷 217 上，《回鹘传》上。

督，史称“有九部落，置都督十一人”①。回鹘汗国还设有监使一职，是派驻各属部的统治者，一般由可汗宗族担任，负责督察政治、军事，催征贡赋，握有很重实权，有时还可取代部落首领而行使职权。高昌回鹘时期，进一步引进中原官职，职官有九宰相、枢密使、金紫光禄大夫、检校太师、左神武军大将军、御史大夫、监使、判官、都督、于越（太守）、于尔奇（大臣）、断事官（司法官），地方官吏则由伯克组成。

黠戛斯汗国也是既沿袭了突厥官制，又受唐朝影响，所设的官制有宰相、都督、职使、长史、将军、达干六等。哈萨克汗国时期，主要职官有苏丹、比、乌鲁巴斯、阿克萨卡尔、阿吾勒巴斯等。

### （二）财产法——主要关于生产资料所有制的法律

游牧民族的生产资料所有制问题，主要是牧场和牲畜。表现在文献中，可归结为“地分”、“畜印”等。

#### 1. 有关“地分”的规定

突厥“其俗畜牧为事，随逐水草，不恒厥处。穹庐毡帐，被发左衽，食肉饮酪，身衣裘褐，贱老贵壮”②。“随逐水草，不恒厥处”，这并不意味着突厥就无固定的疆土，各氏族部落可以轻易逾越牧界。

所谓“地分”或作“分地”，即有定界的牧地。据《史记》所载，早在公元前2世纪的匈奴，就“逐水草迁徙，毋城郭常处耕地之业，然亦各有分地”③。而6世纪之突厥也是如此。《周书》提到：“虽移徙无常，而各有地分。可汗恒处于都斤山。”④

此处所提之“地分”，包含哪些内容，史籍并无明载，但梳理史料似略见端倪。其“地分”可为两个层次，一是归可汗所有，二是属氏族部落首领管辖。名义上是游牧群集体使用的财产，实际为贵族剥削牧民的物质基础。

（1）可汗“地分”——直辖领地

《周书·突厥传》提到“可汗恒处于都斤山”，于都斤山，即今鄂尔浑河上游、杭爱山之北山，可汗牙帐（汗庭）设于此，北山周围可算是

---

① （宋）王钦若等：《册府元龟》卷962。

② 《隋书》卷84，《北狄·突厥传》。

③ 司马迁：《史记》卷110，《匈奴列传》。

④ 《周书》卷50，《异域下·突厥传》。

可汗的地分。

西突厥的金山（一说即塔里木河以北、龟兹附近的白山）[①]，则是达头可汗的地分。隋开皇十八年（598 年），达头可汗致拜占庭皇帝摩里斯之信中，曾提及突厥的最高统治者与金山的关系："土人称之为金山，是因为它盛产水果，而又兽畜繁多。突厥有这样的法律，让最强的可汗管辖金山。"[②] 即西突厥可汗牙庭所在地白山的丰美牧场，按法律规定，达头可汗对其有管辖权。

又如达头之孙咄陆叶护子统叶护可汗（约 618—628 年，一说 617—630 年在位）时代，不断向外拓域，北并铁勒，控弦数十万，据乌孙故地，从龟兹北之三弥山，"移庭于石国北之千泉"[③]。石国，位于药杀水中游，其间河川纵横，田野平阔，西方史学家习惯称之为七河流域，其中尤以恒罗斯川（塔拉斯河）为巨流，石国即立国于此，又作柘支或赭时，今称塔什干，都瞰羯城，土著居民为粟特人，善于商贾。射匮可汗进破其国，"令特勤甸（匐）职摄其国事"[④]，自此，石国王统易为突厥人。据玄奘《大唐西域记》卷一所载，千泉地区也是水草丰美之牧场。其中提到：

> 千泉者，地方二百余里，南面雪山，三垂平陆，水土沃润，林树扶疏，暮春之月，杂花若绮，泉池千所，故以名焉。突厥可汗每来避暑，中有群鹿，多饰铃环，驯狎于人，不甚惊走。可汗爱赏，下令群属，敢加杀害，有诛无赦，故此群鹿，得终其寿。

千泉是统叶护之北牙，其南牙则在缚喝国（今阿富汗北境之巴尔赫）附近。据《续高僧传·玄奘传》所载：

> 至缚喝国，土地华博，时俗号为小王舍城，国近叶护（即统叶护可汗），南牙也。突厥常法，夏居北野，花草繁茂，放牧为胜；冬

---

① 沙畹：《西突厥史料》，冯承钧译，中华书局 1958 年版，第 212 页。

② 菲奥菲拉特·西摩卡塔：《历史》（феоФилакт Сцмотта：*Истоэя*）第 5 卷第 8 节第 12 段，1957 年，第 161 页。

③ 《隋书》卷 83，《石国传》。

④ 同上。

处山中，用避寒厉，故有两牙。[1]

从上述可知，北牙是夏营地。统叶护可汗将其避暑之地划为禁猎区，并用“诛无赦”的峻法惩罚偷猎者，以捍卫其汗庭四周直辖领地，即地分的权威性。另外，唐太宗贞观二年（628年），三藏法师玄奘曾在素叶城（即碎叶城，故址在今中亚巴尔喀什湖南托克马克城附近）[2]，目睹统叶护可汗游猎时的情景。其中提到可汗身穿绿色绣袍，额头裹一帛练后垂，长一丈许。周围有二百多穿锦袍的达官贵人随从左右，兵马甚盛，士兵皆衣裘挽弓。可汗所居的大帐，帐外卫队林立，帐内用金银装饰，富丽堂皇[3]。这说明游猎是可汗及达官贵人重要军事演习活动及娱乐之一，可汗有直辖领地及禁猎区。

（2）各部酋首之“地分”

按突厥习俗，酋首的节级高下，也即身份地位高低是与被统领的部落和地界多寡紧密相连，地分构成权力的基础。丧失地分，就等于丧失了权力。这从唐朝官员的上奏及铁勒回纥等使臣话语中也可得到佐证。例如，贞观四年（630年），唐太宗破突厥后，下诏议安边之术，中书侍郎颜师古主张“因其习俗而抚驭之”。其言：

臣愚以为凡是突厥、铁勒，终须河北居住，分置酋首，统领部落，节级高下，地界多少，伏所量裁，为立条例，远绥迩安，永永无极。

也就是酋首“节级高下”，是与“地界多少”连在一起的，部落、地分是决定酋首权力大小的关键。因此，各部首领都非常重视地分的存失。例如，贞观二十年（646年），唐太宗击败薛延陀后，铁勒回纥十一姓的使臣奏称：“奴等各有地分，不能逐延陀去。”[4] 有地分就有部落及牧场，即赖以剥削的手段。故处罗可汗次子阿史那社尔，拜拓设，建牙漠北，与

① 《续高僧传》卷4，《玄奘传》。

② 玄奘《大唐西域记》卷1对碎叶城的描绘是“城周六七里，诸国商胡杂居也。土宜糜麦葡萄，林树稀疏。气凉风寒，人衣裘褐”。

③ 唐僧慧立：《大唐大慈恩寺三藏法师传》卷2。

④ 《唐会要》卷96。

颉利子欲设分统铁勒、回纥、仆骨、同罗诸部。“治众十年，无课敛。或劝厚赋以自奉，答曰：‘部落丰余，于我足矣。’故首领咸爱之。”① 他正是透过对部落的控制权及牧地支配权，获得物质保障，猎取大量财富。

此外，从西突厥所包含的部落构成也可看出，部落与地分是唇齿相依的。其传统部族主要分为五咄陆和五弩失毕两大部，或称东西两厢。两大部下又各分为五个小部。早在室点密（562—576年在位）时期便已存在。史称“初，室点密从单于（指土门可汗）统领十大首领，有兵十万众，往平西域诸胡国，自为可汗，号十姓部落，世统其众”②。至贞观十二年（638年）沙钵罗咥利失可汗继位后，为了加强对这十个部落的统治和控制，重新整编此十个部落。据《唐会要》所载：“西突厥分为十部，每部酋长各赐一箭，谓之十箭。又分左、右厢，左厢号五咄禄部，置五大啜；右厢号五弩失毕部，置五大俟斤。通谓之十姓部落。”③《旧唐书·突厥传》下则明确指出“五咄陆部落居于碎叶（指碎叶川，即今中亚楚河）已东，五弩失毕部落居于碎叶以西，自是都号为十姓部落”。

属于左厢五咄陆的是处木昆律部，也可称为处木昆律啜（下同），分布于今新疆塔尔巴哈台一带；胡禄屋阙部，在今乌鲁木齐西北玛纳斯河西；摄舍提暾部，在今博乐县西博乐塔拉河流域；突骑施贺逻施部，在今伊犁河中下游北岸；鼠尾施处半部，在今焉耆县西北裕勒都斯河流域。属右厢五弩失毕部落的是阿悉结阙部，也可称阿悉结阙俟斤（下同），其游牧地在碎叶至俱兰城之间；哥舒阙部，在巴尔喀什湖以西；拔塞干暾沙钵部，在碎叶川至怛逻斯川之间；阿悉结泥熟部，在碎叶至俱兰城间；哥舒处半部，在巴尔喀什湖以西。这十部的酋首都有自己控制的游牧地，即地分。这从法律上，承认东西两厢分治，十姓酋长皆手握令箭，拥有自治权，保证了异姓突厥的社会地位。

（3）牧地形式上为集体所有

突厥与匈奴一样，可汗与酋首虽各有地分，但广大牧场名义上是归集体所有，牧民使用牧场，必须承担一定义务。从《旧唐书·太宗本纪》的记载中，可找寻到牧界为集体维护的痕迹。其云：贞观二十二年（648

---

① 《新唐书》卷110，《阿史那社尔传》。

② 《旧唐书》卷194下，《突厥传》下。

③ 《唐会要》卷94。新旧唐书之《突厥传》皆有记载。

年）“四月甲寅，碛外蕃人争牧出界，上亲临判决，然后咸服”[①]。事后唐臣褚遂良则说：“陛下圣德广运，无远不臻，碛外诸夷，来断境域。”[②] 由此，可见唐太宗所断的是“境域”，蕃人争牧之界，并不是个人争执，而是关系部落集体之事，但牧场的控制权乃掌握在部落酋长手中。一般牧民进行放牧必须要无报偿地为牧主放牧或缴纳牲畜。例如，开皇十九年（598 年），启民可汗（染干）上表给隋文帝，以对拨予其部落畜牧之地表示谢意。其中提到：“或南入长城，或经白道，人民羊马，遍满山谷。染干譬如枯木重起枝叶，枯骨重生皮肉，千万世长与大隋典羊马也。”[③] 所谓“典羊马”，是指用他人或在他人势力庇护下的山谷进行放牧之相应义务。

在突厥内部，更是要对控制牧场的各级酋首尽各种义务，以作为换取放牧权利的代价。约建于公元 731 年的翁金碑正面第五行提到：“唐人以北的乌护诸匐中有七名（头目）为敌。其余人等则称我父为神圣‘莫贺’，并在这里放牧和为他劳作。”[④] 这表明劳作即是使用牧场必须负担看管牲畜的劳役。因此，“地分”牧场为各级酋首进行经济奴役提供了物质基础[⑤]。

总之，《周书·突厥传》“各有地分”一语，其含义包括以下几个方面：第一，可汗有私人“地分”，主要是牙庭附近的直辖领地及禁猎区。第二，“地分”表面是游牧群集体使用的财产，实际上被各部酋长所控制，而成为贵族剥削牧民的物质基础。第三，牧民使用牧场，要承担为贵族、奴隶主看管牧畜等劳役。第四，游牧需分冬夏牧场，一般部落营地皆在冬牧场附近。允许各家利用闲荒隙地，兼营各种副业，渐产生私有土地制的萌芽。

---

① 《旧唐书》卷 3，《太宗纪》下。

② 《册府元龟》卷 37。

③ 《隋书》卷 84，《突厥传》。白道，即指今呼和浩特北白道溪。

④ C. E. 马洛夫：《蒙古和吉尔吉斯古代突厥文碑铭》，1959 年版，第 10 页。但耿世民翻译的《突厥文碑铭译文》该第五行之意却有所不同，其曰：“那时在中国北面，在 atig 和乌古斯人之间，有七人成了（我们的）敌人。我父……提到登利汗（tangrikan）方面，（并）为他出了力……”

⑤ 在阿尔泰国营雅波干养马场，曾发现突厥时代“地分”的遗迹，它是一长列把谷地分为两边的圆滑巨石。按当地居民的传统说法，那列巨石是往昔雅波干草原神奇勇士的地界。吉谢列夫在《南西伯利亚古代史》1951 年版第 514—515 页中认为这是公有牧场被君长（匐、汗及其他贵族）支配的直接证据。

**2. 畜印与牲畜所有权**

史称："突厥兴亡，唯以羊马为准。"[①] 这说明牲畜在突厥社会的重要性。突厥人主要从事畜牧业，"随水草迁徙"，过着游牧生活，以毡帐为居室，食肉饮酪，身衣裘褐，行有牛马车，战需骑马；祭祀鬼神，奉羊献马，婚丧吊庆，宰杀羊马；往来酬答，馈赠羊马；贫富贵贱，计算羊马。

凡此种种，都是与畜牧业密切相关。据史籍所载，从北周至隋唐，各个时期可汗的控弦之士（骑射部队），皆有十余万至数十万。如唐高祖时，突厥攻并州，"从介休至晋州，数百里间，精骑数十万，填映山谷"[②]。骑兵，一般有副马，光是战马就数十万至百万之多，牛羊也动辄数万。据《隋书·突厥传》所载，文帝开皇八年（588 年），突厥部落酋长一次贡马万匹，羊二万口，驼、牛各五百头。仁寿二年（601 年），阿勿思力俟斤一次就掠去启民可汗之杂畜达二十余万头[③]。

马为大畜，是游牧、攻战之必备物。马乳酒是突厥人喜爱的上等饮料，史载其人"饮马酪为酒取醉，歌呼相对"[④]。马作为重要的私有财产，在突厥法中有所反映，如盗马绊者与反叛、杀人同处死刑，折体者输马[⑤]。

突厥也与古代其他游牧民族相同，以畜印来作为所有权的标志。例如 5 世纪的高车人，"其畜产自有记识，虽阑纵在野，终无妄取"[⑥]。其后的突厥人也一样，《唐会要》卷七十二《诸蕃马印》表明，各不同部落的马群皆烙有不同的识别印记。例如阿史德的部落马印为[illegible]，阿史那部落马印为[illegible]，契苾部落马印为[illegible]，不一一列举。

突厥时代马印虽乃是氏族部落族群牲畜所有制的标志，尚未出现像后来蒙古王公那样拥有私人畜印，但是由于部落畜群大多掌握在富有的部落酋首及贵族手中，故大部分带有畜印的马匹，当归他们私有。如毗伽可汗

---

① 《旧唐书》卷 62，《郑元璹传》。

② 同上。

③ 《隋书》卷 84，《突厥传》。

④ 乐史：《太平寰宇记》卷 196，《突厥》。沙畹《西突厥史料》冯承钧译本第 170 页提到东罗马使臣塞马鲁克进谒室点密时，"可汗饮之以酒，酒非葡萄所酿，似为马乳所制"。

⑤ 《周书》卷 50，《突厥传》；《隋书》卷 84，《突厥传》。

⑥ 《北史》卷 98，《高车传》。

弟阙特勤有“四千雄马”[①]，阙可汗有马三千匹等[②]。而一般牧民仅拥有少量私畜马羊牛等。突厥贵族之牲畜，除通过自然增殖途径外，主要依靠暴力掠夺和科税杂畜的手段，获得大批马匹和牛羊。例如，7 世纪 80 年代率领突厥人复国的骨咄禄（颉跌利施可汗）就是靠“盗九姓畜马”起家的[③]。在战争中，掠获牲畜常达数万或几十万之多。这些牲畜除了有一部分给作战的部属外，大部分为突厥贵族所拥有。

### （三）社会组织结构法——“臣”与“奴”含义及所折射之社会制度

#### 1. 突厥是否存在奴隶制的问题

关于突厥社会是奴隶制社会还是宗法封建制社会，学术界有不同看法。苏联很多学者认为：匈奴、突厥、蒙古等游牧民族都未经奴隶制，而是从原始社会末期径直进到封建制，即游牧宗法封建制，例如《苏联关于游牧民族宗法封建关系问题的讨论》一书所收集论文的观点[④]、A. H. 伯恩什达姆的《匈奴史概要》及《6—8 世纪鄂尔浑叶尼塞突厥社会经济制度》[⑤]、Б. Я 符拉基米尔索夫的《蒙古社会制度史》等书[⑥]。我国学者余元盦的《内蒙古历史概要》一书[⑦]，侯尚智的《试论突厥汗国封建社会的形成》等论文[⑧]。其理由主要有以下几点：第一，由于游牧民族的土地都是属于公有，不易出现私有土地现象，同时氏族社会内部宗法关系浓厚，故不易从氏族内部分化出奴隶，并不能因从外族掠来大批奴隶，便认为是奴隶制。

第二，游牧民族的奴隶不是社会生产的基础——社会生产劳动的主要担当者，而是家内奴隶。奴隶制必须是奴隶成为社会生产劳动的主要担当者。

---

① 岑仲勉：《突厥集史》下册，第 887 页。

② 《新唐书》卷 215 上，《突厥传》上。

③ 《新唐书》卷 215 下，《突厥传》下。

④ 《苏联关于游牧宗法封建关系问题的讨论》汉译本，科学出版社 1957 年版。

⑤ A. H. 伯恩什达姆：《匈奴史概要》，列宁格勒出版社 1951 年版。《6—8 世纪鄂尔浑叶尼塞突厥社会经济制度》，苏联科学院东方学研究所 1946 年版，汉译本新疆人民出版社 1997 年版。

⑥ Б. Я 符拉基米尔索夫：《蒙古社会制度史》，汉译本，1980 年中国社会科学出版社出版。

⑦ 余元盦：《内蒙古历史概要》，上海人民出版社 1958 年版。

⑧ 侯尚智：《试论突厥汗国封建社会的形成》，《兰州大学学报》1959 年第 1 期。

第三，突厥等游牧民族生产的流动性和分散，不易约束奴隶和防止奴隶逃亡，也缺乏大规模的集体生产需要使用大量奴隶劳动力。

因此，认为突厥等游牧民族虽出现不少奴隶，但未形成奴隶制，而是从原始社会末期飞跃至早期封建制。

与此同时，有不少学者认为突厥等游牧民族存在奴隶制。例如马长寿《论突厥人和突厥汗国的社会变革》（《历史研究》1958 年第 3、第 4 期）、林幹《突厥史》（内蒙古人民出版社 1988 年版）、薛宗正《突厥史》（中国社会科学出版社 1992 年版）等。

**2. 突厥奴隶之来源**

突厥社会随着私有财产现象的出现和发展及战争劫掠，存在大量奴隶，这是不争的事实。其奴隶来源主要来源有二，一是战俘，二是突厥人因各种原因陷为奴隶。突厥人尚武，“重兵死而耻病终”，且以劫掠为荣，“候月将满，辄为寇钞”[①]。突厥统治者建立政权前或建立政权后，皆曾率领所属骑兵到处俘掠人口或财畜。在中原北部及其他地区俘掠大批汉族人口作为奴隶。例如，唐武德三年（620 年），处罗可汗侵扰并州（今山西汾水中游一带），掠去很多妇女。同年，莫贺咄设侵掠凉州（今甘肃武威一带），掠去男女数千人[②]。武德五年（622 年），颉利可汗侵扰并、定（今河北正定）、汾（今山西汾阳）、潞（今山西长治）地区，掠去男女五千人以上[③]。此后，突厥统治者俘掠汉族人口不绝于记载。因此，贞观四年（630 年）唐太宗击灭东突厥政权后，翌年，一次就从突厥统治者手中赎回自隋末以来被俘、沦为奴隶的汉人达八万口[④]。武则天圣历元年（698 年）时，默啜可汗侵扰赵（今河北宁晋一带）、定等州，掠去男女八九万口[⑤]。由此可见，突厥统治者前后俘掠汉人为奴隶之数目相当大。

与此同时，突厥统治者还掠其他诸族人口为奴隶，例如武则天万岁通天元年（696 年），默啜可汗进攻契丹，尽掠其家口而还[⑥]。故后来苾伽

---

① 《隋书》卷 84，《突厥传》。

② 《旧唐书》卷 194 上，《突厥传》上。

③ 《新唐书》卷 215 上，《突厥传》上。

④ 《旧唐书》卷 3，《太宗纪》下。

⑤ 《旧唐书》卷 194 上，《突厥传》上。

⑥ 杜佑：《通典》卷 198，《突厥》中。

可汗对唐朝使臣袁振说："奚及契丹，旧是突厥之奴。"[①] 毗伽可汗征伐党项族时，也尽取其"童孺及家室、马匹及财产"而归[②]。毗伽可汗重臣暾欲谷掩击北庭的拔悉密时，也掳其男女而还[③]。可见，契丹、奚、党项、拔悉密等族人也曾被突厥统治者掳掠为奴。

突厥奴隶的第二个来源是，突厥本族人民。其中有因触犯统治者的特权，或不能尽力维护统治阶级建立的政权和最高统治者个人的根本利益，被黜降为奴隶，作为惩罚。例如，《阙特勤碑》及《毗伽可汗碑》都提到曾有七百名突厥人民，因"亡国家，失可汗"而被黜降为奴隶。其云："依吾祖宗之法度，曾亡国家、失可汗者，当为婢为奴，当为违反突厥法度之人民。"[④] 另外，也有一部分突厥牧民，因贫穷欠债而沦为奴隶的，即债务奴隶。在突厥社会，俘掠的人口，绝大部分为可汗、贵族及各级军事首领所占有。有的美貌妇女成为他们的妻妾，但大部分从事饲养牲畜、饮牲畜、圈牲畜、接羔保育、剪羊毛、挤奶子以及其他家庭手工业等生产劳动。根据突厥习惯法，"抄掠资财，皆入将士"，"虏掠所得，皆入国人"[⑤]。也就是突厥统治者为了诱使一般平民追随其进行掠夺战争，并鼓舞士气，将掳掠所得的人口、牲畜及其他财物，也分给参战平民一部分。若有谁违反这种习惯法，即要遭到大众反对。因此，一般平民也往往拥有少量奴隶，常以"妻妾"或养子（儿郎）的身份，与其主人同居，并在主人监督下从事各种劳动。突厥牧民虽也常占有奴隶，但其与奴隶主贵族不同之处，是自己也参加生产劳动，即牧民平时是生产劳动者，战时则是骑兵，突厥社会为军政合一的组织。

奴隶人身失去自由，主人可将其作为物品赠送他人。例如6世纪中，木杆可汗曾以奴婢一百口赠给北周大将军史宁[⑥]。若要摆脱奴隶主控制，

① 《通典》卷198，《突厥》中。

② 耿世民之《苾伽可汗碑》译文为："当我十七岁时，我出征党项，我击败了党项人民，在那里获取了其男儿、妇女、马匹、财物。"

③ 《通典》卷198，《突厥》中。

④ 此引文参见马长寿《突厥人与突厥汗国》第94页。耿世民翻译之碑文为："当有了七百人之后，［我父可汗］就按照我祖先的法制，组织和教导了曾丧失国家、丧失可汗的人民，曾沦为女婢、成为奴隶的人民，曾失掉突厥法制的人民，在那里组织了突利斯及达头人民，并在那里［赐］给了叶护及设［的称号］。"其意与文中所引稍有不同。

⑤ 《旧唐书》卷62，《郑元璹传》；《唐会要》卷94。

⑥ 《周书》卷28，《史宁传》。

必须要以金帛赎身，才能恢复自由，取得平民身份。贞观五年（631年）唐太宗曾下诏："以金帛购中国人因隋乱没入突厥为奴者男女八万人，尽还其家属。"[①] 从而使八万沦为奴隶的汉人被赎回中原。贞观二十一年（647年），太宗又以"隋末丧乱，边民多为戎狄所掠，今铁勒归化，宜遣使诣燕然等州，与都督相知，访求没落之人，赎以货财，给粮递还本贯；其室韦、乌罗护、靺鞨三部人为薛延陀所掠者，亦令赎还"[②]。永徽四年（653年），唐高宗也遣使到黠戛斯，"多赍金帛，仍法处分。云：但有人即须赎"[③]。

**3."奴"与"臣"之含义**

在突厥时代，经常出现"奴"的称呼，有多种含义。

第一，相当于臣，为"臣"的同义词，是指臣属、属部。例如，隋开皇四年（584年），沙钵略可汗曾"谓其属曰：'何名为臣？'报曰：'隋国称臣，犹此称奴耳'"[④]。唐开元十三年，毗伽可汗在提及属部时，仍说："奚及契丹，旧是突厥之奴。"[⑤] 这说明，突厥人长期保持"臣犹奴"的观念，当它被用以指属部时，是表示附庸地位。据突厥文《阙特勤碑》所述，属部对宗主的关系是，在经济上"派遣帮队"，政治上"低首屈膝"[⑥]，也即纳贡称臣，巩固主从关系，以便"征发兵马及科税杂畜"[⑦]。

附庸部落纳贡的形式是派遣帮队，供给资用。例如，铁勒"自突厥有国，东西征讨，皆资其用，以制北荒"[⑧]。后起的黠戛斯也是"每雨，俗必得铁，号迦沙，为兵绝犀利，常以输突厥"[⑨]。"低首屈膝"，则是在

① 《旧唐书》卷194上，《突厥传》上。

② 《资治通鉴》卷198，唐太宗贞观二十一年六月丁丑。此外，《新唐书》卷2，《太宗纪》；《册府元龟》卷42，《帝王部·仁慈》，也有记载。

③ 《太平寰宇记》卷199，《黠戛斯传》。

④ 《隋书》卷84，《突厥传》。

⑤ 《旧唐书》卷194上，《突厥传》上。据《大唐大慈恩寺三藏法师传》卷1所记，7世纪初，高昌王为护送玄奘赴印度时，致西突厥叶护可汗的信就如此写道："愿可汗怜师如怜奴"。这显然是属部对宗主的口吻。

⑥ 《阙特勤碑》东面第2行，有的翻译为"使有头的顿首臣服，有膝的屈膝投降"。

⑦ 《周书》卷50，《突厥传》。

⑧ 《隋书》卷84，《铁勒传》。

⑨ 《新唐书》卷217下，《黠戛斯传》。

政治上要受突厥的控制，例如，室韦被征服后“突厥常以三吐屯统领之”[①]。对契丹，“突厥沙钵略可汗遣吐屯潘垤统之”[②]。“其西域诸国，悉授颉利发，并遣吐屯一人监统之，督其征赋。”[③] 凡此种种，说明突厥汗国强大，除了剥削和压榨其境内的平民和奴隶外，对其属部进行控制和剥削也是重要因素。并因此形成奴隶主与奴隶、宗主与属部的对抗关系。突厥汗国的败亡，也是与这两种社会矛盾的尖锐分不开。例如颉利可汗大举进攻中原，各种矛盾日益尖锐，“诸匐与民众水火”[④]，对属部也“裒敛苛重，诸部愈贰”[⑤]，“由是下不堪命，内外多叛之”[⑥]。贞观元年（627年），突厥东部的奚、霫等数十部落因反对突厥统治者征敛无度，叛离突厥，归附于唐。原附属于突厥，游牧在漠北的薛延陀、回纥、拔野古、同罗、仆罗等铁勒诸部，也相继背叛颉利。

第二，突厥时代的“奴”，还具有表示奴婢的含义，即指那些被赠送、分配和掳获的奴婢。例如，如前所述，木杆可汗曾赠北周大将军史宁“奴婢一百口”；隋末以来数万汉人沦为奴隶；薛延陀可汗向唐太宗建议：“至尊破突厥，须收为奴婢，将与百姓”等[⑦]。奴隶处于社会的最底层，没有人身自由，过着凄苦的生活，往往以起义或逃亡的形式表示反抗。颉利可汗后期“六畜疾羸，人皆菜色”，再加“纵欲肆情，穷凶极暴，诛杀良善，亲昵小人”等原因，沦为突厥奴隶的汉人，“自相啸聚，保据天险”。而另一部分汉人则在颉利败后，“或有奔高昌者”[⑧]。

### （四）家庭婚丧及继承法

#### 1. 家庭结构及住宅

家庭是历史发展到一定阶段的产物。家庭组织与经济生活和文化类型密切相关。古代突厥语诸族主要从事游牧业，其家庭组织及相关的习惯法具有浓厚的游牧色彩。

---

① 《隋书》卷84，《室韦传》。

② 《隋书》卷84，《契丹传》。

③ 《旧唐书》卷194上，《突厥传》上。

④ 《苾伽可汗碑》。

⑤ 《新唐书》卷215上，《突厥传》上。

⑥ 《旧唐书》卷194上，《突厥传》上。

⑦ 同上。

⑧ 《旧唐书》卷198，《高昌传》。

6—8世纪，突厥游牧社会最小的经济单位是父权制家庭，但存在浓郁的母权制残余。在汉文史籍中，突厥语族的家庭一般称之为“帐”、“庐帐”、“庐落”、“帐落”等。“帐者，犹中国之户数也。”[①] 一帐就是一个牧民家庭[②]，家庭就是住在同一顶毡房中之人。汉文史籍中，“庐”最初指的是井田制中的屋舍。史称“筑城郭以居之，制庐井以均之”[③]。庐井，是个体农民家庭负责耕种的井田，引申为个体家庭。颜师古在《汉书·食货志》中注曰：“庐，田中屋也。春夏居之，秋冬则去。”[④] 也即为用茅草搭建的临时住所，春夏庄稼生长期间，农民住在其中照看庄稼，而井田中的舍，则是农民常住屋室。由此派生出庐庑、蒿庐、庐室等词。

游牧民族的毡帐，因其外观像穹庐，所以又称作庐帐、庐幕。《太平广记》描述突厥人“穹庐为帐毡为墙”[⑤]。《新唐书》记载阿史那贺鲁“密招携散，庐幕益众”[⑥]。阿史那献对反叛的十姓部落都担“击斩之，传首阙下，收碎叶以西帐落三万内属”[⑦]。关于“落”的解释有二，一是聚落，群居的个体家庭组合，如马长寿就认为“每落五家，每家五口”[⑧]。二是落是“居落”、“院落”，即户之意。一落约五六人。史载唐常山王李承乾喜好胡俗，经常派人“五人建一落，张毡舍，造五狼头纛，分戟为阵，系幡旗，设穹庐自居”[⑨]。这从侧面反映了一落的人数。所居成聚，则为村落、聚落，落与族、部、群、种等相连，就表示氏族、宗族、部族、群体、种族聚居的状态。突厥家庭在外延上与氏族、部落、汗国有密切联系。家庭之间也有各种形式的合作，如集体放牧、狩猎、互助等，通常是以氏族、牧群为单位，在族长或牧长带领下统一进行。并且婚丧嫁娶、群体娱乐、宗教祭祀等互助活动，也往往是在氏族部落等较大的社会

---

① 《后汉书》卷88，《西域传·车师》。

② 据陈宗振等编著《中国突厥语族语言词汇集》（民族出版社1990年版）所载，家庭，维吾尔语、乌孜别克语称“öy〔Øy〕”，哈萨克语、塔塔尔语、柯尔克孜族称“üy〔yj〕”，撒拉语称“oy”，裕固语称“jy”。这些词既是“家”的意思，同时也指“房子”。

③ 《汉书》卷24上，《食货志》上。

④ 同上。

⑤ 《太平广记》卷173，引《谈薮》。

⑥ 《新唐书》卷215下，《突厥传》下。

⑦ 同上。

⑧ 马长寿：《论匈奴部落国家的奴隶制》，见林幹主编《匈奴论文选集》，中华书局1983年版。

⑨ 《新唐书》卷80，《李承乾传》。

组织下举行。

有的学者认为，家庭在古突厥中，用 inijügün 和 arqarun 两个词来表示。前者的词根是 ini（幼弟），意为“幼房”。后者的词根是 arqa（背，站在背后的人们）意为“家族”，即表示家庭是由年幼后辈组成的。在突厥氏族制度崩溃后，代之而起的父权制家庭，是以享有继承权的年幼后辈为基础的①。

突厥语族大体属于父权家庭，实行父系继承制。在家庭内部，最基本的代际关系是父母与子女，一般包括父母亲和未成年子女。在游牧家庭中，三代同堂的较少。子女长大后，除留最小的儿子继承家业外，一般另外筑帐篷居住，建立自己的家庭。长子析居，幼子守户是游牧社会典型的家庭制度。按照习惯法，家庭财产主要由儿子继承，女儿也可以获得部分财产。

突厥家庭中，养子现象很普遍。游牧民族由于战乱，造成大量的孤儿，存在收养孤儿的习惯。除此之外，还通过战争虏获、过继、买卖手段及将女奴隶所生子或妾生者，收为养子或义子②。并存在为数不少的家庭奴隶。奴隶可以结婚，但必须得到主人的同意。突厥社会虽然是父权制家庭，妇女地位较低，但母权制残余仍然存在。在随逐水草放牧和军事冲突频仍的情况下，由于男性家长经常外出，操劳生计的主妇有时也能掌握家庭经济大权。对女系家属的亲人也比较重视。例如视婿似儿，沙钵略可汗致隋高祖书称：“皇帝是妇父，即是翁，此是女夫，即是儿例。”③ 视甥如侄，突厥人对姐妹之子与兄弟之子一视同仁。《阙特勤碑》及《毗伽可汗碑》的撰写人署名“甥也里特勤”。按突厥官制，特勤为可汗子弟的封号，也里为外甥也被封为特勤。

史称“北狄风俗，多由内政”。有的贵族妇女参与废立可汗事，例如，“处罗卒，义城公主以其子奥射设丑弱，废而不立之，遂立处罗之弟咄苾，是为颉利可汗”④。有的则知兵事，“北蕃夷俗，可贺敦知兵马事。义成公

---

① 蔡鸿生：《突厥法初探》，《历史研究》，1965 年第 5 期。

② 回鹘也盛行收养子，如据《新唐书·回鹘传》所载，忠贞可汗收药罗葛灵为养子，“灵本唐人吕氏”，“为可汗养子，遂从可汗姓”。

③ 《隋书》卷 84，《突厥传》。

④ 《旧唐书》卷 194 上，《突厥传》上。

主遣使告急于始毕，称北方有警，由是突厥解围”[1]。有的可敦与可汗及廷臣一同接见外国使节，有的还参与解决争讼之事，“平反严明，部内齐肃”[2]。有的则劝阻可汗杀人，“可汗怒，欲杀之，为其妻所抑而止”[3]。

母权制的残余还表现在收养制和寄养制上。如安禄山曾被安贞节家收养[4]。而安禄山后又“畜假子”谋叛，被收养者扮演家丁、僮仆之角色[5]。颉利自幼寄养于吐谷浑邪家中。史称“贞观八年，颉利死……其臣胡禄达官吐谷浑邪家，颉利母婆施之媵臣也。颉利始生，以授浑邪，至是哀恸，乃自杀”[6]。收养制、寄养制，都是氏族制度的残余，在突厥汗国时代被保存下来，并在氏族互助的外衣下，为父权制家庭开辟广阔的劳动力来源。

**2. 婚姻制度**

突厥语诸族与大多数民族一样，先后经历了群婚，对偶婚，一夫多妻制或一妻多夫和一夫一妻的婚姻制度，并存在收继婚制。

（1）婚约缔结及迎亲

《北史》卷九九《突厥传》记述突厥人的婚姻制度曰：

> 男女咸盛服饰，会于葬所。男有悦爱于女者，归即遣人娉问，其父母多不违也。父兄伯叔死者，子弟及侄等妻其后母、世叔母、嫂，唯尊者不得下淫。

这实际上是突厥人的婚姻习惯法。关于婚约缔结问题，突厥游牧生活的分散性和流动性，影响着青年男女社交活动的经常性。因此，突厥年轻人往往通过“剺面且哭”，血泪俱流的葬所之会来追求悦爱，寻找对象。男女恋爱自由，可以私定终身，即上述的“男有悦爱于女者，归即遣人娉问，其父母多不违也”。初步认定亲事后，男方需至女方送纳聘礼，一般是牛马羊等实物，也有用金银作为聘礼的。聘礼虽不见前引之资料，但

---

① 《旧唐书》卷63，《萧瑀传》。“义成公主”即“义城公主”。

② 《旧唐书》卷195，《回纥传》。

③ 《旧唐书》卷109，《契苾何力传》。

④ 《旧唐书》卷200上，《安禄山传》。

⑤ 《新唐书》卷225上，《安禄山传》。

⑥ 《新唐书》卷215上，《突厥传》上。

突厥刑法中有"输妇财"的赔偿方法，则娶妻纳聘，应无疑问。此外，从突厥可汗多次向中原王朝求婚，每次都要送大量的聘礼，也可得以证实。与突厥同时期的黠戛斯人，"昏嫁纳羊马以聘，富者或百千计"①。回纥可汗求婚于咸安公主，"凡遣人千余，纳聘马二千"②。因此，突厥人中也盛行求婚纳聘的习惯法，聘礼多寡按照家庭贫富而有所区别。聘礼被看作女子身价和对女方的酬劳。《突厥语大词典》有段记载是很说明问题的，其言："我给的财礼甚丰，现在请你能接受，须知是我的劳动。岳父：她准备启程。"③ 突厥语族的哈萨克人在议定聘礼之后，还要举行踏水仪式，即双方家长及亲属相约河边，跨水而过，表示已经议定，不能改变。"富人往往致马千蹴，牛千足，驼百峰，银二三千两，媒妁入女家议定财聘，偕其父若母或其昆弟为踏水之礼。"在迎亲以前要交纳一定聘礼，"交纳财礼之数如已过半，其婿即入女家拜见外舅外姑，留食留宿，夜间由嫂氏携女送婿卧处，家人伪为不知"④。聘金本身说明买卖婚姻的存在，女性成为一种特殊财富，娶妻纳彩礼，丈夫财力雄厚，就可娶多位妻子，这也是一夫多妻制及收继婚盛行的一个重要因素。

按照议定，交付一定聘礼后，选定吉日，就可迎亲，届时亲友都来祝贺。在这方面关于突厥人的直接资料不多，但从在其前后的高车、黠戛斯等族的记载可略知端倪。例如高车人"迎妇之日，男女相将，持马酪熟肉节解。主人延宾亦无行位，穹庐前丛坐，饮宴终日，复留其宿"⑤。

帝王贵族迎亲仪式就要复杂豪华得多。例如，唐穆宗长庆元年（821年），与突厥风俗习惯类似的回鹘崇德可汗迎娶太和公主（穆宗妹）时的仪式是：回鹘可汗遣使并驼马千余来迎，而唐朝则遣金吾大将军胡证等护送公主至回鹘汗庭⑥。公主既至汗庭：

乃择吉日，册公主为回鹘可敦。可汗先升楼东向坐，设毡幄于楼

---

① 《新唐书》卷217下，《回鹘传》下。

② 《旧唐书》卷195，《回纥传》。

③ 麻赫穆德·喀什噶里：《突厥语大辞典》第3卷，校仲彝等译，民族出版社2002年版，第362页。

④ 王树枏：《新疆礼俗志·哈萨克》。

⑤ 《魏书》卷103，《高车传》。

⑥ 据《旧唐书·回纥传》所载，唐朝护送者有三千余人，回鹘至黄芦泉迎候有七百六十人。

下以居公主，使群胡主教公主以胡法。公主始解唐服而衣胡服，以一妪侍，出楼前西向拜。可汗坐而视，公主再俯拜讫，复入毡幄中，解前所服而披可敦服，通裾大襦，皆茜色，金饰冠如角前指。后出楼俯拜可汗如初礼。虏先设大舆曲扆，前设小座，相者引公主升舆，回纥九姓相分负其舆，随日右转于庭者九，公主乃降舆升楼，与可汗俱东向坐。自此臣下朝谒，并拜可敦。可敦自有牙帐，命二相出入帐中。①

完婚以后，女子成为男方的家庭成员。铁勒人举行婚礼后，丈夫与妻子一同居住在丈人家，等生下儿女后才能回到自己家，即史称："其俗大抵与突厥同，唯丈夫婚毕，便就妻家，待产乳男女，然后归舍。"② 黠戛斯女子结婚后需文身，即"女已嫁黥项"③。

（2）盛行收继婚

突厥社会中盛行兄终弟及、弟死兄纳、父死子娶庶母乃至庶祖母的习俗。例如隋义成公主曾先后为启民可汗、启民子始毕可汗、始毕可汗弟处罗可汗、处罗弟颉利可汗之妻。唐德宗时咸安公主于贞元四年（788 年），远嫁回纥合骨咄禄毗伽可汗（即长寿天亲可汗），长寿天亲可汗卒后，又相继嫁给了忠贞可汗、奉诚可汗、怀信可汗。史称："主历四可汗，居回鹘凡二十一岁。"④ 即使突厥进入中亚地区后，尚保留收继婚的习俗。如七世纪初，叶护可汗长子咀度设死后，"前儿特勤篡立为设，仍妻后母"⑤。

收继遗孀对突厥人而言，是一种家庭义务及权利。例如高昌王麹坚故后，"子伯雅立。其大母本突厥可汗女，其父死，突厥令依其俗。伯雅不从者久之。突厥逼之，不得已而从"⑥。根据这种婚姻制度，家庭中的男性有接续亡兄遗孀为妻的义务和权利，儿子也有接续亡父之妻（非生母）为妻的权利和义务。家庭内若无合适的接续人，此制还可扩展至同族的叔

---

① 《旧唐书》卷 195，《回纥传》。公主乘舆旋转九次的仪式，可能脱胎于突厥可汗即位时的习俗。

② 《隋书》卷 84，《北狄·铁勒传》。

③ 《新唐书》卷 217 下，《回鹘传》下。

④ 《新唐书》卷 217 上，《回鹘传》上。

⑤ 慧立等：《大唐大慈恩寺三藏法师传》卷 2，中华书局 1983 年版。

⑥ 《北史》卷 97，《西域传·高昌》。

伯兄弟或同氏族的其他男性。家族和氏族不仅有义务承续亡人的妻子，而且必须承担扶养其子女之责任。如果本氏族中无合适的接续者，寡妇可改嫁，儿子也可随母至男方家作为养子。不过，夫家要索回结婚时的聘礼财物。因为在他们看来，妻子是夫家付出大量牲畜银钱聘礼买来的，婚姻形如交易，正如清人所指出："财聘之弊，同于市估。"[①] 父权制确立后，女人的地位降低，女性成为一种财产，物之属性增加。由家庭及同族成员接续，其目的：一是为了维护族外婚的原则，以保持姻族间联系的手段。二是为了把个体家庭所有的财产留在家庭和氏族内，防止本氏族人口和财产外流。三是提高婚配概率，促进人口繁衍和氏族强大。

由此可见，这种以一夫多妻制和氏族部落制度及族外婚为存在基础的婚姻制度，是与游牧经济紧密相连的，既带有原始社会婚姻的遗风，又包含了私有财产观发展的痕迹。女性出嫁后，成为男性氏族成员，不能随便离开男性的氏族，成为遗孀后，必须由男性氏族成员接续，这也为游牧社会人口平衡提供了有利条件，保证男有妻，女有夫，以保持社会稳定和氏族繁衍强大。古人在评价西羌游牧社会的婚姻时就说："父没则妻后母，兄亡则纳嫠嫂，故国无鳏寡，种类繁炽。"[②] 匈奴、吐谷浑也是如此。匈奴人"父死，妻其后母，兄弟死，尽取其妻妻之"[③]。吐谷浑父兄亡后，妻后母及嫂等，即所谓"父卒，妻其庶母；兄亡，妻其诸嫂"[④]。这说明游牧民族中普遍存在收继婚，是一夫多妻制的派生物。古代突厥语族，女性隶属于父权制家长，不能随便离婚。按照习俗，若妻子提出离婚，那么在离家时不能带走任何东西。如果丈夫提出离婚，家中财物可任妻取携。一般是儿子随父生活，女儿随母生活。例如清代哈萨克族夫妻离异，首先要申辩离异缘由，根据双方陈述的理由判断财物归属，并写下离婚证书，由部落头人公证。王树枏在《新疆礼俗志·哈萨克》中曾详细地加以记载：

> 夫妻反目，愿离异者则延头人戚鄙论是非曲直，其夫指应出条事，陪嫁赀，遣之去；其妻请离异者，则一切什物概不得持取。众反

① 王树枏：《新疆礼俗志》，《布鲁特》。

② 《后汉书》卷87，《西羌传》。

③ 《汉书》卷94上，《匈奴传》。

④ 《旧唐书》卷198，《吐谷浑传》。

复谕之，不听，乃立离书，摹手足，头人用戳印为据，谓之羊土耳。儿若女均归诸亲，其夫妇不复问也。

离婚后，若再配或复婚也要举行一定仪式。根据习惯法，分和超过三次的夫妻如果复婚，必须与第三者发生性关系。清代裴景福在《河海昆仑录》中谈到信仰伊斯兰教的西域诸族有些习俗时指出：

其离也，男女背相向，各前行数步，撮土洒之即离，谓之“零乾”。离后未出百日，不得别配，配则相撕闹。欲再合亦延阿浑诵经解之。至三离，如仍欲合，男愿则女立屋上，使男过其下，女愿则将女送至“卡朗担”与丐人宿，男送羊马与丐人而后迎之归。①

至于唐代长安教坊流行的所谓“突厥法”，则是一夫多妻制或兄弟共妻制的折射。崔令钦《教坊记》“坊中诸女”载：

坊中诸女，以气类相似，约为香火兄弟，每多至十四五人，少不下八九辈。有儿郎聘之者，辄被以妇人称呼，即所聘者兄见呼为新妇，弟见呼为嫂也。……儿郎既聘一女，其香火兄弟多相奔，云“学突厥法”，又云“我兄弟相怜爱，欲得尝其妇也”。主知者，亦不妒。他香火即不通。

这说明突厥社会除了流行收继婚及一夫多妻制外，还有一种被教坊先人称为“突厥法”的兄弟共妻制。教坊艺人多为西胡或杂有西胡血统，她们所染之习，可追溯至中亚一带。例如，《周书·嚈哒传》就提到：“刑法、风俗与突厥略同。其俗又兄弟共娶一妻，夫无兄弟者，其妻戴一角帽，若有兄弟者，依其多少之数，更加帽角焉。”吐火罗、罽宾等地也流行此婚俗②。这种“兄弟共妻”或谓“一妻多夫”的现象在西藏地区也曾存在过。

---

① 裴景福：《河海昆仑录》卷4，甘肃人民出版社2002年版。

② 详见《通典》卷193，《吐火罗传》；慧超《往五天竺国传》（见《大正新修大藏经》第51卷，第978页）。

**3. 丧葬制度**

突厥人的丧葬礼俗一般要经过停灵、吊唁、入殓、出殡、安葬及举行葬宴等仪式，有的还要举行周年祭和扫墓活动。权贵者死后，往往还要臣妾佞幸陪葬。丧葬仪式是祖先崇拜的一种表现形式，又是一项重要家庭礼仪，同时也体现了部落礼仪和道德观念及群体文化。首先是设祭吊唁。古代突厥人的家庭成员去世后，按照习惯，将尸体停放在帐中，接受子孙和亲戚朋友的祭奠。亲属在帐前宰杀牛马祭祀，家人绕帐号呼，用刀划面，血泪俱下。《周书·突厥传》有较为详细的记载："死者，停尸于帐，子孙及诸亲属男女，各杀羊马，陈于帐前，祭之。绕帐走马七匝，一诣帐门，以刀剺面，且哭，血泪俱流，如此者七度，乃止。"① 回纥人也有划面哭泣之习俗，毗伽阙可汗死后，宁国公主按照回纥习俗，也剺面痛哭。黠戛斯人则"丧不剺面，三环尸哭，乃火之，收其骨，岁而乃墓，然后哭泣有节"②。后世的柯尔克孜人在亲人去世后，面向西坐，放声号哭，唱"离别歌"。哈萨克族在丈夫死后，戴白布唱挽歌，"其俗，夫死，妇皆毁容，戚友吊唁者，对之痛哭以爪面流血为戚，否则鄙笑之，以为无情"③。保留着古代突厥语族吊唁的习俗。

其次是会葬。突厥人"葬之日，亲属设祭，及走马剺面，如初死之仪。葬讫，于墓所立石建标。其石多少，依平生所杀人数。又以祭之羊马头，尽悬挂于标上。是日也，男女咸盛服饰，会于葬所"④。与突厥渊源密切的高车人下葬时，"多杀杂畜，烧骨以燎，走马绕旋，多者数百帀，男女无小大皆集会，平吉之人则歌舞作乐，死丧之家则悲吟哭泣"⑤。会葬仪式再次表达了对死者哀悼、思念，向年轻人重申了生命的价值和部落精神，群体性的会葬，也成为年轻人选择对象的极好时机和场所。

北方游牧民族历史上曾经有土葬、火葬、树葬、野葬等不同的葬式。突厥人一般是先火葬而后收取骨灰埋葬。吊唁结束后，则选择日期，用马驮着尸体和死者生前所用物品到焚场焚烧，拣取骨灰，待时而葬，春夏死者，待草木枯黄时下葬，秋冬死者，等花繁叶茂时下葬。然后"表木为

---

① 另见《资治通鉴》卷221，唐乾元二年五月"宁国公主剺面而哭"条下之注。

② 《新唐书》卷217下，《回鹘传下·黠戛斯》。

③ 王树枏：《新疆礼俗志》，《哈萨克》。

④ 《周书》卷50，《突厥传》。

⑤ 《魏书》卷103，《高车传》。

茔，立屋其中，图画死者形仪及其生时所经战阵之状。尝杀一人，则立一石，有至千百者”[①]。即树石立标，以示缅怀。后来，在唐朝的影响下，有不少突厥人改为土葬，“其俗，死则焚之，今起坟墓，背其父祖之命，此可谓不敬鬼神也”[②]。死者下葬后，主家要设宴答谢亲友，突厥语对音basam是丧饭之意，即“尸体埋葬之后招待的饭”[③]。回鹘人西迁信仰伊斯兰教后，在丧葬习俗上也受伊斯兰教的影响，土葬现象更为普遍。

最后，周年祭。突厥语诸族，死者下葬后的三天或者七天，都要举行祭祀仪式，以后还有四十天和周年祭。后代的柯尔克孜死者下葬后，要举行四次祭奠仪式，分别在葬后的第三天、第七天、第四十天和周年举行，届时宰杀牲畜，宴请宾客。哈萨克人一般也有七日、四十日和周年祭。“妇之于夫，子女之于父母，丧服无定制，类持服四十日，不出门，不宴乐，然时延莫罗大诵经以荐亡人。”[④] 周年祭最为隆重，要邀请亲人和本氏族、部落的人参加，家人宰杀马驼，宴请宾客，答谢亲友。富有、权贵之人家借机展示自己的财力和社会关系，举行宴会，举办叼羊、射箭、摔跤比赛。这不仅为祖先崇拜的表现，同时也是加强了家庭、邻居、族人之间的社会互动和情感联结。

可汗去世后，则要举行隆重的吊唁仪式，附属部落和友邦的首领都要亲自或派人前往吊唁，并携带邦国的特产作为慰问品，还要为他树立象征力量的杀人石作为纪念。这既是对死者的哀悼，又是对死去可汗权威的再次认同。《阙特勤碑》提到：“他们［之后］去世了，［作为］吊唁者从前面，从日出之方，有莫离（bökli）荒原的人、中国人（唐朝人）、吐蕃人、apar人、拂菻（purün）、黠戛斯人、三姓骨利干人、三十姓鞑靼人、契丹人、奚（tatabī）人——这样多的人民前来吊唁”。并带来了金银珍宝、香烛、檀香木、良马、黑貂、蓝鼠等礼物。吊唁时还要举行特殊祭奠仪式，例如剪发、剺面、献祭礼品等。

**4. 继位法**

突厥上层的继位制度，经历了由子承父到弟代兄、侄继叔的变化。在

---

① 《隋书》卷84，《北狄·突厥传》。

② （宋）王钦若：《册府元龟》卷125，《帝王部·料敌》。

③ 麻赫穆德·喀什噶里：《突厥语大辞典》第1卷，校仲彝等译，民族出版社2002年版，第420页。

④ 王树枏：《新疆礼俗志》，《哈萨克》。

母系社会向父系社会过渡时期，其继位法兼有两者的特征。例如《周书·突厥传》在阿史那家族继承制时说道：

> 讷都六有十妻，所生子皆以母族为姓，阿史那是其小妻之子也。讷都六死，十母子内欲择立一人，乃相率于大树下共为约曰："向树跳跃，能最高者，即推立之。"阿史那子年幼而跳最高者，诸子遂奉以为主，号阿贤设。[①]

设，是军事首长，后才为"别部领兵者称为设"。诸子以跳跃来决定继位问题，这表明当时幼子继承权尚不稳定。但阿贤设的胜利，表明军事首长的择立，取决于能力的高低，而不是行第的长幼。从此开辟了阿史那专权的时代。

阿贤设继位后，于5世纪中期，"以五百家奔茹茹（柔然），世居金山，工于铁作"[②]。"其后曰土门，部落稍盛，始至塞上市缯絮，愿通中国。"[③] 546年，率所部击败铁勒，"尽降其众五万余落"。552年，土门在怀荒北击败柔然，使突厥获得完全独立，土门自号伊利可汗。土门死后，子科罗立，号"乙息记可汗"。553年，"科罗死，弟俟斤立，号木杆可汗"[④]。自此，"立子"旧制，便被"立弟"的新制所代替。科罗病卒，舍其子摄图，立其弟俟斤。俟斤卒，复舍其子大逻便而立其弟佗钵可汗。佗钵病卒后，本欲立木杆子大逻便，由于遭到科罗子摄图反对，暂立佗钵子菴罗为嗣，后以"四可汗之子，摄图最贤"，迎立为沙钵略可汗。沙钵略后以"其子雍虞闾性软，遗令立其弟叶护处罗侯。雍虞闾遣使迎处罗侯，将立之。处罗侯曰：'我突厥自木杆可汗以来，多以弟代兄，以庶夺嫡，失先祖之法，不相敬畏。汝当嗣立，我不惮拜汝也。'雍虞闾又遣使谓处罗侯曰：'叔与我父，共根连体，我是枝叶。宁有我作主，令根本反同枝叶，令叔父之尊，下我卑稚。又亡父之命，其可废乎？愿叔勿疑。'相让者五六，处罗侯竟立，是为叶护可汗"[⑤]。

---

① 《周书》卷50，《突厥传》。
② 同上。
③ 《隋书》卷84，《突厥传》。
④ 《周书》卷50，《突厥传》。
⑤ 《隋书》卷84，《突厥传》。

由上可知，突厥人继承法可分为两类，一是“先祖之法”，即由子承父，法定继承。二是“亡父之命”，“以弟代兄”，遗嘱继承。“以弟代兄”是与当时突厥的政治、军事相适应的。6世纪中叶后，突厥逐渐强盛并走上对外扩张的道路，一方面是“千种万类，仇敌怨偶”；另一方面是“昆季争长，父叔相猜”，从而“外示弥缝，内乖心腹”[①]。在这种情况下，可汗被迫“不亲其子”，只得从其兄弟中去物色“务于征战”、“勇而有谋”的继承者。从木杆可汗至颉利可汗，弟代兄、侄继叔的事例甚多，这一比较灵活的继承原则直至后突厥汗国，以适应复杂的政治局面。

与突厥继承法相关的，还有继位程序和仪式等问题。关于继位仪式，《周书·突厥传》，有较为详细的记载：

> 其主初立，近侍重臣等舆之以毡，随日转九回，每一回，臣下皆拜。拜讫，乃令乘马，以帛绞其颈，使才不至绝，然后释而急问之曰：“你能作几年可汗?”其主既神情瞀乱，不能详定多少，臣下等随其所言，以验修短之数。

这既是突厥人敬日拜天宗教习俗在继位仪式上的反映，又是将可汗神化，为汗权天授寻找根据。沙钵略自称“从天生”，毗伽可汗也冠以“同天及天生”的尊号，也可进一步加以证实。另外，从继位程序上，可汗继位名义上还要通过国人选举礼仪性的程序。例如，佗钵死后，本欲立其兄子大逻便为汗，但遭摄图等反对，发生继位纠纷。摄图威胁说：“若立菴罗者，我当率兄弟以事之；如立大逻便，我必守境，利刃长矛以相待矣。”一般可汗即位，“还要经过国人会议同意”[②]。但在摄图“利刃长矛”的威胁面前，史称：“摄图长而且雄，国人皆惮，莫敢拒者，竟立菴罗为嗣。大逻便不得立，心不服菴罗，每遣人辱骂之；菴罗不能制，因以国让摄图。国中相与议曰：‘四可汗之子，摄图最贤。’因迎立之。”[③]这说明即使摄图威武势强，也要通过选举形式才能登上汗位。总之，突厥时代，汗位的继承及汗权的取得，一般要由世袭、神意和选举三大要素来决

---

① 《隋书》卷84，《突厥传》。

② 马长寿：《突厥人和突厥汗国》，上海人民出版社1957年版，第23页。

③ 《隋书》卷84，《突厥传》。

定。世袭是主要依据，选举是对世袭权的承认，神意是使汗权披上天授的外衣，进一步合法化，三者相辅相成，缺一不可。

由上可见，与游牧汗国社会组织结构相联系的汗位继承法，有其鲜明的特点。第一，汗国权力的继承总是以可汗宗族为核心，受宗族世袭制的约束，父卒子继，兄终弟及、叔侄相承，皆在宗族内进行，汗位必须保留在大宗之内。在宗族本位的基础上，汗位继承取决于当时形势的需要和继承者的个人素质。并往往依据武力和实力而定。第二，汗位必须保留在核心氏族、部落之内。由国人组成的核心氏族、部落群体在汗的废立问题上起着重要作用，新汗继位前需经过国人会议的通过。第三，汗位重视血统，可汗必须出自可汗、可敦正胤。母亲出身的贵贱成为汗位继承与否的重要因素。例如，佗钵卒，本欲立兄子大逻便，“以其母贱，众不服”①。

同时，由于游牧汗国往往缺乏相对稳定的最高权威，故围绕汗位问题而发生权力内讧、篡权夺位、派系斗争的现象屡见不鲜。《阙特勤碑》曾对这种多样化汗位继承方式所引发的政治危机作了生动的描述：“其弟做了可汗，其子也做了可汗。之后，弟不像兄，子不像父，昏庸的可汗登了位，坏可汗登了位。其梅录也是昏庸的，坏的。……由于他们使兄弟相争，由于他们使官民不和，突厥人民丧失了成为国家的国家，失去了成为可汗的可汗。”② 一言中的，将汗位继承中的弊病揭露无遗。

### （五）突厥人的刑法及其特点

#### 1. 罪名

突厥汗国的法律是在部落习惯法的基础上形成的，既体现了政治权力的统治意志，又是约束人们的社会行为，维护政治权力系统正常运作和社会秩序协调发展的重要手段。至于突厥汗国的刑法，《周书·突厥传》及《北史·突厥传》都有较为详细的记载，《周书·突厥传》称：“其刑法：反叛、杀人及奸人之妇、盗马绊者，皆死；奸人女者，重责财物，即以其女妻之；斗伤人者，随轻重输物；盗马及杂物者，各十余倍征之。”《北史·突厥传》所记略同，只是对伤害罪的规定更为详细，其曰：“斗伤人

① 《隋书》卷 84，《突厥传》。

② 《阙特勤碑》，耿世民译，参见林幹《突厥史》，内蒙古人民出版社 1988 年版，第 256 页。

者，随轻重输物，伤目者偿以女，无女则输妇财，折支（肢）体者输马。"[①]《隋书·突厥传》则曰："谋反叛杀人者皆死，淫者割势而腰斩之。斗伤人目者偿之以女，无女则输妇财，折支体以输马，盗者则偿赃十倍。"

从上引资料分析，突厥汗国的刑法所规定的罪名有反叛、杀人、偷盗、强奸、奸淫、伤害罪等。可分为四类：一是国事罪、反叛，包括"背突厥"、"弑可汗"以及"误失军期"、"引军迷路"等违背汗国根本利益的各种违法行为[②]。二是侵犯财产罪：盗马绊、盗马及杂物。三是妨害家庭罪：奸人之妇、奸人之女及淫者。在收继婚的原则下，长辈及年长者不能接续小辈的妻妾为妻，即"尊者不得下淫"，奸淫罪涉及乱伦问题，处罚也特别严厉。四是侵犯人身罪：杀人及伤害他人眼睛和肢体。

**2. 刑罚**

根据不同罪名，所规定的刑罚主要有死刑、体刑、罚款及赔偿、苦役流刑等。第一，死刑，反叛罪、杀人罪、强奸他人妻妾、淫者、盗马绊罪等，皆被定为死刑。死刑的种类又有砍头、腰斩和活埋。腰斩是对犯背叛、奸淫者的惩罚，例如，武德三年（620年），宋金刚"背突厥而亡，还至上谷，为追骑所获，腰斩之"[③]。若是淫者，则要"割势而腰斩之"。对于有反叛倾向者，有时采取活埋的手段，例如，"大业中，处罗可汗攻胁铁勒部，裒责其财，既又恐其怨，则集渠豪数百悉坑之"[④]。第二，体刑，主要是囚拘、鞭挞、倒悬等。例如"武德四年四月，突厥寇并，拘我行人汉阳公环、太常卿郑元琦、左骑卫大将军长孙顺德"[⑤]。颉利因突利失众而发怒，"遣北征延陀，又丧师旅，遂囚而挞焉"[⑥]。第三，赔偿，赔偿手段包括财物、马及妇女。一般性的伤害罪，视犯罪情节轻重而定偿

---

① 《北史》卷99，《突厥传》。乐史《太平寰宇记》嘉靖八年重校刊本则为"折肢体者输为奴隶"。

② 如据《资治通鉴》卷206所载，神功元年（697年），孙万荣遣五人至黑沙传报军情，"二人后至，默啜怒其稽缓，将杀之"。《暾欲谷纪功碑》提到："因乡（向）导引吾人迷路，戮之。"

③ 《旧唐书》卷55，《刘武周传》。

④ 《北史》卷99，《突厥传》。

⑤ 王钦若：《册府元龟》卷663，《奉使部·羁留》。

⑥ 《旧唐书》卷194上，《突厥传》上。至于倒悬之例《突厥集史》上册第335页有所记载。

罚。如伤目，需以己女作为赔偿，若无女，就用其他财产代替；伤害他人肢体，则用马匹赔偿。偷盗马匹和其他财产要赔偿十倍的财物。第四，苦役流刑、充军或沦为奴婢。流放、充军主要是施于唐朝使臣。例如，如武德五年，温彦博被颉利“迁于阴山苦寒之地”[①]。圣历年间，阎知微和裴怀古充使突厥，裴怀古因不接受突厥的官职，而被默啜“禁锢随军”[②]。此外，根据突厥法律，未尽力维护汗国政权和氏族部落利益的国人贵族往往会被黜为奴婢，前所引《阙特勤碑》和《毗伽可汗碑》所说的“以吾祖宗之法度，曾亡国家失可汗者，当为奴为婢，当为违反突厥法度之民”等语[③]，即是明证。

**3. 突厥刑法特点**

突厥刑法是在部落习惯法的基础上形成的，刻有游牧社会的烙印和特点：其一，维护私有权。法律规定马匹、牧具等私有财产的不可侵犯性，通过严刑峻法获得保障。而盗马绊者死，盗马匹者以十余倍征之，这说明马绊不仅是牧具，而且是战斗武器，故在以游牧为业的突厥人心目中占有特殊的地位。在其之后的回鹘刑法与突厥略同。但在高昌回鹘时代，随着向农耕定居过渡，其法律所反映涉及私有制方面有租佃、土地买卖、人口买卖、借贷、赋税征收、契约、合同、协议及遗嘱等。其二，君国一体，维护贵族特权，背突厥与弑可汗都要处以极刑，有的还要夷其种。例如开元二十二年（734 年），毗伽可汗“为梅录啜所毒，忍死杀梅录，夷其种，乃卒”。[④] 其三，偏重父权和夫权。父可用女去抵偿自己的罪行，女被作为赔偿手段。同时，突厥法规定奸人之妇处死，重责财物。同样犯罪行为，由于被害者身份不同，罪犯所应承担的刑事责任也有轻重之分。法律给予“妇”比“女”更大的保障，这正是女权从属于夫权的反映。其四，诉讼程序较为简单。突厥官制中，有“热汗掌监察非违，厘整班次”。可能是负责司法的官员。为了表明是非曲直，往往以割耳剺面作为司法证据[⑤]。在哈萨克族、柯尔克孜族社会中，“比”是部落中的法官，能言善

① 《突厥集史》上册，第 162 页。

② 《突厥集史》上册，第 340 页。

③ 此译文参见马长寿《突厥人和突厥汗国》，第 91 页，

④ 《新唐书》卷 215 下，《突厥传》下。

⑤ 例如《旧唐书》卷 186 上《来俊臣传》曾提到：“时西方酋长阿史那斛瑟罗家有细婢，善歌舞。俊臣因令其党罗告斛瑟罗反，将图其婢。诸蕃长诣阙割耳剺面讼冤者数十人，乃得不族。”

辩，精通习惯法，主要职责是处理各类诉讼案件。

从上述可知，突厥游牧社会，虽然已迈入阶级门槛，初具国家规模，但法律制度尚处于创始阶段。突厥时代还存在大量氏族制残余，牲畜私有现象与牧地公有的古老外壳并存，父权制家庭投下了母权时代影迹，劳动力的剥削也披上了寄养制和收养制等氏族制的外衣。凡此种种，都反映了游牧社会法律文化的基本特征：法制渊源大多来自习惯法，并呈现出多元性；注重保持草原生态环境，严禁偷盗牲畜，奖励救助牲畜的行为；注意保护妇女胎儿，促进人口繁衍；氏族制的外壳、母权制的余光，尚在家庭、社会生活中潜移默化地影响着人们的行为准则。因此，突厥人的古老习惯法赖以生存的社会基础尚未遭到彻底破坏，作为习惯法与特权法矛盾结合体的突厥汗国法制仍然在6—8世纪起着主导作用，并影响着后起之其他游牧民族。

（此文部分内容已载于2012年黑龙江人民出版社出版的《中国北方游牧民族源流考》第五章中）

# 忽必烈之“安业力农”及其对少数民族地区的影响

关于元朝的社会经济，过去有些著作往往采取否定态度，认为蒙古贵族的残暴统治，给中国社会生产与文化以严重的摧残，不仅迟滞了中国社会的前进，而且起了逆转的作用。究竟应该如何看待这个问题？本文试就元世祖忽必烈的“安业力农”政策及其对边疆少数民族地区的影响，作一浅析。这对于全面认识元初社会经济面貌，正确评价忽必烈在历史上的作用，无疑是有所裨益的。

## 一

忽必烈“安业力农”政策的提出，既是当时社会客观实际的需要，也是人民群众长期反抗斗争的结果。

从成吉思汗到蒙哥，连年不断的征伐战争，使中国社会经济受到很大破坏。北方屡遭浩劫之后，往往是“城无居民，野皆榛莽”[①]，“仓廪府库，无斗粟尺帛”[②]，南方稍轻，但也是荒田遍野，市井萧条。随着蒙古贵族的南下，把游牧生产方式带进中原地区，大量民田被占为牧地，大批人民被杀掳或陷为驱口和工奴。再加上“滥官污吏，夤缘侵渔；科敛则务求羡余，输纳则暗加折耗，以致滥刑虐政，暴敛急征，使农夫不得安于田里”[③]。

---

① 《元文类》卷60，《中书左丞姚文献公神道碑》。

② 《元文类》卷57，《中书令耶律公神道碑》。

③ 《元典章》卷3，圣政二《均赋役》。

人民群众在走投无路的情况下，纷纷逃亡和起义。自蒙古军南下之日始，就有山西中条山侯七、侯八起义，山东、河北红袄军起义。忽必烈即位后，东南人民反抗蒙古贵族的斗争更是此起彼伏，如福建陈桂龙等起义，众达数万，黄华十万头陀军起义，建元称号，势如破竹。在阶级斗争和民族斗争的频频打击下，各种矛盾错综复杂地猬集在忽必烈面前，迫使他不得不考虑如何选择有利于其阶级利益的统治方略。

忽必烈生长在皇室贵胄之家，其母庄圣太后，汉化较深，经常让汉人学士到和林讲学，使忽必烈从小就有机会接触汉族封建文化。据《元史·世祖纪》所载："帝在潜邸，思大有为于天下，延藩府旧臣及四方文学之士，问以治道。"尤其是1251年，"尽属以漠南汉地军国庶事"后，其潜邸南迁到爪忽都之地（即金莲川），设立幕府，"一时贤士大夫，云合辐凑，争进所闻"[①]。同时，也使忽必烈进一步了解由于农业遭到破坏而造成"汉地不治"、边疆不宁的严重局面，认识到"农桑是国家经赋之源，生民衣食之本"[②]，"欲保守新附城堡"，就必须"使百姓安业力农"[③]。因此，为了稳定封建社会秩序，保证国家赋税收入，巩固自己的统治，他坚决冲破蒙古贵族中守旧势力的重重阻挠，毅然摈弃其祖辈废农事牧的旧俗，采取"安业力农"政策，建树了蒙古统治者的一代"武功文治"。

## 二

忽必烈"安业力农"的具体措施，择其要者，可归纳为以下几个方面。

### （一）制止大屠杀，使劳动力免遭更大损失

忽必烈曾跟诸将说："朕闻汉人言，取人家国，欲得百姓土地，若尽杀百姓，徒得地何用。"[④] 因此，他屡次下令，禁止大屠杀。例如，1253年，忽必烈率师攻大理城，命姚枢"裂帛为旗，书止杀之令，分号街陌，

---

① 《元文类》卷58，《中书左丞张公神道碑》。

② 《元典章》卷23，户部九《农桑》。

③ 《元史》卷8，《世祖纪》五。

④ 《元史》卷208，《外夷传》一。

由是民得相完保”[①]。1259 年，忽必烈举师攻宋，“既入宋境，分命诸将毋妄杀，毋焚人室庐，所获生口悉纵之”[②]。1274 年，伯颜率兵伐宋时，忽必烈嘱咐他说：“曹彬不嗜杀人，一举而定江南，汝今体朕心，古法彬事，毋使吾赤子横罹锋刃。”[③] 由于忽必烈三番五次“降不杀人之诏”，减少对宋境广大人民的屠戮，南方人口基本上保存下来，这就为社会经济的恢复和发展，提供了人力物力条件。

### （二）屡下诏令，禁止骚扰人民，极力维护封建生产关系

据《元史》记载，忽必烈即位后，颁布了许多禁扰民的法令。诸如禁纵牲畜犯桑稼，禁师旅、使臣恃势扰民，禁蒙古军以民田为牧地，以及规定多余的牧地听民垦耕等。仅中统三年，禁毁农桑、薄赋赈济等诏令就有十几道。这一方面反映了蒙古军马对人民骚扰仍很严重，另一方面也说明这些政令，确实起了一定的限制作用。

忽必烈很注意维护封建土地所有制。1276 年，攻下临安后，他宣布江浙两淮地区，“凡管军将校及宋官吏有以势力夺民田庐产业者，俾各归其主，无主则给以附近人民无生产者”[④]。还承认房主、园主对房屋、田圃的私有权[⑤]。对逃亡地主的土地加以保护，不许未逾期便占为官田或为他人占用。又通过契约和到政府登记、备案等方式，以及经过一定的买卖土地手续，来防止侵犯地主土地所有制的行为[⑥]。

同时，由于受中原地区封建生产关系的影响，蒙古贵族也逐渐改变辟良田为牧场的剥削方式。如皇子安西王镇关中，将其靠近泾水的数千顷牧地改为农田，“起庐舍，疏沟浍，假牛、种、田具与贫民二千家，屯田其中，岁得粟麦刍藁万计”[⑦]。从掠民田为牧地，到改牧场为耕地，从迫使大批驱口为其耕作，到采取佃耕剥削，这是蒙古贵族在剥削方式上的重大改变，有利于封建生产关系的巩固和发展。

为了缓和阶级矛盾，忽必烈还曾多次下令减免全国或地方的地税和地

---

① 《元史》卷 158，《姚枢传》。

② 《元史》卷 157，《张文谦传》。

③ 《元朝名臣事略》卷 2，《丞相淮安忠武王伯颜》。

④ 《元史》卷 9，《世祖纪》六；《元典章》卷 19，户部五《强占民田回付本主》。

⑤ 《元典章》卷 59，工部二《禁治占住民居》。

⑥ 详见《元典章》卷 19，户部五；《元史》卷 103，《刑法志》。

⑦ 《元史》卷 163，《李德辉传》。

租。如1276年，就免去江南地区苛捐杂税一百多项。这在客观上有利于农业、手工业、商业的恢复和发展。

忽必烈又通过释放驱口和检括户口的办法来调整劳动生产者的地位。1271年颁布《户口条画》，对户籍进行整顿。凡被诸贵族、权豪势要之家非法占为奴的，按籍追出，编籍为民。如1280年，派相威“检核阿里海牙、忽失帖木儿等所俘三万二千余口，并放为良”[①]。1290年，又敕行御史台分拣浙东总管所俘的一千六百九十五人为民[②]。并颁发诏令，严禁诸王贵族、各投下不经准许擅行拘刷人口；严禁江南诸王贵族，隐藏汉人的漏籍、析居、还俗僧道为奴[③]。这固然是为了把漏籍归入国家征税范围，增加财政收入，但在一定程度上也起了限制“抑良为奴”、防止农民再沦为驱口的作用。

### （三）以“劝农桑为急务”，颁行各种发展农业生产的积极措施

其一，在中央和地方设立劝农官和劝农机构。早在1254年夏，忽必烈驻六盘山时，就以姚枢为劝农使，“至八州诸县，谕上重农之旨”[④]。1260年，忽必烈即位之初，便“命各路宣抚司择通晓农事者，充随处劝农官”[⑤]。翌年，命宣抚司“劝农桑，抑游惰”[⑥]，并设立劝农司，派八名劝农使到各地巡察。同时规定：“今后有能安集百姓，招抚逃户，比之上年增添户口，差发办集，各道宣抚司关部申省，别加迁赏”，反之，则“定加罪黜”[⑦]。1264年又立迁转法，提出以“户口增、田野辟、词讼简、盗贼息、赋役平”等作为考核官吏的标准[⑧]。1270年立司农司，“专掌农桑水利”，“仍分布劝农官及知水利者，巡使郡邑，察举勤惰”[⑨]，又“申明劝课农桑赏罚之法”[⑩]。《元史·食货志》谓“其用心周悉若此，亦仁

---

① 《元史》卷128，《相威传》。
② 《元史》卷16，《世祖纪》十三。
③ 详见《通制条格》卷2—3，《户令》。
④ 《元文类》卷60，《中书左丞姚文献公神道碑》。
⑤ 《元史》卷93，《食货志》一。
⑥ 《元史》卷4，《世祖纪》一。
⑦ 《元典章》卷19，户部五《荒闲田地给还招收逃户》。
⑧ 《元典章》卷2，圣政一《饬官吏》。
⑨ 《元史》卷93，《食货志》一。
⑩ 《元史》卷7，《世祖纪》四。

矣哉”。虽然这些劝农大臣满天飞，往往骚扰人民，但也说明忽必烈对“劝农桑以富民”的重视。

其二，扩大屯田网，利用镇戍军和招募农民开垦荒田。忽必烈时期，北起和林，南到海南岛，都实行屯田，以军屯为主，民屯为副，召集逃亡户，政府给以农具、耕牛、种子，从事垦耕。《元史·兵志》称：“由是而天下无不可屯之兵，无不可耕之地。”这不仅是养兵息民之道，而且使边疆地区得到进一步开发，在客观上也加强了各族之间的联系。忽必烈还根据蒙族军民大量移居汉地的情况，特别注意组织蒙古军队就地屯田或“与民杂耕”①，并把荒田或僧据良田分给蒙古人耕种②。同时，忽必烈又针对北方人民大批逃亡的问题，采取安辑流亡、听民自实边远荒田旷土，展期科税的办法，以防止逃亡。这样，使劳动力与生产资料——土地相结合，为发展生产提供了可能。

其三，在农村建立了具有劝导农民和监视农民双重任务的村社制度。忽必烈颁布劝农立社事理十五款③，规定五十家为社，以“年高通晓农事有兼丁者”为社长（名为推举，实际上都是富户或殷实人家充任之）。社长组织本社成员垦荒耕作，修治河渠，经营副业，创办义仓，兴举学校，等等。这种村社制度以后遍行南北各地，和里甲制并行，成为元朝统治和剥削农民的基层组织。不过，它在组织和鼓励农业生产方面也起了一定的积极作用。

其四，忽必烈注意兴修水利，专设都水监和河渠司掌管。据不完全统计，元朝兴修水利工程共有260余处，南方200多处，北方近60处。除了修治黄河，凿山东济州河、会通河，开北京通惠河外，忽必烈并重用水利专家郭守敬、王允中等，令其规划全国水利建设。北方地区，西自甘、肃、瓜、沙，东到渤海沿岸，均有修建陂塘、引水灌溉农田的水利工程之举。尤其是修泾渠“以溉关中之田”，使渭水平原“无旱涝之患”，农业生产因此得到恢复和发展。而在江南，疏濬河湖、建筑围岸、修建闸堰及

---

① 虞集：《道园学古录》卷24，《曹南王勋德碑》。

② 《元史》卷6，《世祖纪》三。

③ 此据《元典章》卷23，户部九《劝立社事理》条所载。而《元史》卷93，《食货志》一则曰：“是年（1270年），又颁农桑之制一十四条。”《通制条格》卷16，《田令·农桑》所载也为十四条。两者内容大致相同，唯《元典章》之第十三条，不见于《元史》及《通制条格》，概为1291年重申时所加。

海塘坝，抗御水旱灾害，致使“苏湖熟、天下足”的情况有了进展。

其五，忽必烈提倡改进农业技术，普及农业知识。他命大司农遍求古今所有农桑之书，“芟其烦而撮其要”，汇成《农桑辑要》一书。该书凡“耕蚕之术，畜孳之方，天时地利之所宜，莫不毕具”，故“用之则力省而功倍，刊行四方，灼有明效”[①]。以后又有《农桑衣食撮要》和王祯之《农书》的刊行，全面总结了农业生产经验，有利于先进耕作技术的推广。

总之，忽必烈在“安业力农”思想指导下，以“劝农桑为急务”所实行的种种措施，基本上解决了蒙古贵族游牧封建制统治方式与中原地区农业生产力之间的矛盾，使上层建筑与经济基础的某些环节有所改革和调整，维护了封建生产关系，使农业生产能得到较快的恢复和发展。

## 三

由于“安业力农”政策的实施，经过各族人民的辛勤劳动，江南农业生产在南宋的基础上，继续有所发展。北方虽曾受到严重破坏，但也有了恢复，并在西夏、金的基础上还有一定程度的提高。蒙古高原以及东北、西南、西北等地区，由于屯田制的推广，农业耕地不断增加。关于中原地区农业生产发展情况，笔者已另撰文叙述[②]。下面着重谈谈“安业力农”政策对边疆少数民族地区的影响。

长城以北蒙古族聚居地区，农牧业生产均有不同程度的发展。早在成吉思汗时期，就派镇海在乌里雅苏台西南建立镇海城，率领被征服的回回、唐兀、契丹、女直等族万余人进行屯田；把大量具有较为先进农业生产技术经验的汉人，如史秉直所管辖的十余万家勒迁到漠北。这些在客观上促进了蒙古地区农业生产水平的提高。忽必烈凭借统治全国的优越条件，在前人基础上，采取一系列促进耕牧经济发展的措施，其中尤为突出的是扩大屯田。在1272年至1293年的二十多年中，他十多次调动大批汉军、南宋降附军、南人及蒙古军民，给予耕牛、农具、种子、衣裘、钞币

① 《元文类》卷36，蔡文渊：《农桑辑要序》。

② 《略论忽必烈的安业力农》，载《蒙古族历史人物论集》，中国社会科学出版社1981年版。

等物，于怯鹿难、脱里北、乞里吉思、谦谦州、杭海、五条河、和林、上都等地开渠辟田，从事屯种。普通蒙古农牧民的生产也得到政府的扶植，除了遇到灾荒时不断赈济外，还从耕牛、农具等方面加以支持。同时，忽必烈为了“农事有成”，还派遣官吏指导该地区兴修河渠。尤其是1288年，浚怯烈河，使口温脑儿黄土山一带的民田得以灌溉。翌年，又发侍卫军二千人疏口温脑儿渠。在忽必烈的倡导下，蒙古地区的一些官员也重视农业生产。例如，刘好礼任益兰州等五部断事官，在叶尼塞河上游建库廪、置粮仓、开盐矿、辟驿道等。他见居民“不解铸作农器”，“民俗不知陶冶”，就报请忽必烈派去了汉族工匠，生产农具和传授铸造技术，并“教为陶冶舟楫，土人便之”[①]。山北道按察使姚天福，见居民“鲜知稼穑”，乃“教以树艺，皆致蕃富”[②]。

蒙古地区一向以畜牧经济为主。忽必烈在发展农业生产的同时，对畜牧业也很重视。为了保护牧场，屡下诏令，“禁牧地纵火”，并多次派人疏渠掘井，使这个时期，蒙古族地区牲畜的总头数和各个牧户平均拥有的牲口数有所增加[③]，尤其是官营牧场，无论是放牧技术及牲畜数量都有提高。如据《大元马政记》所载，某一皇室牧场上，官有母羊达30万头。1286年拘刷马匹，共刷到10.2万匹，仅上都一处就缴纳马8万匹。蒙古地区畜牧业的发展不仅为中原地区提供马匹及育畜技术力量，而且使农业生产中所需要的畜力能够得到源源不断的补充，从而促进了农业的发展。尤其是丰州一带，出现“垦耕牧养，军民相参”的局面。虞集在《岭北行省郎中苏公墓志铭》中称：“数十年来，婚嫁耕植，比于土著。羊牛马驼之畜，射猎贸易之利，自金山、称海、沿边诸塞，蒙被涵照，咸安乐富庶，忘战斗转徙之苦久矣。”这未免有溢美之嫌，但基本上勾画出了蒙古地区的变化，而这种变化也有利于手工业和商业的发展。如上都，建立官手工业局院，其下辖有器物局、葫芦局、软皮局、毡局、采山提领所、铁局、金银器具局等十七个单位，工匠众多，手工业相当发达。和林更是“生殖殷富埒内地”[④]，成为商贾云集、百货汇流的城市。

---

① 《元史》卷167，《刘好礼传》；卷63，《地理志》六。

② 《元史》卷168，《姚天福传》。

③ 如据《永乐大典》卷19421，《经世大典·站赤》记载，1324年中书省曾“令通政院分别贫富等差，其有马驼及二十，羊及五十者，是为有力”。由此可见，一般牧民的牲畜占有数。

④ 《至正集》卷47，《苏志道神道碑》。

东北地区的屯田也有扩充。1284—1293年间，忽必烈四次调派蒙古、女真和汉族军民在东北忻都察、茶剌罕、剌怜、金复州、哈思罕、瑞州、咸平府等处，利用荒闲地屯田。在黑龙江流域水达达地区，设置屯田总管府，组织汉、女真等族军民进行屯守。到至顺年间，合兰府水达达路缴纳钱粮的户数达二万九百零六。1290年忽必烈又命刘哈剌八都鲁在乃颜故地阿八剌忽建肇州城，以兀速、憨哈纳思、乞里吉思三部人迁入，“定市里，安民居”①，对开发我国东北边疆起了积极作用。西藏、云南、湖广等西南少数民族地区的农业生产也有所发展。

吐蕃（元沿唐称，谓青藏高原及当地土著族、部为吐蕃），自9世纪中叶起，封建割据，内战不绝，藏族人民渴望得到“安辑”。至元初，忽必烈统一吐蕃后，创立总制院（至元二十五年改为宣政院），治理全国佛教僧徒及藏族境内一切军民僧俗事务。为了整顿西藏地区的赋税差役，元朝几次派官员调查户口、平息争端、赏罚官吏，安定地方，为生产力发展开辟道路。1277年，忽必烈下诏“置榷场于碉门、黎州，与吐蕃贸易”②，以促进汉藏等族间经济交流。

云南地区自1274年忽必烈委任回回人赛典赤赡思丁为平章政事进行管理以来，情况也大有改变。赛典赤赡思丁一入境，即着手安定社会秩序，扩大屯田网，减轻当地原有租税额的五分之一。并于“无粳稻桑麻”之处，“教民播种，为陂池以备水旱”③。他还率昆明民众广兴水利，筑松花坝，“灌田万顷”，修六河诸闸，“以溉东菑田万顷”④，凿金汁渠，引松华水灌溉滇池东西农田⑤。此外，赛典赤赡思丁在云南六年，对其南境的少数民族，不是用武力征服，而是“以理谕之”，使他们“翕然款附”，避免了各族间的战争和生产力的破坏。并与交趾国王约为兄弟，采取睦邻政策。赛典赤赡思丁的政绩显著，这固然有其个人因素，但与忽必烈坚决支持也是分不开的。忽必烈不仅在其生前，不听他人诬告，充分予以信任，而且在其死后，又下令“云南省臣尽守赛典赤成规，不得辄改”⑥，

① 《元史》卷169，《刘哈剌八都鲁传》。

② 《元史》卷9，《世祖纪》六。

③ 《元史》卷125，《赛典赤赡思丁传》。

④ 李元阳：《云南通志》卷2。

⑤ 《续云南通志稿》卷2，《政典志·水利篇》。

⑥ 《元史》卷125，《赛典赤赡思丁传》。

以防人亡政废。

忽必烈还派张立道为大理等处巡行劝农使。张立道以昆明池夏潦必淹城郭，"求泉源所自出，役丁夫二千人治之，泄其水，得壤地万余顷，皆为良田"。并教爨（彝族先人）、僰（白族先人）之人饲蚕取丝技艺，"收利十倍于旧"，"云南之人由是益富庶"①。

忽必烈在湖广行省少数民族地区也大力推广屯田。在左江一带，曾先后招募南丹、庆远、融州等处壮、瑶民丁四千六百余户前往屯垦，"陂水垦田，筑八堨以节潴泄"，共得稻田七百多顷②。1293 年，忽必烈命湖广行省设立"镇守黎蛮海北海南屯田万户府"，负责琼州、雷州、高州、化州、廉州等路荒田的屯垦。马成龙在任海北海南道宣慰使时也"惠安氓庶，招徕黎僚，置屯田以养军"③。这些都使湖广黎、瑶、壮族地区农田面积有所扩大。我国西北少数民族地区农业生产也有所恢复和发展。

今宁夏、甘肃一带原是西夏的统治区，元时称唐兀，属甘肃行省。甘肃行省在蒙古军队翦灭西夏和后来诸王叛乱过程中，生产力遭到很大破坏。忽必烈即位后，派张文谦、郭守敬、董文用三人去西夏中兴等路（即宁夏府路）指导兴修水利。至元初，郭守敬率众复修唐来、汉延各渠，灌田九万余顷。又在应理州引黄河水复浚美丽渠，灌溉中卫近三千亩农田④。同年，董文用组织开垦中兴、西凉、甘、肃、瓜、沙等州水田，引唐来、汉延、秦家诸渠灌溉。"于是民之归者四五万，悉授田种，颁农具。"⑤ 忽必烈又多次组织大批蒙古人、南宋降服的"新民"以及当地居民开垦荒地，"官给牛种农具"，"使力田为农"。从 1274 年始，又先后建立五处屯田机构，蒙、汉、畏兀儿等族广大军民在中兴、甘、肃、瓜、沙、亦里黑、亦集乃等地屯田，使当地农业生产逐渐恢复，"夏境遂安"。

忽必烈对今新疆地区的农业也很重视，专设劝农官，负责劝农和水利等事宜。在斡端（和田）、可失合儿（喀什噶尔）、别失八里（吉木萨尔地区）的军屯规模不断扩大。1282 年在别失八里设立冶场，专门鼓铸农具。由于屯田取得很大成效，粮食除军队自足外，且有余粮赈济周围贫

① 《元史》卷 167，《张立道传》。

② 《元史》卷 162，《刘国杰传》；卷 163，《乌古孙泽传》；《续通鉴》卷 4，《田赋考》。

③ 程钜夫：《雪楼集》卷 20，《海北海南道宣慰使马府君神道碑》。

④ 《宁夏府志》卷 19，《艺文志》（乾隆时纂修）。

⑤ 虞集：《道园学古录》卷 20，《翰林学士承旨董公行状》。

民。南疆植棉业和园艺业都相当发达。《马可·波罗行纪》第一卷谈到，喀什噶尔地区“有甚美之园林，有葡萄园，有大产业，出产棉花甚饶”，叶尔羌“百物丰饶”，和田“产棉甚富”。

随着中原及边疆地区农业和手工业的发展，交通运输业、商业、都市也出现了新的局面。尤其是海运事业的兴盛，使泉州、漳州、上海、温州、广州、杭州、庆元等成为国际通商口岸，欧亚各国商人学者纷纷来华。据统计，忽必烈统治时期，元朝与周围二十几个国家保持了通商关系，使中西交通之盛况，开古往未有之伟观。

由此可见，元朝的社会经济并不像以往有些学者所描绘的那样残破不堪，而是有所恢复和发展，这是各族人民共同开发的结果，但也和忽必烈顺应历史发展趋势，采取“安业力农”政策分不开。

诚然，历史上任何一个剥削阶级的改革，其根本目的只是为了缓和阶级矛盾和民族矛盾，以维护和加强自己的统治，更有效地剥削和压迫人民。忽必烈的“安业力农”政策也不例外，其局限性同样是非常明显的，如有些劝农机构和措施逐渐失去初立原意，到后来“率多废弛”[①]。忽必烈的“安业力农”，没有也不可能解决当时社会的基本矛盾。民族压迫和阶级剥削的锁链，依然紧紧地套在劳动人民脖子上。可以说，忽必烈在位的几十年，是元朝的鼎盛时期，然而，也是其逐渐走向衰败的开始。

（原载《中央民族学院学报》1981 年第 2 期）

① 详见《元典章》卷 2，圣政一《饬官吏》、《劝农桑》；《通制条格》卷 16，《田令》；胡祗遹：《紫山大全集》卷 23，《民间疾苦状》；梁寅：《石门集》卷 9，《劝农》；王祯：《农书》卷 4，《劝助篇》等。

# 元朝帝居仪规采摭

蒙古国时期，蒙古大汗和后妃等大多住在草原地区，只在出征作战时才涉足农耕地区。窝阔台即位后，建哈剌和林城为都城，蒙古大汗及王公贵族仍常居斡耳朵和大帐篷中。元朝建立后，皇帝和皇室成员生活习俗有了很大变化。忽必烈定立大都为首都与上都为陪都的两都制度，都市宫殿成为皇帝及皇室成员的主要居住场所。但是他们每年皆要从大都前往上都避暑，在上都处理朝政大事，于其周围的草原上狩猎、宴饮和进行各种娱乐活动，并经常住在帐幕中。即使在大都，也是于宏伟华丽宫殿群中，保留若干的大帐幕，以示不忘游牧生活的本俗。

无论是居住在帐幕中还是居住在宫殿中，大汗（或皇帝）及其妃子、子女都有一整套仪规，其中包括议政、会客、宴饮、就寝、出行、游猎等等，既汲取了中原地区帝王一些成规，又保留着游牧民族不少风俗习惯。

## 居有定处，各得其所

在蒙古国初期，大汗和后妃都有自己的斡耳朵。参加忽里勒台的诸王必须按照规定扎帐，安置侍从和马匹、畜群，违令者要受到处罚。在举行忽里勒台的大帐中，大汗、宗王、后妃皆有固定的座位。

斡耳朵是突厥—蒙古语 ordo 的音译，又译为斡鲁朵、斡里朵、斡儿朵、兀鲁朵、窝里陀等，意为“宫”，引申为“宫帐”、“行宫”、“宫衙”，又指皇室成员占有和继承财产、私属人口的一种组织形式。此语最早见于唐代古突厥文碑铭。契丹、女真、蒙古沿袭斡耳朵之称。《辽史·国语解》也说：“斡里朵，官府治事之所。”成吉思汗时建立了四大斡耳朵，作为大汗和后妃的居住场所。以后，“凡新君立，复自作斡耳朵”

（叶子奇《草木子·杂制篇》），形成一套斡耳朵制度。

这种宫廷式的斡耳朵有两种形式，即可迁徙及固定不动的。固定式的斡耳朵一般要把墙基埋入地内，然后把墙脚用石块或木材加以圆形的固定。这种斡耳朵规模一般要比可迁徙的大得多，但两者都有一个环绕其周围的庞大帐幕群。大汗的斡耳朵“居中央”，后妃的帐幕在其稍后左右侧。蒙古人尚右，“正后”的帐幕列在最西边（右边），扈卫人员和官员僚属的帐幕则在后妃帐幕稍后的左右边。在大帐周围，分布着许多大小不等的帐幕，可谓“白白毡房撒万里”。与普通毡房相比，斡耳朵有三大特色，一是容积很大，二是富丽堂皇，三是宫帐金顶辉煌。

蒙古大汗的金帐，蒙古语称“失剌斡耳朵”，“上下用毡为衣，中间用柳编为窗眼透明，用千余条索拽住。一门，阈与柱皆以金裹，故名”（彭大雅、徐霆《黑鞑事略》）。这种金帐，殿内宽敞，帐壁内挂紫貂，称为壁衣。元人张昱在《辇下曲》中称：“壁衣面面紫貂为，更绕腰栏持虎皮。大雪外头深一尺，殿中风力岂曾知。”后妃的帐幕内壁也往往用金布或织锦覆盖。斡耳朵内的地面则铺以厚地毯。

建筑在辽阔草原上的圆形大建筑——斡耳朵，是大汗执政与会客之处，出入都有很多礼仪和规矩，触犯者要受重罚。例如大汗出入之门，不准其他人进出，未经许可，不准进入大帐，等等。一般在大帐四周，树立着一道木栅，木栅上画有各种图案，木栅开二门或三门。较大的门只有大汗皇帝有权出入。凡被获准进入斡耳朵的人都从另外门进去，“这个门有手持剑和弓箭的卫兵看守”。守卫斡耳朵的怯薛（护卫）有客卜帖兀勒（宿卫）、豁儿赤（箭筒士）、秀儿合兀惕（散班）等名目。按照成吉思汗时定的规矩，未经许可，任何人都不得进入大帐，有事禀报需由怯薛转奏。“如果任何人走近帐幕，进入规定的界线以内，如被捉住，就要被鞭打；如他跑开，就要被箭所射，不过这种箭是没有箭镞的。”（道森《出使蒙古记》）窝阔台汗规定：“诸出入宫禁，各有从者，男女止以十人为朋，出入毋得相杂。”（《元史·太宗纪》）不仅不能随便出入斡耳朵，连牵拽大帐的绳索和大帐的门槛都不能触碰，违禁者要受到严厉处罚。

无论是在和林万安宫、上都城里的大安阁，还是大都城内的大明殿，这三大都城的正殿，都是皇帝与宗王、群臣会集议事、宴饮和接见各国使节的场所，也是皇帝主要住所。万安宫中分为三层，一层专为蒙古大汗所用，一层供后妃使用，第三层供侍臣和奴仆之用。在宫殿左右，还筑有专为宗王、护卫准备的房屋。大安阁分为上中下三层，上层供释迦舍利，中层放置忽必烈衣箧等，下层是皇帝即位、会集百官宗王和宴饮之场所。大安阁的后面，建有柱廊和寝宫。

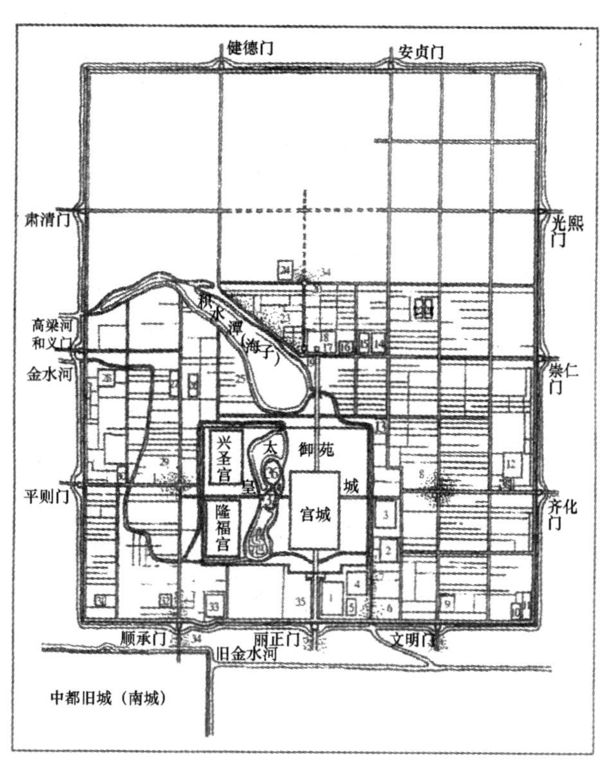


1.中书省
2.御史台
3.枢密院
4.太仓
5.光禄寺
6.省东市
7.角市
8.东市
9.哈达王府
10.礼部
11.太史院
12.太庙
13.天师府
14.都府（大都路总管府）
15.警巡二院（左、右城警巡院）
16.崇仁倒钞库
17.中心阁
18.大天寿万宁寺
19.鼓楼
20.钟楼
21.孔庙
22.国子监
23.斜街市
24.翰林院国吏馆（旧中书省）
25.万春园
26.大崇国寺
27.大承华普庆寺
28.社稷坛
29.西市（羊角市）
30.大圣寿万安寺
31.都城隍庙
32.倒钞库
33.大庆寿寺
34.穷汉市
35.千步廊
36.琼华岛
37.圆坻
38.诸王昌童府

元大都新城平面复原图

大都宫殿内的布置颇为华丽。陶宗仪在《南村辍耕录·宫阙制度》

中对大明殿的描绘即是典型例子，其曰："中设七宝云龙御榻，白盖金缕褥，并设后位，诸王百僚怯薛官侍宴坐床，重列左右。前置灯漏，贮水运机，小偶人当时刻捧牌而出。木质银裹漆瓮一，金云龙蜿绕之，高一丈七尺，贮酒可五十余石。雕象酒卓一，长八尺，阔七尺二寸。玉瓮一，玉编磬一，巨笙一。玉笙、玉箜篌，咸备于前。前悬绣绿朱帘，至冬月，大殿则黄鼬皮壁幛，黑貂褥；香阁则银鼠皮壁幛，黑貂暖帐。凡诸宫殿乘舆所临御者，皆丹楹、朱琐窗，间金藻绘，设御榻，裀褥咸备。"又如延春阁的寝殿、东西夹、后香阁的布置与陈设："寝殿楠木御榻，东夹紫檀御榻。壁皆张素画，飞龙舞凤。西夹事佛像。香阁楠木寝床，金缕褥，黑貂壁幛。"

总之，宫室的布置和陈设都留有游牧生活斡耳朵的痕迹。例如夏季殿壁"通用绢素冒之，画以龙凤"；冬季，"大殿则黄鼬皮壁幛，黑貂褥；香阁则银鼠皮壁幛，黑貂暖帐"。寝宫地面"席地皆编细覃，上加红黄厚毡"，即在竹席上铺厚地毯。推窗则"间贴金花，夹以玉版明花油纸，外笼黄油绢，至冬则代以油皮"（详见陶宗仪《南村辍耕录·宫阙制度》；萧洵《故宫遗录》）。

大明殿以为皇帝登极、正旦、寿节会朝之所，其后有柱廊与寝宫相连。寝宫"东西一百四十尺，深五十尺，高七十尺"，俗称弩头殿，共置寝宫十一间，香阁三间。大明殿、柱廊、寝宫三者合成为"工"字形，四周由高 35 尺的 100 余间周庑环绕。在寝宫之东西及后面还建有文思、紫檀、宝云等小殿。在大明殿之北的延春阁布局也与大明殿相同，有柱廊与寝宫相连及周庑。大明殿与延春阁之"周庑"是嫔妃居住的地方，"各植花卉异石"，"每院间必建三东西向绣榻，壁间亦用绢素冒之，槅画以丹青"。而宫城外的隆福宫，初是皇太子真金之住所，真金、世祖去世后，成宗铁穆尔封母伯蓝也怯赤为皇太后，改东宫为隆福宫，成为皇太后的住所。兴圣宫则是武宗为皇太后建的居所，大批嫔妃也居于此。在两宫建筑光天殿和兴圣殿后都有柱廊和寝宫及周庑围绕。兴圣宫之兴圣殿和延华阁轴线两边则是嫔妃别院和侍女之室、庖厨等附属建筑。垣外设有周庐板屋，作为卫士值宿之舍及宦人之室。还有凌室和酒房。两宫皆设有斡耳朵，并有类似离宫别墅之建筑。

## 皇帝宫中生活起居，主要由各类怯薛分掌

无论是蒙古国时期，还是元朝建立后，护卫军（怯薛）在保卫宫廷和执掌大汗、皇帝宫廷生活起居方面都起着不可忽视的作用。护卫军的主要职责是保卫宫帐和分管汗廷的各种事务。按照成吉思汗的规定，宿卫值夜班，箭筒士和散班值日班，各分为4队，轮番入值，每番三昼夜，因此总称为“怯薛”，护卫士则称为“怯薛歹”。四怯薛各设长官，由成吉思汗最亲信的那可儿（伴当）博尔忽、博尔术、木华黎、赤老温分任，此四家族后来世掌四怯薛。史称“其他预怯薛之职而居禁近者，分冠服、弓矢、食饮、文史、车马、庐帐、府库、医药、卜祝之事，悉世守之。虽以才能受任，使服官政，贵盛之极，然一日归至内庭，则执其事如故，至于子孙无改，非甚亲信，不得预也”。“其名类盖不一，然皆天子左右服劳侍从执事之人，其分番更直，亦如四怯薛之制，而领于怯薛之长。”（《元史·兵志二》）按照职掌不同，怯薛执事的名目，大致分为四类，第一类为环卫宫禁，保证大汗安全而设；第二类为保障大汗的生活条件而设；第三类为大汗产业的管理而设；第四类为管理朝政事务而设。从皇宫居住生活方面而言，主要是博尔赤（司厨）、答剌赤（掌酒者）、舍利别赤（掌果汁饮料者）、哈剌赤（马乳酒制作者）、阿察赤（掌架设帐幕者）、烛剌赤（掌宫中灯烛者）、虎儿赤（奏乐者）、速古儿赤（掌内府尚供衣服者），等等。

元朝建立后，为保证皇帝的安全和日常生活的需要，继续实行四怯薛番直制度，人数在1万以上。元朝虽仿效中原制度建立宣徽院，但实际上是怯薛的管理机构，宣徽院的官员多为怯薛歹和怯薛执事担任。宣徽院职能也与原来的怯薛组织差不多，“凡稻粱、牲牢、酒醴、蔬果、庶品之物，燕享宗戚宾客之事……与尚食、尚药、尚酝三局，皆隶焉”（《元史·百官志三》）。宣徽院下设机构，有光禄寺，掌酒曲制造、供应诸务，即前答剌赤、哈剌赤等所掌事务；尚食局，掌供御膳事，即前博尔赤所司之务；尚舍寺，掌宫帐陈设、牧养骆驼、制造奶酪等务，即前阿察赤、帖麦赤、烛剌赤所掌事务；等等。元朝宫廷中虽也有宦者为皇帝、后妃服务，当时被译为“火者”，但由于有怯薛更值，服务于内廷，凡饮食、冠服、书记、上所常御者，各以其职典之，故宦官的作用不是很大。

## 后妃分守斡耳朵及寝宫，实行皇帝轮宿制

蒙古大汗和皇帝实行正妻正后制。大汗多建四大斡耳朵，由大汗确定守各斡耳朵的都是长后，守第一斡耳朵的即正妻或正后。元朝时，忽必烈亦设四大斡耳朵，以后所设斡耳朵数目不一。斡耳朵既指皇后妃子所居宫帐，又指后妃等占有和继承的财产。

蒙元时期，皇帝的后妃分别称为皇后和妃子。皇后若干名，地位最高的是正宫（多为弘吉剌氏）。妃子人数较多，地位也远比皇后低。通常四名地位较高的皇后掌管皇帝的四个斡耳朵。其他皇后妃子则分属四斡耳朵（《元史·后妃表》）。各斡耳朵可占有和享封私属人口、五户丝食邑及各种赏赐。皇帝死后，斡耳朵及其所属民户、财产或由皇帝幼子继承，或长期由皇后、妃子继承守宫，因而《元史·食货志三》中作为皇帝私产的斡耳朵五户丝、岁赐，又被记入"后妃公主"栏下。在朝廷正式朝会或宴饮时，皇后也往往坐在皇帝御榻左右，显示皇后地位的崇高。皇后还可就朝政等发表见解。按照草原游牧社会习俗，正妻在丈夫死后不仅能全权掌管家政，而且少数皇后还可于帝位空虚之时，代皇帝摄政称制，或主持拥戴的活动，例如太宗六皇后乃马真氏、文宗皇后卜答失里等。有些皇后由于生性颖黠及皇帝宠幸，于皇帝在位时即"居中用事"，"左右弥缝"，从中"预政"，例如世祖南必皇后、成宗卜鲁罕皇后、顺帝二皇后奇氏等。皇后、妃子在后宫为皇帝代管私产，有时还部分代行皇权；世祖朝之后，元廷还实行册封皇太后制度，并为皇太后建立专门机构徽政院（其设与罢，基本上取决于皇太后存否），这些都反映了后妃基于游牧社会女性掌管家政的旧俗，在宫廷生活中所发挥的特殊作用。

元朝皇帝亦有轮宿后妃宫廷之制，"三日一轮，幸即书宣以召之，遵金遗制也"（叶子奇《草木子·杂制篇》）。各宫之人，都盼望皇帝临幸，皇帝则往往乘羊车临幸后妃。元人宫词有很多描述皇后及嫔妃千方百计期待皇帝所乘的羊车到来之情景及无奈心理。例如"更深怕有羊车过，自起笼灯照雪尘"（萨都剌《四时宫词》）。而"徽仪殿里不通风，火者添香殿阁中。榻上重重铺设好，君王今夜定移宫"（张昱《宫中词》）等诗句，则表现了内宫迎接之场面。当然，这其中也有皇后以临幸非日加以拒绝之例子，例如，顺帝前往上都避暑途中，欲临幸正后伯颜忽都之处，遣

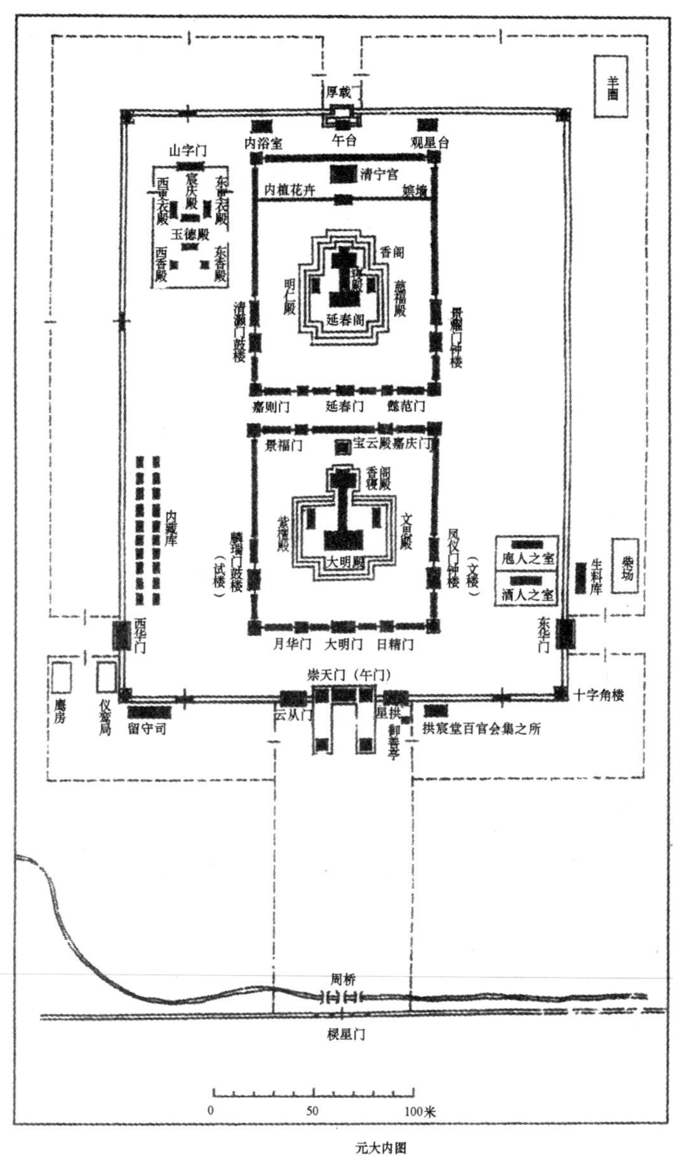

元大内图

内官传旨，伯颜忽都以“暮夜非至尊往来之时”为由加以拒绝。“内官往复者三，竟拒不纳。”（《元史·皇妃传》）

# 宴飨、狩猎离宫各有定规

宴飨是蒙元宫廷重要生活之一。时人说："国朝大事，曰蒐伐，曰搜狩，曰宴飨"（王恽《吕公神道碑》）。蒙古统治者极为重视宴飨。"国有朝会庆典，宗王大臣来朝、岁时行幸，皆有燕飨之礼。亲疏定位，贵贱殊列，其礼乐之盛，恩泽之普，法令之严，有以见祖宗之意深远矣"（《经世大典序录·燕飨》）。因此，蒙元统治者往往通过各种宴会来犒劳诸王及各级官员。其中尤以"诈马宴"或"质孙宴"规模最大、耗资最多。质孙，又译作"只孙"、"济逊"等，蒙古语 jisun 之音译，意为颜色。另称为"诈马"，是波斯语 jamah 的音译，意为外衣、衣服。皆指宫廷宴会上穿的一色衣服。皇帝举行宴会，主要参加者为"宗王、戚里、宿卫、大臣，其他官员也得列序"。出席者要身着皇帝颁赐的金织文衣，每次一种颜色，天子之质孙服冬有十一等，夏有十五等；百官的质孙服冬有九等，夏有十四等。与会者所骑马匹也是"彩丝络头百宝装，猩血入缨火齐光"（袁桷《装马曲》）。"千官万骑到山椒，个个金鞍雉尾高"（杨允孚《滦京杂咏》），按贵贱亲疏的次序各就其位。宴会开始前要先宣读成吉思汗札撒，使与会者知所畏惧警惕，从而使宴会得以顺利进行。《元史·舆服志一》称："质孙，汉言一色服也，内庭大宴则服之。冬夏之服不同，然无定制。凡勋戚大臣近侍，赐则服之。下至于乐工卫士，皆有其服。精粗之制，上下之别，虽不同，总谓之质孙云。"质孙服是衣、帽、腰带乃至靴子配套的，衣、帽和腰带上都饰有珠翠宝石。据《马可·波罗行纪》所载，皇帝赐给 12000 名"怯薛丹"的质孙服共有 13 色。"鞑靼人每年大节视阴历十三月之数，共举行十三次。"皇帝常在大都或上都举行质孙宴。周伯琦的（《诈马行》诗序中说："国家之制，乘舆北幸上京，岁以六月吉日，命宿卫大臣及近侍服所赐只逊、珠翠金宝、衣冠腰带，盛饰名马，清晨自城外各持彩仗，列队驰入禁中。于是上盛服，御殿临观。乃大张宴为乐。唯宗王、戚里、宿卫大臣前列行酒……如是者凡三日而罢。其佩服日一易。"场面豪华富丽，"太官用羊二千嗷，马三匹，他费称是"（周伯琦（《诈马行》）。参加大宴的人要按规定穿着同样颜色的质孙服。不按规定着装和不在规定位置就座者，均被视为破坏宫廷礼节的行为。

**元　刘贯道《元世祖出猎图》，展示了蒙古贵族狩猎场景**

搜狩，也是皇帝宫廷生活的一部分。除了建在都城内的御苑外，元廷还在两都周围开辟了专供皇帝“校猎”之猎场。例如，上都之东、西凉亭，“其地皆饶水草，有禽鱼山兽，置离宫，巡守（狩）至此，岁必猎校焉”（周伯琦《立秋日书事五首》）。狩猎除了游乐外，主要是为了保持蒙古人“骑射”旧俗，以锻炼随从军队的作战能力。皇帝外出，随行人员甚多，动辄成千上万，提供脚力和拉驮物品的马、牛、驼数量很大，而供食用的牛羊畜群在大队人马出发之前已启行。时人诗云："翠华慰民望，时暑将北巡。牛羊及骡马，日过千百群。庐岩周宿卫，万骑若屯云。毡房贮窈窕，玉食罗腥荤。珍缨饰驼象，铃韵遥相闻。"（胡助《京华杂兴诗二十首》）从这里可看出无论是皇帝巡幸上都还是出行狩猎，总是有大批人马跟随，既有怯薛和官员，也有诸王和后妃，以贵贱亲疏分住在离宫、斡耳朵或一般毡房中。即使大汗皇帝搜伐，也总带有少数后妃，以料理起居陪伴，有时还可对政事发表已见。

## 宫中各族杂居共处，习俗互融

蒙元宫廷中除了蒙古族外，还有色目人、汉人、高丽人、吐蕃人、南人等。蒙古皇室成员常与他族通婚，与黄金氏族长期保持通婚关系的，除了弘吉剌、亦乞列思、汪古、斡亦剌等部外，还有畏兀儿族高昌国王后裔、高丽王族及汉人世家豪族之后，因而嫔妃中不乏蒙古人、色目人，也有汉人和高丽人等。宫女中更是各族之人俱备，其中有江南女、高丽女、女真女、吐蕃女、唐兀女，等等。另外，蒙古皇帝的"帝师"吐蕃高僧、道教领袖人物以及"备经筵"的儒士，亦经常出入宫廷。民族不同，生活习俗也各异。宫中不少来自江南、高丽、女真、吐蕃、唐兀等地的宫女，他们进宫后首先是学习元朝的宫廷礼仪，但未免也保留一些本族习俗，经过长期相处，互相融合。在宫中除了使用蒙古语外，有不少蒙古人、色目人也学习汉语。顺帝时，立高丽人奇氏为第二皇后，宫中出现"卫兵学得高丽语，连臂低歌井即梨"（张昱《辇下曲》）的现象。

皇宫居住礼仪除以"国俗"糅合中原礼仪外，也掺杂着一些其他民族的风俗习惯。以见面礼而言，在成吉思汗时期，皇族成员之间不行跪拜礼。窝阔台即位前，耶律楚材制定朝仪，"皇族尊长皆令就班列拜"（《元史·耶律楚材传》），至窝阔台即位时变成双腿全跪。元朝忽必烈即位后，宫廷礼仪进一步完善，规定官员要身着官服入朝，天子宫门不准"阑入"，百司官员各依班序，听通事舍人传呼赞引，然后得进。更严后宫之禁，一般官员不得擅入。

## 后妃生育及帝后病危施行移房之俗

元廷规定："凡后妃妊身，将及月辰，则移居于外毡帐房。若生皇子孙，则锡百官以金银彩缎，谓之'撒答海'。及弥月，复还内寝。其帐房，则以颁赐近臣云。"同时还规定："凡帝后有疾危殆，度不可愈，亦移居于外毡帐房。有不讳，则就殡殓其中。葬后，每日用羊二次烧饭以为祭，至四十九日而后已。其帐房亦以赐近臣云。"（《元史·祭礼志六》）

总之，无论在斡耳朵居住，还是在万安宫、大安阁、大明殿等处议政就寝，大汗、皇帝及后妃等饮食起居，都规定有一套比较复杂的礼仪，显示了大汗、皇帝至高无上的地位及皇室奢侈豪华的生活；同时，也反映了蒙元时期诸族文化交融的影响。

（原载《寻报》2007 年第 4 期）

# 漫谈元代倡优与娼妓

元代既有从事音乐歌舞及戏曲的倡优或优伶之家，又有专事色情的娼妓之家，都属于贱民之列。倡优或优伶这些民间艺人，对元代文化艺术如音乐、舞蹈、杂剧等的发展及散曲的传播皆起到了不可忽视的作用，但除了一部分有名的艺人外，大多数艺人生活状况是凄苦的。而众多青楼女子虽华屋锦衣，但卖笑生涯也使其身心备受折磨，为畸形都市生活的一个缩影。

## “倡”及“娼”含义之衍变

提及元代之倡优及娼妓，有必要追溯此前该称呼之演变。东汉许慎的《说文解字》有“倡”字而无“娼”字，其曰：“倡，乐也。”南朝梁人顾野王之《玉篇》上始有“娼”字，并说：“娼，婸也。”“婸”字，《说文解字》解释为：“婸，放也，一曰淫戏。”三国魏人张揖著《广雅·释诂》曰：“婸，婬也。”王念孙疏证引《方言》云：“江沅之间或谓戏曰愓。”愓与婸通，游荡之意。宋代丁度《集韵》曰：“倡，乐也，或从女。”明人《正字通》说：“倡，倡优女乐，别作娼。”

从上述引文可得出以下几点看法：

其一，古代倡、娼及倡、优混用。《说文解字》说：“倡，乐也”；“优，饶也。一曰倡也”；“俳，戏也”。清人段玉裁注曰：“以其戏言之，谓之俳；以其音乐言之，谓之优；亦谓之倡，实一物。”“倡”，原指古代歌舞之人。西汉司马迁《史记·滑稽列传》称“优旃者，秦倡，侏儒也”，并渐通“娼”，指妓女。唐人白行简之《李娃传》曰：“汧国夫人李娃，长安之倡女也。”倡优连称，古代一般指以乐舞戏谑为业的艺人。

例如《汉书·灌夫传》曰："所爱倡优、巧匠之属。"颜师古注："倡，乐人也；优，谐戏者也。"时又称"俳优"，《韩非子·难三》曰："俳优侏儒，固人主所与燕也。"《汉书·霍光传》颜师古注曰："俳优，谐戏也。"俳，指杂戏、滑稽之类。而"优伶"，则是以乐舞戏谑为业之艺人的统称。一般认为以表演乐舞为主的称"倡优"，以表演戏谑为主的称"俳优"。在古书中三者往往通用。宋元以来，常将戏曲演员称为优伶、优人或伶人。由此可见，倡优主要是指从事歌舞谐戏之艺人，但旧时轻视艺人，往往将其与妓女并列，合称为倡优。

其二，古代谓倡，男女不分。例如，《史记·赵世家》载："赵王迁，其母倡也。"又《汉书·外戚传》曰："李夫人本以倡进。"同书《李延年传》说："中山人，身及父母兄弟皆故倡也。"即男女均可称倡，无明显界限。至唐代著述始见"娼"字所指类似近代之娼妓。例如，赵璘的《因话录》说："陈娇如京师名娼。"范摅《云溪友议》提及："崔涯每题诗于娼肆，无不诵之于衢路。"唐以后娼妓以女性为大宗。

其三，古代倡与音乐相连。后世娼女虽以卖淫为生，而音乐歌舞仍为其主要技能。这从"妓"字含义之演变也可得以证实。《说文解字》说："妓，妇人小物也。"其含义与妓女无关。后代用为女妓之称，始于魏晋六朝。《华严经音义》引魏人张揖著《埤苍》曰："妓，美女也。"又引隋陆法言著《切韵》说："妓，女乐也。"故六朝人著书均以妓为美女专称。例如，梁人刘孝标《世说新语》注引干宝《晋纪》："石崇有妓人绿珠。"梁人沈约《宋书·杜骥传》曰："家累千金，女妓数十人。"可见自汉代以来，"妓"由"妇人小物"，渐转为"美人"专称，后又演变为家妓、妓女之称。时而也指歌女、舞女，如王仁裕《开元天宝遗事·隔障歌》提到："宁王宫有乐妓宠姐者，美姿色，善讴歌。"古书中还经常出现"伎"字，其含义，一是同"技"，指技能、技艺；二则是同"妓"之"女乐"含义。如《新唐书·元载传》即提及："名姝异伎。"三则泛指音乐，如"西凉乐"也称"西凉伎"。至于"娼妓"两字并合为一，则见于《旧唐书：天竺传》，其曰："百姓殷乐，家有奇乐娼妓。"无论是倡、伎抑或娼、妓，在古代皆与音乐、歌舞分不开，至元代也是如此。

# 元代倡优及娼妓

元代社会有明确的良民、贱民之分："名编户籍，素本齐民，谓之良；店户、倡优、官私奴婢，谓之贱。"倡优有特定的含义，"伎乐曰倡，谐戏曰优，所谓伎乐歌舞之家也"（元代徐元瑞《吏学指南·良贱孳产》），专指民间艺人而言（有时也指宫中歌舞艺人），不同于娼妓之家。娼妓也属于贱民之列，地位更低微。优伶和倡优，其来源有师承、转卖、籍没、掳获等。

入元以来，在中书省礼部之下，设立仪凤司和教坊司，掌管乐工、乐器等。仪凤司"掌乐工、供奉、祭飨之事"，下设云和署、安和署、常和署、天乐署。云和署、安和署"掌乐工调音律及部籍更番之事"，常和署专管回回乐人，天乐署专管河西（唐兀）乐人。教坊司，"掌承应乐人及管领兴和等署五百户"。或谓"散乐则立教坊司掌天下妓乐，有驾前承应杂戏飞竿走索踢藏柭等伎"，司下设兴和署、祥和署。两司之下，都设有"掌乐器等物"的广乐库（《元史·百官志》及叶子奇《草木子·杂制篇》）。另外，太常礼仪院"掌大礼乐、祭享宗庙社稷、封赠谥号等事"，并专设大乐署，"掌管礼生乐工四百七十九户"，为各种祭祀典礼服务。元代在教坊司和大乐署管辖下的乐工、杂剧、杂技等人员就将近一千户。元人杨允孚在《滦京杂咏》"仪凤伶官乐既成"句下注曰："仪凤司，天下乐工隶焉。每宴，教坊美女必花冠锦绣，以备供奉。"有的称此类艺人为官妓。例如陶宗仪在《南村辍耕录》中就称连枝秀为京师教坊官妓。又说："今以妓为官奴，即官婢也。"杨允孚《滦京杂咏》则曰："官妓平明直禁闱，瑶阶上马月明归。"

元人对倡伎与娼妓有时无严格界定，因此对从事歌舞杂剧之人或是从事色情之人的数字就很难分开统计。例如，《元史·祭祀志六》提到正月十五日游皇城队伍中就有"教坊司云和署掌大乐鼓、板杖鼓、筚篥、龙笛、琵琶、筝、纂七色，凡四百人。兴和署掌妓女杂扮队戏一百五十人，祥和署掌杂把戏男女一百五十人，仪凤司掌汉人、回回、河西三色细乐，每色各三队，凡三百二十四人"。上述1024人恐不是娼妓之家，而应是宫廷或民间艺人。伎乐歌舞之家基本上是以户为单位，例如上述兴和署、大乐署等就有979户。住房情况视其在署中地位及经济状况而定，一般与城市平民相似。但也有一些名伎住屋器用颇为华丽的。

元代，在城镇中“以色事人”的娼妓较多。据《马可·波罗行纪》所说，仅在大都即有娼妓25000人。京师娼妓仍沿前代制度，隶属教坊。而在杭州（南宋京师）城内的各个角落都能够看到献媚卖俏的妓女。其中提到：“青楼盛多，皆靓妆艳饰，兰麝熏人，贮以华屋，侍女如云，尤善诸艺，娴习应对，见者倾倒，甚至醉生梦死，沉溺其中。故凡游京师者，谓之登天堂，归后尤梦京师。”苏州、扬州、成都等也是如此。

元廷并不限制一般人宿娼，但禁止官员有此等行为。例如：“至元二十一年十二月，御史台照得：不畏公法官吏人等每因差使去处，公明轮差娼妓寝宿。今后监察御史、按察司严行纠察，如有违犯之人，取问明白，申台呈省。其应付娼妓官吏，与宿娼之人一体坐罪，仍送刑部标籍过名。”（《通制条格·杂令》）并禁止诸职官娶娼为妻，犯者“笞五十七，解职，离之”（《元史·刑法志二》）。又规定：“乐人只娶乐人，其他人娶乐人为妻要治罪断离。”（《元典章·户部·乐人婚》）“诸倡妓之家所生男女，每季不过次月十日，会其数以上于中书省。有未生堕其胎、已生辄残其命者，禁之。诸倡妓之家，辄买良人为倡，而有司不审，滥给公据，税务无凭，辄与印税，并严禁之，违者痛绳之。”（《元史·刑法志四》）强迫或纵容良家女为娼者，都要受杖刑。但仍有随意取良家女子入教坊承应的现象。

妓女从良，必定要经过教坊落籍手续。《賓谷笔谈》曾提到：“玉堂设宴，歌妓罗列，有名贤后，卖入娼家。姚文公遣使诣丞相三宝奴请为落籍，丞相素重公，意欲以侍巾栉，即令教坊检籍除之。”元代妓女为尼入道者也甚多，例如元代陶宗仪《南村辍耕录》提到的嘉兴歌妓活佛奴、湖州名妓汪怜怜、教坊名妓李当当，夏庭芝《青楼集》中提到的江浙名妓李真意、京师名妓李枝秀，明代邵景誉《觅灯因话》中提到的淮扬名妓李翠娥等。

元妓中不乏色艺俱佳者，而游客狎妓，也注重欣赏歌舞弹唱。例如厉鹗《玉台书史》提到：梁园“秀歌儿也，才艺精妙，喜文墨，能作乐府词，吟小诗也佳，字书楷正”。明代瞿佑《剪灯新话》提到：罗爱卿，嘉兴名妓，“郡中名士尝以季夏望日会于鸳湖清虚阁避暑，玩月赋诗。爱卿成四首，席间皆搁笔”。其他还有不少“富于才情”、“审知音律”、“色艺俱绝”、“妙歌善舞”以及擅长慢唱、作曲、杂剧者。《太和正音谱》引吴兴赵子昂之语道："良家子弟所扮杂剧，谓之行家生活，娼优所扮谓之戾家把戏。盖以杂剧出于鸿儒硕士骚人墨客所作，皆良家也。彼娼优岂能辨？故关汉卿以子弟所扮，是我一家风月，虽复戏言，甚合于理。"由此看来，元时骚人墨客、良家子弟，虽也有自己撰曲，自己扮演的，但由于杂剧流行，倡优扮演及作散曲的为数不少。擅长杂剧表演者如珠帘秀、顺时秀、解语花等则是佼佼者。珠帘秀"姿容姝丽，杂剧当今独步"（《南村辍耕录·珠帘秀》）。有人在宫词中对顺时秀更是赞不绝口："教坊女乐顺时秀，岂独歌传天下名。意态由来看不足，揭帘半面已倾城。"（张昱《辇下曲》）著名的男演员，有"教坊色长魏、武、刘三人"，"魏长于念诵，武长于筋斗，刘长于科泛，至今乐人皆宗之"（《南村辍耕录·院本名目》）。这些艺人对散曲、杂剧的创作和传播都起到了很大的作用。

## 妓居和畸形都市生活

元代妓居生活之详细情况，史书未见记载。江南基本上是沿袭南宋之风格，即所谓妓家鳞栉，比屋而居，烛影摇红，装潢典雅。陶宗仪在《南村辍耕录·连枝秀》中记载了陆氏的"募缘疏"，虽有打诨讥讽意味，但也从前后对比中，侧面反映了当时名妓的生活情景。《连枝秀》记道：

> 京师教坊官妓连枝秀，姓孙氏，盖以色事人者。年四十余，因投札逸士风高老为师，而主教者褒以"空湛静慧散人"之号。挟二女童，放浪江海间。偶至松江，爱其风物秀丽，将结数椽，为栖息所。郡人陆宅之居仁尝往访焉，秀颇不以礼貌。因其请作募缘疏，遂为撰之。疏曰："京师第一教坊，占排场曾使万人喝哷……一跳身才离了百戏棚中圈子，双摆手便作个三清门闲人。赤紧地无是无非，到大来自由自在。识尽悲欢离合幻，打开老病生死关……往常时红裙翠袖生绡帕，猛可地草履麻衣匾皂条……玉楼花下千钟酒，几番歌白苎，遏行云；纸帐梅边一炷香，从此诵黄庭，消永日。桃花扇深藏明月影，椰子瓢长醉白云乡。皓齿细腰，打叠少年歌舞；锦心绣腹，宣扬老子经文……登春台不望远人，驾鸾车云霄上追寻萧史……歌馆化为仙馆静，戏房翻作道房幽。净洗燕支，见全真本来面目……"

这里提到“京师第一教坊”，“占排场曾使万人喝啋”，“百戏棚中圈子”，“红裙翠袖生绡帕”，“玉楼花下千钟酒”以及“歌馆”、“戏房”、“鸾车”等，将京师名妓的衣食住行描述得淋漓尽致。但这仅反映了名妓

山西洪洞广胜寺之元代杂剧壁画

的生活。一般娼妓地位低贱，服饰、出行都要受到种种限制。元廷对各种艺人及娼妓服装皆有规定。艺人平时服饰与庶人相同，但演出时装扮角色所用服饰，不受身份的限制。《元史·刑法志四》曰：“诸乐人、工艺人等服用，与庶人同，凡承应妆扮之物，不拘上例。”山西省洪洞县赵城镇广胜寺明应王殿的元代壁画，有戏曲演出场面，题款“大行散乐忠都秀在此作场”，散乐是民间杂剧团体的通称，忠都秀即为主要演员之艺名。从壁画上可以看出当时艺人穿戴演出服装的情况。元代对娼妓之家服色限制很严。至元五年（1268 年）十月，中书省宣布：“娼妓之家，多与官员

士庶同着衣服，不分贵贱。今拟娼妓各分等第，穿着紫皂衫子，戴着冠儿。娼妓之家家长并亲属男子，裹青头巾，妇女紫抹子，俱要各各常川裹戴。仍不得戴笠子并穿着带金衣服，及不得骑坐马匹。违者许诸色人捉拿到官，将马匹给付拿住的人为主。”延祐二年又规定：“娼家出入止服皂褙子，不得乘坐马，余依旧例。”（《元典章·礼部二·服色》“娼妓服色条”）可见娼妓地位之低微，故元人常称妓为官奴或官婢，列入贱民，与驱口同。

元代娼妓的大量存在及狎妓者的浮华及腐化，反映了元代都市的畸形生活。元人熊进德曾作“竹枝词”描写杭州西湖“游人仕女，画舫笙歌，日费万金，目为销金锅”的状况。其云“销金锅边玛瑙坡，争似侬家春最多。蝴蝶满园飞不去，好花红到翦春萝”（见清代褚人获《坚瓠集》）。可见杭州之繁华及游人流连声色之情景。

（原载《寻根》2007 年第 5 期）